GPM Deutsche Gesellschaft für Projektmanagement /
Michael Gessler (Hrsg.)

Kompetenzbasiertes Projektmanagement (PM3)

Handbuch für die Projektarbeit, Qualifizierung und Zertifizierung
auf Basis der IPMA Competence Baseline Version 3.0 / unter Mitwirkung der
spm swiss project management association

Bibliografische Information der Deutschen Nationalbibliothek
Die Deutsche Nationalbibliothek verzeichnet diese Publikation in der Deutschen Nationalbibliografie; detaillierte bibliografische Daten sind im Internet über http://dnb.d-nb.de abrufbar.

Dieses Werk ist urheberrechtlich geschützt. Alle Rechte, auch die der Übersetzung, des Nachdrucks und der Vervielfältigung des Buches – oder Teilen daraus – sind vorbehalten. Kein Teil des Werks darf ohne schriftliche Genehmigung des Verlags in irgendeiner Form (Fotokopie, Mikrofilm oder andere Verfahren), auch nicht zum Zwecke der Unterrichtsgestaltung, reproduziert oder unter Verwendung elektronischer Systeme verarbeitet, vervielfältigt oder verbreitet werden.

Für alle in diesem Werk verwendeten Warennamen sowie Firmen- und Markenbezeichnungen können Schutzrechte bestehen, auch wenn diese nicht als solche gekennzeichnet sind. Deren Verwendung in diesem Werk berechtigt nicht zu der Annahme, dass diese frei verfügbar sind.

Die DIN-Normen im Fachbuch PM3 sind wiedergegeben mit Erlaubnis des DIN Deutsches Institut für Normung e.V. Maßgebend für das Anwenden der DIN-Norm ist deren Fassung mit dem neuesten Ausgabedatum, die bei der Beuth Verlag GmbH, Burggrafenstraße 6, 10787 Berlin, erhältlich ist.

Layout, Satz und Grafikgestaltung: mbon Designabteilung. Umschlaggestaltung: mbon Designabteilung. Titelbild: Schultze. Walther. Zahel. Kommunikationsagentur & GPM. Druck und Bindung: Labude. corporate products.

GPM-Homepage: http://www.gpm-ipma.de
spm-Homepage: http://www.spm.ch
PM3-Feedback: http://www.gpm-pm3.de
PM3 als E-Book: http://www.ciando.com

ISBN 978-3-924841-40-9 (Hardcover)
ISBN 978-3-924841-45-4 (E-Book)

1. Auflage, 2009, 1-2000
2. Auflage, 2009, 2001-5000
3. Auflage, 2010, 5001-8000
4. Auflage, 2011, 8001-12000
5. Auflage, 2012, 12001-16000

© 2012 GPM Deutsche Gesellschaft für Projektmanagement e.V., Frankenstraße 152, 90461 Nürnberg (Deutschland / Europäische Union).

1.01 Projektmanagementerfolg (Project management success)

Thor Möller

Lernziele

Sie kennen

- den Überblick über Analysemethoden mit groben Vorgehensbeschreibungen und Praxistipps für Projekt(management)erfolg
- die Gefahren des Zweckoptimismus
- Maßnahmen zur Einführung und Optimierung des Projektmanagements zur Steigerung des Projektmanagementerfolgs

Sie wissen

- zu welchen Zeitpunkten welche Formen der Erfolgsmessung eingesetzt werden

Sie können

- das Projektmanagement in einer Organisation fachlich optimieren und somit den Projektmanagementerfolg erhöhen

Inhalt

1	Einleitung	1369
2	Zeitpunkt der Erfolgsbeurteilung bei Projekten	1369
3	Analysemethoden für Projekt- und Projektmanagementerfolg	1370
3.1	Projektcontrolling	1370
3.2	Machbarkeitsstudie	1371
3.3	Kosten-Nutzen-Analysen inkl. Sensitivitätsanalysen	1371
3.4	Kundenbefragung / Mitarbeiterbefragung / Stakeholdermanagement	1372
3.5	Projekt(management)-Benchmarking	1372
3.6	Project Excellence	1373
4	PM-Einführung und PM-Optimierung	1374
5	Misserfolgsfaktor Zweck-Optimismus	1374
6	Zusammenfassung	1375
7	Fragen zur Wiederholung	1375
8	Checklisten	1376

1 Einleitung

Das Vertiefungswissen zum Thema Projektmanagementerfolg vermittelt konkretes Wissen zum Controlling von Projekterfolg und Projektmanagementerfolg sowie Instrumente zur Verbesserung des Projekt- und Projektmanagementerfolgs. Dazu gehören Machbarkeitsstudien, Kosten-Nutzen-Analysen inkl. Sensitivitätsanalysen, Kundenbefragung/Mitarbeiterbefragung/Stakeholdermanagement, Projekt(management)-Benchmarking, Project Excellence und nicht zuletzt die Einführung und Optimierung von Projektmanagement. Einleitend beschäftigt es sich mit der Frage nach den Zeitpunkten zur Messung des Projekt(management)erfolgs. Abschließend wird der Misserfolgsfaktor Zweck-Optimismus aufgegriffen und diskutiert.

2 Zeitpunkt der Erfolgsbeurteilung bei Projekten

> Bewertet man den Erfolg von Projekten oder das Projektmanagement eines Projekts, dann ist der Zeitpunkt der Erfolgsbeurteilung wesentlich. Die zentrale Fragestellung dabei lautet: Handelt es sich bereits um einen Projekterfolg, wenn der Auftraggeber die Projektleistungen abgenommen hat oder erst wenn sich die Ergebnisse aus der Projektleistung bei ihrer späteren Verwendung bewähren?

Beispiel Bei einer Produktentwicklung nimmt der Auftraggeber das Projektergebnis kurz nach dem Start der Serienproduktion ab. Mit der Produktion und der Vermarktung ist das Projekt abgeschlossen. Alle Stakeholder sind sehr zufrieden und voller Erwartung hinsichtlich der Verkaufserfolge. Nach einem erfolgreichen Verkaufsjahr stellt sich ein Mangel an dem Produkt heraus. Eine umfangreiche, teure Rückrufaktion, die einen erheblichen Imageschaden für das Unternehmen verursacht, muss gestartet werden.

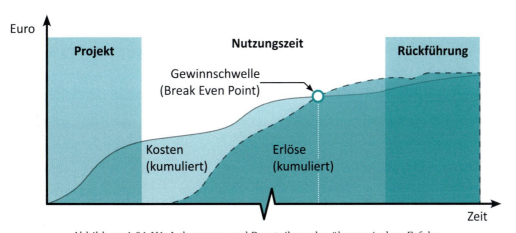

Abbildung 1.01-V1: Lebensweg und Beurteilung des ökonomischen Erfolgs

Abbildung 1.1-V1 zeigt beispielhaft den Lebensweg eines Projekts und des Projektergebnisses und bietet somit eine Basis zur Beurteilung des ökonomischen Erfolgs. Das Projekt selbst und die spätere Rückführung sind in der Regel die kürzesten Zeiträume. Den längsten Zeitraum bildet meistens die Nutzungszeit. Ein abschließender Projekt(management)erfolg kann eigentlich erst nach Beendigung der Rückführung beurteilt werden. Erst zu diesem Zeitpunkt liegen alle erforderlichen Informationen vor.

Aus der Sicht eines Projektleiters ist diese lange Wartezeit natürlich nicht tragbar. Je nach Projektart und Perspektive zum Projekt des beurteilenden Unternehmens können Erfolge auch schon vorher in der Nutzungsphase oder sogar erst am Ende des Projekts beurteilt werden. Außerdem gibt es viele Möglichkeiten, die Erfolge oder Misserfolge zu projizieren. Der folgende Abschnitt greift entsprechende Methoden auf.

MOTZEL unterteilt in diesem Zusammenhang zwischen Abwicklungserfolg und Anwendungserfolg. Während der Abwicklungserfolg die Erreichung der klassischen Parameter bei Projektende beurteilt, bezieht sich der Anwendungserfolg auf die (Nutzungs-)Situation nach dem Projektende (vgl. MOTZEL, 2006: 152).

3 Analysemethoden für Projekt- und Projektmanagementerfolg

Die Analysemethoden für den Projekt- und Projektmanagementerfolg sollten keinesfalls separat angewendet werden. Sie sind ein Bündel von Maßnahmen, die in einem maßgeschneiderten Vorgehen ausgewählt und an die Ausgangssituation der Organisation und des Projekts angepasst werden müssen (Tayloring). In diesem Abschnitt werden Methoden und Maßnahmen zur Analyse des Projekt- und Projektmanagementerfolgs kurz vorgestellt.

3.1 Projektcontrolling

Wie bereits erwähnt, trägt die Anwendung eines professionellen Projektmanagements zum Projekt- und Projektmanagementerfolg bei. Der Verzicht darauf erhöht das Risiko des Scheiterns von Projekten erheblich.

Unabdingbarer Bestandteil eines professionellen Projektmanagements ist das Projektcontrolling. In seiner konventionellen Form der Integrierten Projektsteuerung überwacht es die Projektparameter Leistung, Kosten und Zeit. Die Erfüllung dieser Faktoren ist grundlegend für ein erfolgreiches Projekt und Projektmanagement. Darüber hinaus müssen die wichtigsten Stakeholder das Projekt als Erfolg beurteilen.

Bei der Erfolgsprüfung durch das Projektcontrolling sind gewisse Toleranzen zu berücksichtigen. Eine geringe negative Abweichung der Zielerreichung bei den Parametern des Magischen Dreiecks ist häufig unbedenklich und darf keinesfalls pauschal als Misserfolg betrachtet werden. Projekte haben situativ den Schwerpunkt bei einem oder zwei dieser Parameter, wobei die übrigen dann nicht von gleicher Bedeutung sind.

Beispiel Im Passagierschiffbau oder der Automobilentwicklung ist das Datum der Übergabe determiniert und ein Überschreiten von nur einem Tag mit hohen zusätzlichen Kosten (z. B. Pönalen oder verzögertem Produktionsstart) verbunden. Ein Zeitverzug könnte dementsprechend mit einem Misserfolg gleichgesetzt werden. Sollte allerdings zur Einhaltung des Endtermins das Budget um einen oder zwei Prozentpunkte überzogen werden, dann kann man keinesfalls pauschal von einem Misserfolg sprechen.

> Neben den Toleranzen ist es eine unabdingbare Voraussetzung, sich auf veränderliche Voraussetzungen, wie externe Rahmenbedingungen einzustellen. Eine Folge davon sind häufig auch Änderungen der Zieldefinitionen. Diese so genannten **Moving Targets** müssen beim Projektcontrolling mindestens in zweierlei Hinsicht berücksichtigt werden. Einerseits müssen die Planvorgaben an die aktuellen Ziele angepasst werden, andererseits müssen die ursprünglichen und letztendlichen Zielsetzungen stets ins Verhältnis gebracht werden. Auf die Darstellung der Methoden und Instrumente des Projektcontrollings wird an dieser Stelle verzichtet.

3.2 Machbarkeitsstudie

Eine Machbarkeitsstudie wird in den frühen Stadien eines Projekts durchgeführt. Die Überprüfung der technischen, wirtschaftlichen, rechtlichen, sozialen etc. Machbarkeit basiert hier noch auf vielen Prämissen. Dennoch unterstützt sie die Entscheidung einer Projektdurchführung oder -ablehnung erheblich. Konkret bedeutet dies, dass die Ergebnisse einer Machbarkeitsstudie eine Empfehlung beinhalten, ob ein Projekt erfolgreich durchgeführt werden kann oder nicht.

> Mithilfe der **Scenario-Technik** können bei Machbarkeitsstudien „was-wäre-wenn-Situationen" simuliert werden. Diese Simulationen helfen vor allem dabei, die Risiken für das Projekt und das gesamte Unternehmen besser einzuschätzen. Sie tragen somit dazu bei, die Entscheidung zur Durchführung oder Ablehnung eines Projekts zu fundieren.

Tipp Während und nach der Projektumsetzung sollte periodisch geprüft werden, ob die in der Machbarkeitsstudie erkannten Potenziale (vgl. Projektcontrolling) umgesetzt und die Risiken verhindert oder reduziert werden (vgl. Risikomanagement). Leider wird diese wichtige Empfehlung in der Praxis aus Kapazitäts- und Zeitgründen nicht hinreichend berücksichtigt. Dabei wird fast jeder Projektleiter bestätigt, dass die hierin investierte Zeit sich durch vermiedene Probleme etc. schnell amortisiert.

Die im Folgenden beschriebenen Kosten-Nutzen-Analysen können Bestandteil von Machbarkeitsstudien sein oder separat durchgeführt werden.

3.3 Kosten-Nutzen-Analysen inkl. Sensitivitätsanalysen

Kosten-Nutzen-Analysen einschließlich Sensitivitätsanalysen werden ebenfalls in den frühen Phasen eines Projekts angewendet. Sie prognostizieren den wirtschaftlichen Erfolg eines Projekts und sind somit unabdingbar für die Erfolgsbeurteilung.

> Leider werden Kosten-Nutzen-Analysen auch durch **Zweck-Optimismus** (vgl. Abschnitt Zweck-Optimismus) missbraucht. Ein Projekt wird dann – bewusst oder unbewusst – „schön gerechnet", um eine positive Entscheidung zur Projektdurchführung zu erhalten. Da an den Schlüsselkennzahlen, wie Kapitalwert oder Rendite, rechnerisch keine legalen Spielräume bestehen, werden dafür in der Regel die vielen Prämissen zu optimistisch gewählt.

Beispiel In einem großen Software-Projekt wird der Nutzen durch die Einsparung von Personalkosten hoch eingeschätzt. Verzögerungen im Projekt lassen die Personalfreisetzungen bzw. -umschichtungen jedoch erst viel später als geplant realisieren oder es wird sogar durch nicht ausgeschöpfte bzw. ausschöpfbare Verbesserungspotenziale kein Stellenabbau/ -umsetzung möglich sein. In beiden Fällen sinkt die Rendite.

Tipp
Geübte Entscheider prüfen bei der Kosten-Nutzen-Analyse also zuerst die Prämissen. Dabei sind die Aufwandsschätzungen meistens weniger „optimiert" worden als die Nutzenpotenziale. Durch Sensitivitätsanalysen und insbesondere Worst-Case- und Best Case-Betrachtungen können diese Gefahren reduziert werden. Außerdem zeigen die Sensitivitätsanalysen auf, welche Inputvariablen sich besonders auf den wirtschaftlichen Erfolg von Projekten auswirken und somit besondere Beachtung finden müssen.

| Aus theoretischer Sicht ist es sinnvoll, dass Kosten-Nutzen-Analysen über den Projektverlauf fortgeschrieben und somit deren Erfüllung überprüft werden. In der Praxis wird dies aus Kapazitäts- oder Zeitgründen nicht immer erreicht.
| Bei der Projektumsetzung wird der Fokus des Projektcontrollings eher auf die Aufwandsseiten gelegt; insbesondere die Kostenentwicklungen werden recht stark überwacht. Dabei ist in der Regel das Projektcontrolling für die Erreichung der erwarteten Nutzenpotenziale genauso wichtig. Das Nutzencontrolling wird immer wieder vernachlässigt – insbesondere bei internen Projekten.

3.4 Kundenbefragung / Mitarbeiterbefragung / Stakeholdermanagement

Der Projekt(management)erfolg hängt, wie gezeigt, nicht nur mit den so genannten harten Faktoren zusammen. Kunden, Mitarbeiter und weitere Stakeholder beurteilen das Projekt auch aus ihren Gefühlen heraus. Diese Beurteilungen haben einen nicht unerheblichen Einfluss auf die gesamte Erfolgsbeurteilung.

Eine grundlegende Projektmanagementmethode ist das Stakeholdermanagement. Es wird detailliert im folgenden Kapitel behandelt.

Tipp Zudem sollten regelmäßig Befragungen der Kunden und Mitarbeiter stattfinden und entsprechende Konsequenzen umgesetzt werden. Je nach Projektart und -größe etc. können diese Befragungen sehr unterschiedlich ausfallen. Entscheidend ist, dass zu verschiedenen Zeitpunkten die Beurteilung des Projekt(management)erfolgs aus Sicht der verschiedenen Stakeholder aufgenommen wird und Verbesserungspotenziale identifiziert und umgesetzt werden.

3.5 Projekt(management)-Benchmarking

Das gegenseitige Messen und Vergleichen liegen in der Natur der Menschen. Im Sport wird dies seit tausenden Jahren bereits wohl organisiert durchgeführt. Die moderne Form der Vergleichens in der Wirtschaft ist das Benchmarking. Natürlich nutzt eine so innovative Disziplin wie das Projektmanagement dieses Instrument.

Im Projekt(management)-Benchmarking sind eine Vielzahl von Vorgehensweisen denkbar. Bei einer unternehmensinternen Durchführung ist eine wirkliche Vergleichbarkeit der Bewertungen noch relativ leicht realisierbar. Ein externes Projekt(management)-Benchmarking steht vor allem vor dem Problem der Vergleichbarkeit des Inputs und des Outputs. Dennoch ist das Projekt(management)-Benchmarking ein gut geeignetes Mittel, um den Erfolg von Projekten und des Projektmanagements zu steigern.

Ein umfangreiches und seit Jahren eingesetztes und weiterentwickeltes Tool für die Diagnose und das Benchmarking im Projektmanagement ist PM DELTA der GPM. Es wird künftig u. a. auch ein Reifegradmodell abbilden. Zudem führt die GPM mit Kooperationspartnern regelmäßig Studien zum Thema Projektbenchmarking durch. Auch privatwirtschaftliche Unternehmen führen entsprechende Studien durch (vgl. z. B. GRUBER & JANOTTA, 2003).

Eine seit über zehn Jahren erfolgreiche Durchführung von Projekt-Benchmarking ist das im Folgenden beschriebene Project Excellence Modell der GPM.

3.6 Project Excellence

Das Project Excellence (PE) Modell der GPM ist ein umfassendes Bewertungs- und Optimierungsverfahren für Projekte und Projektmanagement. Die GPM hat dieses Verfahren 1996, basierend auf dem Modell der Business Excellence der EFQM – European Foundation für Quality Management, entwickelt und schreibt seit 1997 den Deutschen Project Excellence Award (bis 2006 Projektmanagement Award) aus. Nach erfolgreichem Einsatz in Deutschland hat die GPM diesen Preis internationalisiert und der IPMA übergeben. Die IPMA verleiht diesen Preis nun auch international und kümmert sich um ein Roll-Out für weitere Project Excellence Awards in seinen Mitgliedsländern. Mittlerweile schreiben bereits über zehn Länder auch nationale Awards aus.

Das Project Excellence Modell (vgl. Abbildung 1.01-V2) besteht aus den beiden Bereichen Projektmanagement und Projektergebnisse. Der Bereich Projektmanagement beurteilt das Vorgehen über den gesamten Projektlebensweg. Er beinhaltet fünf Kriterien. Im Bereich Projektergebnisse werden die Ergebnisse des Projekts anhand von vier Kriterien beurteilt. Die insgesamt neun Kriterien unterteilen sich in 22 Teilkriterien. Mithilfe von standardisierten Bewertungstabellen, Checklisten etc. wird ein Projekt somit umfassend bewertet.

Projektmanagement			Projektergebnisse	
Zielorientierung Wie das Projekt seine Ziele aufgrund umfassender Informationen über die Anforderungen der Interessengruppen formuliert, entwickelt, überprüft und umsetzt.	**Führung** Wie das Verhalten aller Führungskräfte im Projekt exzellentes Projektmanagement inspiriert, unterstützt und promotet.	**Prozesse** Wie im Projekt wertschöpfende Prozesse identifiziert, überprüft und gegebenenfalls verändert werden.	**Kundenzufriedenheit** Was das Projekt im Hinblick auf die Erwartungen und Zufriedenheit der Kunden leistet.	**Zielerreichung** Was das Projekt im Hinblick auf das geplante Projektziel leistet.
	Mitarbeiter Wie die Projektmitarbeiter einbezogen und ihre Potenziale erkannt und genutzt werden.		**Mitarbeiterzufriedenheit** Was das Projekt im Hinblick auf die Erwartungen und Zufriedenheit seiner Mitarbeiter leistet.	
	Ressourcen Wie die vorhandenen Ressourcen wirksam und effizient eingesetzt werden.		**Zufriedenheit sonst. Interessengruppen** Was das Projekt im Hinblick auf die Erwartungen und Zufriedenheit sonst. Interessengruppen leistet.	

Abbildung 1.01-V2: Modell für Project Excellence der GPM

> **!** Die Anwendung des PE-Modells ist nicht an die Teilnahme am Wettbewerb rund um den PE-Award gekoppelt, sondern es können ebenso **Selbstbewertungen auf Projekt- oder Unternehmensebene** durchgeführt werden. Einige deutsche Unternehmen setzen dies bereits erfolgreich um. Die Teilnahme an dem externen Wettbewerb ist nach hinreichenden Optimierungen die logische Konsequenz. Entscheidend bei Project Excellence ist der Weg zur Erreichung dieser Ziele, bei dem **qualitätsgesicherte und außerordentliche Strukturen und Prozessregelungen** geschaffen werden.

Der Erfolg von einzelnen Projekten und dem gesamten Projektmanagement kann durch das Project Excellence Modell erheblich gesteigert werden.

4 PM-Einführung und PM-Optimierung

In diesem Kapitel wurde bereits festgestellt, dass der Einsatz von Methoden und Instrumenten des Projektmanagements eine notwendige, aber keinesfalls hinreichende Bedingung zur erfolgreichen Projektrealisierung ist (LECHLER, 1996: 279). Die Einführung und Optimierung des Projektmanagements sind somit eine wichtige Basis für den Projektmanagementerfolg.

> Besondere Vorteile eines standardisierten Projektmanagements in einem Unternehmen sind:
> - Es hält eine Menge Vorgehens- und Prozessbeschreibungen vor.
> - Es hält Checklisten, Formblätter und weitere Arbeitshilfen vor.
> - Es trägt zu einer schnellen Übersicht und Einarbeitung in Projekte bei (z. B. für Quereinsteiger, Urlaubsvertretung).
> - Es trägt zu einem einheitlichen Berichtswesen bei.
> - Es ist die Grundlage für ein professionelles Projekt-Portfolio bzw. Multi-Projektmanagement und Programmmanagement.
> - Es ist die Grundlage für eine Vergleichbarkeit von Projekten.
> - uvm.

Der Status des Projektmanagement kann mit dem so genannten Projektmanagement-Reifegrad gemessen werden. Hieran lässt sich erkennen und vergleichen, auf welcher Entwicklungsstufe (Reifegrad) sich das Projektmanagement im Unternehmen befindet.

5 Misserfolgsfaktor Zweck-Optimismus

Zweck-Optimismus ist ein verbreiteter Misserfolgsfaktor für Projekte und Projektmanagement. Projekte können an unterschiedlichen Formen des Zweck-Optimismus scheitern. An dieser Stelle kann das professionelle Projektmanagement mit einem großen Hebel ansetzen, indem Zweck-Optimismus vermieden wird.

Wie bereits bei den Kosten-Nutzen-Analysen erwähnt, kann der Zweck-Optimismus durch eine bewusste oder unbewusste Manipulation der Prämissen in Erscheinung treten. Vermeiden lässt sich der Zweck-Optimismus nur durch eine genaue Prüfung und den Versuch einer möglichst realistischen Annahme jeder einzelnen Prämisse. Sensitivitätsanalysen können dann optimistische oder pessimistische Varianten berechnen.

Im Projektmanagement müssen der Projektleiter und weitere Beteiligte häufig unter starker Unsicherheit arbeiten. Ein starkes Selbstvertrauen und auch ein gesunder Optimismus sind oft gefordert. Professionelles Projektmanagement plant und überwacht an den wichtigen bzw. kritischen Situationen so genau wie möglich und sinnvoll. In der Praxis scheitern aber viele Projekte am **„das wird schon"-Syndrom**. Das Syndrom kann nur durch professionelles Projektmanagement vermieden werden.

Beispiel Manche Projekte werden nahezu im „Blindflug" durchgeführt und basieren dann auf der Hoffnung, dass sich alles fügt. Manche Projektleiter sehen massive Kapazitätsprobleme auf sich zukommen und vertrauen darauf, dass sich alle Beteiligten durch überdurchschnittliches Engagement einbringen und so das Projekt retten. In anderen Fällen wiederum werden Konflikte negiert oder einfach ausgesessen.

In manchen Bereichen wird Zweck-Optimismus fast schon wie ein legitimes Mittel eingesetzt. Zur (unternehmens-)politischen Durchsetzung eines Projekts werden die Kosten unter den realistischen Erwartungen und/oder die Einnahmen über den plausiblen Vorhersagen eingeschätzt. Sobald das Projekt genehmigt ist und die Umsetzung erfolgt, treten dann die wahren finanziellen Rahmenbedingen als „Überraschungen" ein.

🔍 **Beispiel** Öffentliche Bauprojekte, wie Krankenhäuser, Brücken, überziehen ihre ursprünglichen Budgets teilweise erheblich (vgl. dazu z. B. SCHELLE, 2007). Politische Prestigeobjekte, wie staatlich subventionierte Theater oder Freizeitparks, kalkulieren nicht nur niedrige Kosten zum Aufbau und Betrieb, sondern mit überhöhten Einnahmeerwartungen.

6 Zusammenfassung

Das Vertiefungswissen zum ICB-Element Projektmanagementerfolg beschäftigt sich einleitend mit der Frage nach den Zeitpunkten zur Messung und Beurteilung von Projekt(management)erfolg. Darauf aufbauend, beschreibt es das Controlling von Projekterfolg und Projektmanagementerfolg und behandelt zentrale Instrumente zur Verbesserung des Projekt- und Projektmanagementerfolgs. Dazu gehören Machbarkeitsstudien, Kosten-Nutzen-Analysen inkl. Sensitivitätsanalysen, Kundenbefragung/ Mitarbeiterbefragung/ Stakeholdermanagement, Projekt(management)-Benchmarking, Project Excellence und nicht zuletzt die Einführung und Optimierung von Projektmanagement. Abschließend wird der Misserfolgsfaktor Zweck-Optimismus aufgegriffen und diskutiert.

7 Fragen zur Wiederholung

1. Einem Unternehmen wurde ein hoher Reifegrad im Projektmanagement bescheinigt. Außerdem führt das Unternehmen in jedem Großprojekt eine Selbstbewertung mit dem Project Excellence-Modell durch und bewirbt sich mit den besten Projekten jährlich um den Deutschen Project Excellence-Award. Müssen dementsprechend alle Projekte des Unternehmens erfolgreich sein? Begründen Sie Ihre Aussage und belegen Sie diese mit Beispielen!

2. Ein Projekt hat zwar die vertraglichen Vorgaben innerhalb der vorgegebenen Zeit erfüllt, jedoch wurde das Budgets um 5 % überzogen. Andererseits zeigen sich die Stakeholder sehr zufrieden mit den Projektergebnissen. Beurteilen Sie das Projekt als nicht erfolgreich? Begründen Sie Ihre Aussagen und belegen diese mit Beispielen.

8 Checklisten

	Misserfolgsfaktoren der Unternehmensleitung	
1	Unterstützung durch die Unternehmensleitung zu gering	☐
2	Befugnisse der Projektleitung zu gering	☐
3	Verzögerung von Entscheidungen	☐
4	Lieblingslösung vorgeben anstatt objektiver Alternativensuche (-bewertung)	☐
5	Personal fehlt (quantitativ und qualitativ) oder wird nicht ausreichend zur Verfügung gestellt	☐
6	Überlastung der Projektmitarbeiter durch weiter wahrgenommene Aufgaben in der Linienfunktion	☐
7	Steigende Unsicherheit bei der Projektgruppe mangels Perspektiven bezüglich Aufgaben und Einsatzgebiete nach dem Projekt	☐
8	Projekt ist Lieblingskind des Chefs und darf nicht abgebrochen werden	☐
9	Wenig Akzeptanz des Projektes bei den Abteilungsleitern	☐
10	Bestellung von inkompetenten Projektleitern	☐

	Erfolgsfaktoren der Unternehmensleitung	
1	Gezielte Einführung, Anwendung und ständige Weiterentwicklung von PM im Unternehmen	☐
2	Win-win-Situation der wesentlichen Projektbeteiligten und -betroffenen schaffen	☐
3	Ausreichende Einsatzmittel (quantitativ und qualitativ)	☐
4	Ausreichende Freistellung der Projektmitarbeiter	☐
5	Personalentwicklungsplan	☐
6	Anbindung des Projektes an die Linienorganisation klar definieren	☐
7	PM-Aus- und Weiterbildung und Methodenkompetenz bei Mitarbeitern insgesamt	☐
8	PM-Handbuch und Projekthandbuch	☐
9	Projekt-Wissensmanagement	☐
10	Entwickelte Kultur des Projektmanagements	☐

	Misserfolgsfaktoren der Projektleitung	
1	Ziele sind unklar definiert	☐
2	Zu anspruchsvolle Zieldefinition	☐
3	Ziele werden im Verlauf (mehrfach) geändert und nicht kommuniziert	☐
4	Experten sind zu „abgehoben", sie suchen nur höchst anspruchsvolle anstatt pragmatische Lösungen und nehmen keine Kritik an	☐
5	Teambildungsprozess wird nicht unterstützt	☐
6	Konflikte im Team werden ignoriert oder ausgesessen	☐
7	Negative Stimmung/ Atmosphäre im Projektteam	☐
8	Optimierung der technischen Möglichkeiten wird über die menschlichen Aspekte gestellt und es gibt zu wenig Interesse an der Schaffung von Akzeptanz	☐
9	Terminplanung ohne Beteiligte	☐
10	Probleme ignorieren und aussitzen	☐
11	Misserfolgreiche Projekte versanden, anstatt eines Abbruchs entstehen Kosten und Frustrationen	☐
12	Fehler aus alten Projekten werden wiederholt	☐
13	Konflikte mit den Linienabteilungen	☐
14	Zuviel oder zuwenig Kontrolle der Projektmitarbeiter	☐
15	Unklare Kompetenzverteilung im Projektteam	☐
16	Willkürliche Methodenanwendung	☐
17	Mehr Improvisation als systematische Organisation	☐
18	Ist-Situation ungenügend analysiert	☐
19	Projektverantwortlichkeiten unklar	☐
20	Änderungen werden ungenügend berücksichtigt	☐
21	Mangelnde Dokumentation	☐
22	Verlass auf mündliche Absprachen	☐
23	Unnötiger Verzicht auf Eigenclaims	☐
24	Keine proaktive Abwehr von Fremdclaims	☐
25	Risiken unterschätzen und als Schicksal hinnehmen	☐

1.01 Projektmanagementerfolg

Erfolgsfaktoren der Projektleitung

Nr.		
1	Klare, erreichbare Ziele stecken	☐
2	Ziele quantifiziert	☐
3	Ziele deutlich kommunizieren und dokumentieren	☐
4	Win-win-Situation der wesentlichen Projektbeteiligten und –betroffenen	☐
5	Betroffene zu Beteiligten machen	☐
6	Organisierte Teamführung	☐
7	Akzeptanz und Identifikation möglichst aller Beteiligten und Betroffenen herbeiführen	☐
8	Projektkultur entwickeln	☐
9	Soziale Kompetenz des Projektleiters	☐
10	Projektteam muss insgesamt mitplanen	☐
11	Kultur des Fehlermachens vorleben	☐
12	Organisierter, möglichst frühzeitiger Projektabbruch bei zu erwartendem Nichterfolg des Projektes	☐
13	Einsatz von Abteilungsbeauftragten	☐
14	Kompetenz und Mut, Projekte abzulehnen	☐
15	Interesse an den Zwängen und Problemen der Mitarbeiter	☐
16	Interessenlagen und mögliche Konflikte frühzeitig erkennen	☐
17	Prozessorientierung	☐
18	Projektkommunikation	☐
19	Projektmarketing	☐
20	Konsequentes Änderungsmanagement	☐
21	Konsequentes Vertrags- und Claimmanagement	☐
22	Konsequentes Risikomanagement	☐
23	Standardisierte Berichterstattung (Projekt-Informationssystem)	☐
24	Systematische und strukturierte Vorgehensweise	☐
25	Projekt-Wissensmanagement	☐

Misserfolgsfaktoren der Projektmitarbeiter

Nr.		
1	Zu optimistische Berichterstattung	☐
2	Teammitglied kommuniziert das Projekt schlecht in das Unternehmen	☐
3	Gewachsene Kulturen werden nicht genügend berücksichtigt	☐
4	Teammitglieder möchten sich nur profilieren und die eigenen Karrieremöglichkeiten aufbessern	☐
5	Verdecken eigener Schwächen und Fehler	☐

	Erfolgsfaktoren der Projektmitarbeiter	
1	Unternehmensziele sind den persönlichen übergeordnet	☐
2	Verantwortungen übernehmen	☐
3	Verantwortungsbewusstsein, Engagement und „unternehmerisches Denken" durch eigenverantwortliche Übernahme von Teilaufgaben	☐
4	Motivation	☐

	Misserfolgsfaktoren externe Auftraggeber/ Kunde	
1	Durch verdeckte und veränderte Ansprüche seitens des Kunden wird das Projektteam beeinflusst	☐
2	Kunde übermittelt seine Ziele und Probleme nicht verständlich	☐

	Erfolgsfaktoren externe Auftraggeber/ Kunde	
1	Klare und realistische Vorstellungen	☐
2	Bonität	☐
3	Verlässlichkeit	☐

	Misserfolgsfaktoren der Projektbetroffenen und insbesondere der Projektgegner	
1	Lückenhafte Information	☐
2	Gerüchte	☐
3	Sabotage	☐
4	Negative Kommunikation über das Projekt	☐
5	Ignoranz der Projektgegner	☐

	Erfolgsfaktoren der Projektbetroffenen und insbesondere der Projektgegner	
1	Offene Informationspolitik	☐
2	Direkte Einbeziehung der Projektgegner	☐

1.02 Interessengruppen/Interessierte Parteien
(Interested parties)
Sonja Ellmann, Frank D. Behrend, Raimo Hübner, Erwin Weitlaner

Lernziele

Sie kennen

- den systemischen Zusammenhang von Projekt und Projektumfeld und kennen Methoden der Analyse und des Managements
- mögliche Hilfsmittel, Workshop-Konzepte und Softwarelösungen in der Stakeholderanalyse

Sie verstehen

- den systemischen Wirkungszusammenhang von Projekt und Projektumfeld
- die Netzwerkanalyse als Analysewerkzeug für einen innovativen Stakeholder-Analyseansatz

Sie können

- an Beispielen den Zusammenhang von Stakeholdermanagement, Projektzieldefinition und der Erreichung der Projektergebnisse erklären
- die Einordnung des Stakeholdermanagements im Portfoliomanagement, Programmmanagement und Multiprojektmanagement erläutern
- eigenständig einen Projektumfeld- und Stakeholdermanagementplan aufstellen
- eigenständig den Ablauf eines Workshops zum Stakeholdermanagement wiedergeben
- die Rolle des Stakeholdermanagements im kontinuierlichen Verbesserungsprozess der Projektarbeit einordnen
- Verbindungen zu weiteren Themen im Projektmanagement herstellen

Inhalt

1	Einführung	1383
2	Systemtheoretische Betrachtung	1383
3	Hilfsmittel für das Stakeholdermanagement	1384
3.1	Netzwerkanalyse	1384
3.2	Workshopkonzepte und Softwareunterstützung	1387
3.3	Einführung und Evaluation eines Methodenbaukastens	1389
4	Praxistransfer	1391
4.1	Beispiel zur Entwicklung und Einführung des Stakeholdermanagements	1391
4.2	Beispiel für gutes Stakeholdermanagement	1392
5	Zusammenfassung	1392
6	Fragen zur Wiederholung	1393
7	Anhang: Tabellen und Checklisten	1394

1 Einführung

In der Projektmanagement-Weiterbildung zum Projektmanagement Fachmann (IPMA Level D) wird Wissen zur Methodik und dem Führungskonzept „Projektmanagement" vermittelt. Ein überwiegender Anteil besteht dabei in den so genannten „harten Faktoren" (vgl. ICB 3, 2006). Mit zunehmender Projekterfahrung und steigendem Zertifizierungsniveau gewinnen die so genannten „weichen Faktoren" und das über das Grundlagenwissen hinaus gehende Vertiefungswissen immer mehr an Bedeutung. Je nach Zertifizierungslevel steigt die Anforderung des Nachweises an Wissen und Erfahrung in der Projektarbeit. Die folgenden Kapitel bieten Vertiefungswissen und Hinweise auf weiterführende Literatur, um sich auf eine Höherzertifizierung nach dem IPMA-Projektmanagement-Zertifizierungssystem 4LCS vorzubereiten.

2 Systemtheoretische Betrachtung

Das „System" als Erklärungsmodell einer vernetzt-wechselwirkenden Umwelt wird vom Betrachter oder dem das System Beschreibenden von der Umwelt abgegrenzt definiert. Somit entscheidet das Projektteam, was Bestandteil des Systems (Projekt) und was von ihm abgegrenzt (z. B. Umfeld, Stakeholder) ist (vgl. PATZAK & RATTAY, 2004). Diese Abgrenzung ist notwendig und gestaltet sich sehr oft als schwieriger Diskussionsprozess mit dem Zweck der Auftragsklärung, der Zieldefinition und der Abgrenzung der Projektarbeit von den operativen Aktivitäten der Linienorganisation. Soweit der Projektauftraggeber/ Projektsponsor in einigen Fällen aus der Stammorganisation kommt, sind ein Klärungsprozess und die Dokumentation des Ergebnisses (erschöpfende Beschreibung der Projektziele/ Konfigurationsmanagement – was ist Bestandteil des Projekts und was nicht) zur Vermeidung späterer Konflikte notwendig. Ein *komplexes System* ist ein Geflecht von miteinander verknüpften oder vernetzten Variablen, die sich wechselseitig interagierend beeinflussen und von positiven oder negativen Rückkoppelungen und Abpufferungen geprägt sind (vgl. VESTER, 2002; DÖRNER, 2003; GOMEZ & PROBST, 1999).

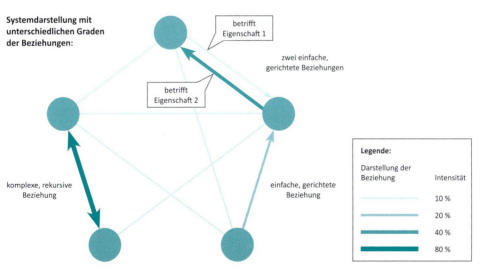

Abbildung 1.02-V1: Darstellungsmöglichkeit für Beziehungsintensitäten im System (KAESTNER, 1999: 92, Abb. 1.4-4)

In den heutigen Aktivitäten von Unternehmen wird ein zunehmender Anteil der Wertschöpfung über oder in Projekten erzielt. Zum Steuern dieser parallel laufenden Projekte werden die Methoden des Portfolio- und Multiprojektmanagements eingesetzt (vgl. Elemente: 3.02. Programmorientierung, 3.03. Portfolioorientierung sowie 3.04. Einführung von Projekt-, Programm- und Portfolio-Management).

Somit wird schnell erkennbar, dass mehrere Einzelprojekte eines Portfolios oder Programms oftmals ähnliche oder die gleichen Stakeholder haben. Eine Abstimmung des Stakeholdermanagements mehrerer Projekte gegenüber den für den Projekterfolg identifizierten Stakeholdern wird sehr wichtig. Der mögliche Nutzen eines vernetzten Stakeholdermanagements kann deutlich erkannt werden. Dafür empfiehlt sich u. a. eine Datenbank, die Erfahrungen zu den häufigen Stakeholdern enthält (vgl. auch Grundlagenwissen, Kapitel 2.1 Identifikation).

Beispiel Wenn beispielsweise eine Arbeitsgemeinschaft aus sieben Unternehmen der Deutschen Bahn die Erstellung eines Teilabschnittes der Hochgeschwindigkeitsstrasse Köln/ Rhein Main vertraglich zugesichert hat, so werden die einzelnen Brücken- und Tunnelbauwerke von jeweils einem Bauleiter als Einzelprojekte abgewickelt. Alle Projekte haben jedoch zum Teil gleiche Stakeholder: hier z. B. die Deutsche Bahn und die jeweils zuständigen Baugenehmigungsbehörden (Statik, Autobahn- und Straßendirektionen, ...). Somit ist eine Abstimmung des Stakeholdermanagements der Teilprojekte (Brücke/ Tunnel/ ...) über das Projektprogramm hinweg notwendig und sinnvoll.

Systembetrachtung und Modellierungsmöglichkeiten werden heute für das Stakeholdermanagement genutzt, z. B. mithilfe des „Sensitivitätsmodells" (vgl. VESTER, 2002) oder in der Netzwerkanalyse (vgl. 3.1).

3 Hilfsmittel für das Stakeholdermanagement

Im Folgenden werden Methoden und Tools vorgestellt, welche die Verantwortlichen in der Praxis wirkungsvoll unterstützen können. So erlaubt die Social Network Analysis (SNA) die systematische und kosteneffiziente Ermittlung von Risiken und Potentialen in den Bereichen Kommunikation, Wissen und Zusammenarbeit. Es können Schlüsselpersonen und -beziehungen identifiziert sowie deren Bedeutung im Projektumfeld quantifiziert werden. Des Weiteren werden Workshopkonzepte nebst entsprechender Softwareunterstützung vorgestellt und erläutert. Dieses Kapitel erweitert die phasenorientierte Betrachtung im Grundlagenkapitel um eine praktische Komponente und gibt Projektleitern konkrete Hinweise bzw. Anregungen zur Vorgehensweise und Anwendung im eigenen Projekt.

3.1 Netzwerkanalyse

Begriffe

In Anlehnung an die systemtheoretische Betrachtung im vorangegangenen Kapitel lässt sich ein *soziales Netzwerk* als eine (klar abgegrenzte) Menge von Akteuren definieren, die eine spezifische Menge und Art von Beziehungen miteinander pflegen. Soziale Netzwerke, ihr Wirkungsgefüge, Gesetze und Parameter werden mit der so genannten *Social Network Analysis (SNA)* untersucht. SNA ist die Wissenschaft von der Messung, Visualisierung und Simulation sozialer Beziehungen. Neuere Ansätze, wie das Meta-Matrix Modell (vgl. Abbildung 1.02-V6 im Anhang), erweitern das soziale Netzwerk um die Dimensionen Ressourcen/ Wissen, Aufgaben/ Ereignisse und Organisation/ Mitgliedschaft. Auf diese Weise kann die komplexe Projektrealität effektiv modelliert, untersucht und bewertet werden.

Einordnung und Bedeutung für das Management von Projekten

Ein Großteil der zwischenmenschlichen Kommunikation und des Wissensaustausches finden auf informeller Ebene statt. Besonders in verteilten und multikulturellen Projektumgebungen erreichen wichtige Informationen – trotz entsprechender Regelungen und Tool-Unterstützung – die Projektbeteiligten und interessierten Parteien zu spät oder gar nicht. Oftmals entscheidende Zusammenhänge und Tendenzen werden infolge der Komplexität und Dynamik des Umfeldes vom Management nicht rechtzeitig wahrgenommen. Projektmanager oder auch Sponsoren ergreifen häufig Initiativen, ohne die Funktionsweise betroffener formaler und informeller Netzwerke zu kennen, geschweige denn hinreichend zu verstehen (WASSERMAN, FAUST 1999). Entscheidungsprozesse in wichtigen Bereichen sind oftmals von notwendigen Informationsprozessen entkoppelt. Kritische Informationen gelangen nicht zu den Entscheidern, da die Quellen nicht im offiziellen Berichtwesen integriert waren. Zudem kann der Informationsfluss durch Projektbeteiligte unbewusst (Stichwort „Information Overload", d. h. Überlastung einzelner Personen) oder bewusst (Stichwort „Gatekeeper" d. h. aus persönlichem oder auch politischem Kalkül) beeinflusst werden. Risiken oder Schwachstellen werden nicht erkannt und man fokussiert sich auf augenscheinliche Symptome, da die zugrunde liegenden Ursachen mit gängigen Methoden nur schwer zu erfassen sind (vgl. BEHREND, 2005).

Nutzenpotentiale

Eine Netzwerkanalyse kann gezielt Aufschluss über die Vernetzung der Projektbeteiligten sowie -betroffenen und über Kommunikations-, Entscheidungs- oder Machtstrukturen geben. Dadurch werden Projektverantwortliche bei der Klärung wichtiger Fragestellungen wirkungsvoll unterstützt, z. B.:

- Haben ihre Projektmitarbeiter hinreichenden Zugriff auf formale und informelle Informationen und Wissensressourcen, die sie zur Erledigung ihrer Arbeit benötigen?
- Wo befinden sich kritisches Projekt- oder Unternehmenswissen?
- Wie wirkt sich der Weggang eines bestimmten Teammitglieds oder Netzwerkpartners auf die Zielerreichung aus?
- Gibt es Abweichungen von den formalen Entscheidungsprozessen? Wie werden Projektprozesse ‚wirklich gelebt'?
- Gibt es Gruppen von Projektmitarbeitern oder -partnern, die auf unerwartete Art und Weise kommunizieren?
- Wie konsensfähig sind das Projektteam bzw. -netzwerk und wie effektiv arbeiten Teammitglieder, Organisationsabteilungen und externe Beteiligte zusammen?

Die Ergebnisse einer Netzwerkanalyse dienen als Entscheidungsbasis, um bzgl. des Projekts die formalen Projektstrukturen, Prozesse und Regelungen mit den informellen Realitäten abzugleichen. Es können diejenigen Personen oder Gruppen mit größtmöglichem Einfluss über Hierarchie- und Projektgrenzen hinweg identifiziert werden, was konkret die Stufen Identifikation, Analyse und Monitoring (vgl. Kapitel 3) unterstützt. Auch arbeiten Personen, die im Projekt und im Unternehmensumfeld gut ‘vernetzt' sind, tendenziell effektiver und sind dem Projekt und dessen Zielen gegenüber loyal eingestellt, d. h. das ‘soziale' Kapital des Projekts wird erhöht. Diese Tatsache ist wiederum für ein wirkungsvolles Wissensmanagement von großer Bedeutung, da wesentliches Know–how und Erfahrungen oftmals nicht als Dokumente oder in Datenbanken gespeichert werden können. Die systematische Analyse der Abhängigkeitsverhältnisse zwischen den Projektbeteiligten, den Projekt- und Wissensressourcen, der Aufgabenzuordnung und den beteiligten Organisationen kann das Risiken- und Chancenmanagement nachhaltig verbessern und die Projektkommunikation wird dadurch zielgerichteter.

Durchführung in der Praxis

Da die Erhebung der Daten nicht anonym erfolgen kann, sind an die Vorbereitung und Durchführung einer Netzwerkanalyse erhöhte Anforderungen zu stellen. So müssen im Vorfeld mit allen Betroffenen klare Regelungen sowohl in Bezug auf die ethischen und datenschutzrechtlichen Rahmenbedingungen als auch über die Gestaltung bzw. Publikation der Ergebnisdokumentation getroffen werden. Die eigentliche Datenerhebung erfolgt unter Effektivitätsgesichtspunkten meistens mittels Onlinefragebögen, die von den Betroffenen in ca. 20 Minuten beantwortet werden können. Zur Qualitätsverbesserung können ergänzend auch so genannte Data-Mining-Verfahren zur automatisierten Analyse von Information-

und Datenquellen eingesetzt werden. Softwaretools ermöglichen es, gesammelte Daten zu analysieren und als Netzwerkdiagramme zu visualisieren. Zusätzlich berechnete aussagekräftige Indizes geben den Projektverantwortlichen zudem die Möglichkeit, Veränderungen besser bewerten und steuern zu können. In entsprechenden Feedback-Workshops werden die Ergebnisse präsentiert und wesentliche Aspekte hervorgehoben, um den Betroffenen eine gute Orientierung zu bieten. Im Anschluss erarbeiten Kleingruppen mögliche Optimierungsansätze. Das Plenum diskutiert die Vorschläge und leitet entsprechende Aktivitäten ab. Da eine SNA nur eine Momentaufnahme zeigt, kann es sinnvoll sein, die Datenerhebung/ -analyse nach ca. 4 bis 6 Monaten zu wiederholen, um die Effekte im Projektalltag zu überprüfen. Erfahrungen zeigen, dass die Methode bevorzugt in der Kickoff- und Planungsphase sowie bei Änderungen der Projektinhalte und -struktur wirksam eingesetzt werden kann.

Nachfolgende Abbildung 1.02-V2 zeigt beispielhaft Kommunikationsstrukturen in einem verteilten Projekt. Jeder Teilnehmer wurde gefragt: "An wen wenden Sie sich, um Informationen zu erhalten, die für ihre Meinungsbildung und Entscheidungsfindung in diesem Projekt wichtig sind?".

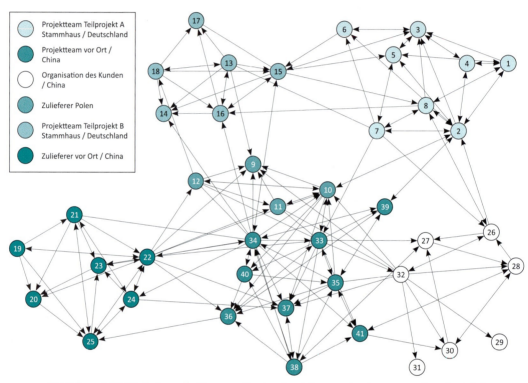

Abbildung 1.02-V2: Informelle Kommunikationsbeziehungen in einem verteilten Projekt[1]

Jede Linie repräsentiert eine Kommunikationsbeziehung zwischen zwei Personen und Pfeile zeigen die Richtung des Informationsaustausches an. Netzwerkdiagramme helfen, sowohl Schlüsselpersonen als auch -beziehungen, die für den Unternehmenserfolg von entscheidender Bedeutung sind, zu identifizieren. Auf der anderen Seite sind einige Personen unter Umständen nur lose im Netzwerk verankert und manche sind zuweilen komplett isoliert. In einigen Fällen stellen diese Outsider ungenutzte – und zuweilen auch kritische – Ressourcen dar, deren bessere Integration nachhaltige Auswirkungen auf die Effizienz und Effektivität des gesamten Projekts hat. Auch kann diese Tatsache auf ein mögliches individuelles Defizit im sozialen oder kommunikativen Bereich hindeuten.

---

1 Die Zahlen stellen unterschiedliche Akteure im Projekt dar.

Zusammenfassung

Erfolge sowohl auf Projektebene als auch im persönlichen Umfeld hängen zusehends von der Fähigkeit ab, in vernetzten Organisationsstrukturen wirkungsvoll handeln zu können. Die Social Network Analysis (SNA) erlaubt die systematische und kosteneffiziente Ermittlung von Schlüsselpersonen und -beziehungen sowie relevanter informeller Ressourcen. Dies gilt insbesondere bei Einbindung externer Projektpartner, wie Zulieferer oder Konsortialpartner, da nicht nur unterschiedliche soziokulturelle (Sub-)Systeme miteinander konkurrieren, sondern unter Umständen auch ‚verdeckte' Erwartungshaltungen existieren. Eine integrierte Analyse der im Projektumfeld existierenden Abhängigkeiten (Menschen, Wissen, Ressourcen, Aufgaben und Organisationszugehörigkeit) ermöglicht eine bessere Projektplanung und ein wirksameres Risiken- und Chancenmanagement. Zudem zeigt die Methode konkrete Handlungsoptionen auf, um sowohl die Teamkommunikation und -zusammenarbeit als auch das Wissensmanagement im Projektumfeld zielgerichtet zu verbessern.

3.2 Workshopkonzepte und Softwareunterstützung

Der folgende Abschnitt zeigt, wie Projektumfeld und Projekt-Stakeholder in das Projekt mittels Workshop und Softwareunterstützung praxisorientiert integriert werden können. Ergänzend wird der Vorschlag einer Tool-Unterstützung für das Stakeholder-Management aufgenommen. Die Ausführungen erweitern damit die phasenorientierte Betrachtung im Grundlagenkapitel und geben Projektleitern konkrete Hinweise zur Vorgehensweise und praktischen Einbindung in das eigene Projekt (vgl. ELLMANN, MEYER & WEITLANER, 2006).

Im realen Projektgeschehen zeichnet sich eine Diskrepanz zwischen dem umfangreichen, theoretischen Instrumentarium einerseits und der Umsetzung für das Stakeholder-Management andererseits ab. Zwischen 2004 und 2005 durchgeführte Interviews mit Projektleitern in einem internationalen Konzern mit überwiegend Projektgeschäft legen die These nahe, dass eine systematische Exploration und Betreuung des Projektumfelds als notwendig erkannt wurde und dass einfach zu handhabende Hilfsmittel zur praktischen Umsetzung fehlen (ELLMANN, 2008). Einzelne Stakeholder-Checklisten unterstützen zwar bereits die Identifikationsphase, jedoch nur anhand einfacher Auflistungen typischer Stakeholder; sie bieten keine aktive Hilfe, um unterschiedliche Sichtweisen und Kenntnisse mehrerer Projektbeteiligter zu integrieren. Um individuellen Anforderungen des jeweiligen Unternehmens gerecht zu werden, ist eine Adaption an die jeweiligen Besonderheiten notwendig. Zudem können sich Projektbeteiligte im Tagesgeschäft nicht mit umfangreicher Literaturrecherche befassen, sodass sie auf verdichtete Informationen und Handlungsunterstützung angewiesen sind.

Im Zusammenhang mit der Aufwandsschätzung bei der Projektplanung sind zahlreiche Verfahren zur Schätzung mittels Expertenbefragungen bekannt (vgl. BURGHARDT, 2000 sowie Elemente 1.12 Ressourcenmanagement, 1.13 Kostenmanagement und 1.16 Controlling) die von der Einbeziehung mehrerer Teilnehmer profitieren. Auch beim Identifizieren der Stakeholder ist zu erwarten, dass die unterschiedlichen Perspektiven der Projektbeteiligten verbesserte Chancen bieten, die Stakeholder des Projekts möglichst vollständig zu erfassen (vgl. ABRESCH, 1999 & CLELAND, 1998); also bietet es sich an, einen Identifikations- und Analyseworkshop in der Projektstartphase durchzuführen. Im Anschluss an die Identifikation der Stakeholder sind die Einschätzung der Einstellung zum Projekt sowie die Bewertung etwaiger Einflussmöglichkeiten der Stakeholder weitere Aufgaben, die von der Berücksichtigung unterschiedlichster Perspektiven profitieren. Auch hier werden durch die Zusammenfassung mehrerer unabhängiger Einschätzungen eine Objektivierung und damit tendenzielle Verbesserung der Bewertung durch Mittelwertbildung angestrebt. Zudem kann die Streuung der Einzelwerte als Indikator für die der Bewertung zu Grunde liegende Unsicherheit dienen. Eine effektive und effiziente Unterstützung des Stakeholder-Managements muss damit vor allem den folgenden Anforderungen genügen (vgl. ELLMANN, MEYER & WEITLANER 2006):

- Integration unterschiedlicher Ansätze der Literatur zu Basis-Checklisten, welche die Identifikation möglicher Stakeholder durch Fragen aus verschiedenen Perspektiven unterstützen und die sich an die unternehmensspezifischen Projektumgebungen anpassen lassen.
- Unterstützung eines gemeinschaftlichen Stakeholder-Managements, in dem mehrere Projektbeteiligte die Identifikation, Einschätzung und im weiteren Verlauf auch die Betreuung der Stakeholder wahrnehmen.
- Stakeholder-Management erschöpft sich nicht in der Identifikation und einmaligen Bewertung des Projektumfelds. Vielmehr ist das Umfeld regelmäßig erneut zu analysieren und die Stakeholder sind hinsichtlich ihrer Einstellung zum Projekt zu überprüfen. In dem Ausmaß, wie dies bei Leistung, Terminen und Kosten bereits der Fall ist, ist auch das Projektumfeld im Verlauf der Projektdurchführung aktiv zu steuern.
- Im Sinne einer Skalierbarkeit soll ein Methodenbaukasten das Projektteam im Rahmen eines Workshops ebenso unterstützen, wie die individuelle Bewertung durch einen einzelnen Projektleiter in kleineren Projekten oder zum Zwecke einer ersten Einordnung. Verteilte Teams erfordern eine gesonderte Betrachtung.[2]

Vor diesem Anforderungshintergrund kann eine geeignete Material- und Softwareunterstützung wertvolle Hilfestellungen im Projekt bieten. Dazu gehören zusammenfassende Leitfäden in gedruckter und digitaler Form (Hypertext) ebenso wie Materialien, die es Projektleitern ermöglichen, Workshops zum Stakeholder-Management effizient zu planen und durchzuführen. Eine Softwareanwendung zum Stakeholdermanagement bietet verteilten Teams die Möglichkeit, Workshops notfalls virtuell durchzuführen. Darüber hinaus kann der Projektleiter individuell eine erste Abschätzung des Projektumfelds vornehmen, abgeleitet von Interviewfragen, die in die Software integriert sind (vgl. Abb. 1.02-G11). Gesamtsichten zur Einschätzung des Stakeholder-Verhaltens mehrerer Beteiligter können dann online integriert werden. Die Abbildung 1.02-V3 zeigt exemplarisch Prozessschritte eines Stakeholdermanagementworkshops auf:

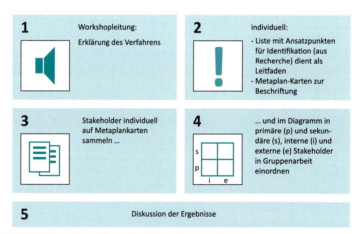

Abbildung 1.02-V3: Workshop-Phase 1 – Identifikation (ELLMANN, MEYER & WEITLANER, 2006b)

In der Identifikationsphase bietet sich eine Mischung aus individuellen Arbeitsstufen und Gruppendiskussion an. Am Ende dieser Phase sollte eine möglichst vollständige Liste von Stakeholdern stehen, die in interne und externe und ggf. primäre und sekundäre Stakeholder unterteilt ist, um eine erste Orientierung für die anschließenden Phasen der Analyse und Aktionsplanung zu erreichen.

---

2 Mit verteilten Teams sind Teams gemeint, die sich nicht an einem Standort befinden und vornehmlich virtuell kommunizieren (auch: Virtuelle Teams; vgl. beispielsweise LIPNACK; STAMPS, 1998; BARTSCH-BEUERLEIN, 2007 oder BARTSCH-BEUERLEIN; KLEE, 2001 für weiterführende Literatur).

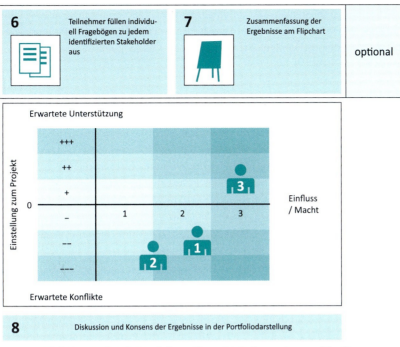

Abbildung 1.02-V4: Workshop-Phase 2 – Information und Analyse
(ELLMANN, MEYER & WEITLANER, 2006b)

Nachdem sich das Team auf potentielle Stakeholder geeinigt hat, folgt in der anschließenden Analysephase die Einstufung der Stakeholder nach Einfluss/ Macht (X-Achse) und erwartetem Konfliktpotential bzw. erwarteter Unterstützung (Y-Achse). Über einen Zwischenschritt (6+7) kann zunächst jeder Stakeholder individuell durch die Teilnehmer mittels Fragebogen analysiert werden (optional). Anschließend werden Ergebnisse entweder mittels Zwischenschritt 6+7 oder direkt anhand der Portfoliodarstellung hinsichtlich Einfluss/Macht und Konflikt-/ Unterstützungspotenzial analysiert (8). Dieses Stakeholder-Portfolio bildet die Grundlage für die darauf folgende Phase der Aktionsplanung, in der verantwortliche Personen für die unterschiedlichen Stakeholder bestimmt werden und die zeitliche Planung von Maßnahmen erfolgt (vgl. Phasendarstellung im Grundlagenwissen, Kapitel 2 und Abbildung 1.02-V7 Abbildung im Anhang). Um im Sinne des Qualitätszirkels nach DEMING (Plan-Do-Check-Act, vgl. auch Element 1.05 in diesem Fachbuch) Überprüfungen durchzuführen, ist eine regelmäßige Kontrolle der Wirksamkeit der Maßnahmen notwendig. Darüber hinaus sollte das Projektteam mögliche Veränderungen im Stakeholderverhalten oder das Auftauchen neuer Stakeholder in einem Review Workshop überprüfen.

3.3 Einführung und Evaluation eines Methodenbaukastens

Im Folgenden werden Maßnahmen und Materialien zur Unterstützung solcher Workshops vorgestellt, die unternehmensspezifisch angepasst und in unterschiedlicher Integrationstiefe im Unternehmen implementiert werden können ("Methodenbaukasten").

Workshop-Leitfäden und Moderationsmaterialien unterstützen die Moderatoren der Workshops. Beispiele für Checklisten befinden sich im Anhang zum Grundlagenkapitel. Die Ausführungen unter 3.2. geben eine Grobplanung für den Workshop vor. Eine Anpassung von Leitfäden und Checklisten an firmenspezifische Bedürfnisse ist wichtig, um entsprechend hochwertige Ergebnisse zu erzielen. Für die Rolle des Moderators kommen sowohl Projektleiter als auch Mitglieder eines Project-Management-Office oder externe Berater in Frage. Das Ziel des Leitfadens ist es, den Projektleiter selbst in die Lage zu versetzen, entsprechende Workshops mit seinem Projekt-Team durchzuführen, indem sowohl

Informationen zu den grundlegenden Methoden des Stakeholder-Managements als auch Empfehlungen zur Umsetzung des Workshops zur Verfügung gestellt werden. In Abhängigkeit von der Projektgröße kann ein solcher Workshop in wenigen Stunden oder im Rahmen von Ganztagsworkshops realisiert werden.

Die Auswertung der Workshops und die Visualisierung der Stakeholder-Situation können durch eine interne, webbasierte Lösung auf der Basis vorhandener Projektinformationssysteme unterstützt werden. Eine Software ergänzt das Gesamtkonzept zudem in der Weise, dass sie die Stakeholder-Identifikation und Analyse in kleinen und/oder verteilten Projekten unterstützt, in denen Workshops nicht möglich sind. Hierzu bietet sich beispielsweise ein Interviewmodus an, durch den Einzelpersonen das Projekt aus verschiedenen Blickwinkeln auf mögliche Stakeholder untersuchen können. Ebenso wie die Bewertung der einzelnen Stakeholder lässt sich auch die Identifikation parallel durch mehrere Personen vornehmen und die Einzelergebnisse anschließend zusammenfassen. Softwarelösungen hierzu sind im Gegensatz zur Software im Bereich Projektzeitplanung, Budgetierung und Ressourcenplanung nicht weit verbreitet (vgl. hierzu Element 1.22 IT im Projektmanagement). Das Institut für Projektmanagement und Innovation hat beispielsweise eine entsprechende Lösung entwickelt. Die Graphik in der Abbildung 1.02-V5 zeigt die stufenweise Implementierung des Stakeholdermanagements anhand zunehmender Integrationstiefe: Das Konzept eines simplen Handbuchs, gefolgt von einem Basisworkshop wird dabei sukzessiv ergänzt durch eine Softwarelösung mit einzelnen additiven Modulen bis hin zur höchsten Integrationstiefe, d. h. eine in die firmenspezifische Projektmanagement-Systematik integrierte Softwareunterstützung . Je nach Bedarf ist es möglich, nur Workshops einzuführen oder auch direkt ein Workshopkonzept inklusive maßgeschneiderter Softwarelösung in die übrige Prozesswelt einzubetten.

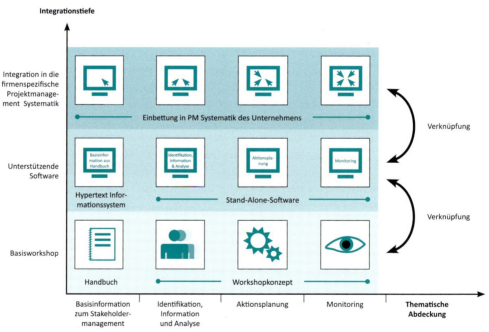

Abbildung 1.02-V5: Integration des Stakeholdermanagements im Unternehmen
(in Anlehnung an ELLMANN, MEYER & WEITLANER 2006a: 657)

Bei Anwendung einer unterstützenden Software sollte unbedingt ein Dialog mit dem Datenschutzbeauftragten und dem Betriebsrat bzw. Personalrat (öffentliche Verwaltung) erfolgen. Bei der Analyse unternehmensinterner Stakeholder sollten vorab klare Spielregeln festgelegt werden. Wird dies unterlassen, besteht die Gefahr, dass ein Missbrauch stattfindet und die softwaregestützte Systematik den Ruf eines „Mobbing-Werkzeugs" bekommt, da personenbezogene Daten gespeichert werden, die für eine Leistungsbeurteilung dienen könnten.

Zusammenfassend betrachtet sind die Voraussetzung und besondere Herausforderung, dass Hilfestellungen zum Stakeholdermanagement sowohl an die Bedürfnisse des jeweiligen Unternehmens als auch an die des einzelnen Projekts angepasst werden können. Der vorgestellte Methodenbaukasten unterstützt das Stakeholder-Management auf unterschiedlichen Ebenen und in verschiedenen Projektsituationen: Umfangreiche Workshops lassen sich hiermit ebenso gestalten wie die Abschätzung durch Einzelne oder die Zusammenfassung mehrerer Bewertungen in verteilten Teams.

4 Praxistransfer

Nachfolgend werden zwei Beispiele angeführt: Ein Beispiel erläutert die stufenweise Einführung des Stakeholdermanagements. Das zweite Beispiel veranschaulicht die praktische Anwendung des Stakeholdermanagements.

4.1 Beispiel zur Entwicklung und Einführung des Stakeholdermanagements

Mit dem Praxisbeispiel aus einem großen Industrieunternehmen soll die Entwicklung des Stakeholdermanagements als wesentliche Säule im Projektmanagement mit der Entwicklung des Risiken- und Chancenmanagements verglichen werden.

Vor Jahrzehnten erfolgte ein eher intuitives Berücksichtigen von Risiken. Mitte der 1990er Jahre wurden Risiken identifiziert und, mit der Eintrittswahrscheinlichkeit gewichtet, in die Kalkulation eingestellt. Spätestens 1998 wurde durch die Inkraftsetzung des Gesetzes zur Kontrolle und Transparenz im Unternehmensbereich, kurz KonTraG, eine gesamtheitliche Erfassung von Projekt- und Geschäftsrisiken über alle Phasen sichergestellt. Mit der Anwendung der United States Generally Accepted Accounting Principles (US-GAAP) – deutsch: „Allgemein anerkannte Rechnungslegungsgrundsätze" – wurde neben dem Risikomanagement mit den Teilaspekten Identifizierung, Analyse, Aktionsplanung und Monitoring dasselbe auch bei der Chancenbehandlung festgelegt. Im Sinne der Reifegradentwicklung wurden die Prozesse und Tools verfeinert, so dass als Ziel zu jedem Zeitpunkt, zentral und vor Ort der aktuelle Stand des Risiken- und Chancenmanagements abgerufen werden kann.

Analog dazu, nur fast eine Dekade später, wurde nach anfänglich mehr intuitiver Ermittlung, dann Ende der 1990er Jahre mit der systematischen Erfassung der Stakeholder begonnen. Positiv beeinflusst wurde das Stakeholdermanagement durch die European Foundation for Quality Management (EFQM), welche Anfang der 1990er Jahre erstmals den „European Quality Award" für Business Excellence verlieh (EFQM, 2007). Das EFQM-Modell für Organisationen wurde durch die Deutsche Gesellschaft für Projektmanagement e.V. (GPM) auf Projekte übertragen und als „Project Excellence Modell" adaptiert. Preisverleihungen (Awards) fanden erstmals 1997 in Deutschland, ab 2001 in Zusammenarbeit mit der International Project Management Association (IPMA) auch international statt. Die intensive Einbeziehung der Stakeholder in das Project Excellence Modell ist unter Grundlagenwissen, 1.2, Einordnung in das Projektmanagement ersichtlich. Ähnlich der vorgenannten Entwicklung wurden erst nach und nach Teilaspekte des Stakeholdermanagements implementiert und erkannt, dass dieses nicht nur der Risikominimierung dient, sondern wesentlich zum Projekterfolg – zur Hebung von Chancen – genutzt werden kann.

Aktuell wird das Stakeholdermanagement mit klassischen Moderationsmaterialien, wie Metaplantafeln, bewerkstelligt. Eine integrierte Lösung, mit der zentral und vor Ort der aktuelle Stand ermittelt werden kann, ist in der Konzeptfindungsphase (vgl. 3.2. und 3.3.). In Deutschland sind die Bestimmungen der

Datenschutzgesetzes (BDSG, Länder-DSG) zu beachten und im Falle der Ausdehnung auf firmeninterne Stakeholder zusätzlich die Genehmigungen durch die Betriebsräte bzw. Personalräte (öffentliche Verwaltung) einzuholen. In welcher Tiefe eine datenbasierte Lösung für das Weltgeschäft möglich und sinnvoll ist, wird sich aus den ersten Praxiserprobungen ergeben.

4.2 Beispiel für gutes Stakeholdermanagement

Für die Zulassung von technischen Anlagen in mehreren Ländern müssen in der Regel nicht nur die lokalen Vorschriften, sondern oft auch spezifische Ausprägungen berücksichtigt werden. Dies würde konträr zur Bestrebung nach einer einheitlichen technischen Produktplattform beim Hersteller stehen. Die Zulassungsbehörden sind außerdem vertraglich nicht gebunden und haben zusätzlich eine hohe Autonomie in ihrem Land. Darüber hinaus ist die Zulassung meist ein langwieriger Prozess. Aus zeitlichen Gründen überlegen sich die Hersteller, auf die Forderungen doch einzugehen und damit die Standardisierung zu vernachlässigen. Wie kann nun vermieden werden, dass alle Anforderungen aus allen Ländern berücksichtigt werden müssen?

Lösungsmöglichkeit: Es werden Vertreter aller relevanten Zulassungsbehörden (d. h. Stakeholder) zu einem „runden Tisch Gespräch" eingeladen und die Gemeinsamkeiten, aber auch unterschiedlichen Auffassungen erläutert. Der vorherige Antragsteller ('Bittsteller') kann nun als Moderator zwischen den unterschiedlichen Ansichten der Experten vermitteln und zumindest konträre Forderungen von den Teilnehmern eliminieren lassen. Dies kann zu einer klassischen Win-Win-Situation durch Austauschbarkeit und gemeinsame Standards führen.

5 Zusammenfassung

Im Hinblick auf die im vorangegangenen Kapitel beschriebenen Grundlagen des Stakeholdermanagements wurden nun einzelne Aspekte detaillierter beleuchtet. Neben der einführenden Betrachtung des Projekts aus Systemsicht waren dies der praktische Einsatz von Methoden zur Netzwerkanalyse und erprobte Workshopkonzepte in Verbindung mit angepassten Softwarelösungen. So hilft eine systemtheoretische Sichtweise den Betroffenen bei der Beschreibung und Abgrenzung des Projekts und seines Umfelds. Diese Abgrenzung ist notwendig und gestaltet sich sehr oft als schwieriger Prozess der Auftragsklärung, Zieldefinition und Abgrenzung der Projektarbeit von Aktivitäten der Linienorganisation. Das Projektteam definiert, was Bestandteil des Systems (Projekt) und was von ihm abgegrenzt (z. B. Umfeld, Stakeholder) ist. Dieses komplexe Gesamtsystem ist ein Geflecht von miteinander verknüpften oder vernetzten Variablen, die sich wechselseitig interagierend beeinflussen und von positiven oder negativen Rückkopplungen geprägt sind. Hieraus erklärt sich auch die Einordnung in Portfolio-, Programm- und Multiprojektmanagement.

Erfolge sowohl auf Projektebene als auch im persönlichen Umfeld hängen zusehends von der Fähigkeit ab, in vernetzten Organisationsstrukturen und komplexen Wertschöpfungsnetzwerken wirkungsvoll handeln zu können. Um den Betroffenen eine hinreichende Beeinflussung dieses Systems zu erlauben, können verschiedene Hilfsmittel eingesetzt werden, welche die Verantwortlichen in der Praxis wirkungsvoll unterstützen können. So unterstützt die Social Network Analysis (SNA) die systematische Identifikation von Schlüsselpersonen und -beziehungen sowie die Quantifizierung von deren Bedeutung im Projektumfeld. Eine integrierte Analyse der Abhängigkeiten (Menschen, Wissen, Ressourcen, Aufgaben und Organisationszugehörigkeit) ermöglicht ein wirksameres Risiken- und Chancenmanagement sowie eine besser abgestimmte Projektplanung. Zudem zeigt die Methode konkrete Handlungsoptionen auf, um sowohl die Teamkommunikation/ -zusammenarbeit als auch das Wissensmanagement im Projektumfeld zielgerichtet zu optimieren.

Workshopkonzepte nebst entsprechender Softwareunterstützung erweitern die phasenorientierte Betrachtung im Grundlagenkapitel um eine praktische Komponente und geben Projektleitern konkrete Hinweise bzw. Anregungen zur Anwendung im eigenen Projekt. So unterstützt die Durchführung eines Identifikations- und Analyseworkshops in der Projektstartphase die umfassende Identifikation der Stakeholder sowie die unterschiedlichen Perspektiven der Projektbeteiligten. Das Stakeholder-Portfolio bildet die Grundlage für die Aktionsplanung, in der verantwortliche (Kontakt-)Personen für die unterschiedlichen Stakeholder bestimmt werden und die zeitliche Planung von Maßnahmen erfolgt. Der vorgestellte Methodenbaukasten unterstützt das Stakeholder-Management auf unterschiedlichen Ebenen und in verschiedenen Projektsituationen: Umfangreiche Workshops lassen sich hiermit ebenso gestalten wie die Abschätzung durch Einzelne oder die Zusammenfassung mehrerer Bewertungen in verteilten Teams.

Im Kontext des Praxistransfers verdeutlichen anschauliche Beispiele die stufenweise Einführung sowie die praktischen Anwendung des Stakeholdermanagements im Projektalltag.

6   Fragen zur Wiederholung

Fragen zu 2	
1	Wie würden Sie ein komplexes System charakterisieren? ☐
Fragen zu 3.1	
2	Welche Fragestellungen lassen sich mittels Social Network Analysis (SNA) im Rahmen des Stakeholdermanagements klären? ☐
3	In welchen Projektphasen bietet sich die Durchführung einer SNA besonders an? ☐
Fragen zu 3.2 und 3.3	
4	Welche Vorteile bietet ein Workshop mit Einbezug des Projektteams beim Stakeholdermanagement? ☐
5	Was ist bei der Einführung eines softwaregestützten Stakeholdermanagements zu beachten? ☐

Die Antworten sind in den jeweiligen Kapiteln direkt erkennbar.

7 Anhang: Tabellen und Checklisten

	Menschen	Wissen / Ressourcen	Aufgaben / Ereignisse	Organisationen / Zugehörigkeiten
Menschen	**Soziales Netzwerk** Wer steht mit wem in Kontakt?	**Individuelles Wissen- und Ressourcennetzwerk** Wer weiß was? Wer verfügt über was?	**Aufgaben- und Ereignisnetzwerk** Wer macht was? Was passiert zu einem bestimmten Zeitpunkt?	**Zugehörigkeits- und Anwesenheitsnetzwerk** Wer ist Mitglied welcher Organisation? Wer nimmt an welchen Ereignissen teil?
Wissen / Ressourcen		**Informationsnetzwerk** Welche Informationen führen zu welchem Wissen? Welches Wissen ist zur Benutzung einer Ressource notwendig?	**Anforderungsnetzwerk** Welche Ressource ist für die Erledigung einer Aufgabe nötig? Welches Wissen ist zur Erledigung einer Aufgabe nötig?	**Organisatorisches Wissen- und Ressourcennetzwerk** Welche Organisation verfügt über welches Wissen? Welche Organisation verfügt über welche Ressourcen?
Aufgaben / Ereignisse				**Unterstützungsnetzwerk** Welche Organisation unterstützt welche Aufgabe oder welches Ereignis?
Organisationen / Zugehörigkeiten				**Organisationsnetzwerk** Welche Organisation steht mit welcher in Kontakt? Welche Organisationen sind durch Schlüsselpersonen miteinander vernetzt?

Abbildung 1.02.V6: Meta-Matrix Model (in Anlehnung an CARLEY; REMINGA, 2004: 2)

Anmerkung: Ein Großteil der zwischenmenschlichen Kommunikation und des Wissensaustausches findet auf informeller Ebene statt. Besonders in verteilten und multikulturellen Projektumgebungen erreichen wichtige Informationen – trotz entsprechender Regelungen und Toolunterstützung – die Verantwortlichen zu spät oder gar nicht. Oftmals entscheidende Zusammenhänge und Tendenzen können aufgrund der Komplexität und Dynamik des Umfeldes von den Verantwortlichen nicht rechtzeitig wahrgenommen werden. Dies hat zur Folge, dass die formale Planung/ Steuerung den informellen Gegebenheiten – besonders im Bereich der Stakeholder – nicht mehr gerecht werden kann, mit entsprechend negativen Auswirkungen für das Projekt. Das in Abbildung 1.02-V6 dargestellte Meta-Matrix Modell bildet einen Referenzrahmen, auf dessen Basis mittels entsprechender Netzwerkanalyseanwendungen `verdeckte´ Risiken und Optimierungspotentiale systematisch identifiziert und quantifiziert werden können.

In nachfolgender Tabelle können die Ergebnisse des Workshops (vgl. Kapitel 3.2) eingetragen werden. Die verwendeten Beispiele entsprechen der Darstellung 1.02-G6 aus dem Grundlagenwissen. Werte zur Einstellung und zu Einfluss/Macht können direkt aus der Portfoliodarstellung übernommen werden. Die Informationen bilden die Grundlage für ein zielgerichtetes Monitoring des Stakeholder.

A)	Allgemeine Daten				Intern/Extern		Einstellung des Stakeholders zum Projekt			Einfluss/Macht des Stakeholders		
Name des Stakeholder	Adresse	Mail	Tel.	Branche	Interner Stakeholder	Externer Stakeholder	Erwartete Einstellung	Sicherheit über die eigene Einschätzung	Tendenz	Erwartetes Machtpotential	Sicherheit über eigene Einschätzung	Tendenz
Auswahl							①	②	③	④	②	⑤
Stakeholder 1 (Anwohner)	Text	Text	Text	Text		X	--	?	↗	2	?	→
Stakeholder 2 (Umweltverband xy)	Text	Text	Text	Text		X	---	✓	→	2	✓	→

B)	Hintergrundinformationen			Aktionsplanung und Monitoring		
Name des Stakeholder	Beschreibung des Stakeholder Ziels	Abhängigkeiten des Stakeholders	Weitere Kommentare	Monitoring-Turnus	Aktualisierung von Maßnahmen	Verantwortliches Teammitglied
Auswahl						
Stakeholder 1 (Anwohner)	Wollen Lärmbelästigung und Unannehmlichkeiten verhindern.	keine bekannt	erweisen sich bisher als eher kooperativ.	wöchentliche Durchsprache im Jour Fixe	klare Informationspolitik	Projektleiter
Stakeholder 2 (Umweltverband xy)	Anlage und Gebäude sollen sich optisch in die Landschaft einfügen. Umweltschonendes Vorgehen des Projekts und ökologische Bauweise.	Möglicherweise Bürgerinitiativen, Mitglieder	Ist als sehr aktiver Verband bekannt.	wöchentliche Durchsprache im Jour Fixe	Konzeptvorstellung auf Info-Börse im Mai	Projektleiter

Legende:

① Einstellung
+++ = stark positive Einstellung zum Projekt
++ = positive Einstellung zum Projekt
+ = schwach positive Einstellung zum Projekt
0 = neutrale Einstellung zum Projekt
- = gering negative Einstellung zum Projekt
-- = negative Einstellung zum Projekt
--- = stark negative Einstellung zum Projekt

② Sicherheit
✓ = sehr sicher
? = sicher
?? = unsicher

③ Tendenz für Einstellung
↗ = Einstellung zum Projekt verändert sich voraussichtlich positiv
→ = Einstellung bleibt gleich
↘ = Einstellung verändert sich voraussichtlich negativ

④ Erwartetes Machtpotential
1 = keine oder geringe Macht auf das Projekt
2 = mittlere Machtposition gegenüber dem Projekt
3 = stark Machtposition gegenüber dem Projekt

⑤ Tendenz für Einfluss/Macht
↗ = Macht/Einfluss auf das Projekt wird steigen
→ = Macht/Einfluss auf das Projekt bleibt gleich
↘ = Macht/Einfluss auf das Projekt wird steigen

Abbildung 1.02-V7: Vorlage für die Aktionsplanung und Maßnahmenverfolgung im Rahmen des Monitorings

1.03 Projektanforderungen und Projektziele
(Project requirements & objectives)

Thomas Eberhard, Nino Grau

Lernziele

Sie kennen

- die (drei) Auslöser für Projektanforderungen und können den Nutzen eines systematischen Anforderungsmanagements erklären
- den Unterschied und den Zweck eines Lastenheftes und eines Pflichtenheftes
- den Einfluss der Projektanforderungen auf den gesamten Projektansatz

Sie wissen

- welche Faktoren maßgeblich das Vorgehensmodell im Projekt vorbestimmen
- was Traceability von Projektanforderungen an Nutzen und Aufwand bedeutet
- dass Projektanforderungen sich in Abnahmekriterien widerspiegeln. Sie erkennen in Ihren Projekten, wenn es sinnvoll und durchführbar ist, die Verbindung von Anforderungen und Abnahmekriterien frühzeitig einzugehen
- welche Faktoren darüber entscheiden, ob in Ihrem Projekt Traceability sinnvoll einsetzbar ist

Sie können

- verschiedene Projektanforderungsarten anhand von Beispielen erklären
- Projektanforderungen in explizite und implizite Anforderungen unterteilen und verstehen den Nutzen der Anforderungspriorisierung
- die vier Arbeitsschritte im Anforderungsmanagement in der richtigen Reihenfolge nennen und deren Inhalt erklären

Inhalt

1	Anforderungen	1399
1.1	Definitionen	1399
1.2	Motivation: Relevanz vom Anforderungsmanagement	1400
1.3	Relative Kosten für die Korrektur von Anforderungen	1400
1.4	Auslöser von Anforderungen	1401
1.5	Vorteil des systematischen Anforderungsmanagements	1402
1.6	Anforderungsarten	1403
1.7	Anforderungspriorisierung	1404
1.8	Arbeitsschritte im Anforderungsmanagement	1404
1.8.1	Anforderungen ermitteln	1405
1.8.2	Anforderungen spezifizieren und validieren	1405
1.8.3	Anforderungen analysieren und vereinbaren	1406
1.8.4	Anforderungen verfolgen	1407
2	Ausgewählte Themen zu Projektanforderungen	1408
2.1	Der Einfluss von Projektanforderungen auf die Wahl des Vorgehensmodells	1408
2.2	Traceability	1409
2.3	Von der Anforderung zur Abnahme / Freigabe	1412
3	Zusammenfassung	1414
4	Fragen zur Wiederholung	1414

1 Anforderungen

1.1 Definitionen

Definition Anforderungen

> **§ Definition** „Eine Anforderung (engl. requirements) ist eine Darstellung einer Bedingung oder Fähigkeit, die zur Lösung eines Problems oder zur Erreichung eines Zieles erforderlich ist" (IEEE 610,12 – 1990).
>
> „Eine Anforderung ist eine Aussage über eine Eigenschaft oder Leistung eines Produktes, eines Prozesses oder der am Prozess beteiligten Person" (RUPP 2004: 138).

Bei diesen Definitionen erkennt man bereits, dass eine Aufgabenstellung vorliegen muss, um Anforderungen stellen zu können.

Anforderungen fließen in Verträge, Entwicklungsaufträge und Projektpläne ein. Sie werden in einer gemeinsamen Sprache von Kunden und Spezialisten formuliert.

Definition Anforderungsmanagement

> **§ Definition** Unter Anforderungsmanagement (engl. requirements engineering) versteht man „die Identifizierung der Stakeholder und Ausarbeitung ihrer Wünsche an das Projekt."

Die Wünsche und Anforderungen werden am Projektbeginn erhoben, bewertet und priorisiert. In Anbetracht eines feststehenden Budgets und eines Terminzieles für das Projekt ist die Liste der Anforderungen und Wünsche in der Regel länger als der Leistungsumfang des Projektes. Im Anforderungsmanagement besteht grundsätzlich eine Kundenbeziehung, egal, ob der Kunde ein interner oder externer Nutzer des Produktes oder der Dienstleistung ist. Im Weiteren wird in diesem Text von Kunden in diesem Sinne gesprochen.

Je größer der Projektumfang und je höher Innovation und Komplexität sind, desto eher fällt das „Requirements Management" an Spezialisten, die dem Projektmanager beratend zur Seite stehen.

Mit Hilfe der Systematik des Anforderungsmanagements wird die unüberschaubare Anzahl von Anforderungen in komplexen Umfeldern erst beherrschbar.

Die International Competence Baseline (ICB) der IPMA gliedert die für einen Projektmanager relevanten 46 Elemente dieses Buches in drei Kompetenzbereiche:

1. Die **PM-technischen Projektmanagement-Kompetenzen** beschreiben spezifische Fachkompetenzen
2. Die **PM-Verhaltenskompetenzen** behandeln die persönlichen Beziehungen zwischen den in Projekten, Programmen und Portfolios geleiteten Einzelpersonen und Gruppen
3. Die **PM-Kontextkompetenzen** behandeln die Interaktion des Projektteams mit seinem Umfeld und der Linienorganisation.

Kompetenz ist die Kombination aus Wissen, Verhalten, Fertigkeiten und Erfahrungen, die es erfordert, um in einer Situation erfolgreich zu sein. Das ICB Element 1.03 „Projektanforderungen und Projektziele" wird von der IPMA als technische Kompetenz kategorisiert (vgl. ICB 3.0).

1.2 Motivation: Relevanz vom Anforderungsmanagement

Die Standish Group (www.standishgroup.com) veröffentlicht einmal pro Jahr einen vielbeachteten Chaos Report. Dieser zeigt u. a. die häufigsten Ursachen für das Scheitern von Projekten auf. Die Bilanz ist traurig und spricht klar für eine Projekt-Governance (von frz. „gouverner" verwalten, leiten, überwachen, Interessen wahren) nach Ingenieursprinzipen. Nach der Standish Group ist mit 13 Prozent mangelndes „Clear Statement of Requirements", d. h. eine ungenaue Anforderungsanalyse, eine der drei häufigsten Ursachen für das Scheitern von Projekten.

Nach einer Studie von JONES stellen fehlerhafte Anforderungen die häufigste Ursache für Defizite oder Defekte von Anwendungen dar. Ihre Behebung verursacht mit Abstand mehr Kosten als etwa Design- oder Programmierfehler, weil ihre Korrektur zu Folgeaufwendungen in späteren Entwicklungsphasen führen (vgl. BRUNO SCHIENMANN, 2002: 19).

Das bedeutet, dass Anforderungen mit möglichst vielen Stakeholdern frühzeitig zu erheben viel kosten- und zeitgünstiger ist als späte Ergänzungen oder viele Änderungen an unpräzisen Anforderungen. Infolgedessen sollte der Erhebungsphase im Projekt eine angemessene Zeit eingeräumt werden.

Die in diesem Kapitel behandelten Begriffe „Anforderungen" und „Ziele" werden sowohl in der Praxis als auch in der Literatur nicht immer trennscharf unterschieden. Hier werden die Begriffe im Sinne der Definition der ICB 3.0 verwendet. Soweit abweichende oder weitergehende Definitionen benutzt werden, wird dies explizit angegeben – ggf. mit einem entsprechenden Literaturverweis.

Im Basisteil wird der Themenbereich der Projektziele aufgearbeitet, im Vertiefungsteil der Themenbereich der Projektanforderungen.

1.3 Relative Kosten für die Korrektur von Anforderungen

Barry W. BOEHM weist auf die Relevanz von Anforderungsmanagement hin. Das „Cost of Change Model" (relative Kosten für die Korrektur von Anforderungen) zeigt, dass – bei der Anwendung des Wasserfallmodells – die relativen Kosten für die Korrektur der Anforderungen im Projektverlauf dramatisch steigen. Kostet eine derartige Korrektur in der frühen Anforderungsphase nur 1 Euro, so können diese Änderungskosten zum Projektende bis zu 100 Euro betragen (1:10:100 Euro je nach Projektphase). Nach dem Wasserfallmodell werden alle Aktivitäten innerhalb einer Phase durchgeführt und gelten dann als abgeschlossen. Die nachfolgende Phase geht vom feststehenden Ergebnis der Vorphase aus und bearbeitet dieses Vorergebnis entsprechend dem Phasenziel weiter. Bei Fehlern in frühen Projektphasen, die in späten Projektphasen entdeckt werden, muss die Bearbeitung in allen Phasen nachträglich erneut durchlaufen werden.

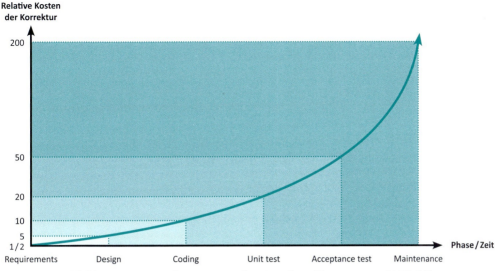

Abbildung 1.03-V1: Relative Kosten der Korrektur (SCHIENMANN, 2002: 20)

Auch DAVIS zeigt, dass die relativen Kosten der Korrektur von fehlerhaften Anforderungen sprunghaft mit den Entwicklungsphasen steigen. Die Beseitigung eines Fehlers in der Kodierungsphase verursachen die zehnfachen Kosten gegenüber der Korrektur in der Anforderungsdefinition (vgl. DAVIS, 1993).

1.4 Auslöser von Anforderungen

Anforderungen können die unterschiedlichsten Auslöser haben:

- Rechtliche Anforderungen
  ergeben sich u. a. aus Gesetzen, Normen, Verordnungen oder behördlichen Vorschriften. Hier erübrigt sich manchmal sogar die Berechnung der Kosten-Nutzen-Relation, da ohne die Einhaltung dieser Gesetze das Geschäftsmodell nicht mehr betrieben werden darf. Ein Beispiel hierfür war die Euro-Umstellung.
- Geschäftspolitisch relevante Anforderungen
  Hier werden Leistungen an Produkte oder Dienstleistungen formuliert, die der Kunde in Zukunft erwartet und von denen man sich einen ausreichenden Profit verspricht.
- Technische Anforderungen
  sind die sich stetig ändernden technischen Standards, welche die Unternehmen brauchen, um ihre Geschäftsprozesse und IT-Anwendungen zu betreiben. Als Beispiel sei hier das 12 Volt Stromnetz in der Automobilwirtschaft genannt.

Tipp Wenn man am Projektbeginn keinen guten Grund für die Projektdurchführung erkennen kann, so sollte man skeptisch sein. Diese Art von Projekten ist stets durch frühzeitigen Abbruch gefährdet, weil ihre Nutzenbetrachtung nach Personalwechsel oder bei aufkommenden Sparnöten noch kritischer erfolgen kann.

Projektziele leiten sich in der Regel aus Notwendigkeiten oder Sachzwängen ab. Das heißt, die Quelle jeder Projektidee ist ein notwendiger Optimierungs- oder Veränderungswunsch. Die Rechtfertigung, ein Projekt durchzuführen, entsteht in der Marktwirtschaft erst nach Bewertung der Änderungswünsche auf Basis ihrer voraussichtlichen Kosten-Nutzen-Relation (vgl. Instrumente, wie Business Cases etc.).

Eine Kontrollfrage zur Notwendigkeit von Projekten kann man sich selber stellen und beantworten: Was passiert, wenn das Projekt nicht durchgeführt wird? Sollte trotz Projektverzicht kein Schaden oder Nachteil entstehen, so ist die Durchführung aus betriebswirtschaftlichen Gründen infrage zu stellen.

1.5 Vorteil des systematischen Anforderungsmanagements

Was ist der Vorteil eines systematisch eingesetzten Anforderungsmanagements?

- **Klare Leistungsdefinition**
  Die einmal aufgenommenen, validierten und angenommenen Anforderungen werden bewusst in den Leistungsumfang des Projektes aufgenommen, sind damit „in scope, und stehen widerspruchsfrei zu den Projektzielen."
- **Eindeutige Basis für Änderungen**
  Definierte Anforderungen sind die Basis, um im Projektverlauf Änderungen im Leistungsumfang (engl. scope) vorzunehmen. Vor der Annahme von Leistungsänderungen (engl. change requests) sind ihre Auswirkungen auf Zeit, Kosten, Quantität und Qualität hin zu prüfen und ggf. sind die Projektpläne anzupassen. Der Änderungsprozess ist zum Projektbeginn genau zu beschreiben. Änderungen sind von einem Change Control Board (Definition und Aufgaben des Change Control Boards, vgl. 1.15_Änderungen) freizugeben. Die Bedeutung von Anforderungen endet nicht am Ende des Projektlebenszyklus. Denn auch Systemänderungen in der Nutzungsphase (Produktlebenszyklus) beruhen auf diesen Anforderungen.
- **Eindeutige Leistungsabgrenzung**
  Was nicht als Anforderung angenommen wird und demnach nicht zum Leistungsumfang gehört, ist „out of scope". Der Projektmanager ist auch dafür verantwortlich, dass nur vereinbarte Leistungen durch das Projektteam erbracht werden, nicht zuletzt, weil er Kosten- und Terminrestriktionen einzuhalten hat.
- **Haftungsfragen, Nachweis systematischer Arbeit**
  Bei Schadensersatz- und Produkthaftungsfragen kann der systematische Einsatz des Anforderungsmanagements eine Rolle spielen. Er kann als Nachweis für systematische Arbeit dienen.

1.6 Anforderungsarten

Es gibt verschiedene Arten von Anforderungen:

a) **Funktionale und nicht funktionale Anforderungen**

   a. **Funktionale Anforderungen** beschreiben, wie ein System im weiteren Sinne bestimmte Aktionen selbstständig ausführt.

   Sie beantworten die Fragen:
   - Was soll das System leisten?
   - Welche Geschäftsprozesse werden unterstützt?

   Beispiel: Das IT-System erstellt eine Rechnung auf Basis der verkauften Mengen.

   b. **Nichtfunktionale Anforderungen** (NFA) definieren die Qualität sowie Art und Weise des Produktes oder der Dienstleistung.

   Sie beantworten u. a. die Fragen:
   - Welchen Serviceanspruch soll die Dienstleistung erfüllen?
   - Wie wartungsarm ist die Software?
   - Wie ausfallsicher und wie performant ist die Applikation?

   Beispiel: Das IT-System hat eine Antwortzeit unter einer Sekunde beim Berichtsaufruf.

   ● **Tipp** Um die nichtfunktionalen Anforderungen aufzudecken, ist auf die Verwendung von Adjektiven bei der Anforderungsanalyse zu achten, wie zuverlässig, verfügbar, wartungsfreundlich, fehlerfrei oder ergonomisch. Aus diesen Indizien sollten eigene funktionale Anforderungen ausgearbeitet werden. Die nichtfunktionalen Anforderungen werden häufig übersehen, da es sehr mühsam ist, sie präzise zu beschreiben. Ihre frühe Erkennung ist wichtig, da sie die gesamte Lösungsarchitektur beeinflussen können (z. B. Echtzeitbetrieb).

b) **Technische Anforderungen**, wie Hardwareanforderungen oder der Einsatz von Programmiersprachen sind definierte Voraussetzungen, um die funktionalen Anforderungen erfüllen zu können.
Beispiel: Das IT-System wird mit einer objektorientierten Programmiersprache entwickelt.

c) **Qualitätsanforderungen** sind z. B. Forderungen zur Güte der Produkte, der Leistungen, der Prozesse oder der im Prozess involvierten Menschen.
Beispiel: ISO9000 Zertifizierung oder IPMA zertifiziertes Projektpersonal

d) **Projektdurchführungsanforderungen** (= Anforderungen an die Durchführung der Entwicklung und Einführung) schreiben den Projektmitarbeitern vor, wie ein System entwickelt oder implementiert wird.
Beispiel: Anwendung einer Projektmethodik oder / und Einsatz von nach IPMA zertifiziertem Projektpersonal

e) **Rechtlich-vertragliche Anforderungen** regeln neben den üblichen Vertragsbestimmungen Tatbestände der Nichterfüllung wie z. B. nicht eingehaltene Zahlungstermine sowie Bedingungen für Vertragsstrafen.
Beispiel: Der go-live Termin für das neue IT-System ist der 01.01.2009. Für jede volle Woche, die das neue IT-System später produktiv geht, werden 10.000 Euro Pönale fällig (vgl. SOMMERVILLE, 2007).

Eine weitere Unterscheidung ist z. B. nach der Offenheit der Anforderung in **explizite** (vom Kunden ausdrücklich genannte) und **implizite** (im Ausdruck versteckt enthaltene) Anforderungen möglich. Die expliziten Anforderungen sind funktional, die impliziten können auf den persönlichen Vorteil der handelnden Personen gerichtet sein. Ziel ist, die impliziten in explizite Anforderungen zu überführen.

1.7 Anforderungspriorisierung

Nach dem bereits oben zitierten Chaos Report werden mehr als die Hälfte der von Systemen geforderten Eigenschaften später nicht genutzt. Angesichts der Knappheit der Ressourcen im Projekt sollte die Projektarbeit auf die genutzten und gerechtfertigten Eigenschaften gelenkt werden. Um die „richtigen Anforderungen" auszuwählen, sollten diese priorisiert werden. Mithilfe eines einfachen Schemas kann hier viel erreicht werden. Anforderungen werden kategorisiert in:

- Muss sein / must be / "must have"
- Soll sein / should be
- Kann sein / could be / "nice to have"

💧 **Tipp** Wichtig ist, dass die Kategorien vorher zweifelsfrei erklärt werden, damit alle Beteiligten das Gleiche darunter verstehen. Die Einteilung kann je nach Situation mit verschiedenen Werkzeugen und Methoden (üblich: iterativ), zum Beispiel durch Vergabe von Punkten, erreicht werden.

Darüber hinaus gibt es gesetzliche Vorschriften oder ethische Grundsätze (z. B. Abwendung der Bedrohung von Menschenleben), die Anforderungen notwendig machen.

Den möglichen Schaden in Verbindung mit der Eintrittswahrscheinlichkeit nennt man **Kritikalität**. Die Kritikalität führt auch zu einer Priorisierung von Anforderungen. Sowie die Anforderungspriorisierung mit der Abwehr von Gefahren zu tun hat, muss der Auftraggeber aktiv sein und kann die Priorisierung nicht mehr an seinen Auftragnehmer delegieren (vgl. RUPP, 2004). Je höher die Kritikalität einer Anforderung eingestuft wird, umso detaillierter sollten die Abnahmekriterien verfasst und umso öfter und früher im Projekt sollten sinnvolle Prüfstufen eingeplant werden.

1.8 Arbeitsschritte im Anforderungsmanagement

Die erforderlichen Arbeitsschritte, um ein Projekt durch Anforderungen zu managen, sind:

1	Anforderungen ermitteln → 1.8.1
2	Anforderungen spezifizieren und validieren → 1.8.2
3	Anforderungen analysieren und vereinbaren → 1.8.3
4	Anforderungen verfolgen → 1.8.4

Abbildung 1.03-V2: Arbeitsschritte im Anforderungsmanagement (EBERT 2005: 87–205)

1.8.1 Anforderungen ermitteln

Zunächst muss eine klare Zielvorstellung zum Projekt bestehen, nach deren Grundidee die Anforderungen gesammelt und priorisiert werden können.

Die gründliche Definition der Projektziele beeinflusst maßgeblich die erreichbaren Ergebnisse. Weinberg und Schulman haben im Jahr 1974 ein Experiment mit Softwareentwicklern durchgeführt: Fünf Gruppen sollten eine Software entwickeln, jedoch hatten alle fünf unterschiedlich gelagerte Projektschwerpunkte (nach Performance, Ergonomie, Wartungsfreundlichkeit etc.). Jede Gruppe realisierte ihre Software und erreichte im Vergleich zu den anderen Gruppen in ihrem Projektschwerpunkt das beste Resultat (vgl. EBERT, 2005). Die Konzentration auf einen bestimmten Projektschwerpunkt bedingt – bei limitierten Zeit- und Kostenvorgaben – die anderen Schwerpunkte nicht mehr zum bestmöglichen Ergebnis zu entwickeln.

Tipp Ein wichtiger Aspekt ist, den Kunden und seine Erwartungen zu verstehen. Es besteht ein großer Unterschied darin, ob man dem Kunden eine Leistung erbringen, welche er tatsächlich braucht, oder ob ihm eine Leistung erbracht wird, die er haben will. In der Regel beziehen sich Dokumente, wie Leistungsbeschreibung oder Projektvertrag, auf die Leistung, die der Kunde haben will. Die Projektarbeit wird an den vom Kunden geforderten Leistungen gemessen. Jede Anforderung muss aus der Kundenperspektive einen Nutzen erbringen. Für mehr oder höhere Anforderungen muss der Kunde einen klaren Zusatznutzen erkennen, für den er bereit ist zu zahlen (vgl. EBERT, 2005).

Tipp Die Anforderungen sind lösungsfrei zu formulieren. Auch wenn sich bereits eine Lösung offenkundig anbietet, so sollten die Anforderungen den Lösungsraum durch seine Formulierung nicht frühzeitig einschränken (vgl. RUPP, 2004).

1.8.2 Anforderungen spezifizieren und validieren

Durch Spezifizieren und Validieren werden die gesammelten Anforderungen zum Bestandteil im Lastenheft. Die Validierung (lat. stark, gelten, gesund) (vgl. Fremdwörterlexikon, 1982, Seite 471) ist die Prüfung eines Plans oder eines Lösungsvorschlags in Bezug auf das zu lösende Problem. Die frühzeitige Validierung einer Anforderung hilft, Fehler rechtzeitig zu erkennen und technische, menschliche oder prozessuale Kommunikationsverluste zu vermeiden (vgl. EBERT, 2005).

Das Lastenheft ist ein zentral verwaltetes, versioniertes und verbindliches Dokument. In den nachfolgenden Arbeitsschritten gewinnen die Anforderungen an Qualität.

> **§ Definition** Eine gute Spezifikation hat idealer Weise die folgenden Eigenschaften:
>
> - Eindeutigkeit: Die Formulierung einer unmissverständlichen Anforderung
> - Konsistenz: Die Formulierung einer widerspruchsfreien Anforderung
> - Geltung: Über die Anforderung muss Einigkeit bestehen
> - Priorisierung: Einstufung der Anforderung nach ihrer Wichtigkeit, Dringlichkeit und Kritikalität
> - Verifizierbarkeit: Die Anforderung ist testbar
> - Realisierbarkeit: Die Anforderung kann umgesetzt werden
>
> (vgl. SCHIENMANN, 2002: 177)
>
> „Ein Lastenheft (engl.: requirements specification) beschreibt die unmittelbaren Anforderungen durch den Besteller eines Produktes."
> Gemäß DIN 69905 (Begriffe der Projektabwicklung) beschreibt das Lastenheft die „vom Auftraggeber festgelegte Gesamtheit der Forderungen an die Lieferungen und Leistungen eines Auftragnehmers innerhalb eines Auftrages" (MOTZEL, 2006: 116). Das Lastenheft beschreibt in der Regel, was und wofür etwas gemacht werden soll.

Das Lastenheft ist in der Regel ein Ergebnis der Planungsphase und wird von der Produktentwicklung als Vorstufe des Pflichtenheftes erarbeitet.

1.8.3 Anforderungen analysieren und vereinbaren

Im dritten Arbeitsschritt wird, ausgehend von der Spezifikation, ein erstes Lösungsmodell entwickelt. Bei der Beschreibung der Lösung entstehen neue Fragen, die ggf. sogar weitere Anforderungen ergeben. Da in diesem Schritt der Problemraum verlassen wird und der Lösungsraum erstmals im Vordergrund steht, ändert sich auch die Sprache in den Dokumenten (vgl. EBERT, 2005).

Die präferierte Lösung wird im Pflichtenheft dokumentiert.

> **§ Definition** Das Pflichtenheft (engl.: performance specification) wird vom Auftragnehmer erarbeitet und beschreibt auf der Grundlage des vom Auftraggeber vorgegebenen Lastenheftes die Realisierungsvorgaben. Der Auftraggeber bestätigt auf Wunsch des Auftragnehmers das Pflichtenheft, um Gewissheit über die zu erwartende Leistung zu erhalten. Es ist bewährte Praxis, bei der Erstellung eines Pflichtenheftes das Ein- und Ausschlussprinzip zu verwenden, d.h., konkrete Fälle explizit ein- oder auszuschließen (vgl. MOTZEL 2006; SOMMERVILLE 2007).

Die nachfolgende Abbildung 1.03-V3 illustriert den Zusammenhang von Problemraum und Lastenheft sowie von Lösungsraum und Pflichtenheft. Zunächst werden das Problem, die Aufgabenstellung oder Zielvorstellung (daher Problemraum) im Lastenheft beschrieben. Im Lastenheft werden oft die ersten Wunschvorstellungen des Auftraggebers festgehalten. Diese Wunschvorstellungen werden auf ihre Machbarkeit hin untersucht. Das Ergebnis, d.h. die realistischen Ziele, werden dann in das Pflichtenheft aufgenommen. Das Pflichtenheft zeigt mögliche Lösungen (Lösungsraum) für die Aufgabenstellung im Lastenheft auf.

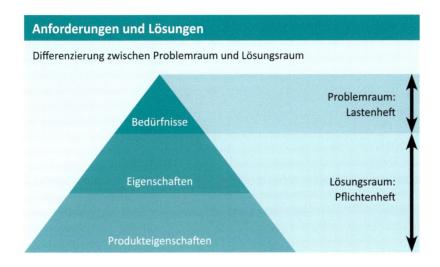

Abbildung 1.03-V3: Unterscheidung in Problem- und Lösungsraum
(Eigene Darstellung in Anlehnung an EBERT, 2005: 13f)

1.8.4 Anforderungen verfolgen

Projektpläne und Anforderungen unterliegen im Projektverlauf einer Dynamik. Je länger die Projektlaufzeit, desto mehr Änderungen treten ein. Ebert geht als „Daumenwert" von ein bis drei Prozent Änderungen pro Monat, bezogen auf den Projektaufwand, aus (vgl. EBERT, 2005). Die Verfolgung der Anforderungen stellt sicher, dass aus den Anforderungen Projektergebnisse werden. Daher muss eine Verbindung zwischen dem Bedarfsträger über die Lösungsbeschreibung bis hin zum Projektliefergegenstand erhalten bleiben. Sollte sich das Geschäftsmodell ändern oder überarbeitet der Bedarfsträger seine Anforderungen, so ist leicht herauszufinden, welche Lieferergebnisse anzupassen sind.

Das Vorgehen bei Änderungen findet sich im Kapitel 1.15_Änderungen in diesem Buch. Es gilt zu beachten, dass bei der Änderung der Anforderungen der hier beschriebene Weg (Ermitteln, Spezifizieren etc.) erneut von vorne durchlaufen werden sollte.

Basierend auf der Spezifikation, werden Projektpläne, Tests und Aufwände konsistent geplant. Die Strukturierung wird durch Arbeitsvorlagen (Templates, Schablonen) unterstützt. Es empfiehlt sich, Vorlagen für ein Projekt zu benutzen. Die gleiche Vorlage kann über mehrere Projekte einheitlich angewendet werden. Erprobte Vorlagen finden sich u. a. bei IEEE Standard 830 (Institute of Electrical and Electronic Engineers) oder (http://www.volere.co.uk).

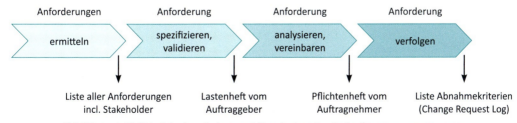

Abbildung 1.03-V4: Arbeitsschritte und Ergebnisse im Anforderungsmanagement

2 Ausgewählte Themen zu Projektanforderungen

In den nachfolgenden Kapiteln werden ausgewählte Themen für den fortgeschrittenen Leser dargestellt. Die Themen stehen nicht in einer bestimmten Reihenfolge. Vertiefung bedeutet hier, dass der verantwortliche Projektmanager im Einzelfall abwägen sollte, ob und wie er die hier beschriebenen Werkzeuge in seinen Projekten zum Einsatz bringt. Zur Vertiefung gehört auch, dass es kein eindeutiges „Richtig oder Falsch" gibt.

2.1 Der Einfluss von Projektanforderungen auf die Wahl des Vorgehensmodells

Bei der Entwicklung von neuen Produkten oder Dienstleistungen kann man eine Vielzahl unterschiedlicher Vorgehensmodelle anwenden. Vorgehensmodelle beziehen sich auf das Projektmanagement, d.h. auf das Management von Projekten. Ein Vorgehensmodell muss zur Projektaufgabe passen. Es ordnet Aufgaben und Aktivitäten in eine logischen Reihenfolge. Dazu wird ein langandauerndes Vorhaben zur Beherrschung der Komplexität in Projektphasen unterteilt (vgl. Vorgehensmodelle im Kapitel 1:11a_Projektphasen). Die Projektphasen haben Zwischenziele zur Erreichung eines Gesamtziels. Vorgehensmodelle unterscheiden sich u.a. darin, wie die Projektphasen zeitlich zueinander stehen. Die Projektphasen verlaufen zeitlich sequentiell, überlappend, parallel oder wiederholen sich in kleinen Rhythmen. Die Anforderungen werden entsprechend nacheinander vollständig oder in Paketen erarbeitet. Der Erkenntnisgewinn, d.h. der Lösungsraum, wird in Teilen oder in der Gesamtheit erschlossen. Je nach Projektprodukt bietet sich ein unterschiedliches Projektvorgehen im Rahmen der Anforderungsaufnahme und Lösungsentwicklung an.

Beispiel Bei der Entwicklung eines neuen Medikaments kann im Projektverlauf ein Know-how-Gewinn entstehen, der nicht planbar ist. Im Gegensatz dazu kann der Umzug des Teilelagers eines Produktionsbetriebs in einen Nachbarort von Anfang an detailliert geplant werden. Hier kommen wahrscheinlich keine neuen Projektanforderungen oder Erkenntnisse im Projektverlauf hinzu.

Die Bereitstellung einer kompletten Lösung und Abdeckung aller Projektanforderungen oder Teilen von Anforderungen wirkt sich auf das Projektvorgehen aus. Beispielsweise kann eine Softwaresuite über mehrere Releases funktional anwachsen, ein neuer Flugzeugtyp dagegen muss in allen Gewerken zur gleichen Zeit komplett fertig werden.

Die Auswahl eines geeigneten Vorgehensmodells für ein Projekt kann von der Art und Weise der Projektanforderungen maßgeblich abhängen:

- Das Projektprodukt ist technologisch neu und unerprobt
- Die Anforderungen im Projekt sind bekannt, d.h. es sind wenige Änderungen zu erwarten
- Das Projektergebnis ist sicherheitsrelevant und gefährdet bei Versagen Menschenleben
- Zur Entwicklung des Projektprodukts stehen ausreichend Fachexpertise und Fachpersonal zur Verfügung
- Das Projektprodukt / technische System verfügt über eine Vielzahl von Schnittstellen zu anderen Systemen
- Das Projektprodukt soll änderungs- und wartungsfreundlich sein
- Die Komplexität und die Menge der Projektanforderungen sind sehr hoch
- Die Projektlaufzeit ist lang.

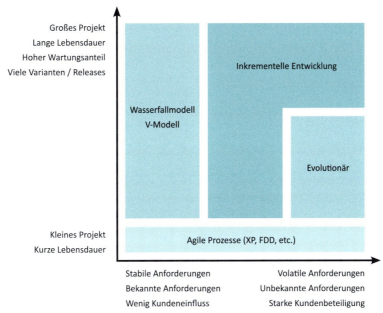

Abbildung 1.03-V5: Mögliche Vorgehensmodelle je nach Art der Anforderungen (EBERT, 2005: 51)

Die Abbildung 1.03-V5 zeigt: Je stabiler die Vorhersage der Projektumgebung ist, desto eher empfiehlt sich die Wahl eines sequentiellen Projektvorgehens (z. B. des Wasserfallmodells). Beim Wasserfallmodell werden die Projektphasen nacheinander durchgeführt und die nachfolgende Projektphase beginnt erst, wenn die aktuelle Projektphase vollständig bearbeitet wurde. Erschließt das Projekt unbekannte Wissensgebiete, hat es eine lange Projektlaufzeit und gelten seine Anforderungen als unsicher, so kann der Einsatz einer Inkrementellen Entwicklung sinnvoll sein. Bei der Inkrementellen Entwicklung entstehen Releases und Branches als Zwischenergebnisse und Ergebnisse. Die Evolutionäre Entwicklung (auch iterativ) beschreibt einen Prozess der kontinuierlichen Verbesserung in kleinen Arbeitsschritten (Iterationen).

2.2 Traceability

Es ist eine gute Voraussetzung für den Projekterfolg, wenn das Projektteam die Projektanforderungen systematisch aufbereitet. Noch konsequenter und erfolgsversprechender ist es, wenn die Projektanforderungen über den gesamten Projektverlauf verfolgt werden können. Anforderungen sollten verfolgt werden, um zu wissen, wo sie Einfluss haben, wie sich Änderungen auswirken können und in welchem Entwicklungsstand im Projekt sie sich gerade befinden (EBERT, 2005).

> **Definition** Nach IEEE1223 ist Traceability (Nachvollziehbarkeit):
> „Der Grad der angibt, wie stark die Beziehung zwischen zwei oder mehr Artefakten eines Entwicklungsprozesses ist" (SCHIENMANN, 2002: S. 101).

Der Begriff Artefakt (lateinisch: „ars" Kunst; „factum" das Gemachte) bezeichnet ein durch menschliche oder technische Einwirkung entstandenes Produkt oder Phänomen, in Abgrenzung zu von Menschenhand unbeeinflussten beziehungsweise natürlichen Phänomenen. Nachvollziehbarkeit (engl. Traceability) von Anforderungen lässt uns die Kette vom Ursprung bis zur produktiven Umsetzung recherchieren. Das besagt, dass einmal erkannte und angenommene Anforderungen über den Projektverlauf so verfolgt werden, dass zum Projektende der ursprüngliche Bedarfsträger bestätigen kann, dass seine Anforderungen nun erfüllt wurden (vgl. RUPP 2004).

Der Projektmanager kann durch den Einsatz der Traceabilty die folgenden Fragen beantworten:

1. Welche Anforderungen sind bereits durch das Projekt umgesetzt worden?
2. Welche Testobjekte gehen auf welche Projektanforderungen zurück?
3. Welche Projektergebnisse müssen bei Anforderungsänderungen angepasst werden?
4. Welche Bedarfsträger müssen angesprochen werden, wenn die Projektergebnisse so nicht oder nur unwirtschaftlich umsetzbar sind?

Ein unzureichendes Tracing (vgl. SCHIENMANN, 2002) der Projektanforderungen birgt die folgenden Risiken:

l Verfehlung der Kundenbedürfnisse
l Ungeeignete Bildung von Paketen für Fremdvergabe / Systemengineering
l Unpassende Zusammenstellung von Funktionen bei Releasebildung
l Abnahme von Testpaketen durch nicht betroffene oder unbeteiligte Personen (-gruppen)
l Kein gezieltes Erwartungsmanagement bei Reduzierung von Auftragsumfängen
l Änderungsanträge können nicht ganzheitlich analysiert werden, da die Anforderungsherkunft betroffener Funktionen nicht bekannt ist.

Zu Beginn wird ein Projektprodukt oder eine Dienstleistung „vorwärts" entwickelt. Beispielsweise entsteht bei Software aus einer Anforderung ein Konzept, dann ein Entwurf und schließlich Softwarecode mit einer Dokumentation. Wird eine Änderung genehmigt und implementiert, stellt sich die Frage, an welchen Stellen sich diese Änderung niederschlägt und Konzepte, Softwarecode und Dokumentation abzuändern sind. Nachvollziehbarkeit bildet also nicht nur die Verbindung vom Problemraum (Anforderung, Lastenheft) zum Lösungsraum (Pflichtenheft) ab, sondern auch Verbindungen innerhalb des Lösungsraums (Softwarecode, Testplan und entsprechende Dokumentation). Diese Verfolgbarkeit spielt eine besondere Rolle bei Hightech Produkten (Flugzeugbau) und bei Lebensmitteln.

Bei jedem Projekt sollte der Projektmanager in der Projektinitialisierung mit seinem Team entscheiden, welcher Aufwand im Bereich Traceability für das Projekt gerechtfertigt ist.

Für die Entscheidung über Art und Umfang der Anforderungsverfolgung im Projekt sind u. a. die folgenden Faktoren wichtig:

1. **Anzahl der erwarteten Projektanforderungen**
   Je mehr Projektanforderungen erwartet werden, desto eher helfen Traces, diese nachzuvollziehen und den (kategorisierten) Kundengruppen zuzuordnen.
2. **Die Änderungsrate von Projektanforderungen**
   Bei kleiner Änderungsrate behält man auch ohne Traces die Übersicht, bei großer Änderungsrate können Traces hilfreich sein, jedoch je größer die Änderungsrate, desto eher sollten nur ausgewählte Verbindungen festgehalten werden.
3. **Geplante Dauer des Produktlebenszyklus**
   Je länger ein Produkt im Einsatz oder am Markt ist, desto größer ist die Wahrscheinlichkeit einer Überarbeitung oder Wartung.
4. **Qualitätsanforderungen**
   Je höher die Qualitätsanforderungen an das Projektprodukt sind, desto wichtiger ist ein Traceability-System.
5. **Kundenstruktur des Projektproduktes**
   Hier reicht die Bandbreite vom Anlagenbau mit genau einem Kunden bis zur Serienfertigung mit vielen Kunden. Sowie die Kundenstruktur heterogen ist, sind Auswirkungen von Produktentscheidungen nicht einfach erkennbar.

6. **Projektteamgröße**
   Je mehr Personen an der Entwicklung eines Projektproduktes beteiligt sind, desto eher helfen Traces, die Ergebnisse allen Teammitgliedern transparent zu machen.

Die Eigenschaften und die Langlebigkeit des Projektproduktes entscheiden darüber, ob sich der Aufwand für ein komplexes Tracing lohnt. Der Nutzen im Verhältnis zu den Kosten ist im Einzelfall abzuwägen. Es ist wichtiger, wenige Verbindungen konsequent und verlässlich zu verfolgen, als viele Traces zu führen, die nicht gebraucht werden oder hinsichtlich derer Zweifel an ihrer Aktualität und Richtigkeit bestehen (vgl. SCHIENMANN, 2002).

Welche Beziehungen können verfolgt werden und was ist jeweils der Zweck?

Verfolgbarkeit von der Anforderung zur Quelle

Hier wird die Frage beantwortet, welche Stakeholder, welcher Markt oder welche Interessenten eine Projektanforderung formulieren. Ändert eine Interessengruppe ihre Projektanforderungen ab, so lässt sich feststellen, welche Projektergebnisse davon betroffen sind. Diese können dann den neuen Projektanforderungen entsprechend in Lösungen umgesetzt werden. Die Verfolgbarkeit in der Vorwärtssicht ist die Verbindung von Kundenanforderungen mit den Projektergebnissen. In der Rückwärtssicht werden die Funktion eines Produktes oder einer Dienstleistung mit dem ursprünglichen Kundenwunsch verbunden (vgl. EBERT, 2005).

Verfolgung von Anforderungen untereinander

Hier wird festgehalten, wie einzelnen Projektanforderungen zueinander stehen. Wie wirkt sich die Änderung einer Anforderung auf andere Anforderungen aus? Welche Projektanforderungen sollten gemeinsam realisiert werden? Gibt es konkurrierende und / oder sich ergänzende Projektanforderungen? Es werden auch Verbindungen aus funktionalen und nicht-funktionalen Anforderungen aufgezeigt. Beispiel: Die Projektanforderungen an „Nichtbrennbarkeit" oder Leichtigkeit im Flugzeugbau erschweren Anforderungen an Preiswürdigkeit oder Stabilität. Die Darstellung der horizontalen Verfolgbarkeit ist schwer durchzuführen und sollte sich auf wenige Beziehungen zwischen den wichtigen Projektanforderungen beschränken (vgl. EBERT, 2005).

Eine systematisch aufgebaute Verfolgbarkeit unterstützt die folgenden Analysen:

Einflussanalyse:
Die Einflussanalyse beschreibt, wie sich eine einzelne Projektanforderung auf die Gesamtlösung auswirkt. Die Einflussanalyse zeigt auch, wie sich Faktoren wechselseitig beeinflussen. Dies kann z. B. mit einer Vernetzungstabelle dargestellt werden. Im direkten Vergleich wird ermittelt, welchen Einfluss (keinen, mittlere Wirkung, hohe Wirkung) ein Faktor auf einen anderen Faktor besitzt. Ferner zeigt sie, wie sich Änderungen auf bereits ausgelieferte Ergebnisse auswirken.

 Beispiel

Einzelne Projektanforderung	Gesamtlösung / Funktion
lokaler Zugriff	PC-Software
weltweiter Zugriff möglich	Web-Applikation mit Firewall etc.

Abdeckungsanalyse:

Sie unterscheidet zwischen bereits erfüllten, getesteten und noch offenen Anforderungen. Daraus kann der Projektfortschritt ermittelt werden. Das ist auch eine Eingangsgröße für die Earned-Value-Methode. Im Projektmanagement setzt man auf die Abdeckungsanalyse, da nur Werte als Fortschritt zählen, die aus Kundensicht einen Nutzen erbringen.

 Beispiel

100 muss-Anforderungen, davon 70 realisiert -> Abdeckungsgrad (muss-Anforderungen) 70 Prozent
50 kann-Anforderungen, davon 25 realisiert -> Abdeckungsgrad (kann-Anforderungen) 50 Prozent

Nr.	Beschreibung	Priorität	Status	Abdeckungsgrat	
				muss	kann
1	a	muss	realisiert	100	
2	b	muss	offen	0	
3	c	kann	realisiert		100
4	d	kann	konzeptioniert		50
Legende:			Total:	50 %[1]	75 %[2]

offen = 0 Prozent
konzeptioniert = 50 %
realisiert = 100 %

[1] Rechnung: (100 + 0) : 2 = 50 [%]
[2] Rechnung: (100 + 50) : 2 = 75 [%]

Nutzenanalyse:

Die Nutzenanalyse beantwortet die Frage, warum Funktionen überhaupt in Projektergebnisse umgesetzt wurden. Findet sich zur Funktion keine Anforderung, so ist zu prüfen, ob die Funktion einen Nutzen erfüllt. Ansonsten verteuert sie nur unnötig das Projektprodukt und sollte weggelassen werden. Das schützt vor der Realisierung irrelevanter Anforderungen, die ihrerseits die Komplexität und die Projektkosten ungerechtfertigt erhöhen (EBERT, 2005).

Beispiel Automobilindustrie

Anforderungen	Funktion
kurzer Bremsweg	ABS Systeme
Emissionsreduzierung	Katalysator

2.3 Von der Anforderung zur Abnahme / Freigabe

Das Projektprodukt soll am Ende die Bedürfnisse unterschiedlicher Personen befriedigen. Jeder vergessene Stakeholder birgt die Gefahr von unberücksichtigten Anforderungen. Zum Projektstart wird man jedoch kaum alle relevanten Stakeholder identifizieren können. Erst während der Analyse der Aufgabenstellung und Befragung der bereits bekannten Stakeholder kommt man auf eine ausreichende Menge von Stakeholdern.

Es ergibt sich die widersprüchliche Situation, dass die Anforderungsanalyse viel Zeit und Kosten erfordert, aber andererseits das Risiko besteht, durch Nichterfüllung der Stakeholderbedürfnisse das Projektziel zu verfehlen (vgl. RUPP, 2004). Die Anforderungsanalyse sollte so gründlich betrieben werden, bis nur noch ein vertretbares Risiko besteht. Das bedeutet einen unterschiedlichen Aufwand je nach geplantem Projektprodukt. Ein Flugzeugbau oder die Konstruktion eines Kraftwerks implizieren ein potenziell größeres Risiko als das Entwickeln und Verkaufen eines Kühlschrankes oder eines Tisches. Die vollständige und fehlerfreie Erhebung der Anforderungen ist eine Illusion. Je gründlicher die Anforderungsanalyse erledigt wird, desto länger dauert sie und Änderungswünsche werden in dieser Zeit umso wahrscheinlicher.

Erst wenn alle relevanten Stakeholder ihre Erwartungen formuliert haben, kann man sich hinsichtlich des Projektzieles und Leistungsumfanges ein vollständiges Bild machen. Unterschiedliche Personengruppen (User oder Administratoren von IT-Systemen) haben unterschiedliche Erwartungen (z. B. intuitive Bedienung versus schneller Zugriff mit Kürzeln), die es zu erfüllen gilt.

💡 **Tipp** Im betrieblichen Alltag findet man eine nicht zielführende Arbeitsteilung: Im Prinzip sollte der Kunde seine Anforderungen formulieren. Der Kunde allein hat den Nutzen und auch die Kosten seiner Anforderungen zu tragen. In der Praxis werden die vertragsrelevanten Anforderungsdokumente häufig vom Auftragnehmer erstellt. Auch die weit verbreiteten Vorgehensmodelle (wie V-Modell, PM-BOK, IPMA, Prince2) unterstützen dieses Vorgehen (vgl. RUPP, 2004).

In der Praxis gibt es selbstverständliche Merkmale, die nicht dokumentiert oder formuliert sind und trotzdem erwartet werden. So kann man heute von einem fachmännischen Rostschutz beim Kauf eines neuen PKW ausgehen, ohne dies im Kaufvertrag explizit zu vereinbaren.

Vor Inbetriebnahme eines Systems wird überprüft, ob es die Projektanforderungen erfüllt. Hier findet eine Reihe von Tests statt, die den Betrieb simulieren, um die Tauglichkeit für die Praxis zu erproben. Grundsätzlich sind ausgiebige und systematische Tests empfehlenswert, um Fehler früh zu finden und Änderungswünsche vor dem Echtbetrieb umsetzen zu können.

Je nach Auftrags- und Vertragskonstellation zwischen Auftraggeber und Auftragnehmer wird durch die Abnahme die Übereinstimmung der tatsächlichen Eigenschaften des Projektprodukts mit dem Lastenheft und dem Pflichtenheft erklärt. Abnahmekriterien stellen die Qualität von Anforderungen sicher. Um in dieser späten Projektphase erfolgreich zu sein, ist es erforderlich, die am Projektbeginn festgestellten und angenommenen Anforderungen aufzulisten und mit Abnahmekriterien zu versehen. Es werden kostenoptimale und aussagefähige Verfahren für Tests und Abnahme benötigt. Anforderungen und Abnahmekriterien sollten von unterschiedlichen Personen aufgestellt werden (vgl. RUPP, 2004), damit das gemeinsame Verständnis überprüft werden kann. Die Abnahmekriterien sollten so formuliert sein, dass sie im Abnahmeprozess mit vertretbarem Aufwand testbar und messbar sind (vgl. RUPP, 2004). Das Abnahmekriterium definiert im Voraus, wie die Spezifikationskonformität bewiesen werden kann, und dient als Prüfanleitung. Diese Aktivitäten sind von hoher Bedeutung für einen erfolgreichen Abschluss des Projektes.

💡 **Tipp** Es ist ratsam, die Abnahmekriterien nicht erst im Rahmen der Feinplanung der entsprechenden Projektphase aufzustellen.

Bei Festpreisprojektverträgen (Werkverträgen) werden bereits im Vertrag neben den Anforderungen des Leistungsumfangs auch die Methode und die Art der Abnahme beschrieben. Der Vorteil ist, dass die Vertragsparteien sich damit über die Kosten und die Zeit der Abnahme weitgehend geeinigt haben.

Inhaltlich können Anforderungen und Abnahmekriterien sehr ähnlich sein. So kann man auch Abnahmekriterien statt Spezifikationen verwenden (vgl. RUPP, 2004).

Dieses Verfahren kann bei jeder Projektvertragsart vorteilhaft sein, da es zu einer Zeitersparnis führen kann. Rupp spricht von einer Zeiteinsparung von einem Drittel für die zusammenhängenden Definition von Anforderungen einschließlich Abnahmekriterien statt der Aufnahme von Projektanforderungen und späteren Erstellung von Abnahmekriterien (vgl. RUPP, 2004).

Eine geschickte Planung und Organisation der Abnahme des Projektproduktes durch Tests haben die folgenden Implikationen.

- Wirtschaftlicher Erfolg wegen vermiedener Nacharbeit und Ressourcenbindung
- Unstrittiger Beweis für vertragskonforme Lieferung
- Kundenzufriedenheit und damit Reputation des Projektbetreibers
- Juristischer Meilenstein wegen Gefahrenübergang und Beginn der Frist für die Gewährleistung
- Einleitung der Projektabschlussaktivitäten

> **Tipp** Aus jeder Projektanforderung geht mindestens ein Abnahmekriterium hervor.

Jedes Abnahmekriterium (auch Testkriterium oder Prüfkriterium genannt) sollte mit Hilfe eines Tests belegt werden können. Projektanforderungen werden vom Groben ins Feine detailliert, während Abnahmetests vom Feinen ins Grobe erarbeitet werden.

Niemals endende Projekte mit Nachträgen sowie Nacharbeit sollen damit unterbleiben oder stark reduziert werden können. Mit diesen Ansätzen kann man Projekte effizient und zur Zufriedenheit der Kunden zu einem erfolgreichen Ende bringen.

3 Zusammenfassung

Das Anforderungsmanagement ist ein wichtiger Teil des Projektmanagements. Nur systematisches Arbeiten in der Anforderungsanalyse kann sehr negative Konsequenzen für die klassischen Projektziele Kosten, Termine, Qualität und Kundenzufriedenheit verhindern. Grundlage und Rechtfertigung wirtschaftlich sinnvoller Projektvorhaben sind ausgearbeitete validierte und vereinbarte Anforderungen, die für alle nachvollziehbar Optimierung oder Veränderungen erzielen sollen.

In der projektorientierten Welt ist heute ein hohes Niveau im Projektmanagement erforderlich, um trotz großer Komplexität Produkte und Dienstleistungen schnell, kostengünstig und nach Kundenwünschen auf den Markt zu bringen. Um diese Bedingungen erfüllen zu können, braucht es ein ausbalanciertes System, das Risiken berücksichtigt und moderne Methoden an geeigneter Stelle nutzt. Die Rolle des Anforderungsmanagements wird in der Zukunft an Bedeutung gewinnen, da Produkte zunehmend nach den konkreten Vorstellungen und Wünschen der potentiellen Kunden ausgerichtet werden sollen. Das Anforderungsmanagement hat wie das Projekt- und Produktmanagement einen Lebenszyklus. Die anfangs aufgenommenen Anforderungen wirken maßgeblich in allen Projektphasen. Auch Technisierung und Globalisierung ändern nichts am Grundsatz, dass die Stakeholder die alleinige Quelle der Anforderungen sind und der Projektkunde am Ende subjektiv über den Projekterfolg urteilen wird.

4 Fragen zur Wiederholung

1	Nennen Sie die drei Auslöser neuer Anforderungen und geben je ein Beispiel aus Ihrer Praxis.	☐
2	Welche Risiken entstehen, wenn man kein systematisches Anforderungsmanagement betreibt?	☐
3	Nennen Sie den Unterschied zwischen funktionalen und nichtfunktionalen Anforderungen.	☐
4	Nennen Sie die Eigenschaften einer gut formulierten Anforderung.	☐
5	Beschreiben Sie den Unterschied zwischen dem Problemraum und dem Lösungsraum und nennen Sie die relevanten Dokumente dazu.	☐
6	Nennen Sie Eigenschaften von Anforderungen, die bei der Auswahl des geeigneten Projektvorgehensmodells eine Rolle spielen können.	☐
7	Welche Vorteile bringt der Einsatz von Traceability von Anforderungen aus der Sicht eines Projektmanagers?	☐
8	Welche Faktoren sollten am Projektstart untersucht werden, um über den sinnvollen Einsatz von Traceability zu entscheiden?	☐
9	Was wird mit Hilfe von Traceability verfolgt?	☐
10	Welche Vorteile ergeben sich für den Projektmanager, wenn er mit den Anforderungen gleichzeitig die dazu gehörigen Abnahmekriterien definiert?	☐

1.04 Risiken und Chancen (Risk & opportunity)

Uwe Rohrschneider, Konrad Spang

Lernziele

Sie kennen

- die ergänzenden Verfahren zum Risikomanagement, die größere[1] und komplexere Projekte zu beherrschen helfen
- die betriebswirtschaftliche Behandlung der Ergebnisse des Risikomanagements
- gesetzliche Vorschriften, die Risikomanagement in Deutschland zwingend vorschreiben

Sie wissen

- mit welchen Werkzeugen Sie die Analysen aus dem Grundlagenwissen verfeinern
- wie Sie die Erkenntnisse und Entwicklungen aus dem Risikomanagement in der Vor- und Mitkalkulation und den betriebswirtschaftlichen Auswertungen des Projekts berücksichtigen

Sie verstehen

- andere Verfahren, z. B. aus dem Qualitätsmanagement, auf die Bedürfnisse des Risikomanagements anzupassen und zu adaptieren
- Risikomanagement und Risikocontrolling als Ergänzungen und in Wechselbeziehungen stehende Elemente des Projektcontrollings

Sie können

- weiterführende und detaillierende Werkzeuge zu Analyse und Bewertung anwenden und so zu differenzierteren Ergebnissen und Lösungsansätzen kommen
- mögliche, nicht lineare Wirkungen Ihrer Maßnahmen und Entscheidungen bewerten und zur Entscheidungsfindung ergänzen
- Wahrscheinlichkeiten als häufig schwierigen Teil der Risikobewertung besser abschätzen
- risikomanagementbezogene Entscheidungen in die Entscheidungsfindung für das Projekt einbinden

---

1   Die Frage, was groß ist und was komplex, ist nicht eindeutig und allgemeingültig zu beantworten. Für ein Unternehmen, das normalerweise Kundenaufträge mit einem Volumen von 5 Mio € abwickelt, mag ein Auftragsvolumen von 20 Mio € groß sein, wickelt ein Unternehmen 50 Mio € Aufträge ab, beginnt Größe vielleicht bei 150 Mio €. Komplexität misst sich neben finanzieller Größe an verschiedenen Faktoren, wie z. B. Neuartigkeit, eigene Wertschöpfung, Zahl der Beteiligten, Häufigkeit von Änderungen, Verhältnis zum Kunden, mögliche Risiken usw.

Inhalt

1	Einleitung	1417
2	Ergänzende Verfahren zur Analyse und Bearbeitung von Risiken und Chancen	1417
2.1	Berücksichtigung endlich vieler Möglichkeiten	1418
2.2	Berücksichtigung vieler Möglichkeiten - Optimierte Risikozuschläge im PERT-Verfahren	1419
2.3	Kumulation der Möglichkeiten	1421
2.4	Risikoganglinien	1422
2.5	Earned Value Analyse und Meilensteintrendanalyse	1424
3	Ergänzende Verfahren zur Planung und Bewertung von Maßnahmen	1425
3.1	Das FMEA-Verfahren	1425
3.2	Wechselwirkung von Wahrscheinlichkeiten	1428
3.3	Entscheidungsbäume	1430
4	Betriebswirtschaftliche und rechtliche Aspekte	1433
4.1	Aufwendungen und Erträge bzw. Nutzen	1433
4.2	Zwischen- bzw. Mitkalkulation von Risiken und Chancen im Projektverlauf	1433
4.3	Steuer- und handelsrechtliche Vorschriften zur Risikobewertung	1436
4.4	Deutsches Recht - das KonTRaG	1437
5	Umsetzung, Organisation und Dokumentation des Risikomanagements	1439
5.1	Umsetzung und Organisation	1439
5.2	Controlling und Projektentscheidungen	1440
6	Zusammenfassung	1441
7	Verzeichnis der Abkürzungen	1442
8	Fragen zur Wiederholung	1442
9	Checklisten	1443

1 Einleitung

Der hier folgende Vertiefungsteil zeigt zusätzliche und weiterführende Verfahren und Arbeitstechniken zur Analyse von Risiken und zur Bearbeitung von Maßnahmen. Während die Inhalte des Grundlagenwissens ausreichen, kleine bis mittelgroße Projekte mit bis zu mittlerer Komplexität zu bearbeiten, unterstützen die nachstehenden Vorgehensweisen die Bearbeitung auch von großen und sehr komplexen Projekten.

Das soll allerdings Projektverantwortliche nicht davon abhalten, bei ihren evtl. auch weniger komplexen Projekten zu prüfen, ob der Einsatz eines der Verfahren nicht doch zusätzlich wertvolle Informationen erzeugt und die Sicherheit im Projekt erhöht.

Gefragt sind letztlich wieder die zwei Eigenschaften, die einen guten Projektleiter bei der Anwendung von Projektmanagement-Methoden auszeichnen: Fingerspitzengefühl und Augenmaß.

Einen Schwerpunkt bilden nachfolgend die Ausführungen zum Umgang mit Wahrscheinlichkeiten. Das liegt auch daran, dass, wie im Grundlagenwissen schon ausgeführt, Wahrscheinlichkeiten gegenüber Tragweiten tendenziell schwieriger zu ermitteln und zu bearbeiten sind. Einige der vorgestellten Methoden und Arbeitstechniken haben ihren Ursprung in anderen, verwandten Fachgebieten, z. B. der Qualitätssicherung. Sie wurden für das Risikomanagement adaptiert, weil sie auch hier sinnvolle Informationen liefern können.

Ergänzt werden die Themen im Vertiefungsteil mit betriebswirtschaftlichen und rechtlichen Aspekten sowie Hinweisen zur Einführung eines strukturierten und systematischen Risikomanagements.

2 Ergänzende Verfahren zur Analyse und Bearbeitung von Risiken und Chancen

Bei der Abschätzung von Wahrscheinlichkeiten nach möglichen Abweichungen von der Planung wurde von jeweils nur einer, nämlich der als am wahrscheinlichsten angesehenen[2] und somit verwendeten Eingangsgröße ausgegangen (z. B. in der Terminplanung von der als realistisch angesehenen Dauer eines Vorgangs). Diese war dann auch die Basis für die Abschätzung, mit welcher Wahrscheinlichkeit es zu einer Abweichung (z. B. Verzögerung) kommen könnte.

Eine solche Annahme kann bei einzelnen Arbeitspaketen oder Vorgängen nicht ausreichen. Es könnte zu bedeutenden Abweichungen vom für die Planung als realistisch angenommenen Wert kommen (hohe Schwankungsbreiten - Volatilität). Dies ist gefährlich bei Vorgängen, die (mit-) bestimmend für den Endtermin des Projekts sind (kritische oder geringfügig subkritische Pfade bei Anwendung der Netzplantechnik).

Außerdem sind gegenüber den Grundlagen weiterführende Betrachtungen sowie die Nutzung anderer Instrumente für die Risikobearbeitung einsetzbar.

---

2 Eine „wahrscheinlichste" oder „häufigste" Annahme muss nicht immer auch wahrscheinlich eintreten. Gibt es eine Alternative mit der Wahrscheinlichkeit „zwei" und 98 andere mit der Wahrscheinlichkeit „eins", ist es keineswegs wahrscheinlich, dass diese Alternative eintritt.
Beispiel: In einer Urne liegen zwei weiße Kugeln und 98 mit je einer anderen Farbe. Dann ist weiß zwar die häufigste Farbe, dennoch besteht nur ein 2 %ige Chance, dass bei einer einmaligen Ziehung eine weiße Kugel gezogen wird.

2.1 Berücksichtigung endlich vieler Möglichkeiten

Zunächst wird hier die Möglichkeit betrachtet, dass neben dem bisherigen

- wahrscheinlichen (realistischen) Wert ein
- optimistischer (Ausdruck möglicher Chancen) und ein
- pessimistischer (Ausdruck möglicher Risiken)

berücksichtigt werden. Unter Einschluss dieser Bandbreite wird ein vertretbarer und in seiner Ermittlung nachvollziehbarer Wert zur Anwendung gesucht.

Beispiel Es wird unterstellt, dass es für einen Vorgang folgende drei Werte mit unterschiedlicher Wahrscheinlichkeit für eine mögliche Vorgangsdauer gibt:

Optimistischer Wert   5 Tage W = 10 %
Wahrscheinlicher Wert 10 Tage W = 70 %
Pessimistischer Wert   30 Tage W = 20 %
         Summe   **= 100 %**   Durchschnittlicher gewichteter Wert 13,5 Tage

Wird diese Situation grafisch dargestellt, ergibt sich folgendes Bild:

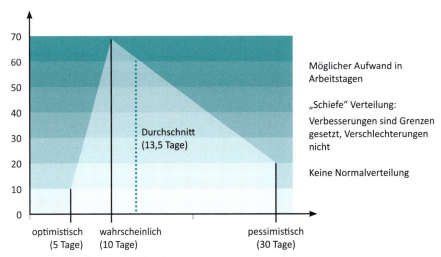

Abbildung 1.04-V1: Verteilung von Größen ohne Zwischenwerte

Der Durchschnittswert von 13,5 Tagen kann in der hier geschilderten Praxis als Zeitdauer nie eintreten, weil er nicht den definierten Möglichkeiten entspricht und deshalb für eine Terminplanung untauglich ist. Der Wert kann aber eine Berechtigung als Basis für die Kalkulation der durchschnittlichen Kosten mehrerer Aufträge haben, weil dann eine Betrachtung über die Summe aller Aufträge sinnvoll wird. Für die Zeitschätzung im einzelnen Projekt würde ein Wert von 10 bereits eine Sicherheit von 80 % bieten. Der pessimistische Wert müsste anders abgesichert werden, z.B. mit der Vorbereitung zusätzlicher Beschleunigungsmaßnahmen, sobald eine Verzögerung erkannt wird.

Das Beispiel zeigt auch die in der Praxis häufig vorkommende „schiefe" (asymmetrische).Verteilung zwischen Chance und Risiko. Die Planung liegt bereits häufig im eher optimistischen Bereich, viel besser kann es kaum noch werden. Ungleich größer sind dagegen die Möglichkeiten einer Verschlechterung - vielleicht ein Grund dafür, dass eher Risiken eintreten, als Chancen realisiert werden.

2.2 Berücksichtigung vieler Möglichkeiten - Optimierte Risikozuschläge im PERT-Verfahren

Ist der nach der vorstehenden Überlegung ermittelte Wert noch zu risikoreich und sind Zwischen-Abstufungen bis zum maximal pessimistischen Wert möglich, kann die Sicherheit weiter erhöht werden. Das Risiko einer Terminüberschreitung wäre am geringsten, wenn stets der pessimistische Wert angesetzt würde. Das hätte aber den Preis ständiger Verzögerungen und Wartezeiten, wenn dieser nicht eintritt, und vielleicht den Verlust der Konkurrenzfähigkeit gegenüber „wagemutigeren" Mitbewerbern zur Folge.

Es gilt also, die Risikozuschläge zu optimieren. Eine Möglichkeit dazu bietet das in der Anwendung einfache, statistisch gestützte PERT-Verfahren. PERT erfüllt nicht exakt mathematisch-statistische Anforderungen. Es ist aber völlig ausreichend, wenn berücksichtigt wird, dass die Eingangsgrößen selbst so ungenau sind, dass es wenig sinnvoll ist, mit diesen später genauestens zu rechnen. PERT basiert auf der Grundlage der symmetrischen Normalverteilung. Damit besteht zwar ein Unterschied zur als praxisnäher beschriebenen ungleichen Verteilung, die daraus resultierenden Abweichungen sind aber vernachlässigbar. Den verwendeten Formeln liegt eine Verteilung zugrunde, in der sich jeweils 1/6 der Fälle im Bereich bis zu ca. 16 % bzw. über ca. 84 % eines Mittelwertes befinden, 4/6 im Normalbereich um diesen Mittelwert.

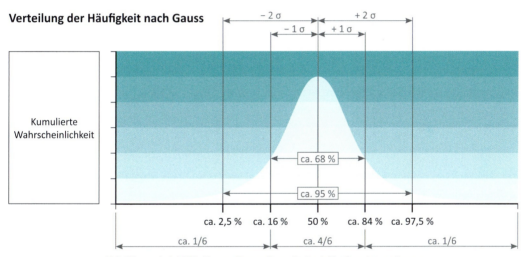

Abbildung 1-04-V2: Normalverteilung beispielhafter Ausprägung

Die Abweichung von diesem Mittelwert wird als Standardabweichung, Streuung oder σ (= Sigma) bezeichnet (± 1 σ markieren jeweils die Punkte, an denen die Kurve ihre Richtung ändert). Das quadrierte σ bzw. $σ^2$ wird als Varianz bezeichnet. Weitere Kürzel gelten für:

O = Optimistischer Wert
W = Wahrscheinlicher Wert (realistischer oder häufigster)
P = Pessimistischer Wert

Wahrscheinlichkeiten:

Die Fläche, die von ± 1 σ vom Mittelwert begrenzt wird, beinhaltet 68 % (genau genommen 68,26 %) aller Fälle.

Die Fläche, die von ± 2 σ vom Mittelwert begrenzt wird, beinhaltet 95 % (genau genommen 95,44 %) aller Fälle.

Schritt 1:
Ermittlung des gewichteten Erwartungswertes nach PERT gemäß der Formel:

$$E = \frac{O + (4 \times W) + P}{6}$$

Die Zahl Sechs ist eine Konstante, die aus der „sechstelgeprägten" Verteilung in der Kurve resultiert. Die Verteilung im Divisor könnte auch anders festgelegt werden (z. B. 1 × O + 3 × W + 2 × P), es muss sich in der Summe nur die Sechs als Dividend ergeben. Solch eine „schiefe" Verteilung könnte zur Anwendung kommen, wenn dem pessimistischen Wert ein größerer Einfluss auf das Ergebnis eingeräumt werden soll.[3]

Schritt 2:
Ermittlung der Abweichung „Sigma" gemäß der Formel:

$$\sigma = \frac{P - O}{6}$$

Das Restrisiko einer Überschreitung nach dem Hinzurechnen von einem Wert für „σ" zum Mittelwert liegt noch bei 16 %.

Beim Hinzurechnen von zwei „σ" ergibt sich:

Bereich der Schätzung mit einer Sicherheit von ca. 97,5 % = E ± (2 × σ)

Die Sicherheit wird durch das Einrechnen eines mehrfachen Werts von Sigma weiter gesteigert. Die aus der Qualitätssicherung bekannte Anwendung von sechs Sigma (Six-Sigma) führt z. B. zu einer Sicherheit von 99,99996 %.

Beispiel Setzt man die Werte aus aus Pkt 2.1 in diese Formeln ein, ergibt sich daraus ein Erwartungswert von
5 + 4 × 10 + 30 Tagen, dividiert durch 6 ergibt ein E = 12,5
(30 – 5) dividiert durch 6 ergbt für σ = 4,2 bzw. für 2σ = 8,4
E + 2σ = 12,5 + 8,4 = 21 Tage

Erkenntnis: Legt man in der Planung einen Wert von 21 Tagen fest (also signifikant weniger, als der max. pessimistische Wert), beschränkt man das Risiko der Terminüberschreitung auf nur noch 3 %. Dies gilt auch bei asymmetrischer Verteilung von optimistischen und pessimistischen Werten, so dass dieser Umstand, wenn man die Ungenauigkeit der Annahmen generell berücksichtigt, praktisch keine Rolle mehr spielt.

---

3   Projektmanagement-unterstützende Software, z. B. MS Project®, läßt solche Berechnungen zu.

2.3 Kumulation der Möglichkeiten

Werden bei der Schätzung der Wahrscheinlichkeiten Zwischenwerte möglich, wird die Frage „mit welcher Wahrscheinlichkeit tritt ein bestimmter Wert ein?" durch die Frage, „mit welcher Wahrscheinlichkeit wird ein Wert nicht über- bzw. unterschritten?" ersetzt.

DeMarco / Lister (Bärentango, 2003) nennen dies die „quantifizierte Unsicherheit" und führen dazu als Beispiel die Entwicklung einer Software an:

Beispiel Es soll eine Software mit einem bestimmten Leistungsumfang erstellt werden. Die Software kann im vereinbarten Umfang frühestens zum 01.01. fertig werden, früher auf keinen Fall (bei DeMarco / Lister (2003) die Nano-Wahrscheinlichkeit genannt). Mit einer Wahrscheinlichkeit von 60 % wird die Software bis zum 01.04. fertig, allerspätestens (mit 100 %er Wahrscheinlichkeit) aber zum 31.12.

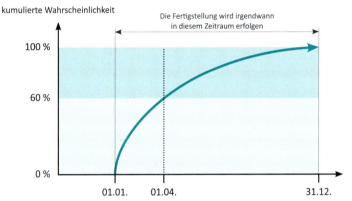

Abbildung 1.04-V3: Kumulierte Wahrscheinlichkeit, mit der ein Termin erreicht wird
(Eigene Darstellung in Anlehnung an DeMarco / Lister, 2003)

Mit jedem Fertigstellungstermin, der über den 01.01. hinaus eingeplant wird, verringert sich also das Risiko einer Terminüberschreitung. Wird z. B. der 01.04. als Termin eingeplant, liegt das Risiko einer Überschreitung dieses Termins noch bei ca. 40 %, wird der 01.08. als Termin eingeplant, liegt das Risiko einer Überschreitung noch bei ca. 10 %. Die Variable ist also der Termin für einen festgelegten Leistungsumfang.

DeMarco / Lister (2003) ändern dann den Ausgangspunkt der Betrachtung: Nicht mehr der Termin ist die Variable, sondern das Ergebnis. Die Frage lautet jetzt also, mit welchem Leistungsumfang wird die Software zu einem bestimmten Zeitpunkt fertig gestellt sein?

Beispiel Für die Software sind verschiedene Versionen möglich, Version V24 bietet den umfangreichsten, Version V14 den geringsten Leistungsumfang.

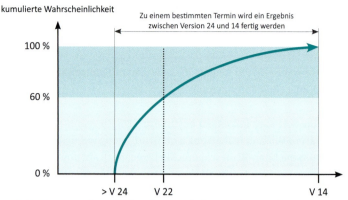

Abbildung 1.04-V4: Kumulierte Wahrscheinlichkeit, mit der eine Leistung erreicht wird (DeMarco / Lister, 2003)

Das Datum, z. B. wieder der 01.04., liegt fest und der obigen Grafik zugrunde. Ein noch größerer Leistungsumfang als der V24 wird auf gar keinen Fall erreicht. Mit einer Wahrscheinlich von 60 % wird der Leistungsumfang der Version V22 erreicht, mindestens aber der der Version V14. Die Variable ist der Leistungsumfang zu einem festen Termin.

Hier wird also das Risiko betrachtet, dass das Projektergebnis geringer wird.

2.4 Risikoganglinien

Ziel der Darstellung in den nachstehend beschriebenen Risikoganglinien ist der Ausweis von mehr oder weniger risikobehafteten Zeiträumen. Damit wird weniger das absolute Risikopotenzial, sondern die Verteilung der Risiken im Projektverlauf ausgewiesen.

Die Identifikation von Risiken aus der Planung wird u. a. aus den Vorgängen erfolgen, mit denen die Netz- und Balkenplanung des Projekts erstellt wurden, bzw. werden Risiken diesen zugeordnet. Damit sind für die einzelnen Risiken gleichzeitig die Zeiträume definiert, in denen sie erwartet werden. Es kann sich dabei um die verschiedensten Risiken handeln, für die Risikopotenziale (Potenzialpunkte) ermittelt wurden. Diese Potenzialpunkte einzelner Vorgänge werden zunächst innerhalb der Zeitabschnitte in denen die Vorgänge liegen, dargestellt.[4]

Werden Risiken nicht aus einzelnen, bereits geplanten Vorgängen ermittelt, so wird analysiert, wann sie zu erwarten sind. Sie können dann einem Vorgang zugeordnet oder über einen Dummy-Vorgang in die Planung mit aufgenommen werden.

In beiden Fällen werden Risikopotenziale also Zeitabschnitten zugeordnet. Die Darstellung der Risikopotenziale in einzelnen Zeitabschnitten erfolgt dann auf der Kalenderstrecke.

---

4 Methodisch und bei der Nutzung PM-unterstützender Software können Risikopotenzialpunkte genauso behandelt werden wie Kosten

Risiken, die sich nicht einzelnen Zeitabschnitten zuordnen lassen, gelten für die gesamte Zeitdauer. Sie könnten als permanente Risiken mit berücksichtigt werden, ähnlich einem Querschnittsvorgang. Sie können hier aber auch unberücksichtigt bleiben, da sie auf den Ausweis vergleichsweise risikoreicherer bzw.- ärmerer Zeitabschnitte keinen Einfluss haben.

Abbildung 1.04-V5: Verteilung der Risikopotenziale über die Zeitachse

Dieses Bild zeigt die besonders risikobehafteten Zeiträume im Projekt, in denen z.B. kein Urlaub genommen wird, in denen Änderungen im Personaleinsatz besonders gefährlich wären usw. Ebenso kann die Darstellung, mit einem kumulierten Gesamtwert beginnend, abfallend erfolgen:

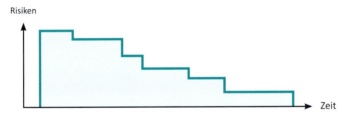

Abbildung 1.04-V6: Im Projektverlauf abnehmendes gesamtes Risikopotenzial

Am Anfang des Projekts besteht das gesamte Risikopotenzial. Im Projektverlauf müsste sich das gesamte Potenzial in dem Maße abbauen, in dem die risikobehafteten Vorgänge erledigt wurden. Wenn z.B. eine zeitkritische Zulieferung planmäßig eingetroffen ist, ist das Liefer- und Terminrisiko erledigt und das damit verbundene Risikopotenzial entfällt. Eine Darstellung wie diese kann z.B. helfen, den Bedarf an Rückstellungen oder Garantien[5] für Fertigstellungsrisiken über den Projektverlauf zu ermitteln, zu minimieren und allgemein zu erkennen, wann das Projekt aus Sicht der Risikobetrachtung „über den Berg" ist.

In der Praxis muss während der Abwicklung des Projekts auf dem Zeitstrahl nach rechts auch die Risikosituation immer wieder neu analysiert und angepasst werden. Dies liefert neue Erkenntnisse für die Projektbeteiligten und zusätzliche Informationen für das Berichtswesen an das Businessmanagement.

---

5   Solche, meist durch Bankbürgschaften gedeckten Fertigstellungsgarantien können einen erheblichen Kostenfaktor im Projekt bedeuten.

2.5 Earned Value Analyse und Meilensteintrendanalyse

Die Earned Value Analyse (EVA) wird im Abschnitt 1.16 „Überwachung und Steuerung", ausführlich behandelt. Die aus ihr ermittelten Aussagen bzgl. Termin- und Kostenabweichungen sind wertvolle Frühindikatoren für Risiken im Projekt. Sie zeigt (hier vereinfacht linear und extrapoliert dargestellt), welche Termin- und Kostenrisiken dem Projekt drohen können.

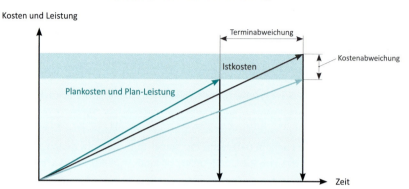

Abbildung 1.04-V7: Earned Value Analyse als Trendindikator

In dieser vereinfachenden Darstellung blieben einige in der Realität auftretende Bedingungen unberücksichtigt. Einmal ist der Verlauf real nicht linear, zweitens kommt es zu Änderungen im Leistungsumfang und drittens können z.B. Arbeiten, welche die Kosten erhöht haben, die aber noch nicht als Nachforderung anerkannt wurden, die Darstellung unvollkommen machen. Die EVA ist ein Mittel für die Risikoanalyse, das aufzeigen kann, dass sich Projekte bzgl. der Termine, der Kosten und/oder der Kosten-Leistungsrelation schlechter als geplant entwickeln. Ausschlaggebend für die Qualität der Aussage ist die Zuverlässigkeit, mit der der Projektfortschritt bei Arbeitspaketen, Vorgängen und dem Gesamtprojekt gemessen werden kann.

Ein weiterer Frühindikator ist die Meilenstein-Trend-Analyse (MTA), die detailliert ebenfalls im Abschnitt 1.16 Überwachung und Steuerung, zur Terminüberwachung behandelt wird. Sie zeigt im Trend z.B. die Gefahr von Terminverschiebungen, wenn Verzögerungen früherer Meilensteine in späteren Phasen des Projekts nicht ausgeglichen werden. Außerdem ist sie ein Indikator für die Qualität der Planung. Sich ständig verspätende Meilensteine sind häufig ein Hinweis, dass die Planung entweder ungenau oder schlimmstenfalls sogar bewusst falsch erstellt wurde.

Beide Verfahren (EVA und MTA) liefern nur die Hinweise auf sich verschlechternde Entwicklungen im Projektverlauf. Die Identifikation der einzelnen Ursachen bleibt dann aber eine daraus abzuleitende weitere Aufgabe des Projektmanagements.

3 Ergänzende Verfahren zur Planung und Bewertung von Maßnahmen

3.1 Das FMEA-Verfahren

Das FMEA-Verfahren (Failure Mode and Effects Analysis[6] - Fehler-Möglichkeiten und Einfluss-Analyse) wurde als Werkzeug der Qualitätsplanung in der Konstruktion, der Vorplanung und der Produktion entwickelt. Detaillierte Ausführungen dazu folgen im Element 1.05 „Qualitätsmanagement".

Das FMEA-Verfahren zielt seiner ursprünglichen Intention nach zunächst auf technische Ergebnisse einer Fertigung, deren Qualität sichergestellt werden soll. Auf Projekte übertragen, entsprechen diesen zunächst unmittelbar die fachtechnischen Ergebnisse des Projekts, also die gebaute Anlage, die entwickelte Software, die geänderte Organisationsstruktur usw. Andere Erfolgsfaktoren, wie Kosten und Termine, können aber ebenfalls berücksichtigt werden sowie eventuelle indirekte Ziele des Projekts[7].

Die nachfolgend geschilderte Anwendung bei der Analyse möglicher Risiken im Projekt und zur Planung und Beurteilung von Maßnahmen ist sinnvoll, weil das Verfahren Fragen von entsprechender Relevanz beinhaltet. Untersucht wird dabei wie bisher

- die Wahrscheinlichkeit des Auftretens eines Fehlers (Risiko)
- die Bedeutung und Auswirkung aus Kundensicht (entspricht der Tragweite)

und zusätzlich

- die Wahrscheinlichkeit der Entdeckung eines Fehlers vor Übergabe des Projektergebnisses an den Kunden

Alle drei Fragen werden mit 1-10 Punkten bewertet und aus der Multiplikation dieser Punkte wird eine Risikoprioritätszahl (RPZ) zur Bestimmung der Priorität eines Risikos ermittelt.

Das FMEA-Verfahren ergänzt also das im Grundlagenteil beschriebene SMEA-Verfahren um einen dritten Aspekt, die Wahrscheinlichkeit des Zeitpunkts und der Entdeckung eines Fehlers. Zur Umsetzung auf die Ansprüche und Belange des Risikomanagements im Projekt wird dieser Aspekt übersetzt mit „Zeitpunkt der Entdeckung des Eintretens des möglichen Schadens". Dieser liegt im Bereich von „sehr frühzeitig zu erkennen" bis „erst nach Eintreten, evtl. erst zum Projektende erkennbar". Bei Letzterem kommt es darauf an, wie das Projektende definiert ist. Liegt dieses z. B. erst am Ende der Gewährleistungszeit des mit dem Projekt geschaffenen Ergebnisses (Produkt), so ist der Zeitraum nach einer vorläufigen Endabnahme, also der Übernahme des Projektergebnisses durch den Nutzer, mit einzubeziehen.

Das Verfahren und die in ihm verwendeten Tabellen werden hier nicht noch einmal komplett beschrieben, sondern nur die Anwendung in der Risiko- und Maßnahmenanalyse. Um in der Terminologie der QS zu bleiben, werden aus W = Wahrscheinlichkeit das A = Auftreten und aus T = Tragweite wird das B = Bedeutung; neu ist E = Entdeckung. Die Bewertung erfolgt mit Hilfe von Zahlen zwischen 1 und 10. Die Ausprägungen können interpretiert werden als

---

[6] Auch als FMECA – Failur Mode, Effects and Criticality Analysis bezeichnet.
[7] Die wechselseitige Verwendung von Verfahren im Risiko- und Qualitätsmanagement im Projekt resultiert auch aus der Überschneidung des Ziels beider Aktivitäten – dem Vermeiden von negativen Einflüssen und dem Erreichen des Vorgesehenen.

- A von 1-10 = sehr geringe Wahrscheinlichkeit bis sehr hohe Wahrscheinlichkeit
- B von 1-10 = sehr geringe Tragweite bis sehr hohe Tragweite
- E von 1-10 = sehr früher Zeitpunkt bis sehr später Zeitpunkt der Entdeckung

Diese Zahlen werden anschließend multipliziert und ergeben die Zahl zu R, die Risikoprioritätszahl (RPZ zwischen 1 und 1000). Aus dieser, zusammen mit einer verbalen Interpretation, werden die Risiken priorisiert und Vorschläge für Notwendigkeit von Maßnahmen abgeleitet. Wie bereits bei der SMEA-Tabelle werden auch in der FMEA die Zustände vor und nach den Maßnahmen bewertet und aus den Änderungen Hinweise für deren Wirkung gewonnen. Allerdings wird in der FMEA die Tragweite meist als Konstante angesehen.

Die Anwendung dieser Methode fordert das Projektteam, das Risiken bearbeitet und präventive sowie korrektive Maßnahmen sucht, auf, die Überlegungen auf mögliche Frühindikatoren für das Eintreten und Entdecken des Risikos auszuweiten. Die Situation und Überlegung in solchen Fällen sind zunehmend komplexer, wie nachstehendes Beispiel zeigt, in dem alle drei Typen von Maßnahmen behandelt werden.

Beispiel Es handelt sich um ein Organisationsprojekt, bei dem für die Materialwirtschaft im Lager ein funktional anspruchsvolles neues Erfassungssystem für die Wareneingänge eingeführt werden soll. Das Projekt besteht aus neuen Modulen der Erfassungs-Hard- (Scanner, PC, Verkabelung) und Software sowie aus neuen organisatorischen Regeln. Die Projektleitung liegt beim Leiter der OI (Organisations- und Informationsabteilung).

Der vor kurzem eingestellte Lagerleiter soll bereits beim Aufbau des Systems dabei sein und später die Administratorenfunktion dafür übernehmen. Außerdem ist die Jahresinventur für die Zeit unmittelbar nach dem Systemstart vorgesehen, bei der Korrekturen gleich im neuen System verarbeitet werden könnten. Der neue Lagerleiter hätte dabei die Gelegenheit, Lager und sämtliche Lagergüter genau kennen zu lernen. Er muss allerdings in drei Monaten zu einer Reserveübung der Bundeswehr einrücken. Dieser Termin wurde daher zum Endtermin für das Projekt erklärt.

Der Lieferant der Software, für den die Anforderungen teilweise ebenfalls neu sind, hat angeboten, die Programme aus früheren Anwendungen abzuleiten und weiterzuentwickeln, wobei er bereits Preis- und Terminzusagen machte (und diese eingeplant wurden), obwohl das Fachkonzept für das System noch nicht endgültig feststeht. Z. B. haben das Controlling und die Leitung der Materialwirtschaft weitere Ansprüche angemeldet, diese aber noch nicht präzise formuliert. Aus diesem Grund wurde bisher auch noch kein genauer Terminplan für das Projekt erstellt, mit dem der festgelegte Endtermin erreicht werden soll.

Der Projektleiter und sein Kernteam haben aufgrund des unvollständigen Konzepts, der fehlenden Erfahrungen des Software-Lieferanten und des ungenauen Terminplans mögliche Nachforderungen und eine Terminverzögerung bei der Software-Erstellung als Risiko identifiziert.

Ursachen könnten sein:
- Nachforderungen des Software-Lieferanten wegen Entwicklungsproblemen und personellem Mehraufwand, da dieser die Aufgabe unterschätzt hat und
- Verzögerungen wegen später und sich ändernder Spezifikationen.

Dieses Risiko wird zunächst qualitativ bewertet, die Wahrscheinlichkeit mit „eher hoch" (wegen mangelnder Erfahrungen des Lieferanten und der zu erwartenden Änderungen"), die Tragweite mit „hoch", weil mit dem Termin-Ziel gleichzeitig auch noch andere Ziele gefährdet sind.

Zunächst werden dagegen nach extern die „klassischen Maßnahmen" formuliert und ergriffen:
- Nachforderungen werden ausgeschlossen, indem vom Software-Lieferanten ein Festpreisangebot oder eine Preisobergrenze verlangt werden (präventiv). Dem Risiko von Schäden aus einer Terminverzögerung soll hier durch Vereinbarung einer entsprechenden Vertragsstrafe begegnet werden (korrektiv).
- Die zweite Ursache kann ebenfalls zu Nachforderungen des Software-Lieferanten und zu Termin- und Qualitätsproblemen führen und ebenso als Rechtfertigung bei Terminproblemen aufgrund der erstgenannten Ursache (Risiken beeinflussen einander) dienen. Außerdem gefährden Verzögerungen ein Nebenziel des Projekts, nämlich die Einarbeitung des Lagerleiters.

Des Weiteren werden unternehmensintern folgende Maßnahmen ergriffen:
- Es wird ein interner Terminplan erstellt, in dem ein Endzeitpunkt der Fachspezifikation" („freezing point of design") vom Controlling und der Leitung als verbindlich anerkannt wird. Durch diese präventive Maßnahme wird der Gefahr späterer ständiger Änderungen vorgebeugt.
- Es wird geprüft, ob und zu welchen Bedingungen die Inventur kurzfristig zeitlich nach hinten verschiebbar ist, falls das neue System erst verspätet zum Einsatz kommen kann. Durch diese korrektive Maßnahme könnte die Wirkung einer Terminverzögerung gemildert werden. Außerdem wird für den Fall, dass die Verschiebung nicht möglich ist, untersucht, ob das neue System zunächst in einer einfacheren standardbasierten Version erstellt werden und ob die Inventur zumindest teilweise auch ohne das neue System starten kann. Dieser B-Plan wäre zwar wegen anschließender zusätzlicher Korrektureingaben teurer, er würde aber die dringendsten Probleme zunächst lösen und helfen, das Ziel der Einbindung des neuen Lagerleiters zumindest teilweise zu realisieren.

Die letztgenannten Maßnahmen sollen aber nur ergriffen werden, wenn der Terminverzug sicher erscheint und benötigen zur Umsetzung außerdem eine gewisse Vorlaufzeit. Die Untersuchung des Risikos wird daher um einen dritten Faktor ergänzt, nämlich um die Frage „wie können wir rechtzeitig prüfen, ob die Software die vorgesehenen Funktionen erfüllt und ob es zu einer Verzögerung beim Endtermin kommen wird, und ggf. den B-Plan aktivieren?" Je nachdem, ob es gelingt, Frühindikatoren zu finden, ist das Risikopotenzial also größer oder kleiner.

- Als zusätzliche Maßnahme wird beschlossen, einen detaillierten Terminplan mit dem Software-Lieferanten zu entwickeln und abzustimmen. Wichtigstes Element dieses Planes sind Meilensteine, die messbare Zwischenfortschritte im Projekt erkennen lassen sowie Regelungen zu Zwischentests und Abnahmen von Teilfunktionen.
- Weiterhin werden Maßstäbe und Darstellungsformen entwickelt, an denen erkennbar wird, inwieweit z. B. eine Verzögerung auf den Einführungstermin durchschlägt oder noch korrigierbar ist (Einsatz der Netzplantechnik und Einrechnung von Reservezeiten in der Planung). Damit wird verhindert, dass es erst zu Projektende zu „bösen Überraschungen" kommt, die dann nicht mehr korrigierbar sind.

Durch diese Maßnahmen zur frühzeitigen Risikoerkennung wird dem Risikopotenzial insgesamt noch einmal wesentlich begegnet.

Die Anwendung der Prinzipien der FMEA empfiehlt sich dann, wenn die Zeiträume bis zur Entdeckung des Risikos bzw. der zeitliche Abstand zwischen Ergreifen und Wirkung einer Maßnahme von Bedeutung sind. Der Nutzen liegt in der Berücksichtigung des zeitlichen Aspekts - was nutzen die besten Maßnahmen, wenn sie zu spät kommen?

Abschließend sei deshalb im Zusammenhang mit der Berücksichtigung von Zeiträumen noch darauf hingewiesen, dass viele Maßnahmen nicht sofort greifen, sondern eine Vorlauf- oder Latenzzeit benötigen.

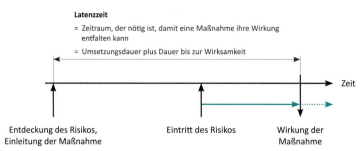

Abbildung 1.04-V8: Latenzzeit bis zur Wirkung der Maßnahme

Dies ist ein weiteres Argument für die Berücksichtigung des Zeitpunkts der Erkennbarkeit eines Risikos als Entscheidungsfaktor für das Risikopotenzial.

3.2 Wechselwirkung von Wahrscheinlichkeiten

Bereits im Punkt 3 des Grundlagenwissens wurde auf die Möglichkeit sich einander bedingender oder ausschließender Risiken sowie auf gleichartige Risiken mit verschiedenen Stufen bei der Tragweite hingewiesen. Nachstehend wird ergänzend dargelegt, wie sich die Gesamtsituation entwickelt, wenn Risiken in Folge oder parallel zueinander eintreten können.

Bei Risiken, die in der Projektabwicklung in Folge liegen, wird das Gesamtrisiko immer größer bzw. die Chance auf eine reibungslose Abwicklung oder den Projekterfolg immer geringer. Dabei gilt die in Abb. 1.04-V12 dargestellte Berechnung.

Fall: Zwei Ereignisse mit bestimmter Wahrscheinlichkeit auf einem Weg treten nacheinander ein, gefragt ist die Gesamtwahrscheinlichkeit

$$\longrightarrow \boxed{\text{K 1} \quad E1 = 0{,}7} \longrightarrow \boxed{\text{K 2} \quad E2 = 0{,}5} \longrightarrow$$

E_{gesamt} auf dieser Strecke ist $0{,}7 \times 0{,}5 = 0{,}35$

Beispiel: Komponente 1 ist zu 70 % sicher und Komponente 2 ist zu 50 % sicher, die Wahrscheinlichkeit für den störungsfreien Durchlauf insgesamt liegt bei 35 %

Abbildung 1.04-V9: Wahrscheinlichkeiten in Folge

Beispiel Eine praktische Relevanz hat diese Sichtweise z. B. bei Entwicklungs-Projekten in der Pharma-Industrie. Ein neu zu entwickelndes Medikament muss verschiedene Testphasen durchlaufen, bevor es seine Zulassung für den Markt erhält. Für jede dieser Phasen gibt es empirisch ermittelte Werte zur Abschätzung des Risikos, dass das Medikament diese Testphase nicht besteht. Das Gesamtrisiko, dass das Medikament keine endgültige Zulassung erhält und nicht eingeführt werden kann (bzw. umgekehrt die Möglichkeit, dass es zur Einführung kommt), errechnet sich wie folgt:

Markteintrittswahrscheinlichkeit für Pharmaprodukte bzw. Risiko des Verlusts von Entwicklungskosten					
Entwicklungs-phase	Präklinik (Entwicklung)	Phase 1 (Test an Gesunden)	Phase 2 (Test der Wirkung)	Phase 3 (statist. Tests)	Zulassung der Behörde
Wahrscheinlichkeit, die nächste Stufe zu erreichen	50%	70%	50%	70%	90%
% der Produkte, die vom Beginn noch übrig bleiben	50%	35%	17,5%	12,3%	11%

Abbildung 1.04-V10: Beispiel für Wahrscheinlichkeiten in Folge (Focus Money 18 / 2007)

Dies bedeutet, dass nur ein Bruchteil der in die Entwicklung gegebenen Medikamente auch tatsächlich am Markt eingeführt wird bzw. dass das Risiko, dass Entwicklungskosten verloren gehen, am Anfang der Entscheidungskette bei ca. 90 % liegt.

Diese Situation ist nicht zu verwechseln mit der, dass dasselbe Risiko verschiedene Ausprägungen bei Tragweite und Wahrscheinlichkeit haben kann, bei der die Situationen bei der Gesamtbetrachtung nicht addiert werden dürfen.

Freundlicher ist die Situation, wenn Risiken auf parallelen, u.U. alternativen Wegen liegen. Hier verringert sich das Risiko insgesamt, da bei Eintritt eines Risikos immer noch eine zweite Möglichkeit besteht.

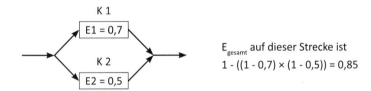

E_{gesamt} auf dieser Strecke ist
$1 - ((1 - 0{,}7) \times (1 - 0{,}5)) = 0{,}85$

Beispiel: Komponente 1 ist zu 70 % sicher und Komponente 2 ist zu 50 % sicher, die Wahrscheinlichkeit für den störungsfreien Durchlauf liegt bei 85 %

Abbildung 1.04-V11: Wahrscheinlichkeiten paralleler Wege

Diese Betrachtung ist allerdings in Netz- oder Balkenplänen nicht möglich. Dort ist jeder Weg gleich (nämlich zu 100 %) wahrscheinlich und wird durchlaufen. Es gibt keine Alternativen, sondern alle Wege sind in der Planung vorgesehen.[8] Die Aussage über einen störungsfreien Durchlauf bezieht sich also immer auf die Gesamtsituation im Projekt, nicht auf einzelne Vorgangswege.

---

8 Alternative Wege gäbe es dann, wenn entweder der Weg über K1 oder über K2 möglich ist. Dies ist z. B. bei einem Ablaufdiagramm der Fall, das Entscheidungen oder Wahrscheinlichkeiten beinhaltet, nach denen der eine oder der andere Weg durchlaufen wird.

3.3 Entscheidungsbäume

In den bisherigen Betrachtungen wurde davon ausgegangen, dass die Maßnahmen wie geplant wirken. In der Praxis muss dies nicht der Fall sein; im ungünstigsten Fall kommt zur Tragweite eines trotz Maßnahmen eingetretenen und voll wirksamen Risikos noch der vergebliche Aufwand für die Maßnahme dazu. Hier zunächst ein einfaches Beispiel, ein komplexeres folgt nach der Erläuterung des Verfahrens.

Beispiel Damit verhindert wird, dass ein Fahrrad gestohlen wird, wird zu dessen Sicherung noch ein teures Schloss gekauft. Wird das Fahrrad jetzt trotzdem gestohlen, kommt der Wert des verlorenen Schlosses zum Verlust des Fahrrads noch dazu (weitere Faktoren, wie Versicherungsfragen usw., hier einmal außer Acht gelassen).

Die Ausgangssituation ist also derart, dass Unsicherheit über die Folgen von Entscheidungen herrscht. Es gibt zwei oder mehr Handlungsalternativen (z. B. eine Maßnahme zu ergreifen oder nicht), über die entschieden werden muss, anschließend aber können verschiedene, nicht beeinflussbare Folgesituationen eintreten (z. B. verschiedene Wirkung der Maßnahme).

In dieser Situation der Entscheidungsfindung hilft die Methodik eines so genannten Entscheidungsbaums, eines Diagramms, das Zusammenhänge zwischen Entscheidungen und daraus möglicherweise folgenden Ereignissen systematisch veranschaulicht.

Dieses Diagramm ist ein wichtiges Werkzeug für die Risikoanalyse und Maßnahmenplanung bei zunehmender Komplexität. Es gibt z. B. eine Übersicht über die Varianten von Entscheidungen bezüglich möglicher Maßnahmen und deren verschieden wahrscheinlichen und nicht sicher vorhersehbaren Folgen. Für die nachstehenden Erläuterungen zum Verfahren wurden die Bilder mit jeweils zwei Verzweigungen einfach gestaltet, dies genügt zur Erläuterung des Prinzips. In der praktischen Anwendung bei komplexen Projekten entwickelt die Methode ihre Stärke umso mehr, je variantenreicher die Situation wird.

Die Folgen führen zu möglichen optionalen Wirkungen, für die (in der Regel finanzielle) Erwartungswerte bestimmt werden können. In einer zurückgerechneten Addition der Einzelwerte werden diese zu einem gesamten Erwartungswert verdichtet. Daraus folgt bei den Varianten der Entscheidungen als wesentliche Aussage des Entscheidungsbaumes das Aufzeigen der aus diesem Verfahren zu empfehlenden Handlungsalternative.

Grundform

V = Variante der Entscheidung
F = mögliche Folge mit Wahrscheinlichkeit des Eintretens
O = optionale Wirkung mit
E = Erwartungswert dazu

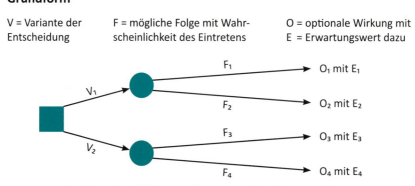

Abbildung 1.04-V12: Grundform eines Entscheidungsbaums

Bei Anwendung des Entscheidungsbaums wird in folgenden prinzipiellen Schritten vorgegangen:

- Der grundlegende Entscheidungsbedarf wird vom Planenden ganz links, hier z. B. als Kästchen dargestellt (im Bild wird zwischen den Varianten V1 oder V2 ausgewählt)
- Die möglichen Varianten führen zu Ereignisknoten, aus den gewählten Varianten können sich Folgen (hier F 1 oder F 2 bzw. F 3 oder F 4) ergeben.
- Allen von den Ereignisknoten wegführenden Wegen sind Wahrscheinlichkeiten zuzuordnen, die sich je Variante zu 100 % addieren. Mit welcher Wahrscheinlichkeit welche der Folgen eintritt, ist vom Planenden abzuschätzen, aber nicht mehr zu beeinflussen.
- Aus den möglichen Ereignissen können bestimmte optionale Wirkungen folgen (hier O 1 bis O 4). Die Multiplikation der (in Geld oder auch anders) bewerteten Wirkung mit der Wahrscheinlichkeit ergibt den Erwartungswert der letzten Verzweigung dieses Astes.
- Rückwärts addiert ergeben sich die Erwartungswerte der Handlungsalternativen.

Der Erwartungswert einer Handlungsalternative ist der Beurteilungsmaßstab, aus dem anhand der zugrunde gelegten Bewertungskriterien aus diesem Verfahren die als empfehlenswert erscheinende Alternative abgeleitet werden kann.

Beispiel Das Projekt ist ein Auftrag zur Modernisierung von Instrumenten auf der Kommandobrücke eines Schiffes mit mehreren Anzeigegeräten und Monitoren. Der Aufbau, die Anzeigen und die Ergonomie des gesamten Überwachungssystems sind im Lastenheft ungenau beschrieben. Es kann daher sein, dass der Kunde später die gewählten Ausführungen nicht akzeptiert. Es besteht damit für den Auftragnehmer (AN) das Risiko, dass der Kunde vor der Abnahme Überarbeitungen fordert, die vom AN getragen werden müssten. Ein Vorführ-Modell (Prototyp) würde die Wahrscheinlichkeit der Nicht-Abnahme sowie die potenziellen Nacharbeitskosten senken. Anderseits wird der zusätzliche Aufwand für den Prototyp vom Kunden nicht bezahlt. Frage (und Handlungsalternative): Soll ein funktionsloser Vorführ-Prototyp für den Aufbau der Brücke (Instrumentenanordnung, Ergonomie usw.) gebaut werden?

Kosten für den Bau des Prototypen	€ 98.000
Wahrscheinlichkeit für das Bestehen der Kundenabnahme:	
mit Prototyp	90%
ohne Prototyp	20%
Überarbeitungskosten nach erstem (nicht erfolgreichen) Versuch der Kundenabnahme:	
mit Prototyp	€ 20.000
ohne Prototyp	€ 250.000

Abbildung 1.04-V13: Eingangsgrößen für den Entscheidungsbaum

Werden die vorstehenden Werte in der Darstellung des Entscheidungsbaums verwendet, ergibt sich folgendes Bild mit einem Entscheidungsknoten (Rechtecke) und zwei Ereignisknoten (Kreise):

Einbezug der Wahrscheinlichkeiten

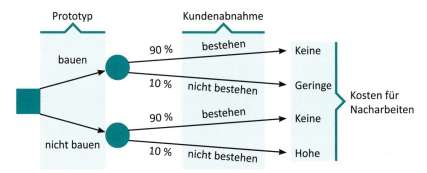

Abbildung 1.04-V14: Wahrscheinlichkeiten im Entscheidungsbaum

Mithilfe dieser Wahrscheinlichkeiten und den finanziellen Folgen aus den verschiedenen Ereignissen kann nun deren Erwartungswert errechnet werden.

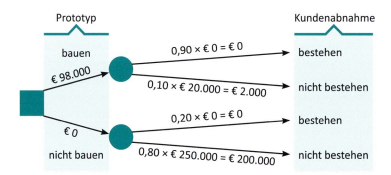

Summe der Erwartungswerte mit Prototyp:
€ 0 + € 2.000 + € 98.000 = € 100.000

Summe der Erwartungswerte ohne Prototyp:
€ 0 + € 200.000 + € 0 = € 200.000

Abbildung 1.04-V15: Erwartungswerte im Entscheidungsbaum

Die Erwartungswerte für die Entscheidungsvarianten „Prototyp bauen" und „Prototyp nicht bauen" werden von rechts nach links aus den addierten Erwartungswerten der Wirkungen der einzelnen Folgen und zusätzlich den Kosten der Varianten errechnet. In vorstehendem Beispiel ist die Entscheidungsvariante, den Prototyp zu bauen, die empfehlenswerte.

Auf die Darstellung eines komplexen Beispiels wurde hier aus Gründen der Übersichtlichkeit verzichtet. Aber auch das einfache Beispiel zeigt bereits den möglichen Variantenreichtum und Erkenntniszuwachs, mit dem das Verfahren verbunden ist, indem es auch die Darstellung unterschiedlicher Wirkungen nach den Ereignisknoten zulässt.

4 Betriebswirtschaftliche und rechtliche Aspekte

4.1 Aufwendungen und Erträge bzw. Nutzen

Bei den betriebswirtschaftliche Aspekten ist zwischen externen (also für einen externen Kunden abgewickelten) und internen (also für das eigene Unternehmen als internen Kunden und Leistungsempfänger abgewickelten) Projekten zu unterscheiden. Bei externen Projekten stellt das Projektergebnis ein (materielles oder immaterielles) Produkt dar, das einem externen Kunden verkauft wird. Damit stehen den Aufwendungen des Auftragnehmers für das Projekt die vom Auftraggeber geleisteten Zahlungseingänge gegenüber. So wird ein unmittelbares wirtschaftliches Ergebnis durch den Vergleich von Aufwand und unmittelbarem Erlös durch Kundenzahlungen ermittelt. Der Aufwand ist durch geeignete Erfassungssysteme zu ermitteln, z. B. auftragsbezogene Stundenschreibung der eingesetzten Ressourcen und Kosten projektbezogener Zukäufe.

Bei internen Projekten steht dagegen häufig dem Aufwand kein unmittelbarer Ertrag in Form von Zahlungseingängen gegenüber[9]. Hier wird zumeist das Projekt als Investition betrachtet und eine entsprechende Wirtschaftlichkeitsrechnung angestellt, z. B. wenn durch eine technische Verbesserung im organisatorischen Ablauf Einsparungen bei den Kosten erzielt werden sollen. Ebenso kann es sein, dass mit dem Projekt kein rechenbarer Nutzen verbunden ist, sondern nicht auszuweichende Verpflichtungen erfüllt werden müssen (z. B. aus Änderung von gesetzlichen Vorschriften, wie es u. a. bei Banken häufig vorkommt). An die Stelle einer unmittelbaren Ergebnisermittlung tritt in diesen Fällen eine Kostenschätzung für das Projekt und eine Kostenvergleichsrechnung bei den Alternativen.

Sowohl aus externen als auch aus internen Projekten können sich wirtschaftliche Risiken für das gesamte Unternehmen ergeben, denen durch unternehmensbezogene Vorsorgemaßnahmen zu begegnen ist und die nach außen Gegenstand entsprechender Berichte an Gläubiger und Kapitalgeber sein müssen. Dazu wird einmal für die Risikobearbeitung auf Maßnahmen und Berichterstattung zurückgegriffen, die im Unternehmen aufgrund anderer Vorschriften sowieso vorhanden sind, wie z. B. das Rechnungswesen. Diese werden dann durch spezielle Vorschriften und Maßnahmen ergänzt.

4.2 Zwischen- bzw. Mitkalkulation von Risiken und Chancen im Projektverlauf

Die nachfolgenden Ausführungen zur betriebswirtschaftlichen (finanzkalkulatorischen) Behandlung von Risiken im Projekt können bzgl. der Be- und Verrechnung von Risiken in der Kalkulation für interne und externe Projekte gelten. Die Korrektur eines wirtschaftlichen Ergebnisses aus kalkulierten Kosten und erzieltem Preis wird im Allgemeinen nur bei externen Kundenprojekten relevant sein.

Ausgangspunkt der betriebswirtschaftlichen Kalkulation ist eine Planung, die zunächst die im Projekt erwarteten Arbeiten, Vorgänge, Umstände und Aufwendungen berücksichtigt. Damit wurde eine (Vor-) Kalkulation erstellt, die kosten- und ggf. ertragsseitig das Bild des Projekts zeichnet, das tatsächlich erwartet wird. Risiken und Chancen sind aber als zusätzliche, ungeplante mögliche Einflussfaktoren definiert (z. B. mögliche zusätzliche Vorgänge und Arbeitspakete mit zusätzlichen Kosten) und werden deshalb zusätzlich in Nebenrechnungen außerhalb der Planung berücksichtigt.

---

[9] Eine Ausnahme kann darin bestehen, dass der Kostenstelle des internen Auftragnehmers eine Gutschrift der auftraggebenden und die Leistung empfangenen Kostenstelle im eigenen Unternehmen zukommt, die vorher ähnlich einem Festpreis ausgehandelt wurde oder aufwandsbezogen ist.

Erreichen einzelne dieser möglichen Einflussfaktoren allerdings eine Wahrscheinlichkeit, die der der normalen Planung entspricht (z. B. größer als 85 %), liegen sie im Bereich der Sicherheit bereits eingeplanter Vorgänge oder Umstände (die zumeist auch nicht sicherer als z. B. 85 % sind). Sie werden dann so behandelt wie diese, nämlich in die normale Planung auf- und aus einer separaten Risiko- und Chancenbetrachtung herausgenommen. Kalkulatorisch gehen sie dann in die normale Mitkalkulation und damit nicht mehr in ein separates Risikopotenzial ein. Ergeben sich später Aussichten, dass sie wider Erwarten doch nicht eintreten, erwachsen daraus für das Projekt Chancen.

Risiken und Chancen mit einer Wahrscheinlichkeit unter z. B. 15 % werden als unwahrscheinlich angesehen, dass sie auch bei der Betrachtung des zusätzlichen Risikopotenzials wieder außer Acht bleiben.

Dieser Gedanken- und Rechenweg entspricht folgendem Basisschema:
(W als hier angenommene Grenzen der Wahrscheinlichkeit)

Ursprüngliches wirtschaftliches Ergebnis des Projekts aus dem kalkulierten Aufwand und dem erwarteten Ertrag (Spanne / Deckungsbeitrag) einschließlich eines prozentualen Risikozuschlags für das gesamte Projekt.

-     Risiken mit W > 85 % mit ihrem vollen Wert
+   Chancen mit W > 85 % mit ihrem vollen Wert

=   **Fortgeschriebenes kalkuliertes Ergebnis** des Projekts
(entsprechend dem Kalkulationsschema und ausgewiesen in der Buchhaltung)

-     Risiken mit W zwischen 15 % und 85 % mit gewichtetem Wert
+   Chancen mit W zwischen 15 % und 85 % mit gewichtetem Wert

=   **Tatsächlich zu erwartetes Ergebnis** des Projekts
nach Berücksichtigung zusätzliche korrigierende Elemente und ausgewiesen
in einer Nebenrechnung

Die das fortgeschriebene Ergebnis nochmals korrigierende Fortsetzung der Ergebnis-Rechnung erfolgt zur Info für den Projektleiter und den geschäftsverantwortlichen Business-Manager. Dort dient sie in der Angebotsphase z. B. zur Entscheidung, ob ein Angebot unter Berücksichtigung der Risiken abgegeben werden sollte. Während der Projektabwicklung ergibt sich dann eine erweiterte Möglichkeit zur Beurteilung der Situation und zur Einschätzung der zukünftigen wirtschaftlichen Entwicklung des Projekts.

Beispiel Es handelt sich um die Erstellungen einer Anlage oder die Entwicklung eines individuellen SW-Pakets als externes Kundenprojekt. Das Projekt hat insgesamt einen Auftragswert von ca. 1,2 Mio. € und Kosten von 1,1 Mio. €. Es wird also ein Gewinn von 100 T€ in der Vorkalkulation (vor erster Periode) oder in der gegenwärtig aktualisierten Mitkalkulation (Periode x des Projekts) ausgewiesen.

Es wurden verschiedene Risiken identifiziert und analysiert. Risiko 1 besteht darin, dass der Kunde (u. U. zu Recht) eine deutsche Projektdokumentation wie geplant und eine zusätzliche in englischer Sprache verlangen könnte. Das Pflichtenheft zur Projektbeschreibung ist an dieser Stelle ungenau, da es lediglich von einer „üblichen" Dokumentation spricht. In der Kalkulation ist bisher nur eine Dokumentation in deutscher Sprache vorgesehen. Die Übersetzung würde zusätzliche 10 T€ kosten, die Wahrscheinlichkeit dieser schon aus Kulanz anzuerkennenden Zusatzforderung wird auf 50 % geschätzt. Das Risiko hat also einen Erwartungswert von 5 T€.

Die übrigen (hier nicht näher betrachteten) Risiken 2 bis n haben in Summe einen gewichteten Erwartungswert von 25 T€, Chancen wurden nicht identifiziert.

1. Ausgangssituation (erste oder Periode x des Projekts):

Ergebnis der aktuellen (Vor- oder Mit-) Kalkulation			+ 100 T€
Risikoliste:			
Risiko 1 mit W = 50% und T = 10 T€	=>	gew.	- 5 T€
Risiken 2 bis n mit div. W und T zusammen	=>	gew.	- 25 T€
Summe Risiken	=	gew.	- 30 T€
Das tatsächlich zu erwartende Ergebnis muss korrigiert werden auf			+ 70 T€

(das Ergebnis der Mitkalkulation bleibt davon noch unberührt)

2. Im Projektverlauf stellt sich heraus, dass der Kunde die Forderung nach der zusätzlichen Übersetzung voraussichtlich stellen wird und dieser dann nachgekommen werden muss. Dem Risiko wird daraufhin eine Wahrscheinlichkeit von jetzt 85 % zugeordnet. Dies hat zur Folge, dass es als so sicher angesehen wird, dass es als in der Planung und Kalkulation zu berücksichtigende Vertragsleistung anzusehen ist. Die übrigen Risiken bleiben unverändert.Folgesituation (zweite oder Periode x+1 des Projekts (Risiko 1 ist wahrscheinlicher geworden)

Ergebnis der letzten (Vor- oder Mit-) Kalkulation		+ 100 T€
Risiko 1 jetzt mit W = 85 % und T = 10 T€	=>	- 10 T€
(wird nun als Tatsache mit 100 % in die Mitkalkulation aufgenommen und entfällt in der Risikoliste)		
Ergebnis der aktuellen (Vor- oder Mit-) Kalkulation neu		+ 90 T€
Risikoliste:		
Summe restl. Risken 2 bis n unverändert	gew.	25 T€
Das voraussichtliche Ergebnis muss für das tatsächlich erwartete Ergebnis korrigiert werden auf		+ 65 T€

3. Im weiteren Projektverlauf werden Gespräche mit dem Kunden auch wegen der Übersetzung geführt und dieser könnte evtl. bereit sein, einen Teil (40 %) der Kosten, d.h. einen Betrag von 4 t € zu übernehmen. Dies stellt jetzt eine Chance (C1) zur Ergebnisverbesserung dar, die Wahrscheinlichkeit dafür wird auf 50 % geschätzt. Die übrigen Risiken bleiben unverändert
Folgesituation (dritte oder Periode x+2 des Projekts

Ergebnis der letzten (Vor- oder Mit-) Kalkulation			+ 90 T€
Risiko- und Chancenliste:			
Chance aus C1 jetzt mit W = 50 % und T = 4 t €	=>	gew.	+ 2 T€
Summe restl. Risken 2-n mit div. W und T unverändert		gew.	- 25 T€
Saldo und Summe aus akt. Risiken und Chancen		gew. =	23 T€
Das voraussichtliches Ergebnis muss in dem tatsächlich erwarteten Ergebnis korrigiert werden auf			+ 67 T€

Je nach Form und Schema der Kalkulation des anwendenden Unternehmens werden die Risiken und Chancen getrennt erfasst oder in einer Rechnung saldiert. Empfohlen wird hier die getrennte Erfassung, um klarer und übersichtlicher auszuweisen, welche Veränderungen es bei Risiken bzw. Chancen von Periode zu Periode gegeben hat und wie dadurch die noch zu erwartenden Kosten (CTC = Costs to Complete) verändert wurden. Betriebswirtschaftlich und buchhalterisch sollen die gewichteten Risiken als Rückstellungen (z. B. als Sammelposition für das Gesamtprojekt) berücksichtigt werden.

Bei der kalkulatorischen Berücksichtigung von Risiken ist zu bedenken, in wie weit einzelne Risiken sich gegenseitig ausschließen bzw. ob das Eintreten bestimmter Risiken von anderen abhängig ist.

Wenn sich bspw. die Risiken 1 und 2 ausschließen, wird nur das Risiko mit dem größeren Erwartungswert eingesetzt.

4.3 Steuer- und handelsrechtliche Vorschriften zur Risikobewertung

Steuer- und handelsrechtliche Vorschriften sowie andere Gesetze haben verschiedene Einflüsse auf die Risikobearbeitung im Projekt: Nachfolgend wird auf diesbezügliche ausgewählte Schwerpunkte eingegangen.

In den Ausführungen zur Earned Value Analyse wurde bereits darauf hingewiesen, dass das Aufzeigen von Abweichungen der Ist- Leistung und der dabei entstandenen Kosten gegenüber den geplanten Werten im Projektverlauf ein Indikator für aufkommende Kosten- und / oder Terminrisiken sein kann. Zwei der Haupt-Schwierigkeiten bei der Beurteilung der Ist-Situation sind in der Regel die Ermittlung und Bewertung des Leistungsfortschritts.

Dafür stehen, stark vereinfacht, zwei Vorgehensweisen zur Verfügung.
Einmal ist die Bewertung nach HGB zu nennen, welche die erbrachten Leistungen aus den angefallenen Kosten ableitet. Leider ist aber der Zusammenhang von Kosten und Leistung nicht zwingend und folgt oft genug nicht den angenommenen Relationen. Wenn z. B. die aufgelaufenen Kosten nicht zu den entsprechenden Leistungen geführt haben, diese aber mangels Abgrenzung aus dem Verfahren heraus unterstellt werden, ergibt sich daraus eine zu positive Darstellung des Projekts.

Werden also keine die Realität berücksichtigenden Abgrenzungen vorgenommen, wird während der Projektlaufzeit ein verfälschtes Bild der Situation gezeichnet. Zwar ist diese Abgrenzung möglich und vorgesehen, letztlich aber wird das Ergebnis erst am Schluss des Projekts ermittelt (Prinzip des „Completed Construction"). Ein sich damit schon während der Laufzeit aufbauendes Kostenrisiko bleibt häufig unerkannt. Das „böse Erwachen" folgt dann mit der Schlussrechnung am Ende der Projektlaufzeit, also ohne Chance, noch Wesentliches zu ändern.

Als zweite Vorgehensweise ist die Bewertung im Projektgeschäft (Construction and Solutionbusiness) nach US GAAP bzw. IAS und IFRS zu nennen. Dafür stehen wiederum zwei Verfahren im Projektverlauf zur Verfügung, einmal die Earned Value und zweitens die Cost-to-Cost Methode. Beide zielen auf die Realisierung von Umsatz und Ergebnis während der Abwicklung des Projekts ab. Daraus folgt die Notwendigkeit der richtigen Ermittlung oder Schätzung des Fertigstellungsgrades und einer fortschrittsgerechten Mitkalkulation (Prinzip des Percentage of Completion - PoC). Kosten- und Leistungserfassung und -vergleiche nach diesen Verfahren setzen den Projektleiter tendenziell früher in die Lage, Risiken aus Ist-Plan-Abweichungen zu erkennen. Der Fertigstellungsgrad wird dabei häufig nicht direkt geschätzt, sondern aus der Relation der noch zu leistenden Arbeiten (oder noch anfallenden Kosten) zur erwarteten Gesamtleistung.

Die nachstehende Abbildung zeigt zusammengefasst die Risikokategorisierung und den Zeitpunkt des Ausweises.

Risiken bzw. Katalog der Risikokategorie I - III

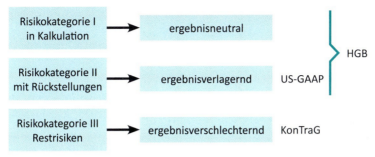

Abbildung 1.04-V16: Risikokategorien in der Kalkulation im Projekt

Risiken der Kategorie I sind als Tatsachen in der Kalkulation enthalten. Sie sind also keine Risiken im eigentlichen Sinne mehr, da sie ja bereits eingeplant sind. Demzufolge sind sie auch im Projektergebnis bereits eingerechnet und somit für dieses bei späterem Eintreten neutral. Die Möglichkeit ihres Ausbleibens stellt eine Chance zur Ergebnisverbesserung dar.

Risiken der Kategorie II sind in der Kalkulation nicht enthalten, sondern Gegenstand von Nebenrechnungen. Wenn für sie Rückstellungen gebildet werden, werden in diesem Moment des Projektverlaufs bereits die Kosten eingerechnet und das Ergebnis periodengerecht belastet, obwohl die negative Wirkung erst am Ende des Projekts eintritt.

Beispiel Während des Projekts wird deutlich, dass der Leistungsfortschritt geringer ist als geplant und dass damit die Gefahr besteht, dass der pönalisierte Endtermin nicht gehalten werden kann. Aus dieser Situation wird eine Rückstellung gebildet, die das ausgewiesene Ergebnis bereits gegenwärtig belastet, obwohl die Pönale erst am Projektende gezahlt werden muss.

Risiken der Kategorie III sind Risiken, die als Restrisiken noch nicht erkannt oder berücksichtigt sind und die somit bei Eintritt ergebnisverschlechternd wirken werden.

4.4 Deutsches Recht - das KonTRaG

Die eigentlich selbstverständliche Verpflichtung einer Unternehmensleitung (Vorstand einer AG oder Geschäftsführung einer GmbH), Vorsorge gegen mögliche, das Unternehmen bedrohende Risiken zu treffen, wurde am 06.11.1997 durch ein entsprechendes Gesetz manifestiert. An diesem Tag verabschiedete das Bundeskabinett das KonTraG (Gesetz zur Kontrolle und Transparenz im Unternehmen) in Ergänzung des § 91 AktG (Organisation, Buchführung) durch den Absatz 2 mit der Aussage:

„Der Vorstand hat geeignete Maßnahmen zu treffen, insbesondere ein Überwachungssystem einzurichten, damit den Fortbestand der Gesellschaft gefährdende Entwicklungen früh erkannt werden."

In weiteren Ausführungen wird das präzisiert und schließt in der Begründung ein:
„... insbesondere risikobehaftete Geschäfte...". Das bedeutet, dort, wo das „Geschäft" das (externe) Projektgeschäft ist, oder dort, wo bedeutende interne Projekte laufen (z. B. teure und langlaufende Entwicklungsprojekte) sind entsprechende Vorsorgen im Projektmanagement zu treffen. Das Risikoverständnis im Sinne des KonTraG bedeutet dabei sinngemäß:

I   Gefahr von Verlusten oder Schäden, d. h. mögliche ungünstige, gefährliche oder Existenz bedrohende Entwicklungen auf der Unternehmensebene,

- im Rahmen der Geschäftstätigkeit aus Einzelgeschäften, einem Geschäftsbereich oder der Gesamtunternehmung,
- die eine kritische Grenze überschreiten (können - aber, Verlustbegriff und kritische Grenze sind nicht festgelegt).
- Dies und die Organisation der Überwachung ist Aufgabe der Geschäftsleitung - mit Unterstützung eines strukturierten Risikomanagements.

Da das Gesetz selbst die Forderungen und deren Umsetzung nicht weiter präzisiert, sind entsprechende Kommentaren und Auslegungen notwendig. Ein KonTraG-gerechtes Risikomanagementsystem lässt sich mit folgendem Kreislauf beschreiben:

Abbildung 1.04-V17: Kreislauf laut KonTraG (LÜCK (Hrsg.), 1998: 55)

Der Aufbau eines Frühwarnsystems beinhaltet

- das Festlegen der Beobachtungsbereiche
- die Bestimmung der Indikatoren
- die Bestimmung der Sollwerte und Toleranzgrenzen und
- die Festlegungen zur Informationsverarbeitung

Die Beobachtungsbereiche können im technischen Bereich liegen, ebenso wie beim Kunden und den Absatzmöglichkeiten, in der Beschaffung und im ökonomischen, ökologischen oder sozialen Umfeld.

Die Überwachung nach KonTraG arbeitet dabei mit eigenen Indikatoren bzw. greift auf die zurück, die durch Controlling, Revision und andere Funktionen bereits vorgegeben sind.

Zusammenfassend ist also festzustellen, dass Risikomanagement auf Unternehmensebene schon von Gesetzes wegen notwendig ist. Um dafür alle Risiken berücksichtigen zu können, ist ein systematisches und strukturiertes Risikomanagement auf Projektebene und die Projekte begleitend notwendig. Dies gilt besonders für Unternehmen, die im Wesentlichen nur Projektgeschäft betreiben (z. B. Hoch- und Tiefbauunternehmen, Unternehmen des Anlagenbaus, Ingenieurbüros, Beratungsunternehmen und SW-Entwickler), und generell für Projekte, die von ihrer Größe her das Unternehmen gefährden können.

5 Umsetzung, Organisation und Dokumentation des Risikomanagements

5.1 Umsetzung und Organisation

Viele Unternehmen (und andere Institutionen) behaupten von sich, sie hätten ein Risikomanagementsystem für ihre Projekte. Häufig sind dies aber nicht wirklich in die Organisation des Projektmanagements eingebundene, sondern eher zufallsbezogene Aktivitäten. Natürlich „kümmert" man sich um Risiken im Projekt, wenn diese auffallen, was aber fehlt, ist die institutionalisierte und systematisierte Vorgehensweise.

Dazu die Aussage von Prof. SCHELLE (Universität der Bundeswehr, München) nach fast einhundert Industrieseminaren zum Projektmanagement aus dem Jahr 2005, die heute wenig von ihrer Aktualität eingebüßt hat: „In den meisten Unternehmen wird allenfalls über Risiko-Management geredet, praktiziert wird es nicht. Bestenfalls werden Checklisten ausgefüllt, um den Controller nicht zu verärgern (und den Vorschriften Genüge zu tun)".

Die Gründe des Auseinanderklaffens von Ansprüchen („unsere Projekte sollen ein Erfolg werden") und oben zitierter Wirklichkeit sind vielfältig - ein Gutteil Psychologie ist sicher auch enthalten. Wer schlüpft schon gerne in die Rolle des „Bedenkenträgers"? Das Umgehen mit Risiken setzt eine Unternehmenskultur voraus, in welcher der Frager und Mahner das Projekt nicht behindert und den vielleicht gerade gefeierten Vertriebserfolg schlecht redet, sondern mit seinen Fragen hilft, den Erfolg auch zu erreichen. Risikomanagement wird damit zur wieder einmal viel beschworene „Chefsache", ist aber anders nicht realisierbar, zumindest nicht auf Dauer. Und es darf nicht bei Absichtserklärungen und Scheinsystemen bleiben, die vielleicht Formalien und Formblättern Genüge tun, aber keinen substanziellen Fortschritt bringen.

DEMARCO / LISTER (2003) haben eine Katalog mit Fragen zur Existenz eines Risikomanagementsystems im Unternehmen entwickelt:

- Gibt es eine Liste aller allgemeinen und projektspezifischen Risiken?
- Ist ein fortlaufender Risikoentdeckungsprozess installiert?
- Werden Zusagen nur mit Hinweisen auf Unsicherheiten gegeben?
- Gibt es sowohl Zielvorgaben (engagiert)
  als auch Abschätzungen (realistisch)?
- Gibt es ständig überwachte Eintrittsindikatoren für die Risiken?
- Gibt es Pläne zur Risikoverminderung und Eventualfälle?
- Werden die Risiken der Höhe nach evaluiert?
- Gibt es eine Nutzwertschätzung für das Projekt?
- Gibt es eine Versionsplanung für den Notfall?

Werden diese Fragen mit Nein beantwortet und wird die Einführung eines Risikomanagementsystems geplant, kann dies (auch gesetzes- und bilanzierungsrechtskonform) in Stufen erfolgen. Alle Projekte sollten prinzipiell auf nicht tolerierbare Risiken untersucht werden. Ansonsten wird zunächst eine Projektkategorisierung gemäß dem Umfang, der strategischen Bedeutung und der Komplexität nach A-, B- und C- Projekten erfolgen. Erfahrungen mit dem Risikomanagementsystem (zunächst bei A-Projekten) sowie Erfolge und der Nachweis der Wirkung liefern dann die Motivation und Argumentation, diese auf B-Projekte auszudehnen.

Der Nachweis von Erfolgen dürfte vor allem im Bereich der vorsorgenden korrektiven Maßnahmen, also beim Vermindern der negativen Auswirkungen nachweis- und erkennbar sein.

Beispiel Der Projektleiter stattet alle Projektmitarbeiter, die mit einem Notebook arbeiten, mit einer mobilen Festplatte aus, verbunden mit der Weisung, regelmäßig und in kurzen Abständen Datensicherung zu betreiben und die Festplatten andernorts zu deponieren. Als in einen Bürocontainer eingebrochen und mehrere Notebooks gestohlen werden, ist der eigentliche Schaden, nämlich der aus dem Verlust der Daten, relativ gering.

Im Grunde erfolgt die Bewertung des Nutzens der Maßnahme (in Form des reduzierten Schadens) bereits bei der Abschätzung der Tragweite des Risikos. Dennoch haben solche Situationen eine starke und nachhaltige Wirkung, wenn sie in der Praxis tatsächlich eintreten (das „Glück im Unglück" muss kommuniziert werden).

Auf Dauer sollte sich das Risikomanagement aber nicht nur auf große und größere Projekte beschränken. Auch bei weniger komplexen Vorhaben besteht die Möglichkeit der kleinen Ursache und der möglichen großen Wirkung. Es gilt auch hier die einfache Regel: Entweder die Situation ist einfach und leicht beherrschbar, dann ist die Untersuchung auf Risiken ebenfalls nicht aufwändig. Oder es zeigt sich, dass die Untersuchungen anspruchsvoller werden müssen, dann ist nicht das „böse" Risikomanagement daran „schuld", sondern durch dessen Einsatz wurden diese sonst unerkannt gebliebenen Ansprüche erkennbar.

5.2 Controlling und Projektentscheidungen

Risikomanagement und Risikocontrolling müssen immanente Bestandteile des Projektmanagements und des Projektcontrollings sein. Deshalb ist es keine Frage, „ob" Risikomanagement und -controlling betrieben werden sollte, die Frage ist lediglich das „wie".

Hier ist auch die Brücke zwischen dem Projekt- und dem Unternehmenscontrolling zu schlagen, sowohl bezogen auf den Empfang als auch auf die Abgabe von Informationen. In der Praxis bedeutet dies z. B. eine Abstimmung in der Projektstrukturierung zwischen der Terminplanung und den Erfassungs- und Auswertungsmodalitäten der projektsübergreifenden Kostenrechnung.

Gleiches gilt für die Aufbereitung und Überleitung von Informationen, die z. B. die Erfordernisse des KonTraG erfüllen sollen.

Es wird in jedem Projekt nach der Planung und dem Start wiederkehrende Situationen geben, in denen zwischen Projektleiter und seinem internen Auftraggeber oder Business-Manager controllinggestützt das Projekt evaluiert und Entscheidungen für den weiteren Verlauf getroffen werden. Anlässe können entweder

- Zeitpunkte (Jour Fix),
- Ergebnisse (z. B. Erreichen eines Meilensteins) oder
- Ereignisse (z. B. Auftauchen eines neuen gewichtigen Risikos)

sein. Das Risikomanagement ist in den Rahmen (Vorbereitung, Ablauf und Auswirkungen) solcher Aktionen einzubinden. Es wird empfohlen, bei externen, aber auch bei internen Projekten mit einem Dritten als Auftraggeber (z. B. Projekte eines internen Dienstleisters für eine Fachabteilung), projektinterne und dem Projektmanagement dienende Sitzungen für die Projektentscheidungen ohne den projektexternen Auftraggeber durchzuführen. Z. B. muss diesem nicht bekannt werden, welche Risiken (womöglich durch ihn auszunutzen) im Projekt auftauchen bzw. welche Chancen (womöglich zu seinen Lasten) im Projekt gesehen werden.

Solche „Projektentscheidungssitzungen" sind vom Projektleiter allgemein und mit Blick auf das Risikomanagement gut vorzubereiten. Der Projektleiter hat in der Regel Ansprüche an seinen Businessmanager, er will zusätzliche, das kalkulierte Ergebnis belastende, finanzielle Zusagen für Vorsorgemaßnahmen, Nachverhandlung und vertragliche Verfeinerung unklarer Umstände, zusätzliches Personal usw. - alles Aktionen, die das Projektbudget in Anspruch nehmen, Kosten steigern und den Gewinn schmälern. Der Projektleiter muss deshalb für einzelne Risiken genau wissen und darlegen,

- welche alternativen Maßnahmen es gibt
- welche Maßnahmen bevorzugt werden und warum
- welche Kosten damit verbunden sind
- was passieren kann, wenn seinem Vorschlag nicht gefolgt wird.

Die Entscheidungen sind in diesen Sitzungen unmittelbar zu treffen und zu protokollieren. Ist dies nicht der Fall, sind das Datum und die Voraussetzungen zur Wiedervorlage festzulegen.

6 Zusammenfassung

Projekte ab einem bestimmten Umfang, einer bestimmten Zahl der Beteiligten oder sonstiger Komplexität verlangen weiterführend Überlegungen und Arbeitstechniken im Risikomanagement. Dies gilt für alle Phasen des Projekts, frühzeitig beginnend mit der Planung. Es können verschiedene Verfahren angewendet werden, mit deren Hilfe sich bereits in der Planung verschiedene Szenarien und Alternativen darstellen und das Risikopotenzial abschätzen lassen.

Weiterhin können über Risikoganglinien die Zeiträume mit hohem Risikopotenzial und der Verlauf des Risikopotenzials im Projekt dargestellt werden. Weitere Informationen werden gewonnen, wenn Informationen aus der Earned Value Analyse oder der Meilensteintrendanalyse unter Risiko- / Chancen-Gesichtspunkten ausgewertet werden.

Zur Suche und Bearbeitung von Maßnahmen bietet sich zur Erweiterung der Bearbeitung das aus dem Qualitätsmanagement stammende FMEA-Verfahren an. Dabei wird neben der Tragweite und Wahrscheinlichkeit ergänzend der Zeitpunkt der Entdeckung eines Fehlers bei der Ermittlung des Risikopotenzials berücksichtigt.

Erfahrungsgemäß lassen sich die möglichen Tragweiten (Schäden bei Eintreten des Risikos) tendenziell leichter abschätzen als die Wahrscheinlichkeiten. Deshalb werden noch weitere Verfahren zum Umgang mit Wahrscheinlichkeiten angeboten, z. B. bei sich gegenseitig beeinflussenden Risiken, oder um die Möglichkeit, dass aus Entscheidungen unterschiedliche Ereignisse folgen können, einzubeziehen. Eine Maßnahme kann ergriffen werden, die daraus folgenden Wirkungen können aber verschieden und verschieden wahrscheinlich sein. In einem Entscheidungsbaum werden dann verschiedene Möglichkeiten und Erwartungen durchgerechnet und so der Entscheidungsprozess unterstützt.

Für betriebswirtschaftlich orientierte Betrachtungen werden Risiken in der (Mit-) Kalkulation und ggf. ihre Aufnahme in die Planung berücksichtigt. Risiken mit einer Wahrscheinlichkeit von mehr als 85 oder 90 % gelten als so sicher, dass sie zu 100 % in die Planung eingehen und aus der Risikobetrachtung herausgenommen werden. Verringert sich die Eintrittswahrscheinlichkeit später, stellt dieser Umstand eine Chance dar.

Gesetzliche Vorschriften zur Berücksichtigung von Risiken sind in Deutschland für AG's vor allem durch das KonTraG dokumentiert. Hierin wird der Vorstand verpflichtet, Risikomanagementsystemen zu organisieren und einzuführen - für das Projektgeschäft also gegen Projektrisiken. Andere Vorschriften finden sich z. B. im deutschen und internationalen Bilanzrecht.

Schlussendlich ist für die Umsetzung und Organisation eines systematischen Risikomanagementsystems im Unternehmen zu sorgen. Trotz der unbestrittenen Bedeutung des Themas gibt es dabei immer wieder Widerstände und Probleme. Die Ursachen sind sicher mannigfach, von der Überwindung des Hemmnisses, Wichtiges vor Dringliches zu stellen, bis zum psychologischen Problem, Risikobewusstsein nicht mit Schwarzmalerei zu verwechseln.

Dennoch, es lohnt sich – ein geeignetes strukturiertes Risikomanagement in angemessener Form ist ein wesentlicher Faktor bei dem Bestreben, das Projekt zum Erfolg zu führen.

7 Verzeichnis der Abkürzungen

IAS	International Accounting Standards
IFRS	International Financial Reporting Standards
KonTraG	Gesetz zur Kontrolle und Transparenz im Unternehmen
US GAAP	US Generally Accepted Accounting Principles

8 Fragen zur Wiederholung

1	Welche Einflüsse können größere Schwankungsbreiten auf eine mithilfe der Netzplantechnik erstellte Terminplanung haben?	☐
2	Welche Werte verwendet das PERT-Verfahren und mit im Regelfall welcher Gewichtung?	☐
3	Welcher zusätzliche Gesichtspunkt der Risikobeurteilung wird durch das FMEA-Verfahren ergänzt?	☐
4	Welchen Umstand beschreibt der Begriff der „Latenzzeit"?	☐
5	Mithilfe welchen Vorgehens kann der Umstand berücksichtigt werden, dass sich aus einer Entscheidung verschiedene (verschieden wahrscheinliche) Folgen ergeben können?	☐
6	Wie werden die betriebswirtschaftlichen (projektkostenbezogenen) Erkenntnisse der Risikoanalyse in der Mitkalkulation berücksichtigt?	☐
7	Mit welchem Gesetz wird in Deutschland (beispielsweise) der Vorstand einer AG zum Risikomanagement verpflichtet?	☐
8	In welcher Form und in welchem Rahmen sollte der PL Fragen des Risikomanagements diskutieren und zur Entscheidung bringen?	☐

9 Checklisten

Liste von Themenbereichen und offenen Fragen zur Risikoanalyse (Schwerpunkt bei externen Kundenprojekten):	
Projektziele, technische Machbarkeit und Erfahrungen?	
I Eindeutigkeit und Vollständigkeit der Projekt- und Zielbeschreibung?	☐
I Klärung der Ziele und Funktionen mit dem Kunden und dem Endnutzer?	☐
I Funktionale Beschreibung, technische Vorgaben, eindeutige Beschreibung von vor- und nachgelagerten Prozessen, In- und Output?	☐
I Grundsätzliche technische Machbarkeit?	☐
I Genauigkeit und Eindeutigkeit von Spezifikationen und Leistungsbeschreibung? Spielräume und Zeitpunkte für endgültige Festlegungen?	☐
I Reifegrad der Technik, Erfahrungen mit der Technik?	☐
I Kritische Garantiewerte (Standzeiten) und andere Zusagen?	☐
I Forderung verfahrenstechnischer Garantien (Verbrauchswerte, Qualität)?	☐
I Eindeutige Abnahmemodalitäten?	☐
I Erfahrungsstand des Kunden?	☐
I Schnittstellen zu fremder Technik?	☐
I Schnittstellen zu vorhandener Technik?	☐
I Besondere Anforderung aus Referenz-, Konkurrenz- u. a. Gründen?	☐
I Strategische Position des Projektziels im eigenen Unternehmen?	☐
Fragen zur Projektdurchführung, den Hilfsmitteln, zur Kooperation mit anderen	
I Mit dem Kunden abgestimmte und von diesem akzeptierte Vorgehensweise – in der Projektabwicklung, generell und im Einzelnen?	☐
I Definition der Schnittstellen bei den Verantwortungsbereichen, Entscheidungsbefugnissen und Terminen (projektextern und -intern)?	☐
I Abstimmungen bzgl. kundenseitiger oder kundenseitig zu verantwortender Vorarbeiten, Beistellungen und Vorleistungen?	☐
I Regeln zu Genehmigungs-, Review- und Freigabeprozeduren?	☐
I Regeln zur Dokumentation (Form, Sprachen)?	☐ ☐
I Analytisch erstellte und realistische Terminplanung, Abstimmung und Akzeptanz intern und mit Dritten?	☐
I Regeln zu Meilensteinen, Zwischenabnahmen, Pönalen?	☐
I Logistik (Transporte und Lagerungen, Diebstahlsicherung), Zugangsmöglichkeiten?	☐
I Vorstellungen zu Zuverlässigkeit, Wartbarkeit, Ersatzteilversorgung?	☐
I Regeln zu Einsatz und Verbleib von Werkzeugen und (technischen) Hilfsmitteln in der Projektdurchführung?	☐
I Regeln zu weiterem Service und Betreuung in der Gewährleistungs- und in der Betriebsphase aus Kundensicht?	☐
I Regeln zur Betriebsphase aus eigener Sicht (inkl. Verantwortung und Erwartungen bei Unterauftragnehmer und Zulieferer)?	☐

1.04 Risiken und Chancen

Fragen zur Vertragsgestaltung

- Angebot mit Bindefristen, Ausschlüssen usw.? ☐
- Eindeutiger schriftlicher und verbindlicher Kundenvertrag, Regeln für Vertragsänderungen (Changeorders, Claims)? ☐
- Eindeutige, kongruente schriftliche Verträge mit Subunternehmern, Konsorten? Back to Back-Klauseln? ☐
- Kongruenz der Geschäftsbedingungen? ☐
- Besondere Anforderungen an Qualität und (Industrie- u. a.) Standards von Ausführung und Dokumentation, Bezugnahme auf fremde Standards? ☐
- Regeln zu Haftungen (Ingenieurfehler, Montage- und Inbetriebsetzungs-Fehler) auch für Folge- und andere Schäden, Obergrenzen und Ausschlüsse? ☐
- Regeln zu Gerichtsbarkeit, Schiedsgerichten usw.? ☐
- Regeln zu Nebenkosten (Reisen, Dokumentationen, eigene und Subunternehmer)? ☐
- Besondere (generalisierende) Klauseln, Einschränkungen, Rücktrittsrechte? ☐
- Regeln zu Konsequenzen bei Vertragsstörungen (z. B. Verzugsentschädigungen), Durchsetzbarkeit? ☐
- Regeln zu Schutzrechten, Patenten und sonstigen eigenen und Rechten Dritter? ☐
- Regeln für Zwischen- und endgültige Abnahmen, Regeln für Gewährleistung usw.? ☐
- Regeln zu Befugnissen von Consultants, Ing.-Büros, Planern (eindeutig und akzeptabel)? ☐
- Eigene Abhängigkeit vom Auftraggeber? ☐
- Eigene Abhängigkeit von Unterlieferanten? ☐

Fragen zu Subunternehmern (Leistungsfähigkeit, Bonität)

- Einsatz von Subunternehmern mit Kunden abgeklärt? ☐
- Einsatz von kundenseitig vorbestimmten Subunternehmern gefordert? ☐
- Regeln zum Ausschluss bzw. zur Weitergabe von Haftungen und Gewährleistungen? ☐
- Haftung für den Subunternehmer abgeklärt / abgesichert, Ausschluss von bzw. Regelungen zu Folgeschäden? ☐
- Regeln für Zwischenabnahmen der Leistungen von Subunternehmern? ☐
- Vereinbarungen über Rücknahmen, Nachlieferungen? ☐
- Regelen über Garantien, Wartung, Ersatzteilhaltung, Abarbeitung von Mängellisten? ☐
- Regeln zu Ausbildungs-, Betreuungs- und anderen Fragen vor und nach Projektende? ☐
- Bonität der Partner? ☐

Fragen zur Projektorganisation

- Verfügbarkeit und Erfahrung des Projektleiters? ☐
- Eindeutige projektinterne Organisation, Durchsetzungsvermögen des PL? ☐
- Eindeutige projektexterne Organisation, Regeln zu Entscheidungsträgern, -zeitpunkten und -wegen? ☐
- Eigenes Personal kontinuierlich gesichert? ☐
- Verfügbarkeit und Erfahrung des Projektleiters? ☐
- Eindeutige projektinterne Organisation, Durchsetzungsvermögen des PL? ☐
- Eindeutige projektexterne Organisation, Regeln zu Entscheidungsträgern und -wegen? ☐
- Regeln zu Befugnissen von Consultants? Ing.-Büros, Planern usw. (eindeutig und akzeptabel)? ☐

Kommerzielle Fragen

	Realitätsnahe Kalkulation, besondere Vorgaben?	☐
	Preissteigerungen, Währungsrisiken?	☐
	Bonität von Kunden?	☐
	Bonität von anderen Projektpartnern?	☐
	Mithaftung für Konsorten?	☐
	Pönalen auf End- und Zwischentermine?	☐
	Regeln zu Versicherungen, Kongruenz zu Gefahrenübergängen?	☐
	Regeln über Voraussetzungen, Fälligkeit von (Teil-) Zahlungen?	☐

Fragen zum Umfeld des Projekts

	Überregionale und regionale politische Voraussetzungen?	☐
	Genehmigungsverfahren und andere rechtliche oder sonstige normative Voraussetzungen?	☐
	Soziales Umfeld, innerbetriebliche und öffentliche Meinung?	☐
	Interne und externe Stakeholder (tatsächlich Betroffenen und sich betroffen fühlende?	☐
	Umfeld und Bedingungen aus Kundensicht?	☐
	Wechselwirkung zu anderen (parallelen oder zeitversetzten) Projekten?	☐

Eventuelle Besonderheiten im Auslandsgeschäft

	Vertragliche Regeln in fremden Sprachen eindeutig?	☐
	Besondere oder abweichende Bedingungen und Rechtsgrundlagen, z. B. erweiterte Haftung?	☐
	Umgang mit Behörden?	☐
	Kalkulation von Zöllen, Steuern, Abgaben?	☐
	Ein- und Ausreisebedingungen?	☐
	Einfuhr- und Ausfuhrbedingungen / -verbote?	☐
	Sprach- und entfernungsbedingte Kommunikationsprobleme?	☐
	Kompensations- und ähnliche Geschäfte?	☐
	Hermesdeckung, Force-Majeure-Klauseln?	☐
	Umwelt, Klima (Temperaturen, Luftfeuchte)	☐

1.05 Qualität (Quality)
Sandra Bartsch-Beuerlein, Erich Frerichs

Lernziele

Sie kennen

- für das Projektmanagement relevante Qualitätsstandards
- bekannte Qualitäts- und Reifegrad-Modelle
- Schnittstellen und Synergien zwischen dem Unternehmens-Qualitätsmanagement (TQM) und QM in Projekten

Sie wissen

- wie ein Rahmenwerk für eine Bewerbung für ein Project Excellence Award aufgesetzt wird

Sie verstehen

- die Bedeutung der Projektmanager-Zertifizierung und das Streben nach Exzellenz im Projektmanagement für den Projekterfolg
- die Problematik des Qualitätsmanagements in Projekten mit mehreren (internationalen) Trägerorganisationen bzw. mehreren Lieferanten
- wie Projektmanagement ein Teil des unternehmensweiten QM-Systems werden kann

Sie können

- ihr Team bei dem Wunsch nach einer Projektmanager-Zertifizierung beraten

Inhalt

1	Einleitung	1449
2	Exzellenz-Modelle und Standards	1449
2.1	Projektmanagement-Normen	1451
2.2	Internationale Projektmanagement-Verbände und deren Standards	1451
2.2.1	IPMA-Standards	1451
2.2.2	PMI-Standards	1452
2.3	PM-Reifegradmodell von KERZNER	1453
2.4	IPMA DELTA: Das neue PM-Assessment von IPMA	1454
2.5	OPM3: Organisational Project Management Maturity Model von PMI	1457
2.6	IPMA Project Excellence Award	1457
2.7	Zertifizierung des Projektpersonals	1459
3	Praxis-Szenarios	1459
3.1	Durchführung von mehreren Projekten in einem Unternehmen	1459
3.2	Durchführung eines Projekts mit mehreren Trägerorganisationen oder Lieferanten	1459
4	Zusammenfassung	1460
5	Fragen zur Wiederholung	1460

1 Einleitung

Im vorigen Abschnitt wurden die grundlegenden Aspekte des Qualitätsmanagements mit dem Focus auf der Durchführung eines Projekts *in einer Trägerorganisation* besprochen. In diesem Abschnitt werden bekannte Exzellenz- und Reifegrad-Modelle sowie internationale Projektmanagement-Standards und darauf basierende Zertifizierungen des Projektpersonals vorgestellt. Abschließend wird auf die Notwendigkeit der Integration des Qualitätsmanagements im Unternehmen und in dort durchgeführten Projekten sowie auf die Bedeutung der Zertifizierung in Projekten mit *mehreren Trägerorganisationen* hingewiesen.

2 Exzellenz-Modelle und Standards

Das Streben nach Exzellenz hat sich zu einer weltweit anerkannten Management-Politik entwickelt. Seit Beginn der 1990er Jahre bestimmen Exzellenz-Modelle auch in Europa das Managementkonzept zahlreicher Organisationen, beginnend mit klassischen Industrieunternehmen über viele Arten von Dienstleistungsunternehmen bis hin zu einzelnen Projekten bzw. PM-Systemen. Heute sind mehr als 30 verschiedene Exzellenz-Modelle bekannt (BARTSCH-BEUERLEIN, 2006). Sie werden mit viel Aufwand und mehr oder weniger Erfolg teilweise konkurrierend in Unternehmen eingesetzt (vgl. auch Abbildung 1.05-V1). Dazu gehören:

- Internationale Total-Quality-Management-Modelle (TQM)
  - Deming Prize (Japan)
  - Malcolm Baldridge National Quality Award (USA)
  - Australian Quality Award (Australien)
  - European Quality Award (Europa)
- National geprägte TQM- Modelle, wie der Ludwig-Erhard-Preis in Deutschland
- Prozessverbesserungsmodelle wie ISO 9000:2000 und Six Sigma Methodik
- Reifegrad-Modelle, wie
  - CMMI, Capability Maturity Model Integration, das ursprünglich 1986 aus der Not der schlechten Qualität der Softwareprojekte auf Initiierung der amerikanischen Regierung von dem Software Engineering Institute (SEI) der Carnegie Mellon University entwickelt wurde und inzwischen zu einem Rahmenwerk für alle Prozessverbesserungsvorhaben etabliert wurde (CMMI Product Team, 2002)
  - PM-CMM: Project Management Capability Maturity Model (KERZNER, 2001)
  - OPM3: Organizational Project Management Maturity Model (PMI, 2003)
- Project Excellence Modelle orientiert an den TQM Modellen für Unternehmen (GPM-IPMA)
- ITIL, IT-Infastructure Library: IT-Service Best Practice Bibliothek für Sicherstellung der Qualität der IT-Dienstleistungen im Unternehmen
- Modelle für die international gültige Zertifizierung von Projektpersonal (IPMA, PMI)

Die Qualitätsnormen der ISO 9000 Familie haben sich mit deren Überarbeitung im Jahr 2000 stark an die ganzheitlich ausgelegten TQM-Modelle angenähert. In den „analogen" Exzellenz- bzw. Qualitätsmodellen, wie ISO 9000, den TQM-Modellen oder Project Excellence Modellen der GPM-IPMA, wird durch eine kontinuierliche Verbesserung bis zu der durch das Modell definierten Qualitätsvorgabe der Zustand „bestanden" bzw. „erreicht" angestrebt; dies wird dann in der Form eines ISO-Zertifikats, EQA- oder Baldridge-Awards, Projektmanagement Awards oder Projektmanager-Zertifikats manifestiert und dokumentiert. Im Unterschied zu diesen analogen Modellen werden in den Reifegrad-Modellen jeweils mehrere Stufen definiert, in denen die Organisation stufenweise den angestrebten Reifegrad-Zustand erreichen (und eventuell einige Zeit halten) soll. Die heute bekannten Reifegrad-Modelle (Capability Maturity Models, CMM) kann man grob in vier Gruppen zusammenfassen, je nach Fokus ihrer Betrachtung:

- Mitarbeiter des Unternehmens / Team
- Technische Produktionsprozesse
- Projektmanagement-Prozesse eines Projekts
- Projektmanagement-Prozesse eines projektorientierten Unternehmens

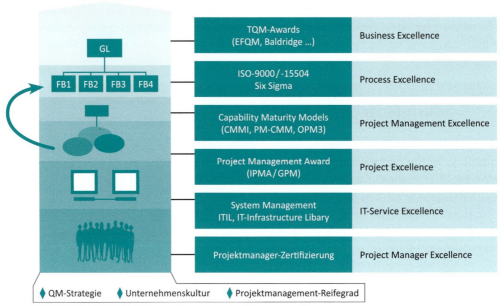

Abbildung 1.05-V1: Streben nach Exzellenz

Mitte der 80-er Jahre hat das Projektmanagement den Paradigmenwechsel von einem Netzplaninstrument zu einer Management-Disziplin endgültig geschafft. Es unterliegt seitdem ebenfalls einem Prozess der kontinuierlichen Verbesserung. Beide internatonalen Verbände – IPMA, International Project Management Association und PMI, Project Management Institute – arbeiten fortlaufend an der Weiterentwicklung und Standardisierung des Projektmanagements. Die wachsende Anerkennung eines Projektmanagers als Führungskraft eines eigenen Karrierewegs und die damit verbundenen Anforderungen an seine Kompetenzen spiegeln sich in den stark wachsenden Zahlen der Zertifizierungen für diese Berufsgruppe wider.

Der Einsatz von Qualitätsmodellen und Standards in einem Unternehmen ist hauptsächlich beeinflusst durch

- die Qualitätspolitik und QM Strategie
- die Unternehmenskultur sowie
- den Projektmanagement-Reifegrad

Umgekehrt werden die in einem Unternehmen durchgeführten Projekte von unternehmensinternen Standards beeinflusst. Da viele Projekte heute im Auftrag mit mehreren unterschiedlichen Unternehmen und Branchen durchgeführt werden, gehört es zu den wichtigsten Aufgaben des Projektmanagers, in der Startphase eines Projektes die für das Projekt relevanten Standards, Normen und Qualitätsschwellwerte durch eine Umfeldanalyse zu ermitteln.

International gültige und bekannte Standards, Normen und Qualitätsregeln bilden in gewisser Weise die Voraussetzung, um Projektarbeit einfacher zu organisieren und zuverlässig betreiben zu können, ohne ununterbrochen Präsenztreffen der PM-Partner und -experten koordinieren zu müssen. Ein einheitliches Verständnis der PM-Begriffe erleichtern die Kommunikation in einem globalen Umfeld.

2.1 Projektmanagement-Normen

Mangels einheitlicher international gültiger ISO Normen für Projektmanagement sorgten zuerst viele Länder selbst für ihre Normgebung: Österreich, Großbritannien und Frankreich definierten jeweils ihre eigene Projektmanagement Normen. Die Schweiz arbeitete mit dem Deutschen Normungsteam zusammen, die Niederlande hatte die BS (British Standards) Normen übernommen. In Amerika wird das PMI Standardwerk PMBOK als ANSI Norm anerkannt, die auch in Kanada verwendet wird. Seit Januar 2009 gilt in Deutschland die neue Normenreihe DIN 69900 ff: 2009.

2.2 Internationale Projektmanagement-Verbände und deren Standards

Derzeit wird das Standardwissen der weltweiten Projektmanagement-Gemeinde maßgebend von zwei internationalen Projektmanagement-Organisationen geprägt und gepflegt:

In Europa wurde 1965 die International Project Management Association (IPMA) gegründet. Heute sind in der IPMA weltweit über 40 nationale Organisationen für Projektmanagement mit insgesamt über 40 000 Mitgliedern vertreten – föderalistisch ausgerichtet mit all ihren nationalen Unterorganisationen, Schwerpunkten und kulturellen Besonderheiten. Die Deutsche Gesellschaft für Projektmanagement e.V. (GPM), gegründet 1979, ist ein sehr aktives Mitglied der IPMA.

In den USA wurde 1969 unabhängig von der IPMA das Project Management Institute (PMI), eine Non-profit-Organisation, gegründet, mit heute weltweit über 200 000 Mitgliedern.

Beide Verbände legten zusätzlich zu den weiter unten vorgestellten Projektmanagement-Standards je einen Ethik-Kodex (Code of Ethics) fest, in dem die Anforderungen an einen Projektmanager bezüglich seiner Verantwortung, Kompetenz, Orientierung am Gemeinwohl und Integrität definiert werden.

2.2.1 IPMA-Standards

In Deutschland erfolgte der Zugang zu den Wissenselementen der Disziplin Projektmanagement bis 2005 mit dem sog. „Wissensspeicher", der Buchversion des umfangreichen Qualifizierungskonzeptes „Projektmanagement Fachmann"; diese Publikation erschien in zahlreichen überarbeiteten Auflagen. Darin werden in einzelnen Autorenbeiträgen die Teilgebiete und Aufgabenelemente des PM erläutert, die nach Überzeugung der GPM zum State of the Art der Fachdisziplin Projektmanagement gehören. Eine Referenz auf diese Kompetenzbereiche war ebenfalls der durch die GPM herausgegebene Projektmanagement-Kanon (PM-Kanon), der gleichwohl ein normatives Dokument für die Kompetenz im Projektmanagement war. Darüber hinaus konnte er als ein Instrument für die Selbsteinschätzung und -prüfung (Self Assessment) bei der Zertifizierung der Projektmanager verwendet werden. Dies wurde 2005 durch das von der GPM publizierte Fachbuch ProjektManager und eine separat publizierte ProjektManager Taxonomie ersetzt.

Auch andere europäische nationale Fachverbände der IPMA formulierten ihre Standards in so genannten NCB, National Competence Baselines wie:

I Body of Knowledge (APM-PMBOK, APM, Großbritannien)
I Beurteilungsstruktur (VZPM, Schweiz)
I Référentiel de Compétences en Management de Project (AFITEP, Frankreich)

Diese National Competence Baselines zusammen mit dem Kanon der GPM wurden die Grundlage der IPMA Competence Baseline ICB. Wenn man die durch Mentalität und Sprache bedingte Meinungsvielfalt der einzelnen Fachverbände der IPMA berücksichtigt, ist es nicht weiter verwunderlich, dass dieses einheitliche Werk Jahre der Arbeit und Abstimmung benötigte, um 1999 endlich in einer dreisprachigen Version publiziert zu werden.

In den letzten Jahren ist eine Harmonisierung der Standards unter den zur Dachorganisation IPMA gehörenden nationalen Verbänden zu beobachten. Auch die GPM orientiert sich seit 2005 weitgehend an den Inhalten der ICB, die 2006 in der dritten überarbeiteten Version publiziert wurde (IPMA, 2006).

Auf der Basis dieser ICB entstand dieses Fachbuch.

2.2.2 PMI-Standards

Erleichtert durch die weitgehend homogene Landeskultur der Mitgliedschaft, publizierte PMI bereits 1987 das Standardwerk „A guide to the project management body of knowledge PMBOK", die letzte Version wurde in 2004 publiziert (PMI Standards Committee, 2004). Die Prozessorientierung in der ISO 9000:2000 Normenreihe beeinflusste auch die PMBOK-Inhalte. PMI fasst das als allgemein verstandene Projektmanagement-Grundwissen (Body of Knowledge) in neun Wissensbereichen zusammen:

- **Integrationsmanagement** beschreibt diejenigen Prozesse, die zur Koordination der richtigen Funktionsweise aller Projektelemente notwendig sind, wie Projektplanung, Projektsteuerung und Änderungsmanagement.
- **Management des Projektleistungsumfangs (scope management)** beschreibt diejenigen Prozesse, die sicherstellen, dass im Projekt genau die Arbeit getan wird, die zum erfolgreichen Projektabschluss notwendig ist – nicht mehr und nicht weniger. Hierzu gehören Projektinitiierung sowie Planung, Definition, Verifikation und Änderungsmanagement der Projektinhalte und Projektziele.
- **Zeitmanagement** beschreibt alle Prozesse, die zum termingerechten Projektablauf benötigt werden. Dazu gehören Aufgabendefinition, Planung der Abhängigkeiten und Aufgabenfolge, Schätzung der Dauer und Zeitplanung.
- **Kostenmanagement** erläutert die Prozesse, die sicherstellen sollen, dass das Projekt in den vorgegebenen Budgetgrenzen bleibt. Dazu gehören Ressourcenplanung, Kostenplanung und Kostenkontrolle.
- **Qualitätsmanagement** erläutert die Prozesse, die sicherstellen sollen, dass das Projekt die geplanten Anforderungen befriedigt. Es beinhaltet Qualitätsplanung, Qualitätssicherung und Qualitätskontrolle. Es adressiert erstmalig in der Fachliteratur zusätzlich zu der Qualität der Projektinhalte wie im klassischen Ansatz auch die Qualität der ablaufenden Projektprozesse. Dieser Ansatz findet sich später detailliert in der ISO-Norm 10006.
- **Human Ressource Management** beschreibt alle Prozesse, die einen möglichst effizienten Einsatz der Mitarbeiter im Projekt sicherstellen sollen, also Planung der Projektorganisation, Teambildung und Teamentwicklung.
- **Kommunikationsmanagement** beschreibt diejenigen Prozesse, welche die termingerechte und inhaltlich passende Erstellung, Verteilung und Ablage der Projektinformationen bewirken. Es beinhaltet Planung der Kommunikation und Informationsverteilung, Berichtswesen und den administrativen Projektabschluss.
- **Risikomanagement** beschreibt Prozesse, die sich mit der Identifikation, Analyse und geeigneten Maßnahmen bezüglich der Projektrisiken befassen.
- **Beschaffungsmanagement** beschreibt die Prozesse, die zur Beschaffung aller Dienstleistungen und Waren für das Projekt benötigt werden. Hierzu gehören u. a. Beschaffungsplanung, Lieferantenauswahl und Vertragsmanagement.

In der zuletzt 2004 überarbeiteten dritten Ausgabe des PMBOK, die als ANSI- (American National Standard) Norm akzeptiert wurde, wird u. a. die Prozessdarstellung weiter auf 44 Projektmanagement-Prozesse detailliert angewandt, mehr Schwerpunkt auf die Fachkenntnisse sowie die Leitung des Projektteams (inkl. Arbeit in virtuellen Teams) gelegt und das Stakeholdermanagement als neuer Prozess hinzugefügt.

2.3 PM-Reifegradmodell von KERZNER

KERZNER orientierte sich beim Aufstellen seines Reifegradmodells sehr stark am CMMI des Software Engineering Institute der Carnegie Mellon University. Zum Erreichen der Exzellenz im Projektmanagement definiert er ebenfalls fünf Reifegrad-Stufen (vgl. auch Abbildung 1.05-V2). Der größte Unterschied zu dem SEI-Modell liegt in KERZNERS Definition der ersten Stufe, bei der er bereits die Anerkennung des Projektmanagements voraussetzt:

1. **Gemeinsame Sprache** (Common Language): bei diesem Reifegrad werden seitens der Organisation bereits die Wichtigkeit von Projektmanagement sowie die Notwendigkeit eines grundsätzlichen PM-Verständnisses und einer gemeinsamen Sprache / Terminologie anerkannt. Dies ist KERZNERS wesentlicher Unterschied zum CMMI-Modell von SEI und somit auch zu den meisten Reifegrad-Modellen, welche die erste Stufe als „chaotisch" oder „ad hoc", sozusagen als undefinierten Anfangszustand, festlegen.
2. **Gemeinsame Prozesse** (Common Processes): die Organisation erkennt die Notwendigkeit eines gemeinsamen PM-Prozesses an und implementiert bzw. unterstützt unternehmensweit eine PM-Methodik.
3. **Singuläre Methodik** (Singular Methodology): die Organisation erkennt die Synergien der Kombination aller Unternehmensmethoden in einer singulären Methodik, deren Schwerpunkt Projektmanagement ist.
   Diese Stufe wird durch folgende Charakteristika definiert:
   - Integrierte Prozesse: unternehmensweite Integration von Projektmanagement (im Fokus) mit TQM, Concurrent Engineering, Change Management und Risiko-Management.
   - Kulturelle Unterstützung: Pflegen einer kooperativen Unternehmenskultur, welche die singuläre Methodik unterstützt.
   - Unterstützung des Managements: Aufbau und Unterstützung einer effektiven Zusammenarbeit zwischen Projektmanagern und Linienmanagern auf allen Ebenen des Unternehmens.
   - Informelles Projektmanagement: Ersetzen (bzw. weitgehend reduzieren) der bürokratischen Administration durch das „Leben" einer Unternehmenskultur, die auf effektiver Kommunikation, Zusammenarbeit, Vertrauen und Teamarbeit basiert.
   - Schulung und Ausbildung: die Organisation erkennt die Notwendigkeit der Investition in PM-Personal an.
   - Verhaltens-Exzellenz (behavioural excellence): die Organisation versteht die Unterschiede zwischen Linien- und Projekt-Management und legt Wert auf Motivation, Schaffung von herausragenden Projektleitern und produktiven Projekt-Teams sowie auf ein vernünftiges, effektives Projektmanagement.
4. **Benchmarking:** die Organisation etabliert ein zentrales Projektmanagementbüro (Project Management Office) im Sinne von Center of Excellence, das forthin für die kontinuierliche Verbesserung durch Benchmarking der PM-Leistungen und Prozesse aktiv verantwortlich zeichnet.
5. **Kontinuierliche Verbesserung** (Continuous Improvement): kontinuierliche Verbesserung in folgenden Bereichen:
   - Verbesserung existierender Prozesse
   - Verbesserung der integrierten Prozesse (Geschwindigkeit der Integration, Schulungsanforderungen, unternehmensweite Akzeptanz)
   - Verbesserungen im Verhalten (Änderungen der Unternehmenskultur)
   - Benchmarking (sowohl kulturelles als auch prozessorientiertes)
   - Management-Themen (wie Kommunikation zu Kunden, Auswirkungen des informellen Projektmanagements, geänderte Anforderungen u. a.)

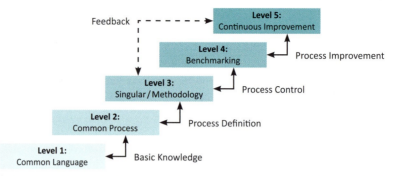

Abbildung 1.05-V2: KERZNERS Project Management Maturity Model (KERZNER, 2001)

2.4 IPMA DELTA: Das neue PM-Assessment von IPMA[1]

In den letzten Jahren hat sich auf dem Gebiet der PM-Standards und der Assessment-Modelle für Projekte und Projektmanagement-Systeme einiges getan. Auch die GPM beschäftigt sich schon seit Ende der Neunziger Jahre mit diesen Themenstellungen und hat sich früh mit dem Project Excellence Model profiliert, das heute national wie international im Rahmen der IPMA als Grundlage für das Assessment von Projekten dient. Darüber hinaus hat eine Projektgruppe der GPM bereits 1997 begonnen, ein Assessment für Projektmanagement-Systeme in Organisationen zu entwickeln, das Anfang 2000 als PM-Delta Compact auf den Markt kam. Dieses Assessment-Tool ist heute immer noch verfügbar, wird aber überwiegend als Selbst-Assessment mit eingeschränkten Benchmark-Fähigkeiten eingesetzt.

Etliche neue Standards für das Projektmanagement wurden entwickelt, sowohl in Deutschland (z. B. DIN 69901) als auch im internationalen Kontext (z. B. ISO 21500). Darüber hinaus hat auch die Forschung neue Erfolgsfaktoren für die Projektarbeit identifiziert, so z. B. strategische, kulturelle und soziale Faktoren. Diese Faktoren sind in den bisherigen Modellen für PM-Assessments noch nicht berücksichtigt. Im Mittelpunkt der Betrachtungen steht damit heute nicht mehr nur das Management einzelner Projekte, sondern auch das von Programmen und Projektportfolios. Darüber hinaus wird die Verankerung des Projektmanagements in der Organisation forciert, angefangen bei der strategischen Grundausrichtung über die Synchronisation vielfältiger Prozesse, die Koordination arbeitsteiliger Aufgaben bis hin zur Harmonisierung von unterschiedlichen Kulturen. Projektmanagement wird dabei vor allem als Führungskonzeption verstanden, in der das Top-Management eine wesentliche Rolle spielt und aktiv in die relevanten Prozesse eingebunden ist. Auch die „weichen" Faktoren des Projektmanagements gewinnen immer mehr an Bedeutung. So hat die IPMA in ihrer Competence Baseline die Verhaltenskompetenzen explizit berücksichtigt und stärkt damit die Bedeutung dieser Kompetenzen bei der Qualifizierung und Zertifizierung von Projektpersonal. Projektmanagement wird damit ganzheitlicher betrachtet als in der Vergangenheit. Dies war Anlass für die GPM, gemeinsam mit der IPMA einen neuen, ganzheitlichen Standard für PM-Assessments zu entwickeln, das IPMA DELTA.

---

[1] Autor des Beitrags "IPMA DELTA: Das neue PM-Assessment von IPMA" ist Reinhard Wagner

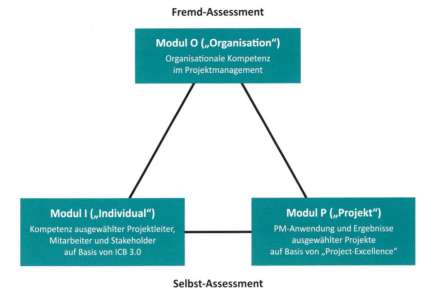

Abbildung 1.05-V3: Die drei Module des IPMA-DELTA Assessment-Modells

Die Bezeichnung IPMA DELTA rührt zum einen von der Intention her, dass Organisationen ihren individuellen Handlungsbedarf (das „Delta") ermitteln wollen, um sich anschließend weiterzuentwickeln. Zum anderen unterscheidet das IPMA DELTA drei Module (vgl. Abbildung 1.05-V3), nämlich das Modul „I" (Individual), das Modul „P" (Project) und das Modul „O" (Organisation). Modul I ist ein Selbst-Assessment für ausgewählte Projektleiter und -mitarbeiter. Das Assessment basiert auf dem ICB 3.0 Selbst-Assessment und fragt nach den individuellen Kenntnissen und Erfahrungen in der Projektarbeit. Mit Modul P werden ausgewählte Projekte von dem Projektleiter und einzelnen Mitarbeitern mit Hilfe des Project Excellence Modells bewertet. Dabei stehen die Anwendung von Projektmanagement und die Ergebnisse im Vordergrund der Analyse.

Modul O ist ein umfangreicher Fragebogen. Er dient den Assessoren als Checkliste und Gesprächsleitfaden für das Assessment vor Ort und basiert im Wesentlichen auf Vorarbeiten der GPM, die in den letzten Jahren unter dem Stichwort GPM3 Global Project Management Maturity Model veröffentlicht wurden. Die Fragen decken ein weites Themenfeld ab, von „Governance" über „Processes" und „People" bis hin zu „Context" (vgl. Abbildung 1.05-V4). Sie beziehen sich auf mehrere internationale Standards und ermöglichen so einen 360-Grad-Blick auf das Management von Projekten, Programmen und Projektportfolios. Das Assessment vor Ort geht über mehrere Tage. Befragt werden unterschiedliche Personengruppen (Top Manager, Projektleiter und -mitarbeiter sowie verschiedene Unterstützungskräfte), um einen möglichst umfassenden Eindruck über den Status quo im Projektmanagement zu erhalten.

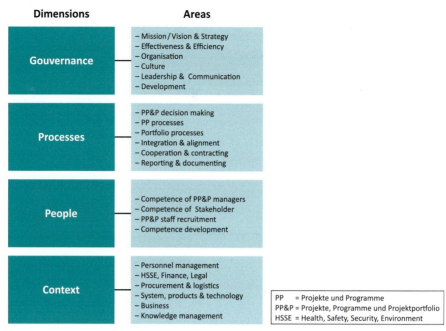

Abbildung 1.05-V4: Aufbau von Modul O des IPMA DELTA

Die Assessoren fassen die Ergebnisse in einem ausführlichen Assessment-Bericht zusammen und zeigen der Organisation ihren Handlungsbedarf auf. Dabei wird der ermittelte Status quo mit einem von der Organisation selbst zu bestimmenden Soll-Wert verglichen. Die Organisation gibt sich damit ihr eigenes Anspruchsniveau vor und kann so langfristige Entwicklungsperspektiven für das Projektmanagement definieren. Die Ergebnisse des PM-Assessments können bei Interesse auch für die Identifizierung von best-practices und Benchmarking verwendet werden. Auf Basis der Empfehlungen der Assessoren stellt die zuständige Zertifizierungsstelle (PM ZERT in Deutschland) ein entsprechendes Zertifikat aus. Dieses klassifiziert das Projektmanagement - abhängig von den nachgewiesenen PM-Standards, deren Anwendung und der Steuerung dieser Anwendung - auf fünf Stufen (vgl. Abbildung 1.05-V5).

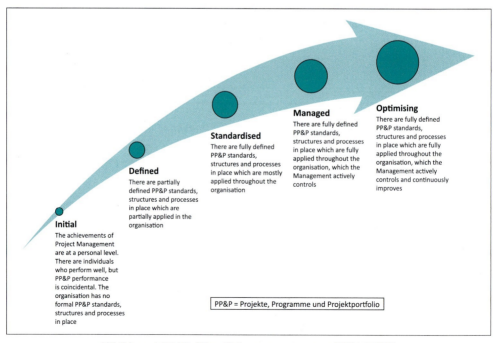

Abbildung 1.05-V5: Klassifizierungssystem von IPMA DELTA

2.5 OPM3: Organisational Project Management Maturity Model von PMI

OPM3 wurde im Rahmen eines Programms des amerikanischen PM-Berufsverbandes Project Management Institute (PMI) im Zeitraum Mai 1998 bis Dezember 2003 durch ein weltweit verteiltes virtuelles Projektteam mit über 800 freiwilligen Teilnehmern entwickelt. Als Wissensbasis ist dem OPM3 im Wesentlichen der Inhalt von PMBOK zugrunde gelegt, ergänzt um die expliziten Prozess-Definitionen des Programm- und Portfolio-Managements.

Die Reifegrad-Stufen der Organisation werden im OPM3 zweidimensional betrachtet:

I zum einen wird ein Unternehmen in seiner Reife bezüglich Projektorientierung bewertet, wobei sich die Organisation von Projektmanagement über Programmmanagement zu Projekt-Portfoliomanagement weiterentwickelt,
I zum anderen werden die einzelnen Prozesse bezüglich ihrer Reifegrade bewertet (vgl. auch Abbildung 1.05-V6):
- Standardize
- Measure
- Control
- Continuously Improve

Der wesentliche Teil des OPM3 ist das Best Practices Directory, ein umfangreicher Fragenkatalog, in dem an die 600 Best Practices für den Vergleich der untersuchten Organisation gesammelt wurden.

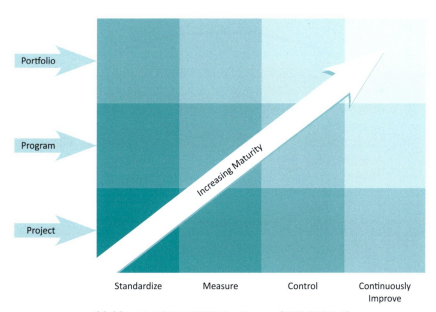

Abbildung 1.05-V6: OPM3 Continuum (PMI, 2003: 6)

2.6 IPMA Project Excellence Award

Bei dem in Grundlagen Abschnitt 2.5.2 vorgestellten Project Excellence Award untersucht ein unabhängiges Assessoren-Team das Projekt für eine ganzheitliche Beurteilung der Projektqualität auf der Basis folgender Fragen:

Im Bereich Projektmanagement (500 Punkte)

- Zielorientierung (140 Punkte): wie das Projekt seine Ziele aufgrund umfassender Informationen über die Anforderungen seiner Interessengruppen formuliert, entwickelt, überprüft und umsetzt.
- Führung (80 Punkte): wie das Verhalten aller Führungskräfte im Projekt „Project Excellence" inspiriert, unterstützt und dafür wirbt.
- Mitarbeiter (70 Punkte): wie die Projektmitarbeiter einbezogen und ihre Potentiale erkannt und genutzt werden.
- Ressourcen (70 Punkte): wie die vorhandenen Ressourcen wirksam und effizient eingesetzt werden.
- Prozesse (140 Punkte): wie im Projekt wertschöpfende Prozesse identifiziert, überprüft und gegebenenfalls verändert werden.

Bereich Projektergebnisse (500 Punkte)

- Kundenzufriedenheit (180 Punkte): was das Projekt im Hinblick auf die Erwartungen und die Zufriedenheit seiner Kunden leistet.
- Mitarbeiterzufriedenheit (80 Punkte): was das Projekt im Hinblick auf die Erwartungen und Zufriedenheit seiner Mitarbeiter leistet.
- Zufriedenheit bei sonstigen Interessengruppen (60 Punkte): was das Projekt im Hinblick auf die Erwartungen und Zufriedenheit sonstiger Interessengruppen leistet.
- Zielerreichung (180 Punkte): was das Projekt im Hinblick auf das geplante Projektziel leistet.

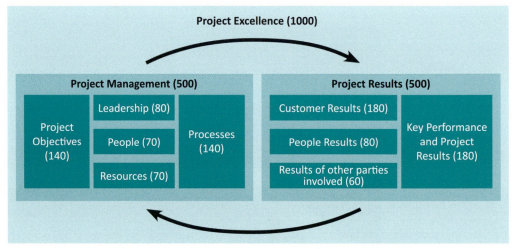

Abbildung 1.05-V7: Project Excellence Modell der GPM-IPMA

Aus der Anzahl der Punkte, die den einzelnen Untersuchungsbereichen zugeordnet sind, können Rückschlüsse auf die Bedeutung dieser Bereiche für die Gesamtqualität des Projekts geschlossen werden. Erfahrenen Projektmanagern können die Award-Fragebögen als hilfreiche Checklisten für eine ganzheitliche qualitative Ausrichtung ihrer Projekte bzw. als ein Rahmenwerk für das ganzheitliche Qualitätsmanagement in Projekten dienen.

2.7 Zertifizierung des Projektpersonals

Die Zertifizierung von Projektpersonal ist relativ jung (seit ca. 1995) und wird aufgrund großer Akzeptanz bzw. der zunehmenden Forderung der Industrie kontinuierlich weiterentwickelt. Heute werden Projektmanager neben der Zertifizierung durch PM-ZERT, einer Organisationseinheit der GPM, von unterschiedlichen Ausbildungsorganisationen (wie IIL, ESI u.a.), unternehmensintern (z.B. bei Siemens) und durch verschiedene Berufsvereinigungen (in Deutschland z.B. durch VDI und IHK) zertifiziert.

Die drei zentralen Personen-Zertifizierungssysteme (IPMA, PMI und Prince II) sind in der Einführung dargestellt.

3 Praxis-Szenarios

3.1 Durchführung von mehreren Projekten in einem Unternehmen

Werden in einem Unternehmen fortwährend mehrere Projekte oder langfristige Programme durchgeführt (vgl. auch ICB-Element 3.04 Einführung von Projekt-, Programm- und Portfoliomanagement in IPMA, 2006: 134), sollten das Qualitätsmanagement des Unternehmens und die unternehmensweiten Standards für das Projektmanagement integriert sein.

Die gelernten Lektionen aus den Projekt-Reviews bzw. die Ergebnisse aus den Projektmanagement-Audits und Project Excellence Award-Audits sollten in eine unternehmensweite Knowledge Base einfließen und so der kontinuierlichen Verbesserung des Projektmanagements im Unternehmen dienen.

> Nicht nur die Mitarbeiter des Unternehmens, sondern auch dessen Manager in der Stammorganisation sollten in den Grundlagen des Projektmanagements einheitlich ausgebildet sein. Die Zertifizierung des Projektpersonals sollte ein Bestandteil der Mitarbeiter-Karriereplanung sein.

Der Einsatz von Qualitäts-Werkzeugen und die Anforderungen des Qualitätsmanagements sollten sowohl in Projekten als auch in der Stammorganisation einheitlich verstanden und durch geeignete unternehmensweite Softwareanwendungen unterstützt werden.

3.2 Durchführung eines Projekts mit mehreren Trägerorganisationen oder Lieferanten

Werden Projekte von oder mit mehreren Trägerorganisationen (z.B. unterschiedliche nationale Unternehmensbereiche eines globalen Unternehmens, vernetzte Unternehmen und Kooperationen) oder mit mehreren Lieferanten durchgeführt, prallen oft unterschiedliche Qualitätspolitiken, Unternehmenskulturen und Projektmanagement-Reifegrade aufeinander. In internationalen Projekten kommt oft unterschiedliches nationales Verständnis der Qualität hinzu.

> Hier gewinnt die Zertifizierung von Projektpersonal besonders an Bedeutung, da sie oft die wichtigste gemeinsame Basis für eine erfolgreiche Projektarbeit gewährleistet.

4 Zusammenfassung

Heute existieren für Unternehmen noch zahlreiche unterschiedliche internationale und nationale Exzellenz-Modelle und Standards: die „analogen" TQM-Modelle und ISO-Normen, bei deren eine Organisation durch kontinuierliche Verbesserung der qualitativen Anforderungen letztendlich den erstrebten Award bzw. das Zertifikat erhält sowie die stufenweisen Reifegrad-Modelle, wie CMMI und OPM3, bei denen die Organisation jeweils die entsprechenden Reifegrad-Stufen anstrebt.

∑ Fazit Die Entscheidung für ein Exzellenz-Modell oder ein Projektmanagement-Standard hängt von der Qualitätspolitik, der Kultur und dem Projektmanagement-Reifegrad des Unternehmens ab.

Während in früheren Jahren des Projektmanagements die PM-Standards überwiegend durch nationale Normen geregelt wurden, gelten heute zwei internationale de facto PM-Standards: Project Management Body Of Knowledge, PMBOK des Project Management Institute und ICB, IPMA Competence Baseline der International Project Management Association. Durch seine stringenten Vorgaben und einfachen Zulassungsbedingungen gewinnt in den letzten Jahren auch der britische Standard PRINCE2 an Bedeutung.

Ähnlich den Reifegrad-Modellen für Fertigungsprozesse wurden in den letzten Jahren auch Reifegrad-Modelle für das Projektmanagement in einem Unternehmen entwickelt. Zu den bekanntesten Vertretern dieser Modelle gehören das PM-Reifegrad-Modell von KERZNER und OPM3 des PMI. Diese Modelle gewinnen an Bedeutung in Unternehmen, deren Kerngeschäft in der Projektdurchführung liegt.

Analog zu den Unternehmens-Exzellenz-Modellen für TQM-Awards wurde von der GPM ein Projektmanagement-Exzellenz-Modell entwickelt, das später von der IPMA übernommen, für exzellente Projekte einen internationalen Project Excellence Award vergibt.

> **!** Besondere Herausforderungen an das Qualitätsmanagement im Projekt entstehen in einem Projekt, das durch mehrere, eventuell internationale Trägerorganisationen mit unterschiedlichen Qualitätspolitiken, Unternehmenskulturen und PM-Reifegraden durchgeführt wird. Hier müssen die Projektmanagement-Standards einen gemeinsamen Nenner bilden.

5 Fragen zur Wiederholung

#	Frage	
1	Wie unterscheiden sich die so genannten „analogen" Qualitäts- und Exzellenz-Modelle von den Reifegrad-Modellen?	☐
2	Von welchen Faktoren ist die Entscheidung für ein QM-Modell im Unternehmen maßgeblich beeinflusst?	☐
3	Welche sind die zurzeit anerkannten Projektmanagement-Standards?	☐
4	Welche Reifegrade hat das Projektmanagement-Reifegradmodell von KERZNER?	☐
5	Welche Module unterscheidet das Assessment-Modell „IPMA Delta", wie ist das Modul O aufgebaut und wie lauten die fünf Klassifizierungsstufen?	☐
6	Welche Reifegrad-Dimensionen hat das OPM3 Modell?	☐
7	Woran orientierte sich die Entwicklung des Modells für den IPMA Project Exellence Award?	☐
8	Nach welchen Kriterien wird beim IPMA Project Exellence Award Projektmanagement beurteilt?	☐
9	Nach welchen Kriterien werden beim IPMA Project Exellence Award Projektergebnisse beurteilt?	☐
10	Welche Modelle zur Personalzertifizierung im Projektmanagement sind weltweit bekannt?	☐
11	Welche Probleme können bei Projekten mit mehreren Trägern oder Lieferanten bzw. bei international aufgestellten Projekten auftreten und wie können diese wirksam abgemildert werden?	☐
12	Welche Bedeutung hat die Zertifizierung des Projektpersonals in internationalen Projekten?	☐

1.06 Projektorganisation (Project organisation)
Rolf Kremer, Adolf Rohde

Lernziele

Sie können

- die Instrumente der Projektorganisation für die Leitung von Projekten nutzen
- die Notwendigkeit einer Verantwortlichkeitsmatrix begründen
- für unternehmensübergreifende Projekte eine geeignete Projektorganisation entwickeln
- die Struktur einer Projektgesellschaft beschreiben
- eine Arbeitsgemeinschaft von einer Projektgesellschaft abgrenzen
- die Entstehung von virtuellen Projektorganisationen erklären
- die Beziehungen der Projektorganisation zu anderen Wissensgebieten beschreiben
- Veränderungen an der Projektorganisation im Laufe des Projektlebenszyklus beschreiben
- Gründe für das Umstrukturieren einer Projektorganisation während der Projektlaufzeit nennen
- unterschiedliche Möglichkeiten aufführen, wie eine Projektorganisation fortlaufend optimiert werden kann
- erläutern, wie eine Projektorganisation aufgelöst werden kann
- beschreiben, was eine Verantwortlichkeitsmatrix ist
- beschreiben, wie ein Projektorganigramm aufgebaut ist
- erklären, wie die Projektorganisation kulturelle und umweltbedingte Einflüsse berücksichtigen kann

Inhalt

1	Einleitung	1463
2	Erweiterte Formen der Projektorganisation	1463
2.1	Projektgesellschaften	1463
2.2	Arbeitsgemeinschaften	1465
2.3	Virtuelle Projektorganisation	1467
2.4	Projektinseln	1468
3	Änderungen im (Projekt-) Lebensweg	1469
3.1	Fortlaufende Optimierung der Projektorganisation	1469
3.2	Auflösen der Projektorganisation und Auswirkung auf zukünftige Projekte	1471
4	Instrumente der Projektorganisation zur Projektführung	1471
4.1	Befugnisse	1472
4.2	Anforderungsprofile	1472
4.3	Verantwortlichkeitsmatrix	1474
4.4	Projektorganigramm	1476
4.5	Schnittstellenmanagement	1477
5	Kulturelle und projektumweltbedingte Einflüsse	1478
6	Zusammenfassung	1479
7	Fragen zur Wiederholung	1480

1 Einleitung

Der Vertiefungsteil ist, aufbauend auf dem Grundlagenteil, auf die Projektorganisation ausgerichtet. Im Grundlagenteil wurden zunächst einige grundlegende Begriffe, wie Rollen, Verantwortlichkeiten, Befugnisse und Kompetenzen, erläutert. Im Anschluss wurden die Projektbeteiligten anhand dieser Merkmale vorgestellt und bewertet. Verschiedene aufbauorganisatorische Formen der Projektorganisation wurden einander gegenübergestellt und abgegrenzt. Im Nachfolgenden werden zunächst einige weitere Formen der Aufbauorganisation betrachtet, die insbesondere angewendet werden, wenn ein Projekt unternehmensübergreifend durchgeführt werden soll. Die beschriebenen Grundformen (Einfluss-Projektorganisation, Autonome Projektorganisation, Matrix-Projektorganisation) eignen sich nur bedingt für den Einsatz bei der Projektabwicklung über mehrere Organisationen hinweg. Wie bereits erläutert, ist es wichtig, dass die Projektorganisation nicht starr ist, sondern sich im Zeitverlauf eines Projekts den Projektgegebenheiten anpassen kann. Innerhalb der Phasen des Projektlebenszyklus ergeben sich Besonderheiten, die Auswirkungen auf die Projektorganisation haben können.

Die Projektorganisation unterstützt die Führung eines Projekts mit einer Reihe von Hilfsmitteln, wie beispielsweise durch das Delegieren von Aufgaben, Anforderungsprofile, Verantwortlichkeitsmatrizen und Entscheidungsmodelle. Zusammen mit dem Schnittstellenmanagement werden diese in einem Projektmanagement-Handbuch festgehalten. Inhalt und Struktur eines Projektmanagement-Handbuchs werden im Kapitel 1.01 Projektmanagementerfolg näher beschrieben.

Den Abschluss dieses Vertiefungswissens bildet eine Beschreibung der Umwelt- und Kultureinflüsse auf die Projektorganisation.

Anmerkung: Der besseren Lesbarkeit wegen wird in diesem Beitrag der Begriff „Unternehmen" anstelle des allgemeineren Begriffs „Organisation" verwendet. Die Ausführungen beziehen sich jedoch nicht nur auf Unternehmen (also Organisationen mit dem Ziel der Gewinnerwirtschaftung), sondern auch auf andere Organisationen.

2 Erweiterte Formen der Projektorganisation

Im Grundlagenteil wurden bereits einige Projektorganisationsformen aufgeführt, wozu die Einfluss-Projektorganisation, die Matrix-Projektorganisation und die Autonome Projektorganisation gehören. Neben diesen Grundformen gibt es in der Praxis weitere Formen, die sich insbesondere dadurch unterscheiden, ob ein Unternehmen alleine oder mehrere Unternehmen gemeinsam ein Projekt durchführen. Hierzu zählen die Projektgesellschaften, Arbeitsgemeinschaften, Integrierten Projektteams und Virtuellen Unternehmen. Daneben wird noch eine Variante zur Integration einer sekundären Projektorganisation, die Projektinseln, vorgestellt.

2.1 Projektgesellschaften

Neben den Grundformen der Projektorganisation ist die **Projektgesellschaft** [engl.: Project Company, Project Corporation] in der Praxis anzutreffen. Eine Projektgesellschaft entspricht im Wesentlichen der Autonomen Projektorganisation mit dem Hauptunterscheidungsmerkmal, dass die Projektgesellschaft rechtlich selbstständig ist. D. h. die Projekt-Abteilung wird aus dem Unternehmen mit einer autonomen Projektorganisation herausgelöst und bildet ein rechtlich selbstständiges Unternehmen. Der Projektleiter nimmt hier auch die Funktion des Geschäftsführers war und verfügt somit auch über die alleinige Weisungs- und Leitungsbefugnis im Unternehmen. Während eine Autonome Projektorganisation selten in Unternehmen zum Einsatz kommt, ist sie bei unternehmensübergreifenden Projekten häufiger anzutreffen (vgl. ANGERMANN, 2002).

Für das Bilden einer Projektgesellschaft kann es verschiedene Gründe geben. Zum einen kann das Projekt für die Ausgangs-Unternehmung zu komplex oder zu risikoreich sein. Zum anderen kann das Projektziel im Konflikt mit dem Unternehmensziel stehen. Die Projektgesellschaft wird nur für die Dauer des Projekts gegründet. Da die Gründung einer Gesellschaft je nach angewendeter Rechtsform sehr aufwändig sein kann, bietet sich die Einrichtung nur bei zeitlich längerfristigen Projekten an. Als Rechtsform kommen insbesondere die Gesellschaft bürgerlichen Rechts (GbR), die Gesellschaft mit beschränkter Haftung (GmbH), die Kommanditgesellschaft (KG) oder andere Formen, wie Aktiengesellschaft (AG) oder Offene Handelsgesellschaft (OHG), in Betracht. Für Details zu diesen Rechtsformen wird auf das Kapitel 1.14 Beschaffung und Verträge verwiesen.

Ein Hauptvorteil von Projektgesellschaften ist die Identifikation des gesamten Unternehmens mit dem Projektziel. Zudem werden alle Unternehmensressourcen für das Erreichen dieses Ziels eingesetzt. Ein Einfluss von anderen Abteilungen, wie es bei der Autonomen Projektorganisation vorkommen kann, ist hier nicht möglich. Der Projektleiter verfügt über die vollständige Projekt- und Unternehmensgewalt. Die rechtlich selbstständige Form kann sich jedoch auch nachteilig auswirken. Zum einen muss sich das Unternehmen auch um andere Themen kümmern, welche bei der Autonomen Projektorganisation von anderen Linienabteilungen übernommen werden. Dazu zählt das umfangreichere Controlling, die gesamte kaufmännische Verwaltung inkl. der Personalbetreuung und evtl. Systemadministrationsaufgaben. Ferner werden die Mitarbeiter aus dem Ursprungs-Unternehmen herausgerissen. Ist nach dem Projektende eine Wiedereingliederung vorgesehen, kann dies zu Konflikten führen. Zum einen haben die Mitarbeiter in der Regel den Kontakt zu den Arbeitskollegen aus dem Ursprungs-Unternehmen und zum anderen auch die Identifikation mit dem Ursprungs-Unternehmen verloren. Je nach Erfolg der Projektgesellschaft kann es zu weiteren Konflikten kommen. War die Projektgesellschaft erfolgreich, die Ursprungs-Unternehmung jedoch weniger erfolgreich, könnte sich dies auf das Betriebsklima negativ auswirken, da sich die ehemaligen Projektgesellschafts-Mitarbeiter als ‚etwas Besseres' fühlen können. Im umgekehrten Fall – also bei einem geringen Erfolg der Projektgesellschaft – könnten die ehemaligen Projektgesellschafts-Mitarbeiter als Verlierer-Typen bezeichnet werden. In Tabelle 1.06-V1 sind die wichtigsten Kriterien der Projektgesellschaft aufgeführt.

Tabelle 1.06-V1: Übersicht Projektgesellschaft

	Projektgesellschaft
Merkmale:	I Entspricht der Autonomen Projektorganisation I Rechtliche Selbstständigkeit I Projektleiter ist gleichzeitig Geschäftsführer bzw. Vorstand I Existiert nur für die Dauer des Projekts
Anwendung:	I Projekt wird durch ein Unternehmen ausgeführt I Eignet sich nur für größere, längerfristige Projekte
Vorteile:	I Identifikation des gesamten Unternehmens mit dem Projektziel I Flexibler Einsatz der Ressourcen
Nachteile:	I Typische Aufgaben der Linienorganisation müssen übernommen werden I Mitarbeiter werden aus den Ursprungs-Unternehmen herausgerissen I Nach Ende des Projekts müssen Mitarbeiter wieder eingegliedert werden I Mitarbeiter können sich nicht im Verbund mit Fachkollegen weiterentwickeln (fehlender Erfahrungsaustausch)

2.2 Arbeitsgemeinschaften

Gegenüber der Projektgesellschaft schließen sich bei einer **Arbeitsgemeinschaft** [engl.: Joint Venture] mehrere Unternehmen zusammen, um ein Projekt gemeinsam durchzuführen. Dies ist insbesondere dann sinnvoll, wenn ein Unternehmen allein nicht über die erforderlichen Kompetenzen oder Ressourcen verfügt, um das Projekt allein zu bearbeiten.

> **§ Definition** Eine Arbeitsgemeinschaft ist ein zeitlich „begrenzter Zusammenschluss mehrerer Unternehmen, meist in Form einer Gesellschaft bürgerlichen Rechts (GbR), mit dem Ziel der Durchführung bestimmter, genau abgegrenzter Aufgaben für einen Auftraggeber" (MOTZEL, 2006: 26f). Nach der Aufgabenerfüllung wird der Zusammenschluss wieder auflöst.

Bei den Arbeitsgemeinschaften kann zwischen echter und unechter Arbeitsgemeinschaft unterschieden werden (vgl. MOTZEL, 2006). Eine echte Arbeitsgemeinschaft verfügt über ein eigenes Gesellschaftsvermögen und über eigene Ressourcen (Personen, Materialien, Sachmittel) (vgl. MOTZEL, 2006). Der Auftraggeber geht zudem eine vertragliche Bindung mit der Arbeitsgemeinschaft ein. Demgegenüber besteht die vertragliche Beziehung bei einer unechten Arbeitsgemeinschaft zwischen dem Auftraggeber und mindestens einem beteiligten Unternehmen. Die anderen beteiligten Unternehmen können, müssen aber nicht nach außen auftreten. Die unechte Arbeitsgemeinschaft wird auch als Konsortium bezeichnet. Üblicherweise übernimmt ein Unternehmen die Konsortialführerschaft. Eine weitere Unterscheidung besteht bzgl. der Haftung. Ein Konsortium haftet in der Regel gesamtschuldnerisch, während die echte Arbeitsgemeinschaft nur mit ihrem Gesellschaftsvermögen haftet. Wichtig bei jeder Art von Arbeitsgemeinschaft sind entsprechende Verträge, in denen klar der Gegenstand, das Ziel, die Führerschaft sowie die einzusetzenden Ressourcen (Kapital, Betriebs- und Sachmittel, Personen und Zeit) geregelt sind.

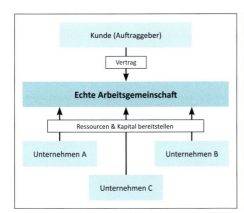 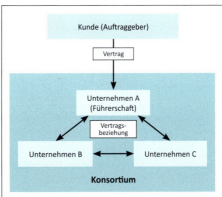

Abbildung 1.06-V1: Echte Arbeitsgemeinschaft und unechte (Konsortium) Arbeitsgemeinschaft (in Anlehnung an SCHELLE, OTTMANN & PFEIFFER, 2005: 96f)

Arbeitsgemeinschaften werden häufig von kleineren oder mittelständischen Unternehmen oder Abteilungen bzw. Unternehmensbereichen von Groß-Unternehmen gebildet. Für Großprojekte oder komplexere Projekte sind echte Arbeitsgemeinschaften nicht geeignet, stattdessen bietet sich der Einsatz eines Konsortiums an (vgl. SCHELLE, OTTMANN & PFEIFFER, 2005). Typische Beispiele sind in der Bauindustrie, wie z.B. beim Straßenbau oder Flughafenbau, zu finden. Im Gegensatz zu einem einzelnen Unternehmen verfügen diese Arbeitsgemeinschaften jedoch nicht über organisatorische Lösungen, z.B. bei der Ressourcenbereitstellung (vgl. BECKER, 2004). Im Regelfall wird als Organisationsform die

Matrix-Organisation verwendet. Dies insbesondere, da Mitarbeiter jeder Unternehmung im Personalverantwortungsbereich ihrer Unternehmung verbleiben sollen bzw. müssen. Eine besondere Bedeutung kommt der Projektleitung bei den Arbeitsgemeinschaften zu. Oftmals wird die Projektleitung vom beherrschenden Unternehmen der Arbeitsgemeinschaft betrieben. Dies ist meist das Unternehmen, welches die größten Ressourcenkapazitäten bereitstellt. Sind alle Unternehmen in etwa mit gleichen Ressourcen an der Kooperation beteiligt, muss im Vorfeld der Projektleiter bestimmt werden. Hierbei ist es wichtig, dass der Projektleiter von allen Unternehmen anerkannt wird und dass dessen Befugnisse abgeklärt werden (vgl. BECKER, 2004). Sonst kann es vorkommen, dass der Projektleiter Entscheidungen, z. B. über das Personal, treffen muss, die von außerhalb des Projekts beeinflusst werden (vgl. PFEIFFER, 2006). Dies bildet in der Regel die Basis für Konflikte. Dabei ist es unerheblich, wie viele Unternehmen an der Arbeitsgemeinschaft beteiligt sind. Auch wenn nur zwei Unternehmen eine solche Arbeitsgemeinschaft bilden, müssen sich diese auf entsprechende Richtlinien einigen, so auch auf die Besetzung der Projektleitung. Sind die beteiligten Unternehmen gleichberechtigt, kann die Projektleitung parallel besetzt werden. Dies kann entweder „eine formelle Doppelspitze mit gleich verteilter Entscheidungsbefugnis oder eine informelle, bei der diese Befugnis offiziell bei einer Person liegt, inoffiziell aber bei beiden" (vgl. PFEIFFER, 2006: 16), sein. Jedoch ist die zweite Variante nur zu empfehlen, wenn beide Unternehmen über das notwendige Vertrauen zueinander verfügen.

Beispiel Eine Arbeitgemeinschaft wird z. B. beim Bau des City-Tunnels Leipzig Los B eingesetzt. Diese besteht aus einem technischen federführenden Unternehmen, einem kaufmännischen federführenden Unternehmen und drei weiteren Unternehmen der Baubranche. Der Ausbau und die Modernisierung des Flughafens in Budapest werden durch ein Konsortium durchgeführt. An dem Konsortium sind neben dem Führungs-Unternehmen aus der Baubranche drei weitere Finanzinvestor-Unternehmen beteiligt. (ARGE-CTL, 2007; HOCHTIEF, 2007)

Besonders problematisch ist eine Arbeitsgemeinschaft, wenn die beteiligten Unternehmen andere „Organisationsgrundsätze, Managementphilosophien und Vorstellungen vom Projektergebnis" (vgl. PFEIFFER, 2006: 15) haben. Für die vertraglichen Bestimmungen, welche bei solchen Gesellschaften immer sehr wichtig sind, sei auf das Kapitel 1.14 Beschaffung und Verträge verwiesen. In Tabelle 1.06-V2 sind die wichtigsten Kriterien der Arbeitsgemeinschaft aufgeführt.

Tabelle 1.06-V2 : Übersicht Arbeitsgemeinschaft

	Arbeitsgemeinschaft
Merkmale:	I Rechtliche Selbstständigkeit
	I Verfügt über eigenes Gesellschaftsvermögen und Ressourcen (nur echte ARGE)
	I Vertragliche Regelungen sind notwendig
	I Existiert nur für die Dauer des Projekts
	I Meist gibt es ein führendes Unternehmen
Anwendung:	I Mehrere Unternehmen führen ein Projekt gemeinsam aus
	I Eignet sich nur für größere, längerfristige Projekte
Vorteile:	I Identifikation des gesamten Unternehmens mit dem Projektziel
	I Erhöhter Einsatz von Ressourcen ist möglich
	I Vermehrtes Wissen durch Zusammenschluss
Nachteile:	I Meinungsverschiedenheiten während des Projekts führen zu Problemen
	I Mitarbeiter müssen nach Ende des Projekts wieder eingegliedert werden

2.3 Virtuelle Projektorganisation

Durch den Einsatz von fortschreitenden Informationsverarbeitungssystemen wurden in den letzten Jahren zur Lösung von Problemen virtuelle Teams eingesetzt. Ein **virtuelles Team** [engl.: Virtual Team] ist eine „Verteilt arbeitende Gruppe von Personen, die gemeinsame oder voneinander abhängige Aufgaben bearbeiten und dazu interagieren müssen. Im Gegensatz zum konventionellen Team arbeitet ein virtuelles Team über Raum-, Zeit- und Organisationsgrenzen hinweg" (MOTZEL, 2006: 218). Diese Teams können sich entweder informell zusammensetzen oder formell gebildet werden. Die Entstehung ist dabei innerhalb eines Unternehmens möglich, wenn Arbeiten über mehrere Standorte hin durchgeführt werden, oder bei Arbeiten zwischen mehreren Unternehmen, welche ebenfalls räumlich verteilt sind (vgl. BARTSCH-BEUERLEIN & KLEE, 2001). Damit ein Zusammenarbeiten möglich ist, müssen die räumliche Entfernung und evtl. die zeitlichen Unterschiede durch geeignete Informationssysteme kompensiert werden (vgl. BARTSCH-BEUERLEIN & KLEE, 2001). Neben den Arbeitsgemeinschaften haben sich in den letzten Jahren **Virtuelle Organisationen** [engl.: Virtual Organisation] gebildet. „Virtuelle Organisationen sind als durch geeignete Informationstechnologien gestützte und vernetzte, standortverteilte Organisationseinheiten zu betrachten, die an einem koordinierten arbeitsteiligen Wertschöpfungsprozess beteiligt sind" (vgl. MÜLLER, 1999: 44). Ein solcher Wertschöpfungsprozess kann auch ein Projekt sein.

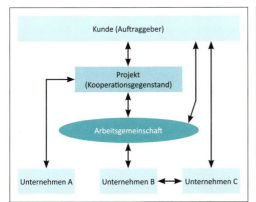
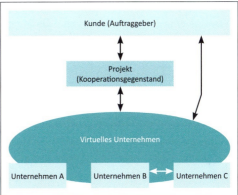

Abbildung 1.06-V2: Gegenüberstellung von Arbeitsgemeinschaften und Virtuellen Unternehmen (MÜLLER, 1999: 90)

Auf der Grundlage der Virtuellen Organisationen können eigenständige Gesellschaften als **Virtuelles Unternehmen** [engl.: Virtual Company, Virtual Corporation] gebildet werden. „Ein virtuelles Unternehmen (..) ist eine *Kooperationsform* rechtlich unabhängiger Unternehmen, Institutionen und/oder Einzelpersonen, die eine Leistung auf der Basis eines gemeinsamen Geschäftsverständnisses erbringen" (MÜLLER, 1999: 44). Im Gegensatz zu einer Arbeitsgemeinschaft handelt es sich bei einer Virtuellen Unternehmung um einen spontanen „Zusammenschluss von Unternehmen mit lockeren und informellen Bindungen" (MÜLLER, 1999: 92). Somit müssen keine vertraglichen Regelungen durchgeführt werden, die auf der Gründung einer gesetzlichen Gesellschaft beruhen. Die vertragliche Bindung betrifft eine „Mündlich oder auf elektronischem Wege getroffene Vereinbarung über eine zeitlich begrenzte Zusammenarbeit" (MÜLLER, 1999: 92). Es wird versucht, eine langfristige Vereinbarung zu erzielen. Während die Arbeitsgemeinschaft eine feste Projektorganisationsstruktur hat, wird bei der Virtuellen Unternehmung die Organisationsstruktur der beteiligten Unternehmen nicht geändert. Dies kann zu Problemen bei der Zusammenarbeit führen, da jedes Unternehmen seine eigene Kultur und evtl. einen eigenen Managementstil mit einbringt (vgl. BARTSCH-BEUERLEIN & KLEE, 2001). Der Zugriff auf die Ressourcen findet häufig wechselseitig statt. Eine Veranschaulichung der Unterschiede zwischen Arbeitsgemeinschaft und Virtuellem Unternehmen ist in Abbildung 1.06-V2 gegeben. In Tabelle 1.06-V3 sind die wichtigsten Kriterien des Virtuellen Unternehmens aufgeführt.

Tabelle 1.06-V3: Übersicht Virtuelles Unternehmen

	Virtuelles Unternehmen
Merkmale:	• Spontaner Zusammenschluss mit lockeren und informellen Bindungen • Existiert nur für die Dauer des Projekts • Mitarbeiter sind oftmals räumlich und zeitlich getrennt
Anwendung:	• Mehrere Unternehmen führen ein Projekt gemeinsam aus • Eignet sich nur für kleinere und mittlere Projekte
Vorteile:	• Erhöhter Einsatz von Ressourcen ist möglich • Vermehrtes Wissen durch Zusammenschluss • Mitarbeiter verbleiben in ihrer Stammorganisation
Nachteile:	• Meinungsverschiedenheiten während des Projekts führen zu Problemen • Unterschiedliche Unternehmenskultur kann zu Problemen führen

2.4 Projektinseln

In kleineren oder mittelgroßen Projekten reicht eine primäre Projektorganisation aus. Wenn jedoch das Projektteam aus vielen Projektmitarbeitern besteht, ist auch hier eine entsprechende Organisation erforderlich. Da Organisationsstrukturen in der Regel hierarchisch möglichst flach gehalten werden sollen, bietet sich hier die Teamarbeit an. In die primäre Projektorganisation wird so eine sekundäre Organisation eingebunden. Am Beispiel der Matrix-Projektorganisation bedeutet dies, dass die Stellen (Schnittpunkte) durch Teams besetzt werden. Für diese Teams müssen dann ebenfalls entsprechende Führungsregeln definiert werden. Als ein Beispiel für eine solche Organisationsstruktur können Projektinseln gebildet werden. (vgl. SALZMANN, 2001)

Eine **Projektinsel** ist „*eine auf Dauer eingerichtete, teilautonome Gruppe (..) von Projekt-Mitarbeitern (...), die geschlossen für die Bearbeitung sachlogisch zusammenhängender Planungs-, Steuerungs-, und Ausführungsaufgaben innerhalb der Prozeßkette eines Projektes verantwortlich ist. Zentrales Kriterium einer Projektinsel ist, daß die notwendigen Ressourcen für sie verfügbar sind und von ihr eigenverantwortlich disponiert, verwaltet und verantwortet werden*" (SALZMANN, 2001: 119). Beispiele für Projektinseln sind Qualitätsmanagement- oder Supportleistungen. Dieses Konzept basiert auf den Produktionsinseln in den Fertigungseinrichtungen.

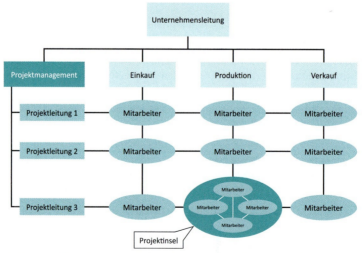

Abbildung 1.06-V3: Projektinsel in einer primären Matrix-Projektorganisation (in Anlehnung an SALZMANN, 2001: 122)

Gründe für das Bilden einer sekundären, eingebetteten Projektorganisation können sich auch aus kulturellen Einflüssen ergeben. Hierauf wird im Abschnitt 5 näher eingegangen. Die Merkmale und eine Bewertung von Projektinseln sind in Tabelle 1.06-V4 dargestellt.

Tabelle 1.06-V4: Übersicht Projektinsel (in Anlehnung an SALZMANN, 2001: 117ff)

	Projektinsel
Merkmale:	I Teilautonome Gruppe
	I Zuständig für eine Prozesskette innerhalb eines Projekts
Anwendung:	I Mittlere und größere Projekte
Vorteile:	I Spezialisierung der Arbeiten im Projekt möglich
	I Synergieeffekte, wenn parallel ähnliche Projekte durchgeführt werden
	I Wiedereinsatz in einem ähnlichen Folgeprojekt möglich
Nachteile:	I Interaktionen zwischen mehreren Projektinseln können aufwändig und fehleranfällig sein
	I Evtl. erhöhter Koordinationsaufwand
	I Mitarbeiter sind am Ergebnis der Projektinsel und nur sekundär am Projektziel interessiert.

3 Änderungen im (Projekt-) Lebensweg

Der (Projekt-) **Lebensweg** [engl.: Life Cycle] bezeichnet den Werdegang eines Projekts von den Anfängen der Entstehung über Wachstum und Weiterentwicklungen bis hin zum Ende der Nutzung einschließlich Restverwertung bzw. Entsorgung. Oftmals wird der (Projekt-) Lebensweg auch als Projektlebenszyklus bezeichnet. Das Projekt durchläuft nach der Initiierung verschiedene Lebensphasen. Die Phasen werden nach einem **Phasenmodell** [engl.: Project Phase Model] unterschieden. Je nach Größe, Zeitrahmen und Branche können unterschiedliche Phasenmodelle unterschieden werden. Um bei der Beschreibung der Auswirkungen möglichst unabhängig zu bleiben, wird im Folgenden ein generell gültiges (Projekt-) Phasenmodell aus vier Phasen verwendet (vgl. PATZAK & RATTAY, 2004):

I Startphase
I Planungsphase
I Ausführungsphase/Änderungsphase
I Abschlussphase

Bei den Phasen ist dabei zwischen den Phasen im (Projekt-) Lebensweg (z.B. bei der Erzeugung von Produkten) und den Phasen im Produktlebenszyklus zu unterscheiden. Die Phasen im Produktlebenszyklus sind stark von der jeweiligen Produktgattung abhängig. Auf diese wird im Folgenden nicht eingegangen.

3.1 Fortlaufende Optimierung der Projektorganisation

Die Projektorganisation soll kein starres Konstrukt sein, welches nach seiner Entstehung bis zum Ende des Projekts immer gleich bleibt. Bei kleineren Projekten mit einem geringen Projektumfang und einem kurzen bzw. mittelfristigen Zeithorizont wird die Projektorganisation konstant bleiben. Bei umfangreicheren und längerfristigen Projekten ist jedoch eine Anpassung an die jeweilige Projektphase sinnvoll. Ob die Projektorganisation verändert werden soll oder sogar muss, hängt nicht zuletzt vom Projekterfolg bzw. dem Ausblick auf den Projekterfolg ab. Befindet sich ein Projekt in einer Schieflage, z.B. weil eine enorme Zeitverschiebung eingetreten ist oder die Kosten die maximale Obergrenze bereits überschritten haben, sind Veränderungen notwendig. Neben dem reinen Ersetzen von verantwortlichen Rollenträgern, wie z. B. des Projektleiters, kann auch eine Erweiterung vorgenommen werden. So kann neben dem Projektleiter ein zweiter Projektleiter als Unterstützung installiert werden, wenn beispielsweise der Projektleiter durch Überlastung seine Projektaufgaben nicht vollständig wahrnehmen kann. In diesem Fall ist darauf zu achten, dass diese parallele Besetzung klar definiert und die Aufgaben, Befugnisse und Verantwortlichkeiten abgegrenzt werden. Zudem sollte die Doppelbesetzung nur temporär durchgeführt werden und zwar solange, bis der Projektleiter wieder in der Lage ist, seine Aufgaben vollständig zu erfüllen.

Bei der Änderung der Organisationsform muss bei einer unzureichenden Durchführung der Umorganisation beachtet werden, dass dies Auswirkungen auf die Infrastruktur der Unternehmung haben kann. So können bisher funktionierende „Kommunikationswege unterbrochen werden" (KERZNER, 2003: 76) und die Funktionsweise der Unternehmung nachhaltig negativ beeinflussen. Auf der anderen Seite kann eine Änderung aber auch das Gegenteil bewirken: Störungen können beseitigt werden, indem beispielsweise nichtharmonierende Mitarbeiter getrennt werden können. Jedoch sollte in einem solchen Fall die Änderung der Organisationsform nur das letzte Mittel sein, um solche Probleme zu lösen.

Es gibt zwar keine allgemein gültige Regelung, welche Projektorganisationsform in welcher Projektphase am besten geeignet ist, allerdings gibt es dafür ein paar Anhaltspunkte. In der Vorbereitungsphase eines Projekts ist die Einfluss-Projektorganisation zu bevorzugen. Während dieser Phase besteht noch eine Unsicherheit, ob es überhaupt zum Projektstart kommt. Deshalb sollten umfangreiche organisatorische Maßnahmen erst durchgeführt werden, wenn das Projekt begonnen wurde. In der Start- und Planungsphase ist eine Matrix-Projektorganisation gut geeignet. Für die Matrix-Projektorganisation sind meist auch nur geringe organisatorische Änderungen erforderlich. Nicht alle Mitarbeiter werden in dieser Phase permanent benötigt, sodass sie noch anderen Tätigkeiten in ihrer Stammorganisation nachgehen können. In der Ausführungsphase hat die Autonome Projektorganisation ihre Stärken. Alle Mitarbeiter können sich vollständig auf die Projektarbeiten konzentrieren und es bestehen eindeutige Entscheidungs- und Weisungsbefugnisse. In der Abschlussphase können entweder eine Einfluss-Projektorganisation oder die Arbeit in der Linie durchgeführt werden. Wie bei der Startphase werden hier ebenfalls nicht mehr alle Projektmitarbeiter benötigt, sodass sie wieder andere Aufgaben durchführen können. (vgl. KREMER, 2005)

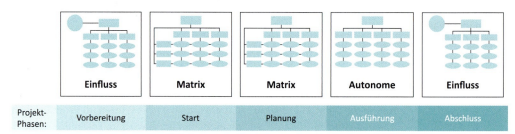

Abbildung 1.06-V4: Formen der Projektorganisation in den Projektphasen (KREMER, 2005: 99)

Veränderungen in der Projektorganisation und insbesondere bei den Organisationsformen müssen immer einfach handhabbar sein und dürfen möglichst keine Störungen im Projektgeschehen verursachen. Damit dieses möglich ist, ist es notwendig, während der Projektphasen einige Rahmenbedingungen dafür zu schaffen (vgl. SALZMANN, 1999):

| Kooperatives Denken und Handeln auf allen Ebenen fördern
| Geeignete Kommunikation bzw. Information schaffen
| Geschäftsleitung bzw. Vorstand müssen das Projekt aktiv unterstützen
| Im gesamten Unternehmen eine Lernkultur verankern

- Im gesamten Unternehmen eine vertrauliche und zuverlässige Zusammenarbeit fördern
- Selbstständigkeit der Projektmitarbeiter fördern
- Teamgedanken bei der Zusammenarbeit in den Mittelpunkt stellen
- Mitarbeiter mit den erforderlichen Befugnissen und Kompetenzen ausstatten
- Zielvorgaben für alle Projektarbeiter klar und verständlich formulieren.

Diese sollen zu einer (positiv) kritischen Betrachtungsweise der Projektorganisation beitragen, sodass alle Beteiligte versuchen, sie gemeinsam zu einer – für das jeweilige Projekt – optimalen Projektorganisation weiterzuentwickeln.

3.2   Auflösen der Projektorganisation und Auswirkung auf zukünftige Projekte

Mit dem Ende des Projekts endet in der Regel auch die ‚Lebenszeit' der Projektorganisation. Dies erfolgt zumeist durch eine formale Entlastung des Projektleiters bzw. Projektteams durch den Auftraggeber. Hierzu soll ein Projektabschlussbericht erstellt und von den beteiligten Rollenträgern (Auftraggeber, Auftragnehmer) unterzeichnet werden. Die Auflösung der Projektorganisation ist dabei oftmals mit etwas mehr Aufwand verbunden und kann nicht immer reibungslos durchgeführt werden. Die Projektmitarbeiter müssen je nach angewandter Organisationsform wieder in die Stammorganisation eingebunden werden. Dies ist vor allem bei der Autonomen Projektorganisation oder den darauf aufbauenden Projektorientierten Teilbereichen bzw. der Projektgesellschaften der Fall.

Neben der Wiedereingliederung der Mitarbeiter ist es auch notwendig, das projektinterne Wissen zu behalten und für zukünftige Projekte nutzbar zu machen. Dementsprechend sollten mit der Auflösung der Projektorganisation **Lessons Learned**-Veranstaltungen durchgeführt werden. In diesen wird mit möglichst allen Projektbeteiligten über die Erfolge, aber auch über die Probleme gesprochen. Sind die Probleme bekannt, sollte nach den Ursachen geforscht werden, sodass in zukünftigen Projekten versucht wird, diese zu vermeiden. Eine solche Problemerkennung und Ursachenforschung sind jedoch nur möglich, wenn die an dem Problem beteiligten Personen noch verfügbar sind. Für weitere Informationen hierzu sei auf das Kapitel 1.20 Projektabschluss verwiesen.

4   Instrumente der Projektorganisation zur Projektführung

Innerhalb der Projektorganisation müssen die Projektbeteiligten geführt werden, sodass die Projektziele erreicht werden können. Für die Führung sind der disziplinarische Vorgesetzte und der Projektleiter zuständig. Disziplinarische Führungsverantwortung hat der Projektleiter beispielsweise im Fall einer Autonomen Projektorganisation oder einer Projektgesellschaft. Aber auch in Organisationsformen, in denen der Projektleiter keine disziplinarische Verantwortung hat, ist er als Führungsperson gefragt. Zur Führung gehören u. a. auch das Delegieren von Aufgaben und das Überprüfen des jeweiligen Aufgabenergebnisses. In diesem Abschnitt werden ein paar Hilfsmittel zur Unterstützung der Führung in einer Projektorganisation und bei deren Einrichtung vorgestellt. Dazu gehören die Weitergabe von Befugnissen durch das Delegation von Aufgaben, Anforderungsprofile, Verantwortlichkeitsmatrizen und Projektorganigramme. Angewendet werden diese Hilfsmittel insbesondere beim Management von Schnittstellen, über die eine Projektorganisation sowohl innerhalb des Projekts als auch nach außen verfügt. Für eine weitergehende Betrachtung des Führungsverhaltens der am Projekt beteiligten Personen sei auf 2.01 Führung verwiesen.

4.1 Befugnisse

Wie bereits im Grundlagenteil definiert, bedeutet eine Befugnis, bestimmte Handlungen rechtswirksam ausführen zu können (vgl. MOTZEL, 2006). Die Vergabe von Befugnissen wirkt sich auf die Arbeiten im Projekt unmittelbar aus. Befugnisse müssen den ausübenden Rollen mitgeteilt werden. Dies kann entweder explizit, beispielsweise durch eine schriftliche oder mündliche Mitteilung, erfolgen oder implizit, indem z. B. in der Stellenbeschreibung beschrieben ist, dass eine Rolle über bestimmte Befugnisse verfügt. Generell ist bei der Weitergabe zu beachten, dass sowohl der Sender als auch der Empfänger der Weitergabe über die gleiche Auffassung des Inhalts und über die Bedeutung der Weitergabe verfügen und es zu keinen Missverständnissen darüber kommt.

Befugnisse werden durch **Delegation** [engl.: Delegation] weitergegeben. Nur ein Rollenträger, welcher über eine Befugnis verfügt, kann diese Befugnis weitergeben. Bei der Delegation von Befugnissen können sechs Stufen unterschieden werden (o. V., 2007)

- Stufe 1: Betrachte Problem; berichte; lasse mich entscheiden.
- Stufe 2: Betrachte Problem; suche Alternativen; empfehle eine Lösung.
- Stufe 3: Betrachte Problem; berichte, was du tun würdest; warte auf meine Genehmigung.
- Stufe 4: Betrachte Problem; berichte, was du tun würdest; tue es nicht, wenn ich widerspreche.
- Stufe 5: Führe Lösung aus; berichte, was du entschieden hast.
- Stufe 6: Führe Lösung aus; keine weiteren Aktionen sind erforderlich.

Der Handlungsspielraum steigt von Stufe zu Stufe. Auf der ersten Stufe hat der die Befugnis erhaltene Rollenträger keine Rechte, um etwas selbstständig auszuführen. Er darf nur berichten, welche Probleme es gibt. Auf der zweiten Stufe darf der Rollenträger schon Empfehlungen einer Lösung aussprechen. Die Entscheidung trifft jedoch nur der Rollenträger, welcher die Delegation vorgenommen hat. Der Handlungsspielraum wird pro Stufe erweitert, bis der Rollenträger auf der sechsten Stufe den vollständigen Handlungsfreiraum hat. D. h. er kann die Lösung zu einem Problem durchführen, ohne eine andere Person um Genehmigung oder Entscheidung fragen zu müssen. (o. V., 2007)

Bei der Vergabe von Tätigkeiten innerhalb eines Projekts ist es notwendig, dem beauftragten Rollenträger genau mitzuteilen, welche Befugnisse er besitzt, um die Tätigkeit erledigen zu können. Wird dies nicht gemacht, kann dies in der Regel einen negativen Einfluss auf das Arbeitsergebnis haben. Ist dem beauftragten Rollenträger nicht bewusst, dass er über entsprechende Befugnisse verfügt, kann dies zu einer längeren Arbeitszeit oder einer schlechten Qualität führen. Dann nämlich, wenn der Rollenträger die Arbeit nicht innerhalb des vorgegebenen Zeitrahmens alleine durchführen kann oder er nicht über das erforderliche Wissen verfügt. Überschreitet der Rollenträger dagegen seine Befugnis, kann sich dies auf andere Arbeiten im Projekt oder die Abteilungsarbeit negativ auswirken. Dies kann auch zu Spannungen zwischen der Linie/Linienleitung und dem Projektteam/der Projektleitung führen.

4.2 Anforderungsprofile

Für die im Projekt eingesetzten Rollen gelten bestimmte Anforderungen hinsichtlich der Kompetenzen, Qualifikationen, Erfahrungen etc., welche erforderlich sind, um die notwendigen Aufgaben zu erledigen. Diese werden in den Anforderungsprofilen festgehalten. Die Anforderungsprofile dienen dazu, unternehmensweit einheitliche Anforderungen für die Rollen zu dokumentieren, und helfen so, Zeit und Aufwand zu sparen, wenn für ein neues Projekt bestimmte Rollen besetzt werden müssen. Sie sind immer auf eine oder mehrere Rollen bezogen, aber nie personenspezifisch. Dabei gibt es im Wesentlichen zwei Arten von Anforderungsprofilen: Zum einen können im Anforderungsprofil für eine Rolle (z. B. Projektleiter) die Kompetenzen (fachlich, methodisch, organisatorisch, sozial) beschrieben werden. Zum anderen können für ein Projekt bzw. für eine Projektklasse die Kompetenzen für alle Rollen, welche an dem Projekt beteiligt sind, festgehalten werden. Das zweite Vorgehen bietet sich in kleineren bzw. mittelgroßen Projekten an. Bei größeren Projekten, bei denen für bestimmte Rollen (z. B. Projektleiter) sehr umfangreiche Anforderungen gestellt werden, sollte die erste Variante gewählt werden. In der Abbildung 1.06-V5 sind zwei Anforderungsprofile beispielhaft aufgeführt.

Anforderungsprofil Projektleiter	Projektvolumen: 10.000 - 100.000 Euro Innenorganisatorische Projekte
Ziele	1. Projektziele erreichen 2. Personalentwicklung 3. Auftragsgemäße Erfüllung des Projekts
Fach- und Methodenkompetenz	1. Projektmanagement-Methoden beherrschen 2. Kernprozesse des Unternehmens kennen 3. Problemlösungs- und Kreativitätstechniken beherrschen 4. Moderationstechniken beherrschen 5. Präsentationstechniken beherrschen
Soziale und Personale Kompetenz	1. Fähig sein, im Team zu arbeiten 2. Fähig sein, ein Team zu führen 3. Fähig sein, auf andere Personen offen zuzugehen 4. Fähig sein, Beschlüsse durchzusetzen 5. Fähig sein, mit Kritik umzugehen
sonstiges	1. Projektmanagement-Zertifizierung IPMA Level C (oder höher) ist erwünscht 2. Erfahrung aus mind. einem erfolgreichen Innenorganisatorischen Projekt

	Anforderungen in den Projektrollen (Hoch - 5; Gering - 1)	LA-Mitglied	Projektleiter	Teilprojektleiter	Projektservice	Projektmitarbeiter	Fachexperte-IT
Fach und Methodenkompetenz	Kernprozesse des Unternehmens	3	3	3	4	5	4
	Branchenkenntnis	4	3	3	4	4	3
	Grundlagenwissen	3	4	3	4	2	2
	Informatik Basis- und Trendwissen	3	4	4	4	3	5
	Erhebungs- und Analysetechniken	1	4	4	3	4	2
	Problemlöse-/Kreativitätstechniken	3	5	4	3	4	3
	Entscheidungstechniken	4	5	4	5	4	3
	Projektmanagement-Methoden	4	5	4	5	4	2
	Moderationstechniken	4	5	4	4	3	2
	Präsentationstechniken	4	5	4	4	3	3
Soziale und Personale Kompetenz	Persönliches Zeitmanagement	4	5	4	4	3	3
	Kritikfähigkeit	5	5	4	3	3	3
	Konfliktbearbeitung	5	5	3	4	2	2
	Entscheidungsfreude	5	4	4	3	2	2
	Fähigkeit zur Teamarbeit	4	5	5	3	5	3
	Kommunikationsfähigkeit	4	5	4	5	3	3
	Engagement	4	4	4	3	4	3
	Gestaltungswille	4	4	4	3	5	5
	Durchsetzungs-/Überzeugungskraft	4	4	3	3	2	2
	Einfühlungsvermögen	4	5	4	4	2	2
	Ertragsorientiertes Handeln	5	4	3	4	3	3
	Denken in Zusammenhängen	4	5	4	5	3	4

Abbildung 1.06-V5: Anforderungsprofile pro Rolle und pro Projekt (unten: (PFETZING & ROHDE, 2006: 440))

Die in den Anforderungsprofilen definierten Anforderungen können mit den Qualifikationen aus den Personalunterlagen (den Qualifikationsprofilen, Mitarbeiterprofilen) verglichen werden. Gibt es solche Unterlagen über die aktuellen Qualifikationen der Mitarbeiter nicht, müssen diese erst eingesammelt oder durch so genannte Assessments bestimmt werden. Dies ist insbesondere der Fall, wenn externe Personen in ein Projekt eingebunden werden müssen. Aus der Gegenüberstellung der Anforderungs- und Qualifikationsprofile kann zudem der Qualifizierungsbedarf für die Unternehmung ermittelt werden (vgl. Pfetzing & Rohde, 2006).

Die Anforderungsprofile sind somit ein gutes Hilfsmittel in der Vorbereitungs- und Startphase des Projekts. Sie können ebenfalls angewendet werden, wenn im Lauf des Projekts Rollen neu besetzt oder neu eingebunden werden müssen.

Weitere Informationen zu den Anforderungsprofilen und der Personalauswahl sind im Kapitel 3.08 Personalmanagement zu finden.

4.3 Verantwortlichkeitsmatrix

Die **Verantwortlichkeitsmatrix** [engl.: Responsibility Matrix] ist ein Arbeitsmittel, in der Funktionen im Sinne von Projektaufgaben den sie erfüllenden Stellen oder Rollen zugeordnet und damit an diese verbindlich übertragen werden. Häufig wird sie deshalb auch als Funktionendiagramm bezeichnet. Die Verantwortlichkeitsmatrix ist eine wichtige organisatorische Regelung im Projekt und sollte Bestandteil des Projekthandbuchs sein. Sie stellt die Verbindung zwischen den statischen und den dynamischen Aspekten der Organisationsgestaltung her.

Die Verantwortlichkeitsmatrix führt somit auf, welche Rolle für welche Aufgabe im jeweiligen Arbeitspaket zuständig ist. Zusätzlich kann auch angegeben sein, wie die Rolle an der Erledigung der Aufgabe mitwirkt. Dazu werden in der Matrix in den Spalten die Rollen und in den Zeilen die Aufgaben aufgeführt. Je nach Umfang des Projekts kann es sich um Einzelaufgaben oder nur um Projektphasen oder Teilprojekte handeln. In der Praxis werden zusätzlich in den Zellen verschiedene Angaben über die Art des Zusammenhangs zwischen Aufgabe und Rolle gemacht. Für diese Angaben haben sich in der Literatur keine einheitlichen Benennungsschemata durchgesetzt. Eine mögliche Definition der Angaben kann wie folgt erfolgen (vgl. PMI, 2004):

- **V**erantwortlich für die Durchführung der Aufgabe [engl.: R = Responsible]
- **G**enehmigung der Aufgabe [engl.: A = Accountable]
- **B**eenden der Aufgabe [engl.: C = Consult]
- **I**nformation über die Aufgabe [engl.: I = Inform]
- **M**itarbeit bei der Aufgabe [engl.: S = Support]
- **K**ontrolle bei der Aufgabe [engl.: V = Verify]

Andere Notationen finden sich beispielsweise in Chrobok (2003) oder Schreckeneder (2005). Wichtig ist jedoch, dass im Unternehmen nur ein Benennungsschema verwendet wird. Dies fördert eine klare Kommunikation und Missverständnisse bei der Deutung der Matrix können vermieden werden.

Aufbauend auf den vorangestellten Benennungsschemata sind folgende Notationen sinnvoll:

- VGB [engl.: RAC]
  Hierbei wird pro Aufgabe angegeben, welche Rolle für die Durchführung der Aufgabe zuständig ist (V) und welche Rolle das Ergebnis der Aufgabe genehmigen muss (G). Außerdem, welche Rolle die Aufgabe abschließen kann (B).
- VGBI [engl.: RACI]
  Zusätzlich zur vorgenannten VGB-Matrix erfolgt hier noch die Angabe, welche Rolle über den Fortschritt und das Ergebnis informiert werden muss (I).
- VGMBI [engl.: RASCI]
  Gegenüber der vorgenannten VGBI-Matrix wird hier noch angegeben, welche Rollen die Aufgabe durch zusätzliche Ressourcen unterstützen sollen (M).
- VGBI-KM [engl.: RACI-VS]
  Als Erweiterung zur vorgenannten VGMBI-Matrix erfolgt hier noch die Angabe, welche Rollen das Ergebnis nach festgelegten Kriterien überprüfen sollen (K).

Die Angabe in den Zellen erfolgt aus Übersichtlichkeitsgründen nur durch den entsprechenden Buchstaben. Haben Rollen mit der jeweiligen Aufgabe nichts zu tun, wird keine Eintragung vorgenommen. Bei allen Schemata darf im Idealfall pro Aufgabe immer nur eine Rolle verantwortlich sein, während die anderen Zuordnungen auch mehrfach auftreten können. Ist dies nicht möglich, sollten die Aufgaben in Teilaufgaben unterteilt werden. In umfangreichen Projekten ist es hilfreich, neben der Aufgabe pro Zeile auch die Projektstrukturplan-Kennung anzugeben. Für ein Beispiel vgl. Abbildung 1.06-V6.

Aufgaben \ Rolle	Auftraggeber	Linienmanager	Projektleiter	Projektteam	Lenkungsausschuss
Projektdefinition	V		B		G
Kommunikationsplan	G		V		B
Geschäfts-Anforderungen	V		G		B
Statusberichte		G	B	V	
Projektabschluss	B		V		G

Abbildung 1.06-V6: Beispiel einer Verantwortlichkeitsmatrix (nach der VGB-Notation)

Neben den zwei Dimensionen Aufgabe und Rolle kann als dritte Dimension die hierarchische Beziehung der Rollen zueinander aufgenommen werden. In diesem Fall kann im Funktionendiagramm oberhalb der Matrix die hierarchische Struktur (Rangstufen) der Rollen aufgeführt werden. (vgl. CHROBOK, 2003)

Daneben gibt es auch Verantwortlichkeitsmatrizen für Ressourcen. Hierbei wird pro Spalte nicht eine Rolle, sondern der Personenname angegeben. In den Zellen wird angegeben, welche Ressource hauptverantwortlich oder unterstützend tätig ist und welche Ressource informiert werden soll.

Eine Verantwortlichkeitsmatrix wird insbesondere im Rahmen der Vorbereitungsphase, der Startphase, der Planungs- und Ausführungsphase eingesetzt. Sie sollte im Vorfeld der Ausführung von Aufgaben bzw. Arbeitspaketen angelegt werden. Wird dies nicht gemacht, sollte sie erstellt werden, wenn erste Probleme bei den Verantwortungen auftreten (vgl. SCHRECKENEDER, 2005).

4.4 Projektorganigramm

Die Organisationsformen eines Projekts oder eines Unternehmens werden als **Projektorganigramm** [engl.: Project Organizational Chart] oder Projekt-Organisationsplan dargestellt. Dabei bedeutet die direkte Verbindung zwischen zwei Stellen in der Regel eine Unterstellung. Eine Unterstellung beinhaltet das Weisungsrecht ‚von oben nach unten' und die Berichtspflicht ‚von unten nach oben'. Eine einheitliche Darstellungsform für Projektorganigramme gibt es jedoch nicht, so können auch Netzwerkdiagramme verwendet werden. In der Abbildung 1.06-V7 sind zwei alternative Darstellungen von Projektorganigrammen aufgeführt.

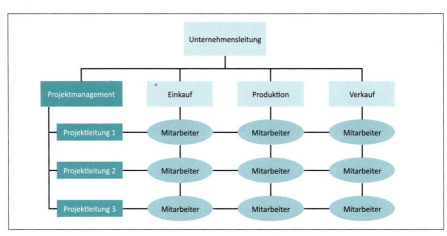

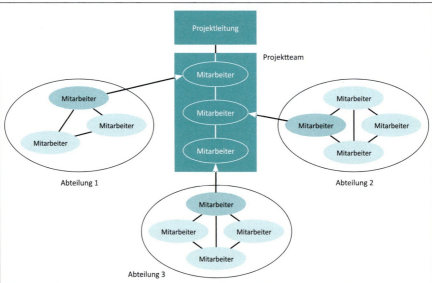

Abbildung 1.06-V7: Darstellungsformen von Projektorganigrammen

Die Projektorganigramme helfen, die Übersichtlichkeit der (aufbauorganisatorischen) Projektorganisation beizubehalten. Sie können zudem die Entscheidungs- und Weisungsbefugnisse verdeutlichen. Sie sind insbesondere dann hilfreich, wenn im Unternehmen eine Vielzahl von Projekten durchgeführt wird und die Mitarbeiter in mehreren Projekten mitarbeiten. In einem solchen Fall ist es sinnvoll, jedem Mitarbeiter für jedes Projekt ein Projektorganigramm auszuhändigen, sodass er den Überblick über die verschiedenen Befugnisse bekommt. Auch den Mitgliedern im Lenkungsausschuss oder der Geschäftsführung bzw. dem Vorstand wird dadurch die Arbeit erleichtert. Oftmals ist eine Person in mehreren Lenkungsausschüssen vertreten.

4.5 Schnittstellenmanagement

Eine **Schnittstelle** [engl.: Interface] ist eine Verbindung zwischen Systemen oder Systembestandteilen (vgl. MOTZEL, 2006). Schnittstellen im Rahmen des Projektmanagements werden immer zwischen dem Projekt und der Projektumwelt bestehen oder innerhalb des Projekts auftreten. Es existieren immer Schnittstellen zwischen den einzelnen Aufgaben innerhalb eines Projekts (interne Schnittstellen), aber auch Schnittstellen zwischen mehreren Projekten, Programmen oder Portfolios (externe Schnittstellen). Ziel der Schnittstelle ist es, (Arbeits-)Ergebnisse zu übergeben (vgl. HECHE, 2007). Beispiele für Schnittstellen im Projektmanagement sind u. a. folgende:

- Anordnungsbeziehungen
- Pflichtenheft, Spezifikationen
- Änderungsanträge, Nachforderungen, Abnahmebestätigungen.

Schnittstellen sind immer sehr fehleranfällig, da hier mindestens zwei verschiedene Personen oder Systeme aufeinandertreffen, welche unterschiedliche Vorstellungen, Anforderungen oder Erwartungen haben können. Grundsätzlich liefert bei einer Schnittstelle das Ergebnis einer Aufgabe die Eingabe zu mindestens einer anderen Aufgabe. Problematisch wird es, wenn das (Zwischen-) Ergebnis nicht den Erwartungen des Bearbeiters der nächsten Aufgabe entspricht (vgl. HECHE, 2007). Ursachen hierfür können eine ungenügende Planung der Aufgaben, Fehler in den Aufgabenbeschreibungen oder eine schlechte Qualität in der Ausführung der Aufgabe sein.

Damit hierbei weniger Fehler bzw. Probleme auftreten, ist insbesondere in der Projektdurchführungsphase ein effektives **Schnittstellenmanagement** [engl.: Interface Management] notwendig. Zuständig hierfür sind hauptsächlich der Projektleiter und der Projektcontroller. Es ist daher wichtig, „frühzeitig Vereinbarungen über die Handhabung (...) zu treffen, z. B. Festlegen von Regeln und Verantwortlichkeiten bei der Übergabe von definierten Zwischen- oder Endergebnissen" (vgl. MOTZEL, 2006: 197). Ein solches Regelwerk erleichtert den Projektbeteiligten die Arbeit, indem sie wissen, wie die Schnittstellen behandelt werden sollen (vgl. HECHE, 2007). Beispiele hierfür sind Projektmanagement-Handbücher, Vorgehensmodelle, Qualitätsmanagement-Handbücher, Verfahrensanweisungen oder Unternehmensglossare (vgl. HECHE, 2007).

Solche Regelwerke bringen jedoch nur etwas, wenn der Nutzen für jeden Beteiligten verständlich ist, das Regelwerk einfach verständlich formuliert ist, es keine Überschneidungen oder gegensätzliche Formulierungen in anderen Regelwerken oder Verordnungen gibt (vgl. HECHE, 2007). Existieren projektübergreifende Regelwerke, muss der Projektleiter in der Startphase überprüfen, ob die Vereinbarungen auch für sein Projekt gültig sind (vgl. HECHE, 2007). Diese können insbesondere vom Projektgegenstand, der Projektgröße und der Zeitdauer des Projekts abhängig sein (vgl. HECHE, 2007). Der Projektleiter ist ferner dafür zuständig, auf das Einhalten der Vereinbarungen hinzuwirken (vgl. HECHE, 2007). Eine Vereinbarung nutzt nur dann etwas, wenn diese auch eingehalten wird. Zusätzlich kann es sinnvoll sein, projektindividuelle Vereinbarungen aufzustellen. Erweisen sich diese Vereinbarungen als sinnvoll, können sie nach Abschluss des Projekts auch in das projektübergreifende Regelwerk aufgenommen werden.

Um Probleme bei den Schnittstellen von Anfang an zu vermeiden bzw. zu reduzieren, ist eine klare und einfache Projektorganisation notwendig. Werden missverständliche Regelungen bei der organisatorischen Einordnung der Projektmitarbeiter getroffen, sind Konflikte vorprogrammiert. Ebenso sollte klar definiert werden, welche Entscheidungen und Weisungen der Linien- oder der Projektvorgesetzte erteilen dürfen. Treffen unterschiedliche Kulturen im Projekt aufeinander, sollten hierfür im Vorfeld Regelungen getroffen werden, um diese zu vermindern.

5 Kulturelle und projektumweltbedingte Einflüsse

Bei der Besetzung von Rollen in einem Projekt müssen neben den beschriebenen Kompetenzen auch weitere Faktoren berücksichtigt werden. Hierzu gehören kulturelle und umweltbedingte Themen. Mitarbeiter aus anderen Ländern oder Regionen können sich anders verhalten bzw. haben andere Erwartungshaltungen. Dies kann sich auch auf die Funktionsfähigkeit der Organisationsform auswirken (vgl. DUWE & VOGT, 2002). So sind Entscheidungsprozesse in unterschiedlichen Ländern, insbesondere dann, wenn sie zu verschiedenen Kulturräumen gehören, andersartig ausgeprägt und laufen anders ab (vgl. DUWE & VOGT, 2002).

Diese interkulturelle Kompetenz bezieht u. a. auch die folgenden Kenntnisse mit ein, die durch den Einsatzort in unterschiedlichen Ländern bzw. durch den Einsatz von Mitarbeitern aus mehreren Ländern, Regionen bzw. Kulturkreisen entstehen können (vgl. DOSTAL, 2005):

- Auswirken kann sich das Verhalten zur Macht: In einigen Ländern, insbesondere im osteuropäischen Raum, wird vom Projektleiter eine starke Autorität erwartet. Hier sollte er die Entscheidungen treffen, während sich die Projektmitarbeiter an diese halten. Es ist auch üblich, dass der Projektleiter älter als die übrigen Projektmitarbeiter sein soll. Bei der Besetzung von Rollen im Projekt sollte darauf geachtet werden, spätere derartige Probleme von Anfang zu vermeiden.
- Auswirken kann sich auch das Streben nach Leistung: In einigen Ländern arbeiten die Menschen sehr leistungsbezogen. Im Gegensatz dazu gibt es andere Länder, in denen die Mitarbeiter mehr Wert auf die zwischenmenschlichen Beziehungen, Lebensqualität und Umweltgesichtspunkte legen.
- Auswirken kann sich auch die zeitliche Orientierung: In Regionen mit einer langfristigen Ausrichtung sind Prinzipien, wie „Tüchtigkeit, Ausdauer und Sparsamkeit" (DOSTAL, 2005: 107), wichtig. In anderen Regionen wird dagegen weniger Wert auf Tradition oder Stabilität gelegt. Dies kann dazu führen, dass „Absprachen und Regelungen" (DOSTAL, 2005: 107) anders ausgelegt werden.
- Auswirken kann sich auch die Beziehungsorientierung: So ist in einigen Regionen nicht nur die reine Arbeit wichtig, sondern auch die Kommunikation mit den Arbeitskollegen und das persönliche Kennen lernen. Dementsprechend sollten Besprechungen durchgeführt werden, an denen die Projektbeteiligten auch teilnehmen können. Insbesondere in der Startphase des Projekts ist dies zu beachten.
- Auswirken kann sich auch der Grad der Bedeutung von Regeln: Es gibt Länder, in denen Regeln eine stärkere Bedeutung haben als in anderen Ländern. Hier ist es sinnvoll, zunächst entsprechende (Handlungs-) Regeln aufzustellen und sie in entsprechenden Handbüchern zu dokumentieren. Demgegenüber gibt es ebenfalls Regionen, in denen feste Regeln nicht so sehr akzeptiert werden, da Mitarbeiter eher nach dem Laissez-faire-Prinzip arbeiten.
- Auswirken kann sich auch der Grad der Zeitorientierung: In einigen Ländern ist es wichtig, bei Terminen pünktlich zu erscheinen und auch Zieltermine fest einzuhalten. In anderen Ländern, insbesondere im südeuropäischen Raum, wird dagegen weniger Wert darauf gelegt. Wenn die Projektleitung dies im Vorfeld weiß, kann sie die Termine entsprechend mit einem zusätzlichen Puffer einplanen.

Um diese Faktoren zu berücksichtigen, ist es insbesondere bei umfangreicheren Projekten eine Möglichkeit, lokale Teams zu bilden. Bei diesen lokalen Teams wird die Projektorganisation an die kultur- und landesspezifischen Gegebenheiten angepasst (vgl. DUWE & VOGT, 2002). Diese Teams können dann Mitarbeiter in ein Kernteam entsenden, welches als Entscheidungsgremium für das Projekt gelten kann (vgl. DUWE & VOGT, 2002). Hier ist von den Mitarbeitern insbesondere die interkulturelle Kompetenz gefordert.

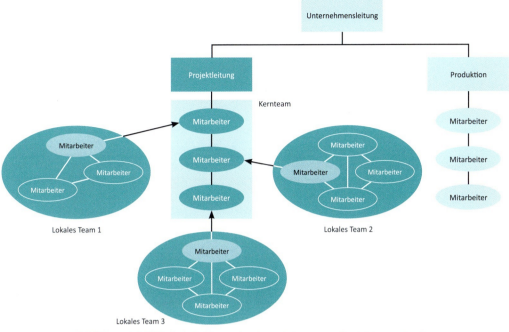

Abbildung 1.06-V8: Lokale Teams in einer Autonomen Projektorganisation

Neben den kulturellen Einflüssen gibt es auch umweltbedingte Einflüsse. Hierzu werden insbesondere Einflüsse gezählt, die sich aus dem Standort der Projektdurchführung bzw. dem Einsatzort des Projektergebnisses ergeben. Ebenso zählen hierzu politische Einflüsse. Diese sind insbesondere bei Bauprojekten von Bedeutung.

Beispiel In einem Land wird der Bau eines Autobahnabschnitts durchgeführt. Dieses Projekt ist sehr umfangreich und ist auf fünf Jahre ausgelegt. Während der Bauzeit ändert sich die Gesetzgebung, in der festgelegt wird, dass mindestens 50 % der Beschäftigten Einwohner des Landes sein müssen. Da das Projekt hauptsächlich von ausländischen Baugesellschaften durchgeführt wird, liegt die Quote für das Projekt nur bei 45 %. Die Projektleitung ist deshalb gezwungen, während des Projekts eine Umorganisation durchzuführen, in der eine einheimische Baugesellschaft als weiteres Mitglied in das Konsortium aufgenommen wird.

6 Zusammenfassung

Projekte können entweder durch ein einzelnes Unternehmen oder von mehreren Unternehmen zusammen durchgeführt werden. Für eine unternehmensübergreifende Bearbeitung bieten sich Projektgesellschaften, Arbeitsgemeinschaften, Konsortien und Virtuelle Projektorganisationen an. Welche Form angewendet wird, hängt u.a. vom Projektgegenstand und der Projektdauer ab. Für mittlere und größere Projektorganisation können sekundäre Organisationen, wie Projektinseln, gebildet werden. Die verwendete Form der Projektorganisation wird in einem Projektorganigramm grafisch anschaulich dargestellt. Die Projektorganisationsform kann sich innerhalb der Phasen ändern. Die Projektorganisation unterstützt die Führung eines Projekts. Damit dies besser gelingt, ist das Delegieren von Aufgaben ein wichtiges Hilfsmittel. Dazu zählen auch Anforderungsbeschreibungen, Verantwortlichkeitsmatrizen und Entscheidungsmodelle. Zusammen mit den Schnittstellen zu anderen Projekten oder der Stammorganisation sollten diese Elemente in einem unternehmensweit gültigen Projektmanagement-Handbuch beschrieben werden. Nur so kann garantiert werden, dass Wissen aus vorangegangenen Projekten nicht verlorengeht und zudem alle Projekte auf der Basis gleicher Prozesse, Standards und sonstiger

Vereinheitlichungen durchgeführt werden können. Auf die Projektorganisation wirken ständig Einflüsse von außerhalb ein. Diese können abhängig von der Umwelt oder der Kultur sein. Für den Projektleiter ist es wichtig, diese Einflüsse genau zu erkennen und zu analysieren, damit er die richtigen Rückschlüsse hinsichtlich der Projekte ziehen kann, um eine negative Beeinflussung der Projekttätigkeiten abzuwenden.

7 Fragen zur Wiederholung

#	Frage	
1	Welche unternehmensübergreifenden Organisationsformen kennen Sie? Welche Vor- und Nachteile haben diese?	☐
2	Anhand welcher Merkmale lassen sich Projektgesellschaften von Arbeitsgemeinschaften unterscheiden?	☐
3	Wie grenzen Sie eine Virtuelle Projektorganisation gegenüber einer Arbeitsgemeinschaft ab?	☐
4	Wie kann ein Projektorganigramm aufgebaut sein?	☐
5	Aus welchen Gründen kann die Projektrahmenorganisation im Projektlebensweg verändert werden?	☐
6	Welche Möglichkeiten kennen Sie, um die Projektorganisation während des Projektlebenswegs zu optimieren?	☐
7	Welche Bedeutung hat eine Verantwortlichkeitsmatrix? Welche Notationen kennen Sie?	☐
8	Wie kann sich ein Mangel an Führung auf den Projekterfolg auswirken?	☐
9	Welche kulturellen Einflüsse auf Projekte kennen Sie?	☐

1.07 Teamarbeit (Teamwork)

Dietmar Prudix, Martin Goerner

Lernziele

Sie kennen

- Methoden der Teamdiagnose und können sie anwenden
- Methoden der Leistungsmessung einzelner Teammitglieder und auch von Teams
- Sonderformen von Teams (Virtuelle Teams, Remote Teams etc.)

Sie wissen

- wie ein Projektteam innerhalb der Gesamtorganisation erfolgreich handeln kann

Sie können

- Personen nach bestimmten Eigenschaften typisieren
- Persönlichkeitsmerkmale beschreiben und sie auf eine wirksame Teamzusammensetzung anwenden
- wirksam Teams zusammensetzen
- den Begriff Teamkultur erläutern

Inhalt

1	Team- und Projektkultur	1483
2	Teamzusammensetzung	1484
3	Persönlichkeitsmodelle und Testverfahren	1485
3.1	Selbst- und Fremdbild	1486
3.2	Typologien	1487
3.2.1	MBTI	1488
3.2.2	BIP	1492
3.2.3	DISG (persolog® Persönlichkeits-Modell)	1493
4	Remote Teams und virtuelle Teams	1497
5	Teamdiagnose	1500
6	Messen von Teamerfolg (IPO Modell)	1501
7	TMS (McCann-Margerison)	1502
8	Modell von Hochleistungsteams	1505
9	Rolle des Projektleiters	1507
9.1	Aufgabenbeschreibung	1508
10	Team als System	1510
11	Teamklima-Inventar	1511
12	Zusammenfassung	1514
13	Fragen zur Wiederholung	1514

1 Team- und Projektkultur

Motzel (2006) beschreibt Projektkultur als die Gesamtheit der von Wissen, Erfahrung und Tradition beeinflussten Verhaltensweisen der Projektbeteiligten und deren generelle Einschätzung durch das Projektumfeld. Dieser Begriff bezieht sich im Allgemeinen auf ein einzelnes Projekt. Er unterscheidet dazu Projektmanage-mentkultur als organisatorische, ethische, soziale, wertorientierte, personal- und unternehmenspolitische Rahmenbedingungen einer Organisation zur Einführung und Weiterentwicklung des Projektmanagements.

Alle spezifischen Kulturformen (Teamkultur, Kommunikationskultur, Projektkultur etc.) leiten sich aus der Unternehmenskultur ab und bestimmen sie gleichzeitig. Eine Kultur ist immer vorhanden und wird als gut oder schlecht wahrgenommen und erlebt. Eine Kultur kann sich jedoch weiterentwickeln und zeigt damit, dass ihr Erleben stark von Menschen und deren Interessen abhängt.

Eine Unternehmenskultur kann abhängig sein von der Größe der Organisation, Komplexität der Operationen, zeitlichen Distanz zu einem Merger (also einer anderen Kultur), Fusion, grundlegenden Optimierungsprozessen, Einstimmigkeit in der Führung, Leben von Werten etc.

Selbst gegensätzliche Kulturen vertragen sich für kurze Zeit, z. B. bei kleineren Projekten. Kontraproduktiv werden sie dann allerdings bei länger dauernden Projekten. Hierzu gibt es in den Medien immer wieder Berichte, z. B. DaimlerChrysler Fusion und Trennung.

Unternehmenskultur ist darüber hinaus ein zwingender Teil der Motivation. Trotz gutem Klima kann eine fehlende oder nicht gelebte Kultur zu Motivationsproblemen führen. Für die kurzfristig agierenden Teams (z. B. Projektteams) kann sogar die Teamkultur von größerer Bedeutung werden als die Unternehmenskultur. Deshalb ist es für einen Projekterfolg bedeutend, eine eigene Kultur zu schaffen. Hier einige beispielhafte Nennungen aus Projekten von Projektteammitgliedern, die über Kultur im Projekt befragt wurden (vgl. Prudix, 2006):

Kultur ist...

- Gemeinsamer Nenner
- Spiegel des Unternehmens
- Umsetzung der gemeinsamen Bedürfnisse
- Das, was wir machen
- Das, was im Außen sichtbar wird
- Gemeinsames Selbstverständnis
- Leben der täglichen Gewohnheiten
- Überzeugt sein, etwas zu tun
- Die Art, mit Menschen umzugehen
- Gemeinsame Werte leben
- Authentizität.

2 Teamzusammensetzung

Wer hat es als Projektleiter nicht schon einmal erlebt? Mit dem Projektauftrag erfolgt sofort die Benennung des Projektteams ohne Möglichkeit für den Projektleiter, die Zusammensetzung des Teams mitzubestimmen. Wie kann hier ein Projektleiter seine Interessen durchsetzen? Wenn er schon Ergebnisverantwortung hat, warum darf er nicht ein Team zusammenstellen? Traut man ihm das etwa nicht zu? Die Antworten werden in den nächsten Kapiteln erarbeitet.

Bei der Frage der Teamzusammensetzung ist zunächst wichtig, dass eine bestimmte Gruppengröße nicht überschritten werden sollte, Teams mit mehr als 20 Mitgliedern sind schwierig zu koordinieren und es bilden sich häufig Untergruppen.

Ein weiteres wichtiges Kennzeichen sind die Homogenität bzw. Heterogenität der Teammitglieder. Homogen bedeutet im Sinne der Teamzusammensetzung, dass „gleiche" Mitglieder für das Team ausgewählt wurden. Gleich ist gemeint im Hinblick auf Erfahrung, Background, Kompetenzen etc. Heterogen ist gemeint als „unterschiedlich". Das bedeutet unterschiedlich im Sinne von Erfahrungen, Background, Kompetenzen und Einstellungen. Es kann nicht grundsätzlich gesagt werden, was besser für die Teamleistung ist. Heterogenität kann zu mehr Konflikten sowohl auf der Beziehungsebene als auch auf Sachebene führen, gleichzeitig werden aber auch mehr Innovation und Problemlösungspotenzial sichtbar, da die einzelnen Potenziale vielfältiger vorhanden sind.

Ob Heterogenität auch wirklich vorteilhaft für den Gruppenerfolg ist, hängt von der Art der Aufgabe, der Art der Heterogenität, den Rahmenbedingungen in der Organisation und nicht zuletzt von der Integrationsfähigkeit der Projektleitung ab.

Durch geschickte Moderation und Führung der Gruppe auch bei bestehender, unveränderter Gruppenzusammensetzung ist es möglich, die Wahrnehmung von Homogenität und Heterogenität der Gruppen zu verändern.

WEGGE hat in seinen Arbeiten und Untersuchungen herausgefunden, dass qualitativ hochwertige Kreativitätsleistungen und Problemlösungen in Teams einhergehen mit einem geringen Gruppenzusammenhalt, damit werden Entscheidungen eher langsam gefällt und Ideen auch nicht unbedingt erfolgreich realisiert. Das Finden von Problemlösungen wird demnach durch wissens-heterogen zusammengesetzte Gruppen oft besonders gut vollbracht. Diese Art der Homogenität oder Heterogenität bezieht sich ausschließlich auf den Aspekt Wissen. Die Durchsetzung dieser Ideen könnte durch wissens-homogene Gruppen aber effizienter erledigt werden.

Seine Studien zeigen beispielsweise, dass:

- Gruppen mit annähernd homogener, hoher Sozialkompetenz über eine hohe Qualität der Zusammenarbeit berichten und besonders gute Leistungen erzielen (Gruppen mit gleicher Ausbildung und Erfahrung im Bereich der Führung, z. B. Führungskräfte).
- Gruppen mit annähernd homogener, hoher Intelligenz bessere Leistungen erbringen als Gruppen mit heterogenen Intelligenzwerten oder durchweg geringer Intelligenz (Gruppen mit einem hohen Anteil Spezialistenwissen, z. B. Softwareentwickler).
- Gruppen mit einer ausgewogenen Verteilung verschiedener Aufgabenrollen besonders gute Gruppenleistungen erzielen (Gruppen, die unterschiedliche Kompetenzen umfassen).
- solche Gruppen, in denen einige (nicht zu viele) Personen arbeiten, die stark extrovertiert sind, besonders leistungsstark und zufrieden sind.
- Gruppen mit gewissenhaften Personen eher schlechte Gruppenergebnisse hervorbringen, da sie zu genau im Detail arbeiten und dabei nicht mehr den Gesamtrahmen sehen.

Daraus können allgemeine Empfehlungen für die Zusammensetzung von Teams abgeleitet werden:

1. Beachte alle vier Wege, auf denen die Gruppenzusammensetzung Effekte haben kann.
2. Isoliertes Talent ist meist vergeudetes Talent.
3. Sorge für hinlängliche Wissensheterogenität bei anspruchsvollen Entscheidungs- und Problemlösungsaufgaben.
4. Beachte die verschiedenen Effekte, die von den Persönlichkeitsmerkmalen der Gruppenmitglieder ausgehen oder auf ihnen beruhen (siehe Persönlichkeitsmodelle).

Tipp Mit Hinblick auf den Anfang der Zusammenarbeit zeigt sich in der Praxis und in Untersuchungen, dass homogene Gruppen bessere Gruppenleistungen erzielten und die Interaktion effizienter erlebten. Am Ende der Zusammenarbeit waren diese Unterschiede allerdings verschwunden und es deutete sich sogar an, dass nun die heterogenen Gruppen bessere Ergebnisse erzielten.

Hier setzt eine wichtige Führungsaufgabe eines Projektleiters ein: Es ist einfacher, eine Gruppe so zusammenzusetzen, dass sie hochgradig homogen ist. Manchmal allein aus dem Grund, dass es hier weniger Reibungen im Team gibt und das Team sich leichter führen lässt. Wenn ein Projektleiter verantwortlich handelt, sucht er eher Teams, mit denen er neue Lösungen findet und Höchstleistung vollbringt.

Hier vergleiche ich einen Projektleiter mit dem Trainer eines Bundesliga Fußballvereins. Er wird mit seiner Mannschaft dann erfolgreich sein, wenn es ihm in besonderer Weise gelingt, die einzelnen Talente miteinander zu vernetzen, auszurichten und Sinn zu vermitteln. Wie sonst hätte es Otto Rehhagel 1998 mit einer Gruppe Namenloser schaffen können, mit der gerade aufgestiegenen Mannschaft des 1. FC Kaiserslautern gleich den Meistertitel zu holen?

Dazu kommt, dass im Bereich Human Resources aktuell das Thema „Diversity" als die Unterschiedlichkeit von Mitarbeitern behandelt wird und im Rahmen der europäischen Gesetzgebung jetzt auch in Deutschland die Benachteiligung von Mitarbeitern aufgrund verschiedener Merkmale nicht mehr erlaubt ist. Das bedeutet praktisch, dass einige Aspekte der Unterscheidung jetzt nicht mehr für eine Gruppenzusammensetzung genutzt werden können, z. B.: Alter, Religion, Geschlecht.

3   Persönlichkeitsmodelle und Testverfahren

Neutrale Testverfahren sind interessant und anregend und können bei der Selbsterkenntnis im Hinblick auf eine persönliche Ist-Analyse helfen. Diese Möglichkeit kann genutzt werden, um zu besetzende Stellen besser und effizienter zu besetzen und Mitarbeiter bei der eigenen persönlichen Entwicklung zu unterstützen. Unternehmen setzen verstärkt Tests ein, um zielgerichtet und weniger willkürlich Stellen zu besetzen. Hier herrscht ein deutlicher Trend zur vielseitigen Verwendung von unterschiedlichen diagnostischen Testverfahren.

Aber nicht alle Testverfahren halten, was sie versprechen. Es ist darauf zu achten, dass die eingesetzten Verfahren nicht der Beurteilungs-Willkür des Test-Autors entspringen, sich in der Praxis über Jahre hinweg bewährt haben, wissenschaftlich anerkannt sind und über eine sinnvoll erscheinende Theorie im Hintergrund verfügen. Sie sollten von einer Test erfahrenen Person ausgewertet und mit dem Teilnehmer besprochen werden. Projektleiter sollten sich an erfahrene Personen wenden und keine Experimente wagen.

Solche Verfahren werden im Übrigen auch eingesetzt, um im Rahmen der Leistungs- und Potenzialbeurteilung Mitarbeiter besser kennen zu lernen bzw. an besser geeigneter Stelle im Unternehmen einzusetzen. Typische Instrumente einer umfassenden Mitarbeiter-Beurteilung sind standardisierte Interviews, Assessment Center, Arbeits- und Projektproben.

> **!** Alle Verfahren haben Vor- und Nachteile und sind zunächst natürlich Wahrnehmungsfehlern, Beurteilerfehlern und Bewertungsfehlern ausgesetzt. Deswegen sind Tests als alleinige Quelle, Informationen über die eigene Persönlichkeitsstruktur herauszufinden, nicht leistungsfähig genug. Aber als unterstützende Instrumente sind sie unbedingt sinnvoll. Von besonderer Bedeutung bei allen Verfahren ist daher immer der Abgleich von Selbstbild und Fremdbild.

3.1 Selbst- und Fremdbild

Eine hohe Prognosesicherheit in Bezug auf zukünftig relevante Eigenschaften und Merkmale der eigenen Person ist nur durch das parallele Durchführen, Berücksichtigen und Abgleichen von

- Selbstbild
- Fremdbild
- Ergebnissen von Test-Verfahren

gewährleistet.

Ein paar Aspekte zu Selbstbild und Fremdbild: Grundsätzlich gilt, dass das Selbstbild unmittelbar Einfluss auf das eigene Verhalten nimmt. Doch wie hängen Selbstbild und Fremdbild zusammen?

1. **Vergleiche mit anderen**
   Das Bedürfnis, Fähigkeiten und Meinungen mit denen anderer Menschen zu vergleichen, z. B. „Rennlisten" im Verkauf
2. **Selektive Erinnerung**
   Informationen über die eigene Person werden im Allgemeinen differenzierter, besser und präziser erinnert als Infos, die sich auf andere Menschen beziehen.
3. **Bevorzugung bestimmter Erklärungsmöglichkeiten**
   Bei der Bewertung des eigenen Verhaltens werden eher positive Aspekte herangezogen. Erfolge werden auf eigene Kompetenzen zurückgeführt, bei Misserfolgen sind eher die Umstände oder andere Menschen schuld.
4. **Rückmeldung durch andere Personen**
   Die eigene Außenwirkung ist umso sicherer, je offener und differenzierter die Rückmeldung anderer Personen ist.

Das Selbstbild ist etwas, was biografisch wächst, also etwas, was mit dem eigenen Gewordensein zu tun hat, was von den Einwirkungen der Umwelt abhängt, was immer mit den eigenen Erfahrungen verwachsen ist und damit im höchsten Maße subjektiv geprägt ist. Daher werden gute Testverfahren – als Einschätzungshilfe - immer beliebter.

Testverfahren erfreuen sich in den Unternehmen auch deswegen zunehmend größerer Beliebtheit, weil insgeheim die Hoffnung wirkt, durch Tests schnelle fundierte Einblicke vor allem in die persönlichen Voraussetzungen von Menschen zu bekommen und daraus sichere Rückschlüsse im Hinblick auf eine berufliche Eignung ziehen zu können. Fachleute sind der Auffassung, dass Tests mit vielen anderen nützlichen Instrumenten der Eignungsdiagnostik kombiniert werden müssen, um zu einem realistischen Bild einer Persönlichkeit zu gelangen.

> Es existieren im Einzelnen zahlreiche wissenschaftlich anerkannte und in der Praxis bewährte Testverfahren, die sinnvoll unterstützend zum Selbst- und Fremdbild eingesetzt werden können. Die Auswahl von wissenschaftlich anerkannten Tests ist jedoch stark von der Persönlichkeit des Test-Nutzers abhängig. Zu empfehlen sind eine Reihe von Verfahren hinsichtlich der Seriosität, des Aufforderungscharakters, der Handhabung und der Aussagekraft. Es handelt sich um das BIP (Bochumer Inventar zur berufsbezogenen Persönlichkeitsbeschreibung), den auf C.G. Jung basierenden MBTI (Myers-Briggs-Typen-Indikator) und das persolog® Persönlichkeits-Modell (DISG-Modell).

3.2 Typologien

Mittlerweile gibt es eine Reihe von Persönlichkeitsmodellen, die jeweils aus einem bestimmten Blickwinkel heraus versuchen, einen Menschen zu beschreiben. Alle Theorien haben zum Ziel, die Struktur der Persönlichkeit zu verstehen und aus der Persönlichkeit Vorhersagen über zukünftiges Verhalten des Individuums abzuleiten.

Dabei werden diese Eigenschaften der Menschen (traits) als Bausteine der Persönlichkeit betrachtet. Aber welche Eigenschaften beschreiben am besten die Persönlichkeit eines Menschen? Anerkannt sind die „Big Five" von AMELANG & BARTUSSEK (2001):

- Extraversion   (Extraversion)
- Verträglichkeit   (Agreeableness)
- Gewissenhaftigkeit   (Consentiousness)
- Emotionale Stabilität (emotional stability)
- Offenheit für Erfahrungen (openess to experience)

Basierend auf der Annahme einer modernen Gesellschaft mit hohem technischen und wirtschaftlichen Entwicklungsstand und hoher Dynamik mit daraus resultierender Komplexität ist es hilfreich, Schlüsselqualifikationen zu beschreiben.

Damit scheint es jetzt leichter zu fallen, Menschen zu beschreiben und einzuordnen, denn durch einige Modelle wird das Schubladendenken geradezu gefördert.

Für die Einschätzung der Leistungsfähigkeit ist es hilfreich, Kompetenzen in drei Bereiche zu unterscheiden. Zu der Fachkompetenz gehören die berufliche Erst- und Zusatzausbildungen. Zu der methodischen Kompetenz gehören das 4-L-Konzept und zum Beispiel eine Ausbildung als Mediator. Mit der persönlichen (oder synonym auch sozialen) Kompetenz werden gerade die Kompetenzen gemeint, welche die Teamfähigkeit und Führungsfähigkeit zum Gegenstand haben.

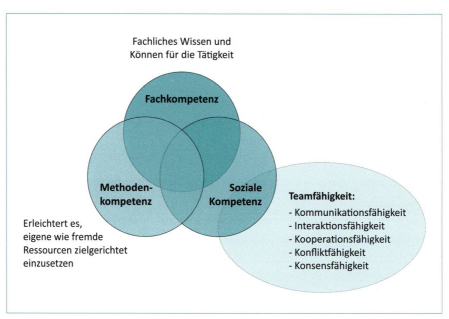

Abbildung 1.07-V1: Kompetenzmodell (Eigene Darstellung in Anlehnung an HEINRICH ROTH)

Eine Typologie von Menschen ist hilfreich für die Zusammensetzung von Teams. So kann erreicht werden, dass benötigte Kompetenzen sichergestellt werden und sich so ergänzen können.

Genauso hilfreich ist es, Meinungen und Einstellungen zu bestimmten Themen zu erkennen. So kann eine Einschätzung erfolgen, wie verlässlich sich jemand verhält oder agiert (vgl. PATZAK, 2007 und Thema Verlässlichkeit).

In der Folge werden jetzt drei unterschiedliche Modelle beschrieben.

Fazit Praktische Relevanz wird zum Beispiel bei der Teambesetzung erzeugt. Wenn für einen Projektleiter die Aufgabe besteht, im Rahmen eines Organisationsprojektes zur Neuausrichtung eines Unternehmens ein Team zusammenzustellen, so benötigt er erst einmal Kriterien, die aus seiner Sicht erfüllt sein müssen. Hinsichtlich dieser Anforderungen ermittelt er die einzelnen Istprofile der Kandidaten oder sogar Bewerber.

3.2.1 MBTI

Der MBTI, der Myers-Briggs-Typenindikator, ist ein wissenschaftlich anerkanntes Testverfahren, das auf der psychologischen Typenlehre des Schweizer Arztes und Psychoanalytikers C. G. JUNG basiert. Dieses Modell ist international weit verbreitet und wird vielfach eingesetzt.

JUNG war der Auffassung, dass jeder Mensch seine Umwelt in einer ganz bestimmten individuellen Art und Weise wahrnimmt und ebenso individuell auf dieser Basis Entscheidungen trifft. Wenn man dieser Prämisse zustimmt, dann kann man das Verhalten anderer Menschen nur nachvollziehen, wenn man versucht, zu verstehen, auf welche spezifische Art und Weise sie wahrnehmen und urteilen. In Bezug auf einen selbst ist es nach JUNG das Ziel, im Leben die ureigenen Präferenzen zu fördern und zu entwickeln. Persönliche Reife ist nach Jung die Fähigkeit, immer effektiver mit den eigenen Präferenzen umgehen zu können und – dies als wesentliche Erkenntnis für den zwischenmenschlichen Umgang, zum Beispiel in der Kommunikation – die Präferenzen der anderen Menschen nicht mehr als Bedrohung zu erleben.

Der MBTI, der von Katharine Briggs und ihrer Tochter Isabel Myers in Anlehnung an die Jungschen Theorien entwickelt und 1962 zum ersten Mal gemeinsam mit dem Handbuch veröffentlicht wurde, hat sich zum Ziel gesetzt, mithilfe eines Fragebogens die individuellen Persönlichkeitspräferenzen eines Menschen zu erkennen, um sich ein genaueres Bild vom Einstellungstypus (Extraversion oder Introversion) und den Präferenzen für die Wahrnehmung (sinnliches Wahrnehmen oder intuitives Wahrnehmen) und die Beurteilung (analytisches Beurteilen oder gefühlsmäßiges Beurteilen) machen zu können.

Jeder gesunde Mensch verfügt innerhalb seiner biologischen Ausrüstung über alle genannten psychischen Einstellungen und Funktionen. Das individuelle Mischungsverhältnis und die jeweilige Stärke der Präferenzen machen jedoch die Persönlichkeitsunterschiede aus und bergen die große Chance, eigene Potenziale und Eignungen in Bezug auf verschiedenste berufliche Anforderungen zu erkennen und einzuschätzen.

Der MBTI wurde bereits in 27 Sprachen übersetzt und ist eines der weltweit am häufigsten eingesetzten Instrumente zur Persönlichkeitsbetrachtung. Allein in den USA wird der MBTI jedes Jahr rund 3,5 Millionen Mal eingesetzt, vorwiegend in Unternehmen.

Zu den Hypothesen des MBTI-Modells zählt:

- Menschliches Verhalten ist **nicht zufällig**, auch wenn es manchmal so scheint. Es existieren Muster.
- Menschliches Verhalten ist **klassifizierbar**: Es kann beschrieben werden, wie Menschen Informationen bevorzugt aufnehmen und Entscheidungen treffen.
- Menschliches Verhalten ist **unterschiedlich**, weil es bestimmte Neigungen und Präferenzen gibt.

Das Modell basiert auf den beiden Kategorien

- psychische Funktionen,
- Einstellungen,

die jeweils 2 Ausprägungen in bipolarer Form aufweisen.

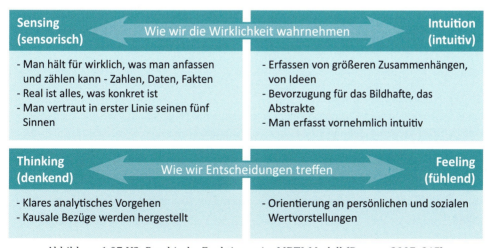

Abbildung 1.07-V2: Psychische Funktionen im MBTI-Modell (Patzak, 2007: 217)

Damit ergeben sich durch Kombination die folgenden **4 Grundtypen** mit jeweils idealtypischen Verhaltensweisen:

- ST-Typ: Sensorisch (Sensing) – Denkend (Thinking)
- NT-Typ: Intuitiv (Intuitive) – Denkend (Thinking)
- SF-Typ: Sensorisch (Sensing) – Fühlend (Feeling)
- NF-Typ: Intuitiv (Intuitive) – Fühlend (Feeling)

Da im Gesamtmodell auch das Begriffspaar Introvertiert-Extrovertiert vorkommt, wird intuitiv nicht mit dem bereits belegten Buchstaben I sondern mit dem zweiten Buchstaben N symbolisiert.

Erhebungen haben gezeigt, dass 38 Prozent der Manager ST-Typen und weitere 24 Prozent NT-Typen sind, zusammen somit etwa zwei Drittel. Demnach ist ein Wissen um die Persönlichkeitstypen und deren zu erwartendes Verhalten in Arbeitssituationen von großem Vorteil. So können etwa die bevorzugten Management- und Führungsstile direkt den 4 Typen zugeordnet werden (vgl. PATZAK, 2007):

Der ST-Typus (Sensing – Thinking):
Er repräsentiert den Rationalisten, Argumentierer, er betont Fakten, Genauigkeit, Kontrolle, unpersönliche Analyse, das logische geordnete Denken. Er bevorzugt quantitative Analysen, mathematische Abhängigkeiten, exakte Messung von Daten unter kontrollierten Bedingungen. Für ihn ist alles, was der quantitativen Analyse (derzeit) nicht zugänglich ist, für eine wissenschaftliche Bearbeitung nicht geeignet.

Schlagworte: Traditionalist, Stabilisator, Konsolidator, kühl rechnender Analytiker.

Der NT-Typus (Intuitive – Thinking):
Er bevorzugt Konzepte und Konstrukte und verzichtet dabei auf quantifizierte, messbare Daten, da ihn die Ganzheit mit allen qualitativen Aspekten interessiert und weniger die Details; er liebt Taxonomien, Gliederungen, Prinzipmodelle. Dabei geht er (wie der ST-Typus auch) möglichst sachorientiert und unpersönlich, objektiviert vor, er betont ebenfalls Variable und deren Relationen, allerdings eher auf konzeptioneller, grafischer bzw. verbaler Ebene und nicht formalisiert. Seine Problemlösungen sind eher abstrakte Konzepte, Kategorien und Typologien, bei welchen der Mensch ausgeklammert bleibt.

Schlagworte: Visionär, Architekt, Gestalter, Generalist (die zukunftsgerechte Gesamtschau).

Der SF-Typus (Sensing – Feeling):
Er ist das Gegenstück zum NT-Typus, allerdings weisen beide Typen qualitative wie auch quantitative Aspekte in ihrem Vorgehen auf und sind daher nicht diametral zu sehen. Er verlässt sich bei der Wahrnehmung immer auf das, was er selbst mit seinen Sinnen erkennen kann, zeigt aber eine starke Personenorientierung.

Schlagworte: Verhandler, Krisenmanager, Feuerwehrmann, Technokrat mit Herz (zügiges taktisches Vorgehen).

Der NF-Typus (Intuitive – Feeling):
Er ist das Gegenteil zum ST-Typus; die Art der Informationsaufnahme und der Entscheidungsprozess sind diametral zum ST-Verhalten. Er repräsentiert die Extremform des qualitativen Vorgehens im Management, die im krassen Gegensatz zum quantitativen Ansatz des ST-Typus steht. Die NF-Auffassung ist praktisch die Antithese zum Scientific Management, Operations Research, Arbeitsstudium etc. Er besitzt eine langfristige Zukunftsperspektive für eine menschenwürdige Organisation.

Schlagworte: Katalysator, Sprecher, Vermittler, Generalist mit Herz (die Dinge am Laufen halten).

Nach der Auswertung des Fragebogens erhält jeder Teilnehmer als Ergebnis einen 4-stelligen Buchstabencode. Ein Beispiel kann die Kombination E N F P sein. Dieses Ergebnis, wenn Sie ein ENFP-Typ sind, ist so interpretierbar:

Außenorientiert, intuitiv wahrnehmende Menschen mit gefühlsmäßiger Beurteilung. Personen mit ENFP Präferenzen sind begeisterungsfähige, innovative, kreative und für Neues aufgeschlossene Menschen. Sie entdecken immer wieder neue Möglichkeiten, Dinge anders und unkonventionell zu erledigen.

Sie sind kreativ und initiativ, wenn es darum geht, neue Projekte zu beginnen. Diese können sie dann auch erfolgreich zum Abschluss bringen. Schwierigkeiten sind für sie Herausforderungen und kreative Lösungswege lassen sich aus ihrer Sicht ohne Weiteres finden. Sie können so mit einem ihrer neuesten Projekte beschäftigt sein, dass sie für nichts anderes mehr Zeit haben. Sie regenerieren sich, indem sie immer wieder einen neuen Anlass zu Begeisterung finden. Sie sehen ständig neue Projekte am Horizont. Ihre eigene Begeisterung weckt bei Anderen Interesse.

Sie sehen so viele Projekte, dass es ihnen manchmal schwer fällt, ihre Kraft in solche zu investieren, die die besten Aussichten auf Erfolg haben. Ihr gefühlsmäßiger Eindruck kann ihnen bei der Auswahl von Projekten nützlich sein und gibt ihren intuitiven Einsichten den nötigen Tiefgang.

Dass sie subjektiv gefühlsmäßig beurteilen, korrespondiert mit ihrem grundsätzlichen Interesse für andere Menschen. Sie verstehen sich auf den Umgang mit Menschen und haben oft erstaunliche Einsichten in die Entwicklungsmöglichkeiten einer Person. Sie haben eine Antenne für Andere in ihrer Umgebung. Ihnen geht es eher um das Verstehen als um das Urteilen. Sie sind gute Berater, können inspirierende Lehrer sein, besonders wenn sie die Freiheit haben, neue Wege auszuprobieren. Sie können auf fast allen Gebieten erfolgreich sein, für die sie sich interessieren: Kunst Journalist, Journalismus, Wissenschaft, Werbung, Verkauf, als Berater oder Autoren, um einige Beispiele zu nennen.

Mit geistlosen Routinearbeiten tun sie sich schwer. Sie empfinden die Beschäftigung mit notwendigen Details als unerträglich: insofern es Details sind, die nichts mit ihren größeren Interessen zu tun haben. Es kann noch schlimmer kommen: Sie können Interesse an ihren eigenen Projekten verlieren, sobald die größeren Probleme gelöst sind oder die anfängliche Herausforderung ihren Reiz verloren hat. Sie müssen lernen durchzuhalten, sind aber an solchen Arbeitsplätzen am besten und effektivsten, an denen sie ein Projekt nach dem anderen erledigen können und ein Anderer es übernehmen kann, sobald es auf dem Weg ist. Weil sich Personen mit einem ENFP-Profil immer gern auf neue Möglichkeiten einlassen, ist es von kritischer Bedeutung, dass sie ihr Urteilsvermögen entwickeln. Wenn es unterentwickelt bleibt, entscheiden sie sich im Nu für ein falsches Projekt, können eine Sache nicht zum Abschluss bringen und vergeuden ihren Einfallsreichtum mit angefangenen, aber nie zu Ende geführten Aufgaben.

3.2.2 BIP

Ein vielfach in der Praxis bewährtes Testverfahren ist das BIP (*Bochumer Inventar zur berufsbezogenen Persönlichkeits-Beschreibung*). Das Bochumer Inventar zur berufsbezogenen Persönlichkeitsbeschreibung (BIP, vgl. HOSSIEP & PASCHEN, 2003) ist ein psychologisches Testverfahren, das berufsrelevante Persönlichkeitsmerkmale systematisch erfasst, dabei werden persönliche Eignungsvoraussetzungen mit den Dimensionen „Berufliche Orientierung", „Arbeitsverhalten", „Soziale Kompetenzen" und „Psychische Konstitution" betrachtet, die sich neben der fachlichen Qualifikation als bedeutsam erwiesen haben. Hier wird unmittelbar ersichtlich, dass die Testkonstrukteure eine konsequente Verbindung von beruflichen und persönlichen Qualifikationen für wesentlich erachten, um ein Gespür dafür zu bekommen, für welche Tätigkeiten und Aufgaben ein Mensch prädestiniert ist.

In vielen Unternehmen setzt sich immer mehr die Einsicht durch, dass neben der fachlichen Qualifikation eines Mitarbeiters bzw. einer Mitarbeiterin die individuellen Persönlichkeitszüge entscheidende Aspekte sind, die bei der Personalauswahl, der Platzierung und auch in Fragen der Weiterbildung von zentraler Bedeutung sind. Die Persönlichkeit eines Mitarbeiters sollte zum größten Teil zu den Anforderungen der beruflichen Aufgabe passen. Das ist sowohl für den Mitarbeiter als auch für das Unternehmen von großem Interesse.

Hierzu bewerten die Teilnehmer Aussagen auf einer sechsstufigen Antwortskala von 1 („trifft voll zu") bis 6 („trifft überhaupt nicht zu"). Als Ergebnis erhalten die Teilnehmer ein Gutachten sowie ein Profilblatt, auf dem die Antworten anhand relevanter beruflicher Dimensionen jeweils zu Zahlenwerten zusammengefasst und grafisch dargestellt werden. Das BIP kann in verschiedenen Kontexten angewendet werden, wie z. B. in Coachingmaßnahmen, Personalentwicklungsmaßnahmen, Auswahlprozessen oder zur persönlichen Standortbestimmung (Fragestellung hier beispielsweise: Wo liegen meine Stärken? Wo sind bei mir noch Entwicklungspotenziale?).

Hauptbereiche des Einsatzes

- „Berufliche Orientierung" mit den Skalen: Leistungsmotivation, Gestaltungsmotivation und Führungsmotivation (zusätzlich: Wettbewerbsorientierung bei der Forschungsversion)
- „Arbeitsverhalten" mit den Skalen: Gewissenhaftigkeit, Flexibilität und Handlungsorientierung (zusätzlich: Analyseorientierung bei der Forschungsversion)
- „Soziale Kompetenzen" mit den Skalen: Sensitivität, Kontaktfähigkeit, Soziabilität, Teamorientierung und Durchsetzungsstärke (zusätzlich: Begeisterungsfähigkeit bei der Forschungsversion)
- „Psychische Konstitution" mit den Skalen: Emotionale Stabilität, Belastbarkeit und Selbstbewusstsein

Ergänzende Verfahren

Unter Wikipedia werden ergänzende Verfahren erläutert. Das Fremdbeschreibungs-Inventar zum BIP (BIP-FBI) bietet die Möglichkeit, das so genannte Fremdbild einer Person zu erfassen. Dabei wird die Person durch eine andere Person (z. B. durch einen Arbeitskollegen) beschrieben. Dieses Fremdbild wird mit den 17 Persönlichkeitsdimensionen beschrieben, die denen der Forschungsversion des BIP entsprechen. So lassen sich bei einem kombinierten Einsatz von BIP und BIP-FBI Übereinstimmungen und Abweichungen zwischen dem Selbstbild und dem Fremdbild einer Person ermitteln.

Ein möglicher Anwendungsbereich sind 360°-Audits. Das 6-Faktoreninventar zum BIP (BIP-6F) bildet auf einer höheren Abstraktionsebene sechs übergeordnete Persönlichkeitsbereiche ab und gibt somit - im Gegensatz zum BIP, welches ein detailliertes Bild berufsbezogener Persönlichkeitseigenschaften liefert - einen Überblick über das berufsbezogene Selbstbild einer Person. Die sechs übergeordneten Faktoren stellen das Engagement, die Sozialkompetenz, die Disziplin, die Dominanz, die Stabilität und die Kooperation dar.

Das Anforderungsmodul zum BIP (BIP-AM) stellt ein Verfahren dar, mit dem die überfachlichen Anforderungen einer Position systematisch und effizient analysiert werden können und ist somit den Instrumenten der Anforderungsanalyse zuzurechnen.

Diese werden mit denselben 17 Persönlichkeitsdimensionen wie in der Forschungsversion des BIP erfasst. In Kombination mit dem BIP lässt sich so die Passung einer Person und der jeweiligen Tätigkeit im Hinblick auf die überfachlichen Anforderungen bestimmen.

Psychische Konstitution
- Emotionale Stabilität
- Belastbarkeit
- Selbstbewusstsein

Arbeitsverhalten
- Gewissenhaftigkeit
- Flexibilität
- Handlungsorientierung

Soziale Kompetenzen
- Sensitivität
- Kontaktfähigkeit
- Soziabilität
- Teamorientierung
- Durchsetzungsstärke

Berufliche Orientierung
- Leistungsmotivation
- Gestaltungsmotivation
- Führungsmotivation

Abbildung 1.07-V3: Die Dimensionen des BIP (HOSSIEP & PASCHEN, 1998: 17)

Das BIP dient somit der Erhebung des Selbstbildes und hat sich hier als Instrument bewährt, das eine wertvolle zusätzliche Informationsquelle für Beratungs- und Platzierungsgespräche darstellt. Mögliche Leitfragen könnten dabei sein: In welchem Bereich gibt es markante Abweichungen vom Mittelbereich der Skala, die ein auffälliges Persönlichkeitsbild erscheinen lassen? Gibt es Skalenausprägungen, in denen sich die Person nicht wieder findet? Wo fühlt sie sich unangemessen beschrieben? Und worauf ist das zurückzuführen? Wie stellt sich das Selbstbild der Person in Hinblick auf neue Tätigkeitsfelder und Arbeitsaufgaben dar? Wie passt die Motivstruktur zu anderen Tätigkeiten?

3.2.3 DISG (persolog® Persönlichkeits-Modell)

Das persolog® Persönlichkeits-Modell (DISG) ist ein Lerninstrument, das Folgendes ermöglicht:

| Erkennen von persönlichen Stärken
| Analyse des eigenen Arbeitsstils
| Anregungen zur Schaffung einer Umgebung, die den Erfolg am meisten fördert

Sie können jeweils Ihre individuelle, private und berufliche Situation präzise bewerten und analysieren. Die Kenntnisse über Ihr eigenes Profil helfen Ihnen, sich selbst und andere besser zu verstehen.

 Hintergrund: Das Verfahren basiert auf der Psychologie des Amerikaners JOHN G. GEIER.

Danach werden Personen durch die Dimensionen Wahrnehmung des Umfelds als anstengend/stressig und angenehm/nicht-stressig bzw. Reaktion auf das Umfeld als bestimmt und zurückhaltend beschrieben. Durch die Kombination der vier Eigenschaften ergeben sich die vier Verhaltensprototypen dominant, initiativ, stetig gewissenhaft und 20 Verhaltensmischungen. Der Fragenkatalog umfasst zwei Fragebögen mit je 24 Wortgruppen, bei denen die Teilnehmer das auf sie am ehesten und am wenigsten Zutreffende ankreuzen müssen.

Einsatzgebiet

Das Verfahren wurde zur Selbstanalyse und für die Beratungssituation entwickelt. Für die Personalauswahl ist es eher weniger geeignet. Der Test kann in ca. 20 Minuten bearbeitet werden. Ebenso schnell erfolgt die Auswertung. Für die Personalauswahl gibt es das EIQ-Modell, das auf das persolog Persönlichkeits-Modell (DISG) aufbaut.

Σ Fazit Nach Einschätzung der eigenen Stärken und Schwächen ist das Verfahren sinnvoll. Durch die nur grobe Differenzierung der Ergebnisse ist das Verfahren allerdings keine Unterstützung bei Einstellungsentscheidungen.

Persönliche Stärken und Schwächen

Typ D = Dominantes Führungsverhalten:	
Merkmale	• „Ich weiß, was ich will und setzte mich dafür ein." • „Ich will sofortige Ergebnisse." • „Ich treffe schnelle Entscheidungen." • „Ich bin abenteuerlich und wagemutig." • „Ich besitze Konkurrenzdenken, bin aktiv." • „Ich stelle Abläufe und Verfahrensweisen infrage."
Persönliche Vorlieben	• „Ich übernehme gerne die Verantwortung." • „Ich liebe es, neue Verantwortungsbereiche zu übernehmen, die meine Fähigkeiten wirklich auf die Probe stellen." • „Ich liebe günstige Gelegenheiten, um persönliche Erfolge zu erzielen." • „Ich liebe neue und abwechslungsreiche Tätigkeiten."

Typ I = Initiatives Führungsverhalten	
Merkmale	• „Ich schließe schnell Kontakt, auch mit Fremden." • „Ich bin herzlich, vertraue anderen." • „Ich zeige meine Gefühle offen." • „Ich möchte Andere beeindrucken, möchte einbezogen werden." • „Ich bin enthusiastisch, gesprächig, bin gerne mit Menschen zusammen."
Persönliche Vorlieben	• „Ich suche Anerkennung." • „Ich liebe es, Andere zu unterhalten." • „Ich brauche die Freiheit, meine Persönlichkeit auszuleben – auch Freiheit von Konflikten und Problemen." • „Ich bevorzuge positive und lockere Beziehungen und Bedingungen am Arbeitsplatz."

Typ S = Stetiges Führungsverhalten

Merkmale	- „Ich fühle mich dann am wohlsten, wenn ich weiß, was Andere von mir erwarten und wie ich die Dinge tun soll." - „Ich bin locker und umgänglich." - „Ich kann mit den verschiedensten Menschen gut auskommen und zusammenarbeiten." - „Ich konzentriere mich gerne auf eine einzige Aufgabe; liebe es, häufig hintereinander ähnliche Aufgaben zu erledigen." - „Ich bin in einer Gruppe lieber Zuhörer und Teilnehmer als Redner oder Anführer."
Persönliche Vorlieben	- „Ich bevorzugte es, wenn die Dinge glatt laufen und Veränderungen angekündigt werden, um sich darauf einzustellen." - „Ich liebe die Zufriedenheit, die ich aus der Zusammenarbeit mit Anderen gewinne; ein Teil zu sein und unter gemeinsamen Anstrengungen ein gemeinsames Ziel zu erreichen." - „Ich bevorzuge bewährte Arbeitsabläufe und die Stabilität, die ich daraus gewinne." - „Ich brauche die ehrliche Wertschätzung Anderer, auch auf ruhigere oder unauffällige Weise."

Typ G = Gewissenhaftes Führungsverhalten

Merkmale	- „Ich habe das Bedürfnis, Dinge sehr genau zu tun, um Fehler zu vermeiden." - „Ich will die Dinge gründlich und richtig machen." - „Ich bin sehr aufmerksam gegenüber meiner Umwelt und erkenne Hinweise auf wichtige Erwartungen oder Standards." - „Ich bin sehr oft vorsichtig und neugierig." - „Ich betrachte die Qualität meiner Arbeit und die Arbeit Anderer mit sehr kritischem Auge."
Persönliche Vorlieben	- „Ich bevorzuge es, vorsichtig, ruhig und beobachtend zu sein, wenn ich mit Anderen zusammen bin." - „Ich liebe es, wenn ich die Freiheit habe, mich darauf zu konzentrieren, meine Ideen zu perfektionieren und an Projekten zu arbeiten, die für mich persönlich wichtig sind – und das ohne Unterbrechung." - „Ich brauche die Sicherheit, dass festgelegte Standards und Ziele nicht verändert oder geopfert werden." - „Ich liebe persönliche Anerkennung und Unterstützung meiner Anstrengungen, vor allem dann, wenn diese mir dabei helfen, meine Standards zu erreichen."

Die vier Verhaltensstile im persolog Persönlichkeits-Modell (DISG)

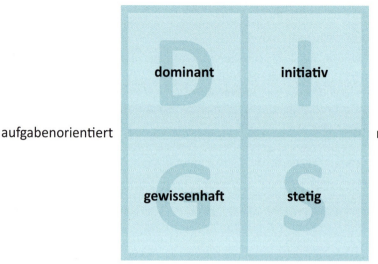

Abbildung 1.07-V4: Das persolog Persönlichkeits-Profil (GAY, 2004: 22)

Für die Arbeit mit dem persolog Persönlichkeits-Modell (DISG) gibt es für Führungskräfte eine Reihe von Anwendungsmöglichkeiten:

- Selbsteinschätzung meiner eigenen Verhaltswirkung als Führungskraft. (Wie wirke ich?)
- Einschätzung meiner Teamzusammensetzung. (Welchen anderen Verhaltensmischungen benötige ich und welche habe ich?)
- Entscheidung über Aufgabenvergabe. (Welche Aufgaben passen zu wem am besten?)
- Vorbereitung der Mitarbeitergespräche. (Wie muss ich meine Botschaften versenden?)
- Justierung des Kooperationsstils. (Wie verhalten wir uns am besten?)
- Vorbereitung der Gespräche mit meinem Chef. (Wie kann ich meine Ziele besser erreichen?)

∑ Fazit Der Projektleiter hat sich auch für die HR (Human Resource)-Belange zu interessieren. Er lebt während der gesamten Projektlebensdauer mit den gleichen Teammitgliedern zusammen. Dort, wo es möglich ist, sollte er auf die Zusammensetzung des Teams Einfluss nehmen können.

Dort, wo ein Projektleiter bereits Führungserfahrung hat, kann eine heterogene Gruppenzusammensetzung empfohlen werden, die eine hohe Ergebnisausbeute verspricht. Dort, wo noch Führungsverantwortung gesammelt werden muss, scheint eine homogene Zusammensetzung hilfreich, jedoch ist die Vielfalt der Ergebnisse nicht so groß.

Er sollte auch Modelle kennen, die es Personen ermöglichen, ein Selbst- und ein Fremdbild zu erstellen, und es im Sinne einer Teamzusammensetzung nutzen.

Diese Überlegungen helfen bei der Zusammensetzung des Teams, erklären aber auch bestimmte Reaktionen von Teammitgliedern in spezifischen Situationen. Der Projektleiter versteht besser und schneller seine Teammitglieder und kann sich so optimaler auf sie einstellen.

4 Remote Teams und virtuelle Teams

Global operierende Unternehmen erwarten, dass ihre Projekte über mehrere Grenzen und Kulturen hinweg zum Erfolg getrieben werden. Damit potenziert sich z. B. die Anstrengung, Teams optimaler zusammenzusetzen oder auszurichten. Dieses führt zu einigen Sonderformen, die nachstehend beschrieben sind. Doch Teams reagieren manchmal allein aufgrund der Tatsache, dass Einzelpersonen jetzt in Teams arbeiten, komplett anders. Hier werden einige beobachtete Effekte beschrieben.

Teamarbeit und gerade Projektarbeit finden heute immer öfter über weltweit verteilte Standorte hinweg statt. Dazu kommt, dass in der Netzwerkökonomie immer mehr Arbeit auch jenseits der Unternehmensgrenzen organisiert wird. Die dritte Erschwernis ist, dass sich innerhalb internationaler Teams einzelne Mitglieder mit den kulturellen Bedürfnissen (bestimmte Bedürfnisse aufgrund der eigenen Kultur, wie z. B. unterschiedliche Regeln) der anderen Mitglieder konfrontiert sehen.

Remote bedeutet „entfernt". Gerade im Bereich IT war es seit Jahren eine besondere Herausforderung in der Zusammenarbeit, partnerschaftlich über Distanzen hinweg Ergebnisse zu erzielen. Aus dem gleichen Umfeld stammt der Begriff der virtuellen Zusammenarbeit, der beschreibt, wie Techniken zur Ergebniserreichung genutzt werden können, wenn die Teammitglieder nicht physisch zusammenkommen.

Früher konnte man eben eine Tür weitergehen, um mit einem Kollegen ein Problem zu erörtern. Heute lösen Unternehmen zunehmend ihre Arbeitsorganisation auf und ersetzen sie durch Projektarbeit. Diese Arbeitsform beinhaltet bereichsübergreifende Abstimmung genauso wie die Integration von externen Spezialisten. Die Entwicklung geht weiter: Der zukünftige Wissensarbeiter wird sich in ca. zehn virtuellen Gemeinschaften bewegen. So wird in Zukunft der überwiegende Teil der Arbeit nicht mehr von Angestellten, sondern von kollaborativen Teams erbracht. Bereits heute werden im Bereich Automobile Arbeitsformen über formale Unternehmensgrenzen hinweg gepflegt.

Damit die Zusammenarbeit über Distanzen hinweg reibungslos und Wert steigernd funktioniert, benötigen Führungskräfte und Teammitglieder spezifische Kernkom-petenzen, die möglicherweise erst noch gezielt entwickelt werden müssen:

1. Kommunikationskompetenz
2. Medienkompetenz (Umgang mit modernen technischen Kommunikationsmitteln)
3. Networking
4. Interkulturelle Kompetenz
5. Hohes Maß an Selbststeuerungsfähigkeit
6. Managen von Diversity

Gerade in Entwicklungsprozessen kommt es auf Abläufe mit hohem Tempo an (Time-to-Market). Hier werden Instrumente jenseits von E-Mails stärker benötigt: Instant Messaging, Groupware-Programme, Videokonferenzen oder Kommunikationsplattformen via Internet, z. B. Skype. Dabei ist das Mittel der Wahl dann gegeben, wenn es die betrieblichen Bedürfnisse am besten und effektivsten trifft. Ohne technische Unterstützung können virtuelle Teams keine Wirksamkeit entfalten.

Insbesondere E-Mails als das gebräuchlichste Instrument sollten gezielt eingesetzt werden; täglich gehen 75 Milliarden übers Netz. Doch Vorsicht ist geboten: begegnet man sich nur in der virtuellen Welt, leiden kulturelle und persönliche Sensibilität. Dazu kommt, dass Konflikte in Teams erst viel später sichtbar werden und nicht mehr in einem persönlichen Gespräch ausgetragen werden können. Dann wird die Technik in subtiler Form genutzt: Mal steht eine Person nicht mehr auf der Verteilerliste, mal fehlen wichtige Anlagen. So kann die E-Mail zu einem Machtinstrument werden. Sie kann dann die gewünschte Wirkung entfalten, wenn die Nutzung bestimmten Regeln folgt, z. B. Antwort auf eine E-Mail innerhalb 24h; oder eine Genehmigung ist automatisch erfolgt, wenn nicht innerhalb 3 Tagen einer E-Mail widersprochen wird.

Die Führung stellt sich dieser Aufgabe: Ein Weg ist eine starke Ergebnisorientierung und „Führen mit Zielvereinbarung". Besondere Bedeutung kommt dabei dem Moderieren und der Motivation zu. Führungskräfte und Teamleiter, die

- Teams mit mehr als 10 Teammitgliedern führen,
- Projektleitung innehaben,
- auf europäischer oder globaler Ebene arbeiten,

sollten intensivst auf ihre Arbeit vorbereitet werden, indem sie sich gezielt mit dieser Thematik auseinandersetzen.

Eine weitere Herausforderung ist der Aufbau von Vertrauen über kulturelle Grenzen hinweg. Während Amerikaner kein Blatt vor den Mund nehmen, ist es für Asiaten wichtig, nicht das Gesicht zu verlieren. Schlechte Botschaften können oftmals nur durch die Blume kommuniziert werden. Wenn eine vertrauensvolle Beziehung aufgebaut ist, geht es darum, Regeln und Umgangsformen zu entwickeln und einzuhalten.

Für den Erfolg virtueller Teams kommt es darauf an,

- räumliche,
- zeitliche,
- kulturelle,
- sprachliche,

Barrieren zu berücksichtigen und idealerweise zu überwinden. Ein virtuell arbeitendes Teams ist eine verteilt arbeitende Gruppe von Personen, die gemeinsame oder voneinander abhängige Aufgaben bearbeiten und dazu interagieren müssen. Dabei nutzt das Team moderne Kommunikationstechnologien (vgl. MOTZEL 2006).

In der nachfolgenden Übersicht kann jeder für sich und sein Team ermitteln, wie komplex bereits heute die Zusammensetzung des Teams ist:

Teamkomplexität	
Anmerkung: Überprüfung, wie viele Angaben zutreffen.	
Mein Team...	
1 Hat Teammitglieder aus mehr als einer Organisation	☐
2 Hat Teammitglieder aus mehr als einer Funktion	☐
3 Hat Teammitglieder, die ins Team kommen oder es verlassen	☐
4 Ist geografisch über mehr als drei Zeitzonen verteilt	☐
5 Ist geografisch so gelegen, dass sich einige Teammitglieder 8 bis 12 Stunden außerhalb unserer Zeit befinden	☐
6 Hat Teammitglieder aus mehr als zwei nationalen Kulturen	☐
7 Hat Teammitglieder, deren Muttersprache sich stark von den anderen Muttersprachen im Team unterscheidet	☐
8 Hat Teammitglieder, die nicht den gleichen Zugang zu Kommunikationssystemen haben	☐
9 Hat Teammitglieder, die nicht formal meinem Team zugeordnet sind	☐
Gesamtsumme der Zustimmungen	☐

Komplexitätsindex:
1–2 = wenig Komplexität   ; 3–5 = einige Komplexität;   6–8 = hohe Komplexität

Abbildung 1.07-V5: Teamkomplexität (Trainingsunterlagen Dietmar Prudix, 2007)

Erfolgsstrategien für das Führen von virtuellen Teams:

1. **Aufbau und Erhalten von Vertrauen**
   - Klare Absprachen
   - Vereinbaren von Regeln
   - Erzeugen von Verbindlichkeiten
   - Teammitglieder stark involvieren
   - Ziele transparent darstellen und allen Teammitgliedern bekannt machen
   - Sinn und Relevanz des Projektes darstellen
   - Bedeutung des individuellen persönlichen Beitrages deutlich machen
   - Klärung und Offenlegung von Rollen
2. **Anerkennung von Diversity und Gender**
   - Aufbau von heterogenen Teams
   - Bewusstes Aussuchen von Teammitgliedern
   - Erfüllen von Skill-Profilen
3. **Organisation von Treffen**
   - Informellen Austausch unterstützen
   - Allen Mitarbeitern alle Arbeitspläne und Dokumente zugänglich machen
   - Verständigung über die Anwendung von technischen Kommunikationsinstrumenten
4. **Fortschritte und Erfolge transparent machen und feiern**
   - Entwicklung von Kennzahlen
   - Teamfortschritt messen
   - Feedback geben
5. **Wahrnehmbarkeit nach außen erhöhen**
   - Regelmäßig Informationen nach außen geben
   - Lenkungsausschuss einbeziehen
6. **Leistung belohnen**
   - Rituale
   - Symbole

7. **Teams zusammenhalten (Kohäsion)**
   - Entwicklung eines Teamgefühls
8. **Teams vorwärts bewegen (Lokomotion)**
   - Individuelle Leistungsbereitschaft sicherstellen

5 Teamdiagnose

Teams und ihre Mitglieder sind in Bezug auf ihre Rollen, ihre Effektivität und ihre Effizienz zu analysieren. Die Methode der Teamdiagnose erlaubt es, Schwachstellen und Entwicklungsmöglichkeiten aufzudecken bzw. sich der eigenen Stärken bewusst zu werden und diese vor allen Dingen auch zu nutzen.

Eine gute Teamdiagnose stellt die Voraussetzung für jede Teamentwicklungs-maßnahme dar (vgl. KAUFFELD & GROTE, 2003). Eine Diagnose kann Teammitglieder für bestimmte Prozesse und Störquellen sensibilisieren, sie kann Diskussionen auslösen und dazu führen, dass das Team über seine Ziele und Prozesse reflektiert. Die Fähigkeit zur Reflexion ist dabei eine entscheidende Voraussetzung für eine erfolgreiche Teamarbeit.

Tipp Hilfreich ist die Ausgangsfrage „Tun wir das Richtige?". In modernen Organisationen wird sehr effizient gearbeitet, so bleibt oft keine Zeit, einen Schritt seitwärts zu machen und zu fragen, ob das aktuelle Handeln noch zu der ursprünglichen Zielsetzung passt.

Ziele von Teamdiagnosen in der Praxis:

- Allgemeine Informationen über die gegenwärtige Situation der Teams in Unternehmen
- Initiierung des Dialogs
- Institutionalisiertes Feedback
- Stärken-Schwächen-Analysen
- Bestandsaufnahme und Bedarfsermittlung von Teamentwicklungsmaßnahmen
- Planungsgrundlage für Teamentwicklungsprozess
- Unterstützung der Teamsupervision
- Unterstützung des Coaches
- Benchmarking
- Aufzeigen von Maßnahmen für Verbesserungen

Als Instrumente haben sich Fragebögen mit skalierten Fragen bewährt, aus denen dann für die Zukunft Verbesserungen oder andere Vorgehensschritte abgeleitet werden können, wie z. B.:

- Individuelle Interviews
- Gruppeninterviews
- Problemkataloge
- Verhaltensbeobachtungen und Prozessanalysen
- Auswertungen von historischen Daten
- Spontanabfragen
- Kraftfeldanalysen

6 Messen von Teamerfolg (IPO Modell)

Will man analysieren, wie Gruppenleistungen zustande kommen, bietet es sich an, die verschiedenen Faktoren, die zu mehr oder weniger produktiver Arbeit beitragen, in Voraussetzungen (Inputs), Prozesse und die Determinanten des Teamerfolges (Output) zu betrachten. Dieses kann im **Input-Output-Modell des Teamerfolges erfolgen**. Dieses Modell nimmt zunächst an, dass einige Variablen auf Seiten des Projektteams und der Organisation wichtige Voraussetzungen für effektives Arbeiten darstellen bzw. dass es eher ungünstige Konstellationen und Faktoren gibt, die besser vermieden werden sollten.

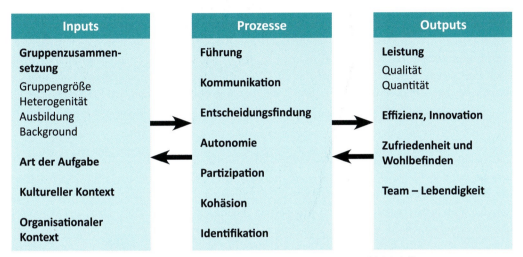

Abbildung 1.07-V6: IPO-Modell (WEST & BRODBECK, 2004: 31)

> Die Inputs und die Prozesse werden gemessen und in Relation zum Output und den gesteckten Zielen gesetzt. So kann ermittelt werden, ob und wie die gewünschten Ergebnisse eingetreten sind.

Von weiterer Bedeutung ist der Begriff „Teameffektivität". Das zugrunde liegende Konstrukt ist das Drei-Dimensionen-Modell von HACKMAN & WALTON. Die Teameffektivität wird durch drei Dimensionen beschrieben, die jeweils in unterschiedlicher Ausprägung bei jeder Teamarbeit vorliegen:

- Leistungsdimension
  - Quantität
  - Qualität
  - Geschwindigkeit
- Individualdimension
  - Merkmale von Positionen, die direkt oder indirekt in Projekte involviert sind
- Sozialdimension
  - Fähigkeiten des Teams, auch in der Zukunft für weitere Probleme zusammenarbeiten zu können.

Die Gewichtung dieser drei Dimensionen muss immer situationsabhängig erfolgen. In Projektteams von Veränderungsprojekten zum Beispiel sind die Leistungs- und Individualdimension besonders wichtig. Allein durch die zeitliche Befristung von Projekten verliert hier die Sozialdimension etwas an Bedeutung.

Der Erfolg eines Projektes hängt von der zu bewältigenden Aufgabe ab, die vor allem bestimmt wird durch ihren Grad an Komplexität und Neuartigkeit. Gerade Organisationsprojekte sind meist sehr dynamisch und stark emotional und damit konfliktgeladen. Durch den Einsatz klassischer Projektinstrumente kann das Projekt sorgfältig geplant, strukturiert, organisiert und so in seiner Komplexität reduziert werden.

Die Teamziele gilt es an der Gesamtstrategie auszurichten. Eine hohe Akzeptanz der Teamarbeit in allen Arbeitsbereichen des Unternehmens ist für den Erfolg entscheidend. Hier sind Ressourcen an Zeit und monetären Mitteln wichtig.

Die Teammitglieder mit ihren individuellen Ressourcen bilden die Grundlage für eine effektive Teamarbeit. Damit bekommen die einzelnen Kompetenzen (Sach-, Methoden- und Sozialkompetenz) eine erhebliche Bedeutung.

Bei der Teamstruktur sind Aspekte, wie Teamrollen, Größe des Teams und ihre Zusammensetzung, wichtige Einflussfaktoren. Die Teameffizienz ist zu Beginn der Teamarbeit auf einem anderen Niveau als kurz vor ihrer Beendigung. Das bedeutet, dass die Teamentwicklung einem Prozess unterliegt. Die tatsächliche Teameffektivität ist das Ergebnis von Gewinnen und Verlusten aus den Teamprozessen. Durch Teamarbeit können Prozessgewinne entstehen. Unterstützend kann hier ein bewusstes Informationsmanagement sein.

Im phasenbezogenen Wirkungsmodell von WEST wird die Bedeutung von Partizipation und Zielvereinbarungen sichtbar. Ein hoher Commitmentgrad wird erreicht, wenn am Anfang die Ziele des Teams von allen Teammitgliedern gemeinsam und partizipativ erarbeitet werden. Während der Durchführungsphase entfaltet diese partizipative Zielvereinbarung eine besondere Wirkung, indem sie das Team zu hohem Leistungsstandard, einer vertrauensvollen Zusammenarbeit und zu hoher intrinsischer Motivation führt. Zum Abschluss der Teamarbeit sind dann die Teammitglieder um einen hohen Zielerreichungsgrad bemüht.

Analog verwendet werden die Begriffe „Gruppenleistung" und „Gruppenerfolg". Unter „Leistung" (performance) wird die Zusammenfassung von Verhaltensweisen verstanden, die für das Erreichen der angegebenen Ziele relevant sind. Der Begriff Leistung umfasst mehrere Aspekte:

1. Leistung als zielgerichtetes Verhalten, bei dem in irgendeiner Form Arbeit geleistet wird
2. Leistung als Ergebnis bzw. als Erfolg dieses zielgerichteten Verhaltens.

> **Definition** Unter „Erfolg" (output, effectiveness) wird das Ausmaß beschrieben, in dem die Leistungsresultate den angegebenen Zielen entsprechen. „Produktivität" (productivity) beschreibt das Ausmaß der Zielerreichung, gemessen an den verbrauchten Ressourcen (Kosten pro Ertrag).

7 TMS (McCann-Margerison)

Während die traditionelle Einheit der Bewertung in einer Organisation die Einzelperson ist, liegt der Fokus in zunehmendem Maße auf dem Team, um Ziele zu erreichen und Aufgaben zu erledigen. Die Team Management Profile, -Wheel und -Index von CHARLES J. MARGERISON & DICK J. MCCANN stellen eine Methode dar, die für das Beurteilen von Arbeitspräferenzen im Teamkontext besonders nützlich ist und auch für das Beurteilen von einzelnen und organisatorischen Präferenzen verwendet werden kann. Bisher sind weltweit über 100.000 Personen befragt worden. Für MARGERISON & MCCANN gilt „ A team...is a group of people, who understand each other, who know individual strength and weaknesses and who cooperate with one another. A key characteristic of a team is that the members have a common purpose and depend upon each other fort he ultimate performance."

Nach MARGERISON & MCCANN Types of Work Model können im Allgemeinen neun wesentliche Teamaktivitäten unterschieden werden:

1. Beraten: Sammeln und berichten von Informationen.
2. Erneuern: Schaffen und experimentieren mit Ideen.
3. Fördern: Möglichkeiten erforschen und präsentieren.
4. Entwickeln: Die Anwendbarkeit der neuen Ansätze beurteilen und prüfen.
5. Organisiere: Wege für „making things work" etablieren und einführen.
6. Produzieren: Folgern und liefern von Outputs.
7. Kontrollieren: Das Funktionieren der Systeme kontrollieren und revidieren.
8. Beibehalten: Standards und Prozesse unterstützen und schützen.
9. Verbinden: Die Arbeit von Anderen koordinieren und integrieren.

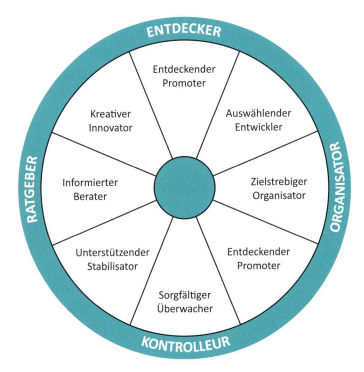

Abbildung 1.07-V7: Das Teammanagement Rad von MCCANN &. MARGERISON (SIMON, 2006: 362)

Von Umgebungen, in denen unterschiedliches Denken angeregt wird, wird angenommen, dass sie förderlich für die Innovation und das Finden besserer Lösungen sind. Arbeitspräferenzen werden hauptsächlich auf vier Weisen gemessen. Erstens, Präferenzen für extrovertierte und introvertierte Arbeit. Zweitens, das Gleichgewicht zwischen praktischer und kreativer Arbeit. Als Nächstes, der Einfluss von Analyse und Glauben auf Entscheidungen. Viertens, der Umfang, in dem Sie in einer strukturierten und flexiblen Weise arbeiten möchten. Die Kombination dieser Faktoren hat einen leistungsfähigen Einfluss auf die Berufswahl, berufliche Zufriedenheit, Motivation, das Teamwork, Lernen und die Entwicklung und Karriereschritte.

Dieses liefert acht Team-Rollenpräferenzen, die Personen im Team Management Wheel ausüben können:

1. **Reporter/Berater:** Verfechter, Helfer, tolerant; ein Sammler von Informationen; er mag es nicht, gehetzt zu werden; kenntnisreich; flexibel.
2. **Schöpfer/Pionier:** Fantasiereich; zukunftsorientiert; genießt Komplexität; kreativ; mag Forschungsarbeit.
3. **Forscher/Förderer:** Überzeugt, „Verkäufer"; mag verschiedenartige, aufregende, anregende Arbeit; leicht gelangweilt; einflussreich und aus sich herausgehend.
4. **Assistent/Entwickler:** Analytisch und objektiv; Entwickler von Ideen; genießt Prototyp- oder Projektarbeit; Experimentator.
5. **Stoßer/Organisator:** Organisiert und implementiert; beschließt schnell; ergebnisorientiert; richtet Systeme ein; analytisch.
6. **Folgerer/Produzent:** Praktisch; produktionsorientiert; mag Listen und Pläne; Stolz im Reproduzieren von Waren und Services; Werteffektivität und -effizienz.
7. **Kontrolleur/Prüfer:** Stark auf Kontrolle; detailorientiert; niedriges Bedürfnis für Kontakt mit Leuten; ein Prüfer von Standards und Verfahren.
8. **Erhalter/Versorger:** Konservativ, loyal, unterstützend; persönliche Werte sind wichtig; starkes Gefühl für Richtig und Falsch; Arbeitsmotivation basiert auf Zweck.

Die verbindende Rolle wird von allen Teammitgliedern geteilt. Arbeitspräferenzen reflektieren die Psychologie der Gefühle und der Wünsche, welche die Teammitglieder in den Beruf mitbringen. Wenn eine niedrige Ausrichtung oder Fehlanpassung bestehen, dann neigen Menschen entweder dazu, den Job an ihre Präferenzen anzupassen oder sich einen neuen Job zu suchen.

Ursprung des Team Management Profile und Geschichte:

Die Studie von Gruppendynamik begann nach dem Ende des Zweiten Weltkrieges. Die Begriffe Teams und Teamwork, obwohl verbreitet im Sport, wurden bis zu den 1970er Jahren innerhalb von Organisationen kaum benutzt. Arbeitspräferenzen haben Verbindungen zu den Theorien von CARL JUNG über Individuation und PETER DRUCKER über das Entwickeln persönlicher Stärken im Arbeitskontext. Es sind die Alternativen zur Type Theory, in der Einschätzungen dazu neigen, Personen zu stereotypisieren. Arbeitspräferenzen reflektieren Wahlen, die Personen treffen, anstatt stereotypisiert zu werden.

Der Gebrauch der Team Management Profile und mögliche Anwendung:

Teamwork-Verbesserung, Projektbesetzung und -management, Arbeitsallokation, Grundlage für kontinuierliche professionelle/individuelle Entwicklung, Grundlage für Führungs- und Talent-Management, Beratung, kreuzfunktionale Teamwork-Kommunikation, Rekrutierung und Auswahl, Karriereentwicklung und -förderung, Schritte im Beurteilen eines individuellen Profils.

Die Stärken der Team Management Profile und ihr Nutzen:

Besonders nützlich für die Zusammensetzung und das Handhaben von Teams, Stärken der Personen werden in Teams angehoben. Während Einzelpersonen angeregt werden sollen, in den Bereichen zu arbeiten, die mit ihrer Präferenz übereinstimmen, ist es die Verantwortlichkeit des Teams als Ganzes, sicherzustellen, dass alle Arten der Arbeit abgedeckt sind. Das Verstehen von Ihren eigenen Arbeitspräferenzen und denen von Anderen ist unerlässlich, um Beziehungen zu Kollegen und Kunden erfolgreich zu handhaben und die persönliche Performance zu verbessern.

Was Menschen bevorzugen, neigen sie zu tun, und was sie tun, ist, wo sie dazu neigen, gute Leistung zu bringen. Der Fokus liegt auf der Persönlichkeit in der Arbeit und weniger auf der Persönlichkeit/dem Leben im Allgemeinen.

Einschränkungen der Team Management Profile und mögliche Nachteile:

Die Dynamik einer Gruppe wird bestimmt durch die sich ständig ändernden Verhältnisse und Einflüsse, die zwischen den Mitarbeitern innerhalb dieser Gruppe auftreten. Teamzusammensetzung und sich ändernde Zielsetzungen, die Dynamiken eines Teams sind selten für lange Zeit stabil.

8 Modell von Hochleistungsteams

In seinen Untersuchungen hat sich WILLIAM G. DYER intensiv mit erprobten Strategien zur Teambildung auseinandergesetzt und insbesondere 4 Determinanten beschrieben, die für einen hohen Teamerfolg verantwortlich sind:

1. Kontext für das Team („context")
2. Zusammensetzung des Teams („composition")
3. Kompetenzen des Teams („competencies")
4. Change Management Fähigkeiten („change skills")

Abbildung 1.07-V8: Teambuilding: Determinanten der Teamleistung (In Anlehnung an DYER, 2007)

Wichtig für den **Kontext** sind:

- Einführung von Leistungskennziffern
- Verständnis, dass Teamarbeit für den Erfolg kritisch ist
- Belohnungssysteme für Teamerfolg
- Beseitigung von Hindernissen
- Einführung einer Teamkultur.

Für die **Zusammensetzung** werden benötigt:

- Einführung von effizienten Stellenbesetzungsprozessen
- Einführung von Personalentwicklungsmaßnahmen
- Einbindung von gut ausgebildeten und motivierten Mitarbeitern
- Das Team entsprechend der Erfahrungen und Kompetenzen führen
- Die „richtige" Teamgröße sicherstellen.

Teams bestehen aus unterschiedlichen **Kompetenzen**, die in das Gesamtteam eingebunden sein müssen. Dazu gehören Prozesse, die dem Team ermöglichen:

- Benennung von klaren Zielen
- Verständnis und Unterstützung für die Zielnotwendigkeit
- Treffen von effektiven Entscheidungen
- Effektive Kommunikation und Feedback
- Schaffen von Vertrauen und Verbindlichkeit
- Lösen von Unstimmigkeiten oder Konflikten.

Als Fähigkeit für **Veränderungsprozesse** werden benötigt ein Teamentwicklungs-prozess und ein gemeinsames Verständnis von Veränderungsbedarf. Dafür hat sich der Teamentwicklungskreis bewährt:

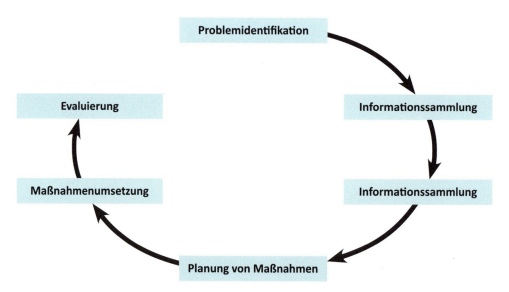

Abbildung 1.07-V9: Teambuildingkreis (In Anlehnung an DYER, 2007)

Fazit Abschließend kommt es darauf an, alle Determinanten zur Wirkung zu entfalten; Probleme zu bearbeiten und auch die Beziehungen zwischen Teams zu verbessern. Hier wird ein Team nicht anhand einzelner Aspekte betrachtet, sondern als System in seiner Gesamtwirkung.

9 Rolle des Projektleiters

In formalen Organisationen gibt es Hierarchien, die unterschiedlich ausgeprägt sind. Es ist jedoch immer eine Vorgesetztenposition vorgesehen, die in einer Linien-organisation auf Dauer angelegt ist und in einem Projekt temporär besetzt ist. Insofern ist diese Rolle von besonderer Bedeutung und wird beschrieben. Damit kann sie auch ein besseres Verständnis für die Position und Aufgabe des Projektleiters schaffen.

Projektleiter haben bei der teambasierten Arbeit eine Schlüsselstellung inne. Sie können Teamarbeit erfolgreich machen, indem sie Rückmeldung geben, Ziele setzen oder Konflikte lösen. In der folgenden Übersicht werden die verschiedenen Rollen der Projektleiter erläutert.

Rolle	Aufgaben	Fähigkeiten
Koordinator	Ziele klären und vereinbaren, Arbeitstellung und Prozesse organisieren, auf Zeiten achten, Abstimmungen mit Anderen vornehmen	Verzichtet auf Dominanz, muss verbindlich, aber hartnäckig sein
Moderator	Jeden zu Wort kommen lassen, Probleme in der Kommunikation erkennen und lösen. Zwischenergebnisse festhalten	Visualisieren können, neutral bleiben können, zusammenfassen und den roten Faden behalten können.
Berater	Klären von Beziehungsproblemen zwischen Teammitgliedern, Fach- und Methodenfragen klären	Gesprächsführungstechniken beherrschen (z. B. Aktives Zuhören). Alternativen aufzeigen können
Konfliktmanager	Rollenkonflikte lösen	Kommunikationsstrukturen und -probleme analysieren können, Grundverständnis von Mediationstechniken
Repräsentant	Teaminteressen gegenüber Organisationen und anderen Teams vertreten	Selbstbewusstsein
Verhandlungsführer	Über Ressourcen, wie Zeit, Geld Ausstattung, mit der Organisation verhandeln können	Realistisch sein können, Verhandlungsstrategien beherrschen
Darsteller	Ergebnisse und Erfolge des Teams nach außen darstellen	Visualisieren, sprechen und überzeugen können

Abbildung 1.07-V10: Rollen und Aufgaben der Teamleitung (WEST, 2005: 29)

 Der ideale Projektleiter wechselt je nach den Anforderungen der Situation problemlos zwischen transaktionalem und transformationalem Führungsstil hin und her.

Unter einem **transaktionalen** Führer versteht man einen Projektleiter, der die Teammitglieder motiviert, indem er Ziele klärt, Rollen verteilt, die Anforderungen der Aufgaben betont. Ein transaktionaler Führungsstil zeichnet sich durch einen konsequenten Einsatz von Belohnungen und Bestrafungen und dadurch aus, dass ein fairer Austausch zwischen den Leistungen der Projektleitung und denen der Teammitgliedern besteht. Das Teammitglied weiß so immer genau, wann er für welche Leistung belohnt wird, und sieht die Regeln, die zu Belohnungen führen, als fair an.

Ein **transformationaler** Projektleiter inspiriert die Teammitglieder, er gibt Visionen vor und betont die Entwicklungspotenziale der Teammitglieder. Dieser Führungsstil geht über den reinen Austauschprozess hinaus – die Mitarbeiter werden motiviert durch die Aktivierung übergeordneter Ziele.

Ein Projektleiter kann den Wechsel zwischen diesen Führungsstilen nur authentisch und ohne Schwierigkeiten vornehmen, wenn er ganzheitlich und bewusst in die beschriebenen Rollen schlüpfen kann. Damit lassen sich die Aufgaben des Projektleiters zu drei Hauptgruppen zusammenfassen:

1. **Management**
   Die Managementaufgabe des Projektleiters besteht zunächst darin, das Team zusammenzustellen. Dann müssen aufgrund der individuellen Präferenzen und Fähigkeiten Rollen geklärt und vereinbart werden.
2. **Führung**
   Der Führungsaspekt besteht zunächst darin, dass der Projektleiter eine Vision vorgibt und diese auch durch eigenes Vorleben verkörpert. Weiterhin ist der Projektleiter als Führungsperson gefragt, wenn es zu ernsten Krisen kommt und wenn es um Verhandlungen mit anderen Teams oder Organisationen geht.
3. **Coaching**
   Eine Coachingfunktion muss ein Projektleiter immer dann ausüben, wenn er einzelne Teammitglieder bei der Bewältigung schwieriger Aufgaben unterstützt, wenn er mit Teammitgliedern über persönliche Entwicklungspotenziale spricht und auch, wenn es zu Konflikten zwischen einzelnen Teammitgliedern kommt (vgl. RAUEN, 2003). Dabei muss betont werden, dass Führung und Coaching in einem ausgeprägten Spannungsverhältnis stehen, das sicherlich noch nicht gelöst ist. In modernen Organisations- und -führungsformen wird jedoch von den Führungskräften eine Coaching Kompetenz erwartet.

9.1 Aufgabenbeschreibung

Die wichtigsten Aufgaben und Haltungen eines Projektleiters (PL) im Überblick

PL sorgt dafür, dass die zentrale Aufgabe, Ziele und Strategie klar bleiben	PL hat gewissen Abstand zum Team, Geduld bewahren bei Entscheidungen
PL fördert Engagement und Zuversicht seiner Teammitglieder	PL verzichtet auf Druck und Einschüchterung, optimistisches WIR-Gefühl
PL sorgt für Entfaltung des Skill Potenzials der Mitglieder	Immer wieder Aufgaben übernehmen, die Neues bringen
PL ist für die Außenpolitik des Teams zuständig	Vertritt das Team nach außen, beseitigt externe Hindernisse
PL gibt Teammitgliedern Raum zur Entfaltung	Gewisse Selbstlosigkeit, Grundsatz: nur so viel Autorität wie nötig
PL beteiligt sich an der täglichen Arbeit	Beteiligt sich an der gewöhnlichen Arbeit, sein Führungsinstrument ist sein eigenes Beispiel

Abbildung 1.07-V11: Aufgaben und Haltungen eines Projektleiters

Daraus entsteht die Frage, welche Anforderungen an einen Projektleiter gestellt werden können und müssen und wie eine Stellenbesetzung umzusetzen ist. Als ein Vorschlag ist die folgende Liste der Anforderungen gedacht:

Anforderungen an einen Projektleiter:

Kompetenz	
Fachliche Kompetenz	☐
Methodische Kompetenz	☐
Zusätzliche Qualifikationen	☐
Persönlichkeit	
Selbstständigkeit	☐
Durchstehvermögen	☐
Problemlösungskompetenz	☐
Analytisches und systemisches Denken	☐
Verantwortlichkeit für das Projekt	☐
Selbstorganisation	☐
Aufgeschlossenheit für das Projekt	☐
Aufgeschlossenheit für nicht am Projekt Beteiligte	☐
Teamfähigkeit	
Kooperationsfähigkeit	☐
Diskussionsfähigkeit	☐
Kompromissfähigkeit	☐
Verantwortungsgefühl	☐
Interesse an persönlicher Weiterentwicklung	☐

Abbildung 1.07-V12: Anforderungen an einen Projektleiter (Trainingsunterlagen DIETMAR PRUDIX, 2007)

Wenn der Projektleiter jetzt ausgewählt ist und er die Beauftragung von Projekten erhält, ist es sinnvoll und hilfreich, bei der Vereinbarung der ersten Projekte folgende Checkliste zu beachten, die ihm eine gute Orientierung ermöglicht. Gerade in den ersten Projekten erlebt er nun Sicherheit und Klarheit der Erwartungen an ihn.

Projektleitervereinbarung

Fachliche Kompetenz	☐
Methodische Kompetenz	☐
Zusätzliche Qualifikationen	☐
Projektbeschreibung	☐
Projektziele	☐
Verantwortungen des Projektleiters	☐
Befugnisse des Projektleiters	☐
Hauptaufgaben des Projektleiters	☐
Verantwortungen der Entscheider/Projektauftraggeber	☐
Berichterstattung/Abstimmung	☐
Eskalation	☐

Abbildung 1.07-V13: Projektleitervereinbarung (Trainingsunterlagen DIETMAR PRUDIX, 2007)

∑ Fazit Der Projektleiter ist für die Umsetzung des Projektauftrages verantwortlich und verrichtet im Hinblick auf die Zielerreichung (Qualität, Zeit, Kosten) die Kernaufgaben Projektcontrolling, Kundenmanagement, Teammanagement und Projektmarketing. Daraus entsteht die Verantwortung für die operative Steuerung des Projektes. Er ist eine „Führungskraft auf Zeit" (Project Leadership). Aus den Kernaufgaben leiten sich die Qualitätsanforderungen an die Rolle des Projektleiters und die Erfolgsfaktoren ab.

10 Team als System

Unsere Welt und die Organisationen werden immer komplexer. Das zeigt sich zunächst in Politik und Wissenschaft und auch in allen Bereichen der Wirtschaft. Das führt dazu, dass die handelnden Menschen immer öfter an die Grenzen ihrer physischen und psychischen Belastbarkeit stoßen.

Eine Ursache liegt darin, dass Menschen, obwohl sie sich in Systemen bewegen, selten systemisch denken und handeln. Aufgrund ihrer Schwierigkeit, Systeme (deren Komplexität, Beziehungen, Funktionen und Rückkoppelungen) zu verstehen, unterlaufen Menschen dazu in Handlungs- und Planungsprozessen beträchtliche Fehler (vgl. KRIZ, 2000). Für die zukunftsfähige Gestaltung unserer betrieblichen Umfelder und damit auch Projektumfelder sind somit noch erhebliche Optimierungen möglich. Was hat das mit Projekten oder Projektteams zu tun?

Die heutigen Aufgaben und Projekte sind komplex, umfassen komplizierte Systeme und interagierende Teilsysteme, deren Verständnis häufig unseren Horizont übersteigt.

Sogar die EU hat in ihrem Weißbuch für Wachstum, Wettbewerbsfähigkeit, Beschäftigung 1993 festgestellt: „ Das Grundprinzip der verschiedenen Maßnahme-kategorien muss die Nutzung des menschlichen Potenziales im gesamten Verlauf seines aktiven Lebens sein.... Die Grundfähigkeiten reichen von der Beherrschung des Grundwissens bis hin zu technologischen und sozialen Fertigkeiten: Entwicklungs- und Handlungsfähigkeit in einem komplexen und von hoher Technologiedichte geprägten Umfeld, das besonders durch die Bedeutung der Informationstechnologien gekennzeichnet ist: Kommunikationsfähigkeit, Kontakt- und Organisationsvermögen..."

Aus der Analyse der Probleme und Fehlleistungen menschlicher Wahrnehmungs-, Denk- und Handlungsprozesse ergeben sich verschiedene Fördermaßnahmen (vgl. DÖRNER, 1989). Dieses schließt ausdrücklich Systemkompetenz, d. h. Kompetenz im Umgang mit komplexen und dynamischen Systemen, ein.

Dieses Konstrukt der Systemkompetenz (vgl. SCHIEPEK, 1993) bedeutet: Systemkompetenz kann zusammenfassend in bewusst angelegter Doppeldeutigkeit als Kompetenz von Systemen für Systeme verstanden werden, als Kompetenz von Systemen für ihr eigenes Prozessieren anderer Systeme in ihrer Umwelt. Dazu werden folgende Teilqualifikationen benötigt:

- Berücksichtigung von Sozialstrukturen und Kontexten
- Umgang mit der Dimension Zeit
- Umgang mit der emotionalen Dimension
- Soziale Kontaktfähigkeit
- Systemförderung, Entwicklung von Selbstorganisationsbedingungen
- Theoriewissen, systemtheoretische Methoden.

Für den Projektleiter bedeutet dies einen bewussten Umgang mit dem Thema System, die Berücksichtigung von Kontexten, die Schaffung eigener sozialer Kompetenzen.

Systemkompetenz beinhaltet Grundhaltungen, Wissen, Handlungs- und Methoden-kompetenz über das Wirksamwerden von Prinzipien der Systemwissenschaft (z. B. Rückkoppelung, Nichtlinearität, Selbstorganisation) in verschiedenen Lebenswelten. Für die Arbeit mit Teams und Gruppen beinhaltet dies ein intensives und systematisches Feedback.

Dem systemtheoretischen Ansatz liegt zugrunde, dass es prinzipielle Gesetzmäßigkeiten gibt, die in allen Einzelwissenschaften gleichermaßen beschrieben werden können. Damit handelt es sich um einen multidisziplinär angelegten Ansatz mit dem Ziel einer integrativen Zusammenarbeit verschiedener Wissenschaftsdisziplinen.

Ein System wird definiert als Menge von Elementen (Objekten) und bestimmten Relationen zwischen diesen Elementen (vgl. KRIZ, 1985). Andere Definitionen dazu, wie von N. LUHMANN, sind zu beachten, da sie eine andere Perspektive nutzen. Ein wichtiges Konzept sind dabei der Holismus und die Verbundenheit der Elemente. Systeme werden als Ganzheiten angesehen und sind somit mehr als die Summe ihrer Teile. Die Teilkomponenten wirken in einem Prozess komplexer Vernetzung und Wechselwirkung zusammen, wobei durch dieses Zusammenwirken auch die Systemelemente neue Qualitäten erreichen. Ein System selbst kann dabei wiederum selbst als Teilelement in einem System hierarchisch nächst höherer Ordnung fungieren.

Systeme bilden untrennbar mit dem Faktor Zeit eine Einheit und betonen dadurch ihre Prozesshaftigkeit und werden eben dadurch dynamisch. Systeme sind in ihrer Entwicklung bestrebt, stabile Systemstrukturen herzustellen, die aber nicht zwangsläufig statisch sein müssen. Lebende Systeme (z. B. Projektteams) sind prinzipiell offene dynamische Systeme (vgl. v. SCHLIPPE, 1996).

Die Wechselwirkung von System und Umwelt, aber auch das gemeinsame interaktive Zusammenwirken von Systemelementen innerhalb des Systems werden durch Rückkoppelungsprozesse (auch Feedback) realisiert.

Σ Fazit Erfahrene Projektleiter kennen sich im Systembereich aus und können Prozesse so gestalten, dass sie auch Systemansprüchen genügen. Die Praxis zeigt allerdings, dass Projektleiter überwiegend mit einem naturwissenschaftlichen Hintergrund arbeiten und es so schwer fällt, sich systemisch zu orientieren.

11 Teamklima-Inventar

Mit zunehmender Komplexität moderner Organisationen und ihrer Umwelten werden der effiziente Austausch und die optimale Kombination eines breiten Spektrums individueller Ressourcen immer wichtiger, um die gesetzten Ziele zu erreichen. Dabei kommt ad-hoc Gruppensitzungen bei mittel- bis langfristigen Projekten, Arbeitsgruppen und Gremien eine besondere Bedeutung zu. Häufig werden die Ressourcen der Gruppenmitglieder nicht optimal genutzt, es entstehen Prozessverluste.

Es erfordert konkrete Investitionen, um Prozessverluste zu reduzieren und Synergieeffekte zu stimulieren: „Synergy is not for free" (BRODBECK, 1999). Mit der Geschwindigkeit der rasanten Veränderungen moderner Organisationen werden kontinuierliches Lernen und Innovation immer wichtiger.

Damit Teamarbeit den erwünschten Beitrag zum Organisationserfolg liefern kann, müssen die individuellen Gruppenmitglieder konstruktiv und produktiv zusammen-wirken. Dieses bedingt ein besonderes Klima des Zusammenwirkens, besonders ein Klima für Zusammenarbeit und Innovation. Im Sinne der beteiligten Mitarbeiter ist besonders der Begriff „Klima" von großer Bedeutung, beschreibt er doch die subjektive Wahrnehmung von organisatorischen Gegebenheiten. Zusätzlich kann der Begriff auch definiert werden als „sozial geteilte" Wahrnehmung. Zusammenfassend kann der Begriff definiert werden als subjektive Wahrnehmung von Individuen über ihre soziale Umgebung in Organisationen oder Arbeitsgruppen, die mehr oder weniger sozial geteilt sind.

Für das Teamklima sind folgende Merkmale der unmittelbaren sozialen Umgebung von besonderer Bedeutung:

- **Visionen** z. B. die Pläne, Ziele und übergeordneten Leitmotive eines Teams
- **Aufgabenstil** z. B. wie Teamaufgaben typischerweise bearbeitet und Ziele verfolgt werden
- **Partizipation** z. B. das Ausmaß an Mitwirkungen bei Entscheidungen
- **Sicherheit** z. B. wie viel gegenseitiges Vertrauen zwischen Teammitgliedern besteht.
- **Qualität der Kommunikation** z. B. Struktur und Kommunikationsstil in Sitzungen
- **Normen** z. B. ungeschriebene Gesetze, gebräuchliche Vorgehensweisen
- **Kohäsion** z. B. wie ausgeprägt ein „Wir"- Gefühl innerhalb eines Teams erlebt wird.
- **Innovation** z. B. wie kreativ ein Team bei der Entwicklung neuer Produkte und Vorgehensweisen ist und wie nachhaltig es bei der Umsetzung vorgeht.

Das Teamklimainventar (TKI) ist ein 44-Fragen-Instrument zur Messung von vier zentralen Dimensionen. Das Instrument evaluiert das Ausmaß, in dem die Atmosphäre oder das Klima in Arbeitsgruppen in Arbeitsgruppen Innovation und Effektivität fördern.

Trotz zahlreicher Erkenntnisse über das Klima in Organisationen gab es über das Klima in Arbeitsgruppen kaum Erkenntnisse. Damit überhaupt erst ein Klima in Gruppen entstehen kann, müssen drei Bedingungen erfüllt sein:

- Personen interagieren
- Es werden Ziele oder Zwecke gemeinsam angestrebt
- Es besteht Aufgabeninterdependenz.

„Der Punkt, an dem das Teamklimainventar ansetzt, ist die hohe Wahrscheinlichkeit, dass sich ein sozial geteiltes Klima vor allem dort entwickelt, wo Individuen die Möglichkeit der intensiven Interaktion haben und durch gemeinsame Ziele und Aufgabeninterdependenz gezwungen sind, direkt handlungsbezogene, sozial geteilte Wahrnehmungen ihrer unmittelbaren Arbeitsumgebung kollaborativ zu konstruieren" (HOSKING & WEST, 1992).

Manchmal arbeiten Personen in mehreren Teams. Das TKI ist geeignet für Gruppen, die auf täglicher Basis (z. B. Produktionsgruppen) oder zumindest regelmäßig (z. B. Projektgruppen) interagieren und zusammenarbeiten.

 Wesentlich ist, dass Klima nicht als umfassendes Konzept, mit dem sich alles abdecken lässt, gemessen wird, sondern als ein facettenspezifisches Konzept, das mit konkreten Zielen verbunden ist.

Das TKI eignet sich generell zur Evaluation der Arbeitsatmosphäre für Innovation und Effektivität in Teams. Es ist leicht handhabbar und kann sehr schnell durchgeführt werden. Hier einige Anwendungsbeispiele:

- Es lassen sich konkrete Stärken und Schwächen eines Teams identifizieren
- Es eignet sich für evaluation feedback bei Kick-Off Meetings
- Es eignet sich als Indikator für den Erfolg von Maßnahmen zur Teamstärkung und –entwicklung
- Einsetzbar im Rahmen von Mitarbeiterbefragungen und Organisations-entwicklungsmaßnahmen
- Durch Normierung ist Benchmark möglich

Es ist zu beachten, dass mit der Antwortrate der praktische Nutzen steht und fällt.

Das typische Vorgehen ist, dass die Teammitglieder einen Fragebogen ausfüllen, der dann ausgewertet wird. Das Ausfüllen nimmt ca. 15 Min. in Anspruch. Als Teil der Auswertung wird abschließend ein Profilbogen erstellt, aus dem die Gruppenwerte im Vergleich zu einer Referenzgruppe dargestellt werden. Jetzt kann mit dem Team zusammen erarbeitet werden, was nun im Team weiterentwickelt werden sollte.

Abbildung 1.07-V14: Dimensionen und Subskalen des Teamklima-Inventars (WEST, 2000: 9)

Acht Wege zum Teamerfolg

(Diese Empfehlungen sind Ergebnisse einer Studie der London Business School, in der 2420 Personen befragt wurden; Harvard Business Manager 01/08)

1. **Investieren Sie in „unverkennbare" beziehungsfördernde Maßnahmen**
   Wenn Führungskräfte kooperatives Verhalten fördern möchten, dann sollten sie Geld für deutlich sichtbare Maßnahmen ausgeben – beispielsweise für kommunikationsfördernde Firmengebäude mit offenen Innenräumen.
2. **Leben Sie kooperatives Verhalten vor**
   Teams arbeiten vor allem in solchen Unternehmen gut zusammen, in denen die Geschäftsführung selbst ein äußerst kooperatives Verhalten an den Tag legt.
3. **Fördern Sie eine „Kultur des Schenkens"**
   Mentoring und Coaching – insbesondere auf informeller Ebene – helfen Team-mitgliedern beim Aufbau der Beziehungen, die sie für die Arbeit über die Unternehmensgrenzen hinweg benötigen.
4. **Stärken Sie die notwendigen Kompetenzen**
   Auch Personalabteilungen können die Zusammenarbeit im Team maßgeblich beeinflussen – wenn sie Angestellte darin schulen, Beziehungen aufzubauen, gut zu kommunizieren und Konflikte kreativ zu lösen.
5. **Fördern Sie das Gemeinschaftsgefühl**
   Wenn Menschen sich als Teil einer Gemeinschaft fühlen, gehen sie mit größerer Selbstverständlichkeit auf Andere zu und geben ihr Wissen weiter.
6. **Ernennen Sie Teamleiter, die aufgaben- und beziehungsorientiert sind**
   Traditionell lautet die Frage, ob Aufgabenorientierung oder Beziehungsorientierung der bessere Führungsansatz ist. Doch tatsächlich sind beide Methoden notwendig, um ein Team erfolgreich zu führen. Die besten Resultate erzielen Vorgesetzte, wenn sie sich zu Beginn eines neuen Projektes zunächst einmal auf die Aufgabe konzentrieren und Beziehungen fördern, sobald die Arbeit in vollem Gange ist.

7. **Bauen Sie auf bewährten Beziehungen auf**
   Wenn Sie zu vielen Teammitgliedern fremd sind, zögern diese möglicherweise, ihr Wissen weiterzugeben. Am besten funktioniert das Team, wenn sich zumindest einige bereits kennen.
8. **Schaffen Sie klare Rollen, aber offene Aufgaben**
   Es stärkt die Kooperation in der Gruppe, wenn die Rollen der einzelnen Teammitglieder genau definiert sind, sie jedoch Spielraum haben, die Aufgabe nach ihren Vorstellungen zu lösen.

12 Zusammenfassung

In diesem Vertiefungswissen werden die Bedeutung und Wirkung der Kulturen dargestellt und die Wechselwirkungen beispielhaft beschrieben. Damit ist ein „Rahmen" für die weitere Führungsarbeit gelegt.

Dort, wo Projektleiter in ihrem Umfeld akzeptiert sind und Erfahrung besitzen, wird ihnen die Kompetenz zugestanden, ihr Team selbst zusammenzusetzen. Dieses ist nicht in allen Fällen gegeben. Erst die bewusste Anwendung und konsequente Umsetzung der Erkenntnisse aus Persönlichkeitsmodellen ermöglichen eine sichere, den Anforderungen gerecht werdende Stellenbesetzung. Projektleiter mit Erfahrung oder Hintergrund aus internationalen Unternehmen kennen die Spannungen zwischen Kulturen und die Erschwernis von lokal getrennten Teams.

Mit einem Diagnosetool kann die Leistung von Teams gemessen werden. Überhaupt ist der Wunsch nach Messbarkeit von Leistung immer wieder zu hören. Ganz aktuell ist eine Organisation (dazu gehört auch ein Projektteam) beschrieben als Teil eines Systemansatzes. Hier wird deutlich beschrieben, welche Zusammenhänge es allein wegen dieser Betrachtungsweise gibt.

13 Fragen zur Wiederholung

1	Welche Aspekte sind bei der Arbeit mit Persönlichkeitsmodellen zu beachten?	☐
2	Was bedeutet Teamkultur für die Projektarbeit?	☐
3	Wie sollten Teams zusammengesetzt werden?	☐
4	Sollte der Projektleiter an der Zusammensetzung des Projektteams beteiligt werden?	☐
5	Was ist ein Remote Team?	☐
6	Was ist ein virtuelles Team?	☐
7	Welche Bedeutung haben Persönlichkeitsmodelle für die Leitung von Projekten?	☐
8	Wie unterscheiden sich Selbst- und Fremdbild?	☐
9	Was sind Rollen?	☐
10	Welche Anforderung und Inhalte an die Rolle eines Projektleiters gibt es?	☐
11	Was bedeuten die Begriffe Kohäsion und Lokomotion?	☐
12	Wie ist das Phänomen „Not invented here" zu erklären?	☐
13	Wie können virtuelle Teams erfolgreich geführt werden?	☐
14	Was sind Ziele der Teamdiagnose?	☐
15	Wie kann der Teamerfolg gemessen werden?	☐
16	Was bedeutet der Systemgedanke für die Projektleitung?	☐

1.08 Problemlösung (Problem resolution)

Jochen Platz, Kathrin Platz

Lernziele

Das Kapitel Vertiefungswissen „Problemen in Projekten lösen" baut auf dem Basisteil auf. Nachdem im Basisteil der Problemlösungs-Prozess detailliert beschrieben worden ist, werden im Vertiefungswissen detailliert die Schwierigkeiten bei der Anwendung des Prozesses behandelt. Unter Berücksichtigung dieser Stolpersteine des Prozesses können Probleme noch besser gelöst werden.

Was ist über den Standard-Prozess hinaus zu beachten?

- Sie kennen die weiteren Elemente des Problemlösungs-Prozesses
- Sie wissen, wie die Klärung und die Entscheidungen in den Prozess eingebaut sind
- Sie wissen, wie ein Frühwarnsystem aufgebaut und gelebt werden kann

Welche Schwierigkeiten treten in dem Problemlösungs-Prozess auf?

- Sie kennen die psychologischen Wirkungen von Problemen
- Sie kennen die Schwierigkeiten im Zusammenhang mit der Informationsgewinnung
- Sie können die Schwierigkeiten bei der Lösungsfindung und Umsetzung vermeiden

Wie können Probleme im Projekt vermieden werden?

- Sie kennen die Grundursachen für Probleme im Projekt
- Sie kennen die Maßnahmen, die Probleme im Projekt reduzieren
- Sie kennen die typischen Fehler im Problemlösungs-Prozess

Inhalt

1	Der erweiterte Problembegriff	1517
1.1	Probleme sind noch vielfältiger	1517
1.2	Klarheit erreichen	1518
1.3	Entscheidungen sicherstellen	1519
1.4	Die Arten der Problemlösung	1521
2	Probleme rechtzeitig erkennen	1523
2.1	Das Frühwarnsystem	1523
2.2	Die Problemmeldung	1525
2.3	Die Situationsanalyse	1525
3	Schwierigkeiten im Problemlösungs-Prozess	1526
3.1	Die psychosoziale Wirkung der Probleme	1526
3.2	Probleme der Informationssammlung	1527
3.3	Probleme der Lösungsfindung	1528
3.4	Probleme der Umsetzung	1528
4	Methoden der Problemlösung	1529
4.1	Überblick	1529
4.2	Ursache-Wirkungsdiagramm	1530
4.3	SWOT-Analyse	1532
4.4	Manueller Papiercomputer	1535
5	Probleme im Projekt vermeiden	1538
5.1	Typische Problemursachen der Praxis	1538
5.2	Maßnahmen zur Vermeidung dieser Ursachen	1540
5.3	Fehler im Problemlösungs-Prozess	1542
6	Zusammenfassung	1544
7	Fragen zur Wiederholung	1545

1 Der erweiterte Problembegriff

1.1 Probleme sind noch vielfältiger

Im Abschnitt 2.1 des Basisteils wurde das Problem als eine Abweichung des Ist-Zustands vom Soll-Zustand definiert, für die aktuell kein Lösungsweg zum Ausgleich bekannt ist. Die Tatsache, dass kein Lösungsweg bekannt ist, ist das eigentliche Problem. Abbildung 1.08-V1 visualisiert noch einmal den Zusammenhang.

Abbildung 1.08-V1: Problem zwischen Ist und Soll

Zwei äußerst wichtige Quellen für Probleme wurden bisher nicht angesprochen. Die Analyse dieses einfachen Bildes zeigt aber auch die anderen Möglichkeiten der Abweichung, die der Grund dafür sein können, warum der Bearbeitungsweg unklar oder nicht bekannt ist:

1. **Der Ist-Zustand ist nicht ausreichend geklärt**. Wenn die Ist-Situation nicht ausreichend klar ist, kann der Bearbeitungsweg nicht festgelegt werden. Ein Beispiel: Das empfundene Problem ist, dass der Termin des Projekts nicht gehalten wird. Was zu tun ist, ist unklar, da der tatsächliche Stand der Arbeiten in den Arbeitspaketen und Teilprojekten nicht klar ist. Bevor die Lösung des empfundenen Problems, also der Bearbeitungsweg, erarbeitet werden kann, muss zuerst einmal der Ist-Zustand der Situation geklärt werden. Im günstigsten Fall liegt nach der Klärung gar kein Problem mehr vor: Der Bearbeitungsweg kann eindeutig festgelegt werden.

    Beispiel Der Vertriebschef der Joch AG hat ein Problem. Aufgrund seiner guten Arbeit und des damit verbundenen Vertrauensverhältnisses mit dem Kunden hat Herr Braun (der Projektleiter der Lieferung von 5 Mehrzweckmaschinen an einen Kunden in Südostasien) ohne große Vorarbeit oder Akquisition den Auftrag über eine neue Förderanlage in dem Auslandswerk des Kunden bekommen. Ein großer, ein lukrativer potentieller Auftrag. Er hat nur einen Haken: Das Angebot muss in 10 Tagen beim Kunden sein. Und da beginnt das Problem: Niemand in der Joch AG kennt dieses Werk und seine Arbeitsabläufe. Ein Angebot lässt sich mit den vorhandenen Angebots-Bausteinen schnell erstellen, die Prozesse dazu sind eingespielt und effizient. Das setzt aber eine genaue Kenntnis der Abläufe in dem Werk des Kunden voraus. Die Ausschreibung des Kunden ist viel zu pauschal. Das Problem liegt also darin, dass der Ausgangs-Zustand nicht bekannt ist. Die Problemlösung erfordert einen Prozess zur Erarbeitung des Ist-Zustands.

2. **Der Soll-Zustand ist nicht ausreichend geklärt**. Wenn die Soll-Situation nicht ausreichend klar ist, kann der Bearbeitungsweg nicht festgelegt werden, das leuchtet auf Anhieb ein. Der Soll-Zustand ist nicht klar, weil er:

    - nicht definiert ist (z. B.: Inhalt des Meilensteins ist nicht geklärt)
    - nicht bewusst ist (z. B.: Kommunikationsmängel, Erwartungen)
    - unrealistisch ist (z. B.: unerfüllbare Terminforderungen).

Als Beispiel kann ein Kundenauftrag dienen. Der Auftraggeber kann sich nicht auf die genauen Anforderungen festlegen. Das Problem: Es können keine verbindlichen Projektkosten genannt werden. Die Bearbeitung der Kostenermittlung ist nicht möglich, da der Funktionsumfang des Systems nicht festgelegt werden kann. Damit die Kosten ermittelt werden können, muss der Auftraggeber eine Entscheidung zu den Anforderungen fällen.

🔍 **Beispiel** Frau Schwarz, die Projektleiterin in der Produktentwicklung, steht bei der Entwicklung der Bedienoberfläche für die neue Maschinengeneration vor einem Problem, das die Weiterarbeit an dem Projekt stoppt. Es ist völlig klar, auf welchen Komponenten die zu entwickelnde Software aufbaut und auch die Struktur der zu entwickelnden Software ist geklärt. Die Entwicklungsmethoden für die Software sind eingespielt, das Projektmanagement funktioniert. Wo liegt also das Problem? Der Vertrieb in Deutschland und der in Ostasien können sich nicht über die Ergonomie der Oberfläche einigen. Die Kulturunterschiede sind zu groß. Das Problem liegt also in dem nicht geklärten Ziel und nicht in der Bearbeitung.

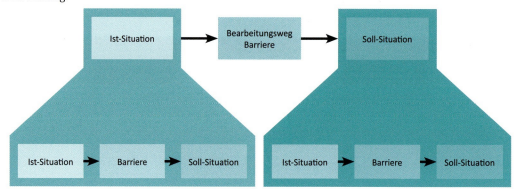

Abbildung 1.08-V2: Zwei Ebenen der Problemsituation

In beiden Fällen ist das Problem auf eine andere Ebene übertragen worden, wie die Abbildung 1.08-V2 zeigt. Im Fall der unklaren Ist-Situation ist das eigentliche Problem die Klärung der Situation. Die Abweichung liegt zwischen Ist = Projektstatus ist unklar und Soll = Projektstatus ist klar. Im Fall der unklaren Soll-Situation ist eine Entscheidung des Auftraggebers nötig, ehe das eigentliche Problem „Kostenermittlung" bearbeitet werden kann. Dieses Problem ist durch die Entscheidung aber eventuell zu einer reinen Aufgabe geworden. Der Problemlösungs-Prozess muss daher je nach Situation um zwei weitere Komponenten ergänzt werden.

| Klärung der Ist-Situation als Basis dafür, den Bearbeitungsweg festlegen zu können.
| Klärung und Entscheidung der Soll-Situation, damit klar ist, welche Abweichung bearbeitet werden muss.

Ob diese Komponenten der Klärungsphase oder der Lösungsphase zugeordnet werden, ist sekundär. Vor der Erarbeitung einer kreativen Lösung für den Bearbeitungsweg müssen aber Ist und Soll eindeutig geklärt sein.

 Fazit Probleme liegen oft in den unklaren Zielen oder der unklaren Ausgangssituation.

1.2 Klarheit erreichen

Klarheit der Situation ist die Basis jeden vernünftigen Handelns. Das gilt nicht nur in der Problemsituation, sondern generell für die gesamte Projektarbeit. Liegt im Problemfall eine unzureichende Klarheit der Ist- oder Soll-Situation oder der Randbedingungen vor, müssen erst ausreichende – nicht völlige – Klarheit und Transparenz der Situation geschaffen werden, ehe der eigentliche Problemlösungs-Prozess sinnvoll durchgeführt werden kann.

Klarheit betrifft immer eine begrenzte Situation, z. B. den Status eines Arbeitspakets zu einem Zeitpunkt. Klarheit in diesem Zusammenhang heißt, dass man exakt weiß, was tatsächlich ist, dass man die tendenzielle Entwicklung der Situation kennt und durchschauen kann, wie sich die Situation verhalten könnte. Das betrifft das eigentliche Objekt, z. B. das Projekt oder das Arbeitspaket und seine Randbedingungen.

Die Klarheit der Situation betrifft im Projekt eine Reihe von Punkte:

- Zielwerte: Sind Ziele, Anforderungen und Strategien klar?
- Sachergebnisse: Sind die Qualität und der Fertigstellungsgrad, die Schwierigkeiten des jeweiligen Objekts klar?
- Planwerte: Sind die Planwerte zu Mengen, Kosten, Aufwand, Terminen etc. des Objektes (Projekt, Arbeitspaket etc.) klar?
- Einsatzmittel: Sind Ressourcen, Personen, Know-how, die in diesem Zusammenhang eine Rolle spielen, klar?
- Kultur, Verhalten: Sind die Kulturwerte und das Verhalten der Personen und Gruppen klar?
- Methoden: Ist klar, welche Methoden, Regeln, Gesetze etc. angewendet werden müssen?

Was bedeutet nun Klarheit? Das kann besser beschrieben werden mit der Frage: Wann ist etwas unklar? Dafür gibt es 4 Ansatzpunkte:

- Eine Sache ist unklar, wenn Informationen dazu **nicht bekannt** sind. Fehlende Information verfälscht das Verständnis zu der Situation. Dazu zählt auch die Verschleierung der Situation durch zuviel nichtrelevante Information. Manche Controlling-Berichte verdeutlichen das.
- Eine Sache ist unklar, wenn nicht sicher ist, ob es sich um Fakten oder **Meinungen** handelt. Meinungen werden oft – manchmal im guten Glauben – als Fakten dargestellt oder interpretiert.
- Eine Sache ist unklar, wenn sie **ungenau** ist. Viele Informationen können nur mit einer großen Toleranz angegeben werden. Das betrifft insbesondere „weiche" Informationen, wie z. B. die Motivationslage im Projekt.
- Eine Sache ist unklar, wenn sie **unsicher** ist. Es gibt zwar eine genaue Aussage, es ist aber nicht klar, ob diese Aussage auch zutrifft. Ein Beispiel sind alle zukunftsbezogenen Informationen, wie z. B. Absatzzahlen. Auch die Ehrlichkeit der Aussagen spielt hier eine Rolle.

Aus diesen Faktoren der Klarheit lässt sich ableiten, was zu tun ist, um zu Klarheit zu kommen. Um Klarheit zu einer Situation zu erreichen, muss erst einmal bestimmt werden, was diese Situation überhaupt beschreibt. Die dazu vorliegenden Informationen werden – schriftlich! – festgehalten. Sie werden anhand der obigen Faktoren auf Klarheit überprüft. Informationen, die anscheinend nicht klar sind, werden mit den Verantwortlichen besprochen bzw. es wird versucht, sie in den jeweiligen Dokumentationen zu klären. Das kann ein iterativer Prozess sein. Geklärte Informationen werden mit den Beteiligten abgestimmt.

Verantwortlich für diese Klärung ist der jeweilige Problem-Owner. Natürlich braucht er die entsprechenden Informationsträger dazu. Die Arbeitsgrundlage ist eine gewissenhaft geführte Dokumentation der Sachentwicklung des Projekts und der Projektabwicklung.

 Fazit Jede Information muss daraufhin geprüft werden, wie faktisch und wie sicher sie ist.

1.3 Entscheidungen sicherstellen

Jede Problemlösung setzt Entscheidungen auf verschiedenen Ebenen voraus. Das können Entscheidungen zum Ziel, aus dem das Soll abgeleitet wird, Entscheidungen darüber, welches wohl die wichtigste Ursache eines Problems ist, Entscheidungen über die Alternativenauswahl etc. sein. Die Qualität einer Problemlösung hängt stark von der Entscheidungsfindung ab. Entscheiden ist ein wesentliches Element des Problemlösungs-Prozesses.

Eine Entscheidung ist die Auswahl aus mehreren Alternativen, wobei in der Regel nicht alle Informationen zur Verfügung stehen, um erkennen zu können, welche Alternative die beste ist. Jede Entscheidung beinhaltet also Unsicherheit. Klare Entscheidungen sorgen für Eindeutigkeit, Transparenz und Motivation im Problemlösungs-Prozess und sparen damit erheblich an Zeit, Geld und Ärger ein.

Ziele von Entscheidungen

Jede Entscheidung verfolgt eine Reihe von Zielen. Im Prozess der Problemlösung ist das wichtigste Ziel, Klarheit zu schaffen.

Eine Entscheidung gibt Klarheit.

Durch die Entscheidung für und damit die Festlegung auf eine Alternative entsteht Klarheit und damit Sicherheit im Problemlösungs-Prozess. Gerade in unsicheren Situationen, in denen eigentlich nicht genug Informationen vorliegen, gibt diese Klarheit die Möglichkeit, effizient zu arbeiten, auch wenn die Entscheidung eventuell später revidiert werden muss.

Eine Entscheidung ist richtig.

Die Wirkung von Entscheidungen liegt in der Zukunft. Ob eine Entscheidung richtig war, zeigt sich also auch erst später. Die Entscheidung kann nur aus heutiger Sicht zweckmäßig sein und sorgfältig gefällt worden sein. Sie muss von den Beteiligten als richtig angesehen werden.

Eine Entscheidung wird akzeptiert.

Die Stakeholder eines Projektes, also diejenigen Personen, die ein Interesse am Projekt haben oder vom Projekt in irgendeiner Weise betroffen sind (ISO 10006), haben häufig auf Grund ihrer spezifischen Aufgabe unterschiedliche Meinungen zu den zu fällenden Entscheidungen im Problemlösungs-Prozess. Daher ist es wesentlich, Commitment zu der Entscheidung zu erreichen. Das geschieht am besten über die Mitwirkung aller Beteiligten an der Entscheidung. Oft ist es wichtiger, Akzeptanz hinsichtlich der Entscheidung zu haben, als die optimale Lösung zu finden. Dabei darf allerdings nicht der kleinste gemeinsame Nenner herauskommen.

Eine Entscheidung ist angemessen schnell und aufwandsarm.

Der Entscheidungsprozess muss der Bedeutung der Entscheidung angemessen und an die Notwendigkeiten der Entscheidung angepasst sein. Die Ziele der Akzeptanz und Richtigkeit setzen häufig eine intensive Einschaltung der Stakeholder voraus, was den Prozess der Entscheidung aufwändig und langwierig machen kann. Auf der anderen Seite müssen manche Entscheidungen in kritischen Problemsituationen sehr schnell gefällt werden.

Zwischen diesen Anforderungen an eine Entscheidung muss entsprechend abgewogen werden. Wie intensiv eine Entscheidung bearbeitet werden muss, hängt von den Randbedingungen der Entscheidung ab:

- Zahl der beteiligten Stakeholder
- Wie unterschiedlich sind die Meinungen der einzelnen Stakeholder?
- Wie dringlich ist die Entscheidung?
- Wie hoch ist die Sicherheit der Informationen für die Entscheidung?
- Wie lange ist die Bindungsdauer an die Entscheidung?
- Wie hoch sind die Folgekosten einer Fehlentscheidung?

Hindernisse beim Entscheiden

Entscheidungen werden auch im Problemlösungs-Prozess nicht so zügig gefällt, wie das sinnvoll und möglich wäre. Es gibt eine Reihe von Hindernissen, die Personen zögern lassen, Entscheidungen zu fällen.

- Wer sich mit einer Entscheidung festlegt, wird messbar und damit angreifbar. Gerade in der Situation von Problemen, in der eventuell auch Schuldfragen eine Rolle spielen können, werden Entscheidungen deswegen gerne vermieden.

- Wer klar entscheidet, macht eventuell einen Fehler mit einer Fehlentscheidung. Im Problemfall ist nun sowieso schon etwas schief gelaufen, deshalb wollen die handelnden Personen weitere Fehler vermeiden.
- Jede Entscheidung bedeutet, dass Alternativen ausgeschlossen werden und damit eventuell die Meinung oder Interessen anderer Personen verletzt werden. Zur Entscheidung gehört also auch Konfliktfähigkeit.
- Wer entscheidet, hält sich andere Möglichkeiten nicht mehr offen. In der unsicheren Situation des Problems kann es aber sein, dass andere Lösungen oder andere Informationen auch wesentlich sind. Das führt wiederum zu einer Vermeidung der Entscheidung.

Gründe für schnelle und gute Entscheidungen

Irgendwann werden Entscheidungen dann meist doch gefällt. In vielen wird die Entscheidung über die zunehmende Dringlichkeit erzwungen. Es gibt eine Reihe von Faktoren, die dies begünstigen und das Fällen von Entscheidungen beschleunigen.

- Die Einsicht ist da. Der Entscheider sieht rational ein, dass es in dieser Situation, z. B. für das Erreichen der Unternehmensziele, notwendig ist, das Problem zu lösen. Er sieht auch ein, dass das Problem nur mit einer klaren Entscheidung gelöst werden kann. Diese Einsicht überwiegt, auch wenn er persönlich vor der Entscheidung zögert.
- Der Druck ist groß genug. Werden Entscheidungen immer wieder verschoben, so wächst der Druck auf die Situation und den Entscheider. Die Problemsituation wird immer angespannter und immer schwieriger zu lösen und diese Tendenz nimmt immer weiter zu.
- Es droht Ärger von „oben", wenn die Entscheidung nicht gefällt wird. Ein Vorgesetzter macht also in seiner Machtposition deutlich, dass die Entscheidung jetzt gefällt werden soll / muss.
- Die Entscheidung unterstützt die inneren Ziele der Person. Beispielsweise ist der Entscheider selbst von dem Problem betroffen und deshalb besonders an der schnellen Lösung des Problems interessiert. Die inneren Ziele können aber auch ganz anders geartet sein: Eine Entscheidung kann beispielsweise eine Machtdemonstration oder Profilierung darstellen und damit das Ziel „beruflichen Status halten oder ausbauen" unterstützen.

∑ **Fazit** Im Projekt muss ganz besonders die Entscheidungsorganisation ausgebaut werden.

1.4 Die Arten der Problemlösung

Der Mensch ist im Prinzip aufgrund seiner Entwicklungsgeschichte ein hervorragender Problemlöser, solange seine individuelle „Problemhöhe" nicht überschritten wird. Probleme zu lösen, setzt spontane Entscheidungsfähigkeit, Kreativität und Systematik voraus. Mit diesen Fähigkeiten hat die Evolution das Überleben der Spezies Mensch unterstützt.

Die Probleme in unseren heutigen Projekten unterscheiden sich aber gravierend von den Problemen der frühen Menschen. Rein spontane Handlung reicht meist nicht mehr aus. Trotzdem muss nicht immer ein systematischer Problemlösungs-Prozess durchlaufen werden. Ob das nötig ist, hängt von der „Höhe" des Problems ab, die im Abschnitt 2.4 des Basisteils besprochen wurde. Oft reicht gerade im Frühstadium eines Problems ein spontaner Ansatz.

Die Gegenüberstellung zeigt die Anwendungsbereiche dieser Vorgehensweise zur Problemlösung.

Spontane Problemlösung	Systematische Problemlösung
Beginnt sofort und kann in Bruchteilen von Sekunden ablaufen – oft unbewusst. Handlungsablauf nach Programmen, genetisch oder erlernt.	Erst sinnvoll, wenn keine spontan-natürliche Problemlösung erfolgt. Bewusste Handlungen und Entscheidungen. Zukunftsbezogen. Langsamer Ablauf.
Bezogen auf das persönliche Umfeld, begrenzter Überblick (z. B. Betriebsblindheit). Maßnahmen nur innerhalb des Systems. Nur Wahrnehmung und Reaktion, keine Analyse.	Bewusste Einsicht in unterschiedliche Ebenen und Dimensionen, Systemzusammenhänge, Vernetzung und Grenzen des Systems. Maßnahmen, die auch über das System hinaus greifen.
Gut, wenn die erlernten Programme auf die Problemsituation passen. Zunehmend schlechter, wenn die Probleme komplexer werden, in gleicher Art nicht häufig vorkommen oder systemübergreifend sind.	Bessere Erfolgsquote bei komplexen Problemen, aber nicht hundertprozentig.
Meist Reaktionen des Einzelnen.	Möglichst Teamarbeit.

Intuitive Entscheidungen treffen

Neben der spontanen und der systematischen Problemlösung gibt es eine dritte Art der Problemlösung: Die intuitive Problemlösung.

Jeder, der längere Zeit in Projekten gearbeitet hat, hat eine Vielzahl von Erfahrungen gesammelt, die im „Hinterkopf" gespeichert sind und die nicht bewusst sind. Intuition ist das unbewusste Wissen darum, was sich bewährt hat und was nicht. Intuition ist ein Wissen, von dem wir nicht wissen, dass wir es haben.

Aus dieser Erklärung wird klar, dass nur derjenige, der sich langjährig mit einem Thema auseinander gesetzt hat, über das ausreichende intuitive Wissen verfügt, um intuitive Problemlösungen entwickeln zu können. Intuitiven Lösungen darf man also nur trauen, wenn man erstens Experte zu dem Thema ist und zweitens bei der Lösung auch ein gutes Gefühl entwickelt. Im Gegensatz dazu muss man für die spontane Problemlösung kein Experte für das Thema sein, sie lässt sich dafür auch nur für weniger komplexe „Alltags"-Probleme einsetzen.

Im Problemfall arbeitet an der Lösung des Problems nicht nur das bewusste Denken, sondern auch der unbewusste Teil des Gehirns. Dieser Teil arbeitet aber relativ langsam, weshalb der alte Rat seine Gültigkeit hat: Die Sache überschlafen. Komplexe Situationen können durch die unbewusste Verarbeitung im Gehirn durchaus gut analysiert werden. Diese Vorgehensweise kann verstärkt werden, wenn das Zusammenspiel zwischen rationalem Durchdringen des Problems und der unbewussten Verarbeitung aller Informationen in unserem Gehirn unterstützt wird.

Konkret heißt das, dass das Problem bewusst und rational definiert, durchdrungen und analysiert werden muss. Dass dann aber eine Verarbeitungspause vorgesehen wird, bis die spontanen Lösungen des Gehirns zum Vorschein kommen. Je nachdem, ob sich dabei ein gutes oder weniger gutes Gefühl einstellt, kann der Lösung vertraut werden oder es muss erneut in den Prozess der rationalen und intuitiven Problemlösung eingestiegen werden.

Der systematische Problemlösungs-Prozess ist vorwiegend in der linken Hirnhälfte angesiedelt, in der, pauschal gesagt, die analytischen, systematischen, auf Fakten beruhenden Prozesse ablaufen. Eine intuitive Problemlösung ist viel stärker in der rechten Hirnhälfte verankert, die synthetische, bildhafte, ganzheitliche Prozesse unterstützt. Dies Zusammenwirken beider Hirnhälften führt regelmäßig zu besseren Ergebnissen als das Ergebnis nur einer Hirnhälfte, insbesondere deshalb, da durch die unterschiedliche Betrachtung des Problems verstärkt Assoziationen entstehen.

Intuitives Problemlösen hat Vorteile und Nachteile.

Vorteile	Nachteile
Relativ schnelle Lösung	Subjektiv
Aufwandsarm	Nicht glaubwürdig
Sensibel	Ungewohnt
Alle Informationen verarbeitet	Nicht nachvollziehbar

Erfahrende und gute Projektleiter (und Manager) verlassen sich sehr stark auf ihr Bauchgefühl und ihre intuitive Problemlösung und Entscheidung.

∑ **Fazit** Intuitive Entscheidungen sind äußerst hilfreich, bei mangelnder Erfahrung sind sie aber auch sehr gefährlich.

2 Probleme rechtzeitig erkennen

2.1 Das Frühwarnsystem

Je früher ein Problem erkannt wird, umso mehr Handlungsspielräume und Chancen der Schadensvermeidung bzw. -minderung können gefunden werden. Aus diesem Grund lohnt es sich, im Projekt eine permanente Problemanalyse durchzuführen, z. B. in Form einer laufend mitgeschriebenen Problembilanz.

Probleme können sich schleichend entwickeln, dann können sie frühzeitig erkannt werden, oder sie treten spontan auf, dann ist natürlich eine Frühwarnung nur in seltenen Fällen möglich. Die Abbildung 1.08-V3 zeigt den Verlauf der Problemhöhe über der Zeit.

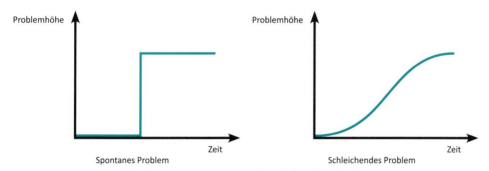

Abbildung 1.08-V3: Die Problemhöhe über der Zeit

Werden die Probleme anhand der Phänomene oder der Wirkung erkannt, ist eine Lösung schwieriger, als wenn sie frühzeitig an den Ursachen erkannt werden. Das Problem hat seinen Ursprung im Allgemeinen auf der arbeitstechnischen Ebene des Projekts. 5 typische Quellen, an denen die Probleme im Projekt entstehen, können unterschieden werden:

1. Die Ergebnisse der einzelnen Arbeitspakete
2. Das Umfeld des Projektes
3. Die Stakeholder
4. Ungeklärte Situation und Methodenanwendung
5. Mangelnde Entscheidungen

Indikatoren von Problemen

Es gibt typische Indikatoren, die an diesen Quellen auf kommende Probleme hinweisen. Ziel der Betrachtung dieser Frühwarn-Indikatoren ist es, sensibel für das Aufkommen von Problemen zu werden. Die ersten Anzeichen von Problemen werden oft nicht bewusst wahrgenommen oder, wenn sie wahrgenommen werden, werden sie verdrängt. Natürlich müssen die hier aufgezeigten Indikatoren nicht immer zu Problemen führen. Das laufende Mitschreiben einer Problembilanz im Projekt zeigt deutlich, ob sich die Problemsituation verschärft oder entspannt.

Auch Probleme, die das Potential zu einer echten Bedrohung haben, werden häufig nicht ausreichend wahr genommen oder verdrängt oder einfach durch Gewöhnung übersehen. Ein typisches Beispiel ist das Gesundheitsrisiko von Rauchern. Probleme, von denen wir glauben, sie leicht lösen zu können, werden hingegen relativ zügig gelöst.

Um die Indikatoren für Probleme zu finden, ist es sinnvoll, das Projektsystem mit all seinen Elementen auf Punkte mit Problempotential hin zu untersuchen. So kann bereits rechtzeitig sensibel erkannt werden, wo ein Problem auftauchen könnte. Auch das Ausbleiben eines sonst üblichen Elements im Projekt (z. B. Bericht etc.) kann also Problemindikator dienen. Grundsätzlich sind „weiche" Indikatoren, wie das Verhalten von Personen, Gerüchte und das Feeling von Fachleuten, sensibler als konkrete Meßzahlen. Die folgende Liste gibt Beispiele für Indikatoren:

1. **Gemessene Werte**
   - Qualitätswerte
   - Häufung von Einzelfehlern
   - Trendanalysen
   - Termintreue-Diagramme
   - Ampel-Verläufe, etc.
2. **Aussagen**
   - Widersprüchliche Informationen
   - Mangelnde Transparenz
   - Feeling von Fachleuten
   - Vermeiden, konkrete Punkte anzusprechen etc.
3. **Verhalten**
   - Themen werden nicht abschließend bearbeitet
   - Man legt sich nicht fest, entscheidet nicht
   - Kommunikation wird vermieden
   - Partner ziehen sich zurück
   - Schlechte Stimmung innerhalb des Projektteams etc.

Verantwortlich für das möglichst frühe Erkennen von Problemen ist eigentlich der jeweilige Arbeitspaket-Verantwortliche oder der Projektleiter. Da aber alle am Projekt Beteiligten den Erfolg des Projektes sicherstellen wollen, sollten auch alle Partner aktiv an der Früherkennung von Problemen teilhaben.

Beispiel Herr Glocke ist ein erfahrener Projektprofi. Seit 12 Jahren wickelt er Installationsprojekte für die Joch AG in Afrika ab. Bisher hat er noch jede Panne ausbügeln können und fast alle unzufriedenen Auftraggeber mit seinem Charme und seiner Hemdsärmeligkeit überzeugen können. Herr Glocke ist sich sicher: „Die in der Zentrale denken sich ja manchmal Dinge aus, die in Afrika einfach nicht funktionieren". Und nun kommt das erste Projekt mit der neuen Anlagengeneration. Zur Schulung hatte Herr Glocke wegen seiner Malaria nicht fahren können, aber da war er sicher, das würde er schon allemal stemmen. Als er die Prospekte und Beschreibungen studiert, beschleicht Glocke ein ungutes Gefühl. Irgendwas stimmt da nicht, aber er hat keine Ahnung, was. Glocke verdrängt das Gefühl, fängt an mit der Vorbereitung der Installation, aber das Gefühl verlässt ihn nicht. Und Wochen später, als die ersten Kisten mit den Teilen kommen, weiß er, was das Gefühl ausgelöst hat, was er aber bewußt nicht erkannt hatte: Die neue Anlagengeneration ist so komplex, dass er in Benin dafür niemals Bediener finden wird.

Das Bauchgefühl von Fachleuten ist ein phantastischer Frühwarner.

 Fazit Wirkliche, sensible Frühwarnung bezieht sich immer auf weiche Informationen.

2.2 Die Problemmeldung

Für jedes erkannte Problem muss eine Problemmeldung erstellt werden. Eine Ausnahme bildet der Umstand, wenn der Entdecker des Problems dieses selber lösen kann oder muss und die Wirkungen ausschließlich seinen Arbeitsbereich betreffen. Werden die Ziele des Projektes oder generell die übergeordneten Ziele gefährdet, muss immer eine Problemmeldung erstellt werden.

Ziel einer Problemmeldung ist es, erstens mögliche Schäden zu vermeiden, indem rechtzeitig von allen Betroffenen gehandelt werden kann, und zweitens für die spätere Bearbeitung des Problems Motivation und Effektivität zu erreichen. Das Schadenspotential des Problems und die Dringlichkeit der Problembehebung werden abgeschätzt. Nach Wichtigkeit und Dringlichkeit richtet sich natürlich auch, wie der Problem-Report gehandhabt wird.

Die Problemmeldung sollte einheitlich formalisiert als Formular oder Template vorliegen. Folgende Informationen sind dabei vorzusehen. Diese Informationen sind eine Kurzfassung der im Basisteil beschriebenen Problemdefinition.

- Beschreibung des Problems
- Betroffene Objekte und Abteilungen
- Auswirkung auf Ergebnisse und Prozesse
- Sofort einzuleitende Maßnahmen
- Dringlichkeit der Bearbeitung
- Erste Ursachenanalyse
- Erste Maßnahmenvorschläge

Die Problemmeldung geht unbedingt an den Projektleiter, an die jeweils übergeordnete Stelle, z. B. den Lenkungsausschuss des Projekts, und an alle von dem Problem inhaltlich oder planerisch Betroffenen. Die Eigenverantwortung der Problemlösung durch den Problem-Owner bleibt erhalten.

2.3 Die Situationsanalyse

In den Projekten gibt es in der Regel nicht ein, sondern viele Probleme mit unterschiedlicher Bedeutung und unterschiedlicher Dringlichkeit. Oft fehlt die Transparenz über die tatsächliche Problemsituation und darüber, was mit Vorrang bearbeitet werden muss. In der Ursachenanalyse wird zudem erkannt, dass einzelne Ursachen häufig auf eine Reihe von Problemen wirken. Um die Situation im Projekt transparent zu machen und auch transparent zu halten, hat es sich bewährt, eine Problem-Situations-Analyse durchzuführen.

Die Situationsanalyse sollte möglichst zu Beginn des Projektes erstellt werden, wenn die Zahl der Probleme – hoffentlich – noch gering ist. Ziel der Situationsanalyse ist es:

- Die Problemzonen des Projekts zu identifizieren
- Die Probleme, die aktuell zu lösen sind, auszuwählen
- Alle Beteiligten für die Notwendigkeit der systematischen Problemlösung zu sensibilisieren

Die Situationsanalyse sollte möglichst in Form einer Tabelle geführt werden, in der der Überblick über die Probleme eindeutig erreicht werden kann. In diese Tabelle werden alle erkannten Probleme aufgenommen. Es kann sinnvoll sein, auch die potentiellen Probleme, die mit einer hohen Wahrscheinlichkeit eintreffen werden (Risikomanagement), aufzunehmen. Erledigte Probleme kommen in den Anhang der

Tabelle, sodass immer transparent ist, was ansteht und was erledigt ist. Es kann für die Motivation der Betroffenen sinnvoll sein, auch eine visualisierte Auswertung vorzunehmen.

Welche Daten in dieser Tabelle stehen, hängt natürlich von dem jeweiligen Projekt und der jeweiligen Gesamtsituation ab. Die folgenden Daten bieten einen Anhalt dafür:

I Stichwort Problembeschreibung
I Dringlichkeit
I Bedeutung, Wirkung
I Tendenz (verschlimmert sich die Situation?)
I Aufwand der Bearbeitung
I Betroffene Objekte oder Abteilungen
I Art des Problems
I Priorität der Bearbeitung

Die Priorität der Bearbeitung hängt von der Dringlichkeit, dem zu vermeidenden Schaden und der Lösbarkeit des Problems ab. Die Priorität sollte möglichst im Projektteam festgelegt werden.

3 Schwierigkeiten im Problemlösungs-Prozess

3.1 Die psychosoziale Wirkung der Probleme

Auch sehr sachlich wirkende Probleme sind viel stärker von dem Verhalten und der Psyche der handelnden Personen bestimmt, als uns das normalerweise bewusst ist. Probleme sind unangenehm, schwierig und erzeugen ungute Gefühle. Sie erzeugen Unlust, mit der sich unser Gehirn automatisch nicht beschäftigen möchte. Das führt zu einer Reihe von Verhaltensweisen, die das Problem verschärfen können und die die Motivation, das Problem zu lösen, reduzieren.

Der Lösungsweg des Problems ist erst einmal unbekannt. Menschen neigen dazu, das Unbekannte zu vermeiden und lieber das Bekannte anzugehen. D. h. die Probleme werden so lange verdrängt, bis sie nicht mehr zu ignorieren sind. Dann ist es für eine effektive Problemlösung häufig einfach zu spät. Wie stark diese Tendenz zur Verdrängung ist, hängt von der subjektiven Erfahrung der Person ab. Es gibt eine psychisch empfundene Lösbarkeit eines Problems, die von dem Verhältnis von sachlicher Lösbarkeit und Erfahrung der Person abhängt. Je geringer die psychische Lösbarkeit erscheint, umso größer ist die Tendenz, das Problem zu ignorieren.

Diese Argumente führen also zu der Tendenz, das Problem „unter den Tisch" zu kehren. Diese Verhaltensweise kann besonders durch Vorleben von Vorgesetzen zu einem Kulturwert werden und damit alle Projekte betreffen. Die Problemlösungen werden dadurch unnötig verzögert und die Problemhöhe mit großer Wahrscheinlichkeit erhöht.

Probleme sind unerwünscht

Gerade beim übergeordneten Management, bei dem die Probleme vieler Projekte zusammenlaufen, werden Probleme häufig verdrängt oder als Schwäche der handelnden Personen ausgelegt. Probleme sind unerwünscht, Lösungen sind erwünscht: „Bringen Sie mir Lösungen und keine Probleme!". Mit dieser Einstellung wird die ausreichende Zeit für Analysen als nicht mehr notwendig angesehen und ein effizienter Problemlösungs-Prozess verhindert. Gute Lösungen brauchen nun einmal die gemeinsame Analyse und die Kreativität, die auf der Analyse aufbaut.

Prinzipiell werden Probleme als negativ angesehen. Die damit eventuell verbundene Chance wird zu wenig genommen. Die aufgetretene Differenz zwischen Soll und Ist muss ja jemand verursacht haben. Zu schnell werden Schuldige gesucht. Schuldige helfen uns aber bei der Lösung des Problems wenig. Schuld ist immer rückwärts orientiert und nicht lösungsorientiert. Die Energie für die Suche nach

Schuldigen wird von der Lösungssuche abgezogen. Schuldige zu suchen, bringt also überhaupt nichts. Mitarbeiter haben aber im Regelfall auch Angst vor Schuldzuweisungen. Das wiederum führt zu der Tendenz der Vertuschung von Problemen. Eine Kultur der Schuldzuweisungen verschärft die Tendenz, Probleme nicht wahrzunehmen. Mitarbeiter müssen ihre Aufmerksamkeit auf die Absicherung legen, dass sie nicht der Schuldige sind. Der Überbringer schlechter Nachrichten wird nie gerne gesehen. Wesentlich Ziel führender wäre der Grundsatz „bad news early are good news" („schlechte Nachrichten zum frühen Zeitpunkt sind gute Nachrichten").

3.2 Probleme der Informationssammlung

Wie im Grundlagenteil bereits beschrieben, brauchen wir verlässliche Informationen, um das Problem lösen zu können. Jede sinnvolle Problemlösung basiert auf richtigen Informationen. Die Erfahrung zeigt jedoch, dass die Qualität der Informationen (d. h. Relevanz und Sicherheit) häufig mit Quantität gleichgesetzt wird. Mit der Tendenz, sich abzusichern, wird für gravierende oder selbst verursachte Probleme eine zu große Fülle von Informationen eingeholt. Das kostet Zeit, verursacht Aufwand und lenkt von der Lösung ab. Es ist daher notwendig, bewusst den Aufwand und den Nutzen der Informationsbeschaffung abzuwägen.

Im Grundlagenteil wurde bereits ausgeführt, dass zwischen Fakten, Meinungen und Annahmen (FOG) unterschieden werden muss. Gerade in einer Stress beladenen Problemsituation wird diese Unterscheidung häufig nicht ausreichend durchgeführt und alle Informationen werden als Fakten interpretiert. Es gibt weitere unbewusste Verfälschungen der Information, die damit auch zu falschen Problemlösungen führen können.

Informationen werden gerade bei emotionaler Betroffenheit sehr selektiv wahrgenommen und es kommt deshalb zu Informationsverfälschungen. Es werden nur noch die Informationen wahrgenommen, die unsere bereits vorgefasste Meinung unterstützen. Das hängt mit der Informationsverarbeitung des Gehirns zusammen. Das Gehirn übernimmt aus der Vielzahl der Informationen, die auf uns einströmen, nur die Informationen in die bewusste Verarbeitung, die unserer aktuellen Meinung entsprechen, d. h. für uns relevant sind.

Eine weitere Tendenz der Informationsaufnahme ist es, dass die erste und die letzte aufgenommene Information stärker gewichtet werden als die dazwischen liegenden Informationen.

Informationsverfälschungen erkennen

Um eine gute Informationsbasis zu schaffen, muss diese Tendenz zur Informationsverfälschung bewusst sein und es muss versucht werden, auch bei der Quellenauswahl (z. B. welche Personen werden interviewt) diese Tendenz zu vermeiden und objektiv zu sein. Hilfreich ist es dabei, vorher die notwendige Information und die konkreten Fragen festzulegen und zu konkretisieren. Durch die Art der Fragestellung können Informationen stark verfälscht werden. Fragen müssen so gestellt werden, dass die Antwort nicht bereits enthalten ist: Offene Fragen.

Zahlen und sehr faktische Informationen vermitteln oft den Eindruck von Sicherheit, auch wenn sie völlig aus der Luft gegriffen sind. Neben der Sicherheit der Information muss auch die Stabilität der Information, d. h. ob sie sich über die Zeit ändert, analysiert werden. Diese Änderungen müssen natürlich im Prozess der Problemlösung beachtet werden. Zudem muss generell die Aktualität der Information überprüft und berücksichtigt werden.

Bei jeder Problemlösung müssen Annahmen getroffen werden. Diese dürfen nicht implizit getroffen werden, sondern müssen klar als solche gekennzeichnet und im Laufe des Problemlösungs-Prozesses überprüft und abgesichert werden. Bei mehreren Beteiligten, was die Regel im Problemlösungs-Prozess ist, kommt die Frage hinzu, wie die Information überhaupt verstanden wird, ob sie gleichartig verstanden wird und ob sie falsch oder unterschiedlich interpretiert wird.

3.3 Probleme der Lösungsfindung

Die Erfahrung zeigt, dass sehr häufig nicht die optimalen Problemlösungen gefunden werden, sondern mit suboptimalen Lösungen weitergearbeitet wird. Dahinter steckt nicht der mangelnde Wille der Beteiligten, sondern es könnten einige typische Probleme im Bereich der Lösungsfindung nicht ausreichend beachtet worden sein. D. h., nach unserer Definition vom Problem, dass eine Abweichung von dem Soll, wie der Prozess ablaufen soll, und dem Ist, wie er tatsächlich abläuft, vorhanden ist.

Diese Probleme tauchen immer wieder auf:

1. Generelle Probleme bei der Lösungsfindung:
   - Der systematische Prozess der Lösungsfindung wird nicht angewendet.
   - Die Randbedingungen für die Problemlösung werden nicht beachtet oder geklärt.
   - Der Zeitdruck ist wichtiger als die Systematik.
   - Das notwendige Know-how wird nicht herangezogen.
   - Die Problemlösung hat nicht oberste Priorität und wird nicht mit voller Kraft bearbeitet.
   - Es wird nicht gemeinsam an der Lösung gearbeitet.
   - Stakeholder werden ausgegrenzt oder nicht ausreichend informiert.
2. Probleme in der Analysephase:
   - Die Sorgfalt in der Analyse ist zu gering.
   - Es gibt keine ausreichende Problembeschreibung.
   - Es wird von nur einer Ursache ausgegangen.
   - Nebenwirkungen werden ignoriert.
3. Probleme in der Lösungsphase:
   - Die erstbeste Lösung wird akzeptiert.
   - Es werden zu wenige Lösungen kreativ erarbeitet.
   - Die Beurteilungskriterien werden nach der Lösungssuche erstellt und festgelegt.
   - Die Auswahl der Lösung geschieht nicht systematisch.
   - Zu schnelle, unfundierte Entscheidungen werden getroffen.

Es lohnt sich immer, vor oder im Prozess der Problemlösung auf diese Schwierigkeiten des Prozesses zu sehen, um sicher zu sein, dass der Prozess bestmöglich läuft. Nicht alle diese Probleme sind einfach zu vermeiden. Hält man sich aber strikt an den definierten Prozess, wird zumindest die Hauptschwierigkeit vermieden.

3.4 Probleme der Umsetzung

In der Umsetzungsphase liegt der eigentliche Erfolg der Problemlösung. Hier liegen aber auch der größte Aufwand und der größte Zeitaufwand zur Lösung des Problems. Deshalb ist das Risiko von Fehlern und mangelhaftem Vorgehen hier am größten. Eine nicht unwesentliche Zahl von Problemlösungen wird nicht ausreichend umgesetzt trotz guter Vorarbeit in den davor liegenden Phasen. Das kann u. a. daran liegen, dass das Interesse an der Umsetzung nicht mehr vorhanden ist, weil bereits andere Probleme im Vordergrund stehen, die aktuell mehr Interesse hervorrufen. Bei der ineffizienten Umsetzung dieser Phase kann viel unnötiger Aufwand erzeugt werden. Die Umsetzungsphase setzt unbedingte Disziplin in der Abarbeitung voraus und unterscheidet sich dadurch erheblich von der kreativen Phase der Lösungsphase.

Eine Reihe von Problemen müssen in der Umsetzungsphase vermieden werden:

- Der für die Umsetzung notwendige Aufwand wurde in der Alternativenauswahl nicht berücksichtigt.
- Der notwendige und bekannte Kapazitätsbedarf wurde nicht zuverlässig reserviert.
- Die Arbeitspakete der Umsetzungsphase sind zu groß und können deswegen nicht ausreichend überwacht und nachgesteuert werden.
- Die Umsetzung wird zu wenig strikt und mit zu wenig Druck durchgeführt.
- Der Informationsaustausch zwischen allen Beteiligten ist nicht intensiv und schnell genug.
- Es sind nicht alle Beteiligten in den Prozess eingebunden, die notwendig gewesen wären.
- Die Planung der Phase ist nicht systematisch genug.
- Die Nachsteuerung aufgrund neuer Erkenntnisse geschieht nicht.
- Die entschiedene Lösung wird nicht konsequent durchgesetzt, neue Lösungen werden darüber gelegt.

Fazit Auch der Problemlösungs-Prozess selber verursacht Probleme. Sie können nach den Mustern der allgemeinen Problemlösung bearbeitet werden.

4 Methoden der Problemlösung

4.1 Überblick

Für den Problemlösungs-Prozess gibt es eine Vielzahl von einsetzbaren Methoden, die aus dem Projektmanagement, dem Risikomanagement, der Wertanalyse und den Entscheidungsprozessen stammen. Diese Methoden haben unterschiedliche Einsatzbereiche in den verschiedenen Phasen des Problemlösungs-Prozesses. Ziel der folgenden Tabelle ist es, eine Gesamtübersicht zu geben. Diese Gesamtübersicht soll Ihnen als generelle Anregung dienen. Welche Methode in welcher Phase idealerweise eingesetzt werden sollte, hängt natürlich von dem konkreten Problem und den Rahmenbedingungen des Problems ab. Nicht alle Methoden sind in dieser Ausarbeitung detailliert beschrieben, es ist aber für jede Phase die wesentliche Methodik als Handlungsanweisung erläutert. Die Tabelle gibt einen Überblick über die Einsatzmöglichkeiten der nicht beschriebenen Methoden im Problemlösungs-Prozess.

Methoden	Erl. *	Einsatz in der Phase				
		Erkennen	Klären	Lösen	Umsetzen	Vermeiden
Übergeordnete Methoden						
Projektmanagement					●	●
Risikomanagement		●	○		●	●
SWOT-Analyse	X	●				
Moderation		●	●	●		
Teamarbeit		●	●	●	●	
Stakeholder-Analyse		●	●	○		●
Analyse-Methoden						
Kraftfeld-Analyse			●	●	●	
Analogie-Schluss			●	●		
Ursachen-Wirkungs-Diagramm	X		●			
Papiercomputer	X		●			○
Organisationsaufstellung		●	●	○		
Problemnetz	X		●	●		●
Funktionsanalyse		○	●	●		●
Flußdiagramm		●	●			
Kreativitäts-Methoden						
Brainstorming/writing				●		
635				●		
Morphologischer Kasten			○	●		
Mind Mapping			●	●		
Synektic				●		
6 Hüte				●		●
Bionik				●		
Collective Notebook		●	●	●		●
Entscheidungsmethoden						
Paarweiser Vergleich	X			●		
Nutzwert-Analyse	X			●		
Pareto-Diagramm/ABC-Analyse	X	●	○	○	○	●

* In diesem ICB-Element als Handlungsanweisung erläutert

● Voll einsetzbar
● Unterstützt diese Phase
○ Bedingt einsetzbar

Abbildung 1.08-V4: Übersicht über die Methoden des Problemlösungs-Prozesses

4.2 Ursache-Wirkungsdiagramm

Methode

I Das Ursachen-Wirkungs-Diagramm (auch Fischgräten- oder Ishikawa-Diagramm genannt) ist eine geeignete Methode, um Ursachen einer bestimmten Problemstellung strukturiert zu identifizieren und grafisch darzustellen.

Ziel

I Intensive Analyse der (vielfältigen) Ursachen von Problemen
I Gemeinsame Betrachtung des Problems im Team
I Alle Aspekte des Problems berücksichtigen
I Lösungen finden, die von allen Beteiligten getragen werden

Voraussetzung

- Strikte Visualisierung aller Aspekte
- Arbeit im Team
- Erst sammeln, dann strukturieren und dabei ergänzen

Vorgehen

Das Vorgehen umfasst 5 Schritte. In Abbildung 1.08-V5 ist ein exemplarisches Ursachen-Wirkungs-Diagramm als Erläuterung dargestellt. Die Abbildung basiert auf dem unten dargestellten Beispiel.

Schritt 1	Die Problemstellung formulieren	
	Das Problem muss übersichtlich sein und konkret gefasst werden. Alle Beteiligten sollten mit der Problemformulierung einverstanden sein.	
Schritt 2	Ermitteln der Ursachen	
	Potentielle Ursachen des Problems werden ohne Priorisierung oder Systematisierung durch Brainstorming bestimmt. Der Prozess der Ideengenerierung kann durch Fragen stimuliert und die Ergebnisse können konkretisiert werden.	
Schritt 3	Erstellen des Fischgräten-Diagramms	
	Die ermittelten Ursachen werden systematisiert. Hierfür wird ein Diagramm erstellt, an dessen Kopf das Problem und an dessen „Gräten" die Ursachenkategorien notiert werden. Das Kategorien-Set muss abhängig von der Problemstellung ausgewählt werden. In technischen Projekten finden folgende Kategorien (5 M) häufige Anwendbarkeit: Menschen Mitwelt Material Maschinen Methoden	
Schritt 4	Systematisierung der Ursachen	
	Die im Brainstorming gesammelten Ursachen werden den entsprechenden Kategorien zugeordnet, wobei miteinander verbundene Ursachen auf Verzweigungen an den „Gräten" dargestellt werden. Die Konzentration auf die Ursachenkategorien kann ein neues Brainstorming in Gang setzen.	
Schritt 5	Analyse der Hauptursachen	
	Durch eine offene Diskussion oder durch die Identifikation von Ursachen, die wiederholt auftauchen, lassen sich die Hauptursachen des Problems herausfinden. Es ist häufig sinnvoll, nur die Ursachen tiefer zu analysieren, die von dem Team beeinflusst werden können.	

🔍 **Beispiel** In der Joch AG ist ein ärgerliches Problem aufgetreten. Die Kantine kann ausgerechnet am Freitag kein Essen ausgeben, da die elektrische Versorgung der Herde zusammengebrochen ist. Nach einem Rüffel von seinem Chef setzt sich der Küchenchef mit seinem Team zusammen und diskutiert, was zu tun ist, damit das Problem, dass die Kantine kein Essen ausgeben kann, nicht wieder auftritt. Ein Koch bringt die Methode des Ursachen-Wirkungs-Diagramms ein und man beschließt diese Methode auszuprobieren. Abbildung 1.08-V5 zeigt das Ergebnis der Diskussion.

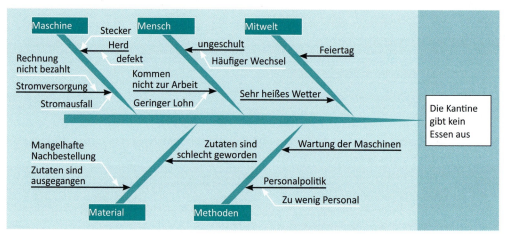

Abbildung 1.08-V5: Ein exemplarisches Ursachen-Wirkungs-Diagramm

4.3 SWOT-Analyse

Methode

Die SWOT-Analyse (englisches Akronym für Strengths (Stärken), Weaknesses (Schwächen), Opportunities (Chancen) und Threats (Gefahren)) ist eine flexible Methode, um die Problemlösungsalternativen umfassend hinsichtlich ihrer Kernkompetenzen zu analysieren, zu bewerten und die sachdienlichste(n) Alternative(n) zu eruieren. Die SWOT-Analyse eignet sich auch, um die Problemsituation zu analysieren und strategische Möglichkeiten daraus abzuleiten. Originär ist die SWOT-Analyse ein Instrument des strategischen Managements zur Analyse der gegenwärtigen Situation und der Entwicklungsmöglichkeiten von Unternehmen oder Unternehmensbereichen. Die Analyse bezieht dabei sowohl interne Gegebenheiten als auch externe Einflüsse mit ein.

Ziel

- Einen strukturierten, vollständigen Überblick über die Problemsituation bekommen
- Intensive Analyse und Identifikation der Stärken und Schwächen der Problemlösungsalternative
- Intensive Analyse und Identifikation der Chancen und Gefahren, die bei dieser Problemlösungsalternative auftreten können
- Eine Informationsbasis schaffen, um analytisch Handlungsmöglichkeiten ableiten zu können

Voraussetzung

- Zeit
- Fundierte, umfassende Informationen, auch zu den Rahmenbedingungen
- Idealerweise Arbeit im Team, damit eine umfassende Information gewährleistet ist

Vorgehen

Das Vorgehen umfasst 7 Schritte. In Abbildung 1.08-V6 ist eine exemplarische SWOT-Analyse als Erläuterung dargestellt. Die Abbildung basiert auf dem unten dargestellten Beispiel.

Schritt 1	Ziel festlegen
	Vor der Durchführung der SWOT-Analyse muss ein Ziel (Soll-Zustand) verbindlich vereinbart werden. Eine Bewertung der Alternativen hinsichtlich SWOT und die Ableitung von Handlungsoptionen aus der Analyse der Situation sind nur möglich, wenn der Soll-Zustand bekannt ist. Vgl. dazu Abschnitt 1.1 des Vertiefungswissens.
Schritt 2	Team zusammenstellen
	Um sowohl die interne Perspektive als auch die Kundensicht abzubilden, sollte ein abteilungsübergreifendes Team zusammengestellt werden. Dazu gehören z. B. Projektleiter, Mitarbeiter aus F&E, Produkt-Manager, Sales-Fachleute sowie Entscheider. Welche Personen konkret im Team sein sollen, ergibt sich aus der Fragestellung.
Schritt 3	Matrix aufbauen
	Legen Sie für jede Problemlösungsalternative bzw. Problemsituation eine 4-Felder Matrix an, als deren Dimensionen an der horizontalen Seite die Innen- und die Außenanalyse, an der vertikalen Seite Chancen und Risiken abgetragen sind.
Schritt 4	Interne Analyse
	Als dritter Schritt werden die Stärken und Schwächen der Problemsituation bzw. der Problemlösungsalternativen gesammelt, die das Unternehmen selbst kontrollieren kann - Ressourcen, Kompetenzen, Technologien. In der Gruppendiskussion bietet es sich an, Kreativitätsmethoden, z. B. Brainstorming, anzuwenden und die Stärken und Schwächen anschließend zu strukturieren und zu gewichten. Die identifizierten Stärken und Schwächen werden nun in den entsprechenden Matrixfeldern aufgelistet.
Schritt 5	Externe Analyse
	Als vierter Schritt werden die Chancen und Risiken der Problemsituation bzw. der Problemlösungsalternativen gesammelt, die die Positionierung des Unternehmens beeinflussen, auf die das Unternehmen aber keine Kontrollmöglichkeiten hat, d. h. Umstände, die sich aus der technologischen, marktwirtschaftlichen, sozialen oder ökologischen Umwelt ergeben. Diese Umweltveränderungen sind weitgehend exogen vorgegeben, sollten aber möglichst antizipiert werden.
	In der externen Analyse werden die Chancen und Gefahren im Umfeld ermittelt. Bei unterschiedlichen Problemlösungsalternativen werden wahrscheinlich unterschiedliche Umweltsituationen relevant, z. B. das Verwenden neuer Technologien, die Relevanz unterschiedlicher gesetzlicher Regelungen etc. Bei der externen Analyse werden externe Chancen und interne Stärken leicht vermischt. Sie sollten darauf achten, diese konsequent zu trennen. Die identifizierten Chancen und Gefahren werden nun in den entsprechenden Matrixfeldern aufgelistet.
Schritt 6	Kombination der internen und der externen Analyse
	Die Kombination der Stärken/Schwächen und Chancen/Risiken ermöglicht eine Bewertung der Problemlösungsalternativen bzw. eine Ableitung von Handlungsstrategien und -maßnahmen aus der Problemsituation. Es wird versucht, den Nutzen aus Stärken und Chancen zu maximieren und die Verluste aus Schwächen und Gefahren zu minimieren. Folgende Fragen können Ihnen helfen, Initiativen und Maßnahmen abzuleiten:
	Stärke/Chancen: Mit den Stärken die Chancen ausnutzen: Welche Stärken passen zu welchen Chancen? Wie können Stärken eingesetzt werden, sodass sich die Chancenrealisierung erhöht?
	Stärke/Gefahren: Mit den Stärken Gefahren abwehren: Welchen Gefahren können wir mit welchen Stärken begegnen? Wie können welche Stärken eingesetzt werden, um den Eintritt bestimmter Gefahren abzuwenden?
	Schwäche/Chancen: Schwächen überwinden: Wie können Schwächen überwunden werden, um Chancen zu nutzen? Wo können aus Schwächen Chancen entstehen?
	Schwäche/Gefahren: Schwächen beseitigen. Wie können Schwächen beseitigt werden, um Gefahren abzuwenden?

Schritt 7	Die Ergebnisse umsetzen
	Die beste Untersuchung nützt nichts, wenn sie keine Aktivitäten nach sich zieht. Die Umsetzung muss also nach normalem Projektmanagement geplant und überwacht werden.

Beispiel Die Projekte der Tochterfirma der Joch AG in Südamerika zum Aufbau von Produktionsanlagen machen seit Jahren keinen Gewinn. Die Geschäftsführung versetzt den erfahrenen Projektleiter Glocke, der bisher die Installationsprojekte für die Joch AG in Afrika abwickelte, nach Südamerika. Herr Glocke hat viel Projekterfahrung, er kennt die Produkte, nicht aber die Marktgegebenheiten. Die Geschäftsführung der Joch AG vereinbart mit Herrn Glocke das Ziel, das Südamerika-Projektgeschäft innerhalb von zwei Jahren rentabel zu machen.

Herr Glocke muss eine intensive Prüfung der Gegebenheiten der Projekte vornehmen und entscheidet sich, eine SWOT-Analyse durchzuführen. Er benennt ein Team aus Vertriebsleuten, Projektleitern und Controllern, eine SWOT-Analyse aufzubauen. Abbildung 1.08-V6 zeigt die Matrix als Ergebnis der Analyse.

	Chancen	Risiken
Innen	**S(trengths)** • Gute Produkte • Hoher Bekanntheitsgrad • Organisation vor Ort • Ausreichendes Kapital	**W(eaknesses)** • Keine Erfahrung der PL • Interkulturelle Probleme • Mangelnde Zuverlässigkeit • Intransparente Kosten
Außen	**O(pportunities)** • Wirtschaftswachstum • Boomender Markt • „Treue" Kunden • Konkurs regionaler Wettbewerber	**T(hreats)** • Wettbewerber Asien • Handelsbarrieren • Hohe Inflation • Rechtsunsicherheit

Abbildung 1.08-V6: Eine exemplarische SWOT-Matrix

Aus der Kombination der internen und der externen Analyse leitet Herr Glocke die zu verfolgenden Strategien und Maßnahmen ab.

Folgende Vorgehensweisen wird er mit dem Team verfolgen:

1. Methoden und Wissen über Projektmanagement vom Stammwerk nach Südamerika übertragen.
2. Transparente Kostenrechnung und Berichterstattung aufbauen mit dem Ziel der Preissenkung.
3. Die Organisation vor Ort (inkl. Produktion, Montage und Service) ausbauen.

4.4 Manueller Papiercomputer

Methode

Der Papiercomputer ist eine einfache, aber ausgesprochen wirkungsvolle Methode, um Zusammenhänge in komplexen Problemen zu analysieren. In komplexen Problemsituationen gibt es viele Elemente und Einflussgrößen. Diese Elemente sind im Extremfall jedes mit jedem vernetzt und die Elemente können für sich ein dynamisches Verhalten haben. Ein Element kann auf ein anderes verstärkend oder abschwächend wirken. Im Gesamtsystem ergeben sich viele gekoppelte Kreisläufe, die nicht mehr überschaubar sind. Will man ein solches System beeinflussen, muss man wissen, welches die treibenden und welches die getriebenen Elemente sind. Der Papiercomputer bietet dafür eine für die Praxis ausreichende Analyse.

Ziel

| Abhängigkeiten in komplexen Problemen erkennen
| Erkennen, welche die treibenden Faktoren einer Situation sind
| Erkennen, welcher Einfluss auf das komplexe Problem genommen werden kann

Voraussetzung

| Die Elemente und Abhängigkeiten des Systems sind bekannt
| Möglichst Arbeit im Team
| Die Bearbeiter des Papiercomputers kennen das Problem und sein Umfeld gut

Vorgehen

Das Vorgehen umfasst 7 Schritte. In Abbildung 1.08-V7 ist ein Papiercomputer als Erläuterung dargestellt. Der exemplarische Papiercomputer in Abb. 1.08-V9 basiert auf dem unten dargestellten Beispiel.

Schritt 1	Die Elemente des zu untersuchenden Problems definieren. Ideal ist eine Zahl unter 10, häufig müssen aber mehr Elemente bearbeitet werden. Elemente, die nicht beeinflusst sind, dürfen nicht aufgenommen werden.
Schritt 2	Erstellen einer Matrix (der Papiercomputer) Tragen Sie in den Zeilen und den Spalten die Elemente des Problems ein. (vgl. Abbildung 1.08-V7)

Schritt 3	Ermitteln der Wirkungen
	Es wird Zeile für Zeile bearbeitet. Es werden nur die Elemente oberhalb der Diagonalen bearbeitet. Die Diagonale wird ausgeklammert. In jeder Zeile fragen Sie für jede Spalte: Wie stark beeinflusst das Element der Zeile das Element der Spalte?
	Zur Bewertung tragen Sie folgende Zahlen in das Kreuzungsfeld ein:
	0 = Keine Beeinflussung
	1 = Geringe Beeinflussung
	2 = Mittlere Beeinflussung
	3 = Starke Beeinflussung
Schritt 4	Ermitteln der Abhängigkeiten
	Es wird Zeile für Zeile bearbeitet. Es werden die Elemente unterhalb der Diagonalen bearbeitet. In jeder Zeile fragen Sie bei jeder Spalte: Wie stark wird das Element der Zeile von dem Element der Spalte beeinflusst?
	Die Bewertung halten Sie wie oben fest.
Schritt 5	Ermitteln der prozentualen Wirkungen und Abhängigkeiten
	Addieren Sie die Werte der Zeilen und Spalten und halten Sie die Ergebnisse fest. Bilden Sie die maximale Summe eines Elements (das ist die Zahl der Elemente mal 3) und halten Sie den %-Satz des Zeilen- oder Spaltenwerts im Verhältnis zum Maximalwert fest.
Schritt 6	Erstellen einer Matrix mit den Werten je Element
	Tragen Sie die Elemente des Systems in eine Matrix ein, in der auf der Waagerechten der Wert der Zeile (so stark treibt das Element) und auf der Senkrechten der Wert der Spalte (so stark wird das Element getrieben) in % des Maximalwerts eingetragen wird.
Schritt 7	Interpretation
	Der Zeilensumme eines Elements besagt, wie stark dieses Element das Verhalten des Systems bestimmt (Aktivitätssumme AS). Der Spaltensumme besagt, wie stark dieses Element von anderen Elementen beeinflusst wird (Passivitätssumme PS). Das Verhältnis der beiden Werte beschreibt die Autonomie des jeweiligen Elements.

Es ergeben sich vier Bereiche der Elemente, wie die Abbildung 1.08-V7 zeigt.

- **Aktives Element** Dies Element beeinflusst alle anderen am stärksten.
- **Passives Element** Dies Element beeinflusst die anderen Elemente am schwächsten.
- **Kritisches Element** Dieses Element beeinflusst die übrigen Elemente am stärksten und wird gleichzeitig auch von ihnen am stärksten beeinflusst.
- **Ruhendes oder pufferndes Element** Dieses Element beeinflusst die übrigen am schwächsten und wird von ihnen am schwächsten beeinflusst.

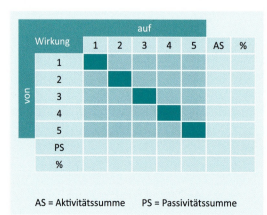
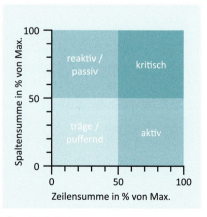

Abbildung 1.08-V7: Der Papiercomputer

Beispiel Erinnern Sie sich? Frau Schwarz aus der Produktentwicklung hat deutliche Probleme mit der Termintreue der Arbeiten in ihrem Team. Sie hatte ein Problemnetz erarbeitet, hatte danach selber noch Alternativen des Vorgehens angedacht, diese aber nicht umgesetzt, weil sie alle zu viele negative Wirkungen hatten (vgl. Grundlagenteil). Frau Schwarz arbeitet weiter an den Problemen. Sie zeichnet einfach einmal die Komponenten, die auf die Termintreue wirken, auf. Und sie verbindet die Komponenten so mit Pfeilen, dass klar wird, welche Komponenten auf welche verstärkend (+) und welche abschwächend (-) wirken. Abbildung 1.08-V8 zeigt das Ergebnis ihrer Überlegungen.

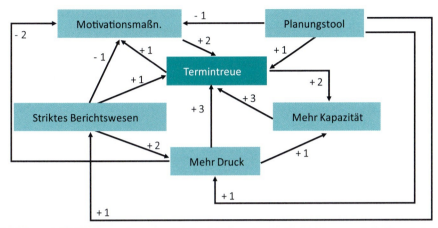

Abbildung 1.08-V8: Exemplarische Abhängigkeiten der Einflußfaktoren auf die Termintreue

🔍 **Beispiel** Offensichtlich liegt ein komplexes Problem mit vielen gegenseitigen Abhängigkeiten, dynamischen Randbedingungen und nicht meßbaren Werten vor. Aus dieser Darstellung läßt sich eine Ziel führende Lösung, um die Termintreue zu erhöhen, nicht ableiten. Frau Rot hat das gleiche Problem und ähnliche Annahmen; sie verwendet allerdings die Methode des Papiercomputers. Hierfür erstellt Sie zunächst eine Beeinflussungstabelle entsprechend der obigen Anweisung.

Abbildung 1.08-V9: Eine exemplarische Beeinflussungsmatrix

🔍 **Beispiel** Die Daten der Beeinflussungstabelle überträgt Frau Rot in das Abhängigkeitsdiagramm (Abbildung 1.08-V9). Während Frau Schwarz nicht weiß, wass Sie tun soll, kennt Frau Rot die richtige Option: Ein Planungstool einführen und dieses konsequent anwenden.

Die Analyse zeigt, dass die Termintreue stark abhängig von den anderen Faktoren ist. Das verwundert nicht. Und sie zeigt, dass das Planungstool die Termintreue am meisten beeinflusst, am zweitwichtigsten ist die Frage der Kapazität.

5 Probleme im Projekt vermeiden

5.1 Typische Problemursachen der Praxis

In jeder Projektumgebung gibt es eigene typische Probleme. Analysiert man diese Probleme, dann kommt man auf ein paar Grundursachen, die immer wieder eine Rolle spielen. Im Kern dreht es sich natürlich immer um die handelnden Personen. Die Grundursachen aus dem psychosozialen Bereich und dem Bereich der Führung gewinnen daher eine besondere Bedeutung.

Abbildung 1.08-V10 verdeutlicht den Zusammenhang zwischen Ursachen, Problemen und deren Folgen. Wenn immer nur Probleme bearbeitet werden, rutscht das gesamte Projekt in ein permanentes Krisenmanagement hinein. Gutes Projektmanagement ist die Methodik, um die Ursachen der Probleme rechtzeitig zu vermeiden. Für diesen Zusammenhang muss Verständnis bei allen Beteiligten geschaffen werden, wenn eine Problemvorbeugung tatsächlich wirkungsvoll werden soll.

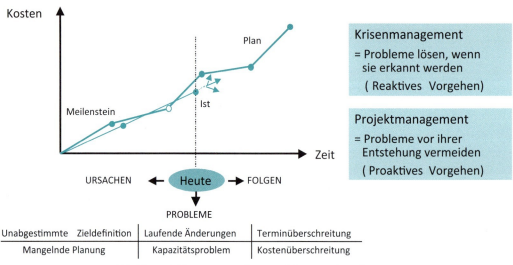

Abbildung 1.08-V10: Ursachen, Probleme und Wirkungen

In der folgenden Übersicht sind die immer wieder auftretenden Grundursachen der Probleme in Projekten aufgeführt. Diese Ursachen sind nicht unabhängig voneinander, sondern bedingen sich teilweise. Die Frage dabei ist, ob diese Grundursachen beseitigt oder ob zumindest ihre Wirkungen reduziert werden können.

Es lohnt sich, zu Beginn jedes Projektes sich diese Grundursachen intensiv anzusehen, sie eventuell zu detaillieren und ein Problemprofil für das Projekt anzulegen. Ein typisches Beispiel in Projekten als Ursache von Problemen ist mangelnde Kommunikation zwischen den Teammitgliedern. Ist das vorher erkannt, kann der formale Weg der Kommunikation so gestaltet werden, dass ausreichende Kommunikation im Projekt stattfindet. So können beispielsweise regelmäßige Teammeetings festgelegt werden. Alle möglichen Mißverständnisse können, bevor sie eigentlich auftauchen, angesprochen und damit, zumindest zu einem Großteil, vermieden werden. Die Analyse vergangener Projekte hilft, die Grundursachen der Probleme vorbeugend zu erkennen.

∑ **Fazit** Es ist immer billiger, besser, schneller und mit weniger Ärger verbunden, wenn Probleme vermieden anstatt gelöst werden.

Die folgende Checkliste soll Ihnen als Anregung zur Erstellung eines Problemprofils Ihres Projektes dienen. Welche Grundursachen von Problemen können Sie für Ihr Projekt ausschließen (--)? Verwenden Sie in dem Projekt beispielsweise gar keine innovativen Technologien (vgl. Nr. 1)? Welche möglichen Problemursachen haben in Ihrem Projekt eine große Bedeutung (++)? Herrschen z. B. in Ihrem Projektteam starke ungelöste Konflikte (vgl. Nr. 7)? Welche Grundursachen für Probleme könnten in Ihrem Projekt noch auftreten? Nach der Identifikation der relevanten Problemursachen müssen, wie oben gezeigt, Wege gefunden werden, um diese Problemursachen, bevor sie auftauchen, vorbeugend zu vermeiden.

Tabelle 1.08-V1: Ursachen der Probleme im Projekt

Nr.	Problemursache	Relevanz				
		--	-	o	+	++
	Komplexe Aufgabenstellung					
	Innovative Technologien					
	Sehr große Projektergebnisse					
	Viele Teilprojekte					
	Mangelnde Methodenanwendung					
	Projektmanagement					
	Stakeholder-Analyse					
	Umfeld-Analyse					
	Mangelnde Klärung					
	Erwartungen					
	Zu hoher Optimismus					
	Unsicherheiten					
	Überforderung					
	Know-how					
	Kapazitätsbelastung					
	Parallele Projekte					
	Machtfragen					
	Fehlender Ausgleich verschiedener Interessen					
	Abteilungsegoismen					
	Unrealistische Vorgaben					
	Unzureichende Kommunikation					
	Missverständnisse					
	Zu wenig Kommunikation					
	Einseitige Kommunikation					
	Schlechte Führung					
	Demotivation					
	Ungelöste Konflikte					
	Mangelndes Vorbild					
	Schlechte Entscheidungen					
	Zu späte Entscheidungen					
	Autoritäre Entscheidungen					
	Unausgereifte Entscheidungen					
	Mangelnde Zusammenarbeit					
	Fehlendes Vertrauen					
	Mangelnde Arbeit im Projektteam					
	Mangelnde Verbindlichkeit					
	Unzuverlässige Erledigung					
	Zusagen werden nicht gehalten					
	Ergebnisse werden nicht fixiert					

Entscheidungen als Problemursache

Ein typisches Beispiel für die Erzeugung von Problemen durch eine dieser Grundursachen sind schlechte Entscheidungen im Projekt. Diese können Auswirkungen auf die unterschiedlichsten Funktionen und Handlungen im Projekt haben. Die Abbildung 1.08-V11 zeigt eine Auswahl der möglichen Probleme aufgrund mangelnder Entscheidungen.

Abbildung 1.08-V11: Typische Projektprobleme als Wirkung mangelnder Entscheidung im Projekt

5.2 Maßnahmen zur Vermeidung dieser Ursachen

Natürlich ist es billiger und besser, Probleme rechtzeitig zu vermeiden, als sie später mit Aufwand zu bearbeiten. Deshalb ist der Aufwand für vorbeugende Problemvermeidung immer gerechtfertigt.

Erfolgreiche Projektleiter vermeiden Probleme. Andere lösen Probleme.

Beispiel Herr Glocke ist intensiv dabei, das Südamerikageschäft rentabel zu machen. Ein vordringliches Projekt ist für ihn, eine transparente Kostenrechnung für die Projekte der Region einzuführen. Aufgrund seiner Erfahrung erwartet er eine Menge von Problemen, ohne genau sagen zu können, welche Probleme das sein werden. Aber eines weiß er: Er will sich nicht mit unnötigen Problemen herumärgern, sondern diese lieber von Anfang an vermeiden.

Leider hat Herr Glocke keine Zeit, sich um das Projekt zu kümmern, da ein Kunde kritisch geworden ist und da die Geschäftsführung aus Deutschland ihren Besuch in Südamerika angesagt hat, was gut vorbereitet werden muss. Da fällt Herr Glocke eine mutige Entscheidung: Er sagt alle Termine der übernächsten Woche ab, bucht einen Raum in einem abgelegenen Hotel und lädt die sechs Personen, die an dem Projekt arbeiten werden, zu einem dreitägigen Workshop ein.

In diesem Workshop will er alle potentiellen Probleme ermitteln und die vorbeugenden Maßnahmen zur Vermeidung dieser Probleme konkretisieren. Seine Mitarbeiter bittet er, die folgenden zwei Wochen zu blockieren, damit die Aktivitäten aus dem Workshop umgesetzt werden können. Vom kaufmännischen Leiter seines Bereichs lässt er sich ein angemessenes Budget für diese Maßnahmen freigeben.

Der kritische Kunde beschwert sich bei der Geschäftsführung, dass er nicht genug betreut wird. Zudem ist die Geschäftsführung über die kurzfristige Absage durch Herrn Glocke ziemlich ungehalten. Herr Glocke macht seinem Vorgesetzten aber klar, dass diese kleinen Probleme in Kauf genommen werden müssen, damit spätere große Probleme des Projekts vermieden werden.

Um Probleme in der Projektarbeit zu vermeiden, müssen die Ursachen der Probleme beseitigt werden. Die Kernursachen wurden im Abschnitt 5.1 erfasst. Es ist eine kreative Aufgabe, im Projektteam daraus die konkreten, erwarteten Probleme zu identifizieren und entsprechende Maßnahmen einzuleiten.

Grundsätzlich lassen sich natürlich nicht alle Probleme vermeiden. Aber mit den Ansätzen eines guten Projektmanagements lassen sich drei Ziele erreichen:

1. Reduzierung der Anzahl der Probleme
2. Reduzierung der Auswirkung der Probleme
3. Rechtzeitiges Erkennen kommender Probleme

Die Grundlage für die Vermeidung von Problemen im Projekt ist ein ganzheitliches Projektmanagement inklusive aller Elemente der Führung und des Verhaltens von Personen. Die folgende Checkliste ist eine Hilfe, um systematisch vorbeugende Maßnahmen zu erkennen. Die einzelnen Elemente des Projektmanagements (nicht die dahinter steckenden Problemursachen) sind aufgeführt mit der Frage, in wie weit diese Punkte bei Ihnen im Unternehmen geregelt sind (☹ = Gar nicht geregelt, ☺ = Sehr gut geregelt) und in wie weit ein Handlungsbedarf für das jeweilige Projekt besteht (☹ = Großer Handlungsbedarf, ☺ = Keinerlei Handlungsbedarf). Mithilfe der Checkliste können Sie also herausfinden, welche vorbeugenden Maßnahmen bei Ihnen im Unternehmen und / oder im Projekt noch ausgebaut werden sollten.

Checkliste 2: Analyse der vorbeugenden Maßnahmen gegen Projektprobleme

Bereich	Vorbeugende Maßnahmen gegen Probleme im Projekt	Bei uns geregelt:			Handlungsbedarf im Projekt:		
		☹	😐	☺	☹	😐	☺
Sachsystem	Know-how; Erfahrung aufbauen						
	Versuche durchführen						
	Ähnliches Sachsystem machen						
Strategie	Klare, eindeutige, verstandene Strategie						
	Angemessene Anzahl von Projekten						
	Strategische Risikoauswahl						
Ziele	Anforderungsanalyse durchführen						
	Abstimmung der Ziele mit allen Beteiligten						
	Zielpyramide aufbauen						
	Machbarkeit der Ziele überprüfen						
	Umweltanalyse durchführen						
Organisation	Alle Stakeholder einbeziehen						
	Eindeutige Verantwortungen regeln						
	Rollen (Verantwortungen, Rechte) definieren						
	Klare Entscheidungskompetenzen festlegen						
Abwicklung	Start-Workshop durchführen						
	Meilensteine definieren						
	Meilenstein-Entscheidungen durchführen						
	Projektbegleitende Qualitätssicherung						
Planung	Vollständigen Projektstrukturplan aufbauen						
	Realistische Planung sicherstellen						
	Risikomanagement durchführen						

Bereich	Vorbeugende Maßnahmen gegen Probleme im Projekt	Bei uns geregelt:			Handlungsbedarf im Projekt:		
		☹	😐	☺	☹	😐	☺
Steuerung	Transparenter Status sicherstellen						
	Eindeutige Auftragsvergaben durchführen						
	Klare Vereinbarungen treffen						
	Klare Dokumentation aufbauen						
	Änderungsmanagement durchführen						
Führung	Klare Entscheidungen sicherstellen						
	Motivation aufbauen						
	Konflikte rechtzeitig lösen						
	Kommunikation sicherstellen						
	Zusammenarbeit an Schnittstellen						
	Echte Teamarbeit ermöglichen						

∑ Fazit Neben den Handlungselementen aus dem Projektmanagement gibt es eine Reihe von Grundsätzen des Projektmanagements, die, wenn sie wirklich umgesetzt werden, ebenfalls erhebliche vorbeugende Wirkung haben:

- Betonung der Klärung in den frühen Phasen
- Gesamthafte Betrachtung des Projektmanagements
- Eigenverantwortung aller Aufgabenträger
- Intensive Zusammenarbeit
- Horizontale Kommunikation
- Klare, verlässliche Auftragsvergaben
- etc.

Die vorbeugende Problemvermeidung macht Aufwand. Aber dieser Aufwand ist bestimmt geringer als die spätere Problembearbeitung. Lieber wird einmal zu viel zur vorbeugenden Problemvermeidung getan, als dass später ein Problem mit dem Potential zu einer Krise oder zu einem Konflikt entsteht. Natürlich müssen nicht alle in der Checkliste 2 aufgeführten Punkte bearbeitet werden, sondern es müssen die Dinge herausgefunden werden, bei denen ein tatsächliches Problempotential vermieden werden kann. Im Endeffekt führt dieser Prozess zu einer permanenten Weiterentwicklung des Projektmanagements.

5.3 Fehler im Problemlösungs-Prozess

Auch der Problemlösungs-Prozess selber wird selten reibungsfrei ablaufen. Eine Vielzahl von potentiellen Fehlern und Hindernissen lassen den Ablauf häufig anders werden als gewollt. Um den Problemlösungs-Prozess möglichst reibungsfrei zu gestalten, ist es daher klug, sich vorher mit den möglichen Fehlern auseinanderzusetzen und zu versuchen, diese zu vermeiden. In der unten stehenden Aufstellung sind die häufigsten Fehler in dem Problemlösungs-Prozess aufgeführt.

Vorab jedoch einige Überlegungen zu grundsätzlichen Fehlern in dem Prozess:

- **Überreaktion** Da mit der Lösung des Problems zu lange gewartet wurde, wird nun eine Überreaktion eingeleitet. Als Beispiel: 4 Monate lang fehlte ein entscheidender Mitarbeiter im Projekt und nun sollen 4 zusätzliche Mitarbeiter den Zeitverzug aufholen. Das geht nur beim Sandschaufeln, nicht bei kreativer Projektarbeit.

- **Quick-fix** Um die Sache schnell vom Tisch zu haben, wird eine schnelle, halbwegs passende Lösung entworfen, entschieden und umgesetzt. Damit werden im Regelfall neue, allerdings später auftauchende Probleme geschaffen.

Die häufigsten Fehler im Problemlösungs-Prozess zeigt die folgende Aufstellung.

1. **Methoden**
   - Die Methoden der Problemlösung sind nicht ausreichend bekannt und geschult.
   - Die Methoden der Problemlösung sind zwar bekannt, werden aber aus mangelnder Sorgfalt nicht angewendet.
   - Die Methoden der Problemlösung werden angewendet, aber die Zielorientierung ist verloren gegangen. Man schwimmt in der „Problemsuppe".
2. **Problembeschreibung**
   - Die Problembeschreibung ist nicht präzise genug.
   - Die Problembeschreibung wird nicht von allen Stakeholdern akzeptiert.
3. **Informationen und Daten**
   - Die notwendigen Daten sind schwierig zu beschaffen, deshalb wird darauf verzichtet.
   - Die erhobenen Daten sind zu unsicher.
   - Die Daten hinsichtlich Ist-Zustand und Soll-Zustand werden unterschiedlich bewertet.
   - Die Abweichung zwischen Soll und Ist wird aus Sicht der Stakeholder unterschiedlich bewertet. Die einen sagen: „Katastrophe", die anderen sagen: „Ist doch nicht so schlimm".
   - Die Daten sind keine Fakten, sondern Vermutungen, die nicht wirklich überprüft wurden.
4. **Problemanalyse**
   - Das erforderliche Know-how für die Analyse liegt nicht vor.
   - Lücken in der Analyse werden wissentlich in Kauf genommen.
   - Es wird zu wenig Analyse betrieben, weil: „Das weiß ich doch".
5. **Lösungssuche**
   - Es werden zu wenige Lösungen vorgeschlagen.
   - Das Know-how für die Lösungssuche reicht nicht aus.
   - Wesentliche Stakeholder werden ausgegrenzt.
   - Es werden Lösungen Einzelner autokratisch durchgesetzt.
   - Die Bewertungskriterien für die Lösung werden den eigenen Interessen angepasst.
6. **Blockaden im Problemlösungs-Prozess**
   - Blockaden, die in der Umwelt liegen:
     - Überlastung der Betroffenen
     - Ungeeignete Arbeitsmöglichkeiten
     - Permanente Störung
     - Körperliche Beschwerden
   - Blockaden aus kulturellen Gründen:
     - Fehler und Probleme werden nicht akzeptiert
     - Regelgläubigkeit, Bürokratie
     - Hierarchisches Denken und Entscheiden
     - Perfektionismus
     - Mangelnde Eigenverantwortung
     - Kontrolldenken
   - Blockaden in der Zusammenarbeit:
     - Ursachen werden verschoben (Schwarzer Peter)
     - Krampfhaftes Festhalten an eigenen Vorstellungen
     - Machtstreben blockiert Kreativität
     - Abteilungsegoismen
     - Ungelöste Konflikte

7. **Umsetzung der Problemlösung**
    - Die Umsetzbarkeit der Lösung wurde bei der Auswahl der Alternativen nicht beachtet.
    - Der für die Umsetzung notwendige Aufwand wurde in der Alternativenauswahl nicht berücksichtigt.
    - Es wurden nicht zuverlässig genügend Kapazitäten für die Umsetzung reserviert.
    - Die Arbeitspakete der Umsetzungsphase sind zu groß. Sie können daher nicht ausreichend überwacht und nachgesteuert werden.
    - Die Lösung wird nicht konsequent durchgesetzt, da wieder andere Lösungsalternativen entschieden und darüber gelegt werden.
    - Wesentliche Stakeholder werden ausgegrenzt.
    - Es werden Lösungen Einzelner autokratisch durchgesetzt.
    - Die Bewertungskriterien für die Lösung werden den eigenen Interessen angepasst.

6 Zusammenfassung

Aufbauend auf dem Problemlösungs-Prozess des Basisteils, wird der Prozess um zwei weitere Elemente ergänzt: Die Klärung der Ist-Situation und die Klärung und Entscheidung der Soll-Situation, zwischen denen die Abweichung als Auslöser des Problems liegt.

Die Ziele und Randbedingungen von Entscheidungen und auch die Schwierigkeiten beim Fällen von Entscheidungen werden erläutert. Neben dem systematischen Problemlösungs-Prozess werden die Vorgehensweise und Hintergründe des spontanen Problemlösungs-Prozess und der intuitiven Problemlösung eingeführt. Der Aufbau und die Elemente eines Frühwarnsystems für Probleme werden dargestellt. Die Meldung der Probleme mit einem Problemreport und dessen Inhalt werden angesprochen. Die systematische Sammlung aller Probleme in einer Situationsanalyse mit der Auswertung in einer Problembilanz wird vorgestellt.

Zentralpunkt des Vertiefungswissens sind die Schwierigkeiten verschiedener Art im Problemlösungs-Prozess. Die psychologische Wirkung von Problemen hinsichtlich der Verdrängung der Probleme und die übertriebene Suche nach Sicherheit bilden die Grundlage einer Vielzahl von Schwierigkeiten im Prozess. Ebenso sind die Verfälschungen der Informationssammlung durch verschiedene Prozesse in unserem Gehirn eine permanente Fehlerquelle.

Die Schwierigkeiten im Prozess bei der Lösungsfindung und der Umsetzung der Lösung werden detailliert aufgelistet und aus dieser Auflistung ergibt sich, was gegen diese Schwierigkeiten getan werden muss.

Es werden weitere hilfreiche Methoden zur Gestaltung der Problemlösung eingeführt:
Ursache-Wirkungsdiagramm, SWOT-Analyse, manueller Papiercomputer.

Es ist prinzipiell einfacher, Probleme zu vermeiden, als sie zu lösen. Trotzdem wird diese Chance zu wenig wahr genommen. Die zentralen Ursachen, aus denen Probleme der vielfältigsten Art resultieren, werden dargestellt und regen dazu an, diese Ursachen zu vermeiden.

Rein methodisch gibt es eine Vielzahl von Maßnahmen, die Problemen vorbeugen. Diese können im Endeffekt unter dem Titel „Projektmanagement" subsumiert werden. Auch im Problemlösungs-Prozess selber können erkannte Probleme zu besseren Lösungen führen.

7 Fragen zur Wiederholung

Diese Fragen dienen der Wiederholung des Inhalts des Vertiefungswissens. Sie regen zum Weiterdenken an einigen Stellen an und sind aus dem Verständnis des Textes, nicht immer aus dem wortwörtlichen Text, beantwortbar. Sie sollen den Transfer der Inhalte in die Praxis der Projektarbeit unterstützen.

1	Unter welchen Umständen führt Perfektionismus zu suboptimalen Problemlösungen?	☐
2	Warum müssen manchmal Entscheidungen gefällt werden, bevor der eigentliche Problemlösungs-Prozess durchgeführt werden kann?	☐
3	Wie stellen Sie Klarheit über den Ist-Zustand des Problemumfelds her?	☐
4	Warum fällt es manchmal schwer, in einem Problemlösungs-Prozess Entscheidungen zu treffen?	☐
5	Wann können Sie einer intuitiven Problemlösung trauen und wann nicht?	☐
6	Was müssen Sie bei intuitiven Problemlösungen beachten?	☐
7	Wie vermeiden Sie die typische „Informationsbrille" bei der Beschaffung der für die Problemlösung notwendigen Informationen? Was bedeutet „Informationsbrille"?	☐
8	Warum sind „weiche" Informationen in der Früherkennung von Problemen sensibler als faktische oder „harte" Informationen?	☐
9	Wie bauen Sie eine Situations-Analyse auf und wie erstellen Sie diese?	☐
10	Welche Maßnahmen zur Problemvermeidung aus dem Bereich der Projektorganisation gibt es?	☐
11	Wann sollte man eine SWOT-Analyse einsetzen?	☐
12	Wie baut man eine Ursachen-Wirkungs-Analyse auf?	☐
13	Welche Methoden eignen sich zur Analyse von komplexen Problemen?	☐
14	Welche Probleme treten im Problemlösungs-Prozess immer wieder auf?	☐

1.09 Projektstrukturen (Project structures)

Hans Knöpfel, Christoph Rosenthaler, Ulrich Wolff

Lernziele

Sie kennen

- wesentliche Begriffe, wie Struktur, Liste, Baumstruktur, Tabelle, strukturierender Aspekt, Dimension, Ausprägungen, hierarchische Struktur, relationale Struktur, Attribut, Schlüssel, klassieren, Metadaten zu bzw. in Dokumenten, Projektobjekten, Projektaktivitäten, Projektinformationen, Vereinbarungen und Organisationen
- und verstehen die vielfältigen Einflüsse aus und die Beeinflussungen durch andere Kapitel der ICB
- die Gründe für die Abstimmung zwischen den Strukturen von Projekten einerseits und Programmen und Portfolios andererseits
- durch das Projektmanagement geprägte strukturierende Aspekte und Ausprägungen für die Objekte, Aktivitäten, Informationen, Vereinbarung und Organisationen von komplexen Projekten

Sie wissen

- wie das Grundlagenwissen für komplexe Projekte ausgebaut wird
- wie für komplexe Kombinationen von Aspekten hierarchische oder relationale Strukturen entworfen, genutzt und gepflegt werden
- wie Projektstrukturen mit vielen Dimensionen über mehrere hierarchische Ebenen gestaltet, koordiniert und verwendet werden
- wie für komplexe Strukturen geeignete Formen der zusammengesetzten Schlüsselbildung übersichtlich entworfen, genutzt und gepflegt werden
- wie komplexe Standardstrukturen, z. B. komplexe hierarchische Projektkontenpläne, vernetzte Standardgliederungen für Objekt-, Aktivitäts- und Informationsstrukturen, eingesetzt werden
- wie Dokumentationssysteme für das Management von komplexen Projekten, Programmen und Portfolios strukturell beurteilt und umgesetzt werden

Sie können

- das Vorgehen zur Strukturierung von Projekten nach unterschiedlichen Aspekten (Dimensionen) an komplexen Projekten anwenden
- komplexe Projekte nach unterschiedlichen Aspekten (Dimensionen) strukturieren
- auch für Projekte hoher Komplexität beherrschbare Einheiten (Arbeitspakete) systematisch bilden und beschreiben
- komplexe Strukturregeln berücksichtigen und anwenden
- Informationen mithilfe von komplexen Projektstrukturen zu Managementinformationen für das Projekt-, Programm- und Portfoliomanagement verdichten

Inhalt

1	Einführung	1549
2	Systematik der Aspekte für Projektstrukturen	1549
3	Strukturregeln und Schlüsselbildung	1549
3.1	Struktur-Modelle	1549
3.2	Vorgehen der Strukturierung	1556
3.3	Schlüssel (Codierungssysteme)	1557
3.4	Struktur-Komplexität	1558
3.5	Projektstrukturen für Projekt-Varianten	1560
3.6	Änderungen von Projektstrukturen	1560
4	Strukturierende Aspekte	1561
4.1	Aspekte für Projektobjekte	1562
4.2	Aspekte für die Projektaktivitäten	1564
4.3	Aspekte für die Projektinformationen	1565
4.4	Aspekte für die Vereinbarungen	1566
4.5	Aspekte für die Organisationen	1568
5	Beispiele für Strukturen in komplexen Projekten	1569
5.1	Beispiel Wintergarten	1569
5.2	Beispiel Informationssystem	1571
5.3	Beispiel Fotoapparat	1573
5.4	Beispiel Organisationsentwicklung	1574
6	Anwendung der Projektstrukturen	1576
6.1	Einleitung	1576
6.2	Bezug zur ICB	1577
6.3	Anwendungskonzept	1578
6.4	Arbeitspakete	1579
6.5	Überlegungen zum Beispiel Wintergarten	1579
7	Besonderheiten beim Programm- und Portfoliomanagement	1581
7.1	Einleitung	1581
7.2	Neue strukturierende Aspekte	1582
7.3	Schwerpunktverschiebungen	1582
8	Entwerfen, Nutzen und Pflegen von Projektstrukturen („Strukturieren")	1584
8.1	Konzeptionelle Sicht	1584
8.2	Inhalte und Aktivitäten des Strukturierens	1584
8.3	Detaillierte Prozessbeschreibung	1585
8.4	Erhalten der Projektstrukturen	1587
9	Zusammenfassung	1587
10	Fragen zur Wiederholung	1588

1 Einführung

Die einleitenden Bemerkungen zu den Projektstrukturen finden sich ausschließlich im „Basisteil". Sie gelten auch für das Vertiefungswissen.

2 Systematik der Aspekte für Projektstrukturen

Die Systematik der Aspekte für Projektstrukturen findet sich ausschließlich im „Basisteil". Sie gelangen auch im Vertiefungswissen zur Anwendung.

3 Strukturregeln und Schlüsselbildung

Wie im Basisteil dargelegt, muss für die **Strukturregeln** klar zwischen den zu gliedernden oder den zu klassierenden Projektelementen und den dazu zu verwendenden Projektstrukturen unterschieden werden.

Im Basisteil wird gezeigt, dass Aspekte (Eigenschaften, Methoden usw.) der Projektelemente zur Gliederung oder Klassierung verwendet werden. Diese **strukturierenden Aspekte** müssen den Projektelementen konzeptionell als Attribute mitgegeben werden. Aus jedem Aspekt werden dann unterschiedliche **Ausprägungen** zur gewünschten Gliederung oder Klassierung der Projektelemente genutzt.

Die innere Ordnung der zur Gliederung verwendeten Aspekte und ihrer Ausprägungen wird als **Aspektstruktur** bezeichnet. Diese Meta-Strukturen ordnen also strukturierende Ausprägungen der Aspekte. Die einzelnen Ausprägungen werden auch als Strukturelemente bezeichnet. **Strukturelemente** werden von den Projektelementen referenziert und können so zur Gliederung oder Klassierung genutzt werden.

Im Folgenden sollen einige Themen zum konzeptionellen Entwurf der Projektstrukturen dargestellt werden.

3.1 Struktur-Modelle

Das Entwerfen von Strukturen (nicht nur für Projekte) geschieht in der Regel nach drei Struktur-Modellen:

> **Definition** | Das „lineare Modell" der ungegliederten Menge: **Liste** mit Strukturelementen
> | Das hierarchische Modell: **Baumstruktur** der Strukturelemente
> | Das relationale Modell: **Tabelle** mit Strukturelementen

Liste

Bei sehr wenigen und sehr „linearen" Ausprägungen eines strukturierenden Aspekts kann eine einfache **Liste** der Menge der Ausprägungen genügen.

Bekannte Beispiele dazu sind die Aspekte „Geschlecht" oder „Doku-Status". Bei beiden existieren nur wenige Ausprägungen (beispielhaft, ev. nicht abschließend):

- Geschlecht: feminin, maskulin
- Doku-Status: geplant, in Arbeit, zur internen Prüfung, zur externen Prüfung, freigegeben, ersetzt, ungültig

Listen können ungeordnet (Geschlecht) oder geordnet (Doku-Status) sein.

Listenelemente sind aus struktureller Sicht „atomar", d. h. sie werden nicht weiter unterteilt.

In der Informatik werden für solche Mengen von Ausprägungen so genannte Code-Listen entworfen, die dem Benutzer in der Applikation als Auswahllisten zur Verfügung gestellt werden. Daraus ergibt sich für die Nutzung die Anforderung, dass nur relativ kleine Mengen von Ausprägungen eines Aspekts als einfache Listen verwendet werden können.

Baumstruktur (Hierarchie)

Wenn die Menge der Ausprägungen groß ist oder die Bedeutung des strukturierenden Aspekts dies erlaubt, soll zur Strukturierung eines elementaren, also nicht kombinierten Aspekts das Modell einer **Baumstruktur** oder eben das **hierarchische Modell** verwendet werden. Aus der Struktursicht werden dabei zu bestimmten Aspekt-Ausprägungen jeweils tiefer gegliederte Ausprägungen identifiziert und beschrieben.

Bekannte Beispiele sind Prozess- oder Systemhierarchien: Jeder Prozess besteht aus einer Menge von „Teilprozessen" resp. jedes System besteht aus einer Menge von „Teilsystemen". Diese Detaillierung kann grundsätzlich beliebig tief weitergeführt werden.

Beispiel Die folgende Figur zeigt eine hierarchische Aspektstruktur für die geografische Lage. Die Figur zeigt zudem die Referenzierung der Strukturelemente durch Verträge, als Beispiele für zu strukturierende Projektelemente.

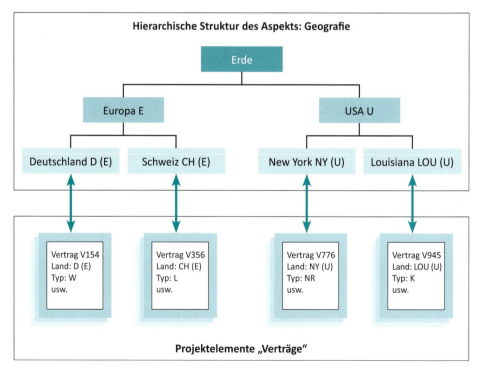

Abbildung 1.09-V1: Nutzung der hierarchischen Aspektstruktur „Geografie"

> Die hierarchische Struktur unterstützt die Vollständigkeit der Ausprägungen der Aspekte und hilft, so zu strukturieren, dass später keine Zuweisungsprobleme auftreten (disjunkte Menge der Strukturelemente).

Hierarchien werden zum Teil auch als „strukturierte Listen" aufgefasst.

> **Definition** Die Strukturelemente werden oft auch als **Hierarchieknoten** bezeichnet. Der Weg vom obersten Knoten bis zu einem tiefsten „Basisknoten" wird als Ast der Hierarchie tituliert. Im allgemeinen Fall müssen nicht alle Äste in einer Hierarchie gleich lang sein, d.h. gleich viele Knoten aufweisen. Dies kann jedoch in bestimmten Fällen verlangt werden und ist dann eine weitere, bedeutungsvolle Eigenschaft dieser Hierarchie.

Aus semantischer Sicht können zwei Arten von Hierarchien unterschieden werden:

- Hierarchie-Ebenen haben eine Bedeutung: z.B. kann die Ebene einer Kostenartengliederung mit „Arbeitsgattung" bezeichnet werden. Oder es kann die Ebene einer Gliederung von Softwareeinheiten als „Modul" betitelt werden.
- Hierarchie-Ebenen haben keine Bedeutung: z.B. bei einem Familienstammbaum oder bei einer Organisationsstruktur, bei der in unterschiedlichen Ästen unterschiedliche organisatorische Kriterien zur Gliederung verwendet werden.

Beide Arten von Hierarchien kommen bei der Projektstrukturierung vor. Es ist bei jeder zu entwerfenden Hierarchie sorgfältig zu prüfen, welcher der beiden Fälle vorliegt. Es entspricht nicht „good practices", den Ebenen einer Hierarchie mit „Gewalt" Bedeutung zuzuweisen, obwohl es immer wieder versucht und praktiziert wird!

Die schon im Basisteil (Abbildung 1.09-7) verwendete Abbildung 1.09-V2 zeigt den allgemeinen Fall, bei dem die Hierarchie-Ebenen keine Bedeutung haben.

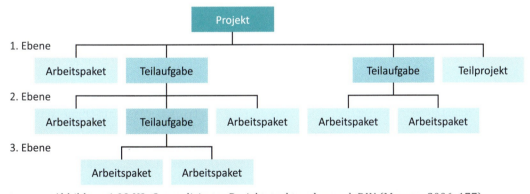

Abbildung 1.09-V2: Generalisierter Projektstrukturplan nach DIN (Motzel, 2006: 177)

> **Beispiel** Eine konkrete Anwendung dieser Art von Hierarchien zeigt die eindimensionale Struktur der Aktivitäten für das Beispiel eines Hausbaus, das ebenfalls im Basisteil (Abbildung 1.09-11) schon verwendet wird.

Abbildung 1.09-V3: Hierarchische Struktur ohne Bedeutung der Hierarchie-Ebenen (Basisteil, Abb. 1.09-11)

Ein weiteres und oft diskutiertes Thema ist die Frage, ob nur die untersten Knoten einer Hierarchie referenziert werden dürfen oder ob auch höhere Knoten dazu dienen können, referenziert zu werden.

Im Beispiel der Abbildung 1.09-V3 würde dies bedeuten, dass beispielsweise Kostengrößen nicht nur für den Bauantrag, sondern auch (z. B. als Reserven) für den Entwurf in ein Budget aufgenommen werden sollen.

Qualitative Aussagen auf höheren Knoten werden in der Regel fachlich korrekt an alle darunter liegenden Knoten „vererbt". Dies muss aber in jedem Fall überprüft werden. Quantitative Aussagen, z. B. Werte von ressourcenbezogenen Größen, dürfen aus fachlicher Sicht in der Regel aber nicht „vererbt" werden. Deren Behandlung ist sorgfältig festzulegen.

Die Frage stellt sich beispielsweise bei der Bewirtschaftung von Kosten, im Besonderen von „Reserven": Reserven sollen, besonders in frühen Projektstadien, nicht detailliert zugewiesen werden müssen. Dies führt dazu, dass der Wunsch besteht, sie höheren Knoten der Hierarchie zuzuweisen. Wenn dann Teile der Reserven an tiefere Knoten „abgetreten" werden, stellt sich die Frage der Bedeutung des Betrags auf dem höheren Knoten:

I Soll der diesem Knoten zugewiesene Betrag die Summe aller darunter liegenden Knoten darstellen?
I Soll der diesem Knoten zugewiesene Betrag der Rest, d. h. der noch nicht an darunter liegende Knoten zugewiesene Teil, sein?
I Oder sollen gar nur die untersten „Basisknoten" referenziert werden können, die Hierarchie also nur klassierende Strukturinformation sein?

Alle drei Lösungen sind aus struktureller Sicht denkbar.

Tipp Zu beachten ist aber, dass die Summenbedeutung konzeptionell redundant ist; sie ist darum zu vermeiden! Die Summe der darunter liegenden Knoten ist ja über diese jederzeit bestimmbar.

Grundsätzlich kann festgehalten werden, dass sehr oft Knoten unterschiedlicher Ebenen referenziert werden. Die Behandlung von quantitativen Grössen der referenzierten Knoten muss von der Anwendung abhängig gemacht werden.

Die Tabelle (Relation)

In der Realität kommen immer wieder „gemischte" Projektstrukturen vor, die eigentlich Kombinationen unterschiedlicher Aspekte verwenden. Typisch ist dies der Fall, wenn aus der Sicht eines bestimmten Projektstrukturplans bewusst und nachvollziehbar eine Kombination von Aspekten verwendet werden soll.

„Gemischte" Projektstrukturen werden auch als „mehrdimensional" bezeichnet, da dabei verschiedene Aspekte als Strukturdimensionen kombiniert werden. Im Idealfall kann ein Projektelement dann einem (oder mehreren) „Elementarwürfeln" dieses mehrdimensionalen Raums zugewiesen werden (vgl. Basisteil, Abb. 1.09-2). Dies ist einerseits dann der Fall, wenn die Granularität eines für die Projektstrukturierung zu verwendenden Aspekts bewusst oder ungewollt nicht verfeinert werden soll. Als Nachteil muss allerdings in Kauf genommen werden, dass dann nach den im Aspekt kombinierten Detailaspekten nicht mehr selektiert oder aggregiert werden kann. Dies ist also zu vermeiden. Beispielsweise kombiniert ein Dokumentstatus mit den Ausprägungen „Entwurf ungeprüft", „Entwurf geprüft" usw. eigentlich zwei Aspekte: „Entwurf" und „Prüfung". Nach „geprüft"/ „ungeprüft" kann (strukturell) nicht selektiert werden, da dieser Aspekt nicht alleine angesprochen werden kann.

Viel wichtiger ist jedoch der Fall, wenn aus der Sicht einer bestimmten Projektstruktur bewusst und nachvollziehbar eine Kombination von Aspekten verwendet werden soll.

Aus der Struktursicht bedeutet diese Kombination, dass die Projektelemente je einer Ausprägung mehrerer Aspekte zugewiesen werden sollen.

- Sind die Ausprägungen der Aspekte einfache Listen, so reicht die Referenzierung eines Listenelements zur Herleitung der Bedeutung dieser Zuweisung.
- Sind die Aspekte selbst als Hierarchien strukturiert, so bedeutet dies, dass jedes Projektelement in jeder dieser Hierarchien einen Hierarchieknoten referenziert. Die Bedeutung der Zuweisung ergibt sich also aus der Referenzierung des Hierarchieknotens und dem Wissen über die hierarchische Struktur der Ausprägungen des Aspekts.

Σ Fazit In der Praxis sind „gemischte", mehrdimensionale Projektstrukturen weit häufiger der Fall, als dass nur ein einziger Aspekt zur Strukturierung von Projektelementen verwendet wird. Beispielsweise soll ein Budgetbetrag in der Regel parallel mindestens einem Projektobjekt, einer Verrichtung und einer Rolle der Projektorganisation zugewiesen werden können.

Die Zuweisung zu den Ausprägungen der verschiedenen Aspekte geschieht durch Attribuierung des Projektelements mit diesen Aspekten. D.h. jeder Aspekt ist ein Attribut des Projektelements. In Anlehnung an die Relationen-Algebra wird diese Art der Zuweisung eines Projektelements zu den Ausprägungen unterschiedlicher Aspekte als **relationales Modell** bezeichnet. Dabei:

- repräsentiert eine Relation (Tabelle) alle Projektelemente eines bestimmten Typs, z. B. Budgets in Abhängigkeit von Projektobjekten, Verrichtungen usw.,
- repräsentiert eine Zeile der Tabelle ein Projektelement, z. B. ein bestimmtes Budget,
- und repräsentieren die strukturellen Attribute der Tabelle die Beziehungen zu den verwendeten Aspekten.

🔍 Beispiel Das typische Beispiel für eine relationale Struktur ist das im Basisteil eingeführte Arbeitspaket. Dieses ist per Definition mehrdimensional. Es kombiniert in vielen Fällen Aspekte von Projektobjekten, Projektaktivitäten und Projektphasen. Jeder Aspekt selbst kann eine Liste oder eine Hierarchie sein. Das folgende Beispiel zeigt einige Arbeitspakete mit typischen Referenzen zu strukturierenden Aspekten (aus Beispiel 5.2).

Arbeitspaket (Schlüssel)	Systemelemente (Strukturaspekt 1)	Verrichtungen (Strukturaspekt 2)	Projektphasen (Strukturaspekt 3)	Dauer (Attribut)	Weitere Attribute
DBINT2	DB	Integrieren	Implementation	22	usw.
VALKON1.1	Validierung	Appli.-Konzept entwerfen	Konzept	45	usw.
VALSPEZ3	Validierung	Spezifizieren	Implementation	34	usw.
usw.	usw.	usw.	usw.	usw.	usw.

Abbildung 1.09-V4: Relationale Struktur (Tabellensicht) der Arbeitspakete für ein SW-Projekt

Dieses Beispiel zeigt eine weitere interessante Tatsache: Das Arbeitspaket kann einerseits (analog zu einem Hierarchieknoten) als Ausprägung einer relationalen Projektstruktur betrachtet werden, das von beliebigen Projektelementen referenziert werden kann. Wird dieses Strukturelement mit weiteren, lokalen Attributen versehen, wird es gleichzeitig aber auch zu einem Projektelement, das nach allen strukturierenden Aspekten gegliedert werden kann.

Σ Fazit Relational kombinierte Strukturelemente können also generell sowohl Ausprägungen einer relationalen Aspektstruktur als auch Projektelemente sein, die mit ihren Strukturattributen vorgängig festgelegte strukturierende Aspekte referenzieren.

🔍 Beispiel Als weiteres Beispiel kann die im Basisteil (Abbildung 1.09-12) verwendete gemischt-orientierte Arbeitspaket-Gliederung für das Einfamilien-Wohnhaus in Tabellenform dargestellt werden:

Projekt-Schlüssel	Systemelemente (Strukturaspekt)	Verrichtungen (Strukturaspekt)	Dauer [AW]	Weitere Sachattribute
PM	PM	-	22	usw.
G-Ent	Gebäude	Entwerfen	4	usw.
G-Pla	Gebäude	Planen	8	usw.
G-Rea	Gebäude	Realisieren	12	usw.
G-Bez	Gebäude	Beziehen	1	usw.
A-Ent	Anbau	Entwerfen	4	usw.
A-Pla	Anbau	Planen	4	usw.
usw.	usw.	usw.	usw.	usw.

Abbildung 1.09-V5: Tabellendarstellung der Projektstruktur Hausbau

Generell kann also mit der relationalen Tabellensicht ein Projektelement beliebige Knoten der beteiligten eindimensionalen Strukturen referenzieren. Der Zweck des zu bildenden Projektstrukturplans bestimmt die effektiv vorkommenden Kombinationen. Dabei werden die Kriterien „Detaillierungsgrad" und „reale Bedeutung (oder Existenz)" beachtet. In der folgenden Tabelle werden einige wenige der effektiv vorkommenden Kombinationen der drei Aspektstrukturen „Objektgliederung", „Aktivitätsgliederung" und „Phasengliederung" des Beispiels „Hausbau" aus dem Basisteil (Abbildungen 1.09-9, -10 und -11) präsentiert.

Projektelement-Schlüssel	Teilobjekte (der Objekte)	Prozesse (in Aktivitäten)	Ergebnisse (aus Phasen)	Attribute des Projektelements
KE-ZE	Keller (Gebäude)	Zeichnungen (Planung)	[ohne Phasenzuordnung]	Termine, Ressourcen, Kosten, usw.
KE-ZE-VE	Keller (Gebäude)	Zeichnungen (Planung)	Vorentwurf (Entwurf)	Termine, Ressourcen, Kosten, usw.
KE-ZE-EP	Keller (Gebäude)	Zeichnungen (Planung)	Entw.Planung (Entwurf)	Termine, Ressourcen, Kosten, usw.
KE-ZE-…	Keller	Zeichnungen	(weitere …)	dito.
KE-ER-WH	Keller (Gebäude)	Erdarbeiten (Ausführung)	Wohnhaus (Bauen)	Termine, Ressourcen, Kosten, usw.
KE-…-…	Keller	(weitere …)	(weitere …)	dito.
EG-ZE-VE	EG (Gebäude)	Zeichnungen (Planung)	Vorentwurf (Entwurf)	Termine, Ressourcen, Kosten, usw.
EG-ZE-EP	EG (Gebäude)	Zeichnungen (Planung)	Entw.Planung (Entwurf)	Termine, Ressourcen, Kosten, usw.
EG-ZE-…	EG	Zeichnungen	(weitere …)	dito.
EG-BE-WH	EG (Gebäude)	Betonarbeiten (Ausführung)	Wohnhaus (Bauen)	Termine, Ressourcen, Kosten, usw.
EG-…-…	EG	(weitere …)	(weitere …)	dito.
GA-ZE-EP	Garage (Anbau)	Zeichnungen (Planung)	Entw.Planung (Entwurf)	Termine, Ressourcen, Kosten, usw.
GA-BE-AN	Garage (Anbau)	Betonarbeiten (Ausführung)	Anbau (Bauen)	Termine, Ressourcen, Kosten, usw.
usw.	usw.	usw.	usw.	usw.

Abbildung 1.09-V6: Relationale Projektstruktur „Hausbau" (Ausschnitt)

Die Projektelemente solcher relationaler Strukturen lassen sich im allgemeinen Fall nicht mehr einfach hierarchisch darstellen. Dies kann jedoch trotzdem zu Darstellungszwecken oder für bestimmte Verständigungsziele erforderlich sein. Solche sind sinnvoll und nachvollziehbar nur unter den folgenden Bedingungen möglich:

I Gewisse Aspekte werden nur bis zu einer bestimmten Strukturtiefe verwendet, da sonst die Anzahl der Hierarchieknoten sehr groß und die Baumstruktur unübersichtlich kompliziert wird;
I Die einzelnen Aspekte werden sortiert, um die Sequenz der Verwendung der Aspekte in der zu bildenden Hierarchie festzulegen.

Beispiel Die Abbildung 1.09-V7 zeigt ein Resultat der Anwendung dieser Bedingungen. Sie wird ebenfalls schon im Basisteil (Abbildung 1.09-12) verwendet. Dabei wird von der Objektgliederung und der Aktivitätsgliederung jeweils nur die erste Stufe verwendet.

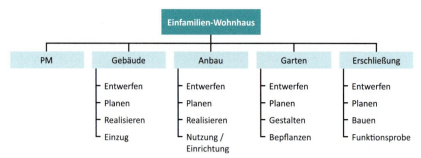

Abbildung 1.09-V7: Gemischte Hierarchie aus den zwei Projektstrukturen „Objekte" und „Aktivitäten„ (Basisteil, Abb. 1.09-12)

 Vorsicht: Hierarchien aus kombinierten (relationalen) Strukturen sind sorgfältig festzulegen, damit sie sinnvoll genutzt werden können.

Ein relationales Modell erlaubt auch die Angabe von Qualitäten und Kardinalitäten der Beziehungen zu den strukturierenden Aspekten. Sowohl für die qualitativen Eigenschaften der Beziehungen als auch deren Mengenangabe (Kardinalität) müssen jedoch weiterführende Strukturinformationen in Beziehungstabellen angelegt und gepflegt werden.

3.2 Vorgehen der Strukturierung

Der Strukturierungsprozess selbst (vgl. Kap. 8) kann auf drei Arten erfolgen:

Top-Down (Zerlegungsmethode)

Ausgehend von einem Ganzen, werden schrittweise weiter gegliederte Ausprägungen des betreffenden Aspekts identifiziert und beschrieben. Beispiel:

- Das Informationssystem „Straßenmanagement" enthält Teilsysteme;
- Das Teilsystem „Straßenraum" enthält Module;
- Der Modul „Datenimport" enthält einzelne Funktionen;
- Die Funktion „Importieren von Fahrbahnzuständen" enthält Elementarfunktionen;
- Eine Elementarfunktion kann sein: das Validieren eines Fahrbahnzustands.

Bottom-Up (Zusammensetzungsmethode, Klassierung)

Ausgehend von einer Menge von „elementaren" Elementen, werden schrittweise aggregierte Elemente klassiert. Die letzte Aggregation führt zum Ganzen. Beispiel:

- Die Teilphasen „logischer Objektentwurf„ und „logischer Strukturentwurf" gehören zur Phase „Detailspezifikation"
- Die Phasen „Detailspezifikation" und „Programmierung" sind Teile der „Implementation".
- Die „Konzeption" und die „Implementation" sind Teile des „Gesamtablaufs".

Kombination der beiden Ansätze

In der Regel werden Projektstrukturen nicht ausschliesslich Top-Down oder Bottom-Up entworfen. Nur ein iteratives Vorgehen wird zu langfristig nutzbaren Projektstrukturen führen.

Der Entwurf beginnt in der Regel „Top-Down", wird dann „Bottom-Up" validiert und ergänzt, um dann wieder „Top-Down" validiert und ergänzt zu werden usw.

3.3 Schlüssel (Codierungssysteme)

Allgemeines

Ausprägungen von strukturierenden Aspekten werden in der Regel nicht nur mit einem Namen bezeichnet. Für eine optimale Verwendung in der Praxis werden sie zusätzlich mit einem in der Regel sprechenden Schlüssel versehen.

Beispiele für Schlüssel (Name) sind:

- PL (Planung), PR (Projektierung), RE (Realisierung), AU (Ausführung)
- OBJ1 (Projektobjekt 1), OBJOST (Projektobjekt Ost)

Schlüsselsysteme sind parallel zu den Aspekten und den Ausprägungen für die Strukturierung festzulegen. Sie werden auch als Codierungssysteme bezeichnet (vgl. auch „Basisteil").

Schlüsselarten

In Anlehnung an die relationale Modellierung können die folgenden Schlüsselarten unterschieden werden:

- Identifikationsschlüssel (Primärschlüssel) sind je Aspekt – zu einem bestimmten Zeitpunkt – eindeutig. Sie identifizieren die Ausprägung eines Aspekts oder ein Projektelement. Identifikationsschlüssel können auch zusammengesetzt sein: dann muss die Zusammensetzung eindeutig sein. Die Schlüsselteile können in einer entsprechenden Attribut-Domäne festgelegt sein.
- Sekundäre Schlüssel sind in der Regel nicht eindeutig. Das entsprechende Attribut verweist auf die Domäne, die für diesen sekundären Schlüssel verwendet werden muss, z. B. auf die Domäne der Ausprägungen eines strukturierenden Aspekts.

Nummerierungssysteme

Um die Eindeutigkeit auch bei unterschiedlichen Schlüsselverantwortlichen zu gewährleisten, können so genannte „Nummernbereiche" für die entsprechenden Beteiligten festgelegt werden. Jeder ist in seinem Bereich selbst für die Eindeutigkeit verantwortlich.

Bei großen Mengen von Ausprägungen können strukturierte numerische Schlüssel bei der Nutzung helfen. Beispielsweise gilt dies für Kontonummern.

Sprechende konzeptionelle Schlüssel versus Systemschlüssel (Objekt-ID)

Die Diskussion, ob konzeptionelle Schlüssel „sprechend" gestaltet werden sollen oder nicht, ist sehr alt. Aus der Praxis können dazu die folgenden Regeln erwähnt werden:

- In der Praxis verwendete sprechende Schlüssel sollen auch für die Schlüsselsysteme der Projektstrukturen genutzt werden.
- Für strukturierende Aspekte und Ausprägungen, die in tabellarischen Darstellungen und Formularen verwendet werden, helfen sprechende Schlüssel, Klarheit zu schaffen, ohne einen großen Raum im Darstellungsmodell zu benötigen.
- Künstliche sprechende Schlüssel sind heute eher zu vermeiden. Es ist zum Beispiel sehr schwierig, eine große Menge von Beteiligten mit sprechenden Schlüsseln zu versehen.
- Es ist immer daran zu denken, dass die sprechenden Schlüssel vom Benutzer festgelegt werden müssen. Große Mengen und eine automatisierte Generierung von Ausprägungen sind darum nicht für sprechende Schlüssel geeignet.

3.4 Struktur-Komplexität

Allgemeines

Die Komplexität einer Projektstruktur kann aus zwei unterschiedlichen Gründen hoch sein:

- „Breite": viele Aspekte (Dimensionen) in den Objekten, Aktivitäten, Informationen, Vereinbarungen und Organisationen, viele Ausprägungen pro Aspekt resp. viele Ausprägungen auf der gleichen Ebene einer Hierarchie
- „Tiefe": viele Ebenen einer Hierarchie

Einerseits verhindert eine unnötig hohe Komplexität einer Projektstruktur ein effizientes Arbeiten und sollte darum vermieden werden. Andererseits ist die Komplexität der Struktur zwingend an die Komplexität des Projekts anzupassen. Ab einer bestimmten Komplexität sind darum für das Projektmanagement entsprechende Informatik-Werkzeuge zu verwenden, die helfen, die Komplexität zu beherrschen.

Σ Fazit Allgemein gilt auch für Projektstrukturen die Einstein'sche Regel:
So einfach wie möglich, aber auf keinen Fall einfacher!

Informatik-Aspekte in Funktion der Strukturen resp. deren Komplexität

Sowohl Hierarchien als auch relationale Strukturen können mit zeitgemäßen Informatik-Werkzeugen gut unterstützt werden. Die Komplexität spielt dabei eine eher untergeordnete Rolle. Naturgemäß eignen sich relationale Datenbankverwaltungssysteme sehr gut dafür, kombinierte Projektstrukturen abzubilden und mit diesen effizient zu arbeiten. Hierarchien sind dagegen, im Besonderen, wenn nicht bekannt ist, wie „lange" die Äste sind, eher schwieriger zu beherrschen und im Besonderen auszuwerten.

Tipp Beim Entwurf von Informatiksystemen für das Projektmanagement ist den Möglichkeiten der Projektstrukturierung eine besondere Beachtung zu schenken. Es ist mit großer Sorgfalt auf eine saubere konzeptionelle Architektur zu achten, damit die Bedürfnisse der Praxis im Regelfall berücksichtigt werden können. So genannte „pragmatische" Lösungen sind, wenn immer möglich, zu vermeiden. Die Erfahrung zeigt, dass sie nur sehr kurzzeitig lebensfähig sind.

Neben den konzeptionellen Anforderungen sind auch die funktionalen (z. B. Projektarten) und nichtfunktionalen (z. B. Performance) Anforderungen von Anfang an sehr sorgfältig zu identifizieren. Deren Einflüsse auf die Wahl einer Informatiklösung sind sehr groß.

Informatik-Werkzeuge

Unterschiedliche Informatikwerkzeuge können zur Pflege und zur Nutzung von Projektstrukturen genutzt werden.

- Tabellenkalkulations-SW, z. B. MS-EXCEL, eignet sich vor allem zur Pflege von Listen, (eingeschränkt) von Hierarchien und für einfache relationale Tabellen. Bei Hierarchien muss Sorge getragen werden, dass nicht umsortiert wird, da dadurch in der Regel die Bedeutung der Hierarchie verloren geht. Umgekehrt kann bei relationalen Strukturen durch Umsortierung die gleiche Projektstruktur anders dargestellt werden, was oft sehr dienlich sein kann. Neben der Tabellendarstellung stellen solche SW-Werkzeuge oft auch grafische Funktionen zur Verfügung, die für Auswertungen aus Projektinformationen verwendet werden können, beispielsweise Balkengrafiken für 2-dimensionale Darstellungen.
- Relationale Datenbankenverwaltungssysteme (RDBMS), z. B. MS-ACCESS, SQL-Server, ORACLE u.v.m., eignen sich natürlich sehr gut zur Pflege und Nutzung von listenartigen und von relationalen Aspekt- und Projektstrukturen. Hierarchische Strukturen können mit geringerem Aufwand (statische Strukturen mit bekannter Anzahl der Ebenen) oder mit höherem Aufwand (dynamische Strukturen mit unbekannter Zahl der Hierarchie-Ebenen) ebenfalls realisiert werden. Die von den RDBMS-Herstellern zur Verfügung gestellten Auswertungsmechanismen erlauben eine fast beliebige Nutzung der Projektstrukturen für die Zwecke des Projektmanagements. Mit Zusatzprodukten können Auswertungen auch sehr schön grafisch dargestellt werden.
- Dokumentenverwaltungs-SW (DMS) ermöglicht in der Regel die Definition von Metadaten zu den Dokumenten. Diese Metadaten sind nichts anderes als strukturierende Aspekte, die als Listen oder (wenn möglich) als Hierarchien oder Tabellen gepflegt und von den Dokumenten referenziert werden können.

Die Aspekte der Schlüsselbildung und Schlüsselverwendung sind eigentlich konzeptioneller Natur und darum von den Werkzeugen unabhängig. Trotzdem sind bei der Verwendung von Werkzeugen die Möglichkeiten und Randbedingungen der Schlüsselbildung zu beachten. Beispielsweise können nicht in allen Systemen alle Sonderzeichen verwendet werden.

Bestehende Strukturen

Die in einem Projekt effektiv vorkommenden Aspekte und Ausprägungen können

- aus einer bestehenden Struktur übernommen oder
- spezifisch für das Projekt neu definiert werden.

Bestehende Strukturen sind

- Standardstrukturen,
- bestehende Beispiele aus ähnlichen Projekten
- oder bestehende Strukturen im Projektinhalt

Standardstrukturen werden häufig von großen Organisationen oder Fachvereinigungen angeboten bzw. vorgegeben. Sie verringern das Risiko von Auslassungen und erhöhen die Sicherheit der Anwendung. Geänderte Standardstrukturen sind grundsätzlich als neue, projektspezifische Strukturen zu betrachten. Entsprechend sorgfältig sind die Änderungen auf die Einhaltung der Strukturregeln zu prüfen.

Bestehende Beispiele aus ähnlichen Projekten können als nützliche Hilfe für die Bestimmung der Aspekte und Ausprägungen von neuen projektspezifischen Strukturen dienen. Umso mustergültiger ein Beispiel für einen bestimmten Anwendungsbereich (z. B. Projektart) ist, desto mehr nähert es sich einer Standardstruktur.

Tipp Bestehende Strukturen des Projektinhalts sollen in der Regel übernommen werden, damit die Ergebnisse unterschiedlicher Projekte am gleichen Projektinhalt verglichen werden können (z. B. Änderungsprojekte an bestehenden Objekten).

Kombinationen von Standard- und projektspezifischen Strukturen sind sorgfältig zu prüfen und zu gestalten.

3.5 Projektstrukturen für Projekt-Varianten

Sowohl für das mit dem Projekt zu realisierende System als auch für den Projektablauf werden immer wieder für Projektelemente Varianten gebildet, um die entsprechenden Lösungen optimieren zu können. Varianten betreffen in der Regel Informationen über verschiedene Projektelemente. In seltenen Fällen werden auch die Lösungen selbst in Varianten erstellt.

Alle Varianten eines Themas verwenden in der Regel die vorhandenen, sehr oft sogar dieselben Strukturelemente. Trotzdem müssen die Inhalte der Varianten strukturell voneinander unterschieden werden können.

Dazu muss ein zusätzlicher Aspekt „Variante" eingeführt werden. Die primären Ausprägungen sind die Schlüssel der vorhandenen Varianten. Zu jeder Variante sollen dann noch Variantenattribute gepflegt werden können, um auch wirklich mit den Varianten arbeiten zu können. Variantenattribute sind beispielsweise die Zugehörigkeit zu einer Variantengruppe, ein Variantenstatus, die Bezeichnung der gewählten Variante.

3.6 Änderungen von Projektstrukturen

... aus rein strukturellen Gründen

Projektstrukturen können geändert werden, ohne dass der Projektinhalt oder der Projektablauf geändert werden. Der Grund dafür besteht in der Regel in den geänderten Informationsbedürfnissen aus dem **Gliedern** oder **Klassieren** von Projektelementen. Vier Änderungen sind denkbar:

- Neue Strukturelemente oder neue Aspekte: Dies ist problemlos jederzeit machbar.
- Löschen von Strukturelementen: Solange Strukturelemente referenziert werden, dürfen diese nicht gelöscht werden.
- Zusammenfassen von bestehenden Strukturelementen (Aggregation)
  Dies ist strukturell ohne Probleme machbar: **alle** betroffenen Referenzen in Projektelementen müssen aber an das neue, aggregierte Strukturelement „angehängt" werden. Zu bedenken ist allerdings, dass damit ein (struktureller) Informationsverlust verbunden ist.
- Weitere Untergliederung eines bestehenden Strukturelements (Detaillierung)
  Dies ist strukturell schwieriger, weil alle Referenzen von Projektelementen auf das zu unterteilende Strukturelement beurteilt und entweder dort belassen oder bewusst an neue Unterelemente „angehängt" werden müssen. Dies ist schwer automatisierbar, also mit entsprechendem Aufwand verbunden.

Σ Fazit Generell gilt: **Werden die von der Änderung betroffenen Strukturelemente noch nicht referenziert, kann problemlos geändert werden. Im anderen Fall müssen die Konsequenzen der Strukturänderung sorgfältig geprüft und umgesetzt werden.**

... aus Projektänderungen

Unter Projektänderungen verstehen wir hier Änderungen, die bestehende Vorgaben oder Entscheide des Projektauftraggebers verändern. Dies kann unterschiedliche Themen betreffen, wie beispielsweise die Zielsetzungen der Systemgestaltung, zur Zielerreichung erforderliche Aktivitäten und Abläufe.

Projektänderungen können in gewissen Fällen mit den im Projekt festgelegten Strukturen beschrieben werden. In anderen Fällen ergibt sich aber aus der Projektänderung der Bedarf nach neuen Strukturelementen. In diesem Falle gelten die Aussagen sinngemäß.

Der Vergleichbarkeit von Aussagen über wesentliche Projektelemente muss in diesem Falle die entsprechende Beachtung geschenkt werden. Klare Projektstrukturen unterstützen dies.

4 Strukturierende Aspekte

Projektstrukturen werden in allen Kompetenzelementen der ICB verwendet (vgl. dazu auch Kap. 6.2). Ein selbstständiges Strukturieren in den vielen Gebieten des Projektmanagements würde eine verheerende Unverträglichkeit der Informationen und eine völlige Ineffizienz der Koordinations- und Führungsarbeit verursachen. Deshalb schafft das Projektmanagement eine projektweite Übersicht über die strukturierenden Aspekte und ihre Ausprägungen. Um die Lern- und Wiederholeffekte von Projekt zu Projekt zu nutzen, werden gleiche bzw. ähnliche Strukturen in Programmen und Portfolios verwendet.

> **§ Definition** Auf Grund der Vielfalt der Anforderungen wurden in der „**Strukturaspektematrix" (SAM)** im Basisteil (Abbildung 1.09-6) aus unterschiedlichen Projekten und Managementbedürfnissen die folgenden 23 **strukturierenden Aspekte** identifiziert:

§ Definition
Systemelemente (Kostenträger), Topografie/Topologie, Nutzungsfunktion, Technologie, Objektlebensphasen
Verrichtungen (Kostenarten), Lösungszyklus, Sachstrukturen PM, Methodik, Projektphasen
Bedeutung (Semantik), Doku-Managementprozess (DMS), Info/Doku-Status, Mittel & Medien, Info-Lebensphasen
Projektvereinbarungen, Inhaltsaspekt, Zeitaspekt (P-Historie), Vergütungsaspekt, rechtlicher Aspekt
Projektauftraggeber-Organisation, Projektorganisation (Rollen), Stammorganisationen Beteiligte/Betroffene

Abbildung 1.09-V8: Die 23 Aspekte der SAM

Diese 23 Aspekte werden in diesem Kapitel beschrieben.

> Für ein spezifisches Projekt kann daraus, basierend auf der Projektart, der Projektkomplexität, den zu erzeugenden Dokumente sowie den Bedürfnissen des Auftraggebers, die Teilmenge der für das Projekt erforderlichen Aspekte ausgewählt werden. Für spezifische Dokumente wird daraus nochmals eine Auswahl getroffen.

Die Anzahl der Aspekte in der SAM ist aber auch nicht erschöpfend dargestellt. Für spezifische Projekte und Managementbedürfnisse können weitere strukturierende Aspekte (z. B. Bauetappen) zweckmäßig sein.

4.1 Aspekte für Projektobjekte

> **§ Definition** Die Projektobjekte begleiten das Objektsystem durch alle Objektlebensphasen. Sie bilden eine wesentliche Grundlage für das Konfigurationsmanagement.

Aus der Sicht des Projektmanagements PM ist das Objektsystem der Gegenstand der Veränderung durch das Projekt. Das Projekt transformiert einen Ursprungszustand des Objektsystems in einen Endzustand. Dabei müssen einerseits die bestehenden oder im Projektablauf gewählten Objektstrukturen beachtet und berücksichtigt werden. Andererseits werden im Projektablauf auch bisher gültige Strukturen verändert oder neue Strukturen resp. Strukturelemente festgelegt. Die Projektobjekte können sehr vielfältig sein.

Beispiele sind:

- Infrastrukturobjekte, wie Bauwerke, Transportinfrastrukturen usw.
- Industrielle Investitionsgüter, wie Produktionsanlagen, Transportmittel usw.
- Produktgruppe aus Forschung und Entwicklung, wie neue Medikamente, Fahrzeug- oder Flugzeugentwicklung, Dienstleistungspaket usw.
- Organisationen, wie reorganisierte Unternehmen, neue Organisationseinheiten usw.
- Veranstaltungen, wie Sportanlässe, Kulturveranstaltungen usw.

Der Projektinhalt kann nach unterschiedlichen Aspekten strukturiert werden, die dann zu Dimensionen von Projektstrukturen führen können.

Aspekt: Systemelemente (Kostenträger)

Projekte können physische Systeme (Bauwerk, Anlage, Fahrzeugprototyp usw.), Organisationen (neues Departement, bestehendes Unternehmen, neue Organisationseinheit), gemischte Systeme (Organisation mit physischem Produktionssystem, Event usw.) oder gedankliche Systeme (Konzept, Geschäftsprozesse usw.) als Objektinhalt haben.
   Die Projektelemente von physischen Systemen werden in der Regel auch mit dem räumlich/geografischen Aspekt beschrieben. Die Projektelemente von Organisationen oder gedanklichen Systemen werden aus einer nicht-physischen Sicht (Auftraggeber-Organisation, Nutzungsfunktionen usw.) bestimmt. Die Systemstruktur ist das Ergebnis einer hierarchischen (baumartigen) Strukturplanung.

Beispiele der Ausprägungen verschiedener Ebenen von solchen Systemstrukturen sind:

- Bauliche Anlage „Spital", Bauwerk „Bettengebäude", Bauteil „Flügel Ost"
- SW-Applikation „Informationssystem Versicherungsverträge", Teilsystem „Stammdaten", Modul „Codes"
- Fahrzeug „Straßenfeger", Teilsystem „Lenkung", Komponente „Steuerrad"
- Departement „Logistik", Abteilung „Transporte", Sektion „Groß- und Gütertransporte"
- Hauptprozess „Zertifizierung", Prozess „IPMA Level C", Prozess-Schritt „Anmeldung"

Aspekt: Topografie (Ort) und Topologie (Lage)

Die Topografie (Ort) und Topologie (Lage) dienen zur Beschreibung von physischen Objektsystemen. Die Systemelemente können zum Beispiel an unterschiedlichen Orten und in unterschiedlichen Lagen lokalisiert sein. Sie können untereinander topologische Beziehungen aufweisen.

Beispiele sind:

- Abschnitte von räumlichen Koordinatenachsen (z. B. x, y, z) von Objekten eines Transportsystems
- Lage von Sendern und Empfängern eines Kommunikationssystems (z. B. Länder)

Aspekt: Nutzungsfunktion

Die Projektobjekte ermöglichen die Nutzungsfunktionen. Oft dienen sie mehreren Nutzungsfunktionen.

Beispiele sind:

- Die Bauwerksteile ermöglichen das Arbeiten, Fabrizieren, Wohnen, Ausstellen und Erleben, Ausbilden, Transportieren usw.
- Apparate ermöglichen die Herstellung von Produkten (z. B. Fotos auf elektronischen Datenträgern, Icecream) oder das Erbringen von Dienstleistungen (z. B. Zahlungen, Transporte)
- Organisationen erbringen Dienstleistungen und ermöglichen Ausbildungen, Heilungen, Produktion und Verteilung bestimmter Güter
- Informatiklösungen unterstützen Organisationen bei ihren Dienstleistungen

Der Aspekt „Nutzungsfunktionen" ist oft ein Produktsortiment. Die Ausprägungen sind bestimmte Produkte.

Aspekt: Technologie

Neue Technologien sind oft ein Auslöser von Projekten und Programmen.

Beispiele sind:

- Neuartige Spannkabelelemente ermöglichen neue Brückenbauwerke, neue Vortriebstechnologien die wirtschaftliche Erstellung langer Tunnel
- Eine neue Chiptechnologie kann die Datenspeicherung und -ausgabe um Faktoren schneller machen
- Die Computertomografie lässt den Zustand der Ausprägung „Gewebe" erkennen
- Mit neuen Organisationsformen können bestimmte Dienstleistungen wesentlich wirksamer und effizienter erbracht werden

Als Ausprägungen können Merkmale der Technologie verwendet werden.

Aspekt: Objektlebensphasen

Die Systemelemente werden mit einem ersten Projekt neu erstellt, in weiteren Projekten wesentlich verändert und mit einem letzten Projekt rezykliert, d. h. zum Verschwinden gebracht oder endgelagert. Dazwischen werden die Systemelemente für die Nutzung verwendet und in Stand gehalten.

Beispiele sind:

- Neubau, Nutzung1, Umbau, Nutzung2, Erneuerung, Nutzung3 und Rückbau von Bauwerken
- Elemente eines EDV-Systems werden beschafft und montiert, genutzt und betrieben, ersetzt bzw. repariert und entsorgt
- Ein Unternehmen wird gegründet, bewirtschaftet und geführt, mehrmals den strategischen Anforderungen angepasst und zuletzt verkauft

Ausprägungen sind die Nutzungsphasen und die Veränderungs- (Projekt-) abschnitte.

4.2 Aspekte für die Projektaktivitäten

> **§ Definition** Die Projektaktivitäten bewirken die Veränderung des Produktsystems durch alle Phasen des Projekts.

Aus der Sicht des Projektmanagements PM bilden die Projektprozesse und -aktivitäten den Kern der zu führenden Aspekte. Das Projekt transformiert durch diese Aktivitäten den Ursprungszustand des Objektsystems in den Endzustand. Dabei müssen einerseits bestehende Produkt- und Projektstrukturen beachtet und berücksichtigt werden. Andererseits werden durch das Projekt auch bestehende Strukturen verändert und für die Projektdauer neue Strukturen resp. Strukturelemente festgelegt.

Projektaktivitäten können sehr vielfältige Aspekte haben.

Aspekt: Verrichtungen (Kostenarten)

Die Aktivitäten am Projektinhalt, an den Projekt-Vereinbarungen und an den durch das Projekt betroffenen Organisationen, im Besondern der Projektorganisation, sind der eigentliche Inhalt der Projektarbeit. Mit den (Projekt-) Aktivitäten wird das „Projekt-Objekt" von einem Ursprungszustand in einen Endzustand transformiert. Aktivitäten können physische, konzeptionelle, organisatorische usw. Auswirkungen haben.

Aktivitäten an physischen Systemen verändern in der Regel die „Substanz" des Projektinhalts. Aktivitäten an organisatorischen/gedanklichen Systemen verändern nicht-physische Aspekte des Projektinhalts.

Projektaktivitäten können nach verschiedenen Aspekten gegliedert werden. Typisch sind an Verrichtungen orientierte Gliederungen: was wird gemacht? Im Bauwesen spricht man in diesem Zusammenhang z. B. von Arbeitsgattungen, in anderen Branchen von Kostenarten.

Die Verrichtungsstruktur ist sinnvoller Weise das Ergebnis einer hierarchischen (Baumartigen) Strukturplanung.

Beispiele der Ausprägungen verschiedener Ebenen von solchen verrichtungsorientierten Aktivitätsstrukturen sind:

- Entwerfen, Projektieren, Berechnen usw.
- Bauen, Rohbau erstellen, Betonieren usw.
- SW entwickeln, (Informationsobjekte) Entwerfen, (SW) Codieren, Testen

Aspekt: Lösungszyklus

Der Problemlösungszyklus ist ein Vorgehen, um eine unbefriedigende Ausgangslage durch eine gewünschte bzw. vereinbarte Endsituation zu ersetzen. Kriterien für die Vorgehensstruktur sind z. B. die

Orientierung an Entscheiden, das Fördern der Kreativität, das zeitige Erreichen von realisierbaren Lösungen bzw. das Erkennen, dass es sie nicht gibt. Ein klassisches Modell arbeitet mit folgender Aktivitäts- und Vorgehensstruktur: Auftrag, Situationsanalyse, Zielbestimmung, Variantenstudium, Bewertung der Lösungsvorschläge, Umsetzungsplan und Entscheidungsfindung.

Aspekt: Sachstrukturen PM

Während bei den Verrichtungen der Projektinhalt direkt bearbeitet wird, ist das PM in den Gebieten tätig, die diese Verrichtungen im Sinne des gesamten Projekts leiten. Die Sachstrukturen PM werden vor allem, basierend auf den Zielkomponenten der interessierten Parteien, gegliedert. Bei diesen Komponenten handelt es sich insbesondere um die Leistungen (Lieferobjekte), die Termine, die Kosten, die Risiken bzw. Chancen, die Führung, die Offenheit und die Verlässlichkeit sowie die Rahmenbedingungen für die Projekte.

Aspekt: Methodik

Die Aktivitäten können z. B. mit einer prozessorientierten Methodik abgewickelt werden. Für Projektmanagementaktivitäten schlägt die DIN-Norm folgende Phasen vor: Initialisierung, Definition, Planung, Steuerung und Abschluss.

Aspekt: Projektphasen

Projekte haben einen einmaligen Charakter und werden deshalb über Phasen geführt, die eine etappenweise Klärung und Erreichung der vereinbarten Ergebnisse und eine entsprechende Reduktion der Unsicherheiten gewährleisten. Verschiedene Phasenmodelle unterscheiden sich in der Art und Anzahl der Projektphasen. Teilweise standardisierte Aktivitäten können den standardisierten Projektphasen zugeordnet werden.

4.3 Aspekte für die Projektinformationen

> **§ Definition** Projektinformationen können nach unterschiedlichen Aspekten strukturiert werden, die dann zu (in der Regel sekundären) Dimensionen von Projektstrukturen führen können.

Das Informationsmanagement generell/ Informationsmanagement im Projekt begleitet die Veränderung des Objektsystems durch alle Phasen des Projekts.

Aus der Sicht des Projektmanagements PM bilden die Informationen resp. das Projektwissen eine wesentliche Klasse der strukturierenden Aspekte. Die Projektaktivitäten verändern nicht nur die Systemelemente des Projektinhalts. Sie verändern auch das Wissen aller Beteiligten. Im Besonderen wird durch das Projekt aus (bekannten) Informationen auch neues Wissen generiert.

Altes und neues Wissen werden in der Regel in Dokumenten festgehalten. Wissen in Dokumenten und die Dokumente selbst können nach verschiedenen Aspekten gegliedert werden. Dabei müssen einerseits bestehende Informationsstrukturen beachtet und berücksichtigt werden. Andererseits werden durch das Projekt auch bestehende Strukturen verändert und für die Projektdauer neue Strukturen resp. Strukturelemente festgelegt.

Aspekt: Bedeutung (Semantik)

Neben den Aspekten der Systemstrukturen und der Aktivitätsstrukturen werden vor allem semantische Gliederungen verwendet: Was ist die Bedeutung eines Informationsbausteins oder eines Dokuments (als Menge von Informationsbausteinen)?

Diese „Bedeutungsstruktur" ist sinnvoller Weise das Ergebnis einer hierarchischen (baumartigen) Strukturplanung. Beispiele der Ausprägungen verschiedener Ebenen von solchen „Bedeutungsstrukturen" sind:

- Bericht, Konzeptbericht, Anhang ABC
- 3D-Darstellung, Plan, Schnitt
- Korrespondenz, Brief, Beilage
- Protokoll, Pendenzenliste
- Vertragsdokument, Vertragsbestandteil

Aspekt: Doku-Managementsystem

Das Dokumentenmanagement ist eine zentrale Aufgabe des Projektmanagements. Speziell bei komplexen Projekten und in projektorientierten Unternehmen hat es einen großen Einfluss auf die Effizienz. Typische Ausprägungen sind Erheben, Erfassen, Speichern und Verwalten, Ändern/Aktualisieren, Suchen und Auswerten, Bereitstellen, Vernichten, Archivieren.

Aspekt: Info/Doku-Status

Die systematische, klare und gültigkeitsorientierte Kennzeichnung der Projektdokumente verbessert die Wahrscheinlichkeit eines erfolgreichen Managements dieser Dokumente mittels eines Status. Typische Status-Ausprägungen für Dokumente sind: Geplant, in Arbeit, Prüfung intern, Prüfung extern, freigegeben, ersetzt, ungültig.

Aspekt: Mittel, Medien

Die Informationen können auch entsprechend dem Aspekt „Mittel, Medien" klassiert werden. Häufigste Gruppen unter diesem Aspekt sind Dokumente auf elektronischen Datenträgern bzw. auf Papier oder Text, Grafik, Multimedia.

Aspekt: Info-Lebensphasen

Auch die Informationen und Dokumente können unter dem Aspekt „Lebensphasen" betrachtet werden, z. B. Dokumente in Planung, in Herstellung, im Gebrauch, in Reparatur, stillgelegt bzw. scheintot und in der Entsorgung.

4.4 Aspekte für die Vereinbarungen

> **§ Definition** Für das Projekt und um das Projekt herum bestehen in der Regel sehr vielfältige Rechtsbeziehungen, die mit vielen und unterschiedlichen Vereinbarungen (z. B. Verträgen) geregelt werden.

Mit den Vereinbarungen werden die Elementar-Arbeitspakete den für sie zuständigen Beteiligten zugewiesen. Dies geschieht

- einerseits durch eine übereinstimmende Willensäußerung von Projektauftraggeber und Beauftragten (wenn der Beauftragte nicht zur Stammorganisation des Auftraggebers gehört) in Form eines Vertrags
- oder andererseits durch eine interne Vereinbarung, betreffend die Erstellung von Lieferobjekten.

Für die Struktur der Vereinbarungen kann man von den bereits vorhandenen Strukturen der Inhalte (Objekte, Aktivitäten und Informationen) und Organisationen (Rollen) ausgehen. Dazu kommen nun die vereinbarungstechnischen Aspekte (weiterer Inhalt, Zeit, Vergütung, Recht).

Jede Vereinbarung bildet eine bestimmte Beziehung zwischen einer Organisation und einem oder mehreren Arbeitspaketen des Projektinhalts ab. Aufgrund der Vertragsfreiheit tut sie dies mit wenigen zusätzlichen Strukturen. Trotzdem sind gewisse Aspekte von Vereinbarungen strukturierend.

Aspekt: Projektvereinbarungen

Die Vereinbarungen des Projektsystems können nach diesen Aspekten strukturiert werden, die dann (eher selten) zu Dimensionen von Projektstrukturen führen können. Vereinbarungen resp. Verträge im Projekt „bündeln" eine Menge von Arbeitspaketen AP.

Verträge werden mit einem Beteiligten (Leistungsträger, Lieferant) abgeschlossen. Auch Konsortien (einfache Gesellschaften) und andere Körperschaften sind solche Beteiligte.

In Projekten gibt es auch implizite „Vereinbarungen", zum Beispiel

- Verpflichtungen aus gesetzlichen und anderen Normen
- Verpflichtungen aus Bewilligungen, die als implizite Verträge angesehen werden können
- Verpflichtungen aus Ereignissen
- „moralische" Bindungen, z. B. aus politischen Versprechungen usw.

Aspekt: Zeitaspekt

Vereinbarungen können unterschiedliche Zeitaspekte betreffen, wie:

- Zeitpunkte, z. B. des Beginns oder des Endes, eines Meilensteins usw.
- Zeitdauern der Erfüllung der Vereinbarung oder eines Teils davon

Aspekt: Vergütungsaspekt

Vereinbarungen können unterschiedliche Regelungen für die Vergütung (das Entgelt) einer vereinbarten Leistung (oder Unterlassung) aufweisen.

Vereinbarungen im Projektmanagement können zum Beispiel wie folgt vergütet werden:

- Pauschales oder globales Entgelt
- Festgelegtes Entgelt je Leistungsposition (Aufmaß)
- Entgelt für einzelne Leistungen (Regie)
- Festes oder variables Entgelt

Aspekt: Rechtlicher Aspekt

Verträge können unterschiedliche rechtliche Qualifikationen besitzen.

Vereinbarungen im Projektmanagement können zum Beispiel sein:

- Werkverträge
- Aufträge
- Mietverträge

- Kaufverträge
- Lizenzverträge

4.5 Aspekte für die Organisationen

> **§ Definition** Aktivitäten werden durch Personen ausgeführt, die in der Regel in einer oder mehreren Organisationen tätig sind.

In den meisten Projekten werden die Arbeitspakete weitestgehend durch permanente Organisationen (Stammorganisationen) übernommen. Die Rollen des Projektauftraggebers werden zum Aspekt „Projektauftraggeber-Organisation" zusammengefasst.

Die Projekte werden aber auch durch weitere interessierte Parteien (Betroffene) beeinflusst.

Die Projektorganisation wird auf Zeit eingesetzt, um die Arbeitspakete abzuarbeiten, die Lieferobjekte zu liefern und die Projektziele zu erreichen.

Für die Struktur der Projektorganisation kann man eine bereits vorhandene Struktur der Objekte, Aktivitäten und Informationen voraussetzen. Die Elementar-Arbeitspakete werden dann den Ausprägungen (Beteiligten) der Rollenstruktur zugewiesen.

Aspekt: Auftraggeber-Organisation

Im Bereich der Auftraggeber (Project Owner) können verschiedene Rollen unterschieden werden, z. B. Executive Board bzw. Steuerungsgruppe, Marketing, Finanzmanagement, Portfoliomanagement, Projektoberleitung (Vertreter des Project Owners), Benutzerarbeitsgruppe, Instandhaltung.

Aspekt: Projektorganisation (Rollen)

Die (direkt am Projekt) **Beteiligten** sind in der Projektorganisation PO zusammengefasst.

Jede Stelle der Projektorganisation (Rolle) wird durch einen Beteiligten oder mehrere Beteiligte aus den am Projekt beteiligten Stammorganisationen wahrgenommen.

Die Projektorganisation ist eine einzigartige und zeitlich begrenzte Organisation.

Daneben gibt es noch **Betroffene** und **Interessierte**. Beteiligte und Betroffene werden auch als „Stakeholder" bezeichnet (engl. „interested parties").

Externe Stellen, mit denen Vereinbarungen abgeschlossen werden, können ebenfalls als (externer) Teil der PO angesehen werden.

Die Organisationsstruktur der Projektorganisation ist in der Regel das Ergebnis einer hierarchischen (baumartigen) Strukturplanung. (Es existieren auch Ausnahmen.) Beispiele der Ausprägungen verschiedener Ebenen von solchen „Projektorganisationen" sind:

- Gesamtprojektleiter „PROJ", Teilprojektleiter „PROJ:TP3", Leiter Ausführung „PROJ:TP3:A"
- Portfoliomanager, Programmmanager, Projektleiter, Teilprojektleiter

Aspekt: Stammorganisationen, Beteiligte/ Betroffene

Die Strukturen der Stammorganisationen der Personen, die am Projekt beteiligt sind oder von ihm betroffen werden, sind vielfältig. Sie ergeben sich in erster Linie aus ihrem Zweck und ihrer Arbeitsweise. Es geht z. B. um die Gliederung der Finanzierungs- und Bewilligungsorganisationen.

5 Beispiele für Strukturen in komplexen Projekten

Im Folgenden werden strukturierende Aspekte und Ausprägungen dargestellt, die für die vielfältigen praktischen Aktivitäten des Projektmanagements verwendet werden können. Dafür wurden vier Beispiele für Projekte verschiedener Art ausgewählt: der Anbau eines Wintergartens an ein bestehendes Gebäude, die Entwicklung eines zusätzlichen Moduls zu einem bestehenden Informationssystem, die Entwicklung eines neuen Fotoapparatmodells bis zur Fabrikationsreife, der Aufbau mehrerer Zweigbüros einer Dienstleistungsfirma in einem anderen Kontinent.

Die strukturierenden Aspekte (in **fetter** Schrift) stammen aus der „Strukturaspektematrix" (Basisteil Abb. 1.09-6, SAM) und wurden im Kapitel 4 allgemein beschrieben. Sie werden bei jedem Beispiel übersichtlich in der SAM gezeigt. Bestehende Strukturen (in *kursiver* Schrift) sind vorhandene individuelle Strukturen oder Standardstrukturen. Die Liste der neuen, projektspezifischen Ausprägungen der strukturierenden Aspekte ist in normaler Schrift geschrieben.

Für praktische Anwendungen (z. B. Vorgänge in einem Terminplan) werden aus diesen strukturierenden Aspekten die maßgebenden ausgewählt und jedem Vorgang die entsprechenden Ausprägungen (Strukturelemente) zugeordnet.

5.1 Beispiel Wintergarten

Das Projekt besteht darin, dass der Anbau eines neuen Wintergartens an ein bestehendes Gebäude projektiert und reif für den laufenden Gebrauch erstellt wird. Der Bauherr will zudem den Umbau der Fassaden und der Dächer sowie der Heizung realisieren, um zu einer umweltfreundlicheren Anlage zu kommen.

Der Bauherr lässt sich durch einen Bauherrenberater unterstützen, der für ihn auch die Nutzungs- und Betriebsplanung erstellt. Für die Projektierung und Ausführung wählt er gute, lokale Spezialfirmen.

Der Baugrund ist problematisch, weil er bei Regen durchnässt wird, unter dem zukünftigen Wintergarten Leitungen zum Nachbargebäude durchführen und Altlasten darin vermutet werden.

Wegen der knappen Platzverhältnisse ist eine Standardlösung für den Wintergarten wahrscheinlich nicht verwendbar.

Die Finanzierung erfolgt durch eigene Mittel und ein zusätzliches Hypothekardarlehen einer Bank. Die öffentliche Hand macht energietechnische Auflagen, gewährt aber auch Steuererleichterungen auf die entsprechenden Investitionskosten.

Der Umbau steht unter Zeitdruck, weil die Familie wächst. Winterbaumaßnahmen werden in Betracht gezogen.

Um effizient arbeiten zu können, sollen im Projekt bestehende Vorlagen und Beispiele samt ihrer Strukturen intensiv genutzt werden.

In diesem Projekt werden die folgenden Aspekte für die Strukturierung verwendet:

> **Systemelemente (Kostenträger)**, Topografie/Topologie, **Nutzungsfunktion**, Technologie, Objektlebensphasen
>
> **Verrichtungen (Kostenarten)**, Lösungszyklus, **Sachstrukturen PM**, Methodik, **Projektphasen**
>
> **Bedeutung (Semantik)**, **Doku-Managementprozess (DMS)**, **Info/Doku-Status**, **Mittel & Medien**, Info-Lebensphasen
>
> **Projektvereinbarungen**, Inhaltsaspekt, Zeitaspekt (P-Historie), **Vergütungsaspekt**, rechtlicher Aspekt
>
> Projektauftraggeber-Organisation, **Projektorganisation (Rollen)**, Stammorganisationen Beteiligte/Betroffene; **Kompetenzen Beteilige**

Projektobjekte: **Systemelemente (Kostenträger)**
- *Aus Standardobjektstrukturen, wie z. B. Konstruktions-System Unternehmer, Bauelementgliederung*
- *Aus bestehender Objektstruktur: Baugrund, Außenzugang, Fassade, angrenzende Räume*
- Spezifisch: Allgemeines, Energiesanierung, Anpassen des bestehenden Gebäudes für Wintergarten, Bauvorbereitungen außen inkl. Leitungsverschiebung und Altlasten, neuer Vorbau, Winterbaumaßnahmen

Projektobjekte: **Nutzungsfunktionen**
- *Aus bestehender Nutzung: angrenzender Wohnbereich, Küche, WC, Vorgarten*
- Spezifisch: Wohnen, Pflanzen im Wintergarten, Außensitzplatz, neuer Vorgarten

Projektaktivitäten: **Verrichtungen (Kostenarten)**
- *Aus Standardvorgehensstrukturen, wie z. B. HOAI, Standardprozess*
- *Aus bestehenden Vorgehensbeispielen, wie z. B. Netzplanstruktur ähnlicher Vorhaben*
- Spezifisch: Projekt leiten, projektieren, Bauausführung leiten, ausführen

Projektaktivitäten: **Sachstrukturen PM**
- Spezifisch: Allgemeines, Gebrauchstüchtigkeit, Sicherheit, Leistungen bzw. Lieferobjekte, Termine, Kosten, Risiken und Chancen

Projektaktivitäten: **Projektphasen**
- *Aus Standardphasen Hochbau, wie z. B. HOAI*
- Spezifisch: Nutzungs- und Betriebskonzept, Vorstudien und Bewilligungsplanung, Ausführungsplanung, Beschaffung, Bauausführung, Inbetriebsetzung und Abschluss

Projektinformationen: (Dokument-) **Bedeutung (Semantik)**
- *Aus Standardinformationsstrukturen, wie z. B. Layerstrukturen Bauplanung, Dokumentvorlagen*
- *Aus bestehenden Informationsstrukturen, wie z. B. Pläne, Schemata, Beschreibungen bestehendes Gebäude*
- Spezifisch: Allgemeines, Kontakte (Adressen usw.), Korrespondenz und Lieferscheine, Organisation und Vereinbarungen und Bewilligungen, Pläne und Schemata, Beschreibungen und Teilberichte, Besprechungen, Kommunikation außen

Projektinformationen: **Doku-Managementprozess (DMS)**
- *Aus Standard-Prozess: Erheben, Erfassen, Speichern und Verwalten, Ändern bzw. Aktualisieren, Suchen und Auswerten, Bereitstellen, Vernichten, Archivieren*

Projektinformationen: **Info/Doku-Status**
- *Aus Standardstatus PM-Büro: Geplant, in Arbeit, Prüfung intern, Prüfung extern, freigegeben, ersetzt, ungültig*

Projektinformationen: **Mittel, Medien**
| Spezifisch: Elektronische Datenträger, Papier, Muster

Vereinbarungen: **Projektvereinbarungen**
| Aus Standardvereinbarungen, wie z. B. HOAI
| Aus Vertragsbeispielen (Dienstleistungsverträgen, Werkverträge, Kaufverträge)
| Aus bestehenden Vereinbarungen und Verträgen
| Spezifisch: Vertrag GP, Vertrag GU, Vertrag Bauherrenberater, andere Vereinbarungen.

Vereinbarungen: **Vergütungsaspekt**
| Aus Standard-Vergütungsarten: pauschal, Einheitspreise, nach Aufwand (Regie), Teuerung
| Aus bestehenden Strukturen Auftraggeber: Personalaufwand, Sachaufwand

Vereinbarungen: **Rechtlicher Aspekt**
| Aus Standardklauseln (z. B. Schiedsgericht)
| Aus bestehenden Beispielen: Bestellungsänderung, Streiterledigung, Vertragauflösung.

Organisationen: **Projektorganisation (Rollen)**
| Aus Standardorganigrammen: Geldgeber (Bank, Investor), Auftraggeber (Investor, Nutzer, Betreiber), Gesamtleiter (Generalplaner, geotechnischer Experte), Projektierender (Generalplaner), Bauleiter (Generalplaner), Ausführender (Generalunternehmer)

Organisationen: **Kompetenzen der Beteiligten**
| Spezifisch: Referenzen, persönliche Ausweise, Beurteilungen durch Vorgesetzte und Teammitglieder, Präsentationen, Assessmentergebnisse

5.2 Beispiel Informationssystem

Das Projekt besteht darin, dass zu einem bestehenden Informationssystem ein zusätzliches Modul für die Spezialfunktion „Validierung von gespeicherten Daten" entwickelt werden soll. Der fertige Modul soll stark durch Metadaten gestützt ablaufen können.

Ausgangslage ist eine noch zu vervollständigende Voranalyse, welche die Machbarkeit und die zu berücksichtigenden Lösungsansätze beschreibt.

Die Investition wird aus unterschiedlichen Quellen finanziert.

Der Auftraggeber wählt für dieses Projekt einen Konzeptersteller, der auch die Gesamtleitung übernimmt, und einen Generalunternehmer, der teilweise eine bestehende Standardsoftware einsetzen kann.

Dem Dokumentenmanagement soll aufgrund der großen, zu erwartenden Datenmenge die entsprechende Bedeutung beigemessen werden.

In diesem Projekt werden die folgenden Aspekte für die Strukturierung verwendet:

Systemelemente (Kostenträger), Topografie/Topologie, **Nutzungsfunktion (von Software-Einheiten)**, Technologie, Objektlebensphasen; **Datenarten**
Verrichtungen (Kostenarten), Lösungszyklus, Sachstrukturen PM, Methodik, **Projektphasen**
Bedeutung (Semantik), Doku-Managementprozess (DMS), **Info/Doku-Status, Mittel & Medien**, Info-Lebensphasen
Projektvereinbarungen, Inhaltsaspekt, Zeitaspekt (P-Historie), Vergütungsaspekt, rechtlicher Aspekt
Projektauftraggeber-Organisation, **Projektorganisation (Rollen)**, Stammorganisationen Beteiligte/Betroffene; **Finanzierungsorganisation (Quellen)**

Projektobjekte: **Systemelemente (Kostenträger)**
- *Aus bestehender Struktur: Modul „Verwaltung", Modul „Auswertungen", Modul „DB", Plattformsoftware*
- Spezifisch: Modul Validierung

Projektobjekte: **Nutzungsfunktionen (von Software-Einheiten)**
- Spezifisch: Erfassung, Speicherung, Pflege, Validierung, Selektion, Berechnung, Reporting, Business-Grafik

Projektobjekte: **Datenarten**
- *Aus bestehenden Beispielen: Stammdaten, Bewegungsdaten, Metadaten*

Projektaktivitäten: **Verrichtungen (Kostenarten)**
- Spezifisch: Applikationskonzept entwerfen, technologisches Konzept entwerfen, spezifizieren, codieren, konfigurieren, testen, integrieren, dokumentieren

Projektaktivitäten: **Projektphasen**
- *Aus Firmenstandard: Voranalyse (Ergänzung), Konzept, Implementation, Einführung, Nutzung und Betrieb*

Projektinformationen: (Dokument-) **Bedeutung (Semantik)**
- Spezifisch: Bericht, Klassendiagramm, UseCase-Report, Checkliste, Vertrag

Projektinformationen: **Info/Doku-Status**
- *Aus Firmenstandard: Geplant, in Arbeit, Prüfung intern, Prüfung extern, freigegeben, ersetzt, ungültig*

Projektinformationen: **Mittel, Medien**
- Spezifisch: Text, Grafik, Multimedia

Vereinbarungen: **Projektvereinbarungen**
- Spezifisch: Interner Projektauftrag, Konzeptvertrag, GU-Vertrag, Auditvertrag, Lizenzvertrag für Standardsoftware

Organisationen: **Projektorganisation (Rollen)**
- *Aus Standardorganigrammen: Auftraggeber (Projektoberleitung, Projektleitung, Begleitgruppe, PM-Stab), Konzeptersteller (Auftragsleitung, QS, Expertengruppe), Generalunternehmer (Auftragsleitung, Entwicklung, QS, Review-Board)*

Organisation: **Finanzierungsorganisation (Quellen)**
- Spezifisch: Auftraggeber (Investitionsrechnung Auftraggeber, Betriebsrechnung Auftraggeber), Dritte (Forschungskredit, Subvention)

5.3 Beispiel Fotoapparat

Das Projekt besteht darin, das bestehende Modell des Spiegelreflex-Fotoapparats, der einen Filmtransport aufweist, durch ein neues Modell mit digitaler Technik zu ersetzen. Das neue Modell ist zu konstruieren und für die laufende Fabrikation reif zu machen.

Die Produktionsfirma InnoFoto will berücksichtigen, dass die Kunden wertvolle Objektive auf dem neuen Modell weiter verwenden möchten. Wenn der Wunsch besteht, bestehende Filmstreifen und Fotos digital zu speichern, soll ein entsprechender Service in den Standardlabors FotoLabo angeboten werden.

Das Projektmanagement ist in Asien, die Planung und Herstellung der Teile erfolgen im globalen Rahmen. Deshalb ist eine Informationsplattform einzurichten. Dafür wird das Unternehmen Quickdata engagiert.

Den Verkauf des neuen Modells soll wiederum (wie beim bestehenden Modell) das weltweit tätige Unternehmen SuperFoto übernehmen.

Da es sich um einen großen Investitionsschritt auf längere Sicht handelt, werden von der Bank InvestB Mittel für die Projektfinanzierung aufgenommen.

In diesem Projekt werden die folgenden Aspekte für die Strukturierung verwendet:

Systemelemente (Kostenträger), Topografie/Topologie, **Nutzungsfunktion**, Technologie, Objektlebensphasen
Verrichtungen (Kostenarten), Lösungszyklus, **Sachstrukturen PM**, Methodik, **Projektphasen**; Ort/Lage der Verrichtungen
Bedeutung (Semantik), Doku-Managementprozess (DMS), **Info/Doku-Status, Mittel & Medien**, Info-Lebensphasen
Projektvereinbarungen, Inhaltsaspekt, Zeitaspekt (P-Historie), Vergütungsaspekt, rechtlicher Aspekt
Projektauftraggeber-Organisation, **Projektorganisation (Rollen)**, Stammorganisationen Beteiligte/Betroffene

Projektobjekte: **Systemelemente (Kostenträger)**
- *Bestehende Objektstruktur (inkl. Filme und Papierfotos)*
- Spezifisch: Optik (Optikgehäuse und Linsen), Mechanik (Mechanikgehäuse und Blende/Verschluss), Elektronik (Motorik, Verbindungen und Datenspeicher), Hülle, Filme, Papierfotos

Projektobjekte: **Nutzungsfunktionen**
- *Laufendes Fabrikations- und Vertriebssystem (Marketing, Produktionsanlagen, Produktionsprozess, Logistik)*
- Spezifisch: Gelegenheitsfotos, Berufsfotos, Verwendung existierenden Fotomaterials

Projektaktivitäten: **Verrichtungen (Kostenarten)**
- *Standardvorgehensstrukturen, wie z. B. Standardprozesse für die Produktentwicklung*
- *Bestehende Vorgehensbeispiele, wie z. B. Netzplanstruktur anderes Modell*
- Spezifisch: Projekt leiten, Marketing vertreten, technisches Konzept entwerfen, Fabrikations- und Vertriebskonzept grob planen (zukünftiges Fabrikations- und Vertriebssystem mit Marketing, Produktionsanlagen, Produktionsprozess, Logistik), Feasibility-Studie erstellen, Prototyp erstellen, Prototyp testen, technische Konstruktion anpassen, Entwurf Nutzungsdokumente erstellen, Freigaben erreichen (Planen und Erstellen der Produktionsanlagen, Fabrikation und des Vertriebs usw.)

Projektaktivitäten: **Sachstrukturen PM**
- *Spezifisch: Allgemeines, Gebrauchstüchtigkeit, Wirtschaftlichkeit, Fabrikationsreife, Leistungen bzw. Lieferobjekte, Termine, Kosten, Risiken und Chancen*

Projektaktivitäten: **Projektphasen**
- *Standardphasen der Produktentwicklung im Unternehmen*
- *Spezifisch: Initialisierung/ Nutzungskonzept, Vorstudien und Konzepte, Implementierung/ Konstruktion, Prototyp, Freigabe zu Fabrikation, Vertrieb, Abschluss*

Projektaktivitäten: **Ort/ Lage der Verrichtungen**
- *Spezifisch: Asien, Europa, Amerika*

Projektinformationen: (Dokument-) **Bedeutung (Semantik)**
- *Standardinformationsstrukturen, wie z. B. Layerstrukturen Produktplanung, Dokumentvorlagen*
- *Bestehende Informationsstrukturen: Pläne, Schemata, Beschreibungen usw.*
- *Spezifisch: Allgemeines, Kontakte (Adressen usw.), Korrespondenz und Lieferscheine, Organisation und Vereinbarungen und Bewilligungen, Pläne und Schemata, Beschreibungen und Teilberichte, Besprechungen, Kommunikation außen.*

Projektinformationen: **Info/Doku-Status**
- *Aus Firmenstandard: Geplant, in Arbeit, Prüfung intern, Prüfung extern, freigegeben, ersetzt, ungültig*

Projektinformationen: **Mittel, Medien**
- *Spezifisch: Elektronische Datenträger, Papier, Muster*

Vereinbarungen: **Projektvereinbarungen**
- *Bestehende Vereinbarungen (Struktur Vereinbarungen für bestehende Modelle)*
- *Spezifisch: Interne Vereinbarungen (Konstruktion und Mitwirkung Marketing InnoFoto), Beratungsvereinbarungen (SuperFoto, FotoLabo, Quickdata), Vertrag Prototyp, Konzept Lieferverträge, Konzept Garantie und Unterhalt*

Organisationen: **Projektorganisation (Rollen)**
- *Standardorganigramme*
- *Spezifisch: Auftraggeber (Investor, Eigentümer der Produktrechte, Steuerungsgruppe), Projektleitung, Konstruktion, Erstellung Prototyp, Produktion (InnoFoto), Informationsplattform (Quickdata), Verkauf (SuperFoto), Unterhalt des bestehenden Fotomaterials (FotoLabo)*

5.4 Beispiel Organisationsentwicklung

Das Projekt besteht darin, dass eine Dienstleistungsfirma, die Projektmanagement anbietet, mehrere neue Zweigbüros in einem anderen Kontinent aufbauen will.

Die Geschäftsleitung hat das Projekt im Rahmen ihrer strategischen Planung für die nächsten 3 Jahre und aufgrund einer ersten Machbarkeitsstudie initialisiert.

Die Investition wird durch eigene Mittel finanziert. Ein Erwerb von Liegenschaften ist denkbar. Die Standorte sind noch nicht bestimmt.

Der Programmleiter für den gesamten Kontinent ist bereits ernannt worden. Für jeden Standort soll ein Projektleiter bestimmt werden.

In diesem Projekt werden die folgenden Aspekte für die Strukturierung verwendet:

Systemelemente (Kostenträger), Topografie/Topologie, **Nutzungsfunktion**, Technologie, **Objektlebensphasen**
Verrichtungen (Kostenarten), Lösungszyklus, Sachstrukturen PM, Methodik, **Projektphasen**
Bedeutung (Semantik), Doku-Managementprozess (DMS), Info/Doku-Status, **Mittel & Medien**, Info-Lebensphasen
Projektvereinbarungen, Inhaltsaspekt, Zeitaspekt (P-Historie), Vergütungsaspekt, rechtlicher Aspekt
Projektauftraggeber-Organisation, **Projektorganisation (Rollen)**, Stammorganisationen Beteiligte/Betroffene

Projektobjekte: **Systemelemente (Kostenträger)**
- *Personal bestehende Büros*
- Spezifisch: Standorte neue Büros, Kunden, Produkte, Personal, Infrastruktur usw.

Projektobjekte: **Topografie/Topologie (Ort, Lage)**
- Spezifisch: Lage neue Standorte, Logistik Leistungserbringung usw.

Projektobjekte: **Nutzungsfunktion** (neue Büros)
- Spezifisch: Büroleitung, Marketing und Akquisition, Leistungserbringung, Unterstützung usw.

Projektobjekte: **Objektlebensphasen** (für die neuen Büros)
- Spezifisch: Pilotbüros, mittelfristige Filialen, langfristige Sitze usw.

Projektaktivitäten: **Verrichtungen (Kostenarten)**
- *Standardverrichtungen OE-Projekte*
- Spezifisch: Gesamtprojekt leiten, interessierte Parteien engagieren, lokale Geschäftskultur kennen lernen, strategische Ausrichtung kontrollieren, mittelfristiges Kundenpotenzial aufbauen, Angebot kalibrieren und dokumentieren, Aufträge für die nächsten 3-12 Monate akquirieren, Büromanagement bestimmen, Personal rekrutieren, Standorte festlegen, Einrichtungen planen und beschaffen, Businessplan aufstellen, Verzollung und Geldverkehr regeln (Währungen)

Projektaktivitäten: **Lösungszyklus** (für jede Verrichtung)
- *Standardlösungszyklus für OE-Programm*
- Spezifisch: Auftrag, Situationsanalyse, Zielbestimmung, Variantenstudium, Bewertung, Entscheid

Projektaktivitäten: **Sachstrukturen PM**
- *Standardsachstrukturen PM für OE-Programm*
- Spezifisch: Gesamtvorhaben, Projektkontext, Projektleistungen, Projekttermine, Projektkosten, Projektrisiken und -chancen, Projektqualität, Projektverhalten

Projektaktivitäten: **Projektphasen**
- *Standardphasen für OE-Programme*
- *Aus bestehenden Beispielen: Vorstudie, Konzept, Realisierung, Inbetriebnahme und Abschluss*

Projektinformationen: **Bedeutung (Semantik)**
- *Bestehende Bedeutungen: Referenzen, Firmenstandards für die Leistungserbringung (Checklisten usw.)*
- Spezifisch: Kontakte (Adressen etc.), Korrespondenz, Statistik oder Umfrage, Bericht, Werbetext (mit Grafik), Fortschrittsbericht, Checkliste, Vertrag oder andere Vereinbarung

Projektinformationen: **Doku-Managementprozess (DMS)**
I *Spezifisch: Erheben, Erfassen, Speichern und Verwalten, Ändern bzw. Aktualisieren, Suchen und Auswerten, Bereitstellen, Vernichten, Archivieren*

Projektinformationen: **Info/Doku-Status**
I *Aus Firmenstandard: Geplant, in Arbeit, Prüfung intern, Prüfung extern, freigegeben, ersetzt, ungültig*

Projektinformationen: **Mittel, Medien**
I *Spezifisch: Papierdokument, Website, Sprache (Deutsch, Englisch, Spanisch), Arbeitsstationen und Server, Kommunikationsmittel international, Kommunikationsmittel lokal, Sicherheit und Archiv*

Vereinbarungen: **Projektvereinbarungen**
I *Bestehend: Spesenregelung*
I *Spezifisch: Interner Projektauftrag, Dienstleistungsvertrag (Marketing, Personalbemessung und -suche usw.), Werkvertrag (Umbauten, Informatik und Kommunikation (GU) usw.), Kaufvertrag (Liegenschaft, Ausstattung usw.)*

Organisationen: **Projektorganisation (Rollen)**
I *Spezifisch: Auftraggeber (Geschäftsleitung, Programm-Manager, Regionalleiter, Steuerungsausschuss (Projektleiter, Geschäftsführer neues Büro), Umfeld (Behörde Nation und Region, Fachgesellschaft usw.), Dienstleistungsverträge (Marketingberater, Bauplanung usw.), Werkverträge (Umbauten, Informatik und Kommunikation usw.), Kunden, Mitbewerber*

6 Anwendung der Projektstrukturen

6.1 Einleitung

Nachdem die strukturierenden Aspekte und die Ausprägungen in den vorangehenden Kapiteln ausführlich dargestellt wurden, ist ihre Verwendung bei den vielfältigen praktischen Aktivitäten des Projektmanagements darzustellen.

Beispiel Ausgehend vom Beispiel der Abbildung 1.09-18 im Basisteil sollen zur Illustration an Stelle des klassifizierenden Codes Listen von strukturierenden Aspekten und ihren Ausprägungen verwendet werden. Die ergänzte Situation (in *kursiver* Schrift) stellt sich wie folgt dar:

Aspekt **Projektnummer**:
Ort: *Hofstrasse*, Hochbüel, Sindelfingen, Sumpfplatz

Aspekt **Projektphasen**:
Konzeption, Planung, *Ausführung*, Abschluss

Aspekt **Systemelement**:
Leistungskennziffer: Fundation, Rohbau, Gebäudetechnik (Sanitär, *Heizung*, Lüftung, Elektrisch, MSR), Ausbau, Ausstattung

Aspekt **Projektorganisation (Rollen)**:
Auftraggeber, Gesamtleiter, Planer, Bauleiter, *Ausführender*

Aspekt beteiligte **Stammorganisationen**:
Firmen: Graber, Meyer, *Müller*, Wild

Aspekt **Arbeitspaketnummer**:
001, 002, ... 024, *025*, 026, ..., 038

Oder in Worten: Beim *Projekt Hofstrasse ist die Firma Müller in der Phase Ausführung als Ausführender (Unternehmer) für das Arbeitspaket 025 „Heizung" zuständig.*

Die Aktivitäten finden an Hand von Projektinformationen statt, die **dokumentiert** oder sonst (z. B. im Kopf) gespeichert sind. Die Strukturinformationen sind **Metadaten** dieser Dokumente. Beispielsweise hat eine Rechnung

- einen Empfänger, der in der Projektorganisation vorkommt
- Teilbeträge, die sich auf Leistungen (Lieferobjekte) beziehen, die zu Systemelementen und Verrichtungen gehören
- eine Vereinbarung zwischen Empfänger und Absender als Grundlage und darin eine festgelegte Vergütungsart für jedes Lieferobjekt bzw. jede Leistung (z. B. Einheitspreis)

6.2 Bezug zur ICB

Die Strukturinformationen werden in **allen Kompetenzelementen der ICB** verwendet, am intensivsten in den PM-technischen Bereich, aber auch in den PM-Kontextelementen und schließlich auch in den PM-Verhaltenselementen. Die folgenden Beispiele zeigen, wie intensiv die Projektstrukturen in den anderen Kompetenzelementen der ICB verwendet werden

1.03	Projektanforderungen und Projektziele: Strukturen in den Lasten- und Pflichtenheften und Projektanträgen, Struktur der Vorgehens-, Ergebnis-, Nutzensziele
1.04	Risiken und Chancen: Struktur der Risiken und Chancen
1.06	Projektorganisation: Strukturen in den Organigrammen und Prozessen
1.10	Leistungsumfang und Lieferobjekte: Strukturen in den Leistungsverzeichnissen, Planverzeichnissen
1.11	Termine und Projektphasen: Strukturen in den Terminplänen und Vorgangsbeschreibungen
1.13	Kosten und Finanzen: Strukturen in den Kostentabellen, dem Finanzbedarf und Finanzierungsplan
1.14	Beschaffung und Verträge: Struktur der Verträge und in den Vertragsvorlagen und in den einzelnen Verträgen
1.15	Änderungen: Strukturen für die Änderungsanträge
1.16	Überwachung, Controlling und Berichtswesen: Strukturen in den Standberichten
2.02	Engagement und Motivation: Struktur der persönlichen Einstellungen, Umstände und Interessen
2.05	Entspannung und Stressbewältigung: Struktur der Stress- und Entspannungsmuster
2.09	Effizienz: Struktur einer Effizienzkultur
2.12	Konflikte und Krisen: Struktur einer Krisensituation
3.05	Stammorganisation: Strukturen in einer Stammorganisation
3.08	Personalmanagement: Strukturen für die Personalentwicklung
3.10	Finanzierung: Strukturen für die Projektfinanzierung

Die Strukturierung ist besonders wichtig für die Information und Dokumentation sowie die Kommunikation.

6.3 Anwendungskonzept

Ein erstes Bearbeitungsgebiet bei einem Projekt ist die Wahl der **maßgebenden Aspekte** sowie evtl. die Wahl der **relevanten Hierarchien** für die Ausprägungen. Insbesondere soll also für das betreffende Projekt entschieden werden, welche Aspekte und Ausprägungen als Strukturen für das Management zu verwenden sind.

In einem zweiten Bearbeitungsgebiet ist zu untersuchen, wie weit **bestehende Strukturen** verwendet werden können und sollen. In der Regel sind neue Strukturen am ehesten im Bereich der Projektobjekte festzulegen. Weiter ist zu überlegen, wie weit bestehende Muster ergänzt oder angepasst werden sollen. Ergänzungen sind wesentlich einfacher vorzunehmen und durchzuhalten als Änderungen.

Das dritte Bearbeitungsgebiet ist die Wahl und Gestaltung der **Dokumente** und insbesondere der in ihnen verwendeten **Strukturen**, die für das Management des betreffenden Projekts anzuwenden sind. Die Dokumente werden in den anderen Kompetenzelementen dargestellt (z. B. Projektanträge, Managementprozesse, Terminpläne, Tabellen und Grafiken für das Kostenmanagement). Hier geht es darum, den Beitrag der Strukturen zu zeigen. Die Dokumente stellen zweckorientierte Sichten auf die große Menge von Projektdaten dar. In den professionellen Projektmanagementbüros bestehen Vorlagen und Beispiele für einen großen Teil der Dokumente. Weiter sind die Anforderungen professioneller Auftraggeber und vorhandene Dokumentationssysteme professioneller Auftragnehmer zu beachten.

> ! Die Zusammenstellung der nötigen strukturierenden Aspekte und Ausprägungen für ein Projekt durch die Projektleitung sowie die Zusammenstellung der nötigen strukturierenden Aspekte und Ausprägungen für ein Projektdokument (oder für ein Standarddokument für viele Projekte) kann mit der Zusammenstellung eines Menüs in einem Restaurant durch einen Gast verglichen werden. In beiden Fällen ist die Menge der erhältlichen Elemente viel größer als die Menge der gewählten.

Mit der systematischen Anwendung der strukturierenden Aspekte und Ausprägungen können folgende Vorteile realisiert werden:

- Die Strukturen müssen nicht für jedes Projekt neu erfunden werden.
- Die Aspekte und Ausprägungen werden in verschiedenen Dokumenten gleich verwendet und sind deshalb klar und rasch verständlich, nicht widersprüchlich.
- Durch die Gewöhnung an die Strukturen wird das Arbeiten der Projektbeteiligten präziser (klare Lieferobjekte), effizienter (schneller und kostengünstiger) und zuverlässiger (wirksamere Kontrolle).
- Vergleichbare Ziel- und Steuerungsgrößen können in einem gewissen Rahmen (wegen unterschiedlichem Projektkontext) für das Management verwendet werden.
- Für die Verdichtung von Informationen sind gleiche bzw. wenigstens zueinander passende Strukturen unabdingbar, was besonders bei vielen und externen Projektbeteiligten erfordert, dass einheitliche Strukturen konzipiert, verbreitet und eingeübt (Interpretation) werden.

Diese Vorteile kommen desto mehr zum Tragen, je komplexer die Projekte sind.

Wenn für gleiche Themen unterschiedliche Strukturierungskriterien verwendet und für gleiche Aspekte verschiedene Ausprägungen verwendet werden, wird die Kommunikation stark erschwert und unnötiger, ärgerlicher Aufwand für das Umsortieren, Aufteilen oder das Zusammenfügen, Suchen und Umrechnen erzeugt.

∑ Fazit Deshalb lohnt es sich, gemeinsame Strukturen sorgfältig aufzubauen, zu verbreiten, zu nutzen und zu pflegen, auch wenn dies mit einem gewissen Aufwand verbunden ist.

6.4 Arbeitspakete

Die Strukturierung hilft, die Arbeitspakete vollständig zu erfassen und mittels von Aspekten logisch zu gliedern. Im Basisteil (Abbildung 1.09-5) ist dargestellt, dass die Arbeitspakete in aller Regel Ausprägungen aus mehreren Aspekten kombinieren. Ein Beispiel ist bereits die Planung des Anbaus beim Wohnhaus.

Die Komplexität der Arbeitspakete steigt mit der Anzahl der strukturierenden Aspekte und der Anzahl der Ausprägungen pro Aspekt. Die Menge der möglichen Kombinationen steigt rasch an. Wenn z.B. 5 Bauobjekte mit 30 Bauteilarten (Systemelement-Hierarchie) sowie 4 Verrichtungsarten und 5 Projektphasen unterschieden würden, wären theoretisch 3000 Arbeitspakete möglich. Aber es müssen nie alle Kombinationen mit einbezogen werden.

 Tipp Eine systematische Strukturierung der Arbeitspakete mit Hilfe von Aspekten verursacht in der Praxis nie eine übermäßige Menge von Arbeitpaketen. Hingegen ermöglicht sie sogar eine einfachere Beherrschung wegen der Logik in ihrem Aufbau.

Im Management von komplexen Projekten soll die Möglichkeit bestehen, Strukturen innerhalb von Teilbereichen selbst festlegen zu lassen. Dabei sind jedoch folgende Regeln zu beachten:

- Übergeordnete Strukturen sind einzuhalten: die „Teilstruktur" knüpft an einen bestimmten Knoten in jeder Aspekthierarchie an (z. B. sind bestimmte Teilsysteme und Verrichtungsarten bis zu einer bestimmten Detaillierung zu verwenden).
- Die „Teilstruktur" ist eine weitere Aufteilung ab den festgelegten Knoten; sie beinhaltet keine Ergänzungen von Aspekten und Ausprägungen und kein Einbauen anderweitig verwendeter Aspekte im Teilbereich (sonst würde eine gemischte Hierarchie entstehen).
- Die „Teilstruktur" ist im Sinne der Strukturtransparenz und -kontrolle den anderen Projektbeteiligten bekannt zu geben.

> Die Arbeitspakete weisen eine weniger tief reichende Struktur auf als andere Projektelemente, wie Zeichnungen, Berichte, Vorgänge und Rechnungen. Die Detaillierungstiefe allgemeiner Strukturvorschriften in einem komplexen Projekt ist also sowohl in inhaltlicher als auch in administrativer Hinsicht sorgfältig zu überlegen.

6.5 Überlegungen zum Beispiel Wintergarten

In diesem Abschnitt werden Anwendungsüberlegungen zum Beispiel Wintergarten (Kapitel 5.1) dargestellt.

Maßgebende Aspekte und relevante Hierarchien

Der Aspekt „Systemelemente" ist relevant, weil die Systemelemente einen sehr unterschiedlichen Charakter haben und durch verschiedenartige Fachleute zu bearbeiten sind (z. B. Baugrund, Energiesanierung, Anbau). Angesichts des kleinen Bauvorhabens genügt aber eine einzige Hierarchieebene.

Der Aspekt „Nutzungsfunktionen" wird einbezogen, weil mit der gewünschten Nutzung die entscheidende, differenzierende Vorgabe für das Projekt aufgestellt wird. Die Strukturierung hilft, die Anforderungen der Bauherrschaft gut zu definieren, allfällige Anpassungen sauber zu managen und ihre Erfüllung gezielt zu überwachen.

Es ist vorteilhaft, die Verrichtungen strukturiert anzugehen, damit keine Aktivitäten verloren gehen (vgl. auch Forderung der Vollständigkeit der Arbeitspakete in Grundlagenteil). Eine Alternative wäre, den Aspekt „Projektphase" mit Meilensteinen und zugehörigen detaillierten Leistungsanforderungen mit mehreren Hierarchieebenen anzugehen. Beim vorliegenden Projekt ist jedoch der Aspekt „Verrichtungen" relevanter, daher kann auf die Phasen verzichtet werden. Die Projektleitung wird jedoch darauf achten, dass z. B. eine disziplinierte Kostenplanung und –kontrolle gemäß dem Phasenkonzept trotzdem erfolgt.

Die Sachstrukturen PM sind vorteilhaft, um die Projektziele systematisch zu verfolgen und das knappe PM-Budget optimal einzusetzen. Die angegebenen 6 Ausprägungen dürften bei diesem Bauvorhaben genügen.

Ähnliche Überlegungen sind für die weiteren strukturierenden Aspekte und deren Ausprägungen zu machen.

Bestehende Strukturen

Die Ausprägungen des Aspekts „Systemelemente" werden einerseits spezifisch für das Projekt gewählt: Allgemeines, Energiesanierung, Anpassen bestehendes Gebäude für Wintergarten, Bauvorbereitungen außen inkl. Leitungsverschiebung und Altlasten, neuer Vorbau, Winterbaumaßnahmen. Andererseits ist die Objektstruktur des bestehenden Gebäudes mit Umgebung zu übernehmen. Je nach Ausführungsart wird beim Teilobjekt „Neuer Anbau" die Standardlösung eines Unternehmers übernommen oder ein individueller Entwurf des Architekten von Handwerkern ausgeführt.

Auch bei den Phasen und Verrichtungen können einerseits Standardstrukturen für die Aktivitäten aus den Leistungs- und Honorarordnungen und Standardleistungsverzeichnissen sowie aus den Planungshandbüchern als Checklisten genutzt werden. Für die konkrete Struktur der Verrichtungen wird aber hier eine individuelle Lösung gewählt, weil es sich um ein besonderes Projekt handelt, das auch von den Verhältnissen vor Ort und der Ausführungsart abhängig ist.

Ähnliche Überlegungen sind für die weiteren strukturierenden Aspekte und deren Ausprägungen zu machen.

Dokumente

Für die Bestimmung der zu verwendenden PM-Dokumente und Dokumententeile (z. B. Grafiken) dient eine Checkliste. Ein Grundmuster dafür ist die Liste der Kompetenzelemente im Kapitel 6.2. Für das Projektmanagement sind wahrscheinlich nötig: die Strukturen für das Pflichtenheft, die Projektziele, die Projektorganisation, die Lieferobjekte, die Termine, die Kosten, die Verträge, die Standberichte, die Interessen der am Projekt interessierten Parteien, die Effizienz, einzelne Stammorganisationen und eventuell die Finanzierung.

Beispiel Die Gestaltung eines Dokuments und insbesondere die Anwendung der Strukturen werden an Hand der folgenden Grafik für die Kostenüberwachung gezeigt.

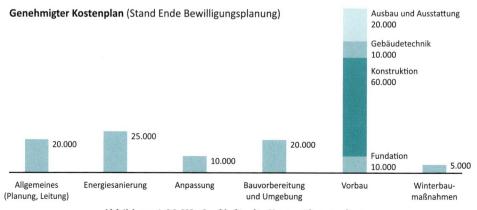

Abbildung 1.09-V8: Grafik für die Kostenüberwachung

Folgende drei Strukturdimensionen sind ersichtlich:

- Systemelemente (Kostenträger)
- Verrichtungen (Kostenarten)
- Phasen (Stand).

Die Kosten der Planung und Leitung werden nicht auf die Systemelemente aufgeteilt. Dies könnte in den betreffenden Verträgen und Rechnungen dargestellt sein, ist aber für das Kostenmanagement dieses Projekts nicht so wichtig. Die Zuordnung zur Sachstruktur PM ist klar: Ausprägung „Kosten".
Das Dokument ist Bestandteil des Dokumentationssystems und Informationssystems der Projektleitung. Relevant sind noch die Aspekte:

- Aspekt „Bedeutung (Semantik)": Das Dokument gehört zur Ausprägung „Berichtswesen" (Kommunikation mit dem Auftraggeber).
- Aspekt „Doku-Managementprozess (DMS)": Wenn wir annehmen, dass es sich um eine gültige Fassung handelt, war das Dokument für die vorliegenden Ausführungen „bereitzustellen".
- Aspekt „Info/Doku-Status": Es muss klar sein, in welchem Standard-Status das vorliegende Dokument sich gegenwärtig befindet („freigegeben").
- Aspekt „Mittel, Medien": Die Grafik ist z. B. sowohl in der elektronischen Ablage gespeichert (Original) als auch auf Papier im Register „Kosten" des PM-Ordners für dieses Projekt abgelegt.

Ähnliche Überlegungen sind für die weiteren Dokumente und Teile daraus zu entwickeln, z. B. für die Vereinbarungen (Planung, Ausführung, evtl. Nachbar) und die Projektorganisation.

7 Besonderheiten beim Programm- und Portfoliomanagement

7.1 Einleitung

> **Definition** Beim Programmmanagement und Portfoliomanagement geht es nicht mehr nur darum, Methoden, Techniken und Werkzeuge für ein einzelnes Projekt zu gestalten und einzusetzen, sondern Strukturen für alle Projektleitenden des Programms bzw. Portfolios festzulegen und deren Anwendung einzuleiten und zu überwachen.

Ziele sind der optimale gemeinsame Nutzen der Vorschriften und Richtlinien bzw. die Freiheit, Projekte ohne sie zu leiten. Die Weiterentwicklung der PM-Kompetenz inkl. der Wettbewerbstauglichkeit für die laufenden Projekte und für die Projekte in der einbezogenen Zukunft im betreffenden Programm bzw. Portfolio ist wichtig. Dafür sind differenzierte SWOT-Beurteilungen des Zustands und von Neuerungen im Projektmanagement innerhalb und außerhalb der betreffenden Organisation oder Organisationseinheit nötig.

7.2 Neue strukturierende Aspekte

Zur Differenzierung der Projekte kommen neue strukturierende Aspekte vor:

Projektart

Das Projektmanagement wird häufig betreffend Projektarten differenziert.

Beispiele von Ausprägungen sind: Bauprojekt, IKT-Projekt (Informatik- und Kommunikations-Technologie), OE-Projekt (Organisationsentwicklung), F+E-Projekt (Forschung und Entwicklung), Produktentwicklungsprojekt, Event-Projekt usw.

Projektumfang

Das Projektmanagement wird auch hinsichtlich des Projektumfangs differenziert.

Beispiele von Ausprägungen sind: Klassen Investitionskostensumme (von .. bis ..), Klassen gesamter Personaleinsatz (z. B. Personenjahre), Klassen geschätzter zusätzlicher Jahresumsatz, Klassen geschätzter zusätzlicher Jahresgewinn, Klassen Anzahl aktiver, nach Komplexität gewichteter Projekte, Klassen Erwartungswerte von Risiken und Chancen usw.

Wirtschaftssektor

Das Projektmanagement wird zudem, betreffend den Wirtschaftssektor, in dem es zur Anwendung kommt, differenziert.

Beispiele von Ausprägungen sind Industrie, Finanzdienstleistungen, öffentliche Dienste, Verteidigung, Bildung und Kultur, Gesundheitswesen, Landwirtschaft, Tourismus usw.

PM-Methodik

Das Projektmanagement wird weiter bezüglich der verwendeten PM-Methodiken und der entsprechenden Anforderungen differenziert.

Beispiele von Ausprägungen sind Programme, sehr große und sehr komplexe Projekte, komplexe Projekte (IPMA Level B), Projekte mit begrenzter Komplexität (IPMA Level C) usw.

7.3 Schwerpunktverschiebungen

Schon beim einzelnen Projekt stellt sich die Frage, ob die Projektleitung

- sich dazu zwingen soll, sich auf wenige Aspekte und somit einfache Strukturen zu beschränken (der PSP kann ein Mittel dafür sein).
- die neuen Möglichkeiten der Informatik nutzen soll und viele und detaillierte Daten und Sichten (Auswertungen) zu nutzen (die Relationen können die Mittel dazu liefern).

Diese Problemstellung ist schon bei den Beispielen im Kapitel 5 in Erscheinung getreten. Für wenige Aspekte und Hierarchieebenen und einfache Strukturen sprechen:

- bessere Beherrschbarkeit
- weniger Aufwand
- schnellere und aktuellere Auskünfte

Für die Beherrschbarkeit ist an die Situation zu erinnern, in der die Projektleitung vor lauter Bäumen den Wald nicht mehr sieht und nicht mehr herausfindet, um was es eigentlich geht.

💧 **Tipp** Doch das Einfache ist oft nur scheinbar einfach. Aufwändige und unsichere Erklärungen sind nötig, um „einfache" Werte zu erklären, die in Wirklichkeit auf vielen, teilweise gegenläufigen Einflüssen beruhen. Dann ist der Aufwand wegen der Rückfragen, Unklarheiten und Erläuterungen größer, als wenn eine detailliertere Struktur gewählt worden und die entsprechenden Werte vorhanden gewesen wären.

Die Lösung soll in der Richtung von Verdichtungen gesucht werden (mit Rückgriff auf detailliertere Informationen bei Bedarf). Regelkonforme Strukturen liefern dafür gute Voraussetzungen.

Besonders bei komplexen Projekten, Programmen und Portfolios ist ein Informationssystem aufzubauen, das

- zweckbezogen ist, d. h. dem Projektmanagement in verschiedenen Bereichen (z. B. Teilprojekt, Gesamtprojekt, Programm, Portfolio) entsprechende Auskünfte liefert,
- transparent ist, d. h. dass zu den angegebenen Fakten und Werten klare Aussagen gemacht werden können,
- eindeutig ist, d. h. die Informationen werden an bestimmter Stelle autorisiert eingespeist (inkl. Änderungen!) und von den anderen Stellen verwendet, aber nicht geändert,
- durchgängig ist, d. h. die Informationen in allen Bereichen auf den gleichen, autorisiert eingespeisten Werten basieren.

∑ **Fazit** Also zusammengefasst:
- Weder einfache, aber unklare Strukturen,
- noch komplexe und für Entscheide nicht verwendbare Strukturen,
- sondern zweckbezogene, transparente, eindeutige und durchgängige Strukturen!

Eine neue Dimension im Programm- und Portfoliomanagement ist das Management der Freiheit, bei einem Projekt eigene oder keine Strukturen zu wählen. „Musterbrecher" können ungewöhnliche, sehr erfolgreiche Projektergebnisse erzielen. Eine unkritische Verwendung von Standardstrukturen kann dazu führen, dass ungewöhnliche Risiken übersehen und hervorragende Chancen verpasst werden. Besonders groß sind die ungünstigen Wirkungen, wenn ungelöste Strukturprobleme in der Organisation, im Portfolio, im Programm oder im Projekt vorliegen.

Zunächst ist zu unterscheiden zwischen

- Änderung der Strukturen
- Optimierung der Inhalte

Es ist möglich, anders, schneller und billiger zu sein, ohne die Strukturen zu ändern. Nur die Werte sind besser. Andererseits kann das (temporäre) Aufbrechen von Strukturen und Vergessen von Erfahrungen zum Erfolg führen.

Bürokratische Zwänge haben teilweise mit Strukturen zu tun und sind bei den guten Projektleitern nicht beliebt:

- Staatliche und private Statistiken
- Detaillierte Regelungen in Großfirmen
- Einschränkende Regelungen für bestimmte Projektarten (z. B. Informatikprojekte)
- Schwerfällige Handbücher für das Projektmanagement
- Ungeeignete Dokumentenvorlagen („Formulare")

Schließlich ergeben sich bei Programmen und Portfolios Schwerpunktverschiebungen bezüglich der Methoden, Techniken und Werkzeuge:

- Datenflüsse über das Internet oder Intranet sind häufig; dafür müssen (nicht zu viele) Strukturen geschaffen werden
- Vorlagen und Dokumente werden für alle Projekte auf Plattformen zur Verfügung gestellt (mit eingeschränkten Zutritts- und Verfügungsrechten), womit auch eine erhöhte Vergleichbarkeit entsteht
- Der Einsatz von Dokumentenmanagementsystemen ist im Steigen begriffen; Metainformationen auf den Dokumenten erhalten jene Bedeutung, die sie in jeder guten Dokumentenverwaltung haben sollten
- Projektleitende sollten die Wirkungsweise fortgeschrittener Software verstehen (solche Softwarepakete für das Terminmanagement und Kostenmanagement arbeiten mit Datenbanken im Hintergrund)

Zum Abschluss nochmals die zentrale Forderung:

Σ Fazit Das gut strukturierte Informationssystem liefert verlässliche und aktuelle Entscheidungsgrundlagen für das Projekt-, Programm- und Portfoliomanagement.
Dies sollen nicht zu viele Informationen ohne Übersicht, aber auch nicht zu wenige Informationen mit zu viel Erklärungsbedarf sein.

8 Entwerfen, Nutzen und Pflegen von Projektstrukturen („Strukturieren")

8.1 Konzeptionelle Sicht

Beim „Strukturieren" sind drei konzeptionelle Aspekte zu berücksichtigen:

- Die Inhalte des Entwurfs von Projektstrukturen
- Die Aktivitäten des Entwurfs, der Nutzung und der Pflege von Projektstrukturen;
- Einflüsse und Beeinflussungen von resp. auf andere Kompetenzelemente der ICB, d.h. andere Tätigkeiten des Projektmanagements

8.2 Inhalte und Aktivitäten des Strukturierens

Inhalte

Die Inhalte des Entwerfens, Nutzens und Pflegens von Projektstrukturen sind:

- eine bestimmte Projektstruktur als Folge einer fachlichen Zielsetzung oder Anforderung
- die Aspekte, die in dieser Projektstruktur kombiniert werden,
- die möglichen Ausprägungen jedes Aspekts (Strukturelemente), ev. aus Standard-Struktur(en)
- die (innere) Struktur („Ordnung") jedes Aspekts und das verwendete Modell-Paradigma,
- die konkrete Projektstruktur als Kombination von Aspekten mit dem verwendeten Modell-Paradigma. Die konkrete Projektstruktur ist eine „Sicht" (als Auswertung) über die „Gesamtstruktur" mit allen Strukturelementen aller Aspekte.

Aktivitäten (Übersicht)

In Anwendung des „Problemlösungszyklus" (Kompetenzelement 1.08 der ICB) und basierend auf den Prozessschritten für „Projektstrukturen" (Kompetenzelement 1.09 der ICB), sind für das Entwerfen, Nutzen und Pflegen von Projektstrukturen die folgenden Aktivitäten resp. Prozessschritte erforderlich. Diese werden in 8.3 beschrieben.

1. Situationsanalyse
2. Zielsetzung(en) resp. Auftrag für das Strukturieren
3. Anforderungen an die Strukturen
4. Aufarbeiten und Beschaffen von Methoden und Mitteln zur Darstellung und zur Kommunikation
5. Entwerfen der Strukturen
6. Bewerten, Variantenwahl, Entscheid, Kommunikation, Auftrag
7. Umsetzung: Einführen, Nutzen und Betreiben (Pflegen) der Strukturen
8. Controlling: der Umsetzung

8.3 Detaillierte Prozessbeschreibung

Prozessschritte

Es werden als Erstes die einzelnen **Prozessschritte** beschrieben.

Erstellen der **Situationsanalyse** (1) des Projekts bezüglich der Objekte, Projektaktivitäten und des Projektwissens bestehender Strukturen, im Besonderen bezüglich

- der Aspekte, deren Ausprägungen und ihrer „inneren" Strukturen,
- der Projektstrukturen als Kombinationen (Beziehungen!) von Aspektausprägungen,
- sowie struktureller Rahmen- und Randbedingungen.

Festlegen der für das Projekt zu verwendenden, spezifischen **Strukturen** (2) und ihrer „Struktur-Owner", im Besonderen

- der Aspekte und ihrer „inneren" Strukturen, in der Regel Hierarchien,
- Projektstrukturen als Kombinationen von Aspekten (Beziehungen!),
- und Struktur-Owner.

Definieren der **Anforderungen** (3) an jede Struktur und an das Vorgehen des Entwurfs:

- Allgemeine Anforderungen
- Strukturierungsregeln und -paradigmen je Aspekt und je Projektstruktur (Kombi)

Ausarbeiten und Beschaffen von **Methoden** und **Mitteln** (4) zur Darstellung und Kommunikation von Strukturen:

- Identifizieren, Analysieren und Auswählen von Paradigmen und Methoden zum Beschreiben des Strukturentwurfs, z. B. Hierarchie, relationales Modell, Tabellen, Grafiken, Schemata (UML usw.)
- Identifizieren, Beurteilen, Beschaffen von Mitteln für das Entwerfen und Dokumentieren sowie Kommunizieren der Projektstrukturen, z. B. Software

Entwerfen (Ausarbeiten) der Projektstrukturen (5), d.h. der Aspekte (Strukturdimensionen), ihrer Ausprägungen und ihrer Beziehungen:

- Analyse und Festlegen der Elemente je Projektstruktur: Aspekte, Strukturelemente
- Entwerfen der Struktur der Aspekte und der Struktur der Projektstruktur (Kombi) => Modellierung der Beziehungen

Entscheiden und Kommunizieren der umzusetzenden Strukturen (6): Bewerten der Varianten, Evaluation durchführen und entscheiden, kommunizieren, Aufträge erteilen

Umsetzen des Strukturentwurfs (7): Einführung, Nutzen und Pflegen der Strukturen

Controlling (8) der Umsetzung der Projektstrukturen:

- Werden die Ziele durch die Nutzung der Strukturen erreicht?
- Was muss wann und wie geändert werden?
- Wie kann dies gesteuert werden?

Input und Output

Es werden nun noch der **Input** in und der **Output** aus dem Prozess beschrieben.

Als **(statischer) Input** in den Prozess für das Entwerfen, Nutzen und Pflegen von Projektstrukturen sind die folgenden Informationen maßgebend:

- Anlagen-/Objektstrukturen, Systemstrukturen und Standardstrukturen als Beschreibung des Projektinhalts, bestehender Strukturen und von Rahmen- und Randbedingungen aus fachlicher Sicht durch den Projektauftraggeber und kompetente Projektbeteiligte
- Phasenpläne, Standardabläufe, zeitliche Rahmen- und Randbedingungen usw. als Beschreibung der Projektaktivitäten und bestehender Strukturen aus fachlicher Sicht durch den Projektauftraggeber und erfahrene Projektbeteiligte
- Projektgrundlagen, rechtliche und ökonomische Rahmen- und Randbedingungen, Anforderungen an den Projektinhalt, Anforderungen an den Projektablauf, PM-Dokumente, technische und funktionale Dokumente über den Projektinhalt usw. als Beschreibung des (schon vorhandenen und des zu schaffenden) Projektwissens aus fachlicher Sicht durch den Projektauftraggeber und kompetente Projektbeteiligte
- Standardstrukturen und als Muster dienende Strukturen anderer Projekte
- Anforderungen an die Projektstrukturen des Projektauftraggebers und an die Beteiligten
- Wissen über Strukturparadigmen und Strukturierungsmethoden

Als **dynamische Beeinflussung** fließen während des Entwerfens, Nutzens und Pflegens der Projektstrukturen noch weitere Inputs in den Prozess:

- Erfahrungen aus dem Struktur-Controlling
- Projektänderungen
- Änderungen an der Ablaufstruktur
- Neue Anforderungen an das Projektwissen

Der **Output** aus dem Prozess für das Entwerfen, Nutzen und Pflegen von Projektstrukturen besteht im Wesentlichen aus:

- den konzeptuellen Entwürfen für die Projektstrukturen,
- der Dokumentation dieser Projektstrukturen,
- Regeln, Richtlinien und Behelfen für die Anwendung durch die Projektbeteiligten.

8.4 Erhalten der Projektstrukturen

Projektstrukturen sind Änderungen unterworfen; sie müssen erhalten werden.

In der Regel werden die Projektstrukturen im Projektablauf verfeinert und ausgebaut. Der beschriebene Prozess wird also während des Projektablaufs mehrere Male durchlaufen.

 Dabei wird der Erhaltung der Konsistenz der einzelnen Projektstrukturen und der sich daraus ergebenden Gesamtstruktur sehr großes Gewicht beizumessen. Dies ist eine sehr anspruchsvolle Aufgabe.

Wesentliche Änderungen der Projektstrukturen, d. h. das Ergänzen, Modifizieren (div. Aktivitäten) oder Straffen der Strukturen, werden wieder mit den Schritten (1) bis (8) entworfen und umgesetzt.

9 Zusammenfassung

Ausgehend vom Grundwissen, werden die Liste, der Baum und die Tabelle als Strukturmodelle vorgestellt. Das Tabellenmodell eröffnet die allgemeinsten und mächtigsten Möglichkeiten für die Strukturierung, insbesondere dann, wenn sie mit Informatikwerkzeugen zur Erstellung und Veränderung der Listen und Datenbanken sowie für die Dokumentenverwaltung unterstützt werden.

Die strukturierenden Aspekte und ihre Ausprägungen dienen als hauptsächliche Metadaten in den Dokumenten. 23 Aspekte (Dimensionen) für das Management von Projekten, Programmen und Portfolios werden für die selektive Verwendung bei allen Arten von Projekten bereitgestellt. Dabei gilt der Einsteinsche Grundsatz „so einfach wie möglich, aber nicht einfacher". Die Verwendung wird an Hand von 4 Projekten unterschiedlicher Art gezeigt.

Schließlich wird die praktische Arbeit des Projektmanagements für und mit der Strukturierung dargestellt und auf die Besonderheiten des Programm- und Portfoliomanagements hingewiesen. Die Abläufe und Aktivitäten für das Entwerfen, Nutzen und Pflegen von Projektstrukturen werden systematisch beschrieben.

10 Fragen zur Wiederholung

1. Erläutern Sie die Begriffe Liste, Baumstruktur, Tabelle, strukturierende Aspekte, Ausprägungen, hierarchische Struktur und relationale Struktur an Hand eines der vier Beispielprojekte im Kapitel 5.
2. Zeigen Sie die verwendeten Strukturen und anderen Metadaten an Hand eines Pflichtenhefts, eines Leistungsverzeichnisses, eines Terminplans und eines Kostenplans.
3. Erläutern Sie die Vorgaben des Portfoliomanagements an die Projektstrukturen und die Bedingungen, unter denen der Projektleiter eigene strukturelle Lösungen einbringen kann.
4. Stellen Sie die Strukturen dar, die Sie für eines der vier Beispielprojekte im Kapitel 5 wählen würden.
5. Zeigen Sie das Vorgehen, das Sie für die Lösung der Frage 6 wählen.
6. Erklären Sie, wie die Strukturen im Beispiel Einfamilien-Wohnhaus in den Grundlagen mit der Methodik des Vertiefungsteils behandeln und ergänzen.
7. Gestalten Sie die Strukturen eines der vier Beispielprojekte im Kapitel 5.
8. Wenden Sie diese Strukturen für die folgenden Dokumente an: Pflichtenheft, Leistungsverzeichnis, Terminplan, Kostenplan, Konfliktlösung, Personalmanagement.
9. Zeigen Sie, wie vorgegebene komplexe Standardstrukturen für Projektobjekte, Projektaktivitäten oder Projektinformationen oder einen Projektkontenplan in einem der vier Beispielprojekte im Kapitel 5 eingesetzt werden.
10. Beurteilen Sie ein vorliegendes Dokumentationssystem für das Management eines komplexen Projekts aus struktureller Sicht.
11. Zeigen Sie das Vorgehen, das Sie für die Lösung der Frage 12 wählen.
12. Strukturieren Sie eines der vier Beispielprojekte im Kapitel 5 nach 12 bis 14 unterschiedlichen Aspekten.
13. Zeigen Sie einen Ausschnitt mit 30 Arbeitspaketen für eines der vier Beispielprojekte im Kapitel 5.
14. Zeigen Sie, wie Sie die Strukturregeln bei der Lösung der Frage 12 eingehalten haben und wo die hauptsächlichen Knackpunkte lagen.
15. Verdichten Sie die Informationen des in Frage 8 behandelten Dokuments über 3 Verdichtungsebenen und zeigen Sie, weshalb die Verdichtung für die betreffende Ebene zweckmäßig ist.

1.10 Leistungsumfang und Lieferobjekte (Scope & deliverables)

William Duncan, Florian E. Dörrenberg

Lernziele

Sie kennen

- Strukturpläne als weiteres Instrument zur Definition und Beschreibung des Projektinhalts (Leistungsumfang und Lieferobjekte)

Sie wissen

- welcher Zusammenhang zwischen Leistungsumfang und Vertrag besteht
- die besondere Bedeutung des Konfigurationsmanagements zu schätzen
- wie der Leistungsumfang in einer Projekte-Landschaft zu betrachten ist

Sie können

- die Schnittstellen zwischen den Beteiligten einer mehrstufigen Projektorganisation bestimmen

Inhalt

1	Einleitung	1591
2	Besondere Aspekte bei Definition und Fortschreibung des Leistungsumfangs	1591
2.1	Strukturpläne	1591
2.2	Zusammenhang zwischen Leistungsumfang und Vertrag	1592
2.3	Bedeutung des Konfigurationsmanagements	1593
3	Leistungsumfang und Lieferobjekte in einer Projekt(e)landschaft	1594
3.1	Bei Teilprojekten	1594
3.2	Programm-Leistungsumfang	1594
3.3	Portfolio-Leistungsumfang	1595
4	Zusammenfassung	1595
5	Fragen zur Wiederholung	1596

1 Einleitung

In diesem Abschnitt werden die Programm- und Portfolioperspektiven des Leistungsumfangs und der Lieferobjekte näher betrachtet. Darüber hinaus werden einzelne Themen aus dem Grundlagenteil vertieft sowie spezielle Aspekte vorgestellt.

2 Besondere Aspekte bei Definition und Fortschreibung des Leistungsumfangs

2.1 Strukturpläne

Es gibt viele Arten, die Arbeit eines Projekts zu organisieren und den Leistungsumfang zu gliedern. In der Praxis sind am häufigsten sogenannte Strukturpläne anzutreffen, im Projektmanagement explizit vertreten durch den Projektstrukturplan (vgl. Element 1.09 Projektstrukturen).

Eine besondere Form der Strukturpläne stellt der sog. Produktstrukturplan dar (vgl. Abbildung 1.10-V1). Er ist ein wichtiges Instrument der produktbasierten Planung, in ihm wird das Produkt in verfeinernden Schritten, in die einzelnen Komponenten zerlegt, dargestellt.

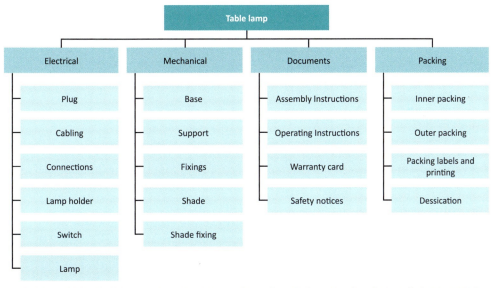

Abbildung 1.10-V1: Schema eines Produktstrukturplans (Schematisches Beispiel) (APM, 2002)

Gerade im Bereich technischer Projekte findet sich hier eine enge Beziehung zu Instrumenten wie der Lieferliste, Komponenten-Kataloge, Teileliste und Produktions-Stücklisten. Eine besondere Aufgabe besteht darin, die jeweils gültige Konfiguration im Fokus zu halten und ein mögliches Auseinanderdriften von Produkt- und Projektmanagement zu verhindern.

Was vorstehend für den Produktstrukturplan ausgeführt wurde, gilt sinngemäß auch für andere mögliche Projekt-Strukturpläne. Auch diese können und sollten immer – soweit sie bereits vorliegen – zur Definition und Beschreibung des Projektinhalts (Leistungsumfang und Lieferobjekte) mit herangezogen und in Übereinstimmung gebracht werden.

2.2 Zusammenhang zwischen Leistungsumfang und Vertrag

Vor allem bei externen oder Auftrags-Projekten spielt der dem Projekt zugrunde liegende Vertrag eine bedeutende Rolle. In diesem Vertragswerk, idealer Weise in einem eigenen Anhang, ist der Leistungsumfang des Projekts umrissen. Unautorisierte Abweichungen von diesem vereinbarten Vertragsinhalt können zu Claims bzw. Nachforderungen führen (vgl. auch Element 1.14 Beschaffung und Verträge).

Für das Projektteam ist die Kenntnis der wesentlichen vertraglichen Regelungen unumgänglich. Je nach Vertragstyp (z. B. im deutschen Recht Werk- oder Dienstvertrag) bzw. Art der Preisbildung (z. B. Festpreis gegenüber Kostenerstattung) kommt der Behandlung von „Arbeit" eine ganz unterschiedliche Tragweite zu.

Darüber hinaus ist im Rahmen einer mehrstufigen vertikalen Projektgliederung mit verschiedenen Projektbeteiligten sowie komplexen Unterstellungsverhältnissen genau darauf zu achten, wie die im Hauptvertrag geregelten Leistungs- und Lieferumfänge auf die nächst tiefer liegende Vertragsebene weitergereicht werden. Abbildung 1.10-V2 stellt exemplarisch eine mehrstufige Projektorganisation mit Leistungsverteilung auf mehrere Unterauftragnehmer, Sublieferanten sowie Projektpartner dar. Besonderes Augenmerk ist hierbei auf die Klärung von Schnittstellen, die Kalkulation von Integrationsaufwänden sowie die Sicherstellung einer durchgehenden Konfiguration zu legen.

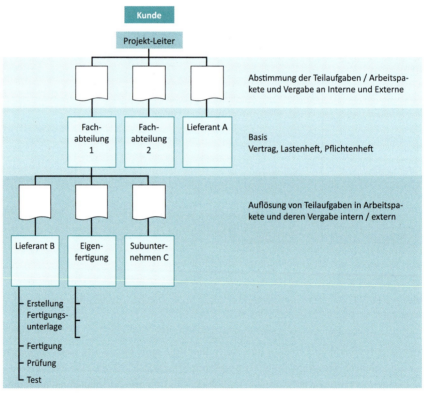

Abbildung 1.10-V2: Leistungsteilung im Rahmen einer mehrstufigen Vertragspartner- und Unterauftragnehmerstruktur in einem Anlagenbau-Projekt (Schematisches Beispiel) (HILPERT, RADEMACHER & SAUTER, 2001: 87)

Die aktuelle DIN 69901-2 (PM-Prozesse) weist einen PM-Prozess 10 „Verträge und Nachforderungen" aus, der weiter untergliedert ist in die beiden Untergruppen D.10.2 „Vertragsinhalte mit Kunden festlegen" sowie P.10.1 „Vertragsinhalte mit Lieferanten festlegen". Hierbei wird insbesondere der Festlegung des Liefer- und Leistungsumfangs sowie der Schnittstellenklärung eine hohe Bedeutung beigemessen. Als Instrumente werden explizit Lasten- und Pflichtenheft genannt.

2.3 Bedeutung des Konfigurationsmanagements

Bei Planung, Überwachung und Steuerung des Projektinhalts spielt die Konfiguration eine wichtige Rolle. Einfach ausgedrückt, wird unter dem Begriff „Konfiguration" die Anordnung von Elementen in einer bestimmten Weise bzw. Kombination verstanden.

Zur Verdeutlichung dienen zwei Bausteine, A und B derselben Größe und Form. Diese können zu einer Vielzahl von Konfigurationen angeordnet werden, beispielsweise:

- A oben, B unten; die Kanten abschließend;
- A oben, aber umgedreht; B unten; die Kanten abschließend;
- A oben, B unten; beide senkrecht zueinander;
- A und B nebeneinander.

Konfigurationsmanagement kann als Prozess des Planens und Nachverfolgens der Konfigurationen verstanden werden (vgl. die exakten begrifflichen Bestimmungen in Element 1.15 Änderungen). Als eigenständige Disziplin wurde das Konfigurationsmanagement bereits vor mehreren Jahrzehnten vom US-Verteidigungsministerium definiert.

Dementsprechend handelt es sich dabei um jedes dokumentierte Verfahren, das zur technischen und administrativen Leitung und Überwachung angewandt wird, um:

- die funktionalen und physischen Eigenschaften eines Themas bzw. Systems zu identifizieren und zu dokumentieren;
- jede Veränderung dieser Eigenschaften zu kontrollieren;
- solche Veränderungen und ihren Anwendungsstatus zu protokollieren und darüber Bericht zu erstatten;
- die Themen und Systeme zu überprüfen, um festzustellen, ob sie den Anforderungen entsprechen.

Im Projektmanagement-Kontext ist das Hauptthema des Konfigurationsmanagements das Produkt des Projekts: Weist es zum Betrachtungszeitpunkt die geforderten funktionalen und physischen Eigenschaften auf? Bezugsgröße ist dabei der jeweils aktuelle und gültige Projekt-Planungsstand, wodurch der Bestimmung und Verfolgung des tatsächlich realisierten Leistungsumfangs sowie der erstellten Lieferobjekte in Projekten durch das Konfigurationsmanagement eine wichtige Rolle als Unterstützungsfunktion für das Projektmanagement zukommt.

Bei umfangreicheren Projekten werden eventuell auch weitere Aspekte vom Konfigurationsmanagement abgedeckt. Beispielsweise die Konfiguration der Projektplanung (spiegelt sie exakt das wider, was zu tun ist?), die Entwurfsdokumentation (spiegelt sie exakt das wider, was erzeugt wird?) oder alle weiteren Dokumente, die Gegenstand von Veränderungen sind.

Gutes Konfigurationsmanagement kann dabei helfen, Fehler und Missverständnisse sowohl bezüglich der technischen als auch der Management-Aspekte eines Projekts zu minimieren. Üblicherweise wird das Änderungsmanagement als Subsystem des Konfigurationsmanagements angesehen, während in einigen Anwendungsbereichen das Verhältnis genau umgekehrt zu sein scheint. In jedem Fall gilt die

Tatsache, dass Schwachpunkte in einem Bereich die Stärken eines anderen zunichtemachen können. Weiterführende Informationen zum Konfigurationsmanagement und besonders zum Änderungsmanagement bei Projekten finden sich in Element 1.15 Änderungen.

Bei kleineren und weniger komplexen Projekten kann das Konfigurationsmanagement oft von Hand durchgeführt werden und zwar durch Protokolle von Änderungsanforderungen und durch Versionskontrolle von Schlüsseldokumenten. Bei umfangreicheren und komplexeren Projekten wird wahrscheinlich Computer-Unterstützung notwendig sein, um die Mengen an entsprechenden Informationen zu bewältigen. Einige dieser Systeme sind allgemeiner Natur, während andere maßgeschneidert sind für die Bedürfnisse des jeweiligen Anwendungsbereichs bzw. des jeweiligen Dokumenten- oder Systemtyps.

3 Leistungsumfang und Lieferobjekte in einer Projekt(e)landschaft

Bisher wurden Leistungsumfang und Lieferobjekte prinzipiell für Einzelprojekte in ihrer Gesamtheit betrachtet. Darüber hinaus finden sich aber in der Praxis Konstellationen, in denen ein Projekt entweder weiter aufgeteilt wird (Teilprojekt-Technik) oder selbst Bestandteil eines übergeordneten Systems ist (Programme und Portfolios). Diese werden im Folgenden näher betrachtet.

3.1 Bei Teilprojekten

Wird ein Projekt in Teilprojekte unterteilt, so wird zwangsläufig auch der Gesamt-Leistungsumfang auf die Teilprojekte aufgeteilt. Es ist dann sicherzustellen, dass die Summe der Leistungsumfänge dieser Teilprojekte auch den notwendigen Gesamt-Leistungsumfang ergibt. Hier ist den **Schnittstellen** besondere Aufmerksamkeit zu schenken, ein erhöhter **Integrationsaufwand** ist in der Projektplanung zu berücksichtigen. Dies gilt unabhängig davon, ob die Teilprojekte von externen (Unter-) Auftragnehmern durchgeführt werden oder von der Trägerorganisation selbst. In dieser Beziehung können sowohl das Konfigurationsmanagement als auch DV-Systeme zur Verfolgung der Anforderungen hilfreich sein.

3.2 Programm-Leistungsumfang

Der Leistungsumfang eines Programms kann sehr unterschiedlich aufgefasst und definiert werden. Hierbei ist zu beachten, dass es verschiedene Arten von Programmen gibt. Obwohl viele Autoren eine Vielzahl von Klassifizierungsarten für Programme vorgeschlagen haben (vgl. Element 3.02 Programmorientierung), gibt es prinzipiell drei relevante Hauptkategorien für die Diskussion des Programm-Leistungsumfangs:

| **Umfangreiche Projekte**
  Die erste Kategorie ist diejenige, bei welcher der Ausdruck „Programm" benutzt wird, um ein sehr umfangreiches Projekt zu beschreiben. In solchen Fällen sind Programm-Leistungsumfang und Projekt-Leistungsumfang ein und dasselbe, obwohl die Größe des Projekts/ Programms typischer Weise dazu führt, dass der Leistungsumfang schwieriger zu definieren und zu verstehen ist und dementsprechend Gegenstand regelmäßiger Klärung und Überarbeitung sein wird. Hier können sowohl das Konfigurationsmanagement als auch DV-Systeme zur Verfolgung der Anforderungen hilfreich sein.
| **Projektgruppierungen**
  Die zweite Kategorie ist diejenige, bei der ein Programm aus einzelnen Projekten besteht, die aus einem bestimmten Grund zusammengefasst wurden. Typische Beispiele sind jährliche Instandhaltungs-Programme für eine Versorgungseinrichtung oder eine IT-Organisation, in der Projekte

entsprechend der zu unterstützenden funktionellen Gruppe zusammengefasst werden. Bei diesen Programmarten entspricht der Programm-Leistungsumfang der Summe aller Leistungsumfänge der einzelnen Projekte. Im Endeffekt wird sich der Programm-Leistungsumfang in dem Maße verändern, in dem Projekte hinzu gefügt oder herausgenommen werden.

Veränderungsprogramme
Die dritte Kategorie ist das, was häufig strategisches Programm oder auch Veränderungsprogramm genannt wird. Diese Programme können groß oder klein sein und unterscheiden sich dadurch, dass ihre Ziele eher in Hinsicht auf übergeordnete Geschäftsziele definiert werden als auf spezifische Ergebnisse. So kann beispielsweise ein Programm zur Erschließung eines neuen Markts das Ziel „10 Millionen Euro Rendite innerhalb von 5 Jahren" haben, doch es bleibt dem Programm-Manager überlassen, den besten Weg zu bestimmen, auf dem dies erreicht werden kann. Bei dieser Art von Programmen ist der Leistungsumfang fließend und unbestimmt: Er stellt die Summe der Leistungsumfangs sowohl aller abgeschlossenen Projekte dar als auch aller laufenden und aktiven Projekte sowie einer Anzahl unbekannter zukünftiger Projekte.

3.3 Portfolio-Leistungsumfang

Der Begriff „Portfolio-Leistungsumfang" wird häufig gebraucht, um die Liste der Projekte zu beschreiben, die als Teile eines Projekt-Portfolios gemanagt werden (vgl. Element 3.01 Projektorientierung sowie Element 3.03 Portfolioorientierung). In diesem Zusammenhang kehrt der Begriff „Leistungsumfang" zu seiner ursprünglichen Bedeutung von „Umfang" oder „Grenze" zurück. Portfolio-Leistungsumfang bezieht sich nicht auf die Summe aller Projekt-Leistungsumfänge, da ein Projekt-Portfolio kontinuierlich weiterläuft. Wenn ein Projekt-Portfolio ein absehbares Ende hat, sollte es – zur Klarstellung des Leistungsumfangs – als Programm behandelt werden.

4 Zusammenfassung

Für die Projektgliederung gibt es neben dem Projekt-Strukturplan noch andere Instrumente, die im Rahmen der produktbasierten Planung zum Einsatz kommen. Hierzu gehören neben dem Produkt-Strukturplan auch Liefer- und Stücklisten. Es gilt, den Zusammenhang von Projekt- und Produktsicht zu beachten.

In einer mehrstufigen Projektorganisation stellt die Aufteilung des Leistungsumfangs auf die unterschiedlichen Beteiligten eine große Herausforderung dar. Besonders die Schnittstellenklärung sowie der erhöhte Integrationsaufwand erfordern ein besonderes Augenmerk des Projekt-Teams.

Im Projektmanagement-Kontext liegt das Hauptaugenmerk des Konfigurationsmanagements auf dem Produkt des Projekts: Hat es die geforderten funktionellen und physischen Eigenschaften? Damit kommt dem Konfigurationsmanagement für die Bestimmung und Verfolgung des Leistungsumfangs in Projekten eine wesentliche Bedeutung zu.

In einer Projekt(e)landschaft kommen für die Planung und Bewertung des Lieferumfangs zusätzliche Aspekte hinzu. Wenn ein Projekt in Teilprojekte unterteilt wird, sollte die Summe der Leistungsumfänge dieser Teilprojekte den Leistungsumfang des Gesamtprojekts ergeben. Daneben kann zwischen Programm- und Portfolio-Leistungsumfängen unterschieden werden.

Wenn der Begriff „Programm" verwendet wird, um ein sehr umfangreiches Projekt zu beschreiben, sind Programm-Leistungsumfang und Projekt-Leistungsumfang ein und dasselbe. Wenn der Begriff „Programm" verwendet wird, um sich auf Projekte zu beziehen, die aus einem bestimmten Grund zusammengefasst wurden, entspricht der Programm-Leistungsumfang der Summe der Leistungsumfänge der einzelnen Projekte.

Bei einem strategischen Programm oder einem Veränderungsprogramm ist der Programm-Leistungsumfang fließend und unbestimmt: Er stellt die Summe der Leistungsumfangs sämtlicher abgeschlossener Programme dar, aller laufenden und aktiven Programme sowie einer Anzahl unbekannter zukünftiger Programme. Der Begriff „Portfolio-Leistungsumfang" wird meistens verwendet, um die Liste der Projekte zu beschreiben, die als Teil eines Projekt-Portfolios gemanagt werden.

5 Fragen zur Wiederholung

1	Wozu dient ein Produktstrukturplan?	☐
2	Welche Herausforderungen stellen mehrstufige Projektorganisationen mit Leistungsteilung bei der Festlegung des Leistungsumfangs dar?	☐
3	Worin liegt die besondere Bedeutung der Schnittstellenklärung?	☐
4	Was ist eine Konfiguration?	☐
5	Erklären Sie die Beziehung von Konfigurationsmanagement und Leistungsumfang.	☐
6	Wie wirkt sich die Zerlegung eines Projekts in Teilprojekte auf den Leistungsumfang und die Arbeit aus?	☐
7	Erklären Sie die wesentlichen Hauptkategorien zur Beschreibung des Programm-Leistungsumfangs.	☐

1.11a Projektphasen (Project phases)

Hélène Mourgue d´Algue, Siegfried Seibert[1]

Inhalt

1	HERMES: ein Modell für die Abwicklung von IKT Projekten	1598
1.1	Warum eine Methode?	1598
1.2	Verständlichkeit: die Konzepte sind klar	1598
1.2.1	Ein Phasenmodell	1598
1.2.2	Submodelle für die Querschnittsfunktionen	1599
1.2.3	Die drei Sichten von HERMES	1600
1.2.4	Das Tailoring	1605
1.3	Standardisierte Produkte	1605
1.4	Offenheit und Flexibilität erhöht Benutzerkreis	1606
1.5	Vollständigkeit dank Hilfsmitteln	1607
1.5.1	Bücher	1607
1.5.2	Tools	1607
1.5.3	Ausbildung – Zertifizierung	1607
2	Agiles Projektmanagement	1608
2.1	Einführung: Auslöser agiler Entwicklungen	1608
2.2	Agiles Projektmanagement am Beispiel von Scrum	1609
2.3	Agile Methoden im Überblick	1611
2.4	Agiles Projektmanagement	1614
2.5	Kritik an agilen Methoden	1617
2.6	Verbreitung und Wirksamkeit agiler Methoden	1618
2.7	Fazit	1619

---

[1] Das Teilkapitel 1 hat Frau Mourgue d´Algue, das Teilkapitel 2 Herr Siegfried Seibert verfasst. Erstmalig veröffentlicht in der Zeitschrift pm aktuell.

1 HERMES: ein Modell für die Abwicklung von IKT Projekten

1.1 Warum eine Methode?

Ein IKT-Projekt besteht aus vielen verschiedenen Teilnehmern mit unterschiedlichen Kulturen:

- Die beteiligten Fachleute können sowohl aus dem Finanzwesen wie aus der Chemie stammen.
- Die involvierten Unternehmen sind sowohl lokale Verwaltungen, wie auch weltweit agierende Firmen oder gemeinnützige Organisationen.
- Die interne Organisation bindet Projektoffice, IT-Fachspezialisten und Manager ein.

Wie etabliert man am besten eine gemeinsame Kultur? Indem man ein gemeinsames Modell auswählt. HERMES als Methode für das Führen und Abwickeln von Projekten der Informations- und Kommunikationstechnik stellt ein verständliches, offenes, standardisiertes und vollständiges Modell dar.

1.2 Verständlichkeit: die Konzepte sind klar

1.2.1 Ein Phasenmodell

Um eine zuverlässige Planung und Steuerung der Projekte zu ermöglichen, definiert HERMES ein Phasenmodell, das sechs Phasen umfasst.

Aus diesem Modell sind zwei unterschiedliche Projekttypen entstanden (Abb. 1.11a-V1). Wenn man ein System selber entwickelt, spricht man von Systementwicklung und wenn man ein System kauft, spricht man von Systemadaption. Die Phasen 3 und 4 sind dann unterschiedlich: die Phasen Konzept und Realisierung sind Teil der Systementwicklung, während die Systemadaption die Evaluations- und Implementierungsphase enthält.

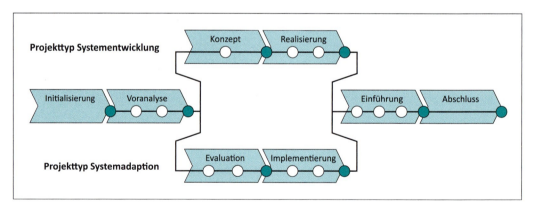

Abbildung 1.11a-V1: Das Phasenmodell der beiden Projekttypen von HERMES

Das Phasenmodell teilt den Projektablauf in eine sequenzielle Reihenfolge von Phasen, jede mit einem Hauptziel und einem Hauptergebnis (Abb. 1.11a-V2). Dem Entwicklungsprojekt dienen zur Synchronisierung der Phasen mit den umliegenden Führungsprozessen so genannte Entscheidungspunkte. Bei jedem Entscheidungspunkt soll die Frage gestellt werden, ob man die nach HERMES definierten Vorgaben zu Rolle, Vorgehen und Ergebnis erfüllt hat. Wenn die Antwort positiv ist, kann man im Phasenmodell voranschreiten, indem die Phase freigegeben wird.

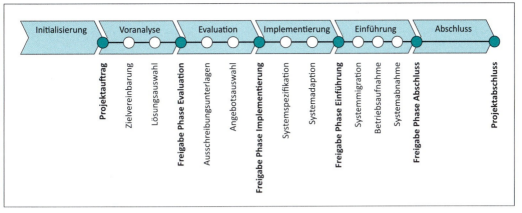

Abbildung 1.11a-V2: Das Phasenmodell für den Projekttyp Systemadaptation mit den Entscheidungspunkten

Die definierten Entscheidungspunkte ermöglichen es, den Stand des Projekts regelmässig zu überprüfen und unterstützende oder korrigierende Massnahmen einzuleiten. Jeder Entscheidungspunkt definiert ein oder mehrere Ergebnisse, die überprüft werden und Aufschluss über den Projektstatus geben und somit zu den notwendigen Entscheidungen führen.

Grundsätzlich ist jede Phase einmal zu durchlaufen. Es ist jedoch möglich, gewisse Phasen zusammenzufassen oder die zu erstellenden Ergebnisse der einzelnen Phasen in mehreren Iterationen zu erarbeiten (Abb. 1.11a-V3). Dies erlaubt flexible Arbeitsabläufe. Man vermeidet beispielsweise einen Projektstopp, indem man eine Phase oder die Erarbeitung eines Ergebnisses wiederholt.

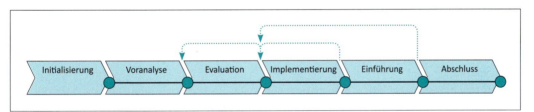

Abbildung 1.11a-V3: das Phasenmodell für den Projekttyp Systemadaptation mit den möglichen Phaseniterationen

1.2.2 Submodelle für die Querschnittsfunktionen

Die Querschnittsfunktionen und -prozesse eines Projektes werden als Submodelle beschrieben. Diese sind unabhängig vom Projekttyp. Sie kommen in den meisten Projekten der Informations- und Kommunikationstechnik (IKT) zur Anwendung. Für die beiden Projekttypen sieht HERMES folgende Submodelle vor:

Das **Projektmanagement** umfasst alle willensbildenden und willensdurchsetzenden Aktivitäten und Ergebnisse zur Führung und Abwicklung von Projekten. Die Schwerpunkte des Projektmanagements sind:

I Bildung einer funktionsfähigen Projektorganisation;
I Planung, Umsetzung, Kontrolle und Steuerung der Projektabwicklung;
I Betrieb des Informationszentrums des Projekts;
I Sicherstellung einer geeigneten Projektinfrastruktur.

Die **Qualitätssicherung** (QS) sorgt in allen Phasen des Projektes mit der Vorgabe und Durchführung von geeigneten QS-Aktivitäten dafür, dass die Ergebnisse der geforderten Qualität entsprechen. Die Schwerpunkte der Qualitätssicherung sind:

- Initialisierung des organisatorischen und technischen Rahmens für die projektspezifische Qualitätssicherung;
- Planung und Durchführung der Prüfungen und Tests;
- Festlegung und Wirkungsüberprüfung von Kontrollmassnahmen.

Das **Risikomanagement** umfasst alle Aktivitäten und Ergebnisse, um die Risiken in einem Projekt angemessen behandeln zu können. Im Rahmen des Risikomanagements sind:

- Risikobereiche und -faktoren und somit kritische Aktivitäten zu identifizieren;
- Die Wahrscheinlichkeit ihres Auftretens und der vermutliche Schaden zu analysieren;
- Die besten Alternativen zur Verminderung oder Vermeidung der Risiken ermitteln.

Das **Konfigurationsmanagement** sorgt mit der Vorgabe und Durchführung von KM-Massnahmen für die Integrität des Systems sowie für die Nachvollziehbarkeit seiner Entwicklung. Es unterstützt sowohl die Entscheidungsfindung in Bezug auf technische und wirtschaftliche Konsequenzen bei Änderungen als auch die Abnahme und Überwachung der Ergebnisse. Die Aufgaben des Konfigurationsmanagements müssen über das abzuwickelnde Projekt hinaus wahrgenommen werden und umfassen den gesamten Lebenszyklus des Systems. Die entsprechenden Ergebnisse sind deshalb nach Projektabschluss als Grundlage der Wartung zu übergeben.

Das **Projektmarketing** umfasst alle Aktivitäten und Ergebnisse, um die Kommunikation mit allen Beteiligten inner- und ausserhalb des Projektes sicherzustellen. Im Rahmen des Projektmarketings sollen Bedürfnisse für das Projektresultat und ein Verständnis für das Projekt an sich geschaffen bzw. gefördert werden.

Projektmarketing wird für Projekte im Rahmen des Projektmanagements eingesetzt. Die Aufgabe des Projektmarketings besteht darin, Informationen über das Projekt inner- und ausserhalb der Projektgruppe zu streuen.

1.2.3 Die drei Sichten von HERMES

HERMES betrachtet das Projekt aus drei verschiedenen Sichten:

- Wie ist das Vorgehen?
- Was entsteht als Ergebnis?
- Wer besitzt welche Rolle?

Für jede Sicht werden alle einzelnen Elemente beschrieben (Abb. 1.11a-V4), damit die praktische Umsetzung des Projektes umfassend begleitet werden kann. Darüber hinaus werden auch die Beziehungen zwischen diesen drei Sichten dargestellt. Der Projektleiter hat ein vollständiges Modell mit Lösungen zur Verfügung, um sein Projekt abzuwickeln.

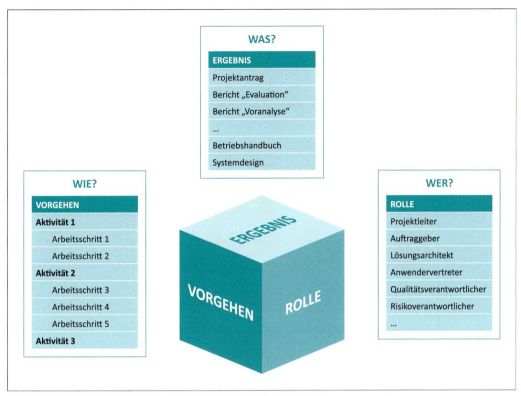

Abbildung 1.11a-V4: Die drei Sichten, die in jeder Projektphase und jedem Submodell zu finden sind

Vorgehen: Wie?

HERMES beschreibt ein Vorgehen für jede Projektphase inklusiv Submodelle (Abb. 1.11a-V5). Jedes Vorgehen wird in eine hierarchische Reihefolge aus Aktivitäten und deren Arbeitsschritte aufgeteilt. Diese verzweigen auf Ergebnisse oder Rollen. Das Ganze wird als Arbeitsstrukturplan (ASP) dargestellt.

Dieser Arbeitsstrukturplan dient hauptsächlich dazu, den Gesamtkontext der einzelnen Phasen zu erfassen sowie das Aufzeigen von Schnittstellen und Abhängigkeiten zu erleichtern.

Die nachfolgende Abbildung 1.11a-V5 zeigt beispielsweise das Vorgehen für die Phase „Voranalyse" auf. Ersichtlich sind die Reihenfolge der Aktivitäten und Arbeitsschritte sowie die Beziehungen zu den Ergebnissen. Ebenfalls enthalten sind die Submodelle. Im blauen Kasten befindet sich das Projektmanagement und unterhalb sind die weiteren Submodelle ersichtlich: Qualitätssicherung, Konfigurations-, Risikomanagement und Marketing.

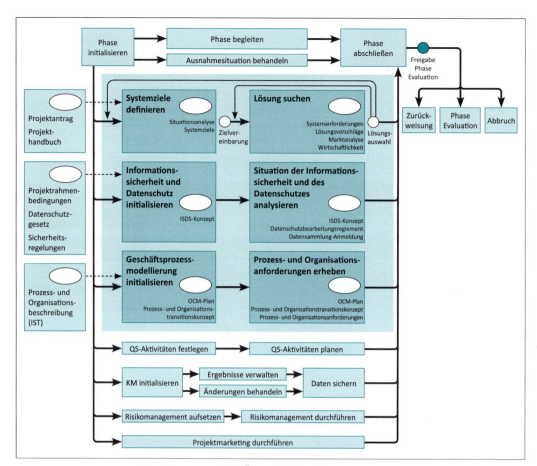

Abbildung 1.11a-V5: Übersicht der Phase Voranalyse

Ergebnis: Was?

Die im Projekt zu erarbeitenden Resultate werden durch die in HERMES definierten Ergebnisse beschrieben. Diese standardisierten Ergebnisse gewährleisten Transparenz und ermöglichen eine zielorientierte Durchführung des Projekts sowie eine entsprechende Kontrolle.

HERMES ordnet die Ergebnisse entsprechend ihrer Entstehung und Benützung im Projektverlauf. Für jeden Arbeitsschritt im Vorgehen gibt es Ergebnisse als Input und Output. Ein Ergebnis ist nicht exklusiv einem einzelnen Arbeitsschritt zugeordnet. Das Projekthandbuch zum Beispiel ist bei verschiedenen Arbeitsschritten eingebunden, weil es mehrmals bearbeitet wird oder öfters als Grundlage gebraucht wird. Dennoch werden die Ergebnisse im HERMES nicht in einer zeitliche Reihenfolge, sondern als Abhängigkeitsdiagramm dargestellt.

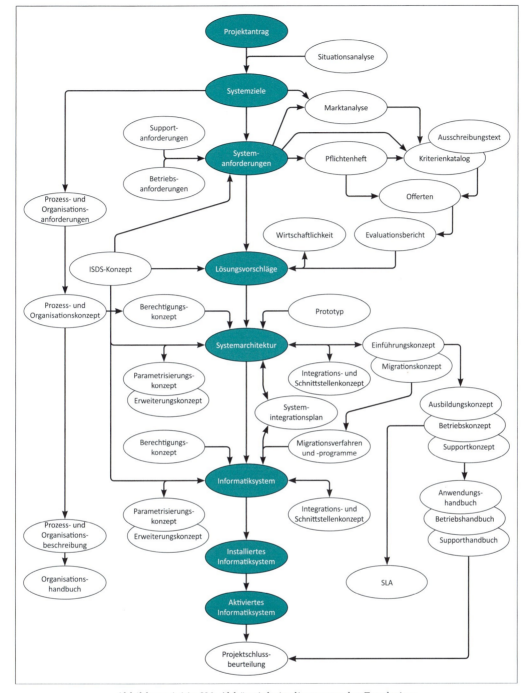

Abbildung 1.11a-V6: Abhängigkeitsdiagramm der Ergebnisse

Die Ergebnisse werden mit folgenden Attributen beschrieben:

I Der Zweck gibt eine Antwort auf die Frage: „Wozu wird dieses Ergebnis verwendet?";
I Die Beschreibung definiert den grundsätzlichen Inhalt und macht Vorschläge, bzw. gibt Hinweise für die Erarbeitung des Ergebnisses;
I Der Inhalt des Ergebnisses wird als Dokumentaufbau beschrieben. Mit der konsequenten Verwendung dieses Aufbaus kann ein hoher Wiedererkennungswert zwischen den Ergebnissen verschiedener Projekte erreicht werden.

Insgesamt stehen für die beide Projekttypen und die Submodelle über 100 Ergebnisse zur Verfügung. Diese Zahl soll die Benützer nicht erschrecken, im Gegenteil: Sie soll ihnen lediglich aufzeigen, dass sie für jedes Thema Unterstützung finden. Es ist wichtig zu entscheiden, welche Ergebnisse für die bestehenden Projekte wichtig sind, damit das Ziel erreicht wird.

Rollen: Wer?

Die Rollen in HERMES basieren auf einer standardisierten Projektorganisation mit definierten Kompetenzen, Aufgaben und Verantwortungen. Die Verwendung dieser Vorgabe erleichtert den beteiligten Personen die Kommunikation und vermindert Missverständnisse bezüglich Verantwortungen und Kompetenzen. Zur Abbildung der Projektorganisation definiert HERMES 26 Rollen (Abb. 1.11a-V7)

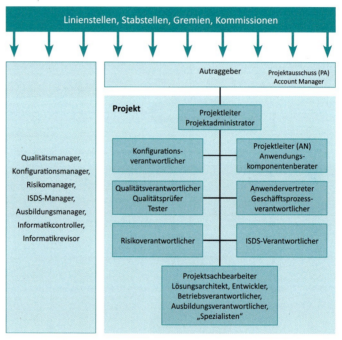

Abbildung 1.11a-V7: Projektorganisation und Rollen

Für jede Rolle werden die folgenden Komponenten beschrieben.

- Beschreibung: Was bewirkt diese Rolle im Projekt?
- Verantwortung: Wofür ist diese Rolle zuständig und welche (Teil-) Ergebnisverantwortungen wird ihr zugeordnet?
- Das Tätigkeitsgebiet: Die Rolle wird hier mehr oder weniger detailliert dargestellt.
- Die Kompetenzen: Wie umfangreich sind die Entscheidungsmöglichkeiten?
- Die Fähigkeiten: Welche Kenntnisse und Eigenschaften sollte eine Person mitbringen, um diese Rolle zu besetzen?

Die personelle Besetzung einer Projektorganisation ist ein wesentlicher Erfolgsfaktor. Sie muss insbesondere sicherstellen, dass die notwendigen Qualifikationen zur Verfügung stehen und dass effektive Teamarbeit geleistet wird. Die Umsetzung der Projektrollen in eine Projektorganisation erfolgt zu Beginn des Projekts und in jeder Phaseninitialisierung. Die Ergebnisse werden im Projekthandbuch und im Projektplan festgehalten. Grundsätzlich wird zwischen Rollen ausserhalb des Projektes (Kontroll- und Koordinationsstellen sowie der Auftraggeber) und Rollen innerhalb des Projektes unterschieden.

1.2.4 Das Tailoring

Eine ständige Aufgabe des Projektmanagements ist die erstmalige und die fortlaufende Anpassung des Vorgehens an die wirkliche Projektsituation. Diese Tätigkeit wird „Tailoring" genannt und hat zum Ziel, die vorgegebenen Ergebnisse, Entscheidungspunkte und Aktivitäten auf die projektspezifische Situation anzupassen.

Grundsätzlich wird zwischen drei Arten von Tailoring unterschieden:

1. Projekt-Tailoring, welches während der Initialisierung des Projekts durchgeführt wird und die wichtigsten Ergebnisse und Entscheidungspunkte festlegt.
2. Fortlaufendes-Tailoring, welches unter Berücksichtigung der aktuellen Projektsituation neue Zwischenergebnisse hinzufügt oder auf nicht benötigte Zwischenergebnisse verzichtet. Eventuell werden auch neue Entscheidungspunkte eingeplant. Ergebnisse und Entscheidungspunkte, welche im Projekt-Tailoring definiert wurden, dürfen nur nach Rücksprache mit dem Auftraggeber verändert werden.
3. Vorgehensmodell-Tailoring, welches die Vorgaben von HERMES entsprechend der problemorientierten Aufgabe detaillieren.

1.3 Standardisierte Produkte

Der Kern der HERMES-Methode ist, seit der letzten umfassenden Revision im Jahr 2003, auf einem internationalen anerkannten Fundament zur Entwicklung von Methodenprodukten aufgebaut.

Konkret ist in HERMES das Software & Systems Process Engineering Metamodel (SPEM 1.1) der OMG (Object Management Group) als Grundlage genommen worden. SPEM wurde explizit für die Modellierung und den Austausch von Softwareentwicklungsprozessen entwickelt. Der Grund dafür war, dass im Laufe der letzten 30 Jahre viele verschiedene Beschreibungssprachen von Firmen auf den Markt gekommen sind, die nicht miteinander kompatibel waren.

SPEM beschreibt nicht, wie die Planung oder die Durchführung eines Prozesses auszusehen hat, das macht HERMES. SPEM beschreibt nötige, bzw. mögliche Modellelemente für Methodenbeschreibungen und daraus abgeleitete Prozesse. Es umfasst notwendige Konzepte zur Modellierung, Dokumentation, Präsentation und Austauschbarkeit von Entwicklungsmethoden und Vorgehensmodellen. Es dient als Basis zur Wiederverwendung von Methoden. Neben HERMES bauen weitere breit anerkannte Methoden auf SPEM auf: RUP (Rational Unified Prozess), OpenUp, Scrum oder Togaf.

Die HERMES Benutzer brauchen SPEM nicht zu kennen. Wichtig ist zu wissen, dass man mit einem Produkt arbeitet, welches auf einer standardisierten Basis entwickelt worden ist und deswegen auch kompatibel mit anderen Lösungen bleibt. Alle Änderungen im Kern der Methode sind SPEM-kompatibel und werden im diesen Sinn überprüft, um den Fortbestand und die Qualität der Grundlage zu sichern.

1.4 Offenheit und Flexibilität erhöht Benutzerkreis

Die schweizerischen Bundesverwaltung hat HERMES seit 1975 entwickelt und seither 1986, 1995 und 2003 umfassenden Revisionen unterzogen. Seit 2007 ist HERMES als offizielle Projektführungs- und Steuerungsmethode in der IKT-Strategie Bund aufgeführt.

Immer mehr Projektleiter der Bundesverwaltung werden HERMES-zertifiziert und die externen Mitarbeiter, die in einem Projekt beteiligt sind, müssen neu den Beweis bringen, dass sie die befähigt sind, mit der Methode umzugehen. Die klare Beschreibung der Projektmanagement-Prozesse erleichtert die Kommunikationen zwischen den verschiedenen Ämtern, die immer öfter mit transversalen Projekten zu tun haben.

- Zugang für die drei offiziellen Schweizer Sprachen ist eine Bedingung von der Schweizer Verwaltung: Deutsch und Französisch sind immer vorhanden, Italienisch gibt es für die Software und einige Daten sind sogar auf Englisch übersetzt worden.
- Freie Verwendung und Verfügbarkeit der Daten zur Methode ist eine weitere Bedingung der Verwaltung, damit die Zusammenarbeit mit externen Partnern vereinfacht wird. Alle Dokumente und Produkte stehen kostenlos zum Herunterladen auf der HERMES-Website zur Verfügung. Einzig das Branding von HERMES ist geschützt, um die Herkunft der Informationen zu sichern.

Diese freie Verfügbarkeit der Daten hat die Verbreitung der Benützung der Methode stark gefördert. Immer mehr Firmen benützen diesen offenen Standard für ihre eigenen Bedürfnisse.

HERMES wird heute verbreitet eingesetzt, so zum Beispiel bei weiteren Verwaltungseinheiten (Kantone, Städte, Gemeinden), in der Telekommunikationen, bei der Post, bei Verkehrsunternehmen, bei Hochschulen, bei der Luxemburger Verwaltung und bei weiteren Privatunternehmen im IT Bereich. Die Methode ist komplett und stellt ein vollständiges Vorgehensmodell dar. Doch wie bei jedem Instrument, muss auch die Methode HERMES an die Praxis angepasst werden. Konkret heisst dies, dass in jeder Verwaltungseinheit und jedem Unternehmen definiert werden muss, wie HERMES angewendet wird. Es handelt sich nicht um das Tailoring Konzept, sondern um die Integrierung von HERMES in das Projekt-Management in einem breiten Sinne sowie in die IT Architektur.

Dabei müssen die Art der Dokumentation, die Schnittstellen mit internen Prozessen, Methoden und Softwaretypen festgelegt werden. Da sie wenig fixe Elemente beschreibt, erlaubt die Methode eine starke Anpassung an die interne Organisation. Jeder hat die Möglichkeit, seinen eigenen Arbeitstrukturplan zu erstellen. Darüber hinaus kann sich die standardisierte Grundlage von HERMES gut an existierenden Modelle anpassen. Dies bedeutet, dass die Zusammenarbeit mit einer Entwicklungsmethode wie RUP oder mit einer Betriebsmethode wie ITIL einfacher definiert werden kann. Die Schnittstellen mit den bedeuteten Methoden und Modellen sind in den HERMES-Büchern auch beschrieben.

Die Methode ist flexibel, weil sie in jedem Unternehmen eingesetzt werden kann. Voraussetzung dafür ist, dass die Projektorganisation klar definiert wird. Ideal ist es, wenn die Betreuung der Methode in der Organisation integriert ist. In einem größeren Unternehmen macht es wenig Sinn, dass sich jeder einzelne Projektleiter Gedanken über ein integriertes Vorgehen in seinem Unternehmen macht. Es ist hilfreich, einen auf HERMES basierenden, individuellen Projektleitfaden zu erstellen, den alle Projektleiter eines Unternehmens anwenden. Auf diese Weise kann sich der Projektleiter auf seinen Fachbereich konzentrieren: Projektmanagement.

1.5 Vollständigkeit dank Hilfsmitteln

1.5.1 Bücher

Die Bücher HERMES-Grundlagen bestehen aus den Beschreibungen zu den zwei Projekttypen Systemadaption und Systementwicklung, die als Kern der Lösung gelten. Rund um diesen Kern haben sich weiteren Produkte entwickelt, um die Methode einzuführen.

Der HERMES-Manager beschreibt und unterstützt die Verwendung der Projektführungsmethode aus der Sicht des Managers. Der Pocket Guide HERMES-Manager gliedert sich in zwei Teile: Teil I enthält allgemeine Grundlagen zur Projektarbeit und Teil II enthält konkrete Handlungsanweisungen für den Manager.

1.5.2 Tools

Bei HERMES-PowerUser handelt es sich um eine elektronische Applikation, welche die Anwender bei der Durchführung ihrer IKT-Projekte unterstützt. Das Tool ermöglicht die einfache Gestaltung eines Projekts indem die nötigen Ergebnisse als Vorlage generiert werden. Zudem können die Projekt-Aktivitäten in einen Planungstool (Microsoft Project) erfasst werden.

HERMES-PowerUser unterstützt die beiden Projekttypen Systementwicklung und Systemadaption und führt die Anwender jeweils von der Initialisierung bis zum Abschluss ihrer IKT-Projekte. Die Applikation generiert alle notwendigen Projektdateien sowie verschiedene Checklisten, massgeschneidert für das jeweilige Projekt.

HERMES-PowerUser basiert auf der OpenSource Eclipse-Plattform und bietet eine Werkzeugumgebung für Methodenanwender und Methodenautoren. Die Kernfunktionalität von HERMES-PowerUser nutzt das Eclipse Process Framework (EPF). EPF implementiert eine elektronische Methodenbibliothek, in der die Methodeninhalte von HERMES zur Verfügung gestellt werden. Der EPF Composer bietet die Werkzeugunterstützung dazu, welche von HERMES-PowerUser genutzt und erweitert wird, um die Arbeit nach HERMES in den Projekten und die Vorbereitungsaktivitäten dafür in den Project Office optimal zu unterstützen.

1.5.3 Ausbildung – Zertifizierung

Die Anforderungen an Fachwissen und Erfahrung nehmen in Unternehmen laufend zu. Dafür stehen Ausbildung und Zertifizierungsmöglichkeiten zu Verfügung.

Für HERMES stehen auf dem Markt verschiedene Angebote zur Verfügung:

I Das Bundesamt für Informatik und Telekommunikation (BIT) bietet ein vollständiges Kurrikulum vom Einführungskurs bis zur Projektleiter an.
I Seit 2007 führt die Swiss Association for Quality SAQ zwei HERMES Zertifikate durch. SAQ, als neutrale und unabhängige Personenzertifizierungsstelle gewährleistet Qualität und Transparenz bei der Vergabe von Zertifikaten. Die erste Ebene der Zertifizierung, HERMES Swiss Project Team Professional (HSPTP), weist aus, dass man das Methoden-Grundwissen beherrscht. Die zweite Ebene, HERMES Swiss Project Manager (HSPM) weist die Kompetenz in der HERMES-Projektleitung aus.

2 Agiles Projektmanagement

Zu Beginn des neuen Jahrtausends wurde bei Softwareprojekten mit dem Buch „Extreme Programming Explained" von KENT BECK [1] ein Paradigmenwechsel weg von den traditionellen plangetriebenen Vorgehensweisen propagiert. Der kurze Zeit später von BECK und ähnlich gesinnten Mitstreitern gewählte Begriff der „agilen Entwicklung" strebt eine höhere Effektivität der Projektarbeit durch flexible, „leichtgewichtige" Prozesse an. Er blieb zunächst auf die Softwarewelt beschränkt und wurde vom etablierten Projektmanagement nur am Rande wahrgenommen. Agile Arbeitsweisen in der Entwicklung benötigen aber auch ein darauf abgestimmtes „agiles" Management.

Die Protagonisten der agilen Softwareentwicklung haben sich daher seit jeher auch um das Projektmanagement in agilen Projekten gekümmert. Und diese agilen Managementansätze sind immer dann, wenn man es mit nicht vorhersehbaren, nicht planbaren Vorhaben zu tun hat, generell für alle Arten von Projekten interessant, auch außerhalb des Softwarebereichs. Aus agiler Softwareentwicklung ist mittlerweile agiles Projektmanagement geworden, das seit zwei bis drei Jahren durch Fachkongresse und Fachpublikationen geistert. In Google liefert das Stichwort „Agile Project Management" mittlerweile 350.000 Treffer. Im vorliegenden „Aktuellen Stichwort" sollen die Hauptansätze und Instrumente dieses agilen Projektmanagements vorgestellt und mit den traditionellen plangetriebenen Ansätzen verglichen werden.

2.1 Einführung: Auslöser agiler Entwicklungen

Projektmanagement ist seit seinem Entstehen in den 60er-Jahren von ingenieur- und systemtechnischen Vorgehensweisen geprägt, die ursprünglich in der Luft- und Raumfahrt entstanden waren. Projekte beginnen danach mit der Ausarbeitung eines möglichst vollständigen Satzes von Anforderungen an das zu erarbeitende Ergebnis, die bei Entwicklungsprojekten in umfangreichen Lastenheften dokumentiert werden. Daran schließen sich ein zunächst grober und dann immer weiter verfeinerter systemtechnischer Entwurf, die Entwicklungs-, Konstruktions- und Programmierarbeiten sowie schließlich die Erprobung und die Systemeinführung an. Diese, auch als Wasserfallmodell bekannte, Vorgehensweise klingt im Prinzip gut, hatte in der Praxis jedoch schon immer ihre Schwächen: Die zu Projektbeginn mit großem Aufwand ermittelten Anforderungen erwiesen sich im weiteren Projektverlauf häufig als lückenhaft und instabil. Zudem erforderten der globale Wettbewerb, die wachsende Marktdynamik und komplexere Technologien seit den 90er-Jahren immer kürzere Projektlaufzeiten und häufigere technische Änderungen während des Projekts. Viele Kunden waren auch überfordert, ihre Anforderungen an ein neues System bereits zu Projektbeginn genau zu formulieren.

Das Wasserfallmodell war auf derartige Randbedingungen nicht ausgerichtet und wurde in Verbindung mit verbreiteten Qualitätsmanagementsystemen (ISO 9001, CMM, V-Modell u. Ä.) auch immer dokumentationsintensiver und schwerfälliger. Bei vielen Entwicklern stieß es daher auf zunehmende Ablehnung. Verschiedene Experten für Softwareentwicklungsmethoden begannen, nach alternativen Vorgehensweisen zu suchen, mit denen Projekte schneller und änderungsfreundlicher durchgeführt werden konnten.

Die meisten der von ihnen gefundenen Methoden waren nicht vollkommen neu, sondern beruhten auf den bereits in den 70er-Jahren von BASILI und TURNER [2] vorgestellten iterativen und inkrementellen Vorgehensmodellen, bei denen ein Softwaresystem in Teilsysteme zerlegt und stückweise Funktionalität hinzugefügt und verbessert wird.

Weitere Vorläufer waren das Mitte der 80er-Jahre von BARRY BOEHM entwickelte Spiralmodell [3] sowie das zur gleichen Zeit entstandene Evolutionäre Projektmanagementmodell von TOM GILB [4]. Der Begriff „Agile Softwareentwicklung" wurde erstmals von dem Japaner MIKIO AOYAMA gebraucht, der damit seit 1993 Erfahrungen bei großen Telekommunikationssoftwareprojekten für Fujitsu gesammelt hatte, die geografisch über mehrere Länder verteilt waren [5]. Einer größeren Fachöffentlichkeit wurde der Begriff „Agil" jedoch erst durch die spektakulären Forderungen der Ende 1999 veröffentlichten Extreme-Programming-Methode und die in deren Folge 2001 gegründete „Agile Alliance" [6] bekannt.

2.2 Agiles Projektmanagement am Beispiel von Scrum

Der Ablauf agiler Projekte sei an dieser Stelle zunächst am Beispiel der Scrum-Methode verdeutlicht [7]. Scrum ist gegenüber anderen agilen Ansätzen stärker auf das Management von Projekten als auf softwaretechnische Fragen ausgerichtet. Die Scrum-Methode ist daher auch ein repräsentatives Beispiel für agiles Projektmanagement. Scrum geht davon aus, dass Entwicklungsprozesse so komplex und dynamisch sind, dass sie sich im Voraus weder im Ganzen noch in Teilabschnitten sicher planen lassen. Herkömmliche Arbeitspaket- und Terminplanungstechniken sind für solche unsicheren Planungssituationen nicht geeignet. Stattdessen arbeitet Scrum mit einer erfahrungsgeleiteten, empirischen Projektsteuerungsmethode, die auf verbindliche Planvorgaben verzichtet. Scrum-Projekte werden dazu in einzelne Iterationen (Sprints) aufgeteilt, die in der Regel immer 30 Tage dauern.

Der Begriff „Scrum" (= Gedränge) kommt aus dem Rugby-Sport. Dort findet ein Scrum statt, wenn die Spieler eines Teams eng in einem Knäuel zusammenstehen, um abzusprechen, wie sie nach dem Einwurf möglichst schnell den Ball gewinnen wollen. Diese Teamabstimmungsmethode wird auf das Projektgeschehen übertragen. Abb. 1.11a-V8 zeigt den Ablauf. Zentrale Elemente sind das Produkt-Backlog, das Sprint-Backlog, das Scrum-Meeting und das Sprint-Review.

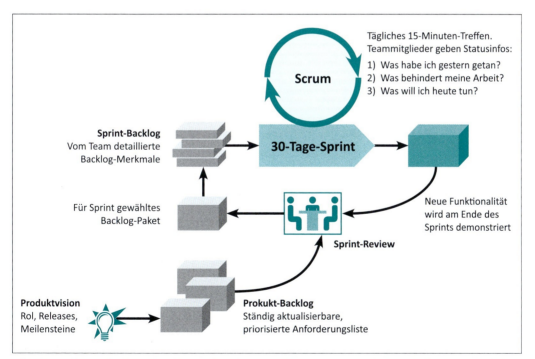

Abbildung 1.11a-V8: Ablauf von Scrum-Projekten; Quelle: eigene Darstellung in Anlehnung an [7], S. 9

Produkt-Backlog: Aufbauend auf einer groben Produktvision werden die Anforderungen an ein neues System in einer offenen, jederzeit änder- und erweiterbaren Merkmalsliste, dem sogenannten Produkt-Backlog (= „Auftragsbestand"), festgehalten. Die in der Liste enthaltenen Funktions- und Leistungsmerkmale werden vom Kunden (in Form eines Kundenvertreters oder Produktmanagers) festgelegt und priorisiert.

Sprint-Backlog: Die Merkmale und Funktionen, die im nächsten Sprint realisiert werden sollen, werden zu Beginn des Sprints in einer gemeinsamen Sitzung von Projektteam und Kundenvertreter aus dem Produkt-Backlog ausgewählt. Zusätzlich wird in einem prägnanten Satz ein übergeordnetes Sprintziel festgelegt, das Richtschnur für die Sprint-Abnahme vier Wochen später ist. Die ausgewählten Merkmale werden vom Team aus dem Produkt-Backlog in ein Sprint-Backlog übertragen und detailliert. Während des Sprints kann diese Liste vom Kundenvertreter nicht mehr geändert werden. Die Teammitglieder (nicht der „Scrum-Master") stimmen unter sich ab, von wem und in welcher Reihenfolge die Anforderungen aus dem Sprint-Backlog bearbeitet werden. Um beurteilen zu können, wie viele Merkmale realisiert werden können, schätzen sie dazu auch den benötigten Zeitaufwand ab.

Scrum-Meeting: Während des Sprints findet zur laufenden Koordination jeden Morgen ein kurzes Treffen statt, in dem der Arbeitsfortschritt abgeglichen wird und aufgetretene Probleme besprochen werden. Die bis Sprintende zu realisierenden Restaufgaben werden in einem Feature-Burndown-Chart (Abb. 1.11a-V9) festgehalten, das in jedem Scrum-Meeting aktualisiert wird. Zeigt sich, dass innerhalb des Sprints nicht alle Features realisiert werden können, kann der Scrum-Master geringer priorisierte Merkmale aus dem Sprint-Backlog streichen. Steht mehr Zeit zur Verfügung als gedacht, fügt der Scrum-Master zusätzliche Merkmale aus dem Produkt-Backlog hinzu.

Sprint-Review: Nach Abschluss des Sprints wird die neu entwickelte Funktionalität dem Kunden vorgeführt und die Ergebnisse werden einem informellen Review durch Team und Kundenvertreter unterzogen. Aus dem Produkt-Backlog werden die Features für das nächste Sprint ausgewählt und das Feature-Burndown-Chart für das Gesamtprojekt aktualisiert.

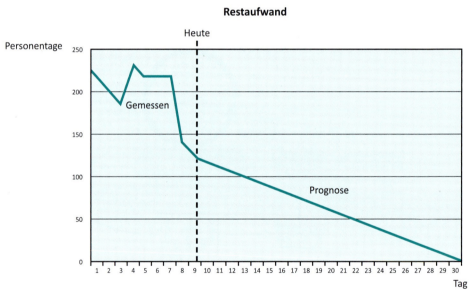

Abbildung 1.11a-V9: Feature-Burndown-Chart; Quelle: WOLF, ROOCK, LIPPERT
(Extreme Programming, dpunkt 2005, S. 135)

2.3 Agile Methoden im Überblick

Neben Scrum sind die heute bekanntesten agilen Entwicklungsmethoden in Tabelle 1.11a-V1 charakterisiert:

- das Extreme Programming (XP) von KENT BECK und WARD CUNNINGHAM [1],
- das Adaptive Software Development (ASD) von JIM HIGHSMITH [8],
- die Crystal-Clear-Methoden von ALISTAIR COCKBURN [9],
- die Scrum-Methode von KEN SCHWABER und JEFF SUTHERLAND [10],
- das Feature Driven Development (FDD) von JEFF DELUCA und PETER COAD [11] sowie
- das Lean Software Development von MARY und TOM POPPENDIECK [12].

Tabelle 1.11a-V1: Die bekanntesten agilen Methoden

Methode	Autoren	Beschreibung
eXtreme Programming (XP)	Kent Beck, Ward Cunningham, Ron Jeffries	• Bekannteste und radikalste agile Methode mit sehr kurzen Iterationen (2 Wochen). • Vorgabe von zwölf genau definierten Arbeitspraktiken, die alle vollständig anzuwenden sind, u. a. Planungsspiele, Programmierung in Paaren, einfaches Design, testgetriebene Programmierung, kontinuierliches Refactoring, tägliche Systemintegration, offener Teamarbeitsraum. • Permanente Anwesenheit eines Kundenvertreters im Team. • Info: www.extremeprogramming.org
Adaptive Software Development (ASD)	Jim Highsmith	• Geht davon aus, dass Änderungen in Projekten der Normalfall sind und die schnelle Anpassung an Änderungen erfolgsentscheidend ist. • Im Mittelpunkt steht ein änderungsfreundlicher, adaptiver Lebenszyklus, der zielorientiert, anforderungsbasiert, iterativ und risikogetrieben ist. • Iterationen sind zeitbegrenzt (Timeboxing) und folgen einer Lernspirale mit den Schritten: Spekulieren (statt Planen) -> Zusammenarbeiten (statt Leiten) -> Lernen (statt Kontrolle). • Der Führungsstil ist kollaborationsorientiert mit Feedbacks durch Kunden-Fokusgruppen. • Info: www.adaptivesd.com
Crystal	Alistair Cockburn	• Methodenfamilie, die in Abhängigkeit von Teamgröße und Kritikalität des zu entwickelnden Systems sowohl agile als auch planungsgetriebene Prinzipien enthält. • Menschliche Aspekte, d. h. das Team, Teamwerte, Fähigkeiten der Teammitglieder, Kommunikation, Umgang miteinander und gegenseitiges Vertrauen werden gegenüber Prozessen, Methoden und Tools in den Mittelpunkt gestellt. • Info: alistair.cockburn.us/crystal/crystal.html
Scrum	Ken Schwaber, Jeff Sutherland, Mike Beedle	• Zusammen mit XP die am weitesten verbreitete agile Methode. • Geht davon aus, dass der Entwicklungsprozess nicht planbar ist. • Scrum-Projekte werden in 30-tägige Iterationen (Sprints) aufgeteilt, in denen eine bestimmte Zahl von Anforderungen aus einer priorisierten Anforderungsliste („Backlog") zu implementieren ist. • Koordination erfolgt durch tägliche 15-minütige „Scrum-Meetings". • Info: www.controlchaos.com
Feature Driven Development (FDD)	Jeff DeLuca, Peter Coad	• Leichtgewichtiger, architekturbasierter Prozess, in dem zunächst eine Gesamtsystemarchitektur entworfen, daraus eine Featureliste abgeleitet und deren Realisierung (grob) geplant wird. • Einzelne Features werden dann in sehr kurzen Iterationen (1 bis 2 Wochen) detaillierter entworfen, codiert, getestet und integriert. • Betont die Wichtigkeit von Schlüsselpersonen im Team, insbesondere von Chefarchitekt und Chefprogrammierer; Prozesse treten demgegenüber in den Hintergrund. • Auch für größere Projekte mit mehreren Teilteams geeignet. • Info: www.featuredrivendevelopment.com
Lean Software Development	Mary und Tom Poppendieck	• Übertragung von Prinzipen der schlanken Entwicklung aus der Automobilindustrie auf Softwareprojekte. • Basiert auf sieben Prinzipien (Verschwendung vermeiden, Lernen unterstützen, so spät wie möglich entscheiden, so früh wie möglich ausliefern, Verantwortung an das Team geben, Integrität einbauen, das Ganze sehen), aus denen 22 agile Werkzeuge abgeleitet werden. • Info: www.poppendieck.com

Weitere hier nicht näher betrachtete Methoden sind das Lean Development [13], das Agile Modeling [14] und die Dynamic System Development Methodology [15]. In Deutschland wurde von HRUSCHKA und RUPP eine agile Methode für technische Systeme (ARTE Agile Real Time Embedded Systems) [16] und von OESTEREICH eine agile Variante des Rational Unified Process (OEP Object Engineering Process) [17] vorgelegt. Obwohl diese Ansätze alle unterschiedliche Schwerpunkte und Arbeitstechniken aufweisen (Abb. 1.11a-V10), gehen sie von gemeinsamen Überzeugungen und Grundprinzipien aus, mit denen sie sich von den am Wasserfallmodell angelehnten, plan- und spezifikationsgetriebenen Vorgehensweisen abgrenzen.

Vorgehensmodelle		Organisat. Abdeckung					Lebenszyklusphasen					Aufgabenbezug				
		Gesamtunternehmen	Geschäftssystem	Multiteamprojekt	Einzelteamprojekt	Einzelne Person	Vorstudie	Anforderungsanalyse	Entwurf	Entwicklung	Wartung	Managementprozess	Technische Praktiken	Chancen/Risiken	Prozessmessungen	Kundenschnittstelle
Agil	XP		◆		◆	◆		◆	◆	◆	◆	◆	◆	◆		◆
	Scrum		◆	◆	◆	◆	◆	◆	◆	◆	◆	◆		◆		◆
	ASD	◆	◆				◆	◆	◆	◆	◆	◆		◆		◆
	Crystal		◆	◆	◆	◆						◆	◆	◆	◆	◇
	FDD		◆	◆	◆	◆						◆		◆		
Plangetrieben	RUP		◆	◆			◆	◆	◆	◆		◆	◆	◆	◆	
	CMMI	◆	◆	◆			◆	◆	◆	◆	◆	◇	◆	◆	◆	◆
	SW-CMM	◆		◆				◆	◆	◆	◆	◆	◆	◆	◆	◆

Legende: ◆ = voll abgedeckt, ◆ = teilweise abgedeckt, ◇ = dazwischen

Abbildung 1.11a-V10: Vergleich verschiedener Vorgehensmodelle; Quelle: [19], S. 194

Den meisten agilen Ansätzen liegt zugrunde, dass sie versuchen, die reine Entwurfsphase auf ein Mindestmaß zu reduzieren und im Entwicklungsprozess so früh wie möglich zu ausführbarer Software zu gelangen, die dann in regelmäßigen, kurzen Abständen (Iterationen) dem Kunden zur gemeinsamen Abstimmung vorgelegt werden kann. Auf diese Weise soll es jederzeit möglich sein, flexibel auf Kundenwünsche einzugehen und so die Kundenzufriedenheit insgesamt zu erhöhen.

Ihre gemeinsamen Überzeugungen haben die Vertreter agiler Entwicklungskonzepte 2001 in einem Manifest formuliert [18]. In diesem Manifest werden Kundenzufriedenheit, motivierte Teams und kontinuierliches Risikomanagement in den Mittelpunkt gestellt.

In vier Leitsätzen wird formuliert, dass im Zweifelsfalle:
I   Menschen und deren Zusammenarbeit wichtiger seien als Prozesse und Werkzeuge,
I   funktionierende Software wichtiger sei als eine umfangreiche Dokumentation,
I   Kooperation zwischen den Stakeholdern wichtiger sei als Verträge und
I   flexibles Eingehen auf Änderungswünsche wichtiger sei als das Festhalten an einem starren Plan.

Um kein Missverständnis entstehen zu lassen, weist das Agile Manifest ausdrücklich darauf hin, dass definierte Prozesse, Dokumentation, Verträge und Planungen nicht grundsätzlich abgelehnt werden, sondern dass sie gegenüber den jeweils erstgenannten Punkten nur eine geringere Priorität hätten.

Aus den vier Leitsätzen werden im Agilen Manifest eine Reihe weiterer Merkmale agiler Methoden abgeleitet. Agile Methoden sind leichtgewichtige Prozesse, die die Benutzer aktiv in das Projekt einbinden, um die Anforderungen an das Projektergebnis zu ermitteln, zu priorisieren und zu verifizieren. Sie stützen sich mehr auf das implizite Wissen des Projektteams als auf eine umfangreiche Dokumentation.

Kernmerkmale agiler Methoden sind:

- **Iterativinkrementelle Vorgehensweise:** Agile Methoden liefern dem Kunden möglichst schnell ein funktionsfähiges System, das in kurzen Iterationsschleifen verbessert und mit zusätzlichen Funktionen erweitert wird.
- **Timeboxing:** Die einzelnen Iterationen werden in festen Zeitabschnitten durchlaufen, das heißt alle Beteiligten können sich auf die festgelegten Termine verlassen. Im Falle von Problemen erfolgt keine Terminverschiebung, sondern eine Anpassung an den Umfang der zu erstellenden Version.
- **Selbstorganisierende Teams:** Die Mitglieder im Team sind grundsätzlich gleichberechtigt. Das Team hat die Autonomie, sich selbst so zu organisieren, dass es die Arbeitsanforderungen bestmöglich erfüllen kann.
- **Änderungsfreundliche Projektkultur:** Im Gegensatz zum klassischen Wasserfallmodell werden Anforderungen und Technologien nicht im „Design Freeze" unter Änderungskontrolle gestellt, sondern lassen sich im Verlauf des Produktentwicklungszyklus einfach ändern. Änderungen werden als Freund, nicht als Gegner des Projekts gesehen. Agile Methoden versuchen dazu, die sogenannte „Zehnerregel der Fehlerkosten" (Kosten einer Änderung steigen von Phase zu Phase um den Faktor 10) außer Kraft zu setzen und die Kostenkurve für Änderungen möglichst flach zu halten. Damit werden im Projekt eine höhere Kreativität und ein schnellerer Nutzen für den Kunden ermöglicht.

Agile Entwicklungsmethoden stehen mit diesen Merkmalen in offensichtlichem Widerspruch zu einer starren und unreflektierten Anwendung „schwergewichtiger" Qualitäts- und Vorgehensmodelle, wie der ISO 9001 und dem CMMI-Modell. Auch das V-Modell und der Rational Unified Process sind mit den agilen Prinzipien und Methoden nicht kompatibel. Sie enthalten in ihren neuesten Versionen zwar Komponenten für eine agile Systementwicklung, sind aber in ihren Grundstrukturen viel zu schwergewichtig, als dass ihre agile Anwendung durch ein extremes Tailoring besonderen Sinn machen würde (Abb. 1.11a-V11).

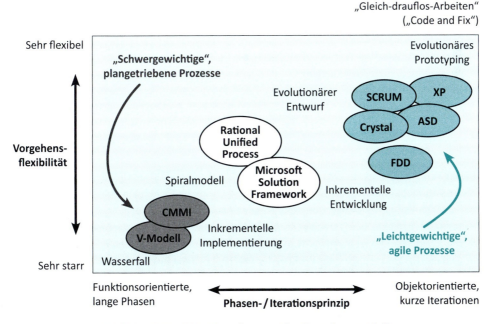

Abbildung 1.11a-V11: Einordnung agiler Vorgehensmodelle

2.4 Agiles Projektmanagement

Die Methoden der agilen Entwicklung werden unterschiedlich eingeteilt. BOEHM und TURNER [19] unterscheiden zwischen:

I Technischen Arbeitspraktiken, zum Beispiel einfaches Design, Refactoring (wiederholte Codebereinigung während der Programmierung) und testgetriebene Entwicklung.
I Kommunikationsmethoden, zum Beispiel Metaphern als Projektvision, Programmierung in Paaren.
I Managementmethoden, zum Beispiel kontinuierliche Versionsauslieferung in kurzen Zyklen, Planungsspiele.

Unter „agilem Projektmanagement" kann man dabei im weiteren Sinne die Managementmethoden und die Kommunikationsmethoden der agilen Entwicklung verstehen. Etwas differenzierter und weiter gehend unterteilen HRUSCHKA et al. [20] agile Methoden in die Bereiche agile Systemanalyse, agile Architektur, agile Programmierung, agile Dokumentation, agiles Projektmanagement und agile Organisation. Unter agilem Projektmanagement verstehen sie dabei ein pragmatisch und situationsangemessen auf das Wesentliche konzentriertes Management von Projekten, bei dem Kundenzufriedenheit, motivierte Teams und effektives Risikomanagement im Mittelpunkt stehen. Diese Definition bildet die heute vorherrschende Vorstellung zu agilem Projektmanagement sehr gut ab. Auch die agile Organisation kann im weiteren Sinne zum Projektmanagement gezählt werden. Die Autoren verstehen darunter Modelle, wie ein projektorientiertes Unternehmen strukturiert sein sollte, um in dynamischen Wettbewerbsumfeldern zu bestehen und eine agile Zusammenarbeit zwischen Auftraggebern und Auftragnehmern zu fördern. Als agile Prinzipien werden dabei das Marktprinzip (auch für die interne Zusammenarbeit) sowie die unternehmensübergreifende Netzwerkorganisation vorgeschlagen.

Ein eigenständiger methodischer Rahmen für agiles Projektmanagement auch außerhalb von Softwareprojekten wurde 2004 von HIGHSMITH veröffentlicht [21]. Er unterscheidet zwischen drei kunden- und produktorientierten und drei führungsstilorientierten agilen Managementprinzipien:

I Kundennutzen durch innovative Produkte:
 - Liefere Kundennutzen.
 - Arbeite mit iterativen, anforderungsbasierten Vorgehensmodellen.
 - Favorisiere technische Exzellenz.
I Kollaborativer Führungsstil:
 - Sei experimentierfreudig.
 - Bilde anpassungsfähige (selbst organisierende, disziplinierte) Teams.
 - Vereinfache, wann immer möglich.

Viele dieser Prinzipien sind aus den Methoden der schlanken Produktion und der schlanken Entwicklung in der Automobilindustrie abgeleitet. Eines der wichtigsten Prinzipien dort ist die systematische Reduzierung von Verschwendungen, die dem Kunden keinen Nutzen liefern. Auch das Projektmanagement muss seine Projekte von Verschwendung befreien und sich auf die Lieferung der vom Kunden erwarteten Ergebnisse konzentrieren. HIGHSMITH benennt dazu die aus seiner Sicht zu starren und plangetriebenen Prozessgruppen des PMBOK der PMI [22] in agile Prozessgruppen um, für die er einen Werkzeugkasten mit agilen Managementinstrumenten zusammenstellt (Abb. 1.11a-V12):

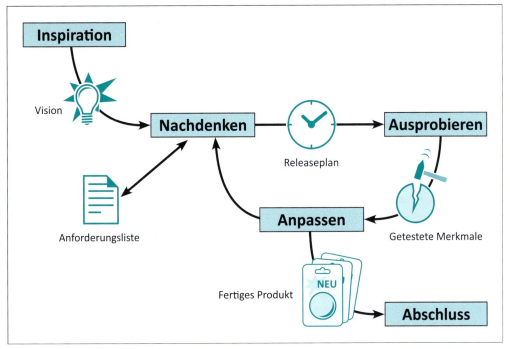

Abbildung 1.11a-V12: Ablauf des agilen Projektmanagements; Quelle: [21], S. 81

1. **Inspiration** (statt Initiierung) – Bestimmen der Produktvision und des Lieferumfangs, Identifikation der Stakeholder und Teambildung: Instrumente für die Produktvision sind die visionäre Produktverpackung, das Fahrstuhltest-Statement und ein grober Produktstrukturplan. Zur Definition des Projektumfangs dient ein einseitiger Projektsteckbrief. Weitere Praktiken dieser Phase sind die Personalzusammenstellung, die Stakeholderanalyse, die Definition der Kunden-Lieferanten-Team-Schnittstelle und die Definition von Spielregeln zur Teamarbeit.
2. **Nachdenken** (statt Planung) – Entwicklung eines anforderungsorientierten Release-, Meilenstein- und Iterationsplans: Der Produktstrukturplan wird, ähnlich der Stückliste in der Fertigung, auf einen Featurestrukturplan heruntergebrochen. Leistungsanforderungen und funktionale Merkmale des Feature-Strukturplans werden in Karteikarten (User Stories, Featurekarten; häufig handschriftlich, siehe Abb. 1.11a-V13) an Pinnwänden festgehalten, auf denen sie leicht hin und her gesteckt werden können. Bei größeren, verteilten Teams werden die Karten mit darauf ausgerichteten Softwareprogrammen elektronisch geführt. Ein Iterationsplan kann entwickelt werden, indem man die Featurekarten einfach an Pinnwänden in den entsprechenden Iterationen anordnet. In den Ablauf der Planungssitzungen sind Schätzklausuren und Risikoanalysen integriert.
3. **Ausprobieren** (statt Ausführung) – Ausliefern getesteter Merkmale in kurzen Iterationszyklen und kontinuierliches Risikomanagement: Hauptmanagementaufgaben dieser Phase sind die Bereitstellung einer kollaborativen Arbeitsumgebung und das Teammanagement. Instrumente sind Coaching, tägliche Teammeetings, kooperative Entscheidungsfindung und tägliche Kundenkontakte. Für das Ressourcenauslastungsmanagement und die möglichst kostengünstige Realisierung technischer Änderungen sind die Teammitglieder selbst verantwortlich.
4. **Anpassen** (statt Steuerung) – Review der ausgelieferten Produkte, der Projektsituation und der Teamleistung; Anpassungsmaßnahmen, wenn notwendig: Instrumente dieser Phase sind Kunden-Fokusgruppen, technische Reviews, Selbstbewertung der Teamleistung und metrikbasierte Projektstatusberichte (zum Beispiel die schon erwähnten Feature-Burndown-Charts oder die Verfolgung der Anzahl und des Werts der ausgelieferten Features und des erwarteten Projektendtermins).
5. **Abschluss** – Projekt abschließen, Erfahrung weiter geben und feiern: Instrumente sind die gleichen wie in der vierten Phase sowie spezielle Projektabschluss-Checklisten und die Projektretrospektive.

```
StoryTag: Doc Book To HTML          Release: Book        Priority: /
Author:  Joanne                     on: 2/21/02          Accepted: 3/17/02

Description:
         Make the Doc Book files readable and printable.

Considerations:                                          Estimate: 4.1
         HTML has some drawbacks:
         – Printed version is not production quality
         – Footnotes can't appear at end of page
```

Who	Task	Est.	Done
Rob	Simple tags: <chapter>, <title>, <para>	/	2/24
Rob	Asymmetrical tags: <attribution>	/	3/3
Rob	Contextually related tags: <title>	/	3/11
Rob	Stateful output: <footnote>	/	3/14
Joanne	Acceptance Test: Print the first chapter	/	3/17

Abbildung 1.11a-V13: Beispiel einer User Story Card; Quelle: www.extremeperl.org(30. 10. 2006)

Dem Leser kommt dies vielleicht bekannt vor, denn HIGHSMITH macht viele Anleihen bei etablierten Projektmanagementmethoden. Produktstrukturpläne, Meilensteinpläne, Stakeholderanalysen, Reviews und Weiteres mehr kennt schließlich jeder Projektmanager. Aber diese Instrumente sind im agilen Projektmanagement anders implementiert als in klassischen Projekten. Im agilen Projektmanagement findet am Anfang eben keine detaillierte Projektstrukturplanung statt, sondern lediglich eine grobe, dem Kenntnisstand angepasste Produktstrukturierung. Der Projektaufwand wird in Planungsspielen ebenfalls nur relativ grob geschätzt. Netzpläne werden nicht erstellt, dafür aber Featurelisten und aus dem Kanban-System abgeleitete Karteikarten mit Featurebeschreibungen an Pinnwänden. Verteilte Teams koordinieren ihre Arbeiten über Sharepoint und Wikis statt über aufwendige Microsoft-Project-Server-Installationen. Es gibt kein Änderungskontrollverfahren mit Änderungsanträgen und Änderungskontrollausschüssen. Änderungen werden vielmehr über die vom Kunden priorisierten Featurelisten am Beginn einer Iteration eingebracht. Risiken werden nicht über Checklisten identifiziert und in Risikolisten festgehalten und quantifiziert. Das Risikomanagement erfolgt vielmehr organisch als inhärenter Bestandteil der täglichen Teamsitzungen durch die Fragestellung nach den zugrunde liegenden Planungsannahmen und nach den Bedenken der Teammitglieder. Im magischen Dreieck sind die Produktmerkmale nicht mehr die feste, sondern die anpassbare Größe. Die Arbeitsverteilung erfolgt nicht mehr nach dem Push-Prinzip eines genau einzuhaltenden Plans, sondern nach dem durch Kundenanforderungen ausgelösten Pull-Prinzip (Abb. 1.11a-V14). Die Teammitglieder entscheiden in diesem Rahmen eigenständig über ihre Vorgehensweise.

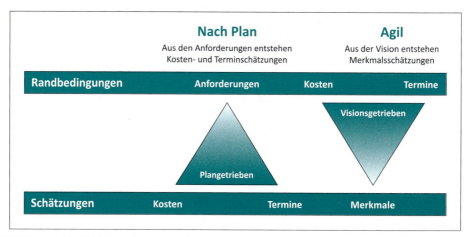

Abbildung 1.11a-V14: Paradigmenwechsel von plangetriebenem zu agilem Projektmanagement; Quelle: nach VersionOne (2006) [29]

2.5 Kritik an agilen Methoden

Agile Methoden sind in Wissenschaft und Praxis nicht unumstritten. Die Hauptkritikpunkte, soweit sie sich auf das hier im Vordergrund stehende agile Projektmanagement beziehen, seien im Folgenden kurz diskutiert. Auf die spezielle Kritik an einigen Techniken des Extreme Programming (Programmierung in Paaren, 40-Stunden-Woche, ständig präsenter Kundenmitarbeiter) wird nicht eingegangen, da diese Techniken für agiles Projektmanagement nicht essenziell sind.

Kritikpunkt: Agile Methoden funktionieren nur für kleine Projekte. Agile Methoden sind vor allem auf kleinere Projekte mit unter zehn Mitarbeitern ausgerichtet, die einen schnellen Geschäftserfolg für den Kunden erreichen wollen. Es sind zwar auch Ansätze für agile Projekte mit vernetzten Teamstrukturen entwickelt und in Projekten erfolgreich eingesetzt worden. So soll ein Scrum-Projekt schon mit einem 800-Personen-Team durchgeführt worden sein [10]. Mit zunehmender Projektgröße steigt jedoch auch der Kommunikations- und Dokumentationsbedarf. Damit geht ein großer Teil der Agilität verloren. Plangetriebene Vorgehensweisen sind auf dokumentationsintensive Projekte besser ausgerichtet und sollten dafür dann auch bevorzugt werden.

Kritikpunkt: Agile Projekte bringen mehr Risiken mit sich. Gernert [23] macht darauf aufmerksam, dass die Anwendung agiler Methoden zusätzliche Risiken mit sich bringt. So können Systeme durch die Forderung nach Einfachheit eine zu einfache, später nur noch mit erheblichem Aufwand erweiterbare Architektur erhalten. Für die agile Zusammenarbeit mit Unterlieferanten wird nur wenig methodische Unterstützung geliefert. Bei Mitarbeiterfluktuation geht undokumentiertes Wissen verloren. Und anderes mehr. Derartige Punkte sind zwar beherrschbar, müssen aber im Risikomanagement agiler Projekte beachtet werden.

Kritikpunkt: Agile Methoden lassen keine Festpreisverträge zu. Während der Systementwurf und das Pflichtenheft bei plangetriebenen Vorgehensweisen eine geeignete Grundlage für Festpreisverträge liefern, werden derartige Dokumente bei agilen Projekten nicht erarbeitet. Agile Vertragsvereinbarungen stoßen in Einkaufsabteilungen daher oft auf formale Widerstände. COLDEWEY und POPPENDIECK [24] zeigen anhand von Beispielen aus der Automobilentwicklung jedoch auf, dass es eine Vielzahl von Vertragsmodellen gibt, mit denen in agilen Projekten gearbeitet werden kann. OESTEREICH [25] hat verschiedene agile Festpreismodelle entwickelt, die sogar bei Ausschreibungen öffentlicher Auftraggeber mit Erfolg eingesetzt wurden.

Kritikpunkt: Agile Methoden sind nur bei Softwareprojekten einsetzbar. Agile Methoden wurden für Softwareprojekte entwickelt, die oft in integrierten Teams durchgeführt werden und in denen es praktisch keine Produktionsphase gibt. Für fertigungsnahe Phasen bei der Entwicklung größerer physischer Produkte sind agile, ingenieurtechnische Methoden in der Tat nur schwer vorstellbar. Saynisch [26] zeigt jedoch, dass im Bereich von Systemarchitekturen in der Automobilentwicklung agile Ansätze durchaus vorstellbar sind und dort auch konzipiert werden. Das agile Projektmanagement selbst ist sogar noch weniger auf Softwareprojekte beschränkt, als dies bei rein technischen Aufgaben der Fall ist. Viele Ansätze des agilen Projektmanagements wurden ursprünglich in der Automobilentwicklung erfunden oder werden dort seit Langem eingesetzt. Dazu zählen beispielsweise das Simultaneous bzw. Concurrent Engineering, der Target-Costing- bzw. Design-to-Cost-Ansatz oder das dem Spiralmodell verwandte Stage-Gate-Modell von Cooper [27] sowie weitere Methoden der schlanken Automobilentwicklung, wie sie in Japan bei Toyota und in Deutschland bei Porsche entwickelt wurden.

Kritikpunkt: Die Einführung agiler Praktiken in herkömmlichen Unternehmensstrukturen ist mit einem erheblichen Aufwand verbunden. In der Tat ist agiles Projektmanagement, wenn es über isolierte Insellösungen hinausgeht, für mechanistisch geprägte Großorganisationen mit großen Umstellungen verbunden, die einen hohen Aufwand erfordern. Vorbehalte und Widerstände müssen überwunden und die Organisation muss auf bereichsübergreifende Teamarbeit umgestellt werden. Neue

Standards müssen auf ihre Anwendbarkeit geprüft und angepasst werden. Unterlieferanten müssen in die neuen Vorgehensweisen eingebunden werden. Dies alles kommt einem kulturellen Wandel gleich, der als eigenständiges Organisationsänderungsprojekt betrachtet und mit einem darauf ausgerichteten Change Management unterstützt werden sollte. Der reine Schulungs- und Trainingsaufwand ist bei agilen Methoden im Allgemeinen jedoch geringer als bei plangetriebenen Methoden. Auch wenn die Kultur des Unternehmens bereits organisch und flexibel geprägt ist, fällt die Umstellung leichter.

2.6 Verbreitung und Wirksamkeit agiler Methoden

Agile Methoden haben inzwischen – zumindest in den USA – eine hohe Verbreitung gefunden. 2002 gaben dort bei einer Befragung von 194 Softwareexperten noch 35 Prozent der Befragten das Wasserfallmodell als bevorzugtes Vorgehensmodell an [28]. Bei einer Befragung von 722 Softwareexperten 2006 nutzen jetzt aber bereits 84 Prozent der Befragten agile Methoden. Hierbei haben Scrum mit 40 Prozent und XP mit 23 Prozent die höchste Verbreitung. Mehr als die Hälfte der Befragten gab an, mit agilen Methoden Produktivitätssteigerungen von 25 Prozent und mehr erzielt zu haben [29]. Ein ähnliches Ergebnis zeigt auch eine Zusammenstellung empirischer Befunde bei BOEHM und TURNER [30]. Allerdings werden dort auch für das plangetriebene CMM-Modell ähnlich hohe Produktivitätsverbesserungen ausgewiesen. Je nach Randbedingungen scheinen also sowohl plangetriebene als auch agile Methoden erfolgreich einsetzbar zu sein.

Diese Umfrageergebnisse sind auch ein Indiz für die von BOEHM und TURNER angegebenen Auswahlregeln. Agile Methoden sollten danach immer dann zum Einsatz kommen, wenn folgende Bedingungen vorliegen [31]:
- Kleine Projekte mit bis zu zehn Personen.o Systeme mit geringer oder mittlerer Kritikalität.
- Hoch dynamische Umfelder mit Anforderungsänderungsraten von mehr als 30 Prozent im Monat.
- Mindestens 30 Prozent hoch qualifizierte Kräfte im Team, geringer Anteil niedrig qualifizierter Kräfte.
- Organische Unternehmenskultur mit vielen Freiräumen für die Teammitglieder.

Plangetriebene Methoden sollten immer dann zum Einsatz kommen, wenn folgende Bedingungen vorliegen:
- Großprojekte mit mehr als 100 beteiligten Personen.
- Systeme mit hoher oder sehr hoher Kritikalität.
- Stabile Rahmenbedingungen mit Anforderungsänderungsraten von weniger als fünf Prozent pro Monat.
- Mehr als 30 Prozent niedrig qualifizierte, weniger als 20 Prozent hoch qualifizierte Kräfte.
- Mechanistische Unternehmenskultur mit klaren Regeln und Richtlinien.

Liegen keine eindeutigen Randbedingungen vor, stellen die nicht modellkonformen Faktoren immer Projektrisiken dar, die mit Methoden des Risikomanagements bekämpft werden sollten. Unter Umständen sind auch maßgeschneiderte, hybride Vorgehensweisen möglich.

> Agile Methoden sind bei hoher Anforderungsunsicherheit empfehlenswert. Bei hoher Kritikalität dominieren nach wie vor plangetriebene Methoden.

Die Empfehlungen von BOEHM werden auch durch zwei jüngere, von der GPM unterstützte deutsche Umfragen belegt. In einer Befragung des Fraunhofer Instituts speziell bei Entwicklern kritischer Softwaresysteme gaben 41 Prozent der Befragten an, mit dem Wasserfallmodell zu arbeiten und 24 Prozent mit dem V-Modell. Evolutionäres Prototyping gaben 17 Prozent an, XP nur vier Prozent. Hier dominieren also plangetriebene Methoden [32].

Die Universität Köln ermittelte, dass agile Vorgehensweisen bei hoher Anforderungsunsicherheit mit einem größeren Projekterfolg verbunden sind, bei geringer Anforderungsunsicherheit besteht dieser Zusammenhang jedoch nicht [33].

2.7 Fazit

In seinem bereits erwähnten Beitrag auf der interPM 2006 wurde von Saynisch [26] darauf hingewiesen, dass agile Methoden den evolutionärsystemischen Prinzipien des von ihm entwickelten Projektmanagements 2. Ordnung entsprechen. Aufgrund der zunehmenden Verbreitung sowohl agiler Ansätze in Softwareprojekten als auch schlanker Produktentwicklungsprinzipien in der Automobilindustrie ist damit der Paradigmenwechsel zum Projektmanagement 2. Ordnung bereits in vollem Gange. Allerdings zeigt der bisherige Stand der Veröffentlichungen und der empirischen Forschung (insbesondere die Arbeit von BOEHM und TURNER) auch, dass das traditionelle, plangetriebene Projektmanagement nach wie vor benötigt wird und je nach Situation einmal agiles und das andere Mal plangetriebenes Projektmanagement sinnvoll ist. Eine Erkenntnis, die im Grunde genommen nicht besonders neu ist. Schon in den 60er-Jahren wurde im Kontingenzansatz der Organisationsforschung herausgefunden, dass es ein universelles Management nicht gibt, sondern je nach Situation entweder organische oder mechanistische Managementsysteme besser geeignet sind. Diese Erkenntnis gilt nach wie vor und trifft auch auf das Projektmanagement zu.

1.11b Ablauf und Termine (Time)

Günter Rackelmann

Lernziele

Sie kennen

- die Unterschiede zwischen Ereignisknoten- und Vorgangsknotennetzplantechnik
- das Prinzip und das Anwendungsfeld der Entscheidungsnetzplantechnik
- verschiedene Techniken zur Bearbeitung komplexer Projekte, wie Teilnetztechnik und Standardnetzplantechnik
- die Vorteile bei der Nutzung von Standardablaufplänen
- den Unterschied zwischen dem „gewöhnlichen" Puffermanagement und dem Critical-Chain-Management

Sie wissen

- wie man komplexe Projekte mithilfe der Teilnetztechnik übersichtlich aufbauen und gliedern kann
- wie man über „Bottom-up-Generierung" oder „Top-Down-Generierung" Standardablaufpläne aufbauen und nutzen kann
- wie Detailinformationen schrittweise für die einzelnen Informationsebenen verdichtet werden können
- was ein Liniendiagramm (Zeit-Wege-Diagramm) darstellt und wie es zu interpretieren ist
- wie die Inhalte aus einem Leistungsverzeichnis in den Ablaufplan übernommen werden können

Inhalt

1	Einführung	1623
2	Netzplanverfahren und -methoden	1623
2.1	Ereignisknoten-Netzplantechnik (EKN)	1623
2.2	Vorgangspfeil-Netzplantechnik (VPN)	1624
2.3	Entscheidungsnetzplantechnik (ENP)	1625
3	Techniken zur Bearbeitung komplexer Projekte	1625
3.1	Teilnetztechnik	1625
3.2	Standardnetzplantechnik	1626
4	Netzplanebenen und Netzplanverdichtung	1627
4.1	Grobterminplan, Feinterminplan	1627
4.1	Meilenstein-Netzplantechnik	1628
4.2	Detaillierungsgrad bei Verwendung von Leistungsverzeichnissen	1628
5	Ablauf- und Terminplanung mittels Linien-Diagramm	1628
6	Puffermanagement und Critical-Chain-Projektmanagement	1629
7	Zusammenfassung	1630
8	Fragen zur Wiederholung	1631

1.11 Ablauf und Termine

1 Einführung

Im „Basisteil" wurden die elementaren Schritte zur systematischen Planung des Ablaufs und der Termine kleinerer und mittlerer Projekte beschrieben und die Netzplantechnik als zentrales Werkzeug zur Planung, Steuerung und Überwachung von Terminen, Einsatzmitteln und Kosten vorgestellt.

Im „Vertiefungswissen" werden weitere Netzplanarten und Methoden, wie z B. die „Entscheidungsnetzplantechnik", skizziert. Im zweiten Teil werden Methoden und Techniken zur Bearbeitung komplexer Projekte beschrieben. Für große Projekte und/oder Projekte mit langer Laufzeit kann mithilfe der Teilnetztechnik die Bearbeitung operational gestaltet werden. Die Teilnetztechnik trägt zur Transparenz bei der Netzplanerstellung bei und ermöglicht einen modularen Aufbau der Planung. Mit „Standardnetzplänen" können unternehmensspezifische Standards vorgegeben und sichergestellt sowie die Bearbeitung häufig wiederkehrender (Teil-)Abläufe rationalisiert werden. Die Gliederung in Netzplanebenen mit unterschiedlichem Detaillierungs- bzw. Verdichtungsgrad unterstützt die Berichterstattung für unterschiedliche Managementebenen. Als spezielle Darstellungsform zur Visualisierung der Abläufe bei Streckenbauwerken werden Linien-Diagramme (Zeit-Wege-Diagramme) vorgestellt. Zum Abschluss wird auf das Puffermanagement eingegangen und der kritische Bezug zum Critical-Chain-Management hergestellt.

2 Netzplanverfahren und -methoden

Im Basisteil wurde die Vorgangsknoten-Netzplantechnik (VKN) ausführlich behandelt. Darüber hinaus gibt es weitere, weniger verbreitete Netzplanverfahren, die
in der DIN 69900 aufgeführt sind:

| Ereignisknoten-Netzplan   (DIN-Kurzzeichen: EKN)
| Vorgangspfeil-Netzplan   (DIN-Kurzzeichen: VPN)
| Entscheidungsnetzplantechnik   (DIN-Kurzzeichen: ENP)

In Abbildung 1.11b-V1 sind die Unterschiede der einzelnen Verfahren hinsichtlich ihrer Ablauf- und Darstellungselemente aufgezeigt.

2.1 Ereignisknoten-Netzplantechnik (EKN)

> **§ Definition** Der **Ereignisknotennetzplan (EKN)** enthält nur Ereignisse und Anordnungsbeziehungen.

Die bekannteste **ereignisorientierte Methode** ist die **„Program Evaluation and Review Technique" (PERT)**. Der PERT-Plan ist ein Meilensteinplan und damit besonders zur Koordination von z. B. komplexen Entwicklungsprogrammen geeignet.

Das geht auch aus seiner Entwicklungsgeschichte hervor: PERT wurde 1958 von der US-Navy zusammen mit Lockheed entwickelt und beim Bau des Polaris-Raketenprogramms zur Koordination von ca. 10.000 Auftragnehmern eingesetzt.

Da keine Vorgänge, also auszuführende Arbeitsschritte, enthalten sind, ist dieses Verfahren für die Planung, Steuerung und Überwachung im operativen Bereich der Projektabwicklung eher nicht geeignet.

2.2 Vorgangspfeil-Netzplantechnik (VPN)

> **§ Definition** Der **Vorgangspfeil-Netzplan (VPN)** ist ein **vorgangsorientierter Ablaufplan**. Die Vorgänge werden durch Pfeile dargestellt, die gleichzeitig die Aufgabe der Anordnungsbeziehung übernehmen.

Wie beim Ereignisknoten-Netzplan repräsentieren die Knoten Ereignisse.

Als Netzplanmethode für VPN hat sich die „**Critical Path Method (CPM)**" durchgesetzt, die vom Chemiekonzern du Pont de Nemours in Zusammenarbeit mit der Sperry Rand Corporation in den Jahren 1956/57 entwickelt wurde. Die Vorgangspfeil-Netzplantechnik ist auch noch heute vor allem in den USA und in angelsächsischen Ländern stark verbreitet. Bei multinationalen Projekten wird deshalb häufig vom ausländischen Konsortialpartner gefordert, mit CPM-Netzplänen zu arbeiten. Die Überführung von Vorgangsknoten-Netzplänen/ MPM in Vorgangspfeil-Netzpläne/ CPM und umgekehrt ist relativ problemlos. Allerdings ermöglichen nur wenige Projektsteuerungssysteme eine Umwandlung von VPN nach VKN oder umgekehrt.

Abbildung 1.11b-V1 führt in Kurzfassung die Unterschiede zwischen den Verfahren EKN, VPN und VKN vor Augen.

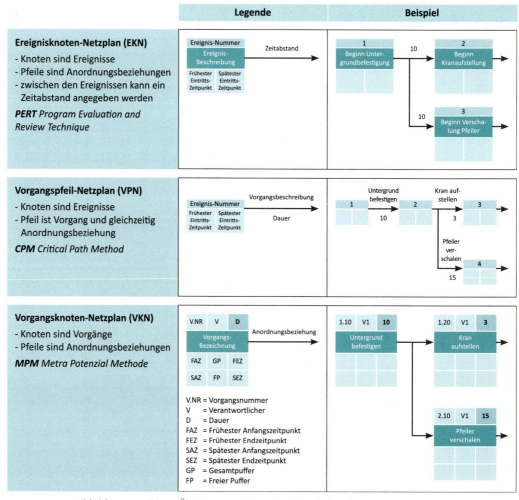

Abbildung 1.11b-V1: Übersicht über Netzplanverfahren EKN, VPN und VKN

2.3 Entscheidungsnetzplantechnik (ENP)

Entscheidungsnetzpläne basieren auf der Vorgangspfeil-Netzplantechnik und enthalten als stochastisches Element zusätzlich **Entscheidungsknoten** mit wahlweise zu benutzenden Aus- und Eingängen. Entsprechend gibt es **Entscheidungsereignisse**, bei denen alternative Wege für den weiteren Projektablauf bestehen, und **Entscheidungsvorgänge**, nach deren Ende es alternative Wege für den weiteren Projektablauf gibt. An den Ausgängen können den weiterführenden Wegen Wahrscheinlichkeitswerte zugeordnet werden (DIN 69900).

Eine weitere Möglichkeit, Unsicherheiten zu erfassen und bei der Terminberechnung zu berücksichtigen, liegt in der Verwendung von Schätzwerten für die Vorgangsdauern, z. B. die Angabe einer „optimistischen", „häufigsten" und „pessimistischen" Dauer sowie des daraus errechneten Erwartungswertes, der „mittleren" Dauer (DIN 69900).

Entscheidungsnetznetzpläne werden z. B. zur Risikoermittlung in der Frühphase bei Forschungs- und Entwicklungsprojekten (z. B. in der Pharmaindustrie) herangezogen, Sie eignen sich jedoch zuletzt wegen des hohen Arbeitsaufwands eher nicht für die operative Ablauf- und Terminplanung (vgl. ELMA-GHRABY, 1977).

3 Techniken zur Bearbeitung komplexer Projekte

3.1 Teilnetztechnik

Bei einem Projekt mit einer geringen Zahl von Projektmitarbeitern und einer Laufzeit von wenigen Monaten kann der Ablaufplan mit einfachen Techniken (vgl. Basisteil 3.2) erstellt werden. **Bei komplexen Projekten** mit einer Vielzahl von Vorgängen ist zu empfehlen, den Netzplan in **Teilnetze** zu gliedern.

> **§ Definition** „Ein **Teilnetzplan** (TNP) umfasst nur einen Teil eines Projekts und steht mit anderen Teilnetzplänen desselben Projektes strukturell in Verbindung" (DIN 69900).

Die Teilnetztechnik basiert auf zwei Schritten:

Schritt 1: Separate Erstellung von Teilnetzen
Schritt 2: Zusammenfügung der Teilnetze zu einem **Gesamtnetzplan** durch Verknüpfung der Teilnetze

Die Gliederung in Teilnetze orientiert sich an den Gliederungsprinzipien der Projektstrukturierung. Demnach sind mögliche Kriterien u. a. die Gliederung nach:

- Teilaufgaben oder Arbeitspaketen
- Projektphasen
- Organisationseinheiten
- funktionalen Gesichtspunkten

Beispiel Der Gesamtnetzplan für die Entwicklung eines Softwarepakets ist phasenorientiert und enthält die Teilnetze „Analyse", „DV-Grobkonzept", „DV-Feinkonzept", "Realisierung", „Installation", „Integrationstest", „Abnahme" usw.

Die Teilnetztechnik bietet eine Reihe von Vorteilen:

Teilnetze können (zunächst) separat und unabhängig voneinander erstellt, bearbeitet, optimiert und berechnet werden. Im Hinblick auf die Verknüpfung mit anderen Teilnetzen innerhalb des Projekts ist hier bei isolierter Betrachtung allerdings große Vorsicht geboten.

Die Gliederung in Teilnetze erhöht die Transparenz des komplexen Gesamtprojekts. Teilnetze erleichtern die Selektion von Informationen. Jede (teil-)projektverantwortliche Person oder Organisationseinheit kann jeweils gezielt Informationen über **ihren** Bereich erhalten.

Teilnetze erleichtern den Aufbau von Netzplanhierarchien (Feinnetzplan pro Teilaufgabe, Rahmennetzplan für das Gesamtprojekt) und unterstützen die Informationsverdichtung. Abläufe in einzelnen Teilnetzen, die in ähnlicher Weise häufig wiederkehren, können standardisiert werden.

3.2 Standardnetzplantechnik

Nach DIN 6901 ist ein Projekt ein „Vorhaben, das im Wesentlichen durch Einmaligkeit der Bedingungen ... gekennzeichnet ist". In der Praxis werden jedoch in vielen Unternehmen Projekte oder bestimmte Abläufe innerhalb eines Projekts mit Wiederholcharakter durchgeführt. Analog zur Verwendung von Standardstrukturplänen (vgl. Kap. 1.9) können Standardnetzpläne einmalig neu entwickelt oder aus den Ablaufplänen abgeschlossener Projekte herausgefiltert werden. Somit können wertvolle Erfahrungen und Erkenntnisse aus der Vergangenheit für zukünftige Projekte genutzt und der Aufwand für die Ablaufplanung erheblich reduziert werden.

Beispiel In großen Bauvorhaben ist **pro** Bauabschnitt/ Gewerk **ein** Ausschreibungs- und Vergabeverfahren durchzuführen. Der Prozess der Ausschreibung und Vergabe ist in der Regel stets gleich und kann deshalb standardisiert werden.

Abbildung 1.11b-V2 zeigt schematisch das Prinzip der Standardnetzplantechnik in Verbindung mit der Teilnetztechnik.

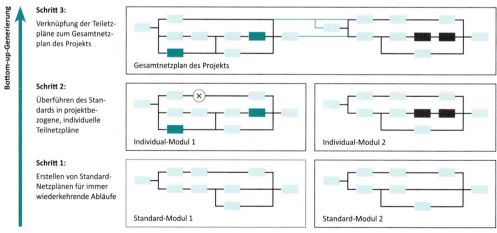

Abbildung 1.11b-V2: Verbindung von Standard- und Teilnetzplantechnik

In Schritt 1 werden zunächst Standard-Teilnetzpläne entwickelt. Im zweiten Schritt erfolgt die Anpassung der Standardabläufe an die konkreten Erfordernisse des Projekts. Beispielsweise müssen

- einzelne Standardvorgänge weiter detailliert (d. h. gesplittet werden)
- Vorgänge eliminiert werden, die nicht im konkreten Projekt benötigt werden
- projektspezifische Vorgänge, die nicht im Standard enthalten sind, hinzugefügt werden

Im dritten Schritt werden die projektbezogenen, individuellen Teilnetze zum Gesamtnetzplan verknüpft.

Die Vorgehensweise, durch Zusammenfügen projektspezifischer und/oder standardisierter Teilnetzpläne einen Gesamtnetzplan zu erzeugen, entspricht dem Prinzip der „**Bottom-Up-Generierung**".

Umgekehrt kann man auch durch eine „**Top-Down-Generierung**" aus einem Standardnetzplan, der eine Übermenge standardisierter Abläufe enthält (vergleichbar mit einer „Variantenstückliste"), einen projektspezifischen Ablaufplan erzeugen.

🔍 **Beispiel** Für die Projektabwicklung „Airbus-Ausstattungsmontage" wurde pro Flugzeugtyp ein Ablaufplan für die Montage entwickelt, der alle möglichen Ausstattungsvarianten enthält. Für eine konkrete Bestellung durch eine Fluggesellschaft werden alle „Vorgangsketten" für Ausstattungsvarianten, die nicht gefordert sind, entfernt. Auf diese Weise kann die Arbeitsvorbereitung in kürzester Zeit einen komplexen Ablaufplan zur Verfügung stellen.

4 Netzplanebenen und Netzplanverdichtung

4.1 Grobterminplan, Feinterminplan

Die Frage nach dem Detaillierungsgrad wurde bereits in Abschnitt 3.1 (Basisteil) diskutiert. Gewöhnlich gilt der Grundsatz „**Vom Groben zum Feinen**". Andererseits werden für die Berichterstattung, insbesondere für höhere Managementebenen, verdichtete Informationen (Termindaten, Kapazitätsbedarf, Kosten) benötigt.

Wurde der Netzplan konsequent gemäß der Projektstrukturierung („Projektgliederung") aufgebaut, spiegelt er automatisch mehrere Netzplanebenen wider, z. B. Teilprojekte, Teilaufgabe, Arbeitspakete und Vorgänge. Moderne Netzplantechnik-Software ermöglicht das **Herausfiltern der einzelnen Ebenen**.

 Beispiel
Ebene 1: **Detail-Terminplan** für das Projektteam enthält alle Terminbalken für Vorgänge, Arbeitspakete und Teilprojekte
Ebene 2: **Rahmenterminplan** für die Projektleitung enthält alle Terminbalken für Arbeitspakete, Teilaufgaben und Teilprojekte
Ebene 3: **Masterplan** für Unternehmensführung und Auftraggeber enthält alle Terminbalken für Teilprojekte und Teilaufgaben

4.1 Meilenstein-Netzplantechnik

> **Definition** Meilensteine sind als „Schlüsselereignisse" (DIN 69900) Ereignisse von besonderer Bedeutung und markieren Eckpunkte im Projekt, z. B. den Beginn oder Abschluss eines Arbeitspaketes, einer Projektphase oder eines „Review-Punkts" für Entscheidungsgremien.

Wie in Abschnitt 1.1 beschrieben, liefert PERT einen reinen **Meilensteinplan**.

Im Vorgangsknoten-Netzplan (VKN) können integrierte Meilensteine herausgelöst werden und zu einem „**Meilenstein-Netzplan**" verknüpft werden. Dabei entsteht das Problem, dass die Verknüpfungen (Anordnungsbeziehungen) die häufig komplexen sachlogischen Beziehungen im Feinnetzplan nur annähernd abbilden können. Sie sind **Ersatzanordnungsbeziehungen** „zwischen ... Ereignissen, welche die bei der Netzplanverdichtung nicht mehr ausgewiesenen Wege repräsentieren" (DIN 69900).

Verzichtet man auf eine Visualisierung der Abhängigkeiten, können die Meilensteine (EDV-unterstützt) selektiert und als **Meilensteinliste** ausgegeben werden. Die selektierten Meilensteine könnten Basis für die **Meilenstein-Trendanalyse** sein (Kapitel 1.16).

4.2 Detaillierungsgrad bei Verwendung von Leistungsverzeichnissen

In einzelnen Branchen, wie z. B. im Bau und Anlagenbau, erstellt der Planer ein Leistungsverzeichnis (LV). Das LV ist nicht ablauftechnisch strukturiert, sondern es werden jeweils gleichartige Leistungen in einer **LV-Position** zusammengefasst.

> **Beispiel** Für den Bau eines Gebäudes enthält eine LV-Position **alle** Fenster eines bestimmten Typs. Soll der Einbau der Fenster im Ablaufplan terminlich geplant und abgebildet werden und will man zur Kostenplanung und -verfolgung die Kosten den Vorgängen im Netzplan zuscheiden, muss die LV-Position gesplittet und anteilig auf „Teilvorgänge" übertragen werden. Die „Bau"-Vorgänge werden dabei nochmals in weitere „**Teilvorgänge**" aufgeteilt. Dies kann bei großen Projekten zu einem so hohen Detaillierungsgrad führen, dass der Erstellungs- und der Aktualisierungsaufwand nicht mehr zu vertreten sind.

In Kap. 1.16 („Vertiefungswissen") wird das Thema ausführlicher dargestellt. Die Vorgehensweise bei der Arbeit mit den sogenannten Teilvorgängen beschreibt MOTZEL (1998).

5 Ablauf- und Terminplanung mittels Linien-Diagramm

Eine spezielle Form der Darstellung von Abläufen und Terminen ist das „Linien-Diagramm". Andere Bezeichnungen dafür sind „Zeit-Leistungs-Diagramm" oder „Zeit-Wege-Diagramm". Diese Darstellungsart eignet sich für die Planung und Kontrolle kontinuierlicher und an eine Strecke gebundene Arbeitsvorgänge. In der Praxis findet sie Verwendung bei der Planung und dem Bau von Streckenbauwerken (z. B. Straßen- und Eisenbahnbau, Tunnelbau, Pipeline-Bau und Brückenbau).

Abbildung 1.11b-V3 zeigt als Beispiel das Zeit-Wege-Diagramm für den Bau eines Tunnels.

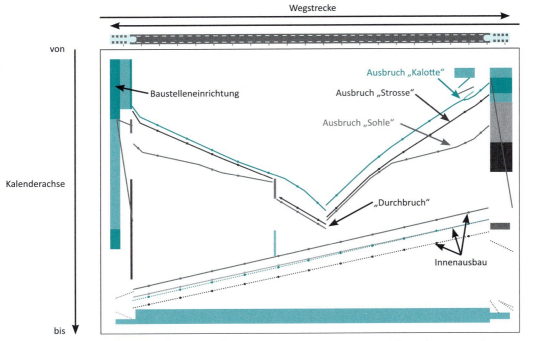

Abbildung 1.11b-V3: Zeit-Wege-Diagramm für den Bau eines Tunnels

Die **horizontale Achse** symbolisiert den **Weg** (Streckenverlauf). Im oberen Streckenband ist symbolisch der Bereich links und rechts vor dem Tunnel, der Tunnelvoreinschnitt bzw. das freie Baufeld, dargestellt. Im mittleren Bereich sind die Abschnitte der Tunnelröhre aufgezeichnet. Gedanklich kann man den Weg von beiden Seiten durchschreiten – d.h. die Arbeiten können von beiden Seiten gestartet werden.

Die vertikale Achse stellt die **Kalenderachse** mit dem Zeitverlauf von oben nach unten dar.

Die **Linien** bilden den zeitlichen Ablauf der Vorgänge ab. Der Tunnel-Ausbruch wird von beiden Seiten jeweils zeitversetzt in drei Etappen (Kalotte, Strosse, Sohle) durchgeführt. Der Innenausbau, z. B. „Entwässerung", „Innenschale" und „Kabelkanäle", erfolgt in einer Richtung von rechts nach links. Dabei wird sichtbar, zu welchem Zeitpunkt und an welcher Stelle der Durchbruch geplant ist. Gleichzeitig drückt die Steigung der Linien die Arbeitsgeschwindigkeit aus.

Die **Rechtecke** im Bereich des Tunnelvoreinschnitts stehen für Vorgänge, wie „Baugelände freimachen", „Baustelle einrichten" oder „Baustelleneinrichtung vorhalten". Die Länge eines Rechtecks entspricht der Vorgangsdauer, die Breite dem Ort (von bis) auf der Strecke.

6 Puffermanagement und Critical-Chain-Projektmanagement

Auf dem Kritischen Weg gibt es gemäß Definition (DIN 69900) keinen Puffer. Verzögerungen auf diesem Weg führen zwangsläufig zu einer Verlängerung des Projekts, sofern diese nicht z. B. durch erhöhten Ressourceneinsatz kompensiert werden können. Einzelne Mitarbeiter versuchen für ihre Aufgabe stillschweigend eigene Puffer einzubauen. Sofern der Projektleiter dies nicht erkennt und zumindest überzogene „Sicherheitsreserven" bekämpft, besteht die Gefahr, dass durch die Aufsummierung der Pufferzeiten eine nicht zu vertretende Verlängerung der Durchlaufzeiten entsteht. Andererseits neigen erfahrungsgemäß viele Mitarbeiter dazu, den Zeitaufwand eher zu unterschätzen. Gründe hierfür könnten z. B. sein:

- die Komplexität der Aufgabe wird nicht erkannt
- es gibt zum Zeitpunkt der Schätzung noch keine Lösungsvorstellungen
- der Mitarbeiter möchte nicht als unqualifiziert oder „langsam" eingestuft werden

Damit wird die Forderung nach „realistischen Zeitschätzungen" zu einem immerwährenden Problem bei der Projektplanung. Der Projektleiter muss in der Lage sein, die Schätzmentalität seiner Teammitglieder richtig einzuschätzen, um überzogene Schätzungen zu kürzen oder offenkundig zu knappe Zeitschätzungen nach oben zu korrigieren. Bei großer Unsicherheit könnte eine Absicherung mithilfe einer Schätzklausur erfolgen (vgl. SCHELLE, 2007).

Im Kapitel 1.23 wird mit der Theory of Constraints (vgl. GOLDRATT 1997) unter dem Begriff **„Kritische Kette"** (Critical Chain) eine andere Denk- und Vorgehensweise vorgestellt. Die Kritische Kette ist die längste Kette aller Arbeitspakete/ Vorgänge unter Berücksichtigung der Abhängigkeiten, die sich aus den vorhandenen Ressourcen ergeben. Die Terminpläne werden also um die (kritischen) Ressourcen aufgebaut.

Beispiel Gibt es im Projekt einen „unersetzlichen" Mitarbeiter, der nur zeitweise zur Verfügung steht, weil er auch in anderen Projekten benötigt wird, so hat sich die Planung nach dieser knappen Ressource auszurichten. Zum Beispiel müssen dann ursprünglich parallel geplante Arbeiten entzerrt, d. h. nacheinander geplant werden.

Goldratt schlägt vor, dass Mitarbeiter ihren Zeitaufwand realistisch schätzen und auf den Einbau von persönlichen Puffern verzichten. Damit erhält der Projektleiter die Möglichkeit, einen „Projektpuffer" als Sicherheitspolster an den Schnittstellen von Teilprojekten („Integrationspunkte") und zum Projektende auszuweisen. Die Tendenz, bei Vorhandensein eines persönlichen Puffers so spät wie möglich mit der eigenen Arbeit zu beginnen bzw. nie vor dem festgesetzten Termin fertig zu werden, soll umgekehrt werden. Ein Mitarbeiter soll sofort mit seiner Aufgabe starten, auch wenn sein Vorgänger früher als ursprünglich geplant fertig ist.

Der Ansatz der Critical Chain klingt bestechend, erfordert jedoch eine konsequente Implementierung der Philosophie des **Critical-Chain-Projektmanagements** im gesamten Unternehmen. Für ein überschaubares Projekt, das z. B. innerhalb einer Abteilung abgewickelt wird und in dem der Projektleiter engen Kontakt zum Projektteam hat, könnte durch die Konzentration auf die kritische Ressource bei der Projektplanung eine erfolgreiche Verkürzung der Durchlaufzeiten erreicht werden. Wenn in einem Großprojekt eine Vielzahl von Teilprojekten über Schnittstellen zu einem übergeordneten Projekt miteinander verknüpft sind und viele Abteilungen, Unternehmensbereiche und Konsortialpartner oder externe Zulieferer zu koordinieren sind, ist eine erfolgreiche Anwendung der Critical-Chain-Theorie aufgrund des immensen Abstimmungsbedarfs zwischen allen Projektverantwortlichen kaum vorstellbar.

Das Konzept verlangt vom Mitarbeiter, dass er realistische Zeitschätzungen abgibt, die er mit hoher Wahrscheinlichkeit einhalten kann und sein „Sicherheitspolster" an den Projektleiter abgibt. Damit wird aber das Problem „Was sind realistische Schätzungen" m. E. nicht überzeugend gelöst (siehe oben).

7 Zusammenfassung

Die im „Basisteil" beschriebenen Methoden und Verfahren zur Ablauf- und Terminplanung reichen „im Normalfall" bei kleinen und mittleren Projekten aus, um diese sicher planen, überwachen und steuern zu können.

Im „Vertiefungswissen" werden weitere spezielle Netzplantechniken für besondere Anwendungsfälle vorgestellt. Mit der Ereignisknoten-Netzplantechnik („PERT") werden keine Vorgänge, sondern Meilensteine geplant und terminiert. Das Verfahren unterstützt damit insbesondere die Koordination umfangreicher Projektprogramme. Die Vorgangspfeil-Netzplantechnik („CPM") findet vor allem in angelsächsischen Ländern Verwendung und kann alternativ zur Vorgangsknoten-Netzplantechnik („MPM") für die operative Planung und Steuerung der Vorgänge eingesetzt werden. Bei Projekten mit hoher Unsicherheit ermöglicht die Entscheidungsnetzplantechnik vor der eigentlichen Projektfreigabe eine Abschätzung der Risiken.

Mithilfe der Teilnetztechnik lassen sich auch Großprojekte mit einer Vielzahl von Teilprojekten und/oder beteiligten Auftragnehmern planerisch in den Griff bekommen. Die stufenweise Verdichtung von Detail- über Rahmenplänen zu Masterplänen über mehrere Netzplanebenen erfüllt das Informationsbedürfnis der verschiedenen Managementebenen.

Durch die Verwendung von Standardnetzplänen können bewährte, vorgegebene Unternehmensstandards durchgesetzt und die Planung beschleunigt werden.

In den Bereichen Bau- und Anlagenbau sind Leistungsverzeichnisse die Grundlage für die Ausschreibung und Vergabe. Anhand eines Beispiels wird beschrieben, wie LV-Positionen als Teilvorgänge in die Ablaufplanung übernommen werden können.

Bei Streckenbauwerken ist der Planer gewohnt, mit Linien-Diagrammen zu arbeiten. Diese besondere Darstellungsform, eine Kombination aus Ablauf- und Terminplan, wird kurz erläutert.

Abschließend erfolgt eine kritische Gegenüberstellung zwischen dem konventionellen Umgang mit Puffern und mit dem Kritischen Weg und der Denkweise des Critical-Chain-Managements.

8 Fragen zur Wiederholung

1	Worin unterscheiden sich Ereignisknoten-Netzplantechnik, Vorgangspfeil-Netzplantechnik und Vorgangsnetzplantechnik im Wesentlichen?	☐
2	Für welchen Einsatzzweck ist die Entscheidungsnetzplantechnik zu empfehlen?	☐
3	Welche Vorteile bietet die Teilnetztechnik?	☐
4	Welche Vorteile haben Standardnetzpläne?	☐
5	Wie funktioniert die „Bottom-up-Generierung" beim Aufbau von Standardnetzplänen?	☐
6	Was versteht man unter „Top-down-Generierung"?	☐
7	Wie kann man Leistungsverzeichnisse in der Ablaufplanung berücksichtigen?	☐
8	Was sind „Teilvorgänge"?	☐
9	Wie können Informationen im Netzplan verdichtet und dargestellt werden?	☐
10	Was ist ein Linien-Diagramm (Zeit-Wege-Diagramm)?	☐
11	Wie unterscheiden sich die konventionelle Pufferbetrachtung und die Pufferbetrachtung gemäß der „Critical Chain-Theorie"?	☐

1.12 Ressourcen (Resources)
Heinz Scheuring

Lernziele

Sie kennen

- verschiedene Lösungsmöglichkeiten für die Multiprojekt-Ressourcenplanung und sind in der Lage, zweckmäßige Ansätze von praxisfremden Konzepten zu unterscheiden
- die Anforderungen von Informatik-Systemen an die Multiprojekt-Ressourcenplanung und die Herausforderungen an einen IT-Einsatz in diesem Bereich und sind damit in der Lage, Marktangebote differenziert zu beurteilen

Sie wissen

- worauf es bei der Einführung des Ressourcenmanagements in einer Organisation ankommt und können einen solchen Prozess mitgestalten

Inhalt

1		Einführung	1635
2		Ressourcenmanagement aus der Sicht der Linienorganisation	1635
2.1		Typische Fragestellungen	1635
2.2		Lösungsansätze	1636
2.3		Konzept der zwei Welten	1638
2.4		Der Prozess	1641
2.5		Organisation und Zentralisierungsgrad	1643
2.6		Strategische und operative Ressourcenplanung	1644
2.7		Qualitative Ressourcenplanung	1645
2.8		Spezifische Aspekte der Überwachung	1646
3		Informatikunterstützung (für das Ressourcenmanagement)	1647
3.1		Anspruch und Wirklichkeit bei den Tools	1647
3.2		Konsequenzen aus dem Konzept der zwei Welten	1648
3.3		Anforderungen an ein Ressourcenmanagement-System	1650
3.4		Systemkonfiguration und -integration	1651
3.5		Der Markt	1652
4		Einführung des Ressourcenmanagements	1653
4.1		Ausgangslage und Ziele klären	1653
4.2		Maßanzug gefordert	1654
4.3		Zielführende Fragen zum Lösungsdesign	1654
4.4		Empfehlungen zum Einführungsprozess	1656
5		Zusammenfassung	1656
6		Fragen zur Wiederholung	1657

1 Einführung

Im Vertiefungsteil liegt das Schwergewicht auf der Multiprojekt-Ressourcenplanung. Dabei werden die organisatorischen und die instrumentellen (IT-Einsatz) Aspekte behandelt. Daneben wird aufgezeigt, was bei der Einführung eines funktionierenden, praxistauglichen Konzepts für das Ressourcenmanagements innerhalb einer Organisation bzw. eines Unternehmens zu beachten ist.

2 Ressourcenmanagement aus der Sicht der Linienorganisation

Ein funktionierendes Ressourcenmanagement muss sich auf die Organisationseinheit als Ganzes beziehen. Die Planung und Steuerung von Ressourcen dürfen deshalb nicht auf die Projektarbeit beschränkt bleiben, sie müssen sämtliche Arbeiten berücksichtigen. Die Planung aus der Sicht des einzelnen Projektes und damit des Projektleiters kann nur als wichtiges Element in diesem Gesamtbild verstanden werden. Die Multiprojekt-Sicht, das Projektportfolio, muss bei der Ressourcenplanung im Zentrum stehen.

2.1 Typische Fragestellungen

Größere Organisationen weisen mehrere Führungsebenen auf. Unterschiedliche Führungsebenen haben an das Ressourcenmanagement auch unterschiedliche Erwartungen.

Die **Geschäftsleitung** stellt strategische Fragen:

- Welches ist das aktuelle Projektportfolio?
- Welche neuen Projekte passen nicht nur vom Potenzial, sondern auch von der Belastung her ins Portfolio?
- Welche Kompetenzen und Kapazitäten benötigen wir in 2-3 Jahren?

Die Leiterin einer **Entwicklungsabteilung** will mit der Ressourcenplanung folgende Fragen beantworten:

- Wie ist die Abteilung insgesamt ausgelastet?
- In welchen Gruppen ist die Belastung kritisch?
- Können wir uns das neue Projekt X personell leisten?
- Lässt sich die Überlastsituation dadurch bereinigen, dass wir das geplante Upgrade unseres Software-Produktes Y zeitlich nach hinten schieben?
- Wo sind die eigenen personellen Ressourcen zu verstärken, wo setzen wir weiterhin externe Mitarbeiter ein für die Abdeckung des Spitzenbedarfes?

Das folgende Histogramm zeigt den Verlauf von Kapazität und Belastung einer Entwicklungsabteilung, differenziert nach den verschiedenen Belastungsanteilen. Dieses noch einigermaßen „freundliche" Diagramm garantiert noch nicht, dass die Belastungssituation der Abteilung insgesamt im Lot ist. Einzelne Gruppen oder Mitarbeiter können überlastet, andere quantitativ unterfordert sein. Erst die Analyse der Belastungen dieser tiefer liegenden Ebenen ermöglicht eine abschließende Aussage.

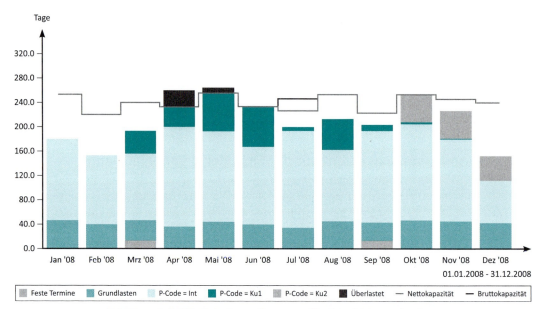

Abbildung 1.12-V1: Belastungsdiagramm für Entwicklungsabteilung

Der Leiter eines **Entwicklungsteams** schließlich wird auf seiner operativen Stufe wissen wollen, woher bei einem bestimmten Mitarbeiter im März eine Überlastung stammt oder wer im Juni noch freie Kapazität hat, um ein zusätzlich eingeplantes Arbeitspaket zu übernehmen. Er wird außerdem die Übersicht über die Abwesenheiten seiner Mitarbeiter schätzen.

2.2 Lösungsansätze

Für die Multiprojekt-Ressourcenplanung werden verschiedene Ansätze verwendet oder propagiert. Fünf grundlegend unterschiedliche Lösungen werden im Folgenden vorgestellt und bewertet.

I Intuition und Erfahrung

Nicht immer ist die Intuition, der Einsatzentscheid aus dem Gefühl heraus, die schlechteste der Lösungen. In einem kleinen Team mit einer geringen Anzahl unterschiedlicher Projekte und Aufgabenstellungen kann der Blick auf die Liste der Projekte, unterstützt vielleicht durch Projekt-Balkendiagramme, reichen, um die Aufgaben den Mitarbeitern zweckmäßig zuzuordnen und zu erkennen, wo und wann Engpässe entstehen. Periodische Besprechungen über den Arbeitsfortschritt und neue Erkenntnisse liefern dazu eine taugliche Basis. Im Baubereich etwa ist dieser Ansatz durchaus verbreitet.

II Einsatz der Tabellenkalkulation

Die Tabellenkalkulation scheint auf den ersten Blick geschaffen dafür, Kapazitäten und Belastungen einer Organisation zumindest grob abzubilden. Für kleinere Organisationen ist diese Lösung auch tatsächlich gangbar. Soll die Ressourcenplanung Projekte und Ressourcen auch hierarchisch abbilden, beispielsweise die Belastung von Mitarbeitern, Teams und Abteilungen ausweisen, ist die zweidimensionale Logik der Tabellenkalkulation jedoch überfordert. Die Ergänzung neuer Projekte, ein- und austretende Mitarbeiter, die Anforderung, die Zeitachse das eine Mal grob (im Jahres- oder Quartalsraster), im anderen Fall feiner (Monate oder Wochen) zu wählen, sprengen die Fähigkeit eines Excel. Es sind vor allem die drei Dimensionen des Ressourcenplanungs-Würfels in Verbindung mit der hierarchischen Strukturierung von Projekten und Ressourcen, die dieser Lösung im Wege stehen.

Dass Versuche in diese Richtung in der Praxis gelegentlich unternommen werden, deutet meist auf negative Erfahrungen mit der integrierten Lösung (III) hin.

III Integrierte Lösung mit Projektplanungstool

Bei der integrierten Lösung, basierend auf dem Einsatz eines Projektplanungstools, wird die Multiprojekt-Ressourcenplanung aus den Daten der detaillierten Projektplanung der Projektleiter abgeleitet. Die Belastung einer Ressource resultiert aus der Summierung der Belastungswerte aus allen Projekten, die auf diese Ressource zugreifen.

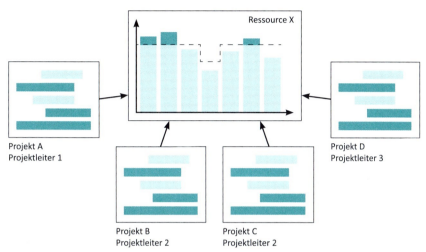

Abbildung 1.12-V2: Auf Detailplanung basierende Ressourcenplanung

Jede Änderung in einem dieser Projekte schlägt direkt auf die Belastungssituation durch. Der Projektleiter hat den Lead bei der Ressourcenplanung. Warum dieser Ansatz in der Regel scheitert, wird in Abschnitt 2.3 aufgezeigt.

IV Das Konzept der zwei Welten

Beim Konzept der zwei Welten wird die Planungswelt des Projektleiters zwar nicht unabhängig, aber datentechnisch getrennt vom Projektportfolio-Management geführt. Siehe Abschnitt 2.3.

V Qualitative Ressourcenplanung

Bei der qualitativen Ressourcenplanung wird auf die Ermittlung der Belastungswerte von Ressourcen verzichtet. Die Planung zeigt lediglich auf, wann eine Ressource in welche Projekte und Arbeiten eingebunden ist. Siehe Abschnitt 2.7.

2.3 Konzept der zwei Welten

Projektplanung und Ressourcenmanagement weisen naturgemäß wichtige Überschneidungen und Gemeinsamkeiten auf. Sowohl für die Projektterminplanung als auch für die Ressourcenplanung werden Meilensteine, Start- und Endtermine von Projekten und Projektphasen benötigt. In beide Aufgabenbereiche fließen die Resultate der Aufwandschätzung ein – im einen Fall als Grundlage für die Projektkalkulation, im andern für die Ermittlung der Ressourcenbelastungen. Was liegt also näher, als die Projekt- und die Ressourcenplanung mittels geeigneter Informatiktools vollständig miteinander zu verbinden, um Datenredundanzen und Planungswidersprüche zu vermeiden? Was spricht dagegen, dass die Ressourcenbelastung in der Mehrprojektumgebung sozusagen als Nebenprodukt der Projektplanung abfällt?

> So wünschbar diese vollintegrierte Planung möglichst über sämtliche Ebenen der Projekt- und der Organisationsstruktur und unter Ausschaltung aller Datenredundanzen an sich ist – sie muss in die Nähe der organisatorischen Fiktionen gerückt werden. Solche Modelle haben sich in der Praxis als kaum durchführbar erwiesen. Die Vorstellung, dass alle im Unternehmen beschäftigten Projektleiter ihre Projekte detailliert planen, auf Vorgangsebene Ressourcen zuweisen und das System daraus realitätsnahe Auslastungswerte für die Ressourcen ableitet, wird in den allermeisten Fällen Wunschdenken bleiben.

Dafür sind folgende Gründe anzuführen:

- Projekte werden in der Regel auf einer groben Stufe geplant, schon bevor ein Projektleiter sich mit dem Projekt im Detail befasst, ja häufig bevor dieser überhaupt ernannt ist.
- Alle beteiligten Projektleiter – auch solche mit kleinen Projekten – zur Planung mit demselben, zwangsläufig komplexen System zu bewegen und ein konsequentes Up-dating durchzusetzen, lässt sich kaum durchsetzen und ist auch nicht effizient. Bereits ein einzelner, nicht ans Planungssystem „angeschlossener" Projektleiter bringt das System aber zu Fall.
- Projektleiter, die häufig unterschiedlichen Organisationseinheiten und Umgebungen angehören, werden die Projektstrukturierung und Aufwandschätzungen kaum je nach denselben Grundsätzen und Regeln durchführen.
- Die Fachkompetenz für die Aufwandschätzung als wichtiger Teil der Ressourcenplanung ist in der Regel bei den ausführenden Organisationseinheiten der Linienorganisation angesiedelt.
- Die Ressourcenplanung auf dem Detaillierungsgrad der Terminplanung – auf Vorgangsebene – zu führen und konsequent nachzuführen, ist außerordentlich aufwändig. Für die Ressourcenplanung reicht eine wesentlich gröbere Betrachtung.
- In eine korrekte Ressourcenplanung müssen neben den Projekten auch alle übrigen Aktivitäten der geplanten Ressourcen einfließen. Dieser wesentliche Teil der Planung, aber auch die Verwaltung von Kapazitäten und Abwesenheiten müssen durch die Linienorganisation erfolgen. Dieser Systembruch ist schwer zu verkraften.
- Überlastsituationen machen Anpassungen der Planung und das Durchspielen von Szenarien erforderlich. Da solche Eingriffe in der Regel mehrere Projekte gleichzeitig betreffen, müssten dazu auch alle betroffenen Projektleiter gleichzeitig aktiv werden. Solche Prozesse erfordern die steuernde Hand einer übergeordneten Planungsstelle.
- Projektleiter müssen die Möglichkeit behalten, in ihren Projekten Anpassungen im kleineren Rahmen durchzuführen, ohne dass dies gleich auf die projektübergreifende Belastungssituation durchschlägt. Fehler und Missverständnisse sind sonst programmiert. Fallweise können von der internen Grobplanung abweichende Termine sogar erwünscht sein (z. B. gegenüber einem externen Auftragnehmer).
- Offizielle Projekttermine und Meilensteine sind nicht immer identisch mit den zeitlichen „Belastungsfenstern" (Vor- und Nacharbeit). Eine eigenständige Ressourcenplanungswelt arbeitet mit den für die Belastungsplanung relevanten Terminen.

- Die Strukturierung des Projektes zum Zweck der Terminplanung deckt sich häufig weder mit den Bedürfnissen der Aufwand- und Ressourcenplanung noch mit jenen der Projektkalkulation. Die Terminplanung beinhaltet außerdem meist zahlreiche Vorgänge und Ereignisse, die nicht Gegenstand der Ressourcenplanung sind (externe Lieferungen, interne Meilensteine, Inputs von Kunden, Bewilligungen etc.).
- Und zu guter Letzt: Die Nutznießer der Ressourcenplanung sind primär die Linienmanager, die für den Ressourceneinsatz in der Mehrprojektumgebung verantwortlich sind. Die Datenverantwortung den Projektleitern anzuvertrauen, hieße, das Organisationsprinzip „Aufgaben = Befugnisse = Verantwortungen" zu durchbrechen. Fehlt das Vertrauen der Ressourcenmanager/Linienvorgesetzten in die Planungsarbeit auch nur eines einzelnen Projektleiters, ist das ganze System infrage gestellt.

Das „Konzept der zwei Welten"[1] bietet eine Antwort auf diese Erkenntnisse. Es bezieht sich auf die typische Matrixkonstellation bei der Multiprojektplanung und beinhaltet folgende Kernelemente (vgl. Abbildung 1.12-V3):

- Die Ablauf- und Terminplanung des Projektes erfolgen systemtechnisch getrennt von der übergeordneten Multiprojekt-Ressourcenplanung/vom Projektportfolio-Management bzw. ist in diese nur lose integriert.
- Die Ressourcenplanung wird dem Linienmanager als wesentliche Aufgabe ins Pflichtenheft geschrieben. Sie muss zwar in enger Abstimmung mit den Projektleitern erfolgen, kann aber nicht an diese delegiert werden.
- Die Ressourcenplanung spielt sich auf einer groben Ebene der Projektstruktur ab. Kleinere Projekte und Aufträge werden als eine Position geführt, mittlere in Phasen, große in Teilprojekte und Phasen herunter gebrochen. Die Planung auf der Stufe Arbeitspakete bildet die Ausnahme, jene auf der Vorgangsebene unterbleibt ganz.
- Der Projektleiter führt die Ablauf- und Terminplanung mit den Mitteln durch, die seinem Projekt angemessen sind. Das kann beim internen Kleinprojekt Papier und Bleistift sein, beim großen ein professionelles Terminplanungstool auf Basis der Netzplantechnik. Die Ausrichtung auf die Bedürfnisse des externen Kunden kann dabei eine wichtige Rolle spielen.
- Der Projektleiter hat einfachen Zugang zu den Daten des Projektportfolio-Managements. Er nutzt die Daten aus dem System, um eine realistische, mit der Stammorganisation abgestimmte Planung seines Projektes zu erreichen.

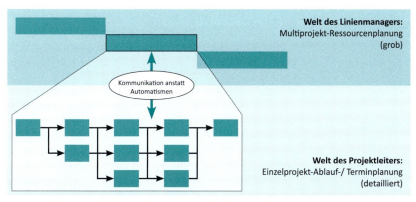

Abbildung 1.12-V3: Schnittstelle Projekt- und Ressourcenplanung

---

1 Begriff und Philosophie der zwei Welten stammen vom Verfasser.

> **!** Die Erfolgswahrscheinlichkeit für die Ressourcenplanung nach diesem Konzept ist um ein Vielfaches höher als beim Versuch, die beiden Sichten und Planungsebenen technisch zu integrieren. Und der Aufwand für die Ressourcenplanung lässt sich damit dramatisch reduzieren, ohne an Planungsgenauigkeit substanziell einzubüßen. Angesichts der erdrückenden Zahl an Misserfolgen, die in der Praxis zu beobachten sind, muss von der vollintegrierten Planung abgeraten werden.

Tipp Eine Mischform mit einer stärkeren Verantwortung von Projektleitern kann fallweise prüfenswert sein. Dabei wird die Verantwortung für die Ressourcenplanung eines oder mehrerer ausgewählter Projekte dem/den Projektleiter/n anvertraut. Auch hier findet die Ressourcenplanung nicht auf der Ebene der Projekt-Detailplanung statt, sondern im Projektportfolio-Managementsystem. Die mit dem Konzept der zwei Welten verbundene Redundanz auf den zwei Ebenen bleibt damit bestehen, was die Diskussion um dieses Prinzip verschärfen kann. Voraussetzung für diese Form der Rollenteilung ist, dass der Projektleiter die Arbeiten der Projektmitarbeiter inhaltlich richtig einschätzen kann. Außerdem, dass die betroffenen Linienvorgesetzten volles Vertrauen in die Fähigkeiten und die Zuverlässigkeit des Projektleiters haben. Diese Delegation von Verantwortung, die vor allem in stark projektorientierten Organisationen denkbar ist, entbindet die Linienvorgesetzten aber nicht davon, die übrigen Arbeiten ihrer Mitarbeiter zu planen. Die organisatorische Herausforderung dieser Form, in der verschiedene Projektleiter unterschiedliche Rollen wahrnehmen, ist sehr hoch. Doch Experimente dieser Art sind ungefährlich und können jederzeit beendet werden.

In der Praxis beanspruchen Organisationen bisweilen für sich, die integrierte Lösung eingeführt zu haben. Meist stellt sich in diesen Fällen jedoch heraus, dass die integrierte Planung darin besteht, dass eine zentrale Stelle die Planung für alle Projekte und Projektleiter vornimmt und diese auf eine grobe Ebene beschränkt bleibt. Meist dauert es in diesen Fällen nicht lange, bis die Projektleiter eine „Schattenplanung" aufbauen, da die zentrale Planung ihr Bedürfnis nach detaillierten, verbindlichen Termindaten im Projekt nicht erfüllen kann.

In jenen Fällen, in denen die integrierte Planung durchgesetzt wurde, stellen sich einige gewichtige Fragen: Wie lange ist das System bereits in Betrieb? Wie konsequent wird es genutzt? Wie groß ist das Vertrauen der Entscheider in die Planungsresultate? Welche Akzeptanz erreicht das System bei den Anwendern – und mit welchen Nachteilen wurde diese Vollintegration erkauft? Ein System lässt sich immer nur dann rechtfertigen, wenn dessen Nutzen und Vorteile den Aufwand und mögliche Nachteile klar und auch längerfristig übersteigen.

2.4 Der Prozess

Der Prozess der Planung und Steuerung des Ressourceneinsatzes darf nicht isoliert betrachtet werden, er muss im Kontext des gesamten Projektportfolio-Managements (PPM) und darüber hinaus der Unternehmensstrategie und -führung gesehen werden. Die Abbildung 1.12-V4 zeigt die Zusammenhänge auf.

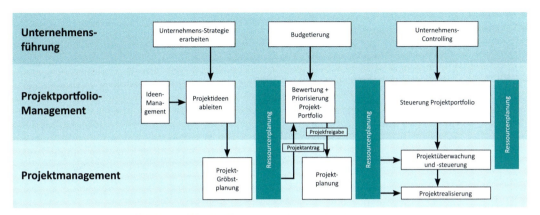

Abbildung 1.12-V4: Ressourcenplanung im Gesamtprozess

Die **PPM-Roadmap** gemäß Abbildung 1.12-V5, ein erweitertes Funktionendiagramm, ist das geeignete Instrument, um die entsprechenden integralen Prozesse konkreter abzubilden. Hier wird im Detail definiert, welche Instanzen in welchen Aufgaben welche Funktion wahrnehmen.

Mit dem oberen Management eine solche Roadmap zu erstellen, ist ein zentraler Schritt hin zu einem definierten Projektportfolio-Management. Dies wiederum ist die Voraussetzung dafür, dass Multiprojekt-Ressourcenplanung greifen kann.

WAS \ WER	Periodizität	Auftraggeber, L-Aussch.	Projektleiter	Projektmitarbeiter	Gruppenleiter	Abteilungsleiter	Bereichsleiter	Projekt-Portfolio-Board	PP-Contr.-Stelle	Hilfsmittel
Übergeordnete periodische Führungsaufgaben										
Erarbeitung Unternehmensstrategie	3. Quartal					M	V		M	
Budgetierung □ Vorgaben □ Erarbeitung □ Abstimmung □ Genehmigung	Mai/Juni					M V V	V M V		M	Richtlinien
Führen Grundlagen Ress. planung □ Ressourcendaten □ Grundlasten □ Absenzen und Kurse	 Situativ Jährlich Monatlich			 A	 M V	 M V			V	SW-Tool
Strategisches Projektportfolio-Management	Quartal od. Semester									
Periodische Evaluation und Priorisierung Projektportfolio	Semester	M	M					V	A	Nutzwertanalyse
Strategische Ressourcenplanung	Semester							V	A	SW-Tool
Ideen-Management										
Ideen entwickeln/einbringen	Laufend	A	A	A	A	A	A	A	A	
Idee klassifizieren (A/B), dokumentieren/weiterleiten	Laufend			M	V				M	Ideenliste
A-Ideen bewerten/evaluieren	Periodisch					M	M	V	A	Kriterienliste
B-Ideen bewerten/evaluieren	Periodisch			M	V	(M)				
Projektvorbereitung										
Entscheid Projekt-Vorbereitung und Festlegung Zuständigkeiten	Situativ						B-Projekte	A-Projekte	M	
Projektvorbereitung □ Start-Brainstorming □ Gespräch Auftraggeber □ Grobe Projektplanung/-bewertung □ Projektklassifikation □ Erstellung Projektantrag	Situativ	 M M	 VP VP VP VP				 B-Projekte B-Projekte	 A-Projekte A-Projekte		Mindmap PM-Handbuch Formular
Einarbeitung in Ressourcenplanung strategisch	Situativ od. monatlich						B-Projekte	A-Projekte	A	SW-Tool
Projektfreigabe	Situativ	M					B-Projekte	A-Projekte		
Genehmigung/Installation Projektorganisation	Situativ	V	M			M	B-Projekte	A-Projekte		
Projekt- und Projektportfolio-Führung										
Projektstrukturierung/-planung	Situativ		V	M						
Ressourcenspez. und -anfrage	Situativ		V	M	I					
Einarbeitung Projekt in Ressourcenplanung (operativ)	Situativ		M		V	M			M	SW-Tool
Freigabe der geplanten Ressourcen	Situativ			V						
Projektbearbeitung/-führung	Permanent		V	M						PM-Handbuch
Erfassung Ist-Aufwände	Täglich			A						SW-Tool
Periodische Aktualisierung Ressourcenplanung (operativ)	Monatlich		M		V	M			M	SW-Tool
Projekt-Reporting	Monatlich	I	V							Raster
Übergeordnete Entscheidungen/Phasen-Freigaben	Meilensteinbezogen	V	M							
Projekt-Erfolgskontrolle	P'Ende	V	M					M	M	
Projektportfolio-Controlling	Monatlich		M		M	V			M	
Sitzungen Projektportfolio-Board	Quartal + fallweise	M	M					V	M	

A = Ausführung, I = Information, M = Mitarbeit, V = Verantwortung, VP = Verantwortung Projektvorbereitung, A-Proj. = A-Projekt, PP = Projektportfolio

Abbildung 1.12-V5: Die PPM-Roadmap

Die im Zusammenhang mit dem Ressourcenmanagement wichtigen **Aufgaben** darin sind:

- Verwaltung der Ressourcendaten und der Grundlasten
- Grobe Aufwandschätzung und Einarbeitung des Projekts in die Ressourcenplanung auf grober Ebene (als Grundlage für die Projektfreigabe)
- Periodische Aktualisierung dieser strategischen Ressourcenplanung
- Aufwandschätzung und Spezifikation des Ressourcenbedarfs durch den Projektleiter
- Ressourcenanfrage an die zuständigen Linienvorgesetzten
- Einarbeitung des Ressourcenbedarfs in die operative Ressourcenplanung (durch die Linie, zentrale Stelle, ggf. durch einzelne Projektleiter)
- Freigabe der Ressourcen durch die Linienvorgesetzten
- Erfassung der Ist-Aufwände
- Überwachung, Beurteilung und ggf. Anpassung der Ressourcenplanung
- Ggf. weiter verfeinerte Disposition des Ressourceneinsatzes durch Mitarbeiter (evtl. in Zusammenarbeit mit Linienvorgesetzten und/oder Projektleiter).

> Je nach Dimension und Struktur der Organisation und dem Charakter der Projekte wird die Rollenteilung von der in der PPM-Roadmap dargestellten abweichen. In jedem Fall wird jedoch das Linienmanagement – Gruppen-, Abteilungs- und Bereichsleiter – eine zentrale Rolle in diesem Prozess wahrnehmen. Entsprechend dem Konzept der zwei Welten ist dies einer der Schlüssel zum Erfolg. Die Erarbeitung einer PPM-Roadmap ist in jeder Organisation, die das Projektportfolio-Management in den Griff bekommen möchte, von zentraler Bedeutung.

2.5 Organisation und Zentralisierungsgrad

Das Ressourcenmanagement lässt sich organisatorisch auf verschiedene Arten implementieren. Grundlegende Alternativen wurden im Zusammenhang mit der Rollenteilung zwischen Projektleiter und Linienmanager weiter oben bereits im Detail thematisiert.

Daneben kann die Ressourcenplanung bezüglich des Zentralisierungsgrades der Planung differenziert werden. Die Rollen und Zuständigkeiten in der Stammorganisation werden dabei unterschiedlich gestaltet.

> **Definition zentrale Planung:** Die Planung wird durch eine übergeordnete Planungsstelle, z. B. eine Projektportfolio-Controllingstelle, durchgeführt, oder diese Stelle nimmt gegenüber den planenden Stellen eine starke Koordinationsrolle wahr. Es wird hier sichergestellt, dass alle an der Ressourcenplanung beteiligten Stellen mit demselben Stamm an Projekten und Ressourcen planen. Die Planung wird mit vergleichbaren Projektstrukturen und nach einheitlichen Regeln durchgeführt. Und Eingriffe in die Planung erfolgen auf eine abgestimmte Weise.

> **Definition dezentrale Planung:** Die Planung erfolgt durch die verschiedenen Linienstellen – z. B. Abteilungen – unabhängig. Die Organisationseinheiten installieren für sich einzeln eine Multiprojekt-Ressourcenplanung. Die für die Organisationseinheit relevanten Projekte werden getrennt geführt, jeweils ausgerichtet auf die spezifischen Bedürfnisse.

ℹ️ **Tipp** Die dezentrale Planung ist nicht von Vornherein schlechter als die zentrale Variante. In Fällen, in denen die Planung nur für ausgewählte Engpassressourcen eingerichtet wird oder die verschiedenen Organisationseinheiten primär Projekte innerhalb der eigenen Einheit bearbeiten, macht dieser Ansatz absolut Sinn. Soll die Ressourcenplanung hingegen für zahlreiche Organisationseinheiten eingeführt werden, die vielfach an denselben Projekten beteiligt sind, ist eine Abstimmung und damit ein gewisses Maß an Zentralisierung erwünscht. In diesem Fall sollten die Projekte nur einmal im selben System erfasst werden. Ob dies durch die Projektleiter oder durch dezentrale Assistenzstellen oder aber durch eine zentrale Stelle in der gesamten Organisation erfolgt, muss von Fall zu Fall beurteilt werden. Eine zentrale Stelle, welche die Planung zumindest unterstützt, ist hier aber dringend zu empfehlen. Gerade bei diesem übergreifenden Planungsansatz gilt besonders, dass die Planung auf einer groben Ebene der Projekthierarchie erfolgen sollte.

In einer Studie von CAMPANA & SCHOTT, 2002 wurde gezeigt, dass die Ressourcenplanung in 80 % der Fälle dezentral durch die einzelnen Linienmanager durchgeführt wird.

2.6 Strategische und operative Ressourcenplanung

Bei großen, vielstufigen Organisationen kann es zweckmäßig sein, das Ressourcenmanagement zweistufig zu betreiben, wie in Abbildung 1.12-V6 gezeigt.

Die strategische und langfristig ausgerichtete Ressourcenplanung weist die Belastung summarisch, beispielsweise bis auf Abteilungsebene, aus und wird etwa quartalsweise aktualisiert. Die detailliertere, operative Ressourcenplanung, die bis auf Stufe Mitarbeit hinunterreicht und häufiger, z. B. monatlich, aktualisiert wird, erfolgt getrennt von der strategischen Planung.

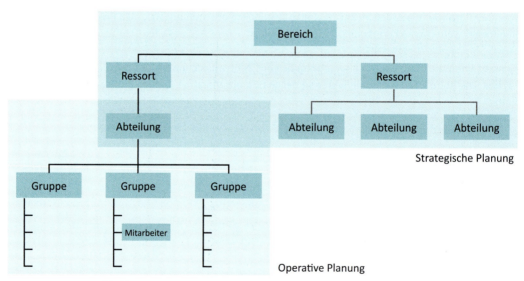

Abbildung 1.12-V6: Strategische und operative Ressourcenplanung

Wie Abbildung 1.12-V7 zeigt, bewegt sich die strategische Ressourcenplanung auch in Bezug auf die Projekthierarchie meist auf einer gröberen Ebene als die operative Planung.

P-Hierarchie \ Linien-Hierarchie	1 Bereich	2 Abteilung	3 Gruppe	4 Person
A Projekt	Strategische Ressourcenplanung	Strategische Ressourcenplanung	Operative Ressourcenplanung	Operative Ressourcenplanung
B Phase			Operative Ressourcenplanung	Operative Ressourcenplanung
C Arbeitspaket/Vorgang	keine formale Ressourcenplanung (höchstens individuelle Disposition)	keine formale Ressourcenplanung (höchstens individuelle Disposition)	keine formale Ressourcenplanung (höchstens individuelle Disposition)	keine formale Ressourcenplanung (höchstens individuelle Disposition)

Abbildung 1.12-V7: Positionierung strategische und operative Ressourcenplanung

In Bezug auf das Konzept der zwei Welten bedeutet dies, dass sich in großen Organisationen möglicherweise ein weiterer Schnitt aufdrängt, der zu „drei Welten" führen kann.

2.7 Qualitative Ressourcenplanung

Eine vereinfachte Form des Ressourcenmanagements ist die qualitative Ressourcenplanung, wie sie auf Stufe des Einzelprojekts bereits aufgezeigt wurde.

> **§ Definition** Bei der qualitativen Ressourcenplanung wird auf den Ausweis von Belastungswerten für die geplanten Ressourcen verzichtet. Bei der Belastung wird nur „digital" zwischen Ja/Nein unterschieden (Abbildung 1.12-V8). Ein auf die Ressource – Person oder Organisationseinheit – bezogenes Balkendiagramm weist die zeitliche Lage der Aufträge über alle Projekte aus.

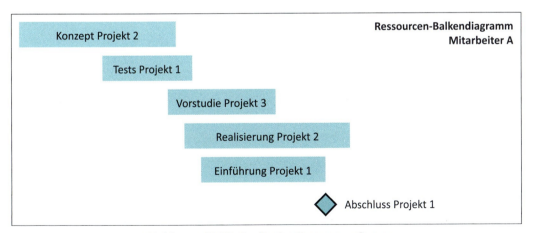

Abbildung 1.12-V8: Qualitative Ressourcenplanung

Schon eine solche qualitative Planung führt zu einer wesentlich besseren Transparenz gegenüber der „Planung aus dem Bauch heraus". Sie kann auch eine erste Stufe auf dem Weg zu einem detaillierteren Ressourcenmanagement sein. In Fällen, in denen der Ressourceneinsatz jeweils zu 100 % erfolgt, wie beispielsweise bei Bau- oder Montageaufgaben vor Ort, kann sie aber auch generell ausreichen.

2.8 Spezifische Aspekte der Überwachung

Aus Sicht der Linienorganisation sind bezüglich der Überwachung des Ressourceneinsatzes einige Aspekte zu beachten.

Detaillierungsgrad der Ist-Erfassung

Die Erfassung der geleisteten Arbeitsaufwände muss, wie weiter oben erwähnt, zwar in derselben Struktur wie die Planung erfolgen, damit Soll-Ist-Vergleiche überhaupt möglich sind. Der Detaillierungsgrad kann für die Erfassung jedoch von jenem der Planung abweichen.

Gründe, die Istwerte in einer **feineren** Struktur zu erfassen als die Planung, sind:

- Projektarbeiten lassen sich in der Planungsphase noch nicht weiter detaillieren, die Substrukturen sind noch nicht bekannt. Diese Strukturen werden im Verlauf des Projektes aufgebrochen, ohne dies in der Planung noch nachzuführen. Die detaillierteren Istwerte werden als Anhaltspunkt für spätere ähnliche Projekte ermittelt.
- Kunden wünschen eine detaillierte Aufwanderfassung mit ergänzenden Informationen zum genauen Inhalt der Arbeit.
- Kleinere Aufträge werden – weil zum Planungszeitpunkt nicht einzeln bekannt – aufgrund von Annahmen als eine Position pauschal geplant. Diese sollen nach deren Auslösung dann aber einzeln verfolgt werden (z. B. interne Supportaufträge oder kleine, in der Ressourcenplanung pauschal berücksichtigte Kundenprojekte).

Die Ist-Erfassung kann dann **gröber** erfolgen als die Planung, wenn die Kalkulation der Aufwände zur Erreichung einer höheren Genauigkeit zwar relativ detailliert erfolgt ist, sich die effektiven Aufwände aber nur schwer den kalkulierten Positionen zuordnen lassen. Als Beispiel dient hier der Projektleiter, der seinen Arbeitseinsatz auf der Ebene der Teilprojekte plant, die Ist-Erfassung des Aufwandes dann aber auf der Ebene des Projektes vornimmt, da die differenzierte Zuordnung der Aufwände in der Realität schwierig ist. Dieser Fall ist seltener als der zuvor beschriebene.

Erfassungsperiodizität

Als Periodizität für die Erfassung der Ist-Aufwände ist zunächst erheblich, welcher Genauigkeitsgrad für das Projekt- und das Ressourcenmanagement gefordert ist. Wird die Planung beispielsweise auf den Monat herunter gebrochen und analysiert, werden die Ist-Zeiten für die Analysen ebenfalls im Monatsraster benötigt. Wird die Situation wöchentlich betrachtet, sollten die Ist-Aufwände ebenfalls mindestens per Ende der Woche aktuell sein. Ebenso wichtig ist indessen, eine ausreichende Genauigkeit der effektiven Aufwandwerte zu erreichen. Dabei spielt das beschränkte Gedächtnis des Menschen eine zentrale Rolle. Kaum jemand wird sich genau daran erinnern, woran er vor einer Woche arbeitete und welches der Zeitaufwand dafür war. Und nach einem Monat dürfte bereits ein großer Teil der Erinnerung verblasst sein.

Tipp Aus diesem Grund empfiehlt sich dringend, die Aufwanderfassung ungeachtet des Planungs- und Aktualisierungsrhythmus täglich vorzunehmen. Ein entsprechend einfaches und einfach zu handhabendes Erfassungssystem ist hierfür die Voraussetzung. Umständliche Zettelwirtschaft sollte der Vergangenheit angehören.

Integrale Zeiterfassung

Die projektbezogene Aufwanderfassung sollte möglichst eng mit der integralen Zeiterfassung erfolgen. Erwünscht ist, dass sowohl die Projektzeiten als auch alle übrigen Zeiten einschließlich der Abwesenheiten in ein und demselben System erfasst werden. Der Bedarf des Personalwesens nach einheitlichen Zeiterfassungsdaten über alle Mitarbeiter in einer Organisation – auch jener außerhalb von Projekten – darf nicht dazu führen, dass Projektmitarbeiter ihre Zeiten in zwei unterschiedlichen Systemen erfassen müssen. Diesem Anachronismus, der vielerorts noch anzutreffen ist, sollte der Kampf angesagt werden. Hier ist Integration – beispielsweise eine Schnittstelle vom Projektportfolio-Management-System ins Human Resources System – für einmal kein Luxus, sondern zu fordern.

Datenschutz

Am Rande sei im Zusammenhang mit der Aufwandserfassung noch auf die Problematik des Datenschutzes verwiesen, die insb. in Deutschland teilweise die Einsicht in geleistete projektbezogene Aufwände auf elektronischem Weg sogar in Bezug auf direkt unterstellte Mitarbeiter verbietet. Solche Regelungen können ein effektives Ressourcen- und Projektmanagement erheblich erschweren. Und sie widersprechen dem Geist einer transparenten und vertrauensvollen Zusammenarbeit, der heute sowohl in Projekten als auch in der Linie gefordert ist. Hier wäre Umdenken angesagt.

3 Informatikunterstützung (für das Ressourcenmanagement)

3.1 Anspruch und Wirklichkeit bei den Tools

Die Hoffnung, dass sich Projekte und ganze Projektportfolios primär über den Einsatz geeigneter Tools managen lassen, dürfte sich so lange nicht aus den Köpfen der Projektmanager und Planer verbannen lassen, als die Anbieter von Projektmanagement-Tools genau dies versprechen. So locken die Softwarehersteller den Kunden mit Werbebotschaften, die den Erfolg von Projekten vom Entscheid abhängig machen, das Richtige, nämlich ihr Projektmanagement-System zu wählen. Dabei werden eine integrale Ressourcenplanung vom Groben bis ins Detail, eine Projektpriorisierung im Handumdrehen und eine automatisierte Belastungsoptimierung über alle Projekte und Ressourcen verheißen – Dinge, die schlicht ins Reich der Märchen gehören. Das liegt weniger in der Technik als vielmehr im Organisatorischen begründet.

In einschlägige Informatikprojekte werden nicht selten 6- bis 7-stellige Summen investiert. Angesichts der verbreiteten Misserfolge überintegrierter Systeme muss von einem erheblichen betriebswirtschaftlichen Schaden gesprochen werden, den diese Botschaften in der Praxis anrichten. Ärger und Frustration der Beteiligten und Betroffenen kommen noch hinzu.

Die wirklich entscheidenden Dinge in Projekten werden sich auch künftig nicht auf dem Bildschirm abspielen. Gerade im Projektportfolio-Management kann Software allerdings eine sehr wertvolle Rolle spielen, wenn einige Grundsätze beachtet werden. Nutzen entsteht insbesondere dort, wo es um quantitative Daten, wie Aufwände, Kosten und Belastungsdaten, geht.

3.2 Konsequenzen aus dem Konzept der zwei Welten

Die wohl entscheidende Frage bei der Konzeption von IT-Systemen im Projektmanagement ist jene nach dem **Grad der Systemintegration**. Auf der einen Seite geht es darum, wie weit sich die Hauptfunktionen – Termin-, Ressourcen- und Kostenmanagement – mit ein und demselben System abdecken lassen. Auf der anderen Seite ist zu entscheiden, in welcher Form die Abstimmung zwischen der Einzelprojektplanung und dem übergeordneten Management des Projektportfolios erfolgt. Kommen verschiedene Systeme zum Einsatz, stellt sich die Frage nach den Schnittstellen zwischen diesen Systemen.

Wie in Abschnitt 2.3 gezeigt, wird die Vorstellung, die Ressourcenbelastung als Nebenprodukt aus der Terminplanung der Projektleiter abzuleiten, Wunschbild bleiben. Es mag in der heutigen Zeit, in der Redundanzen bekämpft werden, befremden, ausgewählte Projekttermine zweifach – im Projektplanungs- und im Ressourcen-Tool – zu erfassen. Doch die angeführten organisatorische Gründe stehen der technischen Integration der beiden Welten – jener des Projektleiters und jener des Linienmanagements – entgegen.

In Abbildung 1.12-V9 werden die Einsatzbereiche klassischer Projektplanungs-Pakete einerseits und von der Software für das Management des Projektportfolios andererseits schematisch aufgezeigt. Neben den Hauptfunktionen spielt der Detaillierungsgrad der Projekte (die hierarchische Ebene) in dieser Betrachtung eine zentrale Rolle.

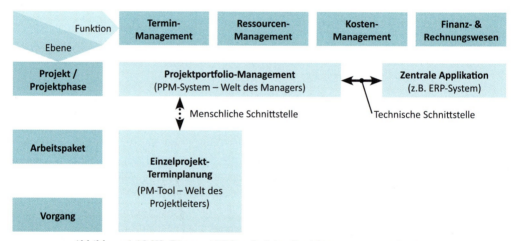

Abbildung 1.12-V9: Die zwei Welten bei den Projektmanagement-Systemen

Das Schema besagt: Die Detailplanung für das Einzelprojekt ist von der Planung des gesamten Projektportfolios systemtechnisch zu trennen. Die volle Integration scheitert, wie weiter oben bereits gezeigt. Der Verfasser hat in den vergangenen 15 Jahren zu Versuchen, die zwei Welten technisch zu integrieren, Anschauungsmaterial gesammelt, das in seiner Fülle und Deutlichkeit erdrückend ist.

Die Frage stellt sich letztlich nicht, ob ein Schnitt zwischen diesen Ebenen notwendig ist, sondern auf welcher Höhe er angesetzt wird. Wie aufgezeigt, kann es in größeren Organisationen angezeigt sein, zwischen der Feinplanung und der strategischen Grobplanung sogar mehr als nur eine Schnittlinie anzusetzen.

Die Unterstützung des Projektportfolio-Managements – die Welt des Managers – erfordert vor allem im Kostenbereich die Integration in das Finanz- und Rechnungswesen bzw. in die ERP-Applikationen. Diese Systeme sind meist zu schwach, um das Projektportfolio-Management ausreichend zu unterstützen. Eine technische Integration ist hier sinnvoll.

Setzt der Projektleiter ein Tool ein, muss dieses einfach und flexibel sein und Änderungen in der Struktur der Projekte jederzeit zulassen. Systemtechnische Zwänge aus übergeordneter Sicht – z. B. die zwingende Vorgabe von Projektstrukturen – sollten vermieden werden. (Projekte, deren Abläufe soweit standardisiert sind, dass man von Routine-Prozessen und kaum mehr von Projekten sprechen kann, sind hier ausgeklammert.)

∑ Fazit Die Schnittstelle zwischen den beiden Welten muss die Kommunikation zwischen Menschen sein. Systemintegration im Projektmanagement sollte nicht vertikal zwischen Detail- und Grobplanung, sondern horizontal zwischen den verschiedenen Funktionen erfolgen. Diese ist schon sehr anspruchsvoll. Wer diese gemeistert hat, darf sich mit weiterführenden Integrationsszenarien befassen.

Solche verfeinerten technischen Konzeptionen des Zwei-Welten-Konzepts sind grundsätzlich denkbar, auch wenn diese keine entscheidende Verbesserung der Resultate erwarten lassen. Im Folgenden werden dazu einige Ansätze aufgezeigt.

- Die Meilensteine in der Projektplanung werden lose an die entsprechenden Meilensteine auf der Ebene des Projektportfolio-Managements angebunden. Abweichungen zwischen diesen zentralen Terminen auf den beiden Ebenen lassen sich so anzeigen, ohne dass diese gleich auf die Planung durchschlagen. Auch die Möglichkeit, geänderte Termine in die eine oder in die andere Richtung mit einer manuell ausgelösten Aktion zu übertragen, ist denkbar.
- Der Projektleiter plant die Termine im Projektportfolio-Management-System, während die Ressourceneinlastung durch den Linienvorgesetzten erfolgt. Diese Rollenteilung liegt organisatorisch an sich nahe, wegen des unmittelbaren Einflusses von Terminverschiebungen auf die Belastungssituation ist diese Variante jedoch problematisch.
- Der Projektleiter reserviert Kapazität bei den entsprechenden Linienvorgesetzten im Tool. Der Linienvorgesetzte akzeptiert die Reservation, indem er diese – ggf. nach Anpassungen – in die Planung übernimmt. Diese durch Systemanbieter propagierte Form der Zusammenarbeit ist in der Praxis problematisch, da hier die so wichtige persönliche Kommunikation und Abstimmung leiden.
- Die Aufwandschätzung erfolgt auf einer detaillierteren Ebene (z. B. Arbeitspaket) als die Einlastung (z. B. Projektphase). Die Summe der Aufwandwerte wird als Pauschalaufwand eingelastet. Dieser Ansatz dürfte Potenzial beinhalten.

Problematisch ist der in der Werbung verbreitete Ansatz, Kapazitäten auf der Stufe von **Skills** (statt Organisationseinheiten) zu reservieren. Dieses Prinzip, bei dem Mitarbeiter aufgrund ihrer Fähigkeiten zu Gruppen verdichtet werden, ist mathematisch unbestimmt, sobald Mitarbeiter über verschiedene Fähigkeiten verfügen. Vorzuziehen für eine grobe Planung ist, Einlastungen auf der Ebene von Organisationseinheiten vorzunehmen.

Forschungsarbeiten und Praxistests rund um diese Ansätze können interessant sein und sind an sich zu begrüßen. Das wirkliche Potenzial bei der Ressourcenplanung liegt jedoch andernorts, nämlich bei der Umsetzung der oben aufgezeigten praxisorientierte Ansätze. Ein erster Schritt dazu ist die Erkenntnis des Managements, dass Ressourcenmanagement eine Führungsaufgabe von größter Bedeutung ist.

3.3 Anforderungen an ein Ressourcenmanagement-System

In der Regel wird man die Unterstützung der Multiprojekt-Ressourcenplanung als Teil eines umfassenderen Projektportfolio-Management-Systems konzipieren. Dagegen spricht nichts, wenn einige wichtige Regeln und mögliche Probleme beachtet werden. Doch auch eine Konzentration des Tool-Einsatzes auf die Multiprojekt-Ressourcenplanung kann in ausgewählten Umgebungen zweckmäßig sein.

Wird ein Tool für **Projektportfolio-Management** (PPM) im umfassenderen Sinn evaluiert, muss dieses insbesondere die folgenden Funktionen anbieten:

- Übersicht über die Projekte mit allen relevanten qualitativen Daten (Identifikation, Bezeichnung, Projektkategorie, Priorität, Auftraggeber, Projektleiter, Status, qualitative Beurteilung etc.)
- Terminübersicht über die Projekte und deren Meilensteine
- Kapazitäts-/Belastungsplanung (Ressourcenmanagement) unter Einschluss der Nicht-Projekt-Arbeiten
- Aufwand-/Istzeit-Erfassung
- Soll-Ist-Vergleiche mit Abweichungsanalysen
- Planung und Überwachung von Projektkosten (Ressourcen basierende und andere)
- aussagefähige, gestaltbare grafische und tabellarische Auswertungen und Reports zu diesen Daten
- Integration dieser Funktionen mit der/den zentralen Anwendung/en, insb. im Bereich des Finanz- und Rechnungswesens/Controlling
- Fakultativ, aber wertvoll: Zugang zu den detaillierteren Daten der einzelnen Projekte via Hyperlink (z. B. Detailpläne, Projektberichte, Dokumentation etc.).

Die quantitative **Ressourcenplanung** darf als die eigentliche Herausforderung an die PPM-Tools bezeichnet werden. Folgende Anforderungen sind dabei abzudecken:

- Sämtliche Projekte sowie alle übrigen Arbeiten sind für eine korrekte Abbildung der Kapazitäts- und Belastungssituation zu berücksichtigen.
- Im Vordergrund darf nicht das Einzelprojekt stehen – die Multiprojekt-Welt sollte als primäre Aktionsfläche angeboten werden. Im Kern sind dabei die drei Ansichten des Ressourcenplanungs-Würfels mit den drei Dimensionen WAS, WER und WANN abzubilden.
- Für jede Ressource ist das Ressourcen-Profil (inkl. der individuellen Abwesenheiten) korrekt abzubilden.
- Ressourcen sollten hierarchisch über mehrere echte (nicht simulierte) Stufen strukturiert werden können, um die Belastung auf diesen Stufen konsolidieren zu können (z. B. Mitarbeiter, Gruppe, Abteilung, Bereich).
- Die Ressourceneinlastung sollte auf allen Hierarchieebenen zugelassen sein, nicht nur auf der untersten. Dies gilt sowohl für die Projekthierarchie als auch für die Ressourcenhierarchie. Um aber Fehler zu vermeiden, muss die gleichzeitige Einlastung auf mehreren Ebenen verwehrt bzw. korrekt aufgefangen werden.
- Das System muss mit den Größen Dauer, Aufwand und Belastung korrekt umgehen. Zwingend ist dabei die korrekte Einlastung eines definierten Aufwandes innerhalb gesetzter Termine, auch wenn einem Projekt mehrere Ressourcen gleichzeitig zugeordnet werden. Dabei sollte die Erfassung von Belastungen über eine Prozentangabe im System als Ausnahme, nicht als Regel implementiert sein.
- Die Aufwände sollten wahlweise innerhalb gesetzter Termine automatisch oder in einem definierbaren Zeitraster manuell (z. B. im Monatsraster) eingelastet werden können.
- Das System sollte Budget, Plan-, Rest- und Ist-Werte verwalten und die daraus abgeleiteten Werte (Abweichung, Prognose) ausweisen können.
- Die Zeiterfassungsfunktionalität sollte hohen Ansprüchen genügen, damit auf ein weiteres System mit entsprechenden Schnittstellen verzichtet werden kann.

- Die Auswirkungen auf das Gesamtbudget und den Investitionsbedarf der Unternehmung sollten aus der Mehrprojekt-Ressourcenplanung abgeleitet werden können.
- Unterschiedliche Planungsszenarien und „Was wäre wenn"-Analysen sollten einfach ermöglicht werden, ohne die Ursprungswerte dabei zu verlieren.
- Der Ausweis der resultierenden Belastungen sollte mittels tabellarischer und grafischer Übersichten Aufschluss über das Ausmaß und die Herkunft der Belastungen geben.
- Die Auflösung der Zeitachse sollte sowohl für die Analyse als auch für die Einlastung der Aufwandwerte jederzeit flexibel umstellbar sein (Jahr, Quartal, Monat, Woche, ggf. Tag).
- Die Ressourcenplanung sollte bei Bedarf mit vertretbarem Aufwand in eine bestehende Systemumgebung integriert werden können (insb. Zeiterfassungs-Systeme, Kostenmanagement sowie zentrales Finanz-/Rechnungswesen).

> Neben all diesen Anforderungen ist der **Einfachheit der Bedienung** durch den normalen User höchste Priorität einzuräumen. Die Möglichkeit, das System an die Bedürfnisse der Organisation und des Benutzers anzupassen, ist in diesem Zusammenhang sehr wichtig. Im Zweifelsfall muss gelten: Einfachheit und Akzeptanz stehen über der Vollständigkeit der Funktionalität. Gerade die im vorangehenden Abschnitt aufgeführten verfeinerten Konzeptionen widersprechen teilweise dieser Forderung.

Werden diese Anforderungen an ein Ressourcenmanagement-System in ihrer Gesamtheit betrachtet, wird offensichtlich, dass jeder Versuch, das projektübergreifende Ressourcenmanagement mit herkömmlicher Projektmanagement-Software zu bewältigen, in einer Sackgasse enden muss.

3.4 Systemkonfiguration und -integration

Echte Integration mit Datenfluss ist im Projekt(portfolio)management, wie vorher gezeigt, zwischen dem Projektportfolio-Management-System und dem zentralen Finanz- und Rechnungswesen angezeigt. Der Sinn eines Exportes der Daten aus der Zeiterfassung im PPM-System in das Personalinformations-System und als Kalkulationsgrundlage in das Rechnungswesen steht außer Zweifel.

Die Abbildung 1.12-V10 zeigt eine Systemkonfiguration für das Projekt- und das Projektportfolio-Management, bei dem die systemtechnische Trennung der zwei Welten vollzogen ist.

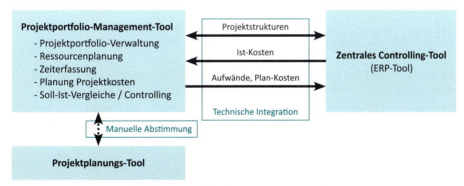

Abbildung 1.12-V10: Systemkonfiguration

Die hier dargestellte technische Integration ist sinnvoll, dabei jedoch anspruchsvoll. Die Abstimmung der Projektstrukturen zwischen dem PPM-Tool und dem zentralen Controlling-Tool erfordert ein umsichtiges Design und vor allem klare organisatorische und planerische Regelungen. Ob die Projektstruktur dabei im einen System eröffnet und ins andere importiert wird oder ob die Strukturen je separat aufgebaut und anschließend miteinander verbunden werden, muss in jedem einzelnen Fall geprüft werden.

Tipp Wenn von System-Integration die Rede ist, denkt man meist nur an den physischen Datenaustausch. Es existieren aber auch andere, im Projektmanagement häufig sinnvollere Arten der Integration. Dazu gehört insbesondere die „Besuchs-Integration". Wird im Projektportfolio-Management-System aus den einzelnen Projekten heraus die Möglichkeit geboten, sich via Mausklick in die einzelnen Projektpläne hineinzubegeben oder einen Statusreport zu einem mit „kritisch" gekennzeichneten Projekt einzusehen, so sind dies absolut sinnvolle Formen dieser **Besuchs-Integration**[2]. Sie beinhaltet kein Risiko für falsche Daten oder Datenverlust und kann von sehr hohem Nutzen sein.

3.5 Der Markt

Wie bereits dargelegt, fallen Anwendungen für die Projektablauf- und Terminplanung mit Fokus auf dem einzelnen Projekt für die Mehrprojekt-Ressourcenplanung praktisch außer Betracht. Mit der groben Planung der Ressourcen auf Stufe Teilprojekt, Phase, fallweise gar nur Projekt sowie der Zuordnung der Hauptverantwortung zum Linienmanagement, resultieren ganz andere Anforderungen als an die klassische Ablauf- und Terminplanung des Einzelprojektes.

Zahlreiche **Projektportfolio-Management-Systeme** verfügen über ausgereifte Funktionen in den Bereichen Terminplanung und Kostencontrolling, während die Multiprojekt-Ressourcenplanung eher schwach ausgebildet oder in der Handhabung zu komplex ist. Mehrere der heute angebotenen professionellen Projektportfolio-Management-Systeme beinhalten aber durchaus auch eine taugliche Ressourcenplanung.

Auf dem Markt sind nur sehr wenige Systeme bekannt, die mit dem primären Fokus auf das **Multiprojekt-Ressourcenmanagement** (einschließlich der dazu gehörenden Zeiterfassung) entwickelt worden sind.

Bei der Erarbeitung eines Anforderungsprofils für ein Projektportfolio-Management-System muss deshalb geklärt werden, welche Bedeutung der Ressourcenplanung zukommen und welches Anforderungsprofil erfüllt werden soll. Die Ausführungen in Abschnitt 3.3 können dabei behilflich sein.

Zu den professionellen IT-Systemen für das Projektportfolio-Management und damit auch das Multiprojekt-Ressourcenmanagement existiert eine **fundierte Marktstudie** (AHLEMANN, 2007). Darin wird ein Beschreibungs- und Bewertungsschema verwendet, bei dem auch die Funktion der Ressourcenplanung enthalten ist. Ressourcenorientierte Multi-Projektmanagement-Systeme werden darin als eigene Kategorie geführt.

Weitere Ausführungen zu den Anforderungen an professionelle Systeme für das Projektmanagement und Projektportfolio-Management finden sich in Element 1.22.

---

2 Wortschöpfung des Verfassers

4 Einführung des Ressourcenmanagements

Befasst sich ein Unternehmen oder eine Organisation damit, Ressourcenmanagement einzuführen bzw. dieses weiter zu entwickeln, muss die Lösung auf die ganz spezifische Situation der Organisation ausgerichtet werden. Es gilt dabei, aus den dargelegten Erkenntnissen, Konzepten und Regeln das heraus zu filtern, was für diese Organisation einen nachhaltigen Nutzen stiftet. Die Fragen und Empfehlungen in diesem Abschnitt können diesen Prozess unterstützen.

4.1 Ausgangslage und Ziele klären

Die Einführung eines professionellen Ressourcenmanagements stellt ein Organisationsprojekt der anspruchsvolleren Art dar. Dies ergibt sich nicht zuletzt aus der Matrixkonstellation, in der sich die Ressourcenplanung meist abspielt. Aber auch die Tatsache, dass sich dieses Projekt mit dem Menschen, mit den Arbeitsprozessen und -mitteln sowie mit Fragen der Arbeitseffizienz befasst, macht dieses Vorhaben zu einer Herausforderung. Ein wichtiges Thema ist hier der mögliche Widerstand gegen Veränderungen.

Ein erster Schritt in diesem Projekt gilt der Analyse der bestehenden Situation und den Beweggründen für das Vorhaben. Diese Arbeit lässt sich mit geeigneten Fragen unterstützen:

- Wie erfolgt bei uns die Ressourcenplanung heute?
- Welches sind die Probleme, welches sind die Potenziale?
- Welche Ziele verfolgen wir mit einem professionellen Ressourcenmanagement?
- Welches sind die Rahmenbedingungen und relevanten Einflussfaktoren (siehe unten)?
- Welches ist die Haltung der verschiedenen Beteiligten und Betroffenen gegenüber dem Vorhaben?
- Welche Erfahrungen machen benachbarte Abteilungen, Organisationen und befreundete Unternehmen mit der Ressourcenplanung?

4.2 Maßanzug gefordert

Auch beim Ressourcenmanagement gibt es nicht DIE Lösung. Wie dieses im einzelnen Fall zu gestalten ist, hängt von einer Reihe von Parametern und Einflussfaktoren ab. Die Checkliste in Abbildung 1.12-V11 zeigt die wichtigsten davon auf.

Bei der Gestaltung des Ressourcenmanagements beachten:
Zweck der Ressourcenplanung (s. auch Ziele in Abschn. 3 des Basisteils)
Ressourcen
I Struktur und Art der Ressourcen
I Anzahl Ressourcen, Anzahl Hierarchiestufen
I Spezialisierungsgrad und damit Notwendigkeit, die Planung auf die Ebene des einzelnen Mitarbeiters herunter zu brechen
Projekte
I Anteil der Projekte am gesamten Arbeitsvolumen
I Art der Projekte (z. B. interne oder Kundenprojekte)
I Anzahl gleichzeitig bearbeiteter Projekte
I Terminhärte der Projekte (Kundenprojekt versus Forschung)
I Planbarkeit und (Änderungs-)Dynamik der Projekte (Produktion versus Forschung)
I Charakterisierung der Nicht-Projektarbeit: ist diese zeitlich flexibel oder mit fixen Terminen versehen? Wie berechenbar ist diese (z. B. Supportaufgaben)?
Projektorganisation: Kompetenzverteilung zwischen Projekt und Linie
Eingesetzte bestehende oder geplante Nachbarsysteme, u. a. in den Bereichen
I Einzelprojekt-Planung
I Auftragsabwicklungs-Systeme
I Zeiterfassung
I Projektkosten-Controlling
I Finanz- und Rechnungswesen

Abbildung 1.12-V11: Einflussfaktoren bei der Gestaltung des Ressourcenmanagements

Unterschiedliche Ausprägungen dieser Faktoren haben sowohl auf die Wichtigkeit des Ressourcenmanagements für die Organisation als auch auf deren Ausgestaltung einen erheblichen Einfluss.

4.3 Zielführende Fragen zum Lösungsdesign

Die folgende umfangreichere, aber nicht abschließende Liste an Fragestellungen soll aufzeigen, worum es beim Design einer Lösung für das Ressourcenmanagement geht.

Grundfragen

- Wer trägt welche Hauptverantwortung bei der Multiprojekt-Ressourcenplanung, insbesondere: Wie zentralisiert bzw. dezentral erfolgt die Planung?
- Welche zentralen Planungs-/Unterstützungsstellen sind vorgesehen, welche Rollen sind ihnen zugedacht?
- Soll die operative Ressourcenplanung von der strategischen getrennt werden und, falls ja: wo verläuft die Grenze zwischen diesen beiden?
- Werden die Ressourcen bis auf Stufe Mitarbeiter oder nur auf der Ebene von Organisationseinheiten (z. B. Gruppen) geplant?

- Welche Ressourcen werden in die Planung einbezogen, welche nicht? Werden auch externe Ressourcen berücksichtigt und geplant?
- Welcher Detaillierungsgrad soll bei den Projekten gewählt werden für eine ausreichend genaue, mit vernünftigem Aufwand durchführbare Ressourcenplanung?

Operative Prozessfragen

- Wie erfolgen die Projektpriorisierung und -evaluation, und wie werden diese mit der Kapazitätsplanung in Einklang gebracht?
- Wann und wie wird die Planungsverantwortung in der Frühphase eines Projektes von einer zentralen Stelle auf den später ernannten Projektleiter bzw. die operativen Linienstellen übertragen?
- Bei wem liegt die Verantwortung für die Aufwandschätzungen und deren Richtigkeit?
- Wer erfasst und verwaltet die Ressourcen-Grunddaten, z. B. Abwesenheiten sowie Grundlasten/Nichtprojektarbeiten?
- Welche qualitativen Ressourcendaten im Sinne von Fähigkeiten (Skills) werden zur Unterstützung der Mitarbeiterauswahl mitgeführt?
- Wo liegt die Grenze zwischen Projekten und Aufträgen, die einzeln, und solchen, die pauschal (z. B. unter „verschiedene Kleinaufträge") geplant werden?
- Welcher Zeithorizont wird mit der Planung abgedeckt, bis wie weit in der Zukunft ist die Planung verbindlich?
- Wie häufig wird die Planung nachgeführt (Planungsperiodizität)?
- Wie häufig und mit welchen Personen wird die aktuelle Belastungssituation analysiert und werden die notwendigen Maßnahmen diskutiert?
- Wo liegt die Kompetenz für die Verschiebung von Projektterminen und -prioritäten?
- Wie ist der Planungsprozess im Einzelnen gestaltet (PPM-Roadmap)?

Fragen zum Tool-Einsatz

- Welche Systeme auf dem Markt decken unsere Anforderungen an die Ressourcenplanung (in Verbindung mit den weiteren Anforderungen an ein Projektportfolio-Managementsystem) am besten ab?
- Welche Schnittstellen sind aufgrund dieses Systemdesigns notwendig und wie müssen diese Schnittstellen ausgeprägt sein (nur Link zwischen unabhängig aufgebauten Strukturen oder auch Struktur-Import in die eine oder andere Richtung)?
- Welches ist die passende „Aufgabenteilung" zwischen PPM-System und zentralem Finanz- und Rechnungswesen? Wo genau liegt im Bereich des Kosten-Controllings die Trennlinie zwischen den beiden Systemen?
- Mit welchem/n Tool/s arbeiten die Projektleiter und über welchen Freiheitsgrad verfügen diese dabei?
- Welche technischen und organisatorischen Rahmenbedingungen sind – aktuell und längerfristig – zu berücksichtigen (Plattformen, Anforderungen an Lieferanten, geplante Systeme etc.)?
- Welche betriebsratsspezifischen Einschränkungen sind bezüglich der Erfassung und Analyse der Aufwanddaten zu beachten?
- Welche Anpassungen bezüglich der Bedienung und der Auswertungen sind vorzubereiten (Customizing)?
- Welche Kategorien von Benutzern sollen unterschieden werden und wer davon erhält welche Berechtigungen (Lesen/Schreiben) im System?

4.4 Empfehlungen zum Einführungsprozess

Zum Abschluss folgen noch einige Empfehlungen, die für eine erfolgreiche Einführung der Ressourcenplanung hilfreich sein können.

Die **Mitarbeiter** müssen rechtzeitig und glaubhaft über das Vorhaben **informiert** und in geeigneter Form in dieses einbezogen werden. Die Ziele sind klar zu kommunizieren. Das Gefühl, dass mit der Einführung der Ressourcenplanung für den Mitarbeiter primär Risiken und Druck sowie die „totale Überwachung" resultieren, ist unbedingt zu vermeiden. Der weiter oben aufgezeigte Nutzen der Ressourcenplanung gerade auch für die verplanten Mitarbeiter selber muss im Zentrum der Argumentation stehen.

Im Vordergrund für das Lösungsdesign müssen in jedem Fall die betriebswirtschaftlich gerechtfertigten **Informationsbedürfnisse** der Entscheidungsträger stehen: Projektleiter, Auftraggeber, Linienmanager, Projekt- und Unternehmens-Controller. Die Erfahrung zeigt: Die wirklich entscheidungsrelevante Information ist meist nur halb so umfangreich, jedoch doppelt so zukunftsorientiert wie das aktuelle Informationsangebot im Unternehmen!

Dass dem Linienvorgesetzten bei der Ressourcenplanung die Führung zukommt, entbindet den Projektleiter nicht von einer aktiven Rolle im Ressourcenmanagement. Verbindliche Abstimmung und intensive Zusammenarbeit zwischen Projektleiter und Linienvorgesetzten sind zentral.

Dass der Einführung eines neuen Systems unbedingt ein, wenn nötig mehrere **Pilot/s** vorausgehen sollte/n, gehört leider auch heute noch nicht überall zu den Selbstverständlichkeiten eines Organisationsprojektes mit hohem Informatikanteil. Die Einführung selber sollte in mehreren Schritten erfolgen, auf die jeweils eine kritische Analyse und Optimierung folgen.

Bei der **Evaluation** von Informatiksystemen sind die in Katalogen und Testberichten aufgeführten Bewertungskriterien und Resultate mit großer Vorsicht zu genießen. Sie bilden die betriebswirtschaftliche Sicht und die Projektmanagement-Bedürfnisse häufig verzerrt ab. Bei der Erstellung des Anforderungskatalogs gilt einmal mehr: Die Einfachheit der Systeme muss einen sehr hohen Stellenwert erhalten.

Und schließlich: Ein solches Projekt erfordert ein professionelles **Projektmanagement** mit einem kompetenten Projektleiter. Dazu gehören neben der nachgewiesenen Kompetenz in der Führung eines Projektes ausreichende Kenntnisse des Anwendungsbereiches Projektmanagement/Projektportfolio-Management. Der externe Spezialist sollte hier nicht mehr als eine unterstützende Rolle spielen. Auftraggeber und Stakeholder in diesem Projekt ist das Top-Management.

5 Zusammenfassung

Ressourcenmanagement kommt nur dann zum Tragen, wenn sich die Stamm-/Linienorganisation dem Thema aktiv annimmt. Prozesse und Strukturen für die Planung und Steuerung der Ressourcen zu definieren, ist eine Managementaufgabe, welche die Organisation als Ganzes betrifft. Die tragende Rolle im Ressourcenmanagement-Prozess kommt dabei der Linienorganisation zu. Der geeignete Zentralisierungsgrad der Planung muss für jede Organisation individuell ermittelt werden.

Auch der Informatikeinsatz für das Ressourcenmanagement ist primär aus der Sicht der Linienorganisation zu konzipieren. Klassische Projektplanungstools werden dieser Sicht nicht gerecht. Ressourcenplanung sollte nicht in die Detailplanung der Einzelprojekte integriert, sondern mit der Aufwanderfassung in der Organisation sowie mit dem Kostenmanagement in Übereinstimmung gebracht werden. Hier sind Integration und Schnittstellen zwischen Systemen gerechtfertigt. Die Projektstrukturierung wird dabei nicht in jedem Fall deckungsgleich mit jener der Detail-Terminplanung sein.

Bei der Evaluation der geeigneten Software für das Multiprojekt-Ressourcenmanagement sind die Versprechungen und Empfehlungen der Anbieter mit großer Vorsicht zu genießen. Nur über die Pilotanwendung und die Konzentration auf die Kernbedürfnisse lassen sich Enttäuschungen vermeiden.

Die Planung der Ressourcen in der Mehrprojektumgebung spielt sich auf einer wesentlich gröberen Stufe ab als die Planung des Einzelprojektes. Der Aufwand für die Planung lässt sich damit massiv reduzieren, ohne an Planungsgenauigkeit zu verlieren.

Die Einführung des Ressourcenmanagements stellt ein anspruchsvolles Organisations- und IT-Projekt dar, das sowohl organisatorischen Sachverstand als auch eine professionelle Projektführung erfordert. Auftraggeber für dieses Vorhaben ist das Top Management.

6 Fragen zur Wiederholung

1	Welche Fragestellungen möchte ein Abteilungsleiter mit der Einführung der Ressourcenplanung besser beantworten können?	☐
2	Nennen Sie drei grundlegend unterschiedliche Ansätze, Multiprojekt-Ressourcenmanagement zu betreiben.	☐
3	Welche möglichen Probleme stehen der integrierten Ressourcenplanung – der technischen Verbindung von Projekt-Detailplanung mit der Multiprojekt-Ressourcenplanung – im Wege? Nennen Sie mindestens fünf.	☐
4	In welcher organisatorischen Konstellation ist eine dezentrale, durch die verschiedenen Organisationseinheiten individuell geführte Ressourcenplanung zweckmäßig?	☐
5	In welchen Fällen kann es Sinn machen, die Aufwände in einem anderem Detaillierungsgrad zu erfassen, als diese geplant wurden?	☐
6	Nennen Sie eine Funktion bzw. eine Applikation aus der bestehenden Systemlandschaft einer Organisation, bei der eine Systemintegration mit dem Ressourcenmanagement-Tool sinnvoll sein kann.	☐
7	Nennen Sie fünf Faktoren, die einen wesentlichen Einfluss auf die Gestaltung des Ressourcenmanagements haben.	☐

1.13 Kosten und Finanzmittel (Cost & finance)

Siegfried Seibert

Lernziele

Sie verstehen

- die wichtigsten Methoden des strategischen Kostenmanagements und deren grundsätzliche Vorgehensweise und können diese erläutern:
- Lebenszykluskosten
- Zielkostenmanagement
- Erfahrungskurve und Prozesskostenrechnung

Sie wissen

- wie ein Liquiditäts- und Finanzmittelplan für ein Projekt aufgestellt wird
- wie die Risiken und Unsicherheiten von Projektwirtschaftlichkeitsrechnungen beurteilt und transparent gemacht werden können

Sie können

- einen Überblick über die Aufgaben des Finanzmittelmanagements in Projekten geben
- die Unterschiede zwischen statischen und dynamischen Wirtschaftlichkeitsrechnungen erläutern und über deren Einzelmethoden einen Überblick geben
- Gewinnvergleichs-, Break-Even-Analyse, Rentabilitäts- und Amortisationsrechnung sowie das Kapitalwertverfahren genauer erläutern
- Einsatzbereiche und Merkmale von Projektdeckungsrechnungen erläutern

Inhalt

1	Einführung	1661
2	Finanzmittelmanagement	1661
3	Wirtschaftlichkeitsrechnung	1663
3.1	Statische Verfahren	1664
3.1.1	Kostenvergleichsrechnung	1664
3.1.2	Gewinnvergleichsrechnung und Break-Even-Analyse	1664
3.1.3	Rentabilitätsrechnung	1666
3.1.4	Amortisationsrechnung	1666
3.2	Dynamische Verfahren	1667
3.2.1	Kapitalwertmethode	1667
3.2.2	Interne Zinsfußmethode	1668
3.2.3	Annuitätenmethode	1668
3.2.4	Dynamische Amortisationsdauer	1668
3.2.5	Bestimmung des Kalkulationszinsfußes	1669
3.3	Projektdeckungsrechnung	1669
3.4	Risikoanalysen	1670
3.4.1	Korrekturverfahren	1671
3.4.2	Risikokennzahlen und Sensitivitätsanalysen	1671
3.4.3	Wahrscheinlichkeitsschätzungen	1672
3.4.4	Best-Case- und Worst-Case-Betrachtungen	1673
4	Strategisches Kostenmanagement	1674
4.1	Lebenszykluskosten	1674
4.2	Target Costing	1676
4.3	Erfahrungskurveneffekt	1678
4.4	Prozesskostenrechnung	1680
5	Zusammenfassung	1681
6	Fragen zur Wiederholung	1681
7	Checkliste	1682

1 Einführung

Im „Basisteil" wurden die Verfahren des Operativen Kostenmanagements behandelt, mit denen die Kosten eines Projekts sachgerecht geplant, erfasst und eingehalten werden. Das „Vertiefungswissen" erweitert diesen Blickwinkel nun um mehrere übergeordnete Aspekte, die insbesondere größere Projekte und Programme betreffen.

Dazu zählt zunächst die Ermittlung des Finanzmittelbedarfs als Teil des Finanzmittelmanagements. Dieser Aufgabe liefert wichtige Inputs für das ICB-Element 3.10 (Finanzierung), wird wegen der engen Bezüge zur Kostenplanung jedoch zweckmäßiger im vorliegenden Kapitel behandelt.

Ähnlich ist es mit den Verfahren der Wirtschaftlichkeitsrechnung, mit denen die finanzielle Attraktivität von Projekten beurteilt wird. Diese Verfahren bauen ebenfalls im Wesentlichen auf Daten der Kostenplanung auf. Sie sind eine wichtige Grundlage sowohl für die Finanzierungsentscheidungen (ICB-Element 3.10) als auch bei der Festlegung der Projektziele (ICB-Element 1.03) und des Leistungsumfangs von Projekten (ICB-Element 1.10). Wirtschaftlichkeitsrechnungen werden im Rahmen begleitender Projektdeckungsrechnungen aber auch eingesetzt, um Projektteams ständig auf die Erreichung der Kosten- und Ertragsziele des Projekts auszurichten und stellen damit ein wichtiges Mittel der Kostensteuerung dar.

Im Zuge der Globalisierung und des damit zusammenhängenden, immer höheren Kostendrucks sowie der zunehmenden Komplexität in vielen Unternehmen hat sich das Kostenmanagement mittlerweile zu einem strategischen Kostenmanagement weiterentwickelt, mit dem die längerfristige Gestaltung aller mit Projekten verbundenen Kosten eines Unternehmens angestrebt wird. Die wichtigsten Instrumente des strategischen Kostenmanagements, auf die im letzten Teil des Vertiefungswissens eingegangen wird, sind das Lebenszykluskostenmanagement, das Zielkostenmanagement, die Erfahrungskurve und die Prozesskostenrechnung. Auch diese Instrumente weisen zu den drei gerade genannten ICB-Elementen enge Bezüge auf.

2 Finanzmittelmanagement

> **§ Definition** Das **Finanzmittelmanagement** soll die Zahlungsfähigkeit (Liquidität) des Unternehmens bei großen und kapitalintensiven Projekten sicherstellen und die Finanzierungskosten dafür minimieren (falls möglich ggf. sogar ein positives Finanzergebnis aus der Projekttätigkeit erwirtschaften).

Haupttätigkeiten dabei sind zum einen die Ermittlung des Finanzbedarfs für das Projekt und zum anderen die Bereitstellung der erforderlichen Finanzmittel in Form von Eigen- und/oder Fremdkapital. Letzteres erfolgt in der Regel durch den Finanzbereich des Unternehmens und soll hier nicht weiter betrachtet werden (vgl. dazu ICB-Element 3.10 Finanzierung). Ersteres ist Aufgabe der Projektkostenrechnung, die dazu eine entsprechende Finanzmittelplanung (Cash-Flow-Planung, vgl. Abbildung 1.13-V1) erstellt und regelmäßig aktualisiert. Mit der Finanzmittelplanung soll erkannt werden, zu welchen Zeitpunkten größere Beträge fällig werden bzw. für Finanzierungszwecke zur Verfügung stehen.

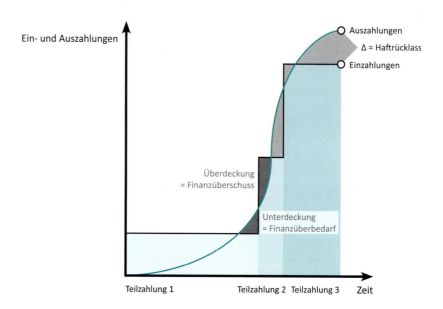

Abbildung 1.13-V1: Zahlungsflussplan eines Projekts (PATZAK & RATTAY, 2004: 231)

Bei der **Finanzmittelplanung** werden nicht Erlöse und Kosten, sondern der **Cash Flow** des Projektes, d. h. dessen liquiditätswirksame Ein- und Auszahlungen, betrachtet:

- Bei Auftragsprojekten zählen zu den Einzahlungen hauptsächlich Vorauszahlungen, Abschlagszahlungen und Schlusszahlungen sowie ggf. Erfolgsprämien des Auftraggebers. Bei Entwicklungsprojekten ergeben sich Einzahlungen meist erst nach Markteinführung des jeweiligen Produkts aus dessen Verkaufserlösen. Interne IT- und Organisationsprojekte weisen in der Regel keine für die Finanzmittelplanung relevanten Einzahlungen auf. Manchmal können in den beiden letztgenannten Fällen aber auch Einzahlungen aufgrund von Forschungsförderungen oder Subventionen erfolgen.
- Zu den projektspezifischen Auszahlungen zählen insbesondere Fremdleistungen, Materialzukauf, projektspezifische Investitionen, Reisekosten, Vertragsstrafen und Erfolgsprämien des Unternehmens an die Mitarbeiter. Einen Grenzfall stellen die normalen Lohn- und Gehaltszahlungen dar. Sie müssen in der Regel trotz ihres projektspezifischen Charakters bei der Finanzmittelplanung nicht berücksichtigt werden, da sie ohnehin anfallen und damit von ihnen für das Unternehmen keine zusätzliche liquiditätsentziehende Wirkung ausgeht.

Tipp Am zweckmäßigsten sollte zur Finanzmittelplanung bereits bei der Projektkostenplanung eine Unterscheidung in liquiditätswirksame und liquiditätsunwirksame Positionen vorgenommen werden. Ist dies nicht oder nur mit einem unverhältnismäßig hohen Aufwand möglich, kann der Zahlungsfluss häufig auch durch pauschale Korrekturen aus der Kostenplanung abgeleitet werden. Beispielsweise erfolgen bei Projekten, die aufwandsbezogen abgerechnet werden, die Einzahlungen oft mit einem Zeitverzug zwischen 30 und 60 Tagen nach Anfall des Aufwands. Bei Festpreisprojekten sind die Einzahlungen in der Regel vertraglich in Abhängigkeit vom Projektfortschritt geregelt (vgl. FIEDLER, 2003: 134).

Im Idealfall sollten die Zahlungsströme so gestaltet werden, dass die zeitlichen Differenzen zwischen Einzahlungen und Auszahlungen möglichst gering gehalten werden. Damit fallen auch möglichst geringe Finanzierungskosten (Zinsen und Gebühren, die sich aus der Aufnahme von Krediten ergeben) für das Projekt an. Erkennt man, dass im Laufe des Projektes Zahlungsschwierigkeiten auftreten, können Vorgänge mit genügend Puffer auf spätere Zeitpunkte verschoben werden.

Der entsprechende Dispositionsspielraum kann mithilfe der Netzplantechnik vereinfacht ermittelt werden, indem die Arbeitspakete neben ihren frühesten Zeitpunkten in einer Alternativbetrachtung auf ihre spätesten Zeitpunkte terminiert und die beiden Terminierungen miteinander verglichen werden (vgl. Abbildung 1.13-V2). Mit einer solchen Vorgehensweise sind auch Einsparungen bei den Finanzierungskosten planbar, wenn kostenintensive Vorgänge mit langen Pufferzeiten auf einen späteren Termin verschoben werden können. Allerdings wird dadurch auch das Terminrisiko erhöht und es kann durch eine Verschiebung auf spätere Zeitpunkte auch zu Kostensteigerungen kommen, wenn sich die Projektarbeiten zwischenzeitlich verteuern (z. B. infolge von Tariferhöhungen oder Rohstoffpreissteigerungen).

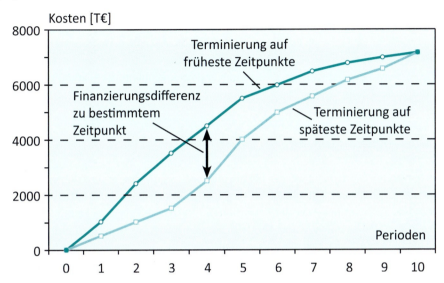

Abbildung 1.13-V2: Projektkostenverlauf bei unterschiedlicher Terminierung (SEIBERT, 1998: 388)

3 Wirtschaftlichkeitsrechnung

Wirtschaftlichkeitsrechnungen dienen dazu, Projekte hinsichtlich ihres Kapitalbedarfs und ihrer Kapitalrückflüsse zu untersuchen und deren finanzielle Attraktivität zu beurteilen. Dies ist besonders wichtig bei Vorhaben mit einem hohen Investitionsbedarf, wie etwa Forschungs- und Entwicklungsprojekten, dem Bau oder der Beschaffung von Maschinen und Anlagen, bei Standortentscheidungen oder bei dem Kauf anderer Unternehmen. Hierbei finden Wirtschaftlichkeitsbetrachtungen sowohl vor Projektbeginn (um zu entscheiden, ob ein Projekt überhaupt durchgeführt werden soll) als auch begleitend zur schon laufenden Projektarbeit (zur regelmäßigen Verfolgung der künftig erwarteten Ergebnisse) statt.

Die Methoden zur Wirtschaftlichkeitsrechnungen werden in statische und dynamische Verfahren untergliedert:

- **Statische Verfahren** gehen vereinfachend davon aus, dass Einnahmen und Ausgaben in jeder Periode jeweils in gleicher Höhe anfallen. Diese Eingangsdaten müssen dann nur für eine einzige, als repräsentativ angesehene Durchschnittsperiode ermittelt werden.
- **Dynamische Verfahren** berücksichtigen die zeitlichen Unterschiede im Anfall von Einnahmen und Ausgaben. Sie ermitteln diese Größen für alle Nutzungsperioden getrennt und nehmen eine Abzinsung des zukünftigen Geldwerts auf dessen Gegenwartswert vor.

Aufbauend auf den statischen und den dynamischen Verfahren, soll im vorliegenden Abschnitt auch gezeigt werden, wie Projektdeckungsrechnungen als spezielle Methode zur Überwachung der Wirtschaftlichkeit von F&E-Projekten aufgebaut sind und wie Risiken und Unsicherheiten in Wirtschaftlichkeitsrechnungen berücksichtigt werden können.

3.1 Statische Verfahren

Bei den statischen Verfahren wird unterstellt, dass Kosten und Erlöse während der gesamten Nutzungsdauer in jeweils gleicher Höhe anfallen. Daher werden nur die Kosten und Erlöse einer als repräsentativ angesehenen Durchschnittsperiode, meist des ersten Nutzungsjahres, ermittelt und der Wirtschaftlichkeitsrechnung zugrunde gelegt. Da diese Größen einfach und mit geringem Aufwand geschätzt werden können, sind statische Verfahren in der Praxis weit verbreitet. Allerdings sind sinnvolle Wirtschaftlichkeitsbeurteilungen damit nur für relativ kurze Zeiträume möglich. Die wichtigsten statischen Methoden sind die Kostenvergleichsrechnung, die Gewinnvergleichsrechnung, die Rentabilitätsrechnung und die Amortisationsrechnung.

3.1.1 Kostenvergleichsrechnung

Bei der Kostenvergleichsrechnung werden die Kosten von zwei oder mehr funktionsgleichen Investitionsalternativen gegenübergestellt, um die kostengünstigste Alternative zu ermitteln. Dabei geht man von der Prämisse aus, dass mit jeder der betrachteten Alternativen gleich hohe Erlöse erwirtschaftet werden. Die Erlöse können daher in dem Vergleich vernachlässigt werden. Das Gleiche gilt für Kostenpositionen, die für alle Alternativen in gleicher Höhe anfallen.

Die Kostenvergleichsrechnung wird zum einen im Rahmen von **Erweiterungsinvestitionen** eingesetzt, um zu bestimmen, welche von mehreren zur Auswahl stehenden Anlagen- oder Verfahrensvarianten installiert werden soll. Zum anderen dient sie bei **Ersatzinvestitionen** zur Klärung der Frage, ob eine vorhandene Anlage zu einem bestimmten Zeitpunkt durch eine neue Anlage ersetzt werden soll oder ob dies erst zu einem späteren Zeitpunkt sinnvoll ist.

3.1.2 Gewinnvergleichsrechnung und Break-Even-Analyse

Die Gewinnvergleichsrechnung ist eng mit der Kostenvergleichsrechnung verwandt und dient ebenfalls dem Vergleich mehrerer funktionsgleicher Alternativen, sowohl bei Auswahl- als auch bei Ersatzentscheidungen. Es können jedoch auch Einzelvorhaben damit beurteilt werden. Die Gewinnvergleichsrechnung geht davon aus, dass bei konkurrierenden Investitionsalternativen mit unterschiedlichen Produktionsmengen im Allgemeinen eine größere Menge nur zu einem niedrigeren Durchschnittspreis am Markt verkauft werden kann. Daher werden auch die Erlöse in die Betrachtung einbezogen. Am günstigsten ist dann diejenige Alternative, mit der der höchste durchschnittliche Jahresgewinn erwirtschaftet wird. Wird nur ein einzelnes Projekt beurteilt, muss der ermittelte Jahresgewinn positiv sein bzw. einen gewünschten Mindestgewinn übersteigen. Die Vorgehensweise sowie die Vor- und Nachteile der Gewinnvergleichsrechnung entsprechen ansonsten denjenigen der Kostenvergleichsrechnung.

Break-Even-Analyse

Oft genügt es nicht, lediglich festzustellen, dass eine bestimmte Alternative einen höheren Jahresgewinn erbringt als eine andere. Vielmehr interessiert auch, ab welcher Auslastung bzw. Menge ein Gewinn erzielt wird. Diese Frage wird mithilfe der Break-Even-Analyse (Gewinnschwellenanalyse) beantwortet.

Die Break-Even-Analyse ermittelt die durchschnittliche Verkaufsmenge pro Periode, die notwendig ist, um alle mit dem Kapitaleinsatz sowie der laufenden Fertigung und dem Absatz eines Produkts verbundenen Kosten zu decken.

Zur Ermittlung der Break-Even-Menge geht man davon aus, dass im Break-Even-Punkt die Erlöse und Kosten gleich sind:

Gewinn G = Erlöse E − Kosten K = 0

Dabei ergeben sich die Erlöse aus dem Produkt von Preis p und verkaufter Menge x; die Kosten ergeben sich aus der Summe von fixen und variablen Kosten.

$E = x_{Break-Even} * p$
$K = K_{fix} + K_{var} = K_{fix} + x_{Break-Even} * k_{var}$

Daraus folgt:

$G = x_{Break-Even} * p - (K_{fix} + x_{Break-Even} * k_{var}) = 0$

Die Break-Even-Menge erhält man durch Auflösung dieser Gleichung nach x:

$$x = \frac{K_{fix}}{p - k_{var}}$$

🔧 **Beispiel** Der Stückerlös eines Produkts beträgt 4,50.- €. Zur Fertigung soll eine Anlage mit jährlichen Fixkosten von 18.000 € und variablen Stückkosten von 2,40 € eingerichtet werden. Daraus ermittelt sich eine Break-Even-Menge von:

$$x = \frac{18.000 \text{ €} / \text{Jahr}}{(4,50 - 2,40) \text{ €} / \text{Stück}} = 8.571 \text{ Stück} / \text{Jahr}$$

Die Lösung kann auch in einem Break-Even-Diagramm ermittelt werden (vgl. Abbildung 1.13-V3).

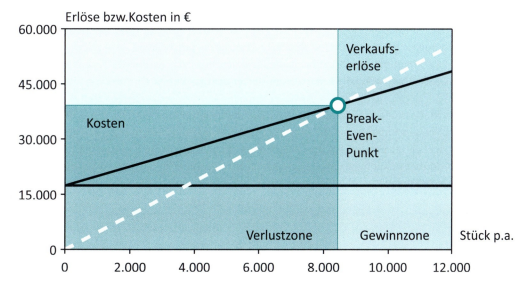

Abbildung 1.13-V3: Beispiel zur Break-Even-Analyse

3.1.3 Rentabilitätsrechnung

Bei der Rentabilitätsrechnung wird die Verzinsung eines Investitionsvorhabens (Return-on-Investment ROI) ermittelt, indem ein repräsentativer Jahresgewinn des betreffenden Vorhabens zu dessen durchschnittlicher Kapitalbindung ins Verhältnis gesetzt wird.

$$\text{ROI} = \frac{\text{Gewinn (vor kalkulatorischen Zinsen) / Jahr}}{\text{Durchschnittliche Kapitalbindung}} * 100$$

Bei der Berechnung des Gewinns bleiben die bei der Kosten- und Gewinnvergleichsrechnung abgezogenen kalkulatorischen Zinsen unberücksichtigt, da man sonst nur die über den kalkulatorischen Zins hinausgehende Verzinsung erhalten würde. Als durchschnittlicher Kapitalbindung werden die halben Investitionsausgaben, erhöht um einen eventuellen Anlagenrestwert, in Ansatz gebracht.

Beispiel Für das Beispiel aus Abschnitt 3.1.2 wird unterstellt, dass eine durchschnittliche Jahresproduktion von 12.000 Stück verkauft werden kann. Der Anschaffungswert der Anlage beträgt 96.000 €, ihr Restwert am Ende der achtjährigen Lebensdauer liegt bei Null. Der durchschnittliche Kapitaleinsatz wird mit 10 % verzinst, die in den oben angegebenen Fixkosten von 18.000 € bereits enthalten waren.

Die durchschnittliche Kapitalbindung beträgt in diesem Fall 0,5 * 96.000 = 48.000 €. Die kalkulatorischen Zinsen betragen damit 48.000 * 10 % = 4.800 € pro Jahr. Daraus ergeben sich folgender Gewinn vor kalkulatorischen Zinsen und folgender ROI:
G = 12.000 * (4,50 – 2,40) – (18.000 – 4.800) = 12.000 € p.a.
ROI = 12.000 / 48.000 = 25,0 %

Die Rentabilitätsrechnung weist gegenüber der Kosten- und der Gewinnvergleichsrechnung den Vorteil auf, dass sie eine Aussage zur absoluten Verzinsung des eingesetzten Kapitals ermöglicht. Ein Projekt ist dann attraktiv, wenn sein Return on Investment ROI die vom Unternehmen erwartete Mindestverzinsung überschreitet.

3.1.4 Amortisationsrechnung

Unter der Amortisationsdauer (Pay-back-Periode, Pay-off-Periode) versteht man den Zeitraum, innerhalb dessen der Kapitaleinsatz für eine Investition über daraus resultierende Erlöse vollständig zurück gewonnen wird. Je kürzer die Amortisationsdauer, desto geringer das Risiko des Vorhabens. Eine Investition gilt als vorteilhaft, wenn die Amortisationsdauer deutlich kürzer als die erwartete Nutzungsdauer ist.

Die **Amortisationsdauer** wird durch die Gegenüberstellung des für die Anschaffung des Investitionsobjekts notwendigen Kapitals und der jährlichen Zahlungsrückflüsse ermittelt. Als Zahlungsrückflüsse werden dabei die laufenden Cash Flows herangezogen. Bei einer einmaligen Investitionsausgabe und konstanten jährlichen Zahlungsströmen errechnet sich die durchschnittliche Amortisationsdauer AD mit folgender Gleichung:

$$\text{AD} = \frac{\text{Kapitaleinsatz}}{\text{Cash Flow}} = \frac{\text{Investitionsausgaben}}{\text{Einzahlungen} - \text{Auszahlungen}} = \frac{\text{Investitionsausgaben}}{\text{Gewinn} + \text{Kapitalkosten}}$$

Zu den Kapitalkosten gehören dabei neben den kalkulatorischen Zinsen auch die (nicht zahlungswirksamen) Abschreibungen.

🔍 **Beispiel** Für die Anlage aus Abschnitt 3.1.3 beträgt die Lebensdauer acht Jahre. Die jährlichen linearen Abschreibungen liegen damit bei 96.000 € / 8 Jahre = 12.000 €. Daraus ergibt sich folgende Amortisationsdauer:

→ AD = 96.000 / (7.200 + 4.800 + 12.000) = 4,0 Jahre

Die Amortisationsdauer ist eine in der Praxis besonders weit verbreitete Kennzahl zur Investitionsbeurteilung. Rückschlüsse auf die Rentabilität eines Projekts sind mit ihr allerdings nicht möglich, da nach Ende der Amortisationszeit erzielte Rückflüsse nicht mehr in diese Kennzahl eingehen. Die Amortisationsdauer stellt daher eine reine Risikokennzahl dar, die als ergänzendes Kriterium zusätzlich zu einer anderen statischen oder dynamischen Wirtschaftlichkeitskennzahl herangezogen werden sollte. Häufig wird die Amortisationsdauer auch als Entscheidungskriterium für die Wahl zwischen statischen und dynamischen Verfahren herangezogen. Ist die Amortisationsdauer kürzer als zwei bis drei Jahre, genügt ein statisches Verfahren, bei längerer Amortisationsdauer ist ein dynamisches Verfahren anzuwenden.

3.2 Dynamische Verfahren

Bei größeren Projekten können statische Verfahren leicht zu Fehlentscheidungen führen, da

- Kosten und Erlöse längerfristig in der Regel nicht in gleichbleibenden Jahresraten anfallen, und
- Geldbeträge umso weniger wert sind, je später sie zur Verfügung stehen, und umso mehr, je früher das der Fall ist.

Zur Vermeidung dieser Probleme werden bei dynamischen Methoden die zeitlichen Unterschiede im Anfall der Ausgaben und Einnahmen berücksichtigt und es wird mithilfe der Zinseszinsrechnung eine Umrechnung der in zukünftigen Perioden erzielten Beträge auf deren Gegenwartswerte (Barwerte) vorgenommen. Diese Vorgehensweise ist zwar wesentlich aufwändiger als bei den statischen Verfahren, führt aber auch zu fundierteren Ergebnissen. Die wichtigsten dynamischen Methoden sind die Kapitalwertmethode und die interne Zinsfußmethode.

3.2.1 Kapitalwertmethode

Um Zahlungsvorgänge, die zu unterschiedlichen Zeitpunkten anfallen, vergleichbar zu machen, werden bei der Kapitalwertmethode – auch Barwertmethode, Diskontierungsmethode, Present-Value-Methode oder **Discounted-Cash Flow-Methode** genannt – alle mit der Investition zusammenhängenden Einzahlungen und Auszahlungen auf den Zeitpunkt unmittelbar vor Beginn der Investition abgezinst. Der Kapitalwert einer Investition ergibt sich hierbei als Differenz zwischen der Summe der Barwerte aller Einzahlungen und der Summe der Barwerte aller Auszahlungen:

$$K = \sum_{t=0}^{n}(E_t - A_t) * (1 + i)^{-t} = \sum_{t=0}^{n} CF_t * (1 + i)^{-t}$$

K = Kapitalwert
t = einzelne Perioden von 0 bis n
E_t = Einzahlungen in der Periode t ≈ Umsatzerlöse in Periode t
A_t = Auszahlungen in der Periode t ≈ Betriebskosten in Periode t
CF_t = Cash Flow in der Periode t = $E_t - A_t$
i = Kalkulationszinsfuß

🔍 **Beispiel** Die Realisierungsdauer eines Innovationsprojekts beträgt ein Jahr, die sich daran anschließende Vermarktungsphase vier Jahre. Der Kalkulationszinsfuß i liegt bei 10 %. Während des Projektlebenszyklus wird mit folgender Entwicklung der Ein- und Auszahlungen gerechnet (vgl. Abbildung 1.13-V4):

Jahr	Einzahlungen	Auszahlungen	Cash Flow	$(1+i)^{-t}$	Abgezinster Cash Flow
0		2.000	−2.000	1	−2.000
1	5.600	5.300	300	0,9091	273
2	8.100	6.500	1.600	0,8264	1.322
3	5.200	4.200	1.000	0,7513	751
4	2.500	2.100	400	0,6830	273
Summe					**620**

Abbildung 1.13-V4: Beispiel zur Kapitalwertmethode (SEIBERT 1998: 258)

Der sich daraus ergebende Kapitalwert beträgt 620 T€, d. h. unter Berücksichtigung einer Grundverzinsung des investierten Kapitals von 10 % beträgt der Gegenwartswert aller für das Projekt erwarteten Ein- und Auszahlungen 620 T€.

Eine Investition ist bei diesem Verfahren vorteilhaft, wenn ihr Kapitalwert größer als Null ist. Das investierte Kapital erbringt in diesem Fall einen Ertrag, der den Kalkulationszinsfuß i übersteigt. Der Kapitalwert lässt sich somit als der die Grundverzinsung i übersteigende und auf den Zeitpunkt t0 abgezinste Gewinn bzw. Vermögenszuwachs interpretieren, den ein Projekt erbringt. Falls ein Dritter das Unternehmen dazu bewegen möchte, auf das Vorhaben zu verzichten oder ihm die Rechte an dem Vorhaben zu verkaufen, müsste er dem Unternehmen eine Ausgleichszahlung in dieser Höhe leisten.

3.2.2 Interne Zinsfußmethode

Mit der internen Zinsfußmethode wird – analog zur statischen Rentabilitätsrechnung – die Verzinsung des investierten Kapitals bestimmt. Dazu setzt man den Kapitalwert gleich Null und löst dessen Bestimmungsgleichung nach dem internen Zinsfuß r auf:

$$K = \sum_{t=0}^{n} (CF_t) * (1 + r)^{-t} = 0$$

Die Ermittlung von r aus einem solchen Polynom n-ten Grad erfolgt mit numerischen Verfahren, die in gängigen Tabellenkalkulationsprogrammen enthalten sind. Allerdings führen sie nicht immer zu eindeutigen mathematischen Lösungen.

Eine Investition ist nach dieser Methode dann vorteilhaft, wenn ihr interner Zinsfuß größer als die vom Unternehmen gewünschte, in Form des Kalkulationszinssatzes i festgelegte Mindestverzinsung ist. Allerdings ist das Projekt mit dem höchsten internen Zinsfuß nicht immer das finanziell attraktivste Projekt, wenn Alternativen mit wesentlich höheren Kapitalwerten zur Verfügung stehen (vgl. SEIBERT, 1998: 261ff). Der interne Zinsfuß wird daher meist nur als ergänzendes Kriterium zum Kapitalwert herangezogen.

3.2.3 Annuitätenmethode

Die Annuitätenmethode ist eine Variante der Kapitalwertmethode. Der über die gesamte Planungszeitraum als Summe der Gegenwartswerte der erzielten Zahlungsüberschüsse ermittelte Kapitalwert wird dabei – analog zur statischen Gewinnvergleichsrechnung – in gleich bleibende Raten, so genannte Annuitäten, aufgespalten, die neben Zinsen und Zinseszinsen in jeder Periode zur Verfügung stehen.

3.2.4 Dynamische Amortisationsdauer

Die zur Ermittlung des Kapitalwerts errechneten, abgezinsten Cash Flows können auch anstelle der effektiven Cash Flows in eine Kumulationsrechnung zur Bestimmung der Amortisationsdauer eingesetzt werden. Man spricht dann von der dynamischen Amortisationsdauer. Sie zeigt, innerhalb welcher Zeitspanne das investierte Kapital zuzüglich einer Verzinsung in Höhe des Kalkulationszinsfußes aus den Überschüssen des Projekts zurück gewonnen wird.

3.2.5 Bestimmung des Kalkulationszinsfußes

Die Ergebnisse dynamischer Wirtschaftlichkeitsrechnungen hängen nicht unwesentlich vom verwendeten Kalkulationszinsfuß i ab. Nach herrschender Meinung sollte der Kalkulationszinsfuß der erforderlichen Mindestverzinsung für das im Unternehmen investierte Kapital entsprechen. Diese Mindestverzinsung setzt sich aus den Fremdkapitalkosten, Eigenkapitalkosten sowie den gewinn- und vermögensabhängigen Steuern zusammen (vgl. HAX & MAJLUF, 1991: 226 - 279):

I   Als Fremdkapitalkosten werden gewöhnlich die langfristigen Kapitalmarktzinsen für sichere festverzinsliche Wertpapiere (z. B. Bundesanleihen) zugrunde gelegt.
I   Zur Bestimmung der erforderlichen Eigenkapitalkosten wird von der langfristigen Wertentwicklung einer Aktienanlage im betreffenden Industriezweig ausgegangen. Neben einer Basisverzinsung für das Eigenkapital ist darin auch eine Risikoprämie für die branchenspezifische unternehmerische Tätigkeit enthalten.
I   Um die für die Beurteilung investiver Vorhaben relevante Mindestverzinsung vor Steuern zu ermitteln, ist die Verzinsung nach Steuern um die zu entrichtende Körperschafts-, Gewerbe- und Vermögenssteuer zu erhöhen.

Der für Wirtschaftlichkeitsrechnungen maßgebliche Kalkulationszinsfuß wird daraus im Verhältnis der langfristigen Eigen- und Fremdkapitalanteile abgeleitet. Der kalkulatorische Zinssatz sollte möglichst lange (mindestens ein Jahr) gültig bleiben, damit die Ergebnisse von Wirtschaftlichkeitsrechnungen nicht laufend von kurzfristigen Schwankungen der Finanzierungs- und Marktverhältnisse beeinflusst werden.

3.3 Projektdeckungsrechnung

Die Projektdeckungsrechnung ist eine Zusammenstellung statischer Wirtschaftlichkeitskennwerte von Forschungs- und Entwicklungsprojekten. Die Projektbeteiligten sollen damit veranlasst werden, regelmäßig ihre Erwartungen zu den späteren wirtschaftlichen Ergebnissen eines Projekts zu aktualisieren, zu konkretisieren und neu zu bewerten. Dazu werden in einer einfachen Betrachtung die Projektaufwendungen den aus dem Projekt erwarteten Rückflüssen gegenüber gestellt (vgl. SEIBERT, 1998: 409; SPECHT & BECKMANN 1996: 379f; BURGHARDT, 1994: 55ff).

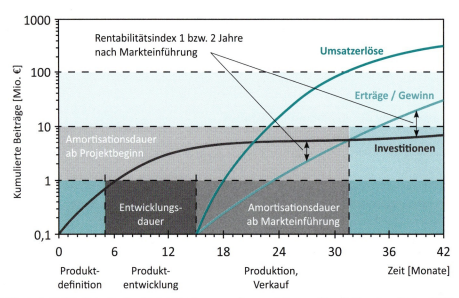

Abbildung 1.13-V5: Prinzip der Projektdeckungsrechnung („Return Map") (HOUSE & PRICE 1991: 77)

Projektdeckungsrechnungen konzentrieren sich dabei auf die Verfolgung weniger ausgewählter, besonders wichtiger Wirtschaftlichkeitskenngrößen, wie beispielsweise (vgl. Abbildung 1.13-V5):

- Projektinvestitionen (F&E-Kosten, Investitionen für Betriebsmittel),
- Umsatzerlöse und Gewinne aus dem Projekt,
- Entwicklungsdauer (ohne Produktdefinitionsphase),
- Amortisationsdauer ab Projektbeginn und ab Markteinführung,
- Rentabilitätsquotient (Verhältnis der kumulierten Projekterträge zu den kumulierten Projektinvestitionen) ein bzw. zwei Jahre nach Markteinführung.

Fazit Mithilfe derartiger Betrachtungen können insbesondere Auswirkungen von zeitlichen Verzögerungen und Kostenverteuerungen auf die Unternehmensziele analysiert werden. Da in Projektdeckungsrechnungen Abschätzungen oder Prognosen aus Marketing, Entwicklung, Produktion und anderen Bereichen einfließen, werden durch die Methode darüber hinaus auch die Kooperation und Kommunikation zwischen den Projektbeteiligten gefördert. Die verschiedenen Bereiche werden gezwungen, bei ihren Handlungen ständig die übergeordneten Ziele für das Unternehmen als Ganzes im Auge zu behalten. Für die Managementebenen des Unternehmens kann die Projektdeckungsrechnung als Steuerungsinstrument dazu beitragen, die erwarteten wirtschaftlichen Ergebnisse von F&E-Projekten sichtbar zu machen, damit bei sich abzeichnenden Abweichungen frühzeitig eingegriffen werden kann.

3.4 Risikoanalysen

Wirtschaftlichkeitsbetrachtungen beruhen auf zukunftsbezogenen Daten, die immer mit Unsicherheit behaftet sind. Dies gilt in besonderem Maße für strategische Vorhaben, da mit wachsendem Zeithorizont die Unsicherheit über zukünftige Entwicklungen immer mehr zunimmt. Die Verfahren der Wirtschaftlichkeitsrechnung sollten jedoch auch bei unsicheren Erwartungen über die zukünftige Entwicklung ein Ergebnis liefern, das in seiner Gesamtheit eine tragfähige, rationale Grundlage für Projektentscheidungen bildet. Dazu dienen die im Folgenden behandelten Methoden:

- Korrekturverfahren
- Risikokennzahlen und Sensitivitätsanalysen
- Wahrscheinlichkeitsschätzungen
- Best-Case- und Worst-Case-Betrachtungen

Weiter fortgeschrittene Methoden, auf die hier nicht mehr eingegangen werden kann, sind die Monte-Carlo-Simulation und das Entscheidungsbaumverfahren (vgl. SEIBERT, 1998: 267ff).

3.4.1 Korrekturverfahren

Die Korrekturverfahren setzen bei Wirtschaftlichkeitsrechnungen für Projekte mit erhöhtem Risiko nach dem Prinzip der kaufmännischen Vorsicht besondere Risikoabschläge bzw. Risikozuschläge an. Dies kann in folgender Weise erfolgen:

I   Der Kalkulationszinsfuß i wird bei unsicheren Erwartungen erhöht. Dadurch ergibt sich bei risikoreichen Projekten ein niedrigerer Kapitalwert, als es ohne Berücksichtigung des Risikos der Fall wäre. „Sichere" Projekte werden bei gleicher Höhe der Geldrückflüsse riskanteren Vorhaben vorgezogen. Realisiert wird dies durch Einteilung der Projekte in unterschiedliche Risikokategorien, wie etwa:
    - Bekannte Produkte in bekannten Märkten: Zinssatz i = 10 %
    - Neue Produkt für bekannte Märkte: Zinssatz i = 15 %
    - Expansion in neue Märkte mit bekannten Produkten: Zinssatz i = 25 %
    - Diversifikation in neue Märkte mit neuen Produkten: Zinssatz i = 30 %
I   Die Diskontierung wird bei der Kapitalwertmethode mit ansteigenden Zinssätzen vorgenommen. Je weiter ein erwarteter Rückfluss in der Zukunft liegt, als desto unsicherer wird er betrachtet und deshalb mit einem höheren Zinssatz belastet.
I   Die Nutzungsdauer wird in Abhängigkeit von dem Risiko eines Projekts variiert. Je größer die Unsicherheit ist, desto kürzer wird die Nutzungsdauer eines Projekts angesetzt. Ein ausreichender Kapitalwert muss dann in einem verkürzten Planungszeitraum zu erwirtschaften sein.
I   Für risikoreiche Projekte werden die Umsatzschätzungen mit einem Abschlag, die Kostenschätzungen mit einem Zuschlag versehen, damit die Planung „auf der sicheren Seite" liegt.

Von theoretischer Seite bestehen gegen die meisten derartigen Korrekturverfahren Vorbehalte, da es für die Bestimmung von Risikozuschlägen keinen objektiven Maßstab gibt. Der Ansatz der Unsicherheit erfolgt häufig sogar bei solchen Faktoren (Zinssatz, Nutzungsdauer), die selbst am wenigsten unsicher sind. Hinzu kommt, dass durch eine nicht mehr überschaubare Überlagerung mehrerer Korrekturfaktoren auch ein durchaus attraktives Projekt nachteilig erscheinen kann und „tot gerechnet" wird. Insgesamt stellen die Korrekturverfahren daher lediglich grobe Faustregeln zur Unsicherheitshandhabung dar. Ihre Anwendung sollte sich auf kleinere Vorhaben beschränken, bei denen sich ein höherer Planungsaufwand nicht lohnt.

3.4.2 Risikokennzahlen und Sensitivitätsanalysen

Risikokennzahlen und Sensitivitätsanalysen dienen dazu, Risiken im Projektverlauf transparent zu machen. Folgende Möglichkeiten sind hierzu geeignet:

I   Risikokennzahlen, die bereits durch die Wirtschaftlichkeitsrechnung ermittelt wurden, beispielsweise die Amortisationsdauer sowie die Zeitdauer bis zum Erreichen der Gewinnschwelle oder eines positiven Cash Flows.
I   Für besonders unsichere Einflussgrößen werden kritische Grenzwerte ermittelt, bei deren Unter- bzw. Überschreiten ein Projekt unattraktiv wird (z B. die Absatzmenge oder der Preis, bei deren Unterschreiten der Kapitalwert Null wird).
I   Daneben kann auch untersucht werden, in welchem Umfang sich die Wirtschaftlichkeitszielgröße ändert, wenn man die unsicheren Einflussgrößen systematisch variiert (z. B. um wie viel Prozent sinkt der Kapitalwert bei einem gegenüber der Planung um 10 %, um 20 % etc. niedrigeren Verkaufspreis, vgl. Beispiel in Abbildung 1.13-V6).

Mithilfe dieser Analysen lassen sich Einblicke in den Umfang und die Struktur von Projektrisiken gewinnen. Dadurch kann die Unsicherheit von Entscheidungssituationen verringert werden. Allerdings sind damit keine Regeln zur Entscheidungsfindung verbunden. Hinweise darauf, welche Alternative zu wählen ist, werden nicht geliefert.

Ursache: Eine Änderung einer der folgenden Prämissen um 10 % führt ...	Wirkung: ... zu einer Änderung des Kapitalwerts um ...
Absatzpreis	122 %
Absatzmenge	94 %
Lohnsatz	40 %
Lohnstunden	53 %
Rohstoffpreise	12 %
Rohstoffmenge	15 %
Instandhaltung	4 %
Nutzungsdauer	20 %
Zinssatz	38 %
Resterlös	2 %

Abbildung 1.13-V6: Beispiel einer Variantenrechnung (SCHNELL, 2005: 498)

3.4.3 Wahrscheinlichkeitsschätzungen

Für besonders kritische Ereignisse oder Entwicklungen werden Eintrittswahrscheinlichkeiten ermittelt, aus denen statistische Erwartungswerte abgeleitet werden können.

 Beispiel Erwartungswert für ein F&E-Vorhaben

Für das Projekt aus Abschnitt 3.2.1 liege die Wahrscheinlichkeit für einen erfolgreichen Abschluss der Entwicklungsarbeiten bei 50 %. Nur bei einem erfolgreichen Entwicklungsergebnis werden die für die Fertigung erforderlichen Investitionen vorgenommen und das Produkt am Markt eingeführt. Nach Markteinführung liege die Wahrscheinlichkeit, dass die erwarteten Erträge erzielt werden, bei 80 %.

Der ursprünglich ermittelte Kapitalwert von 620 T€ setzt sich zusammen aus -400 T€ F&E-Ausgaben, die auf jeden Fall notwendig sind, -1.600 T€ Anlageinvestitionen, die nur mit 50 % Wahrscheinlichkeit notwendig werden, sowie +2.620 T€ Verkaufserträgen, die nur mit 40 % Wahrscheinlichkeit (0,5 * 0,8) erzielt werden. Das Projekt sollte unter diesen Bedingungen fallen gelassen werden, da sich für den Kapitalwert ein negativer Erwartungswert ergibt:

$$E = -400 - 0{,}5 * 1600 + 0{,}5 * 0{,}8 * 2.620 = -152 \text{ T€}$$

Das Risiko eines Vorhabens wird hier berücksichtigt, indem man die Wirtschaftlichkeitswerte in Höhe der mit ihnen verbundenen Unsicherheit reduziert und die so erhaltenen Erwartungswerte als Richtschnur zur Entscheidungsfindung nimmt. Die erforderlichen Eintrittswahrscheinlichkeiten lassen sich auf zwei Wegen ermitteln, die allerdings auch wieder mit Unsicherheiten verbunden sind:

1. Objektive Wahrscheinlichkeiten geben den Anteil erfolgreich durchgeführter Projekte an der Gesamtzahl aller vergleichbaren Projekte an. Sie können nur dann ermittelt werden, wenn in der Vergangenheit eine ausreichende Anzahl ähnlicher Projekte unter vergleichbaren Bedingungen durchgeführt wurde (z. B. F&E-Erfolgswahrscheinlichkeiten, Auftragswahrscheinlichkeiten im Projektgeschäft).
2. Subjektive Wahrscheinlichkeiten („Glaubwürdigkeitskennziffern") werden auf Basis subjektiver Erfahrungen und Überlegungen geschätzt und geben den Grad des Vertrauens in die erfolgreiche Durchführung eines Vorhabens an.

3.4.4 Best-Case- und Worst-Case-Betrachtungen

Bei Best-Case- und Worst-Case-Betrachtungen werden zusätzlich zu der für am wahrscheinlichsten gehaltenen Entwicklung zwei weitere Alternativen untersucht und durchgerechnet:

- Entwicklung unter besonders günstigen, aber noch realistischen Bedingungen (Best-Case, z. B. Boom/ Hochkonjunktur)
- Entwicklung unter besonders ungünstigen, aber noch realistischen Bedingungen (Worst-Case, z. B. Rezession/ Depression)

Diese Methode erfreut sich in der Praxis großer Beliebtheit, da damit die Bandbreite möglicher Zukunftsentwicklungen ausgelotet werden kann. Die Auswertung der Zukunftsalternativen kann so erfolgen, dass man von einem Investitionsprojekt auch unter ungünstigen Konstellationen eine bestimmte Mindestwirtschaftlichkeit fordert, die ggf. aber unterhalb der Mindestwirtschaftlichkeit unter günstigen Bedingungen liegen kann. Beispielsweise könnte in einem Rezessionsszenario mit einem niedrigeren Kalkulationszinsfuß abgezinst werden als in einem Aufschwungszenario, was auch der realen Zinsentwicklung nahe kommt. Eine andere Auswertungsmöglichkeit besteht darin, für die betrachteten Zukunftsalternativen Eintrittswahrscheinlichkeiten abzuschätzen und daraus einen Erwartungswert zu bestimmen. Neben dem Erwartungswert kann dabei auch die Bandbreite der Wirtschaftlichkeitskennwerte betrachtet werden.

Beispiel Für eine stark konjunkturabhängige Ersatzinvestition bestehen zwei technische Alternativen, für welche die in Abbildung 1.13-V7 angegebenen Kapitalwerte ermittelt wurden. Da der Erwartungswert beider Alternativen gleich groß ist, kann auf dieser Grundlage keine Entscheidung getroffen werden. Die Kapitalwerte von Alternative A streuen jedoch nur zwischen 500 und 900, die der Alternative B dagegen zwischen 200 und 1200. Alternative A weist damit eine geringere Unsicherheit auf und ist zu bevorzugen.

Szenario (Wirtschaftslage)	Subjektive Wahrscheinlichkeit	Kapitalwert Alternative	Kapitalwert Alternative B
Rezession	25 %	500	200
Trend	50 %	600	600
Aufschwung	25 %	900	1200
Erwartungswert		650	650

Abbildung 1.13-V7: Best-Case-/Worst-Case-Betrachtung (SEIBERT 1998: 267)

4 Strategisches Kostenmanagement

Seit den 1990er Jahren haben sich die Wettbewerbsbedingungen grundlegend verändert. Die zunehmende Globalisierung und die oftmaligen Kostenvorteile ausländischer Wettbewerber haben einen extremen Preiswettbewerb ausgelöst. Die steigende Automatisierung hat den Anteil planender, kontrollierender und koordinierender Tätigkeiten gegenüber rein ausführenden Tätigkeiten deutlich erhöht. Diese Entwicklung wird zusätzlich durch den Trend zu kundenindividuellen Produkten mit hoher Variantenanzahl und durch eine Verkürzung der Produktlebenszyklen verstärkt.

> **!** Der Anteil der Gemeinkosten beträgt dadurch oftmals mehr als 80 % der Gesamtkosten (HARDT ,2002: 2), wodurch die zur Kostenbeeinflussung erforderliche Transparenz weitgehend verloren geht. Zusätzlich werden die Kosten in hohem Ausmaß bereits in der Entwicklungs- und Konstruktionsphase festgelegt und können in der Absatzphase nur noch in geringem Umfang beeinflusst werden.

Hieraus ergeben sich neue Anforderungen an die Kostenrechnung, die auch für das Projektmanagement von Relevanz sind. Auf die Kosten muss so früh wie möglich Einfluss genommen werden. Im Projekt müssen damit neben den Kosten des Projekts selbst auch die aus dem Projekt resultierenden Kosten in späteren Lebenszyklusphasen betrachtet werden. Neben der Planung, Überwachung und Steuerung von Kosten sind auch die (meist längerfristigen) Kostengestaltungsmöglichkeiten zu untersuchen.

Um diesen gestiegenen Anforderungen gerecht zu werden, wurde die traditionelle, operative Kostenrechnung zu einem strategischen Kostenmanagement weiter entwickelt (vgl. HORVÁTH 2006). Im Folgenden soll dazu ein Überblick über die Hauptinstrumente des strategischen Kostenmanagements gegeben werden:

- das Lebenszykluskosten-Konzept (Life Cycle Costing),
- das Zielkostenmanagement (Target Costing),
- das Erfahrungskurvenkonzept sowie
- die Prozesskostenrechnung.

4.1 Lebenszykluskosten

Ausgelöst durch die hohen Folgekosten militärischer sowie luft- und raumfahrttechnischer Großprojekte, erkannte man in den Vereinigten Staaten in den 1960er Jahren, dass zur Kostenoptimierung technischer Systeme nicht nur deren Entwicklungskosten sondern auch deren spätere Produktions- und Betriebskosten zu betrachten seien (vgl. MADAUSS, 1994: 283). Diese Kosten werden zum großen Teil bereits zu Beginn der entsprechenden Entwicklungsprojekte festgelegt, fallen aber erst zu späteren Zeitpunkten an. Dann können sie aber nur noch in geringem Umfang beeinflusst werden.

Das Projektmanagement muss sich daher mit den Kosten (und Erlösen) für den gesamten Zeitraum von der ersten Produktidee bis zur Entsorgung eines Produkts befassen. Diese Kosten bezeichnet man als Lebenszykluskosten (auch Lebenswegkosten oder Life Cycle Costs genannt). Sie umfassen:

- Entwicklungskosten (einschließlich Prototypen und Erprobung),
- Investitionskosten für Anlagen und Betriebsmittel,
- Herstellungs- bzw. Selbstkosten des Produkts,
- Betriebskosten (Bedienung, Verbrauch, Wartung/ Reparatur etc.) ,
- Entsorgungskosten am Ende der Nutzungsdauer,
- Nutzungsdauer, auf die sich die Anschaffungskosten des Kunden verteilen.

Für den Auftragnehmer sind dabei nicht nur die bei ihm selbst anfallenden Kosten relevant, sondern auch die Lebenszykluskosten des Kunden, wenn dieser die bei ihm selbst anfallenden Nutzungs- und Entsorgungskosten in seinen Auftragsvergabeentscheidungen berücksichtigt (vgl. Abbildung 1.13-V8).

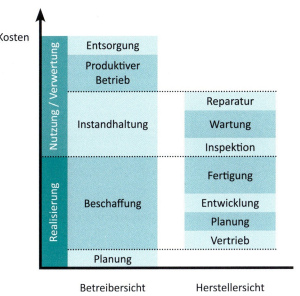

Abbildung 1.13-V8: Struktur der Lebenszykluskosten aus Kunden- und aus Herstellersicht (BURGHARDT, 1995: 262)

Ziel des Lebenszykluskostenmanagements (Life Cycle Costing) ist es, die Lebenszykluskosten zu erfassen und insgesamt zu minimieren. Dabei sollen insbesondere die Wechselbeziehungen zwischen den Anfangs- und Folgekosten von Projekten transparent gemacht werden. Beispielsweise können durch zuverlässigere Systemkomponenten häufig höhere Wartungs- und Reparaturkosten gespart werden, die sonst zu späteren Zeitpunkten anfallen würden. Nach MADAUSS (1994: 292ff) liegen die Haupttreiber der Lebenszykluskosten immer in den Anfangsphasen von Projekten und umfassen insbesondere:

- Mangelhafte Konzeptformulierung
- Mangelhafte Projektdefinition
- Überspezifikation
- Neigung zu technischem Perfektionismus
- Verspätete Einführung von Änderungen
- Übermäßige Dokumentationsanforderungen
- Ungenügender Gebrauch von Standardkonstruktionen und Geräten
- Verspätete Projektentscheidungen
- Vorgabe unrealistischer Plantermine
- Mangelhafte Leistungskontrolle

Diese Faktoren können meist durch eine intensivere Bearbeitung der Definitions- und Entwurfsphase gesenkt werden. Der zu Projektbeginn erhöhte Aufwand schlägt sich dabei in späteren Projekt- und Lebenszyklusphasen in reduzierten Realisierungs-, Erprobungs- und Wartungsaufwänden nieder („**Frontloading**", vgl. Abbildung 1.13-V9).

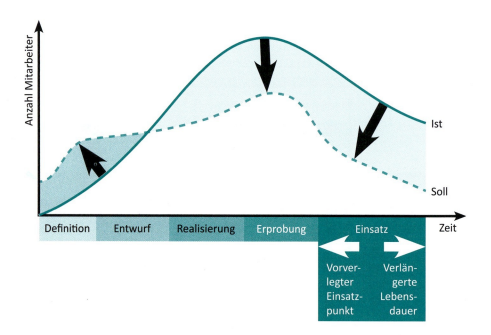

Abbildung 1.13-V9: Lebenszykluswirkung erhöhter Planungsaufwendungen („Frontloading")
(HAB & WAGNER, 2004: 65f)

Tipp EHRLENSPIEL, KIEWERT, & LINDEMANN (1998) geben folgende Hinweise, die stärker auf eine Kostensenkung in den weiteren Lebenszyklusphasen abzielen:
- verlustarme, zuverlässige und lebensdaueroptimale Konstruktionsprinzipien;
- niedrige einmalige Kosten anstreben (z. B. Aufstell-, Anlern- und Transportkosten);
- niedrige Betriebskosten anstreben durch Energieeinsparung, geringere Betriebs- und Hilfsstoffkosten, geringere Strömungsverluste etc;
- niedrigere Instandhaltungskosten durch Wartung mehrerer gleicher Maschinen zum gleichen Zeitpunkt und einfachere Wartungsmethoden ohne Spezialwerkzeuge;
- niedrigere Entsorgungskosten.

4.2 Target Costing

Zielkostenmanagement oder Target Costing ist eine Methodik zur systematischen Ausrichtung von Entwicklung, Fertigungsvorbereitung und Fertigung auf die vom Markt erlaubten Kosten eines Produkts oder eines Projekts. Während im traditionellen Projektmanagement die Projektkosten auf der Grundlage eines Pflichtenhefts- und eines Projektstrukturplans kalkuliert werden und daraus ein Preisangebot abgeleitet wird, geht das Target Costing den umgekehrten Weg: Ausgehend von der ursprünglichen Produktidee, wird ein Vermarktungskonzept mit Absatzmengenzielen ausgearbeitet und der dazu zulässige Preis festgelegt. Aus diesem Preis werden Zielkosten, die das Projekt maximal kosten darf, abgeleitet und auf die einzelnen Arbeitspakete umgelegt. Die Zielkosten der Komponenten und Einzelteile bilden dann eine mit hoher Priorität versehene Lastenheftvorgabe für die Entwickler. Es steht also nicht mehr die Frage im Vordergrund „Was wird das Produkt kosten?" sondern „Was darf das Produkt kosten?" (vgl. Abbildung 1.13-V10).

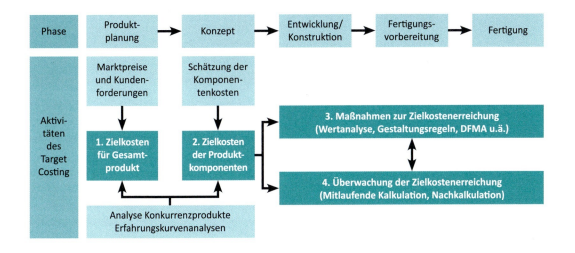

Abbildung 1.13-V10 Vorgehensweise des marktorientierten Zielkostenmanagements
(SEIBERT, 1998: 231)

Ausgehend von der Beschaffung von Markt-, Konkurrenz- und Kosteninformationen läuft das Zielkostenmanagement in folgenden Schritten ab (vgl. Abbildung 1.13-V10):

1. **Zielkostenbestimmung**
   Die verbreitetsten Möglichkeiten zur Bestimmung der Zielkosten für das Gesamtprodukt sind:
   - Durch Marktforschung (z. B. Conjoint Analyse) wird der von den Abnehmergruppen, an die das Produkt verkauft werden soll, akzeptierte Preis bestimmt. Aus dem am Markt erzielbaren Preis werden durch Abzug der erwarteten Gewinnspanne die Zielkosten abgeleitet (**„market into company"**).
   - Durch Wettbewerbsanalyse und Benchmarking (Reverse Engineering) werden die Zielkosten ermittelt, indem von den geschätzten Kosten der führenden Wettbewerber ein gegenüber diesen Firmen angestrebter Kostenvorteil abgezogen wird (**„out of competitor"**).
   - Durch interne Kostenanalysen werden die Zielkosten ermittelt, indem vom aktuellen Kostenniveau die in Zukunft aufgrund von Strukturveränderungen sowie Lern- und Erfahrungseffekten erwarteten Kostensenkungspotenziale abgezogen werden (**„out of company"**).
2. **Zielkostenspaltung**
   Um als Steuerungsgröße verwendbar zu sein, müssen die Zielkosten für das Gesamtprodukt in die erlaubten Kosten der einzelnen Produktfunktionen und Produktbestandteile aufgespalten werden. Als Instrument zur Kostenaufspaltung dienen spezielle **Funktionskostenmatrizen** und **Zielkostenkontrollindizes** (vgl. SEIDENSCHWARZ 1993; SEIBERT 1998: 233).
3. **Zielkostenmaßnahmen**
   Um die Zielkosten zu erreichen, sind Einsparpotenziale in allen Lebenszyklusphasen zu suchen. Dabei kommen die verschiedensten Instrumente und Konzepte zum Einsatz, wie insbesondere (vgl. SEIBERT, 1998: 230ff; BOGENSBERGER et al., 2006: 211):
   - Wertanalyse, Value Engineering,
   - Konstruktive Gestaltungsregeln (z. B. fertigungsgerechte Produktgestaltung, Baukastenkonstruktionen, vgl. Checkliste im Anhang),
   - Modular Sourcing, Variantenmanagement
   - Just in Time
   - Total Quality Management
   - Simultaneous Engineering
   - Prozessoptimierung, Benchmarking

Die **Wertanalyse** (WA) ist eine systematische Untersuchungsmethode, mit deren Hilfe die Funktionen eines Produkts oder einer Dienstleistung zu den niedrigst möglichen Kosten realisiert werden sollen, ohne dass Qualität, Zuverlässigkeit und Marktfähigkeit des Produkts negativ beeinflusst werden. Die wichtigsten, im Rahmen der Wertanalyse für Fertigungsprodukte immer wieder eingesetzten Maßnahmen sind:

- Reduzierung der Baugruppen- und der Teilezahl
- Kostengünstigere Materialien
- Günstigere Fertigungsverfahren
- Niedrigeres Gewicht durch Formänderungen
- Normteile statt Zeichnungsteile
- Entfeinerung von Toleranzen
- Kostengünstigere Oberflächen
- Fremdbezug statt Eigenfertigung

4. **Zielkostenüberwachung**

Zur Realisierung der Zielkosten erfolgt eine laufende Überwachung des erreichten Kostenstandes durch eine mitlaufende Kalkulation während der Realisierungsphase und regelmäßige Nachkalkulationen während der anschließenden Verwertungsphase.

4.3 Erfahrungskurveneffekt

Mithilfe des Erfahrungseffektes können langfristige Kostenentwicklungen prognostiziert werden. Der Erfahrungseffekt besagt, dass sich die auf die Wertschöpfung bezogenen, realen (inflationsbereinigten) Stückkosten mit jeder Verdoppelung der Erfahrung um einen bestimmten branchen- und produktspezifischen Prozentsatz (i.d.R. 10 - 30 %) senken lassen. Die Erfahrung wird dabei im Fertigungsbereich durch die seit Einführung eines Produkts insgesamt hergestellte, kumulierte Menge gemessen. In der grafischen Darstellung führt der Effekt zu einem degressiven Kostenverlauf über der kumulierten Menge. In der Regel erfolgt die Darstellung von Erfahrungskurven allerdings als Gerade auf einer doppellogarithmischen Skala (vgl. Abbildung 1.13-V11). Diese Darstellung lässt sich für Kostenprognosen einfach grafisch auswerten (zur mathematischen Kostenprognose des Erfahrungseffektes vgl. z. B. SEIBERT 1998: 224ff).

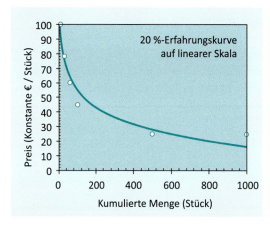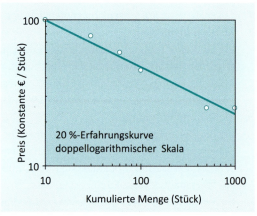

Abbildung 1.13-V11: Beispiel einer typischen Erfahrungskurve (SEIBERt, 1998: 223)

Der Effekt wurde erstmals zu Beginn des 20. Jahrhunderts in der Kleinserienfertigung (z. B. Flugzeugmontage) als „Lernkurve" für Fertigungszeiten und Fertigungskosten beschrieben. Erfahrungseffekte lassen sich jedoch für alle Kostenarten in einem Unternehmen, d. h. auch die Kosten von F&E, Vertrieb und Verwaltung, nachweisen. Am stärksten ausgeprägt sind sie bei komplexen, arbeitsintensiven Produktionsabläufen. Der Effekt wurde in einer großen Zahl empirischer Untersuchungen überprüft und bestätigt. Dabei wurden u. a. folgende Erfahrungsraten, teilweise über Zeiträume von mehreren Jahrzehnten, ermittelt (vgl. ABELL & HAMMOND, 1979: 110f; HEDLEY 1976):

Elektronische Komponenten	30 %
Kunststoffverarbeitung	25 %
Klimaanlagen	20 %
Elektrorasierer	20 %
Ferngespräche (Analogtechnik)	28 %
Eisenbahnen	27 %
Lebensversicherungen	3 %
Primärmagnesium	10 %

Kostensenkungen auf der Erfahrungskurve treten nicht von selbst ein, sondern müssen durch gezielte Maßnahmen realisiert werden. Der Erfahrungseffekt zeigt lediglich das dafür vorhandene Potenzial auf. Dem Effekt liegen zwei unterschiedliche Ursachen zugrunde (vgl. BOHR, 1996; HAX & MAJLUF, 1991: 137ff; SEIBERT 1987: 70ff):

- **Lern- und Verbesserungseffekte** beruhen direkt auf der zunehmenden Erfahrung mit dem betreffenden Produkt oder Prozess. Die wichtigsten Auslöser dafür sind:
  - Bessere Geschicklichkeit und rationellere Bewegungs- und Denkabläufe bei wiederholter Ausübung der gleichen Tätigkeit.
  - Aufdeckung und Beseitigung von Ineffizienzen im Betriebsablauf (z. B. rationellerer Informations- und Materialfluss, bessere Materialausnutzung, verringerte Ausschussraten, effizientere Wartungspläne etc.).
  - Technischer Fortschritt: Weiterentwicklung von Produkt- und Prozesstechnologien, insbesondere verbesserte Produktionsverfahren.

- **Betriebsgrößenersparnisse** („economies of scale"): Die Kosten steigen bei zunehmender Betriebsgröße in der Regel langsamer als die Kapazität bzw. das Produktionsvolumen des Betriebs. Die Einzelursachen dafür sind äußerst vielfältig:
  - Geringerer Investitionsbedarf pro Kapazitätseinheit bei größeren Anlagen: Die Kapazität einer Anlage steigt meist mit ihrem Volumen, die Investitionskosten jedoch nur mit der Oberfläche (insbesondere die materialbedingten Kosten, z. B. Kesseloberfläche). Daraus wird die **„Zwei-Drittel-Regel"** abgeleitet: Bei verdoppelter Kapazität steigt der Investitionsbedarf nur um den Faktor $2^{0,67}$, d. h. um etwa 60 %.
  - Verbesserte Spezialisierungsmöglichkeiten bei zunehmender Betriebsgröße (Arbeitsteilung und Arbeitsstandardisierung, z. B. Fließfertigung).
  - Einfachere Kapazitätsoptimierung zwischen mehreren Fertigungsstufen.
  - Gleich große Bedienmannschaft bei steigender Anlagengröße und Anlagenauslastung.
  - Ersparnisse durch zentralisierte Reservehaltung für Störfälle (Reservemaschinen, Ersatzteile, Reparaturpersonal, Lagerhaltung).
  - Sinkende Rüstkosten bei steigenden Losgrößen.
  - Mengenrabatte im Beschaffungsbereich.
  - Fixkostendegression: Mit zunehmender Auslastung einer vorhandenen Betriebskapazität können die fixen Kosten auf eine größere Stückzahl verteilt werden.
  - **Verbundkostenvorteile** („economies of scope"): Ersparnisse aus der gemeinsamen Nutzung von Produktionsfaktoren in Mehrproduktbetrieben, z. B. gemeinsame Nutzung von Technologie-,

Marketing- und Management-Know-how durch mehrere Geschäftsbereiche sowie bessere Auslastung von Maschinen und Anlagen.

Zur Analyse und Prognose des Erfahrungseffekts ist zwischen diesen beiden Ursachengruppen genau zu trennen. Bei Produkten, deren Erfahrungskurve primär auf Lern- und Verbesserungseffekten beruht, bilden TQM-Verbesserungsprogramme ein wichtiges Instrument zur Realisierung von Wettbewerbsvorteilen. Dabei ist darauf zu achten, dass das Know-how, auf dem die Kostensenkungen beruhen, dem Wettbewerb nicht zugänglich gemacht wird. Beispielsweise stellen viele Unternehmen ihre Werkzeuge selbst her, um spezielle Fertigungstechniken zu schützen, obwohl Spezialisten die Werkzeuge meist billiger zuliefern könnten. Beruht die Erfahrungskurve demgegenüber primär auf einer Betriebsgrößendegression, muss das Unternehmen massiv in die Erhöhung von Kapazitäten und Marktanteilen investieren, um einen Wettbewerbsvorsprung zu realisieren. Dieses Vorgehen führt allerdings nur dann zum Erfolg, wenn die Wettbewerber hohe Investitionen in große Anlagen nicht vornehmen wollen oder können. Andernfalls kann der gesamte Markt durch Überkapazitäten ruiniert werden.

4.4 Prozesskostenrechnung

Die Prozesskostenrechnung ist eine Weiterentwicklung der Kostenstellenrechnung, mit der eine verursachungsgerechtere Zuordnung der Gemeinkosten ermöglicht werden soll (vgl. HORVÁTH & MAYER, 1989). Hierbei werden die Gemeinkosten nicht mehr über die innerbetriebliche Leistungsverrechnung auf Kostenstellen verteilt, sondern betrieblichen Haupt- und Teilprozessen zugeordnet. Beispiele für solche Prozesse sind Angebotsbearbeitung, Auftragsabwicklung, Materialbeschaffung und Fakturierung. Den Prozessen werden ihre jeweiligen (Prozess-)Einzelkosten zugerechnet. Aus der Summe der (Prozess-)Einzelkosten wird der Prozesskostensatz ermittelt. Der Prozesskostensatz gibt die Kosten pro einmaliger Durchführung des Teilprozesses an (vgl. Abbildung 1.13-V12). So lassen sich Aussagen über die Kosten, beispielsweise einer durchschnittlichen Auftragsabwicklung oder einer durchschnittlichen Schadensbearbeitung, gewinnen.

HauptprozessBeschreibung	Cost Driver Bezeichnung	Prozessmenge	Kapazität (TA)	Prozesskosten	Prozesskostensatz
Antragsbearbeitung/ Polizierung Einzelunfall	Anzahl Anträge Einzelunfall	77.563	7,44	987.892	12,74
Antragsbearbeitung/ Polizierung Gruppenunfall	Anzahl Anträge Gruppenunfall	17.854	4,75	630.711	35,33
Antragsbearbeitung/ Polizierung Unfall mit BR	Anzahl Anträge Unfall mit BR	106.377	7,76	1.030.382	9,69
Vertragsänderung/Stornierung	Anzahl Verträge Änderungen/ Stornierungen	131.553	12,19	1.618.603	12,30
Vertragsbetreuung/Kundenbetreuung	Anzahl Verträge Bestand	1.425.74	49,10	6.519.557	4,57
Korrespondenzschaden Bearbeitung Unfall	Anzahl Korrespondenzschäden	43.745	59,81	7.941.644	181,54
Zahlschaden Direktion	Anzahl Zahlschäden	1.111	11,23	32.181	28,97
Zahlschaden Unfall	Anzahl Zahlschäden	17.069	7,04	934.780	54,6
Produktentwicklung Unfall			6,90	916.190	

Abbildung 1.13-V12: Hauptprozessübersicht einer Versicherung (RENDENBACH, 1997: 240)

Obwohl sie vor allem für repetitive (sich wiederholende) Tätigkeiten entwickelt wurde, ist sie auch für die Projektkostenrechnung interessant, da auch in Projekten viele Tätigkeiten Prozesscharakter aufweisen und indirekte Gemeinkosten häufig sehr viel höher sind als die direkt zurechenbaren Kosten. Beispielsweise kann die Prozesskostenrechnung wertvolle Informationen liefern, um zu entscheiden, ob eine Produktvariante für einen Kunden oder ein Marktsegment entwickelt werden soll. Im Gegensatz zur traditionellen Zuschlagskalkulation berücksichtigt sie hierbei, dass Produkte mit höherer Komplexität auch mit höheren Kosten belastet werden als weniger komplexe Produkte. Bei Projekten zur kundenspezifischen Entwicklung von Produktvarianten kann mithilfe der Prozesskostenrechnung nach Projektabschluss festgestellt werden, ob diese Sonderaufträge den erhofften Gewinn erbracht haben und mit den richtigen Gemeinkostenzuschlägen belastet wurden (vgl. SCHELLE et al., 2004: 229).

5 Zusammenfassung

Im Vertiefungswissen wird ein Überblick über die Themengebiete Finanzmittelmanagement, Wirtschaftlichkeitsrechnung und Strategisches Kostenmanagement gegeben.

Das Finanzmittelmanagement soll gewährleisten, dass das Unternehmen seinen Zahlungsverpflichtungen aus einem Projekt nachkommt. Außerdem sollen Ein- und Auszahlungsströme so terminiert werden, dass die erforderlichen Finanzierungskosten möglichst gering sind. Die damit verbundene Bereitstellung von projektexternen Finanzmitteln erfolgt in der Regel durch den Finanzbereich des betreffenden Unternehmens. Aufgabe des Projektmanagements ist, dazu eine Finanzmittelplanung zu erstellen und regelmäßig zu aktualisieren.

Mit Wirtschaftlichkeitsrechnungen wird die finanzielle Attraktivität von Projekten nachgewiesen. Für kleinere Projekte mit Laufzeiten unter zwei bis drei Jahren können einfachere, statische Verfahren eingesetzt werden, beispielsweise die Kosten- oder die Gewinnvergleichsrechnung, die Rentabilitätsrechnung und die Amortisationsrechnung. Für größere, langfristige Projekte müssen dynamische Verfahren verwendet werden, wobei das Kapitalwertverfahren am besten geeignet ist. Einen Mittelweg stellen die in F&E-Projekten verbreiteten Projektdeckungsrechnungen dar. Um wirtschaftliche Risiken transparent zu machen, sind Sensitivitätsanalysen und Best-Case-/Worst-Case-Betrachtungen am besten geeignet.

Ausgangspunkt des Strategischen Kostenmanagements ist die Erkenntnis, dass der größte Teil der späteren Produktkosten bereits in frühen Phasen eines Entwicklungsprojekts festgelegt wird. Die Kostengestaltung muss entsprechend früh ansetzen und die gesamten Lebenszykluskosten betrachten. Während sich das Lebenszykluskostenkonzept dabei hauptsächlich auf das „Frontloading", d.h. die fundiertere Projektbearbeitung in frühen Entwicklungsphasen, konzentriert, strebt das Target Costing eine gezielte Gestaltung der Kosten auf einen gewünschten Zielpreis hin an. Zur Prognose langfristiger Kostentrends können dabei zusätzliche Erfahrungskurvenanalysen durchgeführt werden. Aufgrund der immer höheren Gemeinkostenanteile gewinnt außerdem die Prozesskostenrechnung auch in Projekten zunehmend an Bedeutung.

6 Fragen zur Wiederholung

1	Erläutern Sie die Zusammenhänge zwischen Netzplantechnik, Kostenplanung und Finanzmittelplanung.	☐
2	Wodurch unterscheiden sich statische und dynamische Verfahren der Wirtschaftlichkeitsrechnung und wann werden diese beiden Verfahrensgruppen jeweils bevorzugt eingesetzt?	☐
3	Wie wird der Break-Even-Punkt ermittelt?	☐
4	Warum liefert die Amortisationsdauer nur eine unzureichende Aussage zur Wirtschaftlichkeit von Projekten?	☐
5	Warum ist bei den dynamischen Verfahren die Kapitalwertmethode der internen Zinsfussmethode vorzuziehen?	☐

6	Wonach richtet sich die Höhe des bei Kapitalwertverfahren eingesetzten kalkulatorischen Zinsfußes i?	☐
7	Wozu dienen Projektdeckungsrechnungen? Hauptmerkmale?	☐
8	Mit welchen Möglichkeiten können Risiken und Unsicherheiten in Wirtschaftlichkeitsrechnungen berücksichtigt bzw. transparent gemacht werden?	☐
9	Wie unterscheiden sich die Lebenszykluskosten eines technischen Systems aus Betreibersicht von denen aus Herstellersicht?	☐
10	Mit welchen Möglichkeiten können die Zielkosten eines Produkts bestimmt werden?	☐
11	Was sagt der Erfahrungskurveneffekt aus? Welche Ursachen liegen ihm zugrunde?	☐
12	Welchen Nutzen bringt die Projektkostenrechnung in Projekten?	☐

7 Checkliste

Funktion		
1	Kann die Funktion durch ein anderes Teil mit übernommen werden?	☐
2	Kann auf einzelne Teilfunktionen verzichtet werden?	☐
3	Kann die Funktion durch andere Verfahren oder mit anderen Mitteln erfüllt werden?	☐
4	Ist die Funktion für die Mehrzahl der Kunden notwendig?	☐
Konstruktive Gestaltung		
5	Können durch Änderung der Formgebung Materialkosten oder Bearbeitungskosten eingespart werden?	☐
6	Können einzelne Bauteile von Zulieferanten bezogen werden?	☐
7	Können Teile von anderen selbst gefertigten Erzeugnissen verwendet bzw. verwendbar gemacht werden?	☐
8	Können anstelle von Bauteilen Normteile verwendet werden?	☐
9	Zeigt das Teil Übergröße bei Nachkalkulation, bei Vergleich mit ähnlichen Teilen oder technischen Tests?	☐
Funktionsbedingte Eigenschaften		
10	Ist Entfeinerung bezüglich Toleranzen oder Passungen zulässig?	☐
11	Können sonstige funktionsbedingte Anforderungen herabgesetzt werden?	☐
12	Ist eine andere Oberflächenbeschaffenheit zulässig?	☐
13	Ist eine andere Oberflächenbehandlung möglich?	☐
Normung		
14	Kann das Teil durch ein Normteil ersetzt werden?	☐
15	Kann das Rohmaterial genormt werden?	☐
16	Kann das Teil von einem Normteil-Lieferanten vorteilhafter bezogen werden?	☐
17	Ist es vorteilhafter, ein Normteil als Rohteil zu verwenden?	☐
Material		
18	Ist Umstellung auf anderes Material oder eine andere Güteklasse des gleichen Materials möglich?	☐
19	Kann der Materialverbrauch durch kleinere Abmessungen des Fertigteils verringert werden?	☐

20	Kann der Abfall durch andere Bearbeitungsverfahren oder eine andere Form des Fertigteils verringert werden?	☐
21	Kann Abfall anderweitig verwendet werden?	☐
Einkauf		
22	Kann der Einkaufspreis durch andere Konditionen gesenkt werden?	☐
23	Kann ein günstigerer Lieferant gefunden wer-den?	☐
24	Kennt der Lieferant die Funktion des Teils?	☐
25	Kann der Lieferant Vorschläge zur Kostensenkung machen?	☐
26	Ist der Lieferant bereit, Wertanalyse anzuwen-den?	☐
27	Ist der Einkaufspreis gerechtfertigt im Vergleich zu ähnlichen Einkaufsteilen, zu den geschätzten Kosten im Werk des Lieferanten, zur Eigenfertigung?	☐
28	Ist Eigenfertigung wirtschaftlicher?	☐
Fertigung		
29	Gibt es für das Teil andere Fertigungsverfahren oder Produktionsmittel?	☐
30	Entspricht die technologische Auslastung des verwendeten Produktionsmittels dessen Leistungsvermögen?	☐
31	Können Rüstzeiten oder sonstige Stillstandszeiten des Produktionsmittels herabgesetzt werden?	☐
32	Können Fertigungskosten durch Einsatz anderer Werkzeuge oder Vorrichtungen verringert werden?	☐
33	Können Operationen entfallen oder gekürzt werden?	☐
34	Sind Einsparungen durch Work-Factor-Analysen (Arbeitsstudien) möglich?	☐
35	Können Kosten durch Mechanisierung oder Automatisierung gemindert werden?	☐
36	Können die anteiligen Kosten für Energieverbrauch, Raumkosten, Transportkosten gemindert werden?	☐
37	Können selbst gefertigte Teile wirtschaftlicher eingekauft werden?	☐
Kann Mehrverbrauch verringert werden durch:		
38	Maßnahmen im Bereich der Wareneingangskontrolle?	☐
39	Konstruktive Maßnahmen?	☐
40	Erleichterung funktionsbedingter Anforderungen?	☐
41	Entfeinerung der Toleranzen?	☐
42	Einsatz zweckdienlicherer Produktionsmittel?	☐
43	Bessere Arbeit an den Produktionsmitteln?	☐
44	Qualitätssteuerung und -kontrolle?	☐
45	Zweckmäßigere Prüfeinrichtungen?	☐
Können Mehrkosten vermieden werden durch:		
46	Änderung von Stückzahlen und Lieferfristen?	☐
47	Einschränken von Kleinserien und Kundensonderausführungen?	☐
48	Hergabe ausreichender Vorratsbestellungen auf gängige Erzeugnisse?	☐
49	Rechtzeitige, ausreichende Klärung der Kundensonderwünsche und internen Bestellunterlagen?	☐

Abbildung 1.13-V13: Checkliste zur Entwicklung von Kostensenkungsalternativen (nach AEG-Telefunken, SEIBERT, 1998: 235)

1.14a Beschaffungsprozess (Procurement)
Birgit Ester

Lernziele

Sie kennen

- die Bedeutung und die Kriterien der Lieferantenbewertung und können einzelne Bewertungskriterien zu einer Gesamtbewertung zusammenführen

Sie wissen

- welche Aufgaben das Beschaffungscontrolling erfüllt

Sie können

- differenzieren zwischen der Beschaffung von Verbrauchsmaterialien und der Beschaffung von Dienstleistungen und Investitionsgütern

Im folgenden Abschnitt werden die unterstützenden Prozesse der Beschaffung dargestellt: die Lieferantenbewertung und das Beschaffungscontrolling. Beide Instrumente helfen, den Beschaffungsprozess zu überwachen und zu bewerten und somit auch permanent verbessern zu können. Lernziel ist die Kenntnis über Aufgaben und Ziele sowie über die Gestaltungsmöglichkeiten der Lieferantenbewertung und des Beschaffungscontrollings.

Im letzten Kapitel wird kurz auf die Unterschiede im Beschaffungsprozess von Dienstleistungen und Investitionsgütern eingegangen.

Inhalt

1	Lieferantenbewertung	1687
1.1	Kriterien der Lieferantenbewertung	1687
1.1.1	Quantitative Bewertungskriterien	1687
1.1.2	Qualitative Bewertungskriterien	1688
1.2	Gesamtbewertung der Lieferantenleistung	1688
1.3	Verwendung der Lieferantenbewertung	1689
2	Beschaffungscontrolling	1689
3	Besonderheiten der Beschaffung von Dienstleistungen und Investitionsgütern	1690
4	Zusammenfassung	1690
5	Fragen zur Wiederholung	1690

1 Lieferantenbewertung

Die Lieferantenbewertung erfasst – im Gegensatz zur Lieferantenanalyse, die im Rahmen der Lieferantensuche gemacht wird – die Leistung eines Lieferanten in einer laufenden Lieferbeziehung. Zur Erstellung einer Lieferantenbewertung sind zunächst die Kriterien für die Bewertung und deren Gewichtung festzulegen und dann das durchzuführende Bewertungsverfahren.

1.1 Kriterien der Lieferantenbewertung

Zu den allgemeinen Daten, die im Rahmen der Lieferantenbewertung eruiert werden, gehören etwa die Umsatz- und Gewinnentwicklung des Lieferanten oder die Erlangung von Qualitätszertifikaten. Diese Daten werden aber nicht einer permanenten Bewertung unterzogen, sondern in längeren Zeitabständen erhoben und aktualisiert.

Im Gegensatz dazu sind die laufenden Lieferleistungen permanent zu überprüfen und auszuwerten. Dazu werden Daten aus dem Einkauf, aus dem Wareneingang, aus der Qualitätsprüfung und aus der Produktion benötigt. Die Leistungsmessung umfasst sowohl eindeutig messbare Kriterien als auch die qualitativen Aspekte der Zusammenarbeit.

1.1.1 Quantitative Bewertungskriterien

Zu den typischen Ausprägungen der konkreten und messbaren Lieferleistungen gehören zum Beispiel:

| Qualität der gelieferten Produkte:
| Termintreue
| Mengentreue
| Anteile Teillieferungen
| Preisentwicklung

Für die als relevant erachteten Bewertungskriterien sind Kennzahlen zu definieren, mit denen die Lieferleistung kontinuierlich beobachtet und bewertet werden kann. Für die Verwendung von Kennzahlen wird eine eindeutige Definition der Berechnungsformel benötigt. Nur wenn die Berechnungsgrundlage zwischen Abnehmer und Lieferant abgestimmt ist, können auf Basis der errechneten Kennzahlenwerte Gespräche über den Umgang mit den Ergebnissen der Lieferantenbewertung geführt werden. Abbildung 1.14a-V1 zeigt ein Beispiel für die Definition der Kennzahl Termintreue.

> **Lieferzuverlässigkeit / Termintreue (%)**
>
> $$\frac{\text{Anzahl termingerecht gelieferter Sendungen}}{\text{Gesamtzahl der Lieferungen}} \times 100$$
>
> **Beschreibung**
> Die Termintreue dient der Messung des Lieferservice des Lieferanten. Sie ist eine Unterkennzahl der Kennzahl Lieferzuverlässigkeit und bildet das Kriterium Termineinhaltung ab.
>
> **Berechnung**
> - Der Liefertermin wird tagesgenau angegeben und gemessen
> - Die Sendung gilt als eingegangen nach Wareneingang beim Kunden
> - Die Sendung gilt als termingerecht eingegangen, auch wenn sie nicht vollständig ist (die Einhaltung der bestellten Mengen wird mit der Kennzahl Mengentreue gemessen)
> - Abweichungen zwischen vereinbartem Liefertermin und tatsächlichem Liefertermin werden in Arbeitstagen gemessen

Abbildung 1.14a-V1: Beispiel für die Definition der Kennzahl Termintreue
(mit Veränderungen aus Luczak et al., 2004: 144)

1.1.2 Qualitative Bewertungskriterien

Schwieriger wird die Bewertung der Lieferantenleistungen in den „weichen" Bereichen. Dazu gehören die Bereiche Kommunikation, Kompetenz, Serviceleistungen, Innovationsfähigkeit und Know-how. Zunehmend wird auch der Aspekt des Insolvenzrisikos eines Lieferanten mit in die Bewertung aufgenommen. Diese weichen Kriterien können nicht anhand zum Beispiel der konkreten Ergebnisse der Qualitätsprüfung bewertet werden. Hier ist im ersten Schritt zunächst zu definieren, was man unter einer guten Kommunikation, Kompetenz etc. versteht. Ist es die telefonische Erreichbarkeit der Gesprächspartner oder die immer rechtzeitige Benachrichtigung bei Lieferproblemen? Es sind Indikatoren für die Messung der einzelnen Leistungsmerkmale zu definieren. So könnte etwa für die Erreichbarkeit der Ansprechpartner die Einrichtung einer 24-Stunden-Hotline für technische Fragen beim Lieferanten als Erfüllungskriterium definiert werden. Da nicht immer eindeutig feststellbare Indikatoren vorhanden sind, wird im Bereich der qualitativen Bewertung häufig auf die regelmäßige und systematische Befragung der eigenen Mitarbeiter zurückgegriffen. Dabei werden deren Erfahrungen bzgl. der Zusammenarbeit mit den Lieferanten erfasst (z. B. „Telefonische Erreichbarkeit des Lieferanten ist sehr gut/gut/mittel/schlecht/sehr schlecht") (vgl. Large, 2006.).

1.2 Gesamtbewertung der Lieferantenleistung

Zunächst ist für jedes Bewertungskriterium – qualitativ oder quantitativ – eine Messung durchzuführen. Das kann erfolgen durch die Ermittlung prozentualer Anteile eine Leistung. Zum Beispiel die Termintreue als prozentualer Anteil der pünktlichen Lieferungen an der Gesamtzahl der aller Lieferungen des Betrachtungszeitraums (vgl. Abbildung 1.14a-V1). Es können für eine zu bewertende Leistung auch Punkte vergeben werden (etwa zwischen 1 und 10, wobei 10 die beste Punktzahl ist) oder Noten.

Um zu einer Gesamtbewertung der Lieferantenleistung zu kommen, müssen nun die Teilleistungen bei den einzelnen Bewertungskriterien zusammengeführt werden zu einer Gesamtbeurteilung. Dabei können Scoring-Modelle auf Basis von Noten- oder Punktesystemen eingesetzt werden (vgl. Hartmann, 2002). Punkt- oder Notenbewertungen können in Scoringmodellen direkt verwendet werden. Prozentuale Kennzahlen oder qualitative Bewertungen, wie z. B. „hohe Kompetenz der Ansprechpartner", müssen zunächst in eine Punkt- oder Notenbewertung überführt werden. Dazu ist die Zuordnung der erreichten Leistungen zu Punkten oder Noten eindeutig festzulegen (z. B. eine Termintreue von 95 %

ergibt 8 Punkte von maximal 10 erreichbaren Punkten). Die Punkt- oder Notenwerte der einzelnen Kriterien können nun zu einer Gesamtbewertungszahl addiert werden. Damit erhält man für jeden Lieferanten eine Gesamtbewertung und innerhalb der Lieferanten ein Ranking.

Bei der Zusammenführung der Bewertung in einem Scoring-Modell können die einzelnen Kriterien auch unterschiedlich gewichtet werden. So könnte etwa die Termintreue eines Lieferanten als besonders wichtig angesehen werden und deshalb mit einem hohen Gewichtungsfaktor versehen werden. Dann werden die Bewertungen der Einzelkriterien multipliziert mit dem Punkt- oder Notenwert und dann wird die Summe als Gesamtbewertung ermittelt (vgl. die Vorgehensweise in Abbildung 1.14a-V1 dieses Beitrags).

1.3 Verwendung der Lieferantenbewertung

Die Durchführung einer regelmäßigen und systematischen Lieferantenbewertung stellt einen hohen Aufwand im Unternehmen dar. Sie dient folgenden Zwecken: zum einen wird die Leistung eines Lieferanten transparent und im Unternehmen kann mittels dieser Bewertung entschieden werden über eine weitere Zusammenarbeit mit dem Lieferanten. Zum anderen sollte die Bewertung dem Lieferanten kommuniziert werden und in regelmäßigen Zeitabständen besprochen werden. Nur dann erfüllt sie ihren weiteren Zweck: die gemeinsame Weiterentwicklung der Lieferantenleistung. Über das Feedback zu seiner Leistung erkennt der Lieferant zum einen die Erwartungshaltungen seiner Kunden und zum anderen seine Bewertung. Damit kann er gezielte Maßnahmen zur Leistungsverbesserung einleiten.

Bei der Arbeit mit Lieferantenbewertungen sollte darauf geachtet werden, dass diese eine Konstanz im Zeitablauf benötigen. D.h. das einmal gewählte Bewertungsverfahren und die definierten Grenzwerte sollten über längere Zeit unverändert beibehalten werden, damit die Entwicklung der Lieferantenleistung erkennbar wird.

2 Beschaffungscontrolling

Das Beschaffungscontrolling dient der Informationsversorgung zur Planung, Steuerung und Kontrolle der Beschaffungsprozesse. Es verweist zurück auf die Ziele und Aufgaben der Beschaffung, deren Erreichung mittels Controlling gemessen und unterstützt werden soll. Dabei unterscheiden sich die zur Verfügung zu stellenden Kennzahlen und Informationen bzgl. ihrer Aggregation für operative und strategische Beschaffungsaufgaben. Konkret verantwortet das Beschaffungscontrolling folgende Aufgaben:

- **Berichtswesen**
  Um die Beschaffungsressourcen auf diejenigen Beschaffungsobjekte und Lieferanten mit den größten Verbesserungs- und Einsparungspotentialen zu konzentrieren, stellt das Berichtswesen zum einen die Ergebnisse differenzierender Analysen, wie etwa der ABC-, XYZ-Analyse oder der Lieferantenbewertung, zur Verfügung. Zum anderen werden regelmäßig Kennzahlen und aggregierte Übersichten zum Monitoring der Beschaffungsprozesse bereitgestellt.
- **Bereitstellung von Beschaffungsinformationen**
  Die relevanten Daten und Ergebnisse aus der Beschaffungsmarktforschung, aus den Lieferantenbewertungen und aus Vertragsabschlüssen sind den Nutzern in der benötigten Verdichtung und Darstellungsform zur Verfügung zu stellen.

- **Koordination dezentraler Beschaffungsstrukturen**
  Um bei verteilten Beschaffungsaufgaben Synergieeffekte, wie etwa die Konsolidierung von Bedarfen auf abgeschlossene Rahmenverträge oder die Bewertung von Lieferantenleistungen an verschiedene Werke, zu ermöglichen, müssen Informations- und Kommunikationssysteme geschaffen werden, die als übergreifendes Gesamtsystem die Koordination einzelner Beschaffungseinheiten übernehmen.
- **Messung der Beschaffungsleistung**
  Die Aufgabenerfüllung und die Erreichung der definierten Ziele der Beschaffung sind zum einen gegenüber den anderen Unternehmensbereichen darzustellen und zum anderen für das Monitoring und die Steuerung der eigenen Arbeitsleistung zu verwenden. Im operativen Beschaffungsbereich gehören dazu Kenngrößen, wie etwa der Lagerumschlag/Kapitalbindung, die Bestellkosten oder die Zuverlässigkeit der Versorgung mit den benötigten Einsatzstoffen. Im strategischen Bereich gehören dazu etwa die Rahmenvertragsquote, die Preisentwicklungen, die erzielten Verbesserungen im Lieferservice oder in der Qualität der gelieferten Güter.

3 Besonderheiten der Beschaffung von Dienstleistungen und Investitionsgütern

Die Beschaffungsprozesse für Dienstleistungen und Investitionsgütern sind durch ihre Individualität gekennzeichnet: es sind vor allem die Kompetenzen der Einkäufer maßgeblich für den Beschaffungserfolg, eine routinemäßige, wirtschaftliche Abarbeitung der Beschaffungsprozesse wie bei laufenden Verbrauchsmaterialien ist kaum möglich. In vielen Unternehmen existieren genaue Regelungen zur Genehmigung von Beschaffungsanträgen, die nach Beschaffungsobjekten und -werten differenziert sind. Bei großen Investitionsprojekten ist eine detaillierte Investitionsplanung durchzuführen.

Für die Formulierung der konkreten Bedarfe und der vertraglichen Ausgestaltungen ist eine besonders enge Abstimmung zwischen dem anfordernden Fachbereich und dem Einkauf erforderlich. Ein geeignetes Mittel für die Formulierung der Leistungsanforderungen sind hier Lasten- und Pflichtenhefte. Auf deren Basis können Angebote eingeholt und - aufgrund oftmals komplexer Leistungspakete - in enger Zusammenarbeit mit der Fachabteilung beurteilt und verglichen werden. Für den gesamten Beschaffungsprozess hat der Einkauf eine koordinierende Rolle zwischen Fachabteilung und Beschaffungsmarkt.

4 Zusammenfassung

Im vorliegenden Abschnitt wurden die qualitativen und quantitativen Kriterien der Lieferantenbewertung, wie z. B. die Termin- und die Mengentreue und die Kompetenz der Ansprechpartner, vorgestellt. Es wurde aufgezeigt, wie aus den einzelnen bewerteten Leistungskriterien eine Gesamtbewertung des Lieferanten erstellt werden kann.

Für das Beschaffungscontrolling wurden eine Übersicht über die unterschiedlichen Aufgabenbereiche und Hinweise auf einzelne Instrumente des Beschaffungscontrollings gegeben.

5 Fragen zur Wiederholung

1	Was sind qualitative und quantitative Kriterien der Lieferantenbewertung?	☐
2	Wie kann die unterschiedliche Bedeutung einzelner Bewertungskriterien in der Lieferantenbewertung abgebildet werden?	☐
3	Welche Aufgaben hat das Beschaffungscontrolling?	☐

1.14b Die rechtlichen Grundlagen der Beschaffung: Verträge (Contract)

Angela Knauer

Lernziele

Sie kennen

- die Möglichkeiten, um einen abgeschlossenen Vertrag beweisen zu können
- das Problem der Kollision von Allgemeinen Geschäftsbedingungen und wissen, wie dieses zu lösen ist

Sie wissen

- wie ein Vertrag im Internet abgeschlossen wird
- wie viel Zeit im Internet für die Annahme eines Vertragsangebots zur Verfügung steht
- welche Regelungen in Allgemeinen Geschäftsbedingungen üblicherweise getroffen werden
- was erforderlich ist, damit Allgemeine Geschäftsbedingungen in den Vertrag einbezogen werden
- was zu tun ist, wenn neu gefasste Allgemeine Geschäftsbedingungen in eine laufende Geschäftsbeziehung eingeführt werden sollen
- welches Recht bei Verträgen mit Auslandsberührung zur Anwendung gelangen kann und kennen Möglichkeiten, um das im Einzelfall gewollte Recht zur Anwendung zu bringen
- in welchen Fällen UN-Kaufrecht zur Anwendung gelangt
- wie Verträge, die dem UN-Kaufrecht unterliegen, abgeschlossen werden

Inhalt

1	Einleitung	1693
2	Vertragsschluss im Internet (E-Procurement)	1693
3	Beweisbarkeit des Vertragsschlusses	1694
4	Einbeziehung von Einkaufsbedingungen in den Vertrag	1695
4.1	Voraussetzungen der Einbeziehung von AGB in den Vertrag	1695
4.2	Einbeziehung von AGB bei kaufmännischem Bestätigungsschreiben	1695
4.3	AGB bei laufenden Geschäftsbeziehungen	1696
4.4	Hinweis auf die Einkaufsbedingungen in der Annahme	1696
4.5	Allgemeine Geschäftsbedingungen auf beiden Seiten	1696
5	Verträge mit Auslandsberührung	1697
5.1	Anwendbares Recht	1697
5.1.1	Rechtswahl	1697
5.1.2	Fehlende Rechtswahl	1698
5.2	UN-Kaufrecht	1698
5.2.1	Inhalt des UN-Kaufrechts	1698
5.2.2	Vertragsschluss nach UN-Kaufrecht	1699
5.3	Vergleich von UN-Kaufrecht und deutschem Recht	1700
6	Zusammenfassung	1700
7	Fragen zur Wiederholung	1701

1 Einleitung

Vertragsabschlüsse unter Nutzung des technischen Mediums Internet sind heute fast alltäglich. Häufig wird der Vertragsschluss über das Internet auch nur vorbereitet, indem die Verhandlungen auf elektronischem Weg geführt werden. Es ist daher erforderlich, die rechtlichen Besonderheiten zu kennen. Ferner sollte eine Vertragspartei in der Lage sein, den Vertragsschluss und dessen Inhalte zu beweisen.

Allgemeine Geschäftsbedingungen sollen üblicherweise Anwendung finden. Sie werden aber nicht automatisch in den Vertrag einbezogen. Damit Allgemeine Geschäftsbedingungen in den Vertrag einbezogen werden, müssen bestimmte Voraussetzungen erfüllt sein, die im Folgenden dargestellt werden.

Schließlich beschäftigt sich dieser Teil mit Verträgen mit Auslandsberührung und deren Konsequenzen für das anwendbare Recht.

2 Vertragsschluss im Internet (E-Procurement)

Der Vertragsschluss unter Nutzung des technischen Mediums Internet weist wenig Besonderheiten auf. Immer kommt ein Vertrag durch Angebot und Annahme zustande. Die beiden Willenserklärungen werden dadurch abgegeben, dass die Vertragsparteien diese in der dafür vorgesehenen Art und Weise eingeben und an die andere Vertragspartei absenden. Demnach macht es keinen Unterschied, ob der Austausch der Willenserklärungen per E-Mail erfolgt oder ob die Bestellung aufgrund einer Datenbank mit interaktivem Zugriff und unmittelbarer Bestellmöglichkeit erfolgt (vgl. KITTNER, 2003). Die jeweilige Willenserklärung wird per Mausklick abgegeben.

Waren, die ein „Anbieter" auf seiner Homepage präsentiert, sind nicht als bindendes Vertragsangebot anzusehen. Es handelt sich lediglich um eine Einladung zur Abgabe von Angeboten, sodass das bindende Angebot vom Abnehmer ausgeht. (vgl. hierzu die grundsätzlichen Ausführungen im Basisteil 4.3.2). Ein Verkäufer/Hersteller will sich mit seiner Online-Warenpräsentation nicht rechtlich binden. Vor Vertragsschluss möchte er zunächst seine eigene Lieferfähigkeit und die Bonität seines Kunden prüfen.

Ausnahmsweise kann die Online-Präsentation ein verbindliches Angebot sein, wenn etwa in einer bestehenden Geschäftsbeziehung ein automatisiertes Buchungs- und Bestellsystem eingesetzt wird (vgl. LANGE, 2007).

In der Regel kommt der Vertrag allerdings durch die Bestellung des Abnehmers (Angebot) und die Auftragsbestätigung des Lieferanten (Annahme) zustande. Die Annahme kann online durch eine Bestätigungsanzeige, durch E-Mail oder aber spätestens durch Lieferung der bestellten Ware erfolgen.

Hat der Abnehmer die Bestellung – sein Angebot – online vorgenommen, so steht dem Lieferanten für die Annahme nicht unbegrenzt Zeit zur Verfügung. Insofern gilt auch hier nichts anderes, als im Grundlagenteil 5.2.1 dargestellt. Die Annahme kann nur bis zu dem Zeitpunkt wirksam erfolgen, wie der Anbietende den Eingang einer Antwort unter regelmäßigen Umständen erwarten kann, § 147 Absatz 2 BGB. Maßgebend sind drei Zeitspannen: die Zeit zwischen Absendung und Zugang des Angebots beim Lieferanten, eine angemessene Frist zur Überlegung und Bearbeitung durch diesen sowie die Zeit zur Übermittlung der Annahmeerklärung an den Abnehmer. Sofern Angebot und Annahme innerhalb der üblichen Geschäftszeiten versandt werden, entfällt aufgrund der Schnelligkeit des Mediums allerdings für beide die Übermittlungszeit. Die Situation ist vergleichbar mit dem Telefax, sodass ein Zeitraum von maximal zwei Tagen für den Eingang der Annahmeerklärung (Auftragsbestätigung) anzunehmen ist.

Wird ein automatisiertes Buchungs- und Bestellsystem verwendet, so wird auch die Überlegungs- und Bearbeitungsfrist entfallen, sodass selbst zwei Tage für den Eingang der Annahmeerklärung zu lang sind (vgl. KITTNER, 2003). Geht die Erklärung verspätet ein, gilt § 150 Abs.1 BGB, sodass die verspätete Annahme in ein neues Angebot umgedeutet wird. Gleiches gilt, sofern die Annahme unter Veränderungen gegenüber dem Angebot erfolgt, § 150 Abs.2 BGB (vgl. hierzu im Grundlagenteil 5.2.3).

In dem Fall, dass der Lieferant das Angebot ausnahmsweise nicht durch eine Auftragsbestätigung, sondern durch Lieferung der bestellten Ware annimmt, fehlt es in der Regel an der Einhaltung der notwendigen Frist von zwei Tagen für die Annahme. Die Ware wird den Kunden häufig zu einem späteren Zeitpunkt erreichen. Für diese Situation hat der Gesetzgeber eine Sonderregelung normiert, wonach der Vertrag bereits durch die Betätigung des Annahmewillens durch den Lieferanten zustande kommt, in dem er die Ware beispielsweise zum Versand an den Kunden fertig macht (§ 151 BGB) und nicht erst mit Erreichen des Abnehmers. Die Annahme ist dann rechtzeitig, sofern sie innerhalb des Zeitrahmens erfolgt, den der Abnehmer erwartet, der also dem mutmaßlichen Willen des Kunden entspricht (vgl. PALANDT, 2007).

Beispiel Unternehmen A kauft im Rahmen eines automatisierten Bestellsystems regelmäßig Ware bei Lieferant B. Eine Auftragsbestätigung durch B erfolgt nicht. A erhält die Warenlieferung drei bis vier Werktage später. Der Vertrag kommt hier jeweils durch die Versendung der Ware zustande.

3 Beweisbarkeit des Vertragsschlusses

Sowohl im Hinblick auf das Angebot als auch im Hinblick auf die Annahme können sich Beweisprobleme ergeben. So kann der Abnehmer aufgrund eines verbindlichen Angebots eine Bestellung vorgenommen haben, aber keine Ware erhalten haben. Behauptet jetzt der Lieferant, dass ihm die Bestellung nicht vorliege, so will der Abnehmer den Lieferanten für einen hieraus resultierenden Produktionsausfall gegebenenfalls in Regress nehmen. Auf der anderen Seite kann es Meinungsverschiedenheiten über den Inhalt des geschlossenen Vertrags geben, hinsichtlich des vereinbarten Preises, der Liefermenge, des Liefertermins etc. Diese Probleme können auftreten, sofern die Vertragsbedingungen nicht sämtlich schriftlich fixiert wurden oder aufgrund mündlicher Verhandlungen eine Partei der anderen Partei ein Bestätigungsschreiben übersandt hat, die andere Partei aber behauptet, dieses nicht erhalten zu haben (zum kaufmännischen Bestätigungsschreiben vgl. im Grundlagenteil 5.2.5).

Nach allgemeinen prozessualen Grundsätzen trägt für den Zugang einer Willenserklärung derjenige die Beweislast, der sich hierauf beruft. Der Abnehmer, der die Bestellung vorgenommen hat, muss also ebenso wie der Absender des Bestätigungsschreibens beweisen, dass diese den Empfänger erreicht hat. Bei einem einfachen Brief lässt sich dieser Nachweis nur führen, wenn der Absender sich den Empfang z. B. telefonisch hat bestätigen lassen. Genauso ist es bei einem Telefax, bei einer Erklärung per E-Mail oder einer Bestellung im Rahmen eines automatisierten Bestellsystems. Nach der Rechtsprechung nützt der Sendebericht des Telefaxgerätes nichts. Er erbringt wegen möglicher technischer Fehler und Manipulationsmöglichkeiten nicht den Nachweis, dass das Schreiben beim Empfänger eingegangen ist. Für den elektronischen Geschäftsverkehr ist die Situation vergleichbar. Der Absender kann hier beispielsweise die Meldung erhalten, dass die Erklärung eingegangen ist, oder es wird ihm sogar der Abruf durch den Empfänger mitgeteilt bzw. eine Lesebestätigung zugesandt. All dies wird ihm dennoch nicht den unangreifbaren Nachweis ermöglichen, dass der Empfänger die Erklärung erhalten hat. Auch im Internet gibt es eindeutig Fehlerquellen und Manipulationsmöglichkeiten (vgl. LANGE, 2007).

Gegen diese Unwägbarkeiten kann sich der Erklärende leicht schützen, in dem er zum Beispiel fernmündlich den Eingang seiner Erklärung erfragen lässt oder eine schriftliche Eingangsbestätigung erbittet.

Tipp Die von beiden Parteien unterzeichnete Vertragsurkunde ist der beste Nachweis sowohl für den geschlossenen Vertrag als auch für dessen Inhalte. In allen anderen Fällen sollte die eigene Beweislage dadurch abgesichert werden, dass der Vertragsinhalt in einem Schriftstück festgehalten ist, dessen Eingang beim Empfänger durch Rückfrage oder Eingangsbestätigung bewiesen werden kann.

4 Einbeziehung von Einkaufsbedingungen in den Vertrag

Nahezu jedes Unternehmen benutzt Allgemeine Geschäftsbedingungen (AGB). Für das einkaufende Unternehmen ist die Einbeziehung der eigenen Allgemeinen Einkaufsbedingungen in den Vertrag gewollt. Diese enthalten insbesondere Aussagen über den Vertragsschluss, Kosten für Versicherungen, Zurücknahme von Verpackungen, Haftung des Lieferanten bei Falschlieferungen und mangelhaften Lieferungen, Zahlungsbedingungen, Konsequenzen bei Nichteinhaltung von Lieferterminen etc. Wichtig ist die Benutzung von AGB deshalb, weil das Gesetz im Falle von Problemen bei der Abwicklung des Vertrags zwar Regelungen bereithält, diese spiegeln die eigene Interessenlage aber häufig nicht ausreichend und können in AGB daher zum eigenen Vorteil verändert werden. An anderen Stellen sieht das Gesetz keinerlei Regelung vor und überlässt die interessengerechte Lösung der Fragestellung damit ganz der Gestaltungsfreiheit der Parteien.

4.1 Voraussetzungen der Einbeziehung von AGB in den Vertrag

Damit AGB im Rahmen des Vertrags gelten, müssen sie wirksam in den Vertrag einbezogen werden. Mit dem Vertragspartner muss hierfür eine Einigung über die Geltung der Einkaufsbedingungen erzielt werden. Die Situation ist nicht anders als bei der Einbeziehung einzelner Vertragsinhalte, der Vereinbarung des Preises etc.

Eine Einbeziehung in den Vertrag lässt sich einleiten, indem der Abnehmer bei der Bestellung auf die Geltung seiner Einkaufsbedingungen ausdrücklich hinweist und diese der Bestellung beigefügt sind. Erfolgt in der Bestellung lediglich ein Hinweis auf die AGB, ohne dass diese beiliegen, müssen die AGB dem Lieferanten auf Nachfrage übersendet werden. Wenn der Lieferant der Geltung der AGB in seiner Auftragsbestätigung nicht widerspricht, erklärt er sich schlüssig mit deren Geltung einverstanden. Diese sind sodann Vertragsbestandteil geworden (vgl. PALANDT, 2007).

Nicht in den Vertrag einbezogen werden AGB dann, wenn erst in Dokumenten, die dem Vertragsschluss nachfolgen, der Hinweis auf die AGB erfolgt oder diese übersandt werden. Dann ist eine Einbeziehung in den Vertrag nur noch möglich, indem der bereits abgeschlossene Vertrag abgeändert wird, wofür ein ausdrückliches Einverständnis des Vertragspartners erforderlich ist. Dieses wird er häufig jedoch nicht geben.

4.2 Einbeziehung von AGB bei kaufmännischem Bestätigungsschreiben

Folgt dem mündlich oder fernmündlich abgeschlossenen Vertrag ein Bestätigungsschreiben nach, so ist eine Einbeziehung in den Vertrag dadurch möglich, dass dem Bestätigungsschreiben die AGB beigefügt werden oder zumindest ein Hinweis hierauf erfolgt. Denn nach den im Grundlagenteil beschriebenen Grundsätzen hat ein unwidersprochenes Bestätigungsschreiben rechtserzeugende Wirkung, bewirkt also eine Abänderung des abgeschlossenen Vertrags auf den Inhalt des Bestätigungsschreibens (vgl. PALANDT, 2007).

4.3 AGB bei laufenden Geschäftsbeziehungen

In laufenden Geschäftsbeziehungen können AGB weiterhin zur Geltung gelangen, sofern sie zu Beginn der Geschäftsbeziehung wirksam in den Vertrag einbezogen wurden. Die AGB sind dann Vertragsbestandteil auch der Folgegeschäfte. Dies selbst dann, wenn bei den Folgegeschäften ein Hinweis auf die Geltung der AGB unterbleibt. Allerdings setzt eine solche automatische Einbeziehung voraus, dass von Anfang an auf beiden Seiten der erkennbare Wille vorhanden ist, in Zukunft miteinander nicht nur unregelmäßig Geschäfte vorzunehmen. Der erste Vertrag, bei dem die AGB ausdrücklich erwähnt wurden, muss also eindeutig mit Blick auf Folgegeschäfte abgeschlossen worden sein, etwa indem lange Preisverhandlungen im Hinblick auf ständig benötigte Waren vorangingen (vgl. WESTPFALEN, 2003).

Klarer und eindeutiger ist allerdings eine ausdrückliche Vereinbarung über die Geltung der Einkaufsbedingungen im voraus für alle Folgegeschäfte, wie § 305 Abs.3 BGB es ausdrücklich zulässt. Dabei reicht es aus, wenn diese Abrede zu Beginn der Geschäftsbeziehung einmal getroffen wurde.

Tipp Empfehlenswert ist es, bei der Aufnahme neuer Geschäftsbeziehungen die Geltung der eigenen Einkaufsbedingungen im vorhinein für alle Folgegeschäfte schriftlich zu vereinbaren.

AGB werden üblicherweise in regelmäßigen Zeitabständen überarbeitet und einer veränderten Gesetzes- oder Interessenlage angepasst. In laufenden Verträgen kommen diese Neufassungen nicht zum Tragen, da sie bei Abschluss des Vertrags nicht einbezogen wurden. Kommt es mit derselben Vertragspartei zu Folgegeschäften, so ist ein ausdrücklicher Hinweis vor Abschluss des Neuvertrags erforderlich, damit die Neufassung der AGB in den Neuvertrag und in Folgeverträge Eingang findet. Eine Zusendung geänderter AGB ist überdies sinnvoll. Setzt die Vertragspartei die Geschäftsbeziehung dann durch den Abschluss neuer Verträge fort, wird dies als schlüssiges Einverständnis in die Geltung der abgeänderten AGB gewertet (vgl. PALANDT, 2007).

4.4 Hinweis auf die Einkaufsbedingungen in der Annahme

Sofern das verbindliche Angebot vom Lieferanten ausgeht und die Bestellung unter Hinweis auf die Einkaufsbedingungen vorgenommen wird, ändert die Bestellung (Annahme) das Angebot inhaltlich ab. Gemäß § 150 Absatz 2 BGB stellt eine Annahme unter Veränderungen ein neues Angebot dar. Der Lieferant hat es damit in der Hand, ob er die Annahme erklärt und so den Vertrag zustande bringt. Nimmt er hierauf die Lieferung vor, gilt das als schlüssiges Einverständnis mit den Bedingungen gemäß der Bestellung.

4.5 Allgemeine Geschäftsbedingungen auf beiden Seiten

Häufig entsteht das Problem der Kollision von AGB. Beide Vertragspartner, der Abnehmer und der Lieferant, benutzen AGB und möchten diese zum Vertragsinhalt machen. Der Abnehmer verweist etwa in seiner Bestellung auf seine Einkaufsbedingungen und der Lieferant in der Auftragsbestätigung auf seine Verkaufsbedingungen. Die Parteien können nun eine ausdrückliche Einigung darüber erzielen, welche AGB dem Vertrag zugrunde gelegt werden. Dies erfolgt aber häufig nicht. Stattdessen wird der Vertrag vollzogen, ohne dass die Parteien geregelt hätten, welche AGB gelten sollen.

Die Rechtsprechung löst einen solchen Fall mit dem Prinzip der Kongruenzgeltung (vgl. PALANDT, 2007). Es wird ein Vergleich beider AGB-Klauseln vorgenommen. Nur diejenigen Klauseln, die nicht im Widerspruch zueinander stehen, werden Vertragsbestandteil. Soweit sich die AGB allerdings widersprechen, was aufgrund der gegensätzlichen Interessen gerade in wichtigen Punkten der Fall ist, z. B. bei unterschiedlichen Regelungen über die Verjährung von Mängelansprüchen oder Konsequenzen im Falle eines

Lieferverzugs, werden sie nicht Vertragsbestandteil. Statt ihrer gilt das Gesetzesrecht. Dies ist für den Abnehmer tendenziell günstiger als für den Lieferanten, da das BGB käuferfreundlich ist.

Tipp Verwendet auch der Vertragspartner AGB, sollte eine ausdrückliche Einigung darüber erzielt werden, welche AGB dem Vertrag zugrunde gelegt werden. Anderenfalls ist die Konsequenz diejenige, dass gerade die für den Einkäufer wichtigen Bestimmungen seiner Einkaufsbedingungen nicht Vertragsbestandteil werden. Denn gerade diese Regelungen werden im Widerspruch zu den Regelungen des Lieferanten stehen.

Enthalten die AGB beider oder nur eines der Vertragsparteien sog. Ausschließlichkeits- oder Abwehrklauseln, kann die Theorie der Kongruenzgeltung nicht angewendet werden. Gemeint sind Klauseln in den AGB, in denen der Verwender hervorhebt, dass seine AGB ausschließlich gelten sollen bzw. entgegenstehende oder widerstreitende AGB des anderen Vertragsteils ausdrücklich abgewehrt werden. Kommt es jetzt nicht zu einer ausdrücklichen Einigung darüber, wessen AGB gelten sollen, werden sämtliche AGB nicht Vertragsbestandteil. An Stelle der AGB gilt das Gesetzesrecht (vgl. WESTPFALEN, 2003).

5 Verträge mit Auslandsberührung

In den vorangegangenen Ausführungen wurde die Rechtslage in Deutschland dargestellt, ausgehend davon, dass Abnehmer und Lieferant ihren Sitz in Deutschland haben. Handelt es sich bei einer der Parteien jedoch nicht um ein deutsches Unternehmen, kann nicht ohne Weiteres davon ausgegangen werden, dass deutsches Recht gilt.

5.1 Anwendbares Recht

Die Problematik des anwendbaren Rechts ist die vorrangige Frage bei der Behandlung von Verträgen mit Auslandsberührung. Zunächst ist festzustellen, dass es kein international vereinheitlichtes Recht für den Bereich von Handelsbeziehungen gibt. Beschaffungsverträge mit Auslandsberührung unterliegen danach entweder dem nationalen Recht der Niederlassung des Einkäufers, dem nationalen Recht der Niederlassung des Lieferanten oder aber sie werden nach einem internationalen Abkommen gelöst, dem UN-Kaufrecht, dem allerdings nicht alle Staaten der Welt beigetreten sind. Nach dem Stand vom 2007 gehören dem UN-Kaufrecht 70 Staaten, darunter Deutschland, an, nicht jedoch beispielsweise Großbritannien.

5.1.1 Rechtswahl

Welches Recht im Einzelfall zur Anwendung kommt, hängt zunächst von dem Inhalt der vertraglichen Vereinbarung ab. Die Parteien können im Vertrag regeln, welches Recht Anwendung finden soll. Haben sich die Parteien hier auf die Geltung deutschen Rechts unter Ausschluss des UN-Kaufrechts geeinigt, ist der Vertrag allein nach deutschem Recht zu beurteilen.

Eine Rechtswahlklausel ist allerdings nicht zu verwechseln mit einer Gerichtsstandsklausel. Eine Gerichtsstandsklausel legt die örtliche Zuständigkeit eines Gerichts fest. Wird hierin z. B. das Landgericht Düsseldorf für zuständig erklärt, bedeutet das nicht, dass deutsches Recht zur Anwendung kommt. Ist der Vertragspartner kein Inländer, hat das Landgericht nach deutschem Internationalen Privatrecht zu entscheiden, welches Recht auf den Sachverhalt zur Anwendung gelangt. Führt das deutsche Internationale Privatrecht, das im Einführungsgesetz zum BGB (EGBGB) abgedruckt ist, zur Anwendung des Rechts des ausländischen Vertragspartners, so muss das deutsche Gericht dieses ausländische Recht anwenden. Dieses Ergebnis sollte der Einkäufer vermeiden, sofern er dieses ausländische Recht nicht hinreichend kennt und es für ihn nicht gerade günstig ist.

💧 **Tipp** Eine Rechtswahlklausel sollte in einem Vertrag mit einem ausländischen Unternehmen also genauso wenig fehlen wie eine Gerichtsstandsklausel.

🔍 **Beispiel** Eine Rechtswahlklausel kann wie folgt aussehen: „Dieser Vertrag unterliegt dem deutschen Recht, unter Ausschluss des UN-Kaufrechts". Eine Gerichtsstandsklausel kann lauten: „Die Vertragsparteien stimmen darin überein, dass im Streitfall ausschließlich das Landgericht Düsseldorf zuständig ist".

5.1.2 Fehlende Rechtswahl

Weist der Vertrag keine Rechtswahl auf, etwa weil der Lieferant mit der Vereinbarung der Geltung deutschen Rechts nicht einverstanden war oder aber diese Frage einfach übersehen wurde, stellt sich die Frage, welches Recht gilt. Wie unter 5.1.1 bereits angedeutet, ist das anwendbare Recht mithilfe des deutschen Internationalen Privatrechts zu bestimmen. Dieses regelt in Artikel 28 EGBGB, dass der Vertrag dem Recht des Staats unterliegt, mit dem er die engsten Verbindungen aufweist. Nach Artikel 28 Absatz 2 EGBGB wird vermutet, dass der Vertrag die engsten Verbindungen mit dem Staat desjenigen Vertragspartners aufweist, der die charakteristische Leistung zu erbringen hat. Dies ist regelmäßig der Lieferant, denn der Vertrag wird nicht durch die Zahlungsverpflichtung des Einkäufers, sondern durch die Lieferung einer bestimmten Ware durch den Lieferanten charakterisiert (vgl. PALANDT, 2007). Eine fehlende Rechtswahl würde also dazu führen, dass das Recht des Lieferanten, also ausländisches Recht, gilt. Dieses Ergebnis sollte vermieden werden.

5.2 UN-Kaufrecht[1]

Die Parteien können im Vertrag eine Rechtswahl zugunsten des UN-Kaufrechts vornehmen. Aber auch dann, wenn deutsches Recht aufgrund einer Rechtswahl oder nach den Regelungen des Internationalen Privatrechts zur Anwendung gelangt, unterliegt der Kaufvertrag automatisch dem UN-Kaufrecht, sofern dieses nicht ausdrücklich im Vertrag ausgeschlossen wurde. Deutsches Recht wird durch die Regelungen des UN-Kaufrechts also verdrängt. Dies begründet sich aus dem Beitritt Deutschlands zu diesem Abkommen.

5.2.1 Inhalt des UN-Kaufrechts

UN-Kaufrecht gilt einerseits für Kaufverträge. UN-Kaufrecht gilt jedoch auch für Verträge über die Lieferung erst herzustellender oder zu erzeugender Ware, es sei denn, der Einkäufer würde einen wesentlichen Teil der für die Herstellung oder Erzeugung notwendigen Stoffe selbst zur Verfügung stellen, was in aller Regel nicht der Fall ist. Der wesentliche Teil der Verträge, die zum Zweck der Beschaffung abgeschlossen werden, unterliegen damit dem UN-Kaufrecht.

Im UN-Kaufrecht sind der Abschluss des Vertrags, die Pflichten des Verkäufers und des Käufers, der Zeitpunkt des Gefahrübergangs und die Rechtsfolgen bei Nichterfüllung der Pflichten durch die eine oder andere Partei geregelt. Nicht im UN-Kaufrecht geregelt sind beispielsweise der Abschluss des Vertrags durch Vertreter, die Konsequenzen der Vereinbarung eines Eigentumsvorbehalts, Vertragsstrafen, die Höhe der Zinsen bei Zahlungsverzug, Exportgenehmigungen, Verpackung, Aufstellung und Montage sowie Produkthaftungsfragen. Für diese Fragen muss auf das anzuwendende nationale Recht zurückgegriffen werden.

---

1 Übereinkommen der Vereinten Nationen über Verträge über den Internationalen Warenkauf (CISG) v .5.7.1989

Im internationalen Bereich sollte auch an die Verwendung von Incoterms (International Commercial Terms) gedacht werden.

5.2.2 Vertragsschluss nach UN-Kaufrecht

Wie im deutschen Recht kommt nach UN-Kaufrecht der Vertrag durch zwei übereinstimmende Willenserklärungen zustande, Angebot und Annahme. Das Angebot muss hinreichend bestimmt sein und den Bindungswillen des Anbietenden zum Ausdruck bringen (vgl. Artikel 14 UN-Kaufrecht).

Ein wesentlicher Unterschied zum deutschen Recht besteht darin, dass ein Angebot so lange widerrufen werden kann, wie der Annehmende seine Annahmeerklärung nicht abgesandt hat (vgl. Artikel 16 Absatz 1 UN-Kaufrecht). Eine Widerrufsmöglichkeit nach Zugang des Angebots beim Empfänger kennt das deutsche Recht hingegen nicht.

Ein weiterer Unterschied besteht für den Fall, dass die Annahme Veränderungen gegenüber dem Angebot enthält. Sofern hierdurch die Bedingungen des Angebots nicht wesentlich verändert werden, führt die Annahme zum Vertragsschluss in der geänderten Fassung, unter der Voraussetzung, dass der Empfänger das Fehlen der Übereinstimmung nicht unverzüglich beanstandet (vgl. Art. 19 Absatz 2 UN-Kaufrecht).

 Beispiel Änderung der Produktbeschreibung, die keine Auswirkungen auf die Qualität hat, oder Veränderung der Verpackungsmodalitäten.

Nicht von dieser Regelung erfasst sind Veränderungen des Preises, der Zahlungsmodalitäten, der Menge oder Qualität der Ware, Haftungsregelungen sowie Liefermodalitäten. Solche Abweichungen stellen wesentliche Änderungen dar, die, wie im deutschen Recht auch, den Vertrag nicht zustande bringen, sondern einer Annahme durch die andere Partei bedürfen.

Bei der Verwendung Allgemeiner Geschäftsbedingungen beider Parteien, ohne ausdrückliche Einigung darüber, welche gelten sollen, werden nicht, wie im deutschen Recht, die Geschäftsbedingungen verglichen und sodann die sich widersprechenden Bedingungen durch Gesetzesrecht ersetzt. (vgl. dazu unter 4.5).

> Im UN-Kaufrecht gilt die Theorie des letzten Wortes, d. h. derjenige, der seine AGB zuletzt übersandt bzw. auf deren Geltung hingewiesen hat, setzt sich durch, sofern es darauf zum Vollzug des Vertrags kommt. Hier sollte auf eine ausdrückliche Einigung, welche AGB gelten, unbedingt Wert gelegt werden.

Die Zusendung eines kaufmännischen Bestätigungsschreibens und das Schweigen der anderen Partei hierauf bewirken keine Änderung des Vertrags auf die Modalitäten des Bestätigungsschreibens wie im deutschen Recht (vgl. im Grundlangenteil 5.2.5). Schweigen oder Untätigkeit stellen gemäß Artikel 18 Absatz 1 Satz 2 UN-Kaufrecht keine Annahme dar. Der Absender eines Bestätigungsschreibens muss daher beweisen, dass der Vertrag mit dem im Bestätigungsschreiben dargestellten Inhalt abgeschlossen wurde (vgl. KROKOWSKI, 1998).

5.3 Vergleich von UN-Kaufrecht und deutschem Recht

Generell kann keine Aussage darüber getroffen werden, ob UN-Kaufrecht oder deutsches Recht für den Einkäufer günstiger ist. Vielmehr hängt es von der individuellen Situation des Einkäufers ab, welches Recht für ihn günstiger ist. Wurden die Verhandlungen zum Beispiel mithilfe eines Bestätigungsschreibens von seiner Seite abgeschlossen, so sind die Konsequenzen eines fehlenden Widerspruchs nach deutschem Recht für ihn günstig, ist er aber Empfänger des Bestätigungsschreibens, ist es anders herum.

Für Vertragsverletzungen enthält das UN-Kaufrecht einen verschuldensunabhängigen Schadensersatzanspruch. Dies ist für den Einkäufer günstig. Ersatzlieferung oder Aufhebung des Vertrages bei Vertragsverletzungen des Lieferanten kann der Einkäufer allerdings nur verlangen, sofern eine wesentliche Vertragsverletzung durch den Lieferanten vorliegt. Wann eine Vertragsverletzung wesentlich ist, kann im Einzelfall schwierig zu entscheiden sein. Hierzu sollte im Vertrag eine ausdrückliche Festlegung vorgenommen werden.

> Generell sollten im Falle der Geltung des UN-Kaufrechts sehr klare Vertragsregelungen, z. B. Produktbeschreibungen, Regelungen wesentlicher Vertragsverletzung, vorgenommen werden. Das UN-Kaufrecht erlaubt abweichende Regelungen. Voraussetzung ist allerdings, dass der Einkäufer ausreichend beurteilen kann, inwieweit das UN-Kaufrecht für ihn günstig oder weniger günstig ist. Bei Zweifeln empfiehlt es sich, UN-Kaufrecht im Vertrag auszuschließen.

6 Zusammenfassung

Vertragsabschlüsse im Internet weisen wenige Besonderheiten auf. Die für den Abschluss des Vertrages notwendigen Willenserklärungen, Angebot und Annahme, werden durch Mausklick abgegeben. Da ein Angebot, das per E-Mail oder sonst auf elektronischem Weg abgegeben wird, dem potentiellen Vertragspartner praktisch sofort zugeht, stehen zur Annahme maximal 2 Werktage zur Verfügung. Anderenfalls ist das Angebot erloschen.

Sofern der Vertragsschluss nicht schriftlich in einer Vertragsurkunde dokumentiert ist, sollte sichergestellt sein, dass der Zugang beider Willenserklärungen und deren Inhalte im Notfall bewiesen werden können.

Nahezu jedes Unternehmen benutzt AGB. Für eine wirksame Einbeziehung von AGB in den Vertrag ist es erforderlich, auf diese im Angebot bereits hinzuweisen. Erfolgt der Hinweis nach Austausch der dem Vertrag zugrunde liegenden Willenserklärungen, haben diese für den Vertrag keine Bedeutung.

Bei laufenden Geschäftsbeziehungen kann eine Einbeziehung neu gefasster Allgemeiner Geschäftsbedingungen bei einem entsprechenden Hinweis für Neuverträge erreicht werden. Verweisen beiden Parteien auf ihre Allgemeinen Geschäftsbedingungen und einigen sie sich nicht, welche Fassung gelten soll, so wird die Theorie der Kongruenzgeltung angewendet.

Verträge mit Auslandsberührung unterliegen nicht automatisch deutschem Recht. Dieses sollte im Vertrag für anwendbar erklärt werden. Ggfs. sollte UN-Kaufrecht ausgeschlossen werden, sofern die Regelungen nicht hinreichend bekannt sind. Zusätzlich sollte per Gerichtsstandsklausel sichergestellt werden, dass ein deutsches Gericht im Streitfall entscheidet.

7 Fragen zur Wiederholung

1. Wie kommt ein Vertrag unter Nutzung des Internets zustande? ☐
2. Stellt die Homepage eines Anbieters ein Angebot im Rechtssinne dar? ☐
3. Wie lange Zeit steht für die Annahme eines Angebots zur Verfügung, das über das Internet abgegeben wurde? ☐
4. Wie kann der Zugang einer Willenserklärung, die per Telefax oder per E-Mail abgegeben wird, bewiesen werden? ☐
5. Wofür ist es notwendig, den Nachweis über den Zugang von Willenserklärungen führen zu können? ☐
6. Wie werden Allgemeine Geschäftsbedingungen in Verträge einbezogen? ☐
7. Wie kann eine Einbeziehung einer Neufassung von Allgemeinen Geschäftsbedingungen in Folgeverträge in einer bestehenden Geschäftsbeziehung erreicht werden? ☐
8. Wie kann das Problem sich kreuzender Allgemeiner Geschäftsbedingungen gelöst werden? ☐
9. Welches Recht kommt bei Verträgen mit Auslandsberührung zur Anwendung? ☐
10. Was ist eine Rechtswahlklausel, was eine Gerichtsstandsklausel? ☐
11. Wie unterscheiden sich UN-Kaufrecht und deutsches Recht? Nennen Sie Beispiele! ☐
12. Bewirkt eine Rechtswahl zugunsten des deutschen Rechts immer, dass deutsches Recht gilt? Wie lässt sich dies sicherstellen? ☐

1.14c Vertragsrecht in der Projektarbeit

Kurt E. Weber

Lernziele

Sie kennen

- Tücken bei Leistungsstörungen
- Besonderheiten beim Industrieanlagenbau – Vertrag
- Besonderheiten bei internationalen Kooperationen (strategische Partnerschaften)
- Hinweise zum Vergaberecht und zu Ausschreibungen, die im europäischen Raum immer wichtiger werden

Sie können

- Leistungsstörungen beim Kaufvertrag und Werkvertrag und ihre Risiken frühzeitig erkennen
- Ihre Rechte bei Leistungsstörungen wahrnehmen und Sanktionen wirksam durchsetzen, z. B. Schadensersatzforderungen
- Im Industrieanlagenbau die Parteien und ihre Rechtsstellung zueinander verstehen (Auftraggeber – Auftragnehmer – Unterauftragnehmer)
- Bei internationalen Kooperationen die Notwendigkeit zusätzlicher gesellschaftsrechtlicher Regelungen erkennen, also auch selbst zum Beispiel „Spielregeln" wie beim Gesellschaftsspiel schaffen
- Die Verhaltensweisen unterschiedlichster Menschen aus den verschiedensten Kulturkreisen tolerieren und richtig einordnen
- Die moderne Ausrichtung des Projektmanagements und der Verträge auf möglichst konfliktfreie Problemlösungen erkennen
- Die Modalitäten des europaweit geltenden Vergaberechts beurteilen

Inhalt

1	Leistungsstörungen und Rechtsfolgen	1705
1.1	Speziell: Leistungsstörungen im Kaufrecht	1705
1.2	Speziell: Leistungsstörungen im Werkvertragsrecht	1706
1.3	Rechtsfolgen	1707
2	Besonderheiten des Industrieanlagenbaus	1709
3	Internationale Kooperationen (strategische Partnerschaften)	1710
3.1	Vertragliche Grundlagen der Kooperation und des Kooperationsmanagements	1711
3.2	Internationale Vertragsmuster	1713
3.3	Verschiedene Zusammenarbeitsmodelle	1714
4	Vergaberecht, Ausschreibungen	1715
5	Zusammenfassung	1716

1 Leistungsstörungen und Rechtsfolgen

Wie im Grundlagenteil gesehen, hat der Verkäufer oder Auftragnehmer im Rahmen des Vertrags seine Leistung vollständig, rechtzeitig und in der vereinbarten Qualität zu erbringen. Tut er das nicht, ist seine Leistung gestört. Man spricht von Leistungsstörungen.

> Zentraler Begriff des Leistungsstörungsrechts ist die Pflichtverletzung. Wenn also eine Vertragsseite ihre Pflichten aus dem Vertrag verletzt, kann die andere Vertragsseite Ersatz des hierdurch entstehenden Schadens verlangen.

Es kommt also nicht darauf an, welche Pflicht die eine Seite (der Schuldner) verletzt hat, so lange feststeht, dass er eine Pflicht verletzt hat.

1.1 Speziell: Leistungsstörungen im Kaufrecht

Der Verkäufer ist verpflichtet, dem Käufer die Sache zu übergeben und ihm das Eigentum an der Sache zu verschaffen. Der Käufer ist verpflichtet, dem Verkäufer den vereinbarten Kaufpreis zu zahlen und die gekaufte Sache abzunehmen.

Der Kaufgegenstand ist bestimmt zu bezeichnen. Es gilt hier wie im übrigen Vertragsrecht der Bestimmtheitsgrundsatz.

> Der Verkäufer hat dem Käufer die Sache frei von Sach- und Rechtsmängeln zu verschaffen. Die Sache ist frei von Sachmängeln, wenn sie die vereinbarte Beschaffenheit hat. Ein Sachmangel liegt demnach vor, wenn die IST-Beschaffenheit von der SOLL-Beschaffenheit abweicht.

Soweit die Beschaffenheit nicht vereinbart ist, ist die Sache frei von Sachmängeln,

- wenn sie sich für die nach dem Vertrag vorausgesetzte Verwendung eignet
  sonst:
- wenn sie sich für die gewöhnliche Verwendung eignet.

Ein Sachmangel ist auch dann gegeben, wenn die vereinbarte Montage unsachgemäß durchgeführt worden ist, ferner wenn die Montageanleitung mangelhaft ist. Die Montageleistung muss vertraglich vereinbart worden sein (§ 434 Abs. 2 BGB).

Einem Sachmangel steht es gleich, wenn der Verkäufer eine andere Sache oder eine zu geringe Menge liefert. Es gilt das, was die Parteien hinsichtlich der Beschaffenheit vereinbart haben. Abweichungen davon sind Sachmängel.

Die Rügepflicht nach § 377 HGB besteht weiter. Danach hat ein Kaufmann (eine GmbH, eine AG) die von ihm gekaufte Ware unverzüglich auf Mängel zu untersuchen und erkennbare Mängel unverzüglich zu rügen.

> Wesentlich ist der Anspruch des Käufers auf Nacherfüllung (früher „Nachbesserung"). Der Käufer kann die Beseitigung des Mangels oder die Lieferung einer mangelfreien Sache verlangen. Eine Nachfristsetzung ist nicht erforderlich. Der Verkäufer trägt insoweit alle Aufwendungen (§ 439 BGB).

Eine Nacherfüllung gilt grundsätzlich nach dem erfolglosen zweiten Versuch als fehlgeschlagen.

🔧 **Beispiel** Der Verkäufer liefert einen Mischer, der die geforderte Granulatgröße nicht bringt. Der Käufer fordert Nacherfüllung durch Beseitigung des Mangels. Auch der zweite Nacherfüllungsversuch schlägt fehl.

Der Käufer hat nun das Recht, Schadensersatz zu fordern und vom Vertrag zurückzutreten. Er kann auch den Kaufpreis mindern. Allerdings hat er dazu Nachfristen zu setzen.

Der Käufer verliert seine Mängelrechte, wenn er bei Vertragsschluss die Mängel kennt. Dies gilt auch, wenn ihm ein Mangel infolge grober Fahrlässigkeit unbekannt geblieben ist (§ 442 BGB).

Die Beschaffenheits- und Haltbarkeitsgarantie ist in § 443 BGB geregelt. Übernehmen der Verkäufer oder ein Dritter eine Garantie (früher „zugesicherte Eigenschaft") für die Beschaffenheit der Sache oder ihre Haltbarkeit, so hat der Käufer zusätzliche Rechte. Entweder sind dies die Rechte, die sich aus der Garantieerklärung ergeben oder auch solche aus der einschlägigen Werbung.

🔧 **Beispiel** Der Hersteller eines Getriebes übernimmt eine Haltbarkeitsgarantie von 4 Jahren. Er haftet zusätzlich zum Verkäufer, der im Rahmen der Mängelbeseitigungspflicht nur 2 Jahre haftet.

Werbeaussagen werden nunmehr grundsätzlich als verbindliche Erklärungen des Herstellers oder Verkäufers gewertet.

> ❗ Wenn der Verkäufer eine Garantie für die Beschaffenheit der Sache übernommen hat, kann er seine Haftung vertraglich nicht ausschließen (vgl. § 444 BGB). Er haftet jedoch nur in dem Umfang, wie er eine Garantie übernommen hat. Für andere Vertragsbestandteile kann er seine Haftung wie bisher einschränken, z. B. bezüglich Mängelfolgen.

🔧 **Beispiel** Der Verkäufer eines Grundstücks garantiert, dass keine Altlasten (Giftstoffe) im Boden enthalten sind. Gleichzeitig schließt er im notariellen Vertrag jegliche Haftung aus. Giftstoffe werden gefunden. Der Verkäufer haftet trotz Haftungsausschlusses.

Der Kaufgegenstand muss, wie gesehen, mangelfrei sein. Maßgeblicher Zeitpunkt ist der Gefahrenübergang. Die Gefahr des zufälligen Untergangs und der zufälligen Verschlechterung geht mit Übergabe der verkauften Sache auf den Käufer über. Das Gleiche gilt, wenn der Käufer in Annahmeverzug ist (§ 446 BGB), also die gelieferte Sache grundlos nicht angenommen hat.

1.2 Speziell: Leistungsstörungen im Werkvertragsrecht

> ❗ Der Auftragnehmer hat dem Auftraggeber das Werk frei von Sach- und Rechtsmängeln zu verschaffen. Das Werk ist frei von Sachmängeln, wenn es die vereinbarte Beschaffenheit hat.

Es kommt also, wie im Kaufrecht, auf die im Vertrag vereinbarte Beschaffenheit an.

🔧 **Beispiel** Die Parteien vereinbaren eine Putzart, die qualitativ unter den DIN-Normen liegt. Die Arbeit des Auftragnehmers ist mangelfrei, wenn er den vereinbarten Putz aufbringt.

Ist die Beschaffenheit nicht vereinbart, ist das Werk frei von Sachmängeln,

- wenn es sich für die nach dem Vertrag vorausgesetzte Verwendung eignet,
sonst:
- wenn es sich für die gewöhnliche Verwendung eignet und eine Beschaffenheit aufweist, die bei Werken der gleichen Art üblich ist und die der Besteller (der Auftraggeber) nach der Art des Werks erwarten kann.

1.3 Rechtsfolgen

> Bei Leistungsstörungen hat der Käufer/Auftraggeber folgende Rechte:
>
> - Vertragsstrafe (falls vereinbart)
> - Leistungsverweigerung (Zurückbehaltungsrecht)
> - Nacherfüllung im Kaufvertrag: Käufer fordert Mangelbeseitigung oder Lieferung einer mangelfreien Sache
> - Nacherfüllung im Werkvertrag: Auftragnehmer (nicht Auftraggeber) beseitigt Mangel oder stellt ein neues Werk her.
> - Selbstvornahme (früher Ersatzvornahme): nur beim Werkvertrag
> - Minderung
> - Rücktritt
> - Schadensersatz (nur bei Verschulden)
> - Kündigung aus wichtigem Grund
>
> Der Verkäufer/Auftragnehmer hat bei Leistungsstörungen folgende Rechte:
>
> - Leistungsverweigerung (Zurückbehaltungsrecht)
> - Geltendmachung von Verzugszinsen
> - Rücktritt
> - Schadensersatz (bei Verschulden)
> - Kündigung aus wichtigem Grund

Beispiel Bei Nichteinhaltung des vertraglichen Fertigstellungstermins zahlt der Auftragnehmer eine vereinbarte Vertragsstrafe von 0,1 % pro Werktag, maximal jedoch 5 %, bezogen auf den Wert der Anlage.

Tipp Eine Vertragsstrafenklausel in vorformulierten Verträgen ist nur in bestimmter Höhe zulässig und wirksam. Üblich sind Vereinbarungen über 0,1 bis 0,3 % pro Werktag der Verspätung. Ferner ist die Vertragsstrafe auf ein Maximum von 5 % zu begrenzen. Werden diese Voraussetzungen nicht eingehalten, ist die Klausel unwirksam.

Zu einzelnen Rechtsfolgen ist ergänzend auszuführen:

Leistungsverweigerung (Zurückbehaltungsrecht): Wer nicht zur Vorleistung verpflichtet ist, kann seine Leistung bis zur Bewirkung der Gegenleistung verweigern (vgl. §§ 320, 341 Abs. 3 BGB).

Beispiel Auftragnehmer beseitigt nicht die nach Abnahme neu aufgetretenen Feuchtigkeitsschäden. Auftraggeber darf mindestens den dreifachen Mangelwert aus einer fälligen Zahlung zurückbehalten.

Nacherfüllung im Werkvertrag (§ 635 BGB): Geht den übrigen Mangelrechten vor. Dem Auftragnehmer ist ein Mangel anzuzeigen und ihm die Gelegenheit zu geben, den Mangel zu beseitigen. Mangel zeitnah anzeigen. Zu Beweiszwecken Schriftform beachten.

Selbstvornahme im Werkvertrag (§ 637 BGB): Setzt grundsätzlich Fristsetzung nach Fälligkeit und erfolglosen Ablauf dieser Frist voraus. Die Voraussetzungen der Selbstvornahme sind demnach:

- Leistung ist fällig
- Leistung nicht oder nicht wie vereinbart erbracht
- Auftragnehmer hat keinen Rechtfertigungsgrund, die Nacherfüllung zu verweigern
- Fristsetzung zur Leistung oder Nacherfüllung
- Erfolgloser Ablauf der Frist

Der Auftraggeber kann vom Auftragnehmer zur Nacherfüllung Vorschuss verlangen (§ 637 Abs. 3 BGB).

Minderung (§§ 441, 638 BGB): Voraussetzung ist auch hier der erfolglose Ablauf einer zur Nacherfüllung bestimmten Frist. Der Auftraggeber mindert die Vergütung durch einfache Erklärung gegenüber dem Auftragnehmer.

Rücktritt, Schadensersatz (§§ 440, 636, 281, 323 BGB): Voraussetzung ist auch hier der erfolglose Ablauf einer Frist zur Nacherfüllung. Voraussetzung für den Schadensersatz ist des Weiteren ein Verschulden der anderen Partei.

Wenn die Nacherfüllung endgültig fehlgeschlagen ist, bedarf es keiner Fristsetzung.

Kündigung aus wichtigem Grund gemäß § 314 BGB: Dem kündigenden Partner muss die Fortsetzung des Vertragsverhältnisses nicht mehr zumutbar sein. Die beiderseitigen Interessen werden bei der Entscheidung gegeneinander abgewogen. Voraussetzung für die wirksame Kündigung sind eine erfolglose Abmahnung oder der erfolglose Ablauf einer zur Abhilfe bestimmten Frist. Die Kündigung ist innerhalb einer angemessenen Frist ab Kenntnis des Kündigungsgrunds auszusprechen, also ca. innerhalb 14 Tagen nach erfolglosem Ablauf der gesetzten Frist. Zusätzlich zur Kündigung kann Schadensersatz verlangt werden.

Geltendmachung von Verzugszinsen

> Verspätungen führen zum Verzug. Die Verzugsvoraussetzungen sind:
>
> - Fälligkeit der Leistung
> - Überschreiten einer kalendermäßig bestimmten Zeit
> - Mahnung bei nichtkalendermäßig bestimmten Zeiten
> - Bei Entgeltforderungen (parallel zur Mahnung oder statt der Mahnung): Ablauf von 30 Tagen nach Fälligkeit und Rechnungszugang bzw. Empfang der Gegenleistung (§ 286 Abs. 3 BGB)
> - Verschulden (Vorsatz oder Fahrlässigkeit). Schuldner muss die verspätete Leistung zu vertreten haben

Beispiel Schlussrate wurde bei Abnahme fällig. Auftraggeber zahlt trotz Mahnung nicht. Verzug tritt mit Zugang der Mahnung ein. Rechtsfolge: Auftragnehmer hat einen Schadensersatzanspruch, insbesondere auf Zinszahlung.

Am 01.01.2009 tritt ein „Forderungssicherungsgesetz" zur Verbesserung der schlechten Zahlungsmoral in Kraft. Danach wird der Gläubiger/der Auftragnehmer vorläufige Zahlungen und Abschlagszahlungen durchsetzen bzw. leichter durchsetzen können.

2 Besonderheiten des Industrieanlagenbaus

Beim Industrieanlagenbau geht es, wie sonst auch im Werkvertragsrecht, um die Herstellung und Verschaffung eines individuellen Werks.

 Beispiel Erstellung einer Produktionsanlage für Chips.

Daneben können die Erstellung von Dokumentationen oder auch die Gewährung von Patent- oder Know-how-Lizenzen vereinbart werden. Der Schwerpunkt des Vertrags liegt beim Werkvertragsrecht. Es kommen jedoch auch kauf-, dienst- und gesellschaftsrechtliche Elemente zum Tragen.

 Beispiel Trainingsverpflichtungen des Auftragnehmers.

Typischerweise findet bei einem Industrieanlagenvertrag, wie auch sonst im Werkvertragsrecht, eine Abnahme statt. Die Abnahme ist die Hauptpflicht des Auftraggebers. Sie dokumentiert das mangelfreie Erreichen des Projekterfolgs gemäß den vertraglichen Vorgaben. Mit der Abnahme ist der Vertrag erfüllt. Wichtige Rechtsfolge schließen sich an, z. B. die Zahlungsfälligkeit und der Gefahrenübergang.

Die Parteien im Industrieanlagenbau: Im Industrieanlagenbau tritt auf Auftragnehmerseite häufig ein Generalunternehmer mit vielen Unterauftragnehmern (Subunternehmern) auf. Der Generalunternehmer (der Hauptauftragnehmer) ist dennoch der einzige Vertragspartner des Auftraggebers. Andererseits schließt der Generalunternehmer mit seinen Unterauftragnehmern eine Vielzahl von einzelnen Verträgen ab. Damit verpflichtet er die Unterauftragnehmer zur Lieferung oder Erstellung bestimmter Gewerke. In diesen Vertragsverhältnissen werden jedoch nur der Generalunternehmer einerseits und die Unterauftragnehmer andererseits Vertragspartner. Der Auftraggeber hat damit rechtlich nichts zu tun. Die Abbildung 1.14c-V1 zeigt die Rechtsbeziehungen der Partner auf.

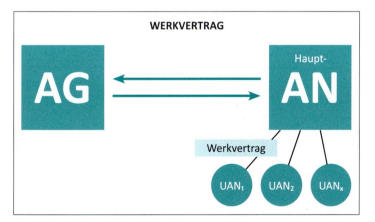

Abbildung 1.14c-V1: Verhältnis Auftraggeber – Auftragnehmer – Unterauftragnehmer

Der Industrieanlagenbau ist heutzutage vorwiegend international orientiert. Dennoch gelten auch international die oben aufgeführten Grundsätze. Es sind grundsätzlich die Prinzipien des Werkvertragsrechts anzuwenden, d.h., dass die Anlage mangelfrei zu erstellen und abzunehmen ist. Der Abnahme und dem Abnahmeprozedere kommt eine besonders große Bedeutung zu.

Neben diesen Gemeinsamkeiten mit der deutschen Vertragspraxis sind die international grundsätzlich angelsächsischen Rechtsprinzipien anzuwenden. Dies gilt vor allem für Verträge mit Firmen aus den Ländern des früheren britischen Commonwealth. Auch die FIDIC-Musterverträge basieren auf angelsächsischen Rechtsvorstellungen.

Das bedeutet zunächst konkret, dass internationale Industrieanlagenverträge umfassende und sehr detaillierte Regelungen enthalten. Die Verträge sollen möglichst allen tatsächlichen und rechtlichen Umständen Rechnung tragen. Auf kodifiziertes (geschriebenes) Recht des einen oder anderen Landes wird nur im Notfall zurückgegriffen.

Internationale Verträge werden in aller Regel nach den FIDIC-Vertragsmustern formuliert. Diese sind in Englisch und Französisch zu erwerben (Adresse FIDIC siehe Literaturverzeichnis). Sie dienen vor allem als Checkliste für die Abgleichung mit den eigenen Formulierungsbedürfnissen. FIDIC ist die internationale Vereinigung Beratender Ingenieure. Bei Leistungsstörungen und Konflikten – auch in der Zusammenarbeit – geht die Tendenz dahin, das Claim-Management und streitige Auseinandersetzungen zu vermeiden, wie im Folgenden auszuführen ist.

3   Internationale Kooperationen (strategische Partnerschaften)

Die bisherigen Ausführungen betrafen das Vertragsrecht in der Projektarbeit allgemein. Ein konkretes Einzelziel sollte erreicht werden.

> Die Entwicklung geht jedoch zu globalen internationalen Projekten. Dabei bezieht sich das Projektmanagement in erster Linie auf die Herbeiführung einer möglichst konfliktfreien Zusammenarbeit (Kooperation) zwischen den internationalen Partnern. Erst sekundär werden die konkreten Einzelprojekte behandelt.

Es geht also um Kooperationen zwischen:

- Verschiedenen Wirtschaftssystemen
- Verschiedenen – nationalen und internationalen – Wirtschaftsregionen
- Verschiedenen Projektkulturen
- Verschiedenen Partnern aus unterschiedlichen Ländern mit unterschiedlichen Sprachen

> **§ Definition** Im internationalen Bereich ist die Kooperation dieser Art zu einer Kernkompetenz geworden, also zu etwas, was andere in der Welt nicht oder nicht so gut erbringen können (vgl. STEEGER & WAGNER; HOFFMANN, 2008).

> Verträge und Ergebnisse werden über Zeit- und Ortsgrenzen hinweg ausgetauscht. Der Projektleiter managt nicht mehr nur Einzelprojekte, sondern die Kooperation zwischen Partnern weltweit.

Dabei sind insbesondere zu berücksichtigen:

- Zeitzonen mit Kommunikationsplanung
- Festlegung der Projektsprache mit Begriffsdefinitionen
- Rechtliche Besonderheiten bezüglich Vertragsrecht, Arbeitsrecht, Datenschutzrecht, gesetzliche Buchführungspflichten etc.
- Aufbau einer firmenübergreifenden Projektorganisation mit Definition der Informations- und Entscheidungswege
- Klärung der Vertragssituation zwischen allen beteiligten Firmen (vgl. EPPLE, 2008)

Diese weltweite Kooperation erfordert passende vertragliche Grundlagen, wie im Folgenden ausgeführt wird.

3.1 Vertragliche Grundlagen der Kooperation und des Kooperationsmanagements

> Anders als im Werkvertrag geht es nicht um ein Über- und Unterordnungsverhältnis (Auftraggeber – Auftragnehmer), sondern um ein Gleichordnungsverhältnis (Partner A – Partner B – Partner X). Die Partner stehen sich auf gleicher Ebene gegenüber. Es handelt sich also um gesellschaftsähnliche Verhältnisse.

Das Beispiel eines solchen Zusammenschlusses auf gesellschaftsrechtlicher Ebene ist das Konsortium. Anhand dieses Beispiels soll dargestellt werden, wie die Kooperation geregelt werden kann.

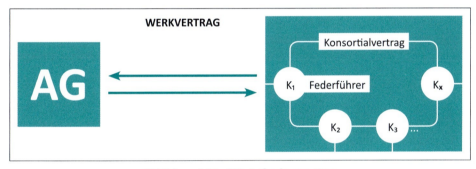

Abbildung 1.14c-V2: Außenkonsortium

Im Konsortium sind die einzelnen Partner (die Konsorten K_1 - K_x) gleichgeordnet. Sie schließen untereinander zur Regelung des Innenverhältnisses den Konsortialvertrag ab. Dieser Konsortialvertrag begründet nach deutschem Recht eine Gesellschaft des bürgerlichen Rechts (GbR) (vgl. WEBER, 2008).

Es gibt keine formalen Voraussetzungen. Inhaltliche Voraussetzungen sind nur, dass ein gemeinsamer Zweck und die Förderung dieses Zwecks vereinbart werden.

Beispiel Die Firmen A (GmbH aus Deutschland) und B (Ltd. aus England) bieten gemeinsam eine Industrieanlage an. Sie fördern diesen Zweck durch Erstellung ihrer jeweiligen Einzelangebote. Eine Gesellschaft bürgerlichen Rechts ist damit entstanden.

Bei mehreren Firmen und Großprojekten wird in der Regel ein Federführer eingesetzt. Er hat die Rolle eines Projektleiters, koordiniert also alle Aktivitäten.

🔍 **Beispiel** Der Federführer koordiniert die Angebote, überprüft die Schnittstellen und legt dem Auftraggeber das gemeinsame Angebot vor.

> ❗ Nach deutschem Recht (§§ 705 ff. BGB) können die Partner (die Gesellschafter) ihre Rechte und Pflichten im Rahmen der Vertragsfreiheit und der Gesetze nach Belieben regeln. Dies gilt einerseits für die Aufteilung von Lieferungen und Leistungen, andererseits auch für die Haftung. Hinzu kommen Regeln der Zusammenarbeit, also sozusagen die Spielregeln zwischen den Partnern.

Dazu gehören insbesondere:

- Aufteilung von Lieferungen und Leistungen
- Gegenseitige Informationspflicht über Schnittstellen der jeweiligen Lieferanteile
- Haftungs- und Risikoverteilung
- Rechte und Pflichten gegenüber den Partnern
- Interne Organisationen mit Federführer und Leitungsgremium (bevollmächtigte Vertreter der beteiligten Firmen)
- Informationspflichten allgemein
- Sprache mit Begriffsdefinitionen
- Kommunikation und Entwicklung sozialer und interkultureller Kompetenzen
- Entwicklung einer Kooperationsmentalität
- Einsetzen eines neutralen Moderators bei interkulturellen Verständnisschwierigkeiten, insbesondere bei personellen Problemen
- Festlegung eines Procedere für Konfliktfälle.

> ❗ Bei den einzelnen Regelungen kommt es nicht entscheidend darauf an, welchem deutschen oder ausländischen Vertragstyp diese angehören. Entscheidend ist, dass sie einer vorgegebenen Zielsetzung zur internationalen Zusammenarbeit Rechnung tragen und praktikabel sind (vgl. HÜBNER, 2007; OLT, PASSENBERG, SCHENCK & STEIN, 2007). Tools zum Managen von Intercultural Diversity fasst HÜBNER zusammen (2008).

Diese Regelungen betreffen ausschließlich das Innenverhältnis zwischen den Partnern (den Gesellschaftern oder Konsorten). Im Außenverhältnis mit dem Auftraggeber kommt bei Angebotsannahme grundsätzlich ein Werkvertrag zustande, bei dem das Konsortium als Ganzes der Auftragnehmer ist.

🔍 **Beispiel** Zusammenarbeit: Als Beispiele für eine geregelte Zusammenarbeit kann der Industrieanlagenbau dienen. Bei Großprojekten schließen sich die Partner auf Auftragnehmerseite meist in Form eines Außenkonsortiums zusammen. Sie regeln im Innenverhältnis die gegenseitigen Rechte und Pflichten und sind insoweit zur Zusammenarbeit gezwungen.

Im Außenverhältnis tritt das Konsortium als Auftragnehmer auf. Die einzelnen Konsorten werden jedoch namentlich als haftende Partner aufgeführt (Außenkonsortium). Zwischen dem Konsortium als Auftragnehmer und dem Auftraggeber kommt ein Werkvertrag zustande. Der Vertragserfolg tritt also für das Konsortium ein, wenn der Auftraggeber die mangelfreie Industrieanlage abnimmt und damit die Vertragserfüllung bestätigt. Für den Industrieanlagenbau mit Großprojekten sind jedoch typisch ein großes Abweichungspotential vom Vertragsinhalt und die Langfristigkeit der Projekte.

Beispiel für ein langfristiges Großprojekt; Windkraftwerk für Südafrika:
- Gesamtkonzept einschließlich technisches Know-how aus den USA
- Projektmanagement aus Deutschland
- Recht und Verträge aus den Niederlanden
- Turbinen aus den USA
- Rotorblätter aus Indien
- Turm aus Südkorea
- Montage in Südafrika.

Um dabei kostspielige Claim-Management-Verfahren zu vermeiden, werden eine vorausschauende Erkennung und Behandlung von Nachträgen in finanzieller, zeitlicher und qualitativer Hinsicht angestrebt.

Dazu gehören insbesondere folgende Arbeitsschritte:

- Prüfungspflicht des Auftragnehmers bei allen Unterlagen des Auftraggebers
- Austausch und Schulung von Mitarbeitern
- Schulung des Auftraggeber-Personals
- Keine gegenseitigen Regressansprüche im Umfang der abgeschlossenen Versicherungen
- Gemeinsame Änderung von Terminplänen
- Gemeinsame Feststellung von Sachmängeln
- Gegenseitige unverzügliche Information über Hindernisse der Vertragserfüllung
- Informationen über erhaltene oder ausstehende Genehmigungen
- Gegenseitige Unterrichtung bei höherer Gewalt
- Klare Regelung von Mitwirkungspflichten des Auftraggebers.

 Tipp Sollten dennoch Konflikte auftreten, wird stufenweise wie folgt vorgegangen:
- ADR (Alternative Dispute Resolution)
- Amicable Settlement (vergleichsweise Beilegung)
- Schiedsgericht (vgl. OPPEN, 2001; FIDIC-Musterverträge, 2008).

Das ADR-Verfahren führt zu einem vorläufig bindenden Schiedsgutachten, das schnell erreicht wird und von den Vertragsparteien befolgt werden kann, aber nicht befolgt werden muss. Das Amicable Settlement soll zu einer gütlichen Beilegung des Streits führen. Das Schiedsgericht entscheidet außergerichtlich in letzter Instanz.

Unter Umständen tritt an die Stelle des ADR-Verfahrens die Entscheidung eines sogenannten „Dispute Adjudication Board" (DAB). Dieses besteht aus neutralen Projekt begleitend tätigen Personen, die innerhalb festgelegter Fristen über den Konfliktfall entscheiden.

3.2 Internationale Vertragsmuster

Im internationalen Bereich sind insbesondere die Vertragsmuster FIDIC (Fédération Internationale des Ingénieurs-Conseils = Internationale Vereinigung Beratender Ingenieure) in Gebrauch. Die Verträge setzen auf Partnerschaft. Claims sollen nach Möglichkeit vermieden werden (FIDIC Musterverträge 2008).

In der Praxis haben sich verschiedene Zusammenarbeitsmodelle entwickelt, wie im Folgenden auszuführen ist.

3.3 Verschiedene Zusammenarbeitsmodelle

Im globalen Projektgeschäft hat sich ein Paradigmenwechsel angebahnt. Statt den Kunden als Gegner zu sehen und zum Beispiel Claims vorzubereiten, geht es um partnerschaftliches Zusammenarbeiten.

Prioritäten sind jetzt:

- Konfliktprävention und Kooperation
- Konfliktmanagement
- Projektmediation

Das sogenannte Partnering ist der neue strategische Ansatz. Beide Seiten bilden eine Kooperationsgemeinschaft zum Zwecke der Zielerreichung und der Zeitersparnis (HORSTMEIER & KASSNER, 2008).

In der Praxis haben sich verschiedene Partnerschaftsmodelle entwickelt. Ausgangspunkt in Deutschland ist dazu eine Entscheidung des BGH (BGH NJW Neue Juristische Wochenschrift, 2000), wonach Auftraggeber und Auftragnehmer im Baugewerbe miteinander zu kooperieren und zu kommunizieren haben. Diese Praxis hat sich nicht nur im Bau, sondern auch im Industrieanlagenbau bei Infrastruktur- und Industrieprojekten in bestimmten Vertragsmodellen niedergeschlagen. Bei Nichteinhaltung der Kooperationspflichten drohen Schadensersatzforderungen.

 Tipp Vertragliche Merkmale dieser Modelle sind insbesondere:
- Zugrundelegung von Open-Book-Kalkulationen (Offenlegung der Kalkulationen beider Parteien)
- Bonus-Malus - Regelungen
- Vereinbarung der Art und Weise der partnerschaftlichen Zusammenarbeit
- Meetings auf Geschäftsführungsebene (wie beim oben genannten Konsortium)
- Regelungen zur Konfliktlösung
- Wege zur Konfliktlösung und Streiterledigung (siehe oben)
- Faire Risikoverteilung nach beiderseitigem Verständnis
- Ein auf Prävention und Kooperation ausgerichtetes Vertragsmanagement

Einzelne Modelle sehen wie folgt aus:

Private Public Partnership (PPP):
Hier arbeitet die öffentliche Hand mit Auftragnehmern zusammen. Auch hier werden das Risiko verteilt und die kostengünstige Erreichung eines gemeinsamen Ziels vereinbart.

Unter anderem gibt es bei der PPP:

- Betreibermodelle (der Auftragnehmer betreibt eine mit gegebenenfalls gemeinsamen Mitteln errichtete Anlage)
- Finanzierungsmodelle: Der Auftragnehmer finanziert eine Anlage, z. B. den Bau von Autobahnen
- Gesellschaftsmodelle (beide Parteien arbeiten in Form einer Gesellschaft zusammen).

 Partnering in verschiedenen Kulturen:
Auch hier steht die auf Partnerschaft und Vertrauen aufgebaute Zusammenarbeit im Mittelpunkt. Bei Veränderungen wird flexibel nach einer sachgerechten Lösung gesucht. Schuldzuweisungen und einseitige Nachforderungen unterbleiben (kein Claim-Management) (HORSTMEIER & KASSNER, 2008; HÜBNER, 2007; STEEGER, 2008; QUENTIN, 2007).

Ein partnerschaftliches Vorgehen ist erforderlich. Wie bereits oben ausgeführt, sollen harte Konflikte durch vertragliche Regelungen vermieden werden. Diese laufen darauf hinaus, dass bei jeder Störung zunächst eine Verständigung im Gremium oder unter vier Augen gefunden wird.

Zur Lösung interkultureller Probleme ist jedoch zu beachten, dass häufig weiche Faktoren eine größere Rolle spielen als vertragliche Regelungen. So geht es für den Projektleiter und das Projektteam auf Auftragnehmerseite darum, gute persönliche Beziehungen zu den Partnern auf der anderen Seite zu entwickeln und zu erforschen, welche Beziehungen die andere Seite besonders pflegt, zum Beispiel zu bestimmten Vorgesetzten oder Lieferanten. Gerade in asiatischen und arabischen Ländern ist das persönliche Vertrauen wichtiger als die strikte Einhaltung der Vertragsbestimmungen.

> Zu beachten ist ferner, dass in vielen Ländern von einem ständigen Wandel in der Entwicklung ausgegangen wird. Verträge sind also nicht starr zu interpretieren, sondern sind einer Entwicklung unterworfen. Neue Lösungen werden häufig parallel zum Vertrag und zum Vertragstext gefunden.

4 Vergaberecht, Ausschreibungen

> **Definition** Unter dem Vergaberecht ist die Gesamtheit der Regeln und Vorschriften zu verstehen, die der öffentlichen Hand eine bestimmte Vorgehensweise beim Einkauf von Gütern und Leistungen vorschreibt.

Dem Vergaberecht liegen insbesondere folgende **Bestimmungen** zugrunde:

- Bauleistungen werden nach VOB/A (Vergabe- und Vertragsordnung für Bauleistungen, Teil A) ausgeschrieben und vergeben
- Freiberufliche Leistungen unterliegen der VOF (Verdingungsordnung für freiberufliche Leistungen)
- Alle sonstigen Lieferungen und Leistungen werden nach VOL/A (Verdingungsordnung für Leistungen, Teil A) vergeben

Die frühere Bezeichnung für VOB war Verdingungsordnung für Bauleistungen.

Folgende **Prinzipien** bestimmen das Vergaberecht:

- Privatrechtliches Vorgehen: Die öffentliche Hand tritt wie ein Privatunternehmen auf
- Wettbewerbs- und Transparenzprinzip: Grundsätzlich Vergabe nach Ausschreibung
- Langfristige Wirtschaftlichkeit: Nicht das billigste Angebot, sondern das langfristig wirtschaftlichste bekommt den Zuschlag
- Dezentrale Beschaffung: Eigenverantwortliche Auftragsvergabe der einzelnen Auftraggeber und Vergabestellen

> Die Anwendung der Vergabevorschriften ist zwingend ab dem Erreichen bestimmter Auftragswerte, der sogenannten Schwellenwerte. Es wird europaweit ausgeschrieben.

Die Schwellenwerte liegen bei Bauaufträgen bei Euro 5 Mio., bei Liefer- und Dienstleistungsaufträgen bei Euro 200.000,- (mit Ausnahmen).

Vergabeverfahren

Folgende Grundsätze sind im Vergabeverfahren anzuwenden:

- Wettbewerbsgrundsatz: Leistungen sind grundsätzlich im Wettbewerb zu vergeben.
- Diskriminierungsverbot/Gleichbehandlungsgebot: Ortsansässige Unternehmer dürfen nicht bevorzugt werden.
- Verhandlungsverbot: Gespräche mit den Bietern sind nur zu dem Zweck zulässig, Zweifel über Angebote oder Bieter auszuräumen. Gilt nicht für die VOF.
- Gebot der Losvergabe: Zweck ist die Beteiligung kleiner und mittlerer Unternehmen.
- Rechtsschutz unterhalb der Schwellenwerte bei Verletzung der Vergaberegeln: Die VOB/A ist unmittelbar geltendes Recht für öffentliche Auftraggeber.

Besonderheiten von § 9 VOB/A, Beschreibung der Leistung

- § 9 Nr. 1 Satz 1: Die Leistung ist eindeutig und erschöpfend zu beschreiben.
- § 9 Nr. 1 Satz 2: Bedarfspositionen (Eventualpositionen) dürfen nur ausnahmsweise in die Leistungsbeschreibung aufgenommen werden.
- § 9 Nr. 2: Dem Auftragnehmer darf kein ungewöhnliches Wagnis aufgebürdet werden. Gilt als Generalklausel.
- Bei Verletzung der Vorschriften von § 9 (nicht eindeutige Leistungsbeschreibung, ungewöhnliches Wagnis) kann der Auftragnehmer unter Umständen Schadensersatz fordern.
- § 21 Nr. 3 Satz 2: Änderungsvorschläge oder Nebenangebote müssen als besondere Anlage eingereicht und als solche deutlich gekennzeichnet werden (vgl. SCHONEBECK & SCHWENKER, 2003), BECK TEXTE 2007.

5 Zusammenfassung

Die wesentliche Aufgabe des Projektmanagers ist es, den Vertrag mangelfrei zu erfüllen. Dazu gehört der professionelle Umgang mit Leistungsstörungen. Darunter fallen alle Pflichtverletzungen, insbesondere also Mängel in der Ausführung und Verspätungen.

Die Behandlung dieser Leistungsstörungen ist tückisch. Es müssen Formalitäten eingehalten werden, um die Störungen beim Vertragspartner zu rügen und ihn dazu zu bewegen, sie zu beseitigen. Dazu ist erforderlich, die in Vertrag und Gesetz vorgesehenen Rechtsfolgen (Sanktionen) zu kennen und sie formal und inhaltlich richtig anzuwenden. Diese Anwendung wird anhand von Beispielen erläutert.

Ein typisches Beispiel für Großprojekte ist der Industrieanlagenbau. Seine Besonderheit liegt insbesondere in der Tätigkeit eines Generalunternehmers und Dutzender von Unterauftragnehmern. Die Rechtsbeziehungen zwischen Auftraggeber – Auftragnehmer – Unterauftragnehmer werden dargestellt. Auf Vertragsmuster wird hingewiesen.

Internationale Kooperationen werden mehr und mehr zu strategischen Partnerschaften ausgebaut. Es geht darum, weltweit zusammenzuarbeiten. Dabei entstehen nicht nur sprachliche, sondern auch kulturelle Probleme. In vertraglicher Hinsicht sind Vereinbarungen mit gesellschaftsrechtlichen Elementen erforderlich. Dabei brauchen zunächst nur ein gemeinsamer Zweck und eine gemeinsame Förderung des Zwecks vorzuliegen. Alle Einzelheiten können im Rahmen der Vertragsfreiheit einvernehmlich formuliert werden.

Vergaben und Ausschreibungen sind kraft europäischer Gesetze ab Erreichen bestimmter Vertragswerte genau geregelt. Dies gilt insbesondere für Vergaben der öffentlichen Hand, grundsätzlich aber auch für die Ausschreibung von Großprojekten durch private Firmen. Der Text gibt einen Einblick in die Möglichkeiten und die formalen Notwendigkeiten bei der Beteiligung an Ausschreibungen.

6 Fragen zur Wiederholung

1	Wie entstehen Leistungsstörungen?	☐
2	Wann liegt ein Mangel (Sachmangel) vor?	☐
3	Hat ein gewerblicher Betrieb neu gekaufte Sachen bei Anlieferung auf Mängel hin zu untersuchen?	☐
4	Was kann der Käufer bei Lieferung einer mangelhaften Sache tun?	☐
5	Kann der Verkäufer seine Haftung ausschließen, wenn er eine Garantie übernommen hat?	☐
6	Nennen Sie einige Rechte des Käufers/Auftraggebers bei mangelhafter Lieferung.	☐
7	Nennen Sie einige Rechte des Verkäufers/Auftragnehmers bei mangelhafter Lieferung.	☐
8	Ergibt sich die Zahlung einer Vertragsstrafe aus dem Gesetz (BGB) oder aus dem Vertrag?	☐
9	Wann tritt Verzug ein (Voraussetzungen)?	☐
10	Welches ist die wesentliche Rechtsfolge des Verzugs?	☐
11	Zeichnen Sie die Rechtsbeziehungen zwischen Auftraggeber, Auftragnehmer und Unterauftragnehmer auf.	☐
12	Wer liefert die gängigen Vertragsmuster im Industrieanlagenbau?	☐
13	Welche Vertragstypen sind wesentlich für internationale Kooperationen?	☐
14	Handeln die Kooperationspartner nach dem Prinzip der Über- und Unterordnung oder nach dem Prinzip der Gleichordnung?	☐
15	Wie nennt man die Partner und Gesellschafter innerhalb eines Konsortialvertrags?	☐
16	Welche Rolle nimmt der Federführer in einem Konsortium ein?	☐
17	Welche außervertraglichen Gegebenheiten sind bei internationalen Kooperationen zu beachten (Beispiele)?	☐
18	Wie werden bei internationalen Verträgen Konflikte beigelegt?	☐
19	Nennen Sie ein vertragliches Zusammenarbeitsmodell.	☐
20	Wer ist Auftraggeber im Vergaberecht?	☐
21	Wann muss die öffentliche Hand die Vergabevorschriften anwenden?	☐
22	Nach welcher Vergabeordnung werden freiberufliche Leistungen ausgeschrieben und vergeben, z. B. Aufträge an Projektmanager?	☐
23	Was sind Schwellenwerte?	☐
24	Sind Leistungen oberhalb der Schwellenwerte nur in Deutschland oder in der gesamten Europäischen Union auszuschreiben?	☐

1.15 Konfiguration und Änderungen (Changes)
Manfred Saynisch

Lernziele

Ziel dieses Kapitels ist es, dem Leser ein vertieftes Wissen zu den Teilgebieten, die im Basisteil gebracht wurden, zu geben. Gleichzeitig werden noch neue Themenbereiche dargelegt und der Zusammenhang zu den anderen Gebieten erläutert. Beim sorgfältigen Durcharbeiten dieses Kapitels erwirbt der Leser folgende Qualifikationen:

Sie kennen

- weitere Differenzierungen der im Grundlagenteil behandelten drei Teilgebiete mit ihren Methoden und Prozessen, beispielsweise
  - bei der Konfigurationsidentifizierung die Prinzipien der Produktgliederung oder das Arbeiten mit Bezugskonfigurationen
  - bei der Konfigurationsüberwachung den detaillierten Ablauf einer Änderung oder die Sonderfreigaben
  - bei der Konfigurationsbuchführung die neuen Konzepte der DV-Unterstützung.
- die drei weiteren neuen Teilgebiete des KM
  - Konfigurationsauditierung
  - Auditierung des KM-Systems
  - Organisation und Planung des KM und das wichtige Instrument des Konfigurationsmanagement-Plans
- weitere Differenzierungen der im Grundlagenteil behandelten Themenbereiche, beispielsweise
  - bei dem Software-Konfigurationsmanagement (SKM) den Status Quo
  - bei der Mittlerfunktion des KM das „Produktzentrierte Projektmanagement (PZPM)" als Basis einer fachlich-inhaltlichen Projektgestaltung
  - bei der Software für KM-Anwendungen die Tools für PLM/PDM und SKM
- neue Themenbereiche wie
  - den Auswirkungsumfang des KM und die Differenzierung in KM für die Produktprozesse und KM für die Projektmanagement-Prozesse sowie, dass KM als eigenständige Disziplin zu betrachten ist
  - die historische Entwicklung des KM
  - die Einführung, Verbesserung und organisatorische Integration von KM im Projekt wie Unternehmen.
- Die Trends für die nahe und weitere Zukunft des KM

Sie erkennen

- das komplexe Zusammenspiel aller Teilgebiete und weiteren Themenbereiche, das notwendig ist, um mit KM die neuen Herausforderungen in der industriellen Produktentwicklung (kürzere Produktzyklen, komplexere Produkte, Globalisierung), die eine Flut von fachlich-inhaltlichen, technischen und administrativen Konzeptionen und Änderungen bedingen, zu meistern
- dass KM ein umfangreiches und vielschichtiges Gebiet ist, das eng vernetzt ist mit anderen Gebieten des Projektmanagements und auch Gebieten im Unternehmen, wie Entwicklung und Produktion
- dass für KM daher sorgfältige Akzeptanz-, Einführungs- und Verbesserungsprozesse erforderlich sind und zur Anwendung neben PM-Kompetenzen zusätzlich persönliche Kompetenzen im Ingenieur- und Informatikbereich erfordert

Sie haben

- ein umfangreiches Wissen und Verständnis von KM, das sie zur konkreten und vielseitigen Anwendung befähigt
- ein Basis-Wissen und -Verständnis von KM, welche aber einer ständigen Erweiterung und Aktualisierung bedürfen

Sie können

- Einführungs- oder Verbesserungsprozesse im Projekt oder Unternehmen angehen und (ggf. mit externer Unterstützung) umsetzen oder konkrete Arbeiten in der Anwendung von KM (KM-Prozesse) in Projekt- oder Unternehmensprozessen übernehmen

Inhalt

1	Was ist „Projekt-Konfigurationsmanagement"?	1723
1.1	Auswirkungsumfang des KM – Typisierung der Änderungslandschaft im Projekt	1723
1.2	Änderungen vom Typ 1	1723
1.3	Änderungen vom Typ 2	1724
1.4	Änderungen vom Typ 3	1724
1.5	Änderungen vom Typ 4	1725
2	Die einzelnen Teilgebiete, Methoden und Prozesse des Konfigurationsmanagements (KM)	1725
2.1	Die Konfigurationsidentifizierung (KI) (Konfigurationsbestimmung)	1725
2.1.1	Generelle Betrachtung	1725
2.1.2	Produktstrukturierung und Auswahl von Konfigurationseinheiten (KE)	1726
2.1.3	Festlegen und Handhabung der Produktdokumentation	1728
2.1.4	Nummerierung und Kennzeichnung	1729
2.1.5	Bezugskonfigurationen (Baselines)	1729
2.1.6	Festlegen einer Bezugskonfiguration	1731
2.1.7	Aufstellung und Pflege von Produkt-, Konfigurations- und Dokumentationsbäumen	1733
2.2	Die Konfigurationsüberwachung/-steuerung (KÜ) – Das Änderungsmanagement	1733
2.2.1	Warum ist das Änderungsmanagement so wichtig?	1733
2.2.2	Aufgaben des Änderungsmanagements	1735
2.2.3	Ablauf einer Änderung – der Änderungsprozess	1735
2.2.4	Die Freigabestelle	1738
2.2.5	Dokumentenverwaltung, Dokumentenmanagement, Archivierung	1738
2.2.6	Verifizieren der Änderung	1738
2.2.7	Sonderfreigaben vor und nach Realisierung (Bauabweichung)	1739
2.3	Die Konfigurationsbuchführung (KB) (Konfigurationsverfolgung – Konfigurationsnachweis – Bauzustandsnachweis)	1739
2.3.1	Buchführung und Berichterstattung	1739
2.3.2	DV-Unterstützung der KM-Prozesse	1739
2.4	Die Konfigurationsauditierung (KA) (Produktauditierung)	1740
2.5	Auditierung des Konfigurationsmanagement-Systems (Managementsystem-Auditierung)	1741
2.6	Organisation und Planung des Konfigurationsmanagements (KMO)	1742
2.6.1	Der Konfigurationsmanagement Plan (KMP)	1742
2.6.2	Organisation	1743
2.6.3	Die Änderungsmanagement-Stelle	1744
2.6.4	Der „Konfigurationsausschuss" (Configuration Board oder Configuration Control Board = CCB)	1744
3	Das Software-Konfigurationsmanagement (SKM) und seine Besonderheiten	1745
3.1	Eigenschaften des „Produkts" Software	1745
3.2	Missverständliche Begriffsbildung	1745
3.3	Status quo des SKM	1746
4	Die Mittlerfunktion des KM und das produktzentrierte Projektmanagement (PZPM)	1746
4.1	Das Zusammenspiel von KM mit dem Projektmanagement – Die Vielschichtigkeit der Anwendungsbedingungen	1746
4.2	Produktzentriertes Projektmanagement (PZPM)	1747
5	Software für Konfigurationsmanagement (KM) – Tools für PLM/PDM und SKM	1749
5.1	Generelles	1749

5.2	Tools für PLM/PDM	1749
5.3	Tools für SKM (Software Konfigurationsmanagement)	1751
5.4	Integration der Tools für PDM und SKM	1752
6	Einführung, Verbesserung und organisatorische Integration von Konfigurationsmanagement (KM)	1752
6.1	Generelles	1752
6.2	Vorgehensweisen	1753
6.3	Externe Unterstützung	1753
7	Die neuen Trends im Konfigurationsmanagement	1754
8	Zusammenfassung	1756
9	Fragen zur Wiederholung	1757

1 Was ist „Projekt-Konfigurationsmanagement"?

Die Themen Projekte, Projektmanagement, Produktentstehung, Konfigurationsmanagement und Änderungssteuerung, Projekt-Konfigurationsmanagement wurden bereits im Basisteil abgehandelt. Hier im Vertiefungswissen wird der Themenkreis Auswirkungsumfang des KM – Typisierung der Änderungslandschaft im Projekt und Änderungstypen behandelt.

1.1 Auswirkungsumfang des KM – Typisierung der Änderungslandschaft im Projekt

Die Vielfalt und Vernetzung von Auswirkungen einer Änderung auf das Produkt oder die Projektmanagement Aspekte werden in Abbildung 1.15-V1 in Form einer Typisierung mit der Sicht aus den Entstehungsorten der Änderungsnotwendigkeiten dargestellt.

		Änderungstypen		Produkt-betroffen	Projektmanagement betroffen
Projekt-Konfigurationsmanagement	Konfigurationsmanagement PKM / Konfigurationsmanagement für die Produkt-Prozesse	Produktänderungen mit Auswirkungen auf Projektmanagement-Aspekte	Typ 1	JA	JA
		Produktänderungen ohne Auswirkungen auf Projektmanagement-Aspekte	Typ 2	JA	NEIN
	Konfigurationsmanagement für die Projektmanagement-Prozesse	Änderumgen im PM (Vertrag, Pläne etc.) mit Auswirkungen auf das Produkt	Typ 3	JA	JA
		Änderungen im PM (Vertrag, Pläne etc.) ohne Auswirkungen auf das Produkt	Typ 4	NEIN	JA

Abbildung 1.15-V1: Auswirkungsumfang des KM – Typisierung der Änderungslandschaft im Projekt mit der Sicht aus den Entstehungsorten der Änderungsnotwendigkeiten.

1.2 Änderungen vom Typ 1

Dieser Änderungstyp 1 (vgl. Abb.1.15-V2) wird die meisten Änderungen in Projekt betreffen. Hier entsteht die Änderungsnotwendigkeit in den Produktprozessen, z. B. wenn ein Test fehlgeschlagen ist und ein Bauteil geändert werden muss. Dann sind die Beschreibungs- und Definitionsdokumente (Zeichnungen, Spezifikationen etc.) zu ändern. Das kann nun zur Folge haben, dass sich Kosten und Termine ändern und die entsprechenden Dokumente bzw. Pläne des Projektmanagements zu ändern sind. Auch kann das Auswirkungen auf den Vertrag haben, der dann ebenfalls geändert werden muss.

Das Konfigurationsmanagement für die Produkt-Prozesse, mit dem KM ja entstanden ist und auch als „Klassisches KM" bezeichnet werden kann, hat jedoch ein ausgefeiltes Änderungsmanagement entwickelt, das in der Lage ist, auch die Änderungsprozesse für Projektmanagement Aspekte durchzuführen, ohne damit den Verwaltungsaufwand überproportional zu vergrößern.

Grundsätzlich kann jeder Vertrag, jeder Termin- und Kostenplan oder jede andere Art von verbindlichen Vereinbarungen oder Festlegungen auch als „Produkt" betrachtet werden und die zugehörigen Unterlagen als „Konfigurationsdokumente" definiert werden. Denn diese Unterlagen definieren und beschreiben die Konfiguration dieses Produkts (z. B. Vertrag). Jeder Vertrag, Plan etc. hat ja eine Konfiguration (z. B. Inhalt des Vertrags); sie lassen sich unter das KM für die Produkt-Prozesse stellen und mit denselben Verfahren (Baselines, Änderungsverfahren) und Werkzeugen (z. B. PDM, SKM, vgl. Kap. 5) behandeln.

Will man die Änderungen in den Projektmanagement-Festlegungen nicht, wie vorstehend beschrieben, mit dem KM für die Produkt-Prozesse steuern, kann man das auch manuell durchführen oder mithilfe von Excel- oder Access-basierten Tools durchführen. Dann wird es aber schwierig, die Konsistenz aller Produkt- und Projektmanagement-Daten sicherzustellen. Diese Schwierigkeiten vergrößern sich, wenn das Projekt in einer Vertragspartner-Organisation (Kollaborativen Projektabwicklung, Hersteller-Zulieferer-Kooperation) durchgeführt wird.

1.3 Änderungen vom Typ 2

Diese Änderungen verbleiben in ihren Auswirkungen im Inhalt und Umfang des Produkts, des Liefergegenstands. Es entspricht auch dem traditionellen Änderungswesen, das im technischen Bereichen schon seit längerer Zeit durchgeführt wird, aber meist nicht in der stringenten Form (kontrollierter Änderungsprozess mit Produktgeneration/Konfigurationen) des KM für die Produkt-Prozesse. Diese Änderungen werden mit den Verfahren und Werkzeugen des KM für die Produkt-Prozesse gesteuert.

Eine derartige Änderung entsteht z. B. dann, wenn zwischen zwei Bauteilen der Abstand zu vergrößern ist, um evtl. Berührungen bei Vibrationen zu vermeiden. Dann sind zwar die entsprechenden Konfigurationsdokumente des Produkts bzw. des Liefergegenstands zu ändern, aber da keine Neukonstruktion und zusätzliche Fertigungsprozesse anfallen, entstehen auch keine zusätzlichen Kosten oder Terminverzögerungen.

1.4 Änderungen vom Typ 3

Diese Änderungen entstehen bei der Ausführung der Projektmanagement-Prozesse. Beispielsweise, wenn bei einem großen Bauvorhaben Terminverzögerungen entstehen und diese nur dadurch aufgefangen werden können, wenn der Liefergegenstand einfacher gestaltet wird.

Das ist der Fall,

- wenn die Ausführungs- und Genehmigungsplanung (Phase 4 und 5 HAOAI) sich erheblich verzögert hat,
- der Endtermin aber nicht verschoben werden kann,
- in den nachfolgenden Phasen, wie Ausschreibung, Vergabe und Objekterstellung, dieses nicht durch Ablaufänderungen aufgefangen werden kann,
- sondern nur durch Änderungen an den funktionalen und physischen Eigenschaften, die einen schnelleren Erstellungsprozess erlauben, aufgefangen werden kann.

Die erforderlichen Änderungen an Umfang und Inhalt des Liefergegenstands sind mit den Verfahren und Werkzeugen des KM für die Produkt-Prozesse zu steuern.

Die Änderungen in den Projektmanagement Festlegungen können hier eingeschlossen werden, wie bei Typ 1 geschildert. Das ist auf alle Fälle aus Gründen der Konsistenzsicherung zu empfehlen. Prinzipiell kann das auch manuell oder mithilfe von Excel- oder Access-basierten Tools durchgeführt werden.

1.5 Änderungen vom Typ 4

Eine derartige Änderung entsteht beispielsweise, wenn ein wichtiger Abstimmungstermin mit Meilensteincharakter (z. B. Review) verschoben werden muss (z. B. durch Erkrankung eines wichtigen Teilnehmers) und im nachfolgenden Terminablauf diese Verzögerung durch Änderung des Ablaufs aufgefangen werden kann. Dann hat das keinen Einfluss auf Inhalt und Umfang des Produkts, aber die Festlegungen im Projektmanagement (z. B. Terminplan) sind einer Änderungssteuerung zu unterziehen. Das kann mit den Verfahren und Werkzeugen des KM für die Produkt-Prozesse gesteuert werden (empfohlen wegen der Konsistenzsicherung) oder auch manuell oder mithilfe von Excel- oder Access-basierten Tools durchgeführt werden.

2 Die einzelnen Teilgebiete, Methoden und Prozesse des Konfigurationsmanagements (KM)

2.1 Die Konfigurationsidentifizierung (KI) (Konfigurationsbestimmung)

2.1.1 Generelle Betrachtung

Identifizieren und qualifizieren

Die Konfigurationsidentifizierung oder auch Konfigurationsbestimmung genannt, ist Grundlage für das Management der Produktkonfiguration und jedes Änderungsmanagements, vor allem aber für die Produktqualifikation. Sie macht ein Produkt erst „greifbar" und damit steuerbar.

„Qualifizieren kann ich nur etwas, das ich auch identifizieren kann".

Denn was nützt eine Qualifikation, von der ich nicht eindeutig sagen kann, auf welchen Zustand sie sich bezieht. Daraus ergibt sich, dass nicht nur eine eindeutige Nummerierung, sondern auch die gesamten Unterlagen dazugehören, die für eine eindeutige (es von jedem anderen Produkt unterscheidenden) Beschreibung der Eigenschaften notwendig sind.

Formal und fachlich-inhaltlich identifizieren

Unter Konfigurationsidentifizierung versteht man daher folgende Maßnahmen:

1. Maßnahmen zur formalen Identifizierung (d. h. formaler Kennzeichnung und Festlegung). Diese sollten bereits zu Beginn des Projekts, der Entwicklung, festgelegt werden. Das sind vor allem Maßnahmen
   - zur sinnvollen (und schrittweisen) Strukturierung des Gesamtprodukts und zur Auswahl von „Konfigurationseinheiten" (KE),
   - zur Dokumentation der physischen und funktionellen Merkmale einschließlich der Schnittstellen und späteren Änderungen, d. h. die Festlegung der zur eindeutigen Beschreibung dieser KEs erforderlichen Unterlagen sowie deren Inhalts,
   - zur Nummerierung von Unterlagen, Produkten und deren Konfigurationen und Änderungen, zur Neukennzeichnung sowie die Überwachung der Anwendung,
2. Maßnahmen zur fachlich-inhaltlichen Identifizierung bzw. Bestimmung. Diese ergeben sich erst während der Projektarbeit bzw. Entwicklungsarbeiten und können am Projektbeginn formal nur in ihrer Strukturorganisation festgelegt werden. Hierzu zählen Maßnahmen, wie
   - die Bestimmung und Festschreibung von Bezugskonfigurationen (Referenzkonfigurationen), vgl. Kap. 2.1.5 und 2.1.6.
   - die Konfigurationsrevision (Reviewverfahren), vgl. Kap. 2.4.

Es ist sinnvoll, dass all diese Aufgaben von einer einzigen Stelle wahrgenommen werden (vgl. Kap. 2.5). Auch wird bereits aus diesen Darlegungen deutlich, dass Konfigurationsmanagement nur in enger Abstimmung zwischen Projektleitung und den fachlich-inhaltlichen Stellen, z.B. technischen Fachabteilungen, durchgeführt werden kann.

2.1.2 Produktstrukturierung und Auswahl von Konfigurationseinheiten (KE)

Produktstruktur

Die Produktstruktur (auch Objektstruktur genannt) ist die strukturierte Darstellung aller wichtigen Komponenten des Projektgegenstands (Projektobjekt). Sie ist hierarchisch aufgebaut. Sie besteht aus Knoten und Verknüpfungen als Elemente. Jeder Knoten (Kästchen) repräsentiert eine Komponente des Gesamtsystems auf der entsprechenden Ebene. Dieses sind beispielsweise System, Subsystem, Modul, Zusammenbau, Unterzusammenbau oder Einzelteil als physische (materielle) Bauteile oder auch Software als immaterielle Komponente.

Die Verknüpfungen zwischen den einzelnen Knoten stellen die Schnittstellen zwischen den einzelnen Komponenten des Gesamtsystems in der Produktstruktur dar. Erst das Zusammenspiel von Knoten und Verknüpfungen bietet die Möglichkeit, die Funktion des gesamten Systems ausreichend zu beschreiben. Jede Verknüpfung ist gekennzeichnet durch die beiden Knoten, die sie verbindet. Zusätzlich beschreiben Gültigkeitszeitraum oder andere Gültigkeitsbedingungen jede Verknüpfung. Damit wird einerseits die zeitliche Veränderung des Aufbaus beschrieben. Andererseits kann die Produktstruktur damit auch Varianten einfach und im Zusammenhang darstellen (vgl. SCHREIBER, 1999).

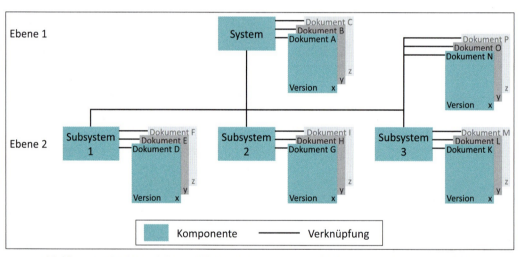

Abbildung 1.15-V2: Produktmodell (Produktstruktur und Dokumente) (SCHREIBER, 1999)

Die Produktstruktur bzw. die Produktgliederung weisen Analogien zum objektorientierten Teil eines Projektstrukturplans auf (vgl. Kap. 9.5 im Basisteil). Um eine sinnvolle Fortschrittsermittlung eines Projekts zu ermöglichen, sollte eine Verknüpfung von Produktstruktur und Projektstrukturplan erfolgen. Bei Fertigungsprojekten wird heute beim Einsatz von PDM/PLM Systemen (Kap. 5.2) die Stückliste aus der Produktgliederung (Objektstruktur) abgeleitet (vgl. KARCHER, 2006; GECKLER, 2006).

Verknüpfung von Produktstruktur und Dokumenten

Jeder Knoten der Produktstruktur ist nun mit Dokumenten (vgl. Kap. 2.1.3) zu verbinden. Verknüpfungen können bei Bedarf gleichermaßen mit Dokumenten verbunden werden. Diese Dokumente beschreiben dann das entsprechende Element der Produktstruktur. Sie enthalten alle erforderlichen Angaben oder Hinweise auf fehlende Angaben. Diese Kombination aus der Produktstruktur mit den dazugehörigen Dokumenten bildet das Produktmodell (vgl. KARCHER, 2006) – auch Konfigurationsstruktur genannt (vgl. SCHREIBER, 1999). Diese verbinden damit die technische Struktur des Projektgegenstands mit dem Management der Dokumente. In Abbildung 1.15-V2 ist ein derartiges Produktmodell dargestellt.

Früher wurde Produktstruktur durch die Dokumentenstruktur (z. B. Zeichnungsstruktur) bestimmt. Heute im Zeitalter der PDM/PLM Systeme wird die Dokumentenzentrierung zugunsten der Produktstrukturierung in einem integrierten Produktmodell aufgegeben (vgl. KARCHER, 2006). Hier werden die Prinzipien einer objektorientierten Programmierung angewandt (vgl. Kap. 5.2). Die Dokumente (Zeichnungen, Stücklisten etc.) werden mit den Objekten dieser Produktstrukturierung verknüpft.

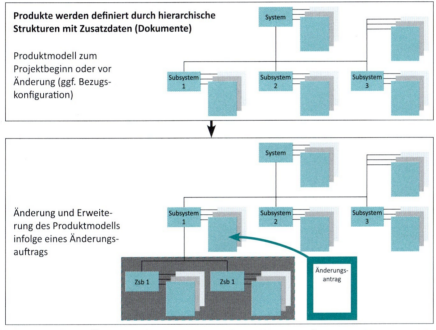

Abbildung 1.15-V3: Änderung des Produktmodells infolge einer Änderung (SAYNISCH, 2002)

Die Änderungsdynamik bei der Produktstruktur und beim Produktmodell

Konfigurationsmanagement beruht auf der Idee, dass das Produkt, d. h. die Produktstruktur und das Produktmodell, sich aus eine Abfolge von Änderungen gegenüber anfänglich erstellten und abgestimmten Vorgaben, Planwerten und Zwischenergebnissen entwickelt (vgl. Kap. 1.3, 2 und 3 im Basisteil). Durch die Änderungsprozesse (vgl. Kap. 2.2) entwickelt sich das Produkt zu seiner vollen Reife. Daraus folgt, dass die Produktstruktur und das Produktmodell sich in einem ständigen Veränderungs- bzw. Verbesserungsprozess befinden.

Wie ein einzelner Änderungsschritt aussehen kann, zeigt Abbildung 1.15-V3. Gegenüber dem ursprünglichen Produktmodell ist nun eine Änderung an einem Dokument erfolgt (Pfeil), die aber auch als Konsequenz eine Erweiterung der Produktstruktur und des Produktmodells zur Folge hat (Kreis). Natürlich kann auch eine Änderung nur eine Dokumentenänderung zur Folge haben, dann ändert sich nur das Produktmodell, indem die einem Element (Knoten) zugeordneten Dokumente zu ändern sind. Es ändern sich also nur die Inhalte von Dokumenten und nicht die Produktstruktur.

Konfigurationseinheiten (KEs)

Die stufenweise Untergliederung des Gesamtprodukts ist mit der Bestimmung und Auswahl von „Konfigurationseinheiten" (auch Configuration Item CI oder Konfigurationsteil KT genannt) zu verbinden. Das erfolgt, indem bestimmte Elemente der Produktstruktur als KE bestimmt werden. Diese werden dann bei Prozessen und Entscheidungen im KM einheitlich betrachtet. Diese Bestimmung soll möglichst frühzeitig im Projekt erfolgen. Denn hiervon hängt eine Reihe von Folgeaktionen ab, die ganz wesentlich den Aufwand im Projekt und damit die Kosten, aber auch den Grad der Kontrolle, die das Management erhält, bestimmen (vgl. SAYNISCH, 1984).

Kriterien für die Auswahl von KEs sind z. B.:

- Ist die Einheit
  - ein eigener Vertragsbestandteil (eigener Termin- und Kostenplan),
  - eine Zuliefereinheit (von einem Unterauftragnehmer zu entwickeln/zu liefern),
  - eine eigene Liefereinheit (z. B.: Ersatzteil, eigener Liefertermin) etc.?
- Soll die Einheit aufgrund ihrer kritischen Eigenschaften (technisch, Kosten, Termine, Sicherheit etc.) einer besonderen Überwachung unterworfen werden?

Da der Grad der Gliederung sowohl den Grad der Kontrolle bestimmt, die das Projektmanagement damit erhält, als auch den damit verbundenen Aufwand, muss in jedem Projekt daher der sinnvolle Kompromiss gesucht werden. Bei mehrstufigen Projekten wird in der Regel auf jeder Ebene die Untergliederung in KEs verfeinert.

2.1.3 Festlegen und Handhabung der Produktdokumentation

Produktdokumentation

Zur Produktdokumentation zählen alle Unterlagen, die einen Einfluss auf das Endprodukt oder seine Bestandteile haben oder diese verbindlich beschreiben. Die Produktdokumentation kann grob gegliedert werden in Dokumente zur:

- Definition der Anforderungen (Lastenhefte, Spezifikationen etc.)
- Definition der Auslegung und Ausführung (Design, Konstruktion etc.)
- Beschreibung der Herstellung (Produktionsunterlagen, Kopiervorschriften, Abweichungen etc.) und ggf. der Lagerung und Handhabung
- Beschreibung und Nachweis der Qualifikation (Prüfvorschriften, Prüfberichte etc.)
- Unterstützung des Betriebs und zur Erhaltung der Funktionsbereitschaft (Anleitungen, Handbücher, Kataloge)

Die Festlegung der zur eindeutigen Beschreibung der KEs erforderlichen Unterlagen (sowie ggf. deren Inhalts) sollte frühzeitig, möglichst vor Auswahl der KEs, im Projekt erfolgen (vgl. SAYNISCH, 1984).

Es ist darauf zu achten, dass sowohl die Funktion als auch die Physis (Gestalt) so genau beschrieben werden, dass das Produkt danach reproduzierbar hergestellt, geprüft und qualifiziert werden kann.

Die Definition muss gewährleisten, dass die gewünschte (evtl. vertraglich zugesicherte) Funktionalität unter allen Umständen sichergestellt wird. Im fortschreitenden Definitionsprozess muss die Konsistenz (Widerspruchsfreiheit) der aufeinander aufbauenden Unterlagen sichergestellt werden.

Für jede Projektphase sind die erforderlichen Dokumente festzulegen.

Eine Überschneidung des Inhalts (und damit eine Mehrfachdefinition) der Unterlagen sollte grundsätzlich vermieden werden, d.h. es ist sinnvoll, den Inhalt der einzelnen Unterlagen durch „Musterdokumente" vorzugeben.

Schnittstellen beschreiben

Besonderes Augenmerk sollte darauf verwandt werden, die Schnittstellen des Produkts nach außen, aber vor allem auch die zwischen den KEs ausreichend zu beschreiben, um ein konsistentes Gesamtprodukt und austauschbare Komponenten (KEs) zu erhalten und bei Änderungen die Auswirkungen leichter abschätzen und berücksichtigen zu können. Dies kann durch eigenständige Schnittstellen-Spezifikationen oder in den Produktspezifikationen selbst erfolgen.

2.1.4 Nummerierung und Kennzeichnung

Die Festlegung der Nummerierungsregeln für Konfigurationsunterlagen und für Produkte sowie zur Kennzeichnung deren Konfigurationen und aller Konfigurationsänderungen sind ein wichtiger Teil der Konfigurationsidentifizierung, aber auch die Überwachung der Anwendung dieser Regeln.
Auch hier ist es erforderlich, bereits zu Beginn des Projekts die Regeln festzulegen, um später kostspielige Missverständnisse oder Umbenennungen zu vermeiden (vgl. SAYNISCH, 1984).

Das KM stellt an Nummerierungssysteme nur 2 Forderungen:

a) Sie müssen eindeutig sein, d.h. eine so eindeutige Kennzeichnung erlauben, dass eine Verwechslung zweier verschiedener Objekte und ebenso zweier verschiedener Zustände (Konfigurationen) desselben Objekts ausgeschlossen ist.
b) Die Regeln müssen klar und unmissverständlich sein.

Insbesondere die Regeln für die „Neukennzeichnung" (nach Änderung) müssen diesen Forderungen entsprechen. Klassische Nummerierungssysteme sind z.B. Zeichnungsnummer und -ausgabe, Teilekennzeichen, Serien-Nr., Dokumentennummer. und -ausgabe.

2.1.5 Bezugskonfigurationen (Baselines)

Bezugskonfigurationen (Baselines oder Referenzkonfigurationen) sind **festgeschriebene Produktzustände**, die eine bestimmte Qualität haben. Sie sind die Voraussetzung für eine wirkungsvolle Konfigurationssteuerung und stellen wichtige Bezugspunkte dar. Insbesondere bei komplexeren Produkten und in Kooperationsprojekten sind die Vereinbarung und Festlegung von Bezugskonfigurationen eine Voraussetzung für eine koordinierte Zusammenarbeit.

Die **Bezugskonfigurationen** (auch Baseline oder Referenzkonfiguration genannt) als wesentliches Teilgebiet der Konfigurationsidentifikation (KI) ist das grundlegende Element bei der Bestimmung der produktzentrierte Fortschrittsermittlung (Kap. 9.2, 6.3 im Basisteil). Eine Bezugskonfiguration ist (vgl. SAYNISCH, 2006b):

- die formell zu einem bestimmten Zeitpunkt festgelegte Konfiguration eines Produkts (oder eines Teiles davon), die als Grundlage für weitere Tätigkeiten dient.
- repräsentiert die Gesamtheit der freigegebenen technischen und anderen Unterlagen zu einem bestimmten Zeitpunkt, die ein Produkt (oder Teile davon) definieren.
- der Bezugspunkt für nachfolgende Änderungen
- der Bezugspunkt für die Bestimmung von Kosten, Terminen und Technikbewertung des Produktzustands (Reifungsgrad)

Sie ist aber auch die geeignete Basis für den Bezug und die Bestimmung von:

- Projekt- und Produktkosten
- Terminplänen
- Umweltschutzmaßnahmen oder für
- Technikbewertung
- Vertragsverhandlungen
- Beginn eines formalen Änderungsverfahrens
- etc.,

damit hier ein technischer Stand eindeutig bestimmt ist, auf den unmissverständlich Bezug genommen werden kann (vgl. SAYNISCH, 1986).

Eine derartige Basis, eben die „Bezugskonfiguration", stellt den Bezugspunkt für nachfolgende Änderungen dar. Eine Änderung kann nur dann eindeutig definiert werden, wenn ein Bezugspunkt feststeht, auf den sie sich bezieht. Dies klingt zwar recht selbstverständlich und simpel, doch die Praxis zeigt, dass dies so einfach gar nicht ist – vor allem nicht, wenn an die Festlegung der Basis methodische Ansprüche gestellt werden (vgl. SAYNISCH, 1984; 1986; SAYNISCH & BÜRGERS, 1987).

Bezugskonfigurationen sollen immer dann festgelegt werden, wenn es während des Lebenslaufs eines Produkts nötig ist, seine Konfiguration so festzulegen, dass sie als Ausgangspunkt für weitere Aktivitäten dienen kann. Grundsätzlich können Bezugskonfigurationen jederzeit festgelegt werden, wenn es dem Management sinnvoll erscheint, also z. B.

- bei Vertragsabschluss (auf welche Konfiguration beziehen sich Kosten und Termine?)
- bei Beginn einer neuen Projektphase (wir ziehen alle am selben Strang)
- bei Beginn eines verschärften Änderungsverfahrens (ab jetzt nur mehr Änderungen, die vom Top-Management/Auftraggeber abgesegnet sind)
- vor den Betriebsferien (Arbeitsbeginn mit definiertem Ausgangszustand)

Der im deutschen Sprachgebiet manchmal benutzte Begriff „Konstruktionsstand" (= K-Stand) dient analogen Zwecken, ist jedoch produktions- und einsatzorientiert, d. h. sein Wirkungsbereich ist der Übergang von der Entwicklung zur Produktion und nicht der eigentliche Entwicklungsprozess (Technische Überprüfungen).

2.1.6 Festlegen einer Bezugskonfiguration

Festlegung

Der Detaillierungsgrad, bis zu dem eine Konfigurationseinheit in einer Bezugskonfiguration definiert werden muss, hängt vom Grad der gewünschten Überwachung ab. Funktionelle Bezugskonfigurationen können z. B. aus einem einzigen Dokument bestehen, während Produktions-Bezugskonfigurationen einen ganzen Satz von Dokumenten, einschließlich derer für Werkzeuge und Verfahren, umfassen können. Welche Dokumente in die Bezugskonfiguration aufzunehmen sind, sollte gewissenhaft überlegt und festgelegt werden, da damit zugleich festgelegt wird, welche Dokumente dem formalen Änderungsmanagement unterliegen (vgl. formale Identifizierung).

Eine erste Bezugskonfiguration kann z. B. schrittweise im Verlauf der Projektabwicklung festgelegt werden.

Einfrieren und fortschreiben – Technische Überprüfungen

Bezugskonfigurationen sind sinnvoller Weise während technischer Überprüfungen (Design Reviews) abzunehmen bzw. zu genehmigen und „einzufrieren".

Abbildung 1.15-G5 zeigt in übersichtlicher Form mögliche Überprüfungspunkte im Projektablauf auf und stellt den Zusammenhang zwischen Bezugskonfiguration, Zeitablauf in Phasen und Änderungsdienst dar (vgl. SAYNISCH, 1984; 1989). Detaillierter wird in Abbildung 1.15-V5 der Kontext von Phasen, Bezugskonfigurationen, Audits und Reviews dargestellt.

Eine derartige technische Überprüfung läuft sehr bürokratisch ab und kann, je nach Projektgröße, mehrere Tage bis mehrere Wochen in Anspruch nehmen.

Bezugskonfigurationen werden über (genehmigte) Änderungen fortgeschrieben. Spätere Bezugskonfigurationen sollten auf frühere und auf die damit eingeschlossenen Änderungen Bezug nehmen.

Die Bezugskonfigurationen im Produktentwicklungsprozess

Die Konfiguration eines Produkts entwickelt sich (wächst) während des Lebenszyklus. Sie ist also, über der Zeit gesehen, nie gleich. Typisch sind die folgenden **Reifungszustände**

- Wie definiert (Umsetzung der Anforderungen)?
- Wie entwickelt (ggf. Prototyp)?
- Wie gebaut (Fertigungsdokumente)?
- Wie abgenommen bzw. verkauft?
- Wie instand gehalten?

Dieses sind Bezugskonfigurationen mit **Meilensteincharakter**. Sie werden auch als „Sichten auf das Produkt" bezeichnet. In Abbildung 1.15-5 (Kap. 5.1 im Basisteil) ist ein vereinfachtes Schema von Bezugskonfigurationen wiedergegeben: System/Produkt – Entwurf – Produktion.

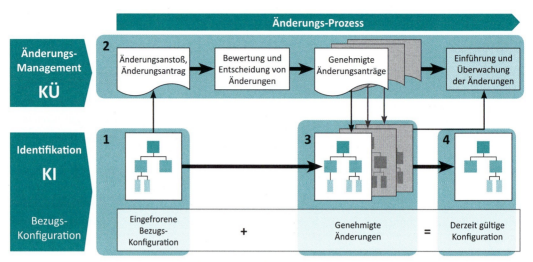

Die Grundidee des Konfigurationsmanagements

Abbildung 1.15-V4: Die Entwicklung von Produktkonfigurationen (SAYNISCH, 2006b)

Schema von Bezugskonfigurationen wiedergegeben: System/Produkt – Entwurf – Produktion.

Dieser evolutionäre Prozess der Entwicklung von Produkt-Konfigurationen während des Lebenszyklus in immer höhere Reifungs- oder Vollendungsgrade wird in seiner Grundfunktion in Abbildung 1.15-V4 dargestellt (eine Erweiterung von Abbildung 1.15-7).

- Kreis 1: Produkte werden definiert durch hierarchische Strukturen mit Zusatzdaten. Zum Zeitpunkt X im Lebenszyklus wurde eine Bezugskonfiguration festgelegt und wird in der Abb. symbolisiert durch eine Strukturdarstellung bestimmter Anordnung.
- Kreis 2: Mittels eines Änderungsantrags wird eine Änderung angestoßen, bewertet und genehmigt.
- Kreis 3: Die Änderung wird in die Produktdokumentation eingearbeitet (ggf. bündelt man mehrere Änderungen). Die Einarbeitung der Änderungen ändert die Anordnung der symbolisierten Produktstruktur.
- Kreis 4: Aus der in Kreis 1 festgelegten Bezugskonfiguration mit den eingearbeiteten Änderungen ergibt sich die derzeit (Zeitpunkt Y) gültige Konfiguration, die nun in der Abb. durch eine neue Anordnung in der Strukturdarstellung symbolisiert wird. Diese neue gültige Konfiguration kann dann wieder als neue Bezugskonfiguration (mit höherem Reifungsgrad) definiert werden. Sie definiert nun das Produkt, das herzustellen ist, in seinem Reifungszustand zum augenblicklichen Zeitpunkt.

> **Bezugskonfiguration** (zum Zeitpunkt X) plus **Änderungen** (ab Zeitpunkt X) ergeben die **Augenblicklich gültige Konfiguration** (zum Zeitpunkt Y)

Bei der Festlegung einer Bezugskonfiguration wird ein **„Schnappschuss"** angefertigt und dokumentiert (gespeichert), die Produktentwicklung läuft jedoch weiter

> Eine Bezugskonfiguration oder Baseline hat eine „Schnappschuss"-Funktion:

Zu einer Bezugskonfiguration, deren **technischer Reifungszustand** ja durch die zugehörigen Dokumente festgelegt ist, kann die erreichte Leistung (Fortschrittsgrad) nun eindeutig bestimmt werden (Kap. 9.2, 6.3 im Basisteil).

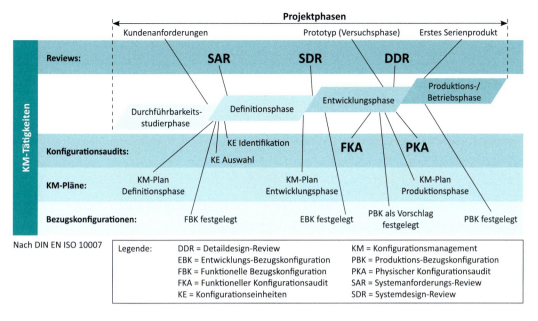

Abbildung 1.15-V5: Projektphasen und KM-Tätigkeiten (SAYNISCH, 2002)

Bezugskonfigurationen, technische Überprüfungen und Konfigurationsaudits im Zusammenhang

In Abbildung 1.15-V5 sind die Bezugskonfigurationen, die technischen Überprüfungen und Konfigurationsaudits in ihrem zeitlichen Zusammenhang (Phasen) dargestellt.

2.1.7 Aufstellung und Pflege von Produkt-, Konfigurations- und Dokumentationsbäumen

Um sowohl den Produkt-Aufbruch mit den Konfigurationseinheiten als auch die zugehörige Dokumentation transparent zu machen, empfiehlt es sich, diese in ihren Zusammenhängen darzustellen. Das Gleiche gilt für die Darstellung der gültigen Konfigurationen von Dokumenten sowie Produkten und Konfigurationseinheiten. PDM/PLM Systeme bieten dabei heute entscheidende Hilfestellungen und stellen eine Fehlerfreiheit sicher.

2.2 Die Konfigurationsüberwachung/-steuerung (KÜ) – Das Änderungsmanagement

2.2.1 Warum ist das Änderungsmanagement so wichtig?

Eines der wichtigsten Teilgebiete des KM ist das Änderungsmanagement. Es setzt eine funktionierende Konfigurationsidentifizierung voraus.

Die Wunschvorstellung des ungestörten Projektablaufs gibt es noch nicht einmal in der Theorie. Neue Ansätze im Management-Verständnis gehen grundsätzlich von Instabilitäten und komplexen Situationen aus. Im Forschungsprogramm der „Neuen Wege im Projektmanagement" wurde unter der Leitung des Autors untersucht, wie einerseits rapide gesellschaftliche und wirtschaftliche Veränderungen und Umbrüche und andererseits ein rapides Wachstum von komplexen neuen Technologien und Innovationen in industriellen und sozialen Produkten zu verzeichnen sind, die zu einem rasanten Anstieg der Komplexität, Dynamik und Instabilität im jetzigen und vor allem im zukünftigen Projektgeschehen führen (vgl. SAYNISCH & LANGE, 2002; SAYNISCH, 2003). Es wurde das Konzept des „Projektmanagements

2. Ordnung – PM-2" für die Situationen entwickelt, wenn komplexe, instabile Situationen mit ihren nichtlinearen, multikausalen Eigenschaften und hoch vernetzten Rückkoppelungen zu meistern sind (vgl. SAYNISCH, 2005). Das PM-2 Konzept wurde 2007 mit dem „IPMA International Research Award" ausgezeichnet.

Eine Projektabwicklung unterliegt also somit ständig Abweichungen und Störungen, wie bereits in der Einführung dargestellt. Ursache hierzu sind überwiegend Anlässe zu Änderungen, unverschuldete und unerwartete, aber auch zu erwartende und zu verantwortende. Änderungsursachen können sein:

- Änderungen ganz normaler Art, quasi als „Prozess der Erkenntnisgewinnung", d. h. z. B. aufgrund:
    - des fortschreitenden Entwicklungsprozesses,
    - von Testergebnissen,
    - neuer technischer Erkenntnisse,
    - auftretender technischer Probleme;
- zu verantwortende Änderungen, z. B. durch
    - unzureichende Voruntersuchungen, d. h. Schwachstellen werden erst während der Bearbeitung erkannt,
    - Planungsfehler, etc.;
- unverschuldete Änderungen durch Einflüsse von außen, z. B. durch:
    - unpräzise Vorgaben,
    - nachträgliche Kundenwünsche,
    - Änderungen in Gesetzen, Vorschriften, Auflagen und Genehmigungs- oder Zulassungsprozeduren.

Änderungen sind aber auch positiv zu bewerten, da sie in der Regel der Produktverbesserung dienen.

Daraus folgt:

- **Änderungen sind nicht vermeidbar**, sie sind auch keine Reststörungen, sondern eigentlich etwas ganz Normales. Sie verbessern die vorhandene Situation, den augenblicklichen Entwicklungsstand.
- **Sorgfältige Projektvorbereitung** und Planung können das Änderungsvolumen wirksam reduzieren, aber nie ausschalten.
- **Sorgfältige Analyse der Auswirkungen** auf Kosten, Termine oder Qualität sowie Planung und Steuerung jeder einzelnen Änderung können die Folgen minimieren und steuerbar machen.

Änderungsfolgen: Probleme, die durch Änderungen entstehen, sind in der Regel:

1. Zusatzkosten (oftmals sehr hohe und unerwartete),
2. Terminverschiebungen (oftmals gravierende), Qualitätseinbußen, d. h. Produkteigenschaften, die vom Kunden erwartet werden, werden verfälscht oder nicht erreicht.

Ein vorausschauendes Management wird also die Handhabung von Änderungen möglichst in seinen normalen Geschäftsabläufen einplanen, um die Folgen zu minimieren.

2.2.2 Aufgaben des Änderungsmanagements

Änderungen kontrolliert steuern:

Das Änderungsmanagement (die Konfigurationsüberwachung und -steuerung) ist verantwortlich für die Steuerung der Änderungen. Es sorgt dafür, dass Änderungen identifiziert, beschrieben, klassifiziert, bewertet, genehmigt, eingeführt und verifiziert werden (vgl. SAYNISCH, 1984)

Voraussetzung für ein wirkungsvolles Änderungsmanagement ist das Vorhandensein eines definierten Ausgangszustands, d. h. einer Bezugskonfiguration oder „Baseline" (vgl. Kap. 2.1.5). Die Fortschreibung dieser Bezugskonfiguration erfolgt über die (genehmigten) Änderungen (vgl. Abbildung 1.15-7).

Änderungen, die auf einen undefinierten Ausgangszustand aufbauen, sind logischerweise selbst undefiniert. Als Änderungen im Sinne des KM werden daher solche Modifikationen an Geräten, Produkten oder Teilen und ihren Dokumenten verstanden, die nach Festlegung einer Bezugskonfiguration vorgenommen werden. D. h. erst nach Festlegung einer Bezugskonfiguration kann das Änderungsmanagement sinnvoll in Kraft treten und seine Wirkung entfalten (vgl. SAYNISCH, 1984).

Gestaltung des Änderungsverfahrens

Das Änderungsverfahren ist so zu gestalten, dass

- nur kontrolliert geändert werden kann,
- der Änderungsprozess möglichst schnell durchlaufen wird,
- jederzeit produkt-(KE-)bezogen Aussagen über die im Projekt beantragten, genehmigten und geplanten, erfolgten und abgelehnten Änderungen gemacht werden können, d. h., dass eine genaue Bestimmung der momentan gültigen Konfiguration (Bezugskonfiguration plus Änderungen) jeder Konfigurationseinheit (z. B. des Geräts/Systems) ermöglicht wird, nebst den zugehörigen Begründungen, Entscheidungen und Auswirkungen.

Das Änderungsmanagement (die Konfigurationssteuerung) tritt erst nach Festlegung einer Bezugskonfiguration in Aktion und umfasst alle Maßnahmen zur

- Veranlassung, Beantragung und systematischen Erfassung (Identifizierung, Beschreibung und Klassifizierung)
- Bewertung und Genehmigung bzw. Entscheidung über Änderungsanträge
- Einführung und Durchführung, der Umsetzung der Entscheidungen, d. h. die Dokumentation und Realisierung der genehmigten Änderungen in Dokumenten und Produkten sowie der Überprüfung durchgeführter Änderungen.

2.2.3 Ablauf einer Änderung – der Änderungsprozess

Generelles

Im Folgenden werden die einzelnen Schritte im Änderungsprozess ausgeführt. Ein prinzipielles Schema eines Ablaufs ist in Abbildung 1.15-6 dargestellt. Dieses ist jedoch ein idealtypischer Ablauf auf hoher abstrakter Ebene. In der betrieblichen Praxis wird dieser meistens stärker differenziert.

Diese Differenzierung wird in zwei Richtungen vorgenommen. Einmal wird dieser prinzipielle Ablauf in weitere Schritte und parallele Wege differenziert. Beispielsweise ist in einem Vertragspartner- oder Kooperationsprojekt die Abstimmung bei Änderungen mit den anderen Unternehmen, die in dem

Projekt beteiligt sind, zu regeln. Zum anderen können in einem Unternehmen verschiedene Projekttypen bearbeitet werden, die jeweils unterschiedliche Abläufe bei Änderungen haben.

Beim heutigen Einsatz von PDM/EDM sowie SKM Systemen (vgl. Kap. 5) übernehmen diese die (automatische) Koordination des Änderungsablaufs mittels der Workflow-Technik und stellen auch gleich sicher, dass nach Abschluss der Änderung diese neuen Produkt-Zustände in das Produktdatensystem (vgl. Kap. 2.1.2, 2.1.3) übernommen bzw. gespeichert werden.

Antragstellung (der Änderungsantrag/-vorschlag)

Antragsteller kann jede am Projekt beteiligte Stelle sein.Bevor irgendwelche Aktivitäten zur Durchführung einer Änderung eingeleitet werden (dies bedeutet immer: Kosten fallen an) ist grundsätzlich ein **Änderungsantrag** zu stellen und dieser genehmigen zu lassen. Hier ist die Änderung so eindeutig zu beschreiben und zu begründen, dass andere Projektbeteiligte sie auf Auswirkungen beurteilen können. Bekannte und erwartete Auswirkungen auf Qualität bzw. Ergebnis, Schnittstellen, Termine und Aufwand des Gesamtprojekts oder der betroffenen Teilaufgabe sind ebenso abzuschätzen wie Rückwirkungen auf andere Teile des Projekts.

Zweckmäßiges Hilfsmittel ist hier ein standardisiertes Formular, auf dem auch die weiteren Schritte im Änderungsprozess dokumentiert werden können. Ein prinzipielles Beispiel ist in Abbildung 1.15-7 wiedergegeben.

Derartige umfangreiche Formularsätze (die Auswirkungsanalyse war oft sehr umfangreich), waren in den Anfangsjahren des KM üblich. Heute, im „digitalen Zeitalter", geschieht das am Bildschirm mithilfe von Screen-Formularen (Abbildung 1.15-V6). Hier ist deutlich zu erkennen, dass der Teil der Auswirkungsanalyse (vgl. nachfolgenden Abschnitt) durch ein separates Menü hinterlegt werden kann. Derartige Screen-Formulare sind Teil der heute modernen PDM/PLM bzw. SKM Systeme, die auch den Änderungsprozess mittels Workflow steuern (vgl. Kap. 5).

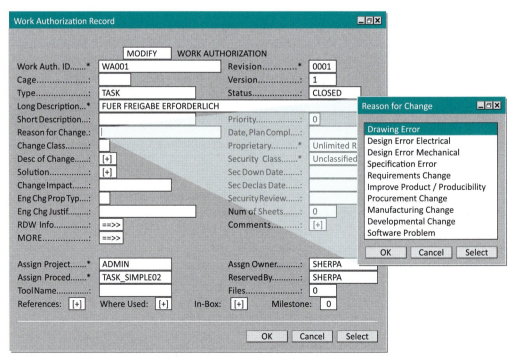

Abbildung 1.15-V6: Änderungsformular in Sreen-Technologie (SHERPA, 1998)

Klärung der Auswirkungen und Vorbereitung der Entscheidung

Änderungskoordination: Alle Anträge und zugehörigen Stellungnahmen werden zentral bei der **Änderungsstelle** gesammelt. Die Änderungsstelle (vgl. Kap. 2.6.3) nimmt die Änderungsanträge entgegen, teilt die Änderungs(-antrags)-nummer zu, überprüft sie, ermittelt die Auswirkungen, holt Stellungnahmen ein und bereitet die Änderungskonferenz vor.

Insbesondere sorgt sie für eine **technische und terminliche Abstimmung** der Änderungen bezüglich ihrer Auswirkungen auf Schnittstellen (s. Schnittstellen-/Interface-Management), auf Partner und Unterlieferanten, auf Fertigung und Produktbetreuung (Handbuch-/Ersatzteilwesen) sowie mit dem Auftraggeber. Sie sorgt dafür, dass die zu erwartenden Kosten, die Auswirkungen auf Termine sowie auf Verträge geklärt sind und bereitet die Änderung entscheidungsreif vor.

Die endgültige Bewertung und die Genehmigung werden von der Änderungskonferenz vorgenommen.

Klassifizierung von Änderungen

Um einen Änderungsvorgang effektiv ablaufen zu lassen, ist es sinnvoll, die Änderungsanträge zu klassifizieren und zwar sowohl nach ihrer **Dringlichkeit** (z. B. lebenswichtig = sofort, wichtig = baldmöglichst, wünschenswert = bei Gelegenheit), um Durchlaufgeschwindigkeit und -weg festzulegen, aber auch nach dem Grad der **Auswirkungen** (z. B. auf Produktkonfiguration, Kosten, Termine, Vertrag) und sie damit der zuständigen Entscheidungskompetenz zuzuweisen.

Zur Entlastung des Managements bewährt sich die Zuweisung einer „eingeschränkten Entscheidungsbefugnis" (delegated authority). Es ist jedoch sicherzustellen, dass alle Änderungen, unabhängig von ihrer Klassifizierung, nach dem gleichen Formalismus verfolgt und dokumentiert werden.

Genehmigung – die Entscheidung

Zur Entscheidung wird der Änderungsantrag (in der Regel auf der **Änderungskonferenz**) dem Konfigurationsausschuss vorgelegt (vgl. Kap. 2.6.4), der die Änderung und ihre Auswirkungen beurteilt. Er trifft eine Entscheidung im Rahmen seiner Kompetenz dazu bzw. verweist mit einer Empfehlung an eine höhere Entscheidungskompetenz, die durch die Klassifizierung in der Regel bereits zugeordnet ist. Die Änderungsstelle protokolliert die getroffenen Entscheidungen und veranlasst entsprechende Folgemaßnahmen.

Änderungsveranlassung

Die Änderungsstelle informiert formal (Protokoll, Standardverteiler) die betroffenen Stellen und veranlasst durch entsprechende formale Anweisungen die **Folgemaßnahmen**, indem sie z. B. eine **„Änderungsanweisung"** ausstellt, oder einfach durch Zusendung des genehmigten Änderungsantrags. Diese Unterlagen besitzen **Anweisungscharakter**.

Derartige Änderungsanweisungen sind Teil der heute modernen PDM/PLM bzw. SKM Systemen, die auch den Änderungsprozess mittels Workflow steuern (vgl. Kap. 5).

Durchführung der Änderung

Durchführung: Die Änderung ist nun in den Dokumenten durchzuführen. Das geschieht heute meist mittels Einschaltung moderner PDM/PLM Systeme, die mit den Cax Systemen gekoppelt sind. Im Softwarebereich sind es die SKM Systeme, welche die Programmdaten u. a. Build Management) selbst verwalten.

Freigeben der geänderten Unterlagen: Nach Änderung der betroffenen Dokumente und nach technischer Verabschiedung erfolgt vor einer Freigabe zur Verwendung eine formale, möglichst jedoch auch eine inhaltliche Prüfung, ob die Änderungen im Rahmen der Genehmigung liegen, ob das Dokument richtig gekennzeichnet ist und ob die Ausgabe auf die Änderung Bezug nimmt.

Es muss sichergestellt werden, dass keine Veränderung am Produkt selbst vorgenommen wird, ohne dass dafür entsprechende freigegebene Konfigurationsdokumente vorliegen.

2.2.4 Die Freigabestelle

Es ist sicherzustellen, dass Dokumente grundsätzlich nur über eine Freigabestelle freigegeben werden. Die Freigabestelle hat sicherzustellen, dass diese Überprüfung geschieht und dass ohne diese Überprüfung kein Dokument freigegeben wird. Sie nimmt somit eine entscheidende **Schlüsselstellung** im KM-Prozess ein. (s. Kap. 2.6)

Abgesehen von den unkontrollierten Folgen der Veröffentlichung eines unkoordinierten Dokuments, sind das Rückrufen oder die Korrektur eines Dokuments nach Veröffentlichung ein teurer, mühsamer und unsicherer Prozess und erfordern in der Regel einen neuen Änderungsantrag und Änderungsprozess.

2.2.5 Dokumentenverwaltung, Dokumentenmanagement, Archivierung

Die eindeutige Identifizierung des geänderten und die Sicherung des geänderten und freigegebenen Originals sowie die ordnungsgemäße Verteilung sind ebenso ein wichtiger Bestandteil des KM-Prozesses. Ein funktionierendes Dokumentationsmanagement ist hierfür Voraussetzung. Beim heutigen Einsatz von PDM/EDM sowie SKM Systemen (vgl. Kap. 5) übernehmen diese die Dokumentationsaufgaben.

Im Softwarebereich wird diese Aufgabe auf das Produkt selbst, also die Software, ausgedehnt. Die SKM Systeme sind dafür eingerichtet, dieses sicherzustellen. Sie weisen Build und Release Funktionen auf.

2.2.6 Verifizieren der Änderung

Aufgabe der Verifizierung ist es, die Übereinstimmung zwischen Papier bzw. Dateiinhalt und dem realen Produkt sicherzustellen. Nach Durchführung der Änderung am Produkt wird geprüft, ob die Durchführung identisch mit den freigegebenen Designunterlagen erfolgte und damit die **Konsistenz zwischen Produkt und seinen Konfigurationsdokumenten** wieder hergestellt ist. Dies ist in der Regel Aufgabe der Qualitätskontrolle, die entsprechende Rückmeldungen für die Konfigurationsbuchführung vornimmt.

Ist dies der Fall, so kann die Änderung abgeschlossen werden. Weicht die Durchführung dagegen ab, so sind Maßnahmen zu ergreifen, die diese Übereinstimmung herbeiführen.

Diese sind:

| Nacharbeit des Produkts oder
| Akzeptanz des Einzelfalls einer Abweichung, falls diese in einem tolerierbaren Bereich liegt, durch eine „Sonderfreigabe" („Bauabweichung"), oder
| Anpassung der Konfigurationsdokumente durch einen neuen Änderungsantrag.

2.2.7 Sonderfreigaben vor und nach Realisierung (Bauabweichung)

Es kommt vor, dass ein Bauteil oder Produkt nicht nach den Vorgaben, wie sie auf dem Papier (Zeichnung oder Dateiinhalt) als **Sollzustand** definiert sind (vgl. Kap. 2.1.2, 2.1.3), hergestellt wurden und von diesem Zustand abweichen. Das Behandeln von derartigen **Abweichungen** ist das Thema dieses Abschnitts.

Liegt eine gewollte Abweichung vom Sollzustand (z. B. Ausweich-Material wegen Lieferschwierigkeiten oder, bei Software, vorübergehender Einbau einer Testausgabe) eine ungewollte vor, von der angenommen werden kann, dass sie toleriert werden kann, so ist diese in einer **„Sonderfreigabe"** zu beschreiben und die für eine Tolerierung dieses Zustands erforderlichen Zustimmungen (Unterschriften, technisch und ggf. vertraglich) einzuholen.

Sonderfreigaben sind in der Regel auf einen Einzelfall beschränkt oder nur temporär. Soll der Zustand allgemein im Produkt bestehen bleiben, so ist er über einen Änderungsantrag einzuführen. Sonderfreigaben gehören zur **Bauzustandsdokumentation** des Produkts und führen zu einem individuellen Konfigurationsstand (vgl. SAYNISCH & BÜRGERS, 1987)

2.3 Die Konfigurationsbuchführung (KB) (Konfigurationsverfolgung – Konfigurationsnachweis – Bauzustandsnachweis)

2.3.1 Buchführung und Berichterstattung

Die Konfigurationsbuchführung (KB) hat die Dokumentation (Registrierung, Archivierung) der Konfiguration und ihrer Entwicklung sicherzustellen. Dazu gehört auch eine Statusberichterstattung zur Änderungsbearbeitung und zum Änderungszustand der Produkte (der Konfiguration und des Bauzustands der KEs) und aller Konfigurationsdokumente. Sie muss auch die Rückverfolgbarkeit (traceability) der Änderungen auf ihren Ursprung gewährleisten (vgl. SAYNISCH, 1984).

Insbesondere die aktuelle, eindeutige und transparente Darstellung und Information über die Produktsituation sowie der Projektsituation in Bezug auf Änderungen sind Aufgabe der KB. Sie unterstützt damit die übrigen Aufgaben des KM, aber auch vor allem das Projektmanagement, die Entwicklung, das Qualitätsmanagement, die Produktion etc. sowie alle anderen Projektbeteiligten.

In Abbildung 1.15-V7 zeigen entsprechende Beispiele auf, in welcher Form prinzipiell eine Berichterstattung durchgeführt wird (vgl. SAYNISCH, 1986). In Abbildung 1.15-V7a sind alle Dokumente aufgelistet, die bis zum Stichtag freigegeben sind. Freigabedatum, Teilenummer sowie Änderungsantragsnummer sind mit angegeben. Abbildung 1.15-V7b zeigt die Daten der Änderungsanträge. In Abbildung 1.15-V7c ist das Objektsystem wiedergegeben, wobei die einzelnen Dokumente mit ihrem Freigabedatum gekennzeichnet sind.

2.3.2 DV-Unterstützung der KM-Prozesse

An den Anforderungen der KB wird sich daher die Auslegung der Geschäftsprozesse zur Unterstützung des KM orientieren. Hierzu ist eine DV-Unterstützung nicht nur sinnvoll, sondern notwendig. Die DV-Unterstützung der KM-Prozesse sollte so gestaltet sein, dass die KB weitgehend automatisch, d. h. ohne zusätzliche Datensammlung, erfolgt. Wurden bis weit in die 1990er Jahre hinein unternehmenseigene DV-Systeme entwickelt und eingesetzt, wie z. B. KOKOS/PCMS für Tornado und EFA, so werden diese heute von PDM/PLM Systeme abgelöst (vgl. Kap. 8 im Basisteil, Kap. 5).

Beim Einsatz von PDM/PLM Systemen kann man nicht mehr von DV-Unterstützung sprechen, denn es sind weitreichende DV-Prozesse. Denn diese handhaben die gesamten Produktdaten (einschl. PM-Daten) integrativ, erstellen Ergebnisse in vielfältiger Form in real time und verteilen diese an die entsprechenden Stellen (Workplace).

Part No.	Document-No.	Rev	Page	Page No.	Description	Doc Type	Status	Validity from	Page Fr	PL Pos.	Sec Kod	Originator
212M3	EZ 123456	A	1	2	Zahnrad	EZ	V	14.08.86	A2	3	U	Schmor
212M3	EZ 123456	A	2	2	Zahnrad	EZ	V	14.08.86	A2	3	U	Schmor
212M3	EZ 123456	B	1	1	Zahnrad	EZ	V		A2	3	U	Schmor
S58M3	EZ 154376	A	1	2	Schnecke	EZ	F	12.08.86	A2	17	U	Meyer
S58M3	EZ 154376	A	2	2	Schnecke	EZ	F	12.08.86	A2	17	U	Meyer
16	EZ 256000	A	1	1	Achse, gehärtet	EZ	F	12.08.86	A2	9	U	Bauer
21	EZ 333123	A	1	1	Gehäuse	EZ	F	13.08.86	A2	3	U	Ritzer
587...	...123	B	1	1						13	U	Schmor

Rec. No.	REC Date	Originator	Affected Hardware	Description	Affected Workpackage	Status	Date of P-Release	Date of Release	Date of Implement	Document No.	Rev.	Doc Type	Description	Date of creation
1	14.08.86	Müller	Zeichnungen Vertrags-Nr. Dv01-05.C-A004	Gehäuse-änderung HG	Stellsystem	V	14.08.86	...	...	GS 400012	A	GZ	Gehäuse Zb	14.08.86
										EZ 333123	A	EZ	Geh. Vordert.	14.08.86
										EZ 123456	A	EZ	Zahnrad	14.08.86
2	14.08.86	Bauer	Spezifikation	Stecker-änd...	Februar					EZ 184711	A	EZ	Elektromotor	15.08.86

Break down	Part number	Part description	Origin	Qty	Document number	Parts list	Rev.	HoR	No. of pages	Document description	Validity Date from	Next Assembly Part number
0	ST/1000	Stellsystem	Diehl									
.1	A/3500	Antrieb	Diehl	1	GS 347001	X	A	-	1	Antrieb	12.08.86	ST/1000
.1	A/3500	Antrieb	Diehl	1	GS 347001		A	-	1	Antrieb	12.08.86	ST/1000
.1	A/3500	Antrieb	Diehl	1	PRF 1786		1		260	Prüfvorschrift	12.08.86	ST/1000
..2	GE/6/35	Getriebe	HTP	3								A/3500
...3	14	Achse	Diehl	1	EZ 25881				1	Achse, gehärtet	12.08.86	GE16/35
...3		Lager	SKF/FAG	2								GE16/35

Abbildung 1.15-V7: Ergebnislisten der Konfigurationsbuchführung
7a (oben): Auflistung der Dokumente
7b (Mitte): Daten der Änderungsanträge
7c (unten): Darstellung des Objektsystems mit Dokumentenauflistung

2.4 Die Konfigurationsauditierung (KA) (Produktauditierung)

Technische Überprüfungen

Technische Überprüfungen (Reviews, vgl. auch Kap. 2.1.6) dienen dazu, technische Dokumente (ihren Inhalt) vor allem während des Entwicklungsprozesses auf ihre Reife zu prüfen, also vor der eigentlichen Herstellung des Produkts (Validierung). Sie haben damit prophylaktischen Charakter.

Beispiele für Überprüfungen sind (vgl. SAYNISCH, 1984):

- System-Entwurfsüberprüfung (SEP)
- Vorläufige Entwurfsüberprüfung (VEP)
- Kritische Entwurfsüberprüfung (KEP)

Funktionelles und physisches Produktaudit

Dagegen stellen die Konfigurationsaudits (auch Konfigurationsprüfungen oder Konfigurationsrevisionen genannt) eine Verifizierung dar, wobei am hergestellten und am gefertigten Teil die Einhaltung und Verwirklichung der Vorgaben, Angaben und Definitionen in den Dokumenten überprüft werden. Die Übereinstimmung des realen Ausführungsstands (auf KE- oder Systemebene) mit dem vorgegebenen Stand in den Konfigurationsdokumenten zu beurteilen, ist die Kernaufgabe.

Beispiele für Konfigurationsaudits sind:

- Physischer Konfigurationsaudit (PKA)
- Funktioneller Konfigurationsaudit (FKA)

Beim „**Physischen Konfigurationsaudit (PKA)**" wird z. B. das hergestellte Teilprodukt (KE) oder vollständige Produkt auf Übereinstimmung mit seinen Konfigurationsdokumenten überprüft, während beim „**Funktionellen Konfigurationsaudit (FKA)**" die Prüf- und Nachweisdokumentation zum selben Teil darauf überprüft wird, ob sie die spezifizierte Funktionalität des Teils schlüssig, korrekt und ausreichend nachweist, das Produkt damit die Forderungen erfüllt. Mit der Konfigurationsauditierung wird bereits das Gebiet der Qualitätssicherung betreten (vgl. Kap. 9.7 im Basisteil).

Grundlage für diese Audits ist die aktuelle Konfigurationsdokumentation, die (nach erfolgreicher Auditierung) in der Regel zu einer Bezugskonfiguration erklärt wird.

2.5 Auditierung des Konfigurationsmanagement-Systems (Managementsystem-Auditierung)

Gegenstand des KM-System Audits sind sowohl die festgelegten KM-Verfahren selbst als auch ihre Anwendung und Einhaltung. Das Audit ist eine Überwachungsfunktion und dient der Sicherstellung eines wirkungsvollen Konfigurationsmanagements.

Insbesondere soll das Audit verifizieren, dass das KM-System, so wie es beschrieben ist, die festgelegten Anforderungen erfüllt und dass die tatsächlich angewandten KM-Arbeitsweisen mit den im Konfigurationsmanagement-Plan beschriebenen übereinstimmen. (DIN 1996)

Meist wird das Audit in periodischen Abständen vom Auftraggeber durchgeführt (vgl. NÜHRICH & SAYNISCH, 1984). Es kann aber auch Gegenstand einer periodischen internen Revision oder eines Qualitätsaudits sein oder im Rahmen eines Zulassungsverfahrens erfolgen (ISO 9000, AQAP etc.) und sollte in seinen Prinzipien, Kriterien und Arbeitsweisen ISO 10011 entsprechen.

2.6 Organisation und Planung des Konfigurationsmanagements (KMO)

2.6.1 Der Konfigurationsmanagement Plan (KMP)

Festlegen der Verfahren im KM-Plan

ORGANISATION	
Ist die Organisationsstruktur (Aufbauorganisation) für Einführung und Anwendung von Konfigurationsmanagement spezifiziert?	☐
Sind Aufgaben und Kompetenzen der einzelnen Stellen beschrieben?	☐
Sind alle Organisationseinheiten des KM (Konfigurationsverwaltung, Änderungskonferenz, Überprüfungsrat) berücksichtigt?	☐
Sind die Nahtstellen zu Partnern (Unterauftragnehmer, Auftraggeber etc.) spezifiziert?	☐
Ist ein Einführungsplan aufgestellt?	☐
BEZUGSKONFIGURATIONEN – REFERENZKONFIGURATIONEN	
Sind die Bezugskonfigurationen sorgfältig und situationsbezogen definiert?	☐
Wenn nur eine Bezugskonfiguration vorhanden – Steht diese Vereinfachung in Übereinstimmung mit dem Innovationsgrad und den Risiken?	☐
Geben die Bezugskonfigurationen den Reifungsprozess adäquat wieder?	☐
Stehen die Bezugskonfigurationen in Übereinstimmung mit der Phasenorganisation?	☐
Stehen die Bezugskonfigurationen in Übereinstimmung mit den technischen Überprüfungen?	☐
Sind die technischen Überprüfungen sorgfältig und situationsbezogen definiert?	☐
KONFIGURATIONSIDENTIFIZIERUNG	
Ist die Spezifikation der Unterlagen umfassend genug – sind alle erforderlichen Dokumentenarten definiert?	☐
Sind die Konfigurationseinheiten (KEs) adäquat formuliert? Sind dabei die Wartungs- und Instandhaltungskonsequenzen berücksichtigt worden?	☐
Liegt eine Kennzeichnungssystematik vor?	☐
KONFIGURATIONSÜBERWACHUNG/-STEUERUNG – ÄNDERUNGSMANAGEMENT	
Ist der Änderungsprozess in seinen Stufen präzise beschrieben?	☐
Ist ein Schema zur Klassifizierung und Bewertung erstellt?	☐
Sind Änderungsanträge und Änderungsmitteilungen vorhanden?	☐
KONFIGURATIONSBUCHFÜHRUNG – KONFIGURATIONSNACHWEIS	
Ist die Statusberichterstattung spezifiziert? Sind einzelne Berichtsformen und ihr Verteiler festgelegt?	☐
Sind die Registrierung und Archivierung gemäß den Erfordernissen organisiert?	☐
Ist ein DV-Tool vorgesehen oder vorhanden? Bestehen Einsatzerfahrungen, wird die Anwendung beherrscht?	☐
KONFIGURATIONSAUDITIERUNG – KONFIGURATIONSREVISION	
Sind die Audits und Revisionen und ihre Zeitpunkte präzisiert? Stehen sie im Zusammenhang mit den Bezugskonfigurationen, technischen Überprüfungen und der Phasenorganisation?	☐
Sind das Verfahren und der Ablauf der Audits und Revisionen festgelegt? Ist die Kooperation mit der Qualitätssicherung verwirklicht?	☐
BAUZUSTANDSMANAGEMENT	
Ist das Verfahren der Bauabweichungen festgelegt und die Qualitätssicherung entsprechend eingeschaltet?	☐

Abbildung 1.15-V8: Checkliste zum Konfigurationsmanagement-Plan (SAYNISCH, 1994a)

Der Konfigurationsmanagement-Plan (KMP) dient dazu, für ein Projekt die Verfahren, Regelungen und Vereinbarungen zum KM-Prozess sowie die Verantwortlichkeiten und das Vorgehen verbindlich festzulegen. Jeder Unterauftragnehmer und auch der Kunde sollten jeder ihren eigenen KMP erstellen, in dem sie ihr eigenes Vorgehen und ihre Beteiligung am KM-Prozess beschreiben. Diese Pläne müssen natürlich untereinander verträglich sein und ein KM-System beschreiben, das auch Basis für das KM-Geschäft in späteren Projektphasen sein kann.

Der KMP ist daher in der Regel eine projektbezogene Richtlinie oder Handbuch und ein Teil der Projektmanagement-Dokumente, ggf. auch Vertragsbestandteil.

Aufbau des KM-Plans

Der KMP sollte, um klar und einfach zu bleiben, soweit möglich und sinnvoll auf vorhandene Firmenverfahren Bezug nehmen und redundante Beschreibungen vermeiden. Er muss jedoch alle Gebiete des KM ansprechen. DIN EN ISO 10007 enthält hierzu eine Anleitung (DIN 1996). Abbildung 1.15-V8 (vgl. SAYNISCH, 1994a) stellt eine Checkliste dar, die dazu dienen kann, zu überprüfen, ob die wesentlichen Prinzipien und Vereinbarungen im Konfigurationsmanagement-Plan enthalten sind.

2.6.2 Organisation

Das „Konfigurationsmanagement" koordiniert, steuert und verwaltet alle projekt- bzw. produktbezogenen Konfigurationsmanagement-Aktivitäten. Für die Durchführung des Konfigurationsmanagements sind die geschäftsführenden Stellen einzurichten und die Verantwortlichen zu benennen.

Als Managementwerkzeug ist KM in der Regel der Projektleitung zuzuordnen und als Organisationseinheit in der Projektorganisation, bzw. bei Multi-Projekt-Situation, zusätzlich in der Unternehmensorganisation zu verankern. Es sind verschiedene organisatorische Lösungen denkbar, doch sind folgende Grundmuster zu beachten:

- Um die erforderliche Unabhängigkeit, die Voraussetzung für ein funktionierendes KM ist, zu gewährleisten, sollte die Zuordnung zu einem Fachbereich gründlich überlegt werden. KM ist eine „Querschnittsaufgabe". KM muss die Gesichtspunkte aller betroffenen Stellen neutral bewerten können.
- Bei einer Aufteilung der Einzelfunktionen des KM auf mehrere Fachbereiche ist sicherzustellen, dass die Funktionen des KM integriert wahrgenommen werden, da nur dann KM seine volle Wirkung erzielt.
- Das Konfigurationsmanagement eignet sich zur Zusammenlegung mit dem Projekt-Controlling (vgl. Kap. 9.2 im Basisteil) bei der Zuordnung zur Projektorganisation.
- Bei der Eingliederung in die Unternehmensorganisation sind bereits vorhandene Funktionen, wie „Freigabestelle", Dokumentationsmanagement etc., zu beachten.
- Es ergeben sich intensive Nahtstellen zum Qualitätsmanagement und zur Qualitätssicherung.
- Bestimmte Funktionen müssen bei einer Projektleitung verbleiben.
- Der Projektleiter hat wesentliche Entscheidungsfunktionen bei den Konfigurationsgremien zu übernehmen. Insbesondere hat er die Entscheidungen gegenüber dem höheren Management und dem Auftraggeber zu vertreten. Auch die Konfigurationsgremien selbst benötigen eine weitgehende Autonomie.

2.6.3 Die Änderungsmanagement-Stelle

Als geschäftsführende Instanz für das Änderungsmanagement ist im KM von der Projektleitung eine Änderungsmanagement-Stelle (Konfigurationsverwatung) einzurichten (vgl. SAYNISCH, 1984). Sie

- hat alle Änderungen, zugehörigen Stellungnahmen und Entscheidungen zentral zu sammeln und sorgt für eine geordnete Ablage aller relevanten Dokumente,
- nimmt alle Änderungsanträge entgegen,
- überprüft sie formal,
- teilt ihnen eine Änderungs(-antrags)-nummer zu,
- legt die Änderungsklassen fest,
- holt Informationen und Stellungnahmen von allen betroffenen Stellen ein und koordiniert diese,
- sorgt für die technische und terminliche Abstimmung,
- vervollständigt den Antrag zur Entscheidungsreife,
- bereitet die Sitzungen des Änderungsausschusses vor und
- beruft diese ein und führt Protokoll,
- informiert über die Entscheidungen und veranlasst Folgemaßnahmen,
- stellt sicher, dass die geänderten Dokumente vor ihrer Freigabe geprüft werden,
- schließt die Änderung nach ihrer Verifizierung ab.

2.6.4 Der „Konfigurationsausschuss" (Configuration Board oder Configuration Control Board = CCB)

Ebenso sind die Gremien des Konfigurationsausschusses formal zu installieren und Verantwortliche aus den Funktionsbereichen festzulegen. Der Vorsitz (der Projektleiter oder ein von diesem benannter Vertreter) und Entscheidungsrahmen sind festzulegen (vgl. SAYNISCH, 1984, SAYNISCH & BÜRGERS, 1987).

Der „Konfigurationsausschuss" trifft im zugewiesenen Rahmen alle Entscheidungen, welche die Konfiguration betreffen. Er ist ein Managementwerkzeug, das zwar vor allem technische, aber auch Kosten-, Termin-, und Vertragsgesichtspunkte etc. zu berücksichtigen hat.

Häufig werden Untergremien gebildet, wie

- der „Änderungsausschuss" (Change Board), der die Änderungen (in der Regel auf einer Änderungskonferenz) überprüft und darüber entscheidet.
- ein „Überprüfungsrat" (Review/Audit Board), der die technischen Überprüfungen und Konfigurationsaudits wahrnimmt.

3 Das Software-Konfigurationsmanagement (SKM) und seine Besonderheiten

3.1 Eigenschaften des „Produkts" Software

Die besonderen Eigenschaften der „Produkts" Software, die jedoch eine besondere Ausprägung eines allgemeinen Konfigurationsmanagements erfordern, sind im Wesentlichen:

- Am Ende der SW-Entwicklung ist das Produkt „fertig", da es praktisch keine Produktionsphase gibt. Es ist auch somit kein „gefertigtes" Produkt, da es praktisch nur aus einem Compilerlauf und einem Kopiervorgang auf einem Datenträger besteht.
- Im Gegensatz zur HW/Geräte-Produktentwicklung gibt es bei der SW meist nur wenige organisatorische Übergänge (z. B. Design, Coding und Einzeltest in einem Team) und damit keine automatisch vorgegebenen Übergabepunkte, die Kontrolle ermöglichen. Bei der HW gibt es dagegen die historisch gewachsenen Materialbeschaffungsvorgänge, Lagerhaltungsvorgänge, oder Fertigungsunterlagen, die gewisse Kontrollaufgaben erfüllen.
- Softwareprodukte benötigen zu ihrer Reproduktion nicht, wie Hardwareprodukte, ihre Konfigurationsdokumente. Doch benötigen sie diese genauso zur Verifizierung, Rückverfolgbarkeit und Qualifikation.
- Die prinzipielle und leichte und schnelle Änderung bei SW führt oft zu einer hohen Zahl von Versionen und Varianten (mit der Gefahr des Verlusts von Überblick und Konsistenz).

Bill Gates drückte dieses in einem Interview zusammenfassend wie folgt aus:

„...Unser Geschäft ist schwer greifbar..." (DIE ZEIT, 1998)

Es ist hier Aufgabe eines SKMs, den Verlust von Überblick und Konsistenz zu vermeiden. Im Vergleich zu einem allgemeinen KM muss dieses beim SKM durch ein strikteres, konsequenteres und tiefer ansetzendes Prinzip der Bezugskonfiguration und der Änderungssteuerung in Verbindung mit intensiveren Reviews und Audits geschehen. Die mentalen wie auch verhaltensbezogenen Eigenschaften der Menschen, die in der Software-Welt die Leistungen vollbringen, gestalten die Durchführung dieser Aufgaben eines SKM besonders schwierig.

> SW = Produktion auf Knopfdruck – Produktion zum Nulltarif!
> Verlust von Überblick und Konsistenz durch leichte und schnelle Änderungsmöglichkeiten.
> Daher muss ein SKM vielschichtiger und konsequenter sein als ein Hardware-KM.

3.2 Missverständliche Begriffsbildung

Die Begriffe des Konfigurationsmanagements werden im Software Bereich oft nicht nach den Vorgaben der DIN EN ISO 10007 (DIN 1996) verwendet (vgl. Kap. 4.1 im Basisteil).

- Unter „Configuration Management" versteht man den Aufbau der Produktstruktur, des Produktmodells, was auch oft auch als „Build Management" bezeichnet wird
- Change-Management" entspricht jedoch genau dem Begriff der „Konfigurationssteuerung (Änderungsmanagement) der DIN EN ISO 10007 (DIN 1996)".
- Als Oberbegriff für die vorstehenden beiden Bezeichnungen wird dann notgedrungen der Begriff „Configuration & Change Management" benutzt, was in der DIN EN ISO 10007 als „Konfigurationsmanagement" bezeichnet wird.

Das führt zu Irritationen und Missverständnissen, insbesondere bei den modernen Produkten, die Embedded Software enthalten.

3.3 Status quo des SKM

Aufgrund der besonderen Eigenschaften der „Produkts" Software hat sich die Software-Welt für die einzelnen Teilgebiete des KM (Kap. 4 im Basisteil, Kap. 2) eigene Begriffe geschaffen, die aber recht gut mit den von der DIN EN ISO 10007 definierten Begriffen übereinstimmen. Auch aus dem gleichen Grund sind die Prozesse in einigen Fällen unterschiedlich.

Dieses führt nun in der Praxis zu folgender Benutzung von Begriffen:

- Das **Change Control** (Änderungsmanagement) steuert die Änderungen an Objekten (Dateien)
- Das **Versionsmanagement** (Version Control) gewährleistet, dass stets die korrekten Versionen für geänderte Objekte (Dateien) oder Erzeugung von Anwendungen (Build, Release) definiert und verwendet werden. Das Prinzip des kontrollierten Ein- und Auscheckens aus dem Repository ist das wesentliche Werkzeug des Versionsmanagements zur Sicherstellung geordneter Versionen.
- Das **Build Management** steuert die Überführung der Programmcodes/Dateien/Sources in lauffähige und ggf. in auslieferbare Programme.
- Das **Release Management** beschäftigt sich mit der eindeutigen Zuordnung von lauffähigen Programmen (Dateien/Sourcen) zu einem Produkt (Konfiguration) und Kunden.

Das Change Control entspricht nun eindeutig dem Teilgebiet der Konfigurationsüberwachung, während Versionsmanagement, Build- und Release Management eine Aufschlüsselung des Teilgebiets der Konfigurationsidentifikation sind, die eben aus den Besonderheiten heraus geschaffen wurden.

4 Die Mittlerfunktion des KM und das produktzentrierte Projektmanagement (PZPM)

4.1 Das Zusammenspiel von KM mit dem Projektmanagement – Die Vielschichtigkeit der Anwendungsbedingungen

Erst im Zusammenspiel mit den anderen Gebieten des Projektmanagements entfaltet das Konfigurationsmanagement seine ganze Kraft (vgl. SAYNISCH, 1984; 1999a; 2006a, b).

Das Projektmanagement in seiner Gesamtheit ist eine umfassende und komplexe Angelegenheit, die immer noch unterschätzt wird. Wie das Projektmanagement stößt auch das Konfigurationsmanagement auf eine Vielseitigkeit und -schichtigkeit der Anwendungsbedingungen, die nur bedingt allgemein definiert werden können, sondern für jede Projekt- oder Unternehmenssituation individuell zu bestimmen sind.

- Hierfür sind eine eigene Einführungsstrategie und -organisation (vgl. Kap. 6) erforderlich. Der Konfigurationsmanagement-Plan (KMP) spielt hierbei eine wichtige unterstützende und klärende Rolle (Kap. 2.6.1)
- Durch die Darlegung der besonderen Aspekte des Software KM (SKM) wird bereits eine Differenzierung vorgenommen (Kap. 3).
- Ein weiterer Bereich von besonderen Anwendungsbedingungen ist die interdisziplinäre Zusammenarbeit bei der modernen Produktentwicklung. Die Bereiche Maschinenbau, Elektrotechnik und Informatik müssen hier eng zusammenarbeiten. „Mechatronik" heißt der neue Dachbegriff hierfür. Die einzelnen Disziplinen mit ihren spezifischen Vorgehensweisen und spezifischen KM und PM dürfen nicht einander vorbeientwickeln. Hier ist neben dem spezifischen KM auch ein übergeordnetes, integrierende KM durchzuführen (vgl. SAYNISCH, 1999a; 2006a, b, c). In Kap. 4.2 und 7 wird diese Situation ebenfalls thematisiert.

I   Das Konfigurationsmanagement für die Projektmanagement-Prozesse, wie es im Basisteil Kap. 1.4 und 1.1, 1.4 sowie 1.5 beschrieben wird, ist hier ebenfalls zu nennen.

4.2 Produktzentriertes Projektmanagement (PZPM)

Was ist und warum PZPM?

Der integrative und interdisziplinäre Ansatz eines IT gestützten „Produktzentrierten Projektmanagements" ist die Antwort auf die neuen Herausforderungen in der industriellen Produktentwicklung und Organisation, wie z. B. immer kürzer werdende Produktzyklen oder komplexer werdende Produkte. Ein Projektmanagement mit neuen, erweiterten Möglichkeiten zur Komplexitätshandhabung ist das Gebot der Stunde.

Um den umfassenden Herausforderungen für die Gegenwart und die Zukunft durch wirkungsvolle Lösungsansätze zu begegnen, müssen die Grenzen des heute praktizierten Projektmanagements überschritten werden. Es ist eine Erweiterung unter Einbezug einer fachlich-inhaltlichen Koordination, eines technischen Managements der Erzeugnis bzw. Produkt schaffenden Prozesse bzw. der Wertschöpfungsprozesse erforderlich (vgl. SAYNISCH, 2006d).

Dieser Zusammenhang zwischen dem Projektmanagement (PM), dem Konfigurationsmanagement (KM) und dem Product Lifecycle Management (PLM) und die daraus entstehenden Nutzenpotentiale für das PM und KM wurden im Schwerpunktheft „Produktzentriertes Projektmanagement (PZPM)" der Zeitschrift „projektMANAGEMENTaktuell Ende 2006 in 6 Beiträgen von 4 Autoren eingehend behandelt (GPM/TÜV, 2006). In zwei Beiträgen wird auf die Besonderheiten des KM eingegangen (vgl. SAYNISCH, 2006a, b).

Erste Ansätze zum PZPM wurden bereits 1999 zur 3. Tagung zum Konfigurationsmanagement „Änderungsmanagement mit System – Schlüsselfaktor Konfigurationsmanagement" thematisiert (vgl. SAYNISCH & LANGE, 1999).

Gestaltung eines PZPM

Ein „Produktzentriertes Projektmanagement" (PZPM) ist zu gestalten und zu praktizieren, in dessen Zentrum die permanente Ermittlung des technischen Reifungsgrads steht, die wiederum die Basis einer integrierten Fortschrittermittlung bildet, wie sie z. B. im Earned Value Konzept verwirklicht ist (vgl. Kap. 9.2 im Basisteil). Dadurch wird sichergestellt, dass die eigentliche Hauptaufgabe des Projektmanagements, die fachlich-inhaltliche Koordination der Projektabwicklung (die Steuerung der Engineering- bzw. Produkt-Prozesse), erfüllt werden kann.

Abbildung 1.15-V9: Die Elemente des „Produktzentrierten Projektmanagements" (SAYNISCH, 2006a)

In Abbildung 1.15-V9 sind die Elemente eines „Produktzentrierten Projektmanagements" in ihrer Wirkungskette dargestellt (vgl. SAYNISCH, 2006a)

- Das erste Element ist das Projektmanagement, das Management der Projektprozesse zur Erreichung der Projektziele.
- Das zweite Element ist das PLM, das Produkt-Lebenszyklus-Management.
  Das Management aller Daten und Informationen bzw. Dokumenten, die im Produktleben anfallen. Bei Software-Projekten ist SKM das Element, während bei interdisziplinärer Zusammenarbeit (Maschinenbau, Elektrotechnik und Informatik) bei „Mechatronischen Projekten" PLM und SKM integrativ das Element darstellen (vgl. Kap. 5.4).
- Die Prozesse des Konfigurationsmanagements, des Änderungsmanagements stellen ein zentrales, verbindendes Glied dar.
- Das Zusammenwirken dieser 3 Elemente bildet das „Produktzentrierte Projektmanagement".

Wir haben also auf der einen Seite die Menschen, die in Prozessen zusammenwirken und dabei (Produkt) Daten erzeugen und benötigen, und auf der anderen Seite die (Produkt) Daten und Informationen, die integriert verwaltet werden.

Wesentliche Lösungsansätze für ein PZPM sind (vgl. SAYNISCH, 2006a):

- **Die Erzeugnis schaffenden Prozesse im Projekt.** Projekte setzen sich aus Prozessen zusammen.
  Sie werden in zwei Hauptkategorien aufgegliedert:
  - Prozesse des Projektmanagements
  - Produkt-Prozesse

  Ausführlicher erläutert wird dieses im Basisteil Kap. 1.2 und Abbildung 1.15-1. Projektmanagement- und Produkt-Prozesse sind nun für das betroffene Projekt sinnvoll zu bestimmen und effektiv zu vernetzen. Das Konfigurationsmanagement ist ein wesentliches Werkzeug hierbei (vgl. SAYNISCH, 2006b).

- **Projektfortschrittsmessung im Projekt-Controlling.** Die heutigen Überwachungssysteme des Projektmanagements spiegeln den Projektfortschritt oft unzureichend und falsch wider!. Kritischer Punkt ist hier die unvollständige Berücksichtigung des technischen Erfüllungstands (Produkt-Reifegrad) als Basis zur realistischen Abschätzung des Fortschritts (z. B. des BCWP im Earned Value Konzept; vgl. Kap. 9.2 im Basisteil). Eine Integration auf der Prozessebene von Projekt-Controlling, Konfigurationsmanagement und Systems Engineering Management ist daher durchzuführen. Ebenso eine weitere Integration in der ITK Welt von PLM/PDM und SKM (vgl. Kap. 5.4). Schließlich hat eine abschließende Integration der Prozesswelt in die ITK-Welt zu erfolgen.

- **Interdisziplinäre Zusammenarbeit.** Die Bereiche Maschinenbau, Elektrotechnik und Informatik müssen hier eng zusammenarbeiten. „Mechatronik" heißt der neue Dachbegriff hierfür. Jede Disziplin hat ihre eigenen Vorgehenswesen und Prozesse entwickelt. Es gibt somit keine sich daraus ergebenden, zeitlich gemeinsamen Punkte zur interdisziplinären Abstimmung. Das KM gibt hier Hilfestellung, wie das in einem interdisziplinären Vorgehensmodell gelöst werden kann.

- **Organisatorische Integration kooperierender Unternehmen.** Instrumente für eine erfolgreiche Kooperation in allen Engineering-Prozessen sind zu gestalten – insbesondere auch, wenn KMUs untereinander zusammenarbeiten wollen oder in einem Hersteller-Zulieferer Netzwerk eingebunden sind. Zur Verwirklichung sind daher Integrations- und Kooperationskompetenz nötig.

- **Inkompatibilität der Tools bei Engineering und Management.** Die Interaktion der in den verschiedenen Disziplinen verwendeten Werkzeuge ist sicherzustellen. Im Engineering Bereich ist das die Integration von PDM/PLM und SKM sowie bei kooperierenden Unternehmen die unternehmensspezifischen PDM/PLM und SKMTools. Im Projektmanagement gibt es wiederum eigene Tools, die manchmal in ERP-Systemen eingebettet sind. Eine Kopplung zwischen den Entwicklungssystemen der Ingenieure und Informatiker und den Projektmanagement- und ERP-Systemen ist herzustellen.

5 Software für Konfigurationsmanagement (KM) – Tools für PLM/PDM und SKM

5.1 Generelles

In diesem Kapitel werden nun die heute aktuellen Tools behandelt (vgl. SAYNISCH, 2006c). Die nachfolgende Übersicht ist nur bedingt repräsentativ, da eine Vielzahl von Tools existiert, zu deren übersichtlichen Beschreibung die Größenordnung eines Buchs kaum reichen wird. Weiterhin ist der Markt für diese Tools in ständiger Veränderung – Fusionen, Übernahmen oder Differenzierungen sind an der Tagesordnung, neue Namen entstehen, alte werden umbenannt oder entfallen. Es wird daher eine Auswahl von bedeutenden Tools skizziert, die augenblicklich aktuell sind und durch einige Kommentare ergänzt, sodass sich der Leser ein erstes Bild machen kann.

5.2 Tools für PLM/PDM

Eigenschaften und Wirkungsweisen

PLM bedeutet „Product Lifecycle Management", während PDM das Kürzel für „Product Data Management" ist. PDM entstand Mitte der 1990er Jahre zuerst auf Basis des EDM (Engineering Data Management, seit ca. 1990) und deckte den Engineering- und Produktionsbereich ab. Die Erweiterung auf PLM wurde nach der Jahrtausendwende vollzogen, wobei der Anwendungsbereich vom Entwurf über Engineering, Herstellung, Nutzung, Wartung und Außerdienststellung ausgedehnt wurde.

PDM ist das Management der Produkt definierenden Daten (Produktmodell) in Verbindung mit dem Management von technisch/organisatorischen Geschäftsprozessen, dem Prozessmodell (vgl. EIGNER & STELZER, 2001).

I **Produkt- und Dokumentenmanagement** ist das Management des Produktmodells, das die Zuordnung von IT (CAD) oder manuell erzeugten Dokumenten (z. B. Zeichnungen, Modelle, Protokolle, Berechnungsergebnisse) zu Produktstamm- und -strukturdaten wie auch Projektdaten vornimmt (elektronischer Aktenschrank). Hier eine Übersicht zu behalten, ist wichtig, denn es existieren beliebige Beziehungen zwischen Dokumenten-, Produkt- und Projektdaten. Hier ist auch die Konfigurationsidentifikation anzusiedeln (vgl. Kap. 2.1).

I **Prozessmanagement** ist das Management des Prozessmodells und wendet die Geschäftsprozesse auf das Produktmodell an, das damit dynamisiert wird. Die zeitlichen Veränderungen des Produktmodells werden abgebildet, verwaltet und dokumentiert. Prozessmanagementsysteme erfüllen drei Funktionen:
- Verwalten der Informationsbearbeitung
- Steuerung des Informationsflusses zwischen den beteiligten Mitarbeitern mittels Workflow Management.
- Verfolgung aller Ereignisse und Änderungen (Änderungsmanagement, vgl. Kap. 2.2) im Zuge der Prozessabwicklung.

Hier bestehen viele Überschneidungen zum Projektmanagement.

I Die logische Konsequenz eines **durchgängigen Produkt- und Prozessmanagements** ist das Konfigurationsmanagement. Es verwaltet das Produktmodell mit seinen stetigen Änderungen und stellt die lückenlose Re-Konfiguration beliebiger Konstruktions- oder Fertigungsstände über den gesamten Produktlebenszyklus sicher.

PDM/PLM Systeme sind mit die **größten und anspruchsvollsten DV-Anwendungssysteme** (vergleichbar den ERP-Systemen, wie SAP) und nutzen die Möglichkeiten moderner Softwareentwicklung voll aus.

Dazu gehören u. a.:

I Objektorientierte Entwicklungswerkzeuge
I Grafische Oberflächen auf Basis von JAVA, HTML und Microsoft
I CASE Tools zum Beschreiben des Objekt- und Prozessmodells
I Anwendung von Standards, wie COBRA; OMG
I WEB-Fähigkeit aller Komponenten
I Ausnutzen der objekt-relationalen Möglichkeiten moderner Datenbanken

DV-Systeme des Projektmanagements können mit integriert werden, u. a. durch XML Schnittstellen

PDM ist somit das Management des Produkt- und Prozessmodells mit der Zielsetzung, eindeutige und reproduzierbare Produktkonfigurationen zu erzeugen (vgl. EIGNER & STELZER, 2001). Die Eigenschaften und Wirkungsweisen von PLM/PDM Systemen werden von Karcher umfassend dargestellt (vgl. KARCHER, 2006).

PDM/PLM Tools

Im Folgenden folgt nun eine beispielhafte Auswahl von größeren und bedeutenden PDM-Tools:

- ENOVIA von Dassault/IBM
- MatrixOne PLM von MatrixOne Inc.
- SAP PLM von SAP
- TeamCenter von EDS/UGS (jetzt Siemens)
- Windchill von PTC

Stand heute und morgen

Augenblicklicher Trend ist:

- Die Tools werden über PDM-Funktionalitäten hinaus ergänzt zu umfassenden Problemlösungen im technischen Bereich (PLM). Beispielsweise beinhaltet das Teamcenter neben dem mächtigen PDM-System Metaphase, das von SDRC übernommen wurde, auch Module zu „Project Collaboration" oder „Requirement Management"
- Waren ursprünglich (1990er Jahre) die PDM-Systeme Neuentwicklungen von neu gegründeten Unternehmen (Beispiel: „Sherpa", das von SDRC dann übernommen und in Metaphase integriert wurde), so übernehmen immer mehr die Unternehmen mit etablierten, mächtigen Cax-Tools die PDM-Tools als Ergänzung. So hat PTS zu seinem CAD-Tool „ProEngineer" das PDM-Tool „Windchill" etabliert. Heute ist „MatrixOne" das letzte PDM-Tool, das unabhängig ist. Die letzte große Übernahme war 2007 die Einverleibung des EDS/UGS-TeamCenter in die Automationswelt von Siemens mit dem Ziel, jetzt alle Tools bzw. Systeme aus einer Hand zu liefern, die für eine „Digitale Fabrik" erforderlich sind.
- Ein Sonderfall in dieser Klassifikation ist das „SAP-PLM". Es ist einerseits wie „MatrixOne" unabhängig. Doch es ist eng verzahnt mit dem ERP-System SAP-R/3 und wird daher teilweise auch unter ERP-Systemen klassifiziert. Es ist daher auch ein Vorreiter der diskutierten Integration von PLM und ERP.

5.3 Tools für SKM (Software Konfigurationsmanagement)

Bei den kommerziellen SKM-Tools ist zu unterscheiden zwischen den „Prozessbasierenden KM-Tools" und den „Versionsbasierenden KM-Tools". Die „Prozessbasierenden KM-Tools" sind mächtiger und ermöglichen meist auch ein Konfigurationsmanagement gemäß DIN EN ISO 10007. Daneben gibt es eine Vielzahl von Freeware SKM-Tools, die aber meist recht begrenzte Funktionalitäten aufweisen.

Beispielhafte Auswahl von größeren und bedeutenden „Prozessbasierenden KM-Tools":

- Rational-ClearCase von Rational/IBM
- Merant-Dimension von Merant
- CM-Synergy (früher Continuus) von Telelogic
- AllFusion Harvest Change Manager (früher CCC/Harvest) von Computer Associates
- Enabler von Softlab.

Beispielhafte Auswahl von größeren und bedeutenden „Versionsbasierenden KM-Tools":

- PVCS von Merant
- Visual Source Safe von Microsoft
- Source Integrity von MKS

Beispielhafte Auswahl von Freeware SKM-Tools:

- RCS
- CVS

5.4 Integration der Tools für PDM und SKM

Die Notwendigkeit zur integrierten Anwendung von PDM und SKM Tools wurde in verschiedenen Beiträgen umfassend dargelegt (vgl. SAYNISCH & TRAPP, 2001; SAYNISCH & SCHÄFER, 2000; SAYNISCH, 2006a, b). Dass eine derartige Integration z.Zt. große Probleme bereitet und somit nicht so einfach ist (u.a. unterschiedliche Dateihandhabung), erläutert Karcher (vgl. KARCHER, 2006). Im Rahmen einer Cross Company Collaboration sind jeweils verschiedene PDM-Tools integriert anzuwenden. Auch das ist heute noch recht problembehaftet. Es gibt verschiedene Stufen der Integration, von voller Integration über leichte Integration bis hin zur manuellen Integration.

Bei den Tool-Herstellern arbeitet man daher mit Hochdruck an diesen Integrationsmöglichkeiten. So ist z.B. eine Schnittstellensystematik zwischen MatrixOne und ClearCase entwickelt worden. Die maßgeblichen PLM/PDM Hersteller haben in ihren Produkten XLM-Schnittstellen vorbereitet, um besser die Daten austauschen zu können.

6 Einführung, Verbesserung und organisatorische Integration von Konfigurationsmanagement (KM)

6.1 Generelles

Die KM-Methodik, wie sie im Basisteil Kap. 5 und 4 geschildert wurde, ist durch eine konsequente Anwendung ihrer innewohnenden Systematik und den Einsatz von Tools (Kap. 5) in den Griff zu bekommen. Die weitaus schwierigere und mühsame Aufgabe ist es jedoch, die **organisatorischen und kognitiven/ verhaltensmäßigen Grundlagen** zu schaffen, bevor im Produktentwicklungsprozess ein Konfigurationsmanagement praktiziert wird. Dazu gehören organisatorische Festlegungen, wie Arbeitsprozesse und Zuständigkeiten, Informationspflichten und -rechte und ebenso auch die geeigneten Denkmuster und Verhaltensweisen der Mitarbeiter. Letzteres ist beim KM besonders einflussreich.

Arbeitsorganisatorische Festlegungen und die Förderung der geeigneten Denkmuster und Verhaltensweisen bei den Mitarbeitern müssen als Erstes erfolgen, bevor über den Einsatz von KM-Tools entschieden wird.

6.2 Vorgehensweisen

Die Prinzipien und Vorgehensweisen

- für die Einführung von Konfigurationsmanagement (KM),
- zur Verbesserung vorhandener Systeme und Prozesse,
- zur Integration einzelner Anwendungen oder mit anderen Management-Disziplinen bzw. IT-Systemen, -Methoden und –Tools (wie EDM/PDM)

unterscheiden sich nicht wesentlich von denen bei anderen Management-Disziplinen (wie z. B. Projektmanagement), da Konfigurationsmanagement ja selbst als Management-Disziplin anzusehen ist. Jedoch sind die Vorgehensweisen zur Einführung oder Verbesserung als beratungsintensiv anzusehen.

Typisch für KM ist jedoch die individuelle Anpassung an das spezielle Projekt (bzw. Produktentwicklung) besonders dann, wenn es sich um Vertragspartnerorganisationen (Auftraggeber – Hauptauftragnehmer – Unterauftragnehmer oder Hersteller-Zulieferer-Integration) handelt (vgl. SAYNISCH, 1997). Wesentliches Werkzeug ist hierbei der **Konfigurationsmanagement-Plan** (vgl. Kap. 2.6.1 und Abbildung 1.15-V8).

Für diese Prozesse ist die Durchführung eines KM-Audits oder KM-Assessments (Kap. 2.5) sinnvoll. Diese lassen sich auch zu „Benchmarking-" oder „Best-Practice-Verfahren" ausbauen. Ein umfassendes Training der betroffenen Mitarbeiter in Verbindung mit einer starken Beteiligung am Einführungsprozess ist darüber hinaus erforderlich.

> Einführung oder Verbesserung von KM-Prozessen und –Strukturen sind beratungsintensiv. Ein KM-Plan sowie ein KM-Audit sind wirksame Mittel hierbei – eine Sensibilisierung des Mitarbeiterbewusstseins für KM-Denkmuster bildet jedoch die Grundlage.

6.3 Externe Unterstützung

Eine Einführungs- oder Verbesserungssituation ist somit ein äußerst komplexes Vorhaben. Eine **externe Unterstützung** (mit entsprechenden Know-how im KM) kann eine souveräne Beherrschung dieser Anforderungen sicherstellen. Sie kann beispielsweise wirksam werden bei:

- der Entwicklung und Dokumentation sämtlicher Prozeduren (KM-Handbuch),
- der Unterstützung bei der Einrichtung von Bezugskonfigurationen und der Lösung weiterer diffiziler Fragen bei KM-Identifizierung,
- Auswahl und Einführung von Tools,
- Schulung und Training,
- Erstellung eines KM-Plans (insbesondere bei einzelnen, oft unternehmensübergreifenden Projekten),
- Festlegung von Prozessorganisation, Schnittstellen zu anderen Bereichen und Integration in bestehende Organisationen,
- die Umsetzung von Lösungen strategisch vorbereiten, anstoßen und begleiten,
- Support-Service während der Projektlaufzeit.

7 Die neuen Trends im Konfigurationsmanagement

Wie geht es weiter? Die folgenden Entwicklungsrichtungen stehen augenblicklich im Brennpunkt und werden den Einsatz von Konfigurationsmanagement erheblich erweitern und forcieren. Einige davon wurden bereits in den vorstehenden Kapiteln behandelt.

Hardware-Software integrierte Produkte [Hybrid-Produkte/Mechatronik]
Derartige hybride Produkte werden in Zukunft den Markt beherrschen – es wird praktisch kaum noch Hardware (Maschine im weitesten Sinne) ohne Chip bzw. ohne Elektronik geben. Die entsprechenden Ausprägungsformen und DV-Tools des Konfigurationsmanagements befinden sich erst am Beginn der Einsatzerfahrung (vgl. SAYNISCH, 2006b, c). In Kap. 4.1; 4.2 und 5 wurde bereits darauf eingegangen.

Anwender von ITK Soft- und Hardware (Rechner). In einer Zeit, in welcher der Einsatz von ITK-Systemen in eigentlich allen Geschäftsbereichen und Branchen explosionsartig zunimmt und sich Hard- und Software rapide ändern und weiterentwickeln, wird es auch für den reinen Anwender und Systembetreuer immer schwieriger, den Überblick über die beschaffte, angewandte und sich fast chaotisch weiterentwickelnde Hard- und Software zu behalten. Dies hat besonders mit der Zunahme dezentraler Organisation und Verantwortung, von Client-Server-Architekturen, integrierter Vernetzung, weltweiter Kommunikation und lokaler und zentraler Soft- und Hardware zu tun. Hier erhält KM einen zusätzlichen Anwendungsbereich (vgl. SAYNISCH & BÜRGERS, 1997; SAYNISCH & LANGE, 1999)

„Simultaneous Engineering", „Speed-Management" und „Time-to-Market" in der Produktentwicklung (vgl. SAYNISCH, 1999a)

- Die Verkürzung von Entwicklungs- und Durchlaufzeiten bis zum Markteinsatz und das Paradigma eines schlanken Produktionssystems (Lean Production/Enterprise) sind entscheidende Faktoren für die Wettbewerbsfähigkeit und letztlich das Überleben von Unternehmen bei einem hochdynamischen und globalen Markt.
- Simultaneous Engineering ist nur mit KM sinnvoll. Ein effektiver und effizienter Informationsfluss ist bei derartigen überlappenden und vernetzten Prozessen von existentieller Bedeutung und das wesentliche Werkzeug für die Sicherstellung des produktorientierten Informationsflusses ist das Konfigurationsmanagement – denn zu einem derartigen Zweck ist es ja entstanden.
- Der Zwang zur zeitoptimierten Strukturierung und Parallelisierung von Entwicklungsschritten unter frühzeitiger Einbindung der produzierenden Bereiche trat in den 1950er und 1960er Jahren bei der Hochtechnologie der Luft- und Raumfahrt bereits zu Tage und führte zur Entwicklung des Konfigurationsmanagements und Projektmanagements (vgl. SAYNISCH, 1984). Concurrency-Prinzip bzw. Concurrent Engineering nannte man die erforderlichen, sich überlappenden Prozesse, die vorher sequentiell abliefen. Der Begriff „Simultaneous Engineering" wurde erst vor zwei Jahrzehnten für dieses Phänomen geprägt.
- Konfigurationsmanagement als Beschleunigungs- Integrationsansatz nun interpretiert, wird seinen eigenen Einsatz und seine Anwendungsbreite in Zukunft erheblich forcieren. Simultaneous Engineering wird ohne Konfigurationsmanagement nicht wirkungsvoll werden können.

Hersteller – Zulieferer – Kooperation: Integration der Zulieferer durch KM
Die stetige Zunahme von Kooperationsprojekten mit einer Internationalisierung der Projektpartner sowie die Abnahme der Produktionstiefe mit immer mehr Zulieferern stellt heute schon erhebliche Anforderungen an das Management dieser Kooperationen. Dies macht die Notwendigkeit einer koordinierten und transparenten Konfigurationssteuerung, wie sie das Konfigurationsmanagement bietet, auch für kleinere Projekte (z. B. beim Zulieferer) unverzichtbar.

Änderungen in frühen Phasen. Änderungen am Anfang der Entwicklung sind hochwirksam. Die Verlagerung von Änderungen in die frühen Phasen einer Produktentwicklung, wo die Änderungskosten noch niedrig sind und schnell zu verwirklichen sind, wird zu den zukünftigen Schwerpunkten eines Konfigurationsmanagements gehören. Untersuchungen ergaben, dass japanische Unternehmen 90 % aller Änderungen im Entwurfsstadium abschließen, während westliche Unternehmen ihre häufigsten Änderungsraten erst kurz vor Serienbeginn (Produktionsbeginn) hatten, wo diese besonders aufwändig werden (vgl. SAYNISCH, 2002).

Konfigurationsmanagement als Geheimwaffe des Projektmanagements – KM als Revolution im globalen Wettbewerb.
Maßgeschneidertes Konfigurationsmanagement als Instrument zur unternehmens-, bereichs- und funktionsübergreifenden Integration kann die nächste Revolution im globalen Wettbewerb werden. Die vorstehend charakterisierten neuen Möglichkeitsfelder machen Konfigurationsmanagement zur Geheimwaffe eines Projektmanagements zur integrierten Steuerung von Kosten, Terminen und Qualität (vgl. SAYNISCH, 1999a)

Die Vision eines „Konfigurationsmanagements 2. Ordnung" – ein Ausblick
Rapide gesellschaftliche und wirtschaftliche Veränderungen und Umbrüche einerseits und ein rapides Wachstum von komplexen neuen Technologien und Innovationen in industriellen und sozialen Produkten andererseits führen zu einem rasanten Anstieg der Komplexität, Dynamik und Instabilität im jetzigen und vor allem im zukünftigen Projektgeschehen.

- Beispiele für rapide und tiefgreifende gesellschaftliche und wirtschaftliche Veränderungen sind: Marktdynamik und Globalisierung, nationalweiter Restrukturierungsbedarf durch Krieg oder Naturkatastrophen (Klimawechsel), transnationale epidemische Situationen (Aids, Pandemie), transnationaler Terror oder wirtschaftliche Explosion bei den Schwellenländern (China, Indien).
- Beispiele für neuen Technologien und Innovationen sind: Mikro- und Biosysteme sowie Nanotechnologie. Ebenso zählen die biologischen oder lebenden Systeme, speziell die human-sozialen Systeme oder die Gentechnologie wie auch die Mechatronik (Kap. 4.1, 4.2).

Wir brauchen bessere Lösungen für derartige Projektsituationen. Die bisherigen traditionellen Management-Lösungen reichen nicht mehr aus. Aber komplexe Systeme und Projekte

- lassen sich nicht vorausplanen, vor allem nicht langfristig und zuverlässig,
- sind adaptive „System of Systems" sowie offene und verteilte Systeme,
- weisen hohe Unsicherheit in Scope- und Zieldefinition auf,
- weisen interne und externe Turbulenzen auf,
- neigen zu chaotischem Verhalten und bewegen sich meist am „Rand des Chaos" (Edge of Chaos),
- haben rekursiven Charakter und nichtlineare Rückkoppelungen,
- können nicht in Elemente mit definierten Grenzen aufgeteilt werden,
- entwickeln sich im Sinne einer „Emergenz" – unerwartetes Auftreten von Möglichkeiten und Lösungen.

Im Forschungsprogramm der „Neuen Wege im Projektmanagement" wurden unter der Leitung des Autors derartige Situationen untersucht (vgl. SAYNISCH & LANGE, 2002; SAYNISCH, 2003) und das Konzept des „Projektmanagements 2. Ordnung – PM-2" für die Konstellationen entwickelt, wenn komplexe, instabile Situationen mit ihren nichtlinearen, multikausalen Eigenschaften und hoch vernetzten Rückkoppelungen zu meistern sind (SAYNISCH 2005). Änderungsprozesse spielen in diesem Zusammenhang eine wichtige Rolle und so benötigen wir zukünftig auch ein erweitertes Konfigurationsmanagement, ein **Konfigurationsmanagement 2. Ordnung** (vgl. SAYNISCH, 1995).

Um die Bedeutung eines Änderungsmanagements zu erläutern, wurde bereits in Kap. 2.2.1 darauf hingewiesen, dass komplexe Situationen bereits in heutigen Projekten eine Rolle spielen und die Häufigkeit und Tiefe der Änderungsprozesse forcieren. Doch ein zukünftiges Konfigurationsmanagement 2. Ordnung wird sich auf ganz neue Prinzipien und Denkmuster stützen müssen.

8 Zusammenfassung

Aufbauend auf den Erläuterungen und Definitionen zum Projekt-Konfigurationsmanagement im Basisteil werden hier im Vertiefungsteil der Auswirkungsumfang des KM dargestellt und eine neuartige Typisierung der Änderungslandschaft im Projekt vorgenommen. Ein Ziel hierbei war es auch, die kontroversen Vorstellungen, die sich zum Wirkungsumfang des KM entwickelt hatten, in einer Systematik wieder einzufangen.

Weiterhin werden im einführenden Teil die historische Entwicklung des Konfigurationsmanagements (KM) dargelegt und die Entfaltung des KM als eigenständige Disziplin diskutiert. Die Darstellung der Entstehung als produktzentriertes KM und die Ausführungen zu einem speziellen deutschen Handicap, dem kulturellen Verständnis von Änderungen, beschließen den einführenden Teil.

Die einzelnen Teilgebiete des Konfigurationsmanagements (KM) mit ihren Methoden und Prozessen werden nun im ersten Hauptteil ausführlich behandelt. Neben den schon im Basisteil im Überblick behandelten Teildisziplinen:

l Konfigurationsidentifizierung (Konfigurationsbestimmung),
l Konfigurationsüberwachung/-steuerung (das Änderungsmanagement),
l Konfigurationsbuchführung (Konfigurationsverfolgung – Konfigurationsnachweis – Bauzustandsnachweis),

werden weiterhin die

l Organisation und Planung des Konfigurationsmanagements
l Konfigurationsauditierung (Produktauditierung)
l Auditierung des Konfigurationsmanagement-Systems (Managementsystem-Auditierung)

detailliert dargelegt.

Bei der Konfigurationsidentifizierung werden u. a. die Produktgliederung und -dokumentation, die Bestimmung von Konfigurationseinheiten und insbesondere die Bezugskonfiguration (Baseline) behandelt. Die detaillierte Beschreibung des Änderungsprozesses und der Sonderfreigaben wie auch die Beschreibung einer Freigabestelle sind wichtige Themen bei den Darlegungen zur Konfigurationsüberwachung. Bei der Organisation und Planung des KM wird auf den Konfigurationsmanagement Plan, die Änderungsmanagement-Stelle und den Konfigurationsausschuss (Configuration Control Board) eingegangen.

Der zweite Hauptteil beginnt mit einer umfassenden Diskussion des Software-Konfigurationsmanagements (SKM) und seiner Besonderheiten, das im Basisteil nur marginal erläutert wurde.
Des Weiteren wird dann auf die Mittlerfunktion des KM – die beim Grundwissen ausführlich behandelt wurde – eingegangen, um die Basis für die Darstellung des bedeutsamen und neu definierten „produktzentrierten Projektmanagements (PZPM)" zu schaffen. Die Bedeutung des PZPM für eine realistische Projektfortschrittsermittlung im Projekt-Controlling werden herausgearbeitet und das wichtige Element des Produkt-Daten-Managements (PDM) sowie des Produkt-Lebenszyklus-Managements (PLM) erläutert.

Die Darlegungen zu der Software für KM und zu den Tools für PLM/PDM und SKM sowie deren Integrationsproblematik beschließen den zweiten Hauptteil.

Ausführungen zur Einführung, Verbesserung und organisatorische Integration von Konfigurationsmanagement leiten den Schlussteil ein. Vorgehensweisen und externe Unterstützung sowie auch ein Fall aus der Praxis werden erläutert. Darstellungen zu den neuen Trends im Konfigurationsmanagement – ein Ausblick in die nahe und weite Zukunft – beschließen die Ausführungen zum Vertiefungswissen.

9 Fragen zur Wiederholung

1	Wo und wann entstand das Konfigurationsmanagement? Spielte Projektmanagement dabei eine Rolle? In welchem Dokument wurden Konzepte erstmals beschrieben?	☐
2	Wie heißen die einzelnen Teilgebiete des KM? Welche stellen davon die 4 Kernelemente (Hauptprozesse) dar?	☐
3	Welche Änderungstypen im Projekt-Konfigurationsmanagement gibt es mit der Sicht aus den Entstehungsorten von Änderungsnotwendigkeiten?	☐
4	Bei welchen Änderungstypen können auch ein einfaches Software-Tool zur Änderungssteuerung eingesetzt werden oder ggf. auch ein manuelles System? Ist dieser Weg zu empfehlen?	☐
5	Was ist eine Produktstruktur und zu welchem anderen Struktursystem besteht eine Analogie? Wie verhalten sich Produktstruktur und Dokumentenstruktur?	☐
6	Woraus besteht eine Bezugskonfiguration und was repräsentiert sie?	☐
7	Warum ist KM eine eigenständige Disziplin?	☐
8	Welche typischen Reifungszustände kennen wir bei den Bezugskonfigurationen im Produktentwicklungsprozess?	☐
9	Nennen Sie mindestens 5 Aufgaben der Änderungsmanagement-Stelle.	☐
10	Welches sind die wichtigsten Stationen im Änderungsdurchlauf?	☐
11	Welche 2 Hauptaufgaben hat die Konfigurationsbuchführung KB?	☐
12	Welche Begriffe wurden beim Konfigurationsmanagement für Software Produkte neu geschaffen und welchen Begriffen bzw. Teilgebieten des KM, die in Kap. 2 definiert wurden, entsprechen sie? Welches wichtige Prinzip des KM wird in der SKM-Welt noch wenig angewandt? Was ist bei der Einführung, Verbesserung und organisatorischen Integration von Konfigurationsmanagement besonders zu beachten?	☐
13	Worin unterscheiden sich technische Überprüfungen (Reviews) und Konfigurationsaudits?	☐
14	Welche wichtigen Grundmuster sind bei der organisatorischen Aufhängung einer KM-Stelle zu beachten?	☐
15	Was ist „Produktzentriertes Projektmanagement (PZPM)", warum ist es heute und morgen erforderlich und was sind die Bausteine?	☐
16	Welche Klassen von DV-Tools gibt es für das SKM?	☐
17	Wo steht, wie die KM Prozesse individuell im Projekt vereinbart sind?	☐
18	Was ist PDM und aus welchen Elementen besteht es?	☐

1.16 Projektcontrolling: Überwachung, Steuerung und Berichtswesen (Control & reports)

Erhard Motzel, Peter Felske

Hinweis:

Siehe hierzu die zwei umfänglichen Basiskapitel 1.16a sowie 1.16b.

1.17 Information und Dokumentation
(Information & documentation)
Dieter Geckler

Hinweis:

Dieser Beitrag besteht nur aus dem Basisteil.

1.18 Kommunikation (Communication)

Stacy Goff, Florian Dörrenberg, unter Mitarbeit von Martin Goerner

Lernziele

Sie kennen

- die verschiedenen Kommunikationspräferenzen
- die Funktionsweise des HBDI-Modells
- die Unterschiede formeller und informeller Kommunikation
- typische Hinderungsgründe für die Effektivierung von Sitzungen
- typische Probleme bei virtueller Kooperation und Kommunikation
- wichtige Regeln, um Sicherheit und Vertraulichkeit von Informationen sicherzustellen

Sie wissen

- wo im Projekt formelle und wo eher informelle Kommunikation gefragt ist
- welche Möglichkeiten es gibt, um Sitzungen effektiver zu gestalten und wann Moderation sinnvoll ist
- worauf Sie achten müssen, wenn Sie Interviews durchführen
- wie Sie virtuelle Kommunikation verbessern und unterstützen können
- wie eine Schnittstellen-Analyse/Schnittstellen-Matrix funktioniert
- nach welchen Grundregeln ein Berichtsplan aufgestellt wird

Sie können

- zwischen den Kommunikationspräferenzen „Leser oder Hörer" unterscheiden
- zwischen Denkstilen Rechts- und Linkspräferenz nach dem HBDI eindeutigen Situationen unterscheiden
- sich angemessen zur Projektsituation formell und informell ausdrücken
- über eine Checkliste eine Sitzung effektiv vor- und nachbereiten
- die Feedbackregeln anwenden beim Geben und Empfangen von Feedback
- eine systematische Kommunikationsplanung auf der Basis von W-Fragen vornehmen

Inhalt

1	Einleitung	1765
2	Kommunikationspräferenzen und Denkstile berücksichtigen	1765
2.1	Kommunikationspräferenzen: Lesen oder Hören	1765
2.2	Unterschiedliche Denkstile	1766
2.2.1	Denkstile 1: Linke oder rechte Gehirnhälfte	1766
2.2.2	Denkstile 2: Abstrakt oder konkret	1767
3	Formelle und informelle Kommunikation	1768
3.1	Kennzeichen formeller und informeller Kommunikation	1768
3.2	Formalität der Kommunikation zwischen unterschiedlichen Projektbeteiligten	1768
4	Besprechungen und Sitzungen in Projekten	1769
4.1	Schritte zu einer effektiven Sitzung	1771
4.2	Verschiedene Arten von Sitzungen und Besprechungen	1771
4.3	Moderation als Technik für Sitzungen und Workshops	1772
5	Spezielle Kommunikationssituationen und -aspekte	1774
5.1	Interviews führen	1774
5.2	Feedback geben und annehmen	1774
5.2.1	Regeln für den Feedback-Geber:	1775
5.2.2	Anregungen für den Feedback-Nehmer:	1776
5.3	Kommunikation in virtuellen Projektteams	1776
5.3.1	Virtuelle Kooperation als Herausforderung	1776
5.3.2	Auswirkungen unterschiedlicher Kommunikationsstile	1777
5.4	Sicherheit und Vertraulichkeit in Kommunikationsprozessen	1778
6	Systematisches Kommunikationsmanagement im Projekt	1779
6.1	Leitfragen für die Kommunikationsplanung	1779
6.1.1	Der Inhalt der Kommunikation – das WAS?	1779
6.1.2	Das Ziel der Kommunikation – das WARUM?	1780
6.1.3	Die Festlegung von Verantwortlichkeiten und Zielgruppen – das WER?	1780
6.1.4	Zeitplan bzw. Periodizität der Information – das WANN?	1781
6.1.5	Kommunikationsverteilung und Berichterstattung – das WIE?	1781
6.2	Analyse und Gestaltung der Kommunikationsbeziehungen	1782
6.2.1	Schnittstellenklärung	1782
6.2.2	Aufstellen von Regeln für die Kommunikation	1783
6.3	Der Berichtsplan als wichtiger Baustein der Kommunikationsplanung	1783
6.4	Kommunikation als Herausforderung für das gesamte soziale System „Projekt"	1784
7	Zusammenfassung	1785
8	Fragen zur Wiederholung	1785
9	Anhang: Selbstbewertungstest zur Kommunikation	1786

1 Einleitung

Das notwendige Hintergrundwissen über zwischenmenschliche Kommunikation wurde bereits im Basisteil behandelt. Darüber hinaus gibt es drei weitere Betrachtungsfelder, die für die projektbezogene Kommunikation von Interesse sind. Zum einen haben Menschen verschiedene Präferenzen bei der Nutzung der verschiedenen Kommunikationskanäle und -medien, zum anderen bevorzugen sie unterschiedliche Kommunikationsstile. Die Beachtung dieser Unterschiede hilft bei der Verbesserung des Verständigungsprozesses.

Zum zweiten ergeben sich immer wieder typische, spezielle Kommunikationssituationen, die vom beteiligten Projektpersonal besondere Sensibilität bzw. angepasstes Kommunikationsverhalten erfordern. Zum dritten gibt der Text Hinweise, wie sinnvolle Kommunikationsstrukturen im Projekt etabliert werden können.

2 Kommunikationspräferenzen und Denkstile berücksichtigen

Menschen haben unterschiedliche Präferenzen, welche Kommunikationskanäle sie bevorzugen. Zudem wird die Art, wie sie denken und fühlen, durch die sog. Denkstile beeinflusst. Dies gilt es bei der Kommunikationsgestaltung zu berücksichtigen.

2.1 Kommunikationspräferenzen: Lesen oder Hören

Grundsätzlich nutzen Menschen die verschiedenen Wahrnehmungskanäle typbedingt sehr unterschiedlich intensiv: Sehen (visuell), Hören (auditiv), Fühlen (kinästhetisch), Riechen (olfaktorisch), Schmecken (gustatorisch). Daraus leitet sich auch eine unterschiedliche Nutzung der verschiedenen Kommunikationsmedien ab. Gerade visuell orientierte Menschen lesen Informationen lieber, als diese z. B. in Gesprächen erzählt zu bekommen. Lesen bietet den Vorteil, das Tempo der Informationsaufnahme zu kontrollieren, bei bestimmten Passagen zu verweilen oder zu ihnen zurückzukehren, um Schlüsselformulierungen erneut zu lesen und uninteressante Passagen zu überspringen. Zuhören strengt diese Menschen eher an.

Menschen mit einer auditiven Präferenz lesen oft nicht gern, sondern sie bevorzugen es, ihren Informationsbedarf durch Hören zu decken. Im Gespräch ist es ihnen wichtig, Fragen zu stellen, um ihr Verständnis zu vertiefen oder Beispiele und Erklärungen einzufordern. Natürlich können und müssen diese Menschen auch lesen, aber sie tun es weniger gern. Nur wenige Menschen sind ausgeglichen im Hinblick auf beide Präferenzen.

Im günstigsten Fall stellen wir uns intuitiv auf unsere Gesprächspartner ein und erfassen ihre Vorlieben, ohne uns dies bewusst zu machen. Oft lernen wir dies aber erst im Laufe unserer Biografie. Besser ist es, die Gesprächspartner hinsichtlich ihrer Präferenzen im Hinblick auf Lesen oder Hören zu beobachten. Hierzu zwei Beispiele aus typischen Projektsituationen:

Beispiel 1 Ein Projektmanager arbeitet das gesamte Wochenende über an einem Projekt-Vorschlag. Ziemlich erschöpft präsentiert er sein 50-Seiten-Skript dem Auftraggeber. Der schaut aber nur auf den Papierstapel und schlägt vor: „Erzählen Sie mir einfach in 10 Minuten die wichtigsten Punkte!"

Beispiel 2 Sie haben eine Idee für die Lösung eines drängenden Projektproblems. Aufgeregt stürmen Sie in das Büro Ihres Auftraggebers. Aber schon nach ein paar atemlosen Sätzen signalisiert dieser Langeweile und bittet Sie, dazu ein kurzes Exposé zu schreiben und die Stärken und Schwächen einander gegenüberzustellen.

Es bieten sich zwei Fragen an: Was ist der bevorzugte Empfängerstil des Auftraggebers? Was ist die Kommunikationspräferenz des Projektmanagers?

2.2 Unterschiedliche Denkstile

Nicht nur die Art der Informationsaufnahme und -weitergabe, sondern auch die Art, wie wir denken, kann bei verschiedenen Menschen teilweise sehr unterschiedlich sein. Es gibt verschiedene Modelle und Möglichkeiten, um diese verschiedenen Denkstile zu systematisieren.

2.2.1 Denkstile 1: Linke oder rechte Gehirnhälfte

Ned HERRMANN entwickelte eine Theorie der Denkstile, die er – stark vereinfacht – der rechten bzw. linken Gehirnhälfte zuschrieb und danach systematisierte. Daraus ist das „Herrmann Brain Dominance Instrument", HBDI entstanden (vgl. HERRMANN, 1991), vgl. hierzu ebenfalls Element 2.07 Kreativität. Die Neurologie sieht die Lokalisierung von Gehirnfunktionen heute viel differenzierter, zur Systematisierung von Denkstilen lässt sich das Modell aber nach wie vor gut nutzen. Die Abbildung 1.18-V1 stellt die typischen Merkmale einer linken bzw. rechten Gehirndominanz einander gegenüber:

Links-Dominanz	Rechts-Dominanz
logisch	intuitiv
sequenziell	zufällig
rational	irrational
analytisch	synthetisierend
objektiv	subjektiv
Einzelheiten betrachtend	das Ganze betrachtend
verbal	bildlich
Sprache: Grammatik/Worte	Sprache: Intonation/Betonung
beurteilend	annehmend

Abbildung 1.18-V1: Denkstile nach HERRMANN

Dieses Konzept der beiden unterschiedlichen Denkstile bietet auch für die Kommunikation hilfreiche Ansatzpunkte. Wenn Sie den bevorzugten Denkstil Ihres Kommunikationspartners kennen, können Sie sich darauf einstellen und dadurch den Verständigungsprozess vertiefen. Zeigt beispielsweise ihr Gesprächspartner klare „links-dominierende" Tendenzen, so sollten Sie das Gespräch bewusst entsprechend der Hinweise aus der linken Tabellenhälfte gestalten: Argumente logisch ableiten, Themen nacheinander behandeln, auf eine präzise Wortwahl achten etc. Dieser Mensch wird gute Arbeitsergebnisse liefern, wenn Sie ihn mit einer analytischen Aufgabe betrauen, die Genauigkeit verlangt.

Wenn Sie einen Menschen erreichen wollen, der einen eher rechts-dominierenden Denkstil hat, müssen Sie sinngemäß seiner Intuition Raum geben, seinen Gedankensprüngen folgen etc. Statt viele Worte zu machen, sollten Sie Ihre Rede durch Visualisierungen unterstützen oder zumindest in bildhaften Vergleichen sprechen etc. Dieser Mensch wird gute Arbeitsergebnisse liefern, wenn Sie ihn Zusammenhänge herstellen oder Verbindungen finden lassen.

Sicher sind die Präferenzen anderer Menschen nicht immer offensichtlich erkennbar sind. Ein einfacher Tipp: Hören Sie einfach zu und beobachten Sie aufmerksam. Menschen kommunizieren gemäß ihren Stil-Präferenzen – es sei denn, sie passen ihren Stil dem Gesprächspartner an. Manche Menschen (typischer Weise diejenigen mit einer Rechts-Präferenz) passen ihre Kommunikation intuitiv dem Stil ihrer Gesprächspartner an. Die eher links-dominierten Menschen und diejenigen, die diesen Stil bei anderen beobachten, nutzen ihre analytischen Stärken dazu, nach Modellen zu suchen (wie z. B. Denkstilen), die dabei helfen, sich solchem intuitiven Verhalten anzunähern.

2.2.2 Denkstile 2: Abstrakt oder konkret

HERRMANN fügte der oben besprochenen Links–Rechts-Dimension eine weitere Achse hinzu: Abstraktes Denken (oder Denken im Großen) versus konkretes Denken, welches reagierend bzw. detailorientiert ist. Das Ergebnis ist ein Vier-Quadranten-Modell, das aus den Präferenzen vier Denk-Typen ableitet, die auch unterschiedliche Ich-Typen oder Persönlichkeitsanteile im „Inneren Team" (vgl. Basisteil) darstellen können (vgl. Abbildung 1.18-V2):

analytisch/rational	konzeptionell/intuitiv
I verarbeitet Informationen logisch I analysiert gut I arbeitet systematisch I bevorzugt Zahlen und Daten I muss die Finanzen kennen I bevorzugt das Arbeiten mit Aufgaben, nicht mit Menschen und Problemen	I nutzt Intuitionen zur Entscheidungsfindung I visionär I für andere schwer zu verstehen I ist eventuell der Einzelgänger in der Gruppe I neigt zu visuellem Lernen I braucht den Überblick, keine Details I ist risikofreudig, übertritt Regeln
organisiert/strukturiert	**emotional/sozial**
I neigt dazu, Regeln zu befolgen I definiert Schrittfolgen I hat Probleme mit intuitiven Typen I genießt es, zu planen und zu organisieren I ist geradlinig und verlässlich I neigt dazu, sich gegen Veränderungen zu sperren	I an Menschen orientiert, Teamwork I hat eventuell Schwierigkeiten mit logisch orientierten Menschen I oft musikalisch interessiert I hat starke interpersonelle Fähigkeiten, Empathie I reagiert emotional I ist darauf bedacht, zu kommunizieren

Abbildung 1.18-V2: Vier Denkstile oder Ich-Typen nach HERRMANN
(in Anlehnung an HERRMANN, 1991: 442)

Jeder dieser Denkstile wird von unterschiedlichen Projektmanagement-Tools oder -Techniken unterstützt. Der eine Projektmanager liebt die Darstellung in Tabellenform und arbeitet gerne mit Excel, begeistert sich für Zahlen und die Earned-Value-Analyse, während ein anderer Projektmanager Mind-Maps erzeugt und sich am liebsten mit Stakeholder-Analysen und Projektkommunikation beschäftigt.

Das HBDI ist nur ein Instrument von mehreren, um verschiedene Denkstile und Persönlichkeitstypen zu differenzieren. Einen anderen Ansatz bietet beispielsweise der Myers-Briggs Typenindikator (MBTI), eines der seriösesten und weltweit am häufigsten eingesetzten Instrumente zur Persönlichkeitsanalyse. Dazu sowie zu weiteren Persönlichkeitsmodellen vgl. Element 1.07 Teamarbeit.

3 Formelle und informelle Kommunikation

3.1 Kennzeichen formeller und informeller Kommunikation

Projekt-Kommunikation kann eher formell oder eher informell sein. Es ist wichtig, diese beiden Ausprägungen zu unterscheiden, um den passenden Kommunikationsstil zu wählen. Die typischen Unterschiede zwischen beiden Stilen zeigt Abbildung 1.18-V3:

Formelle Kommunikation	Informelle Kommunikation
nach Zeitplan	spontan
festgelegte Teilnehmer	Ad hoc-Teilnehmer
vorbereitete Tagesordnung	freie Themen
protokollierter Verlauf	meist ohne Protokoll
strukturierte, kontrollierte Interaktion	freie Interaktion
trifft Entscheidungen bzw. informiert die Teilnehmer	liefert Ideen, stellt Übereinstimmung her
erfordert hohe Konzentration	erfordert unterschiedlich hohe Konzentration
vorgegebene Räumlichkeiten	kann fast überall stattfinden
Beispiele: Sitzungen, Präsentationen, Empfehlungen, offizielle Telefonate, Berichte, offizielle E-Mails	Beispiele: Diskussionen, vertrauliche Telefongespräche, private oder kollegiale E-Mails, Klebezettel als Kurznotiz

Abbildung 1.18-V3: Charakteristika formeller und informeller Kommunikation (in Anlehnung an ProjectExperts, 2008)

Die weitaus häufigste Kommunikation im Leben findet auf informelle Art statt. Informelle Kommunikation steht typischerweise für den direkten Austausch zwischen Menschen im Alltag oder zwischen vertrauten Arbeitskollegen. Zwischen Hierarchie-Ebenen im Unternehmen bzw. im geschäftlichen Umfeld zwischen Geschäftspartnern wird dagegen eher formell kommuniziert. Hier müssen auch oft gesetzliche Bestimmungen oder andere regelartige Anforderungen erfüllt werden: es muss z. B. eine belastbare mitlaufende Prozessdokumentation erstellt werden, man muss für etwaige Claim-Situationen gerüstet sein etc. Im Projekt finden sich meist beide Kommunikationsstile, je nach Situation.

3.2 Formalität der Kommunikation zwischen unterschiedlichen Projektbeteiligten

Das übliche Kommunikationsmuster innerhalb eines Teams ist informeller Art, solange keine Anweisungen und Vorgaben – üblicherweise von außen kommend – formale Regeln vorschreiben. Die Kommunikation auf gleichberechtigter Ebene außerhalb des Projektteams und quer durch das Unternehmen ist oft ebenfalls informell.

Erstreckt sich die Kommunikation über verschiedene Hierarchieebenen, hat sie häufig formellen Charakter. Gegenüber Auftraggebern oder entscheidenden Business-Managern wird häufig mithilfe von festgelegten Dokumenten, Präsentationen, Berichten etc. kommuniziert. Insbesondere ist dies in Gremien der Fall (Lenkungsausschuss).

Kommunikationen zwischen dem Projektteam (= temporäre Organisation) und der Stammorganisation (= ständige Organisation) als Trägerorganisation des Projekts sind weniger regelmäßig und eher formell. Durch Dokumente wird u. a. sichergestellt, dass das Projekt eine zuverlässige Spur im „Gedächtnis" der Organisation hinterlässt. Wenn zwischen dem Projekt und der Stammorganisation ein Spannungsverhältnis besteht, z. B. wegen der Nutzung konkurrierender Ressourcen, erhöht sich ebenfalls die Notwendigkeit formaler Kommunikation.

Kommunikation zwischen internen und externen Teilnehmern an einem Projekt, wie zum Beispiel aufgrund eines Vertragsverhältnisses oder mit einem Zulieferer oder Partner, muss immer auch formale Elemente enthalten, selbst wenn beide Partner sich gut kennen.

4 Besprechungen und Sitzungen in Projekten

Besprechungen dienen vor allem dem direkten Austausch von Informationen. In jedem Projekt bilden die gemeinsamen Besprechungen den Kernbereich der direkten Kommunikation unter den Projektbeteiligten, sie sind das primäre Kommunikationsforum. Dabei können formelle (z. B. Sitzungen, Meetings, Verhandlungen usw.) und informelle (z. B. Vier-Augen-Gespräch, Telefonate usw.) Besprechungssituationen unterschieden werden. Die folgenden Ausführungen beziehen sich vorwiegend auf die formellen Besprechungen, speziell Sitzungen. Diese sind in den meisten Unternehmen und Projekten ein enormer „Zeitfresser". Daher macht es Sinn, sich um geeignete Methoden für die Effektivierung von Sitzungen zu kümmern. (vgl. DÖRRENBERG 1998, S. 1149ff; vgl. auch Abbildung 1.18-V4).

VEREIN DER BESPRECHUNGSINGENIEURE

§1: Besprechungsingenieur ist:
a) Wer mindestens an 5 überflüssigen Besprechungen je Woche mit Erfolg teilnimmt
b) Wer ohne Vorbereitung ausführlich zu einem Thema sprechen kann, von dem er nichts versteht
c) Wer in der Lage ist, auch ohne jegliche Argumente zu überzeugen

§2: Die 10 Gebote für Besprechungen:
1. Melde Dich stets als Protokollführer. So kannst Du das Besprechungsergebnis nach Deinen Wünschen formulieren
2. Melde Dich oft zu Wort – auch wenn Du von der Sache nichts verstehst. Wähle dabei unverständliche neue Wortschöpfungen. Keiner versteht sie, aber niemand wird sich die Blöße geben, danach zu fragen. Dein Image wird dadurch gehoben
3. Entscheidungen sollten nicht gefällt werden. Verhindere dies, notfalls durch vorherige Absprachen. Bei drohenden Entscheidungen empfiehlt sich das Verfahren der Vertagungen
4. Besprechungen unter 10 Teilnehmern sollten nicht besucht werden, da sonst die Gefahr besteht, dass wirklich echte Arbeit geleistet wird
5. Verlege Besprechungen möglichst in die späten Vormittagsstunden. So ist Gelegenheit zu einem Arbeitsessen gegeben. Der Nachmittag steht in diesem Falle völlig der fröhlichen Gesellschaft zur Verfügung
6. Wenn ein Gesprächsteilnehmer während der Sitzung einschläft, verlangt die gegenseitige Rücksichtnahme eine Dämpfung der Lautstärke aller übrigen Teilnehmer
7. Wähle den Besprechungsort so, dass jeder Teilnehmer die Gelegenheit zu einer angenehmen Dienstreise hat. Ein Damenprogramm ist stets vorzusehen. Kurorte verfügen über geeignete Räumlichkeiten. Exkursionen zu kunsthistorischen Stätten heben die Allgemeinbildung und kommen damit auch dem Betrieb zugute. Aus steuerlichen Gründen eignen sich besonders Orte im befreundeten Ausland
8. Stehen Besprechungen unter Zeitdruck, so empfiehlt es sich, mehrere Redner synchron reden zu lassen. Man versteht zwar nichts mehr, aber da ohnehin niemand zuhört, hat das keine negativen Folgen. Die Teilnehmer können später alles in der Niederschrift nachlesen
9. Es wird empfohlen, sich während der Besprechung mindestens zweimal ans Telefon rufen zu lassen. Dies unterstreicht die Bedeutung der eigenen Person
10. Eine sorgfältige Vorbereitung der Besprechung schont einer ganzen Reihe von Mitarbeitern den Arbeitsplatz. Achte besonders auf die exessive grafische und zeichnerische Gestaltung von Besprechungsunterlagen und Präsentationen

---

Abbildung 1.18-V4: Ineffektive Sitzungen – Beispiel aus einem Projektbüro
(in Anlehnung an Dokumente aus der Projektpraxis)

Oft wird über die Ineffektivität von Sitzungen geklagt, aber der „heimliche Gewinn", den die Teilnehmer aus ineffizienten Sitzungen ziehen, führt dazu, dass eingeschliffene kontraproduktive Muster sich lange Zeit stabil halten. Hierzu drei typische Beispiele:

Beispiel 1 Der Projektleiter müsste für die Straffung der Sitzungskultur geeignete Moderationstechniken beherrschen. Dafür wäre aber eine Fortbildung notwendig. Der vermeintliche Zeitaufwand dafür wird gescheut, zumal der Projektleiter sich dann als Moderator exponieren müsste und zunächst auch Schwächen zeigen würde. Stattdessen mogelt er sich lieber mit ineffizienten Techniken durch.

Beispiel 2 Eine straffe Projektmoderation und Visualisierung führen dazu, dass jedes Teammitglied klar und für alle sichtbar auf seine Aufgaben verpflichtet wird. Auch Versäumnisse von festgelegten Aufgaben werden dann sofort für alle erkennbar.

Diese Verbindlichkeit und Transparenz scheuen jedoch oftmals die Teammitglieder, weshalb sich viele Projektteams im Stillen darüber einig sind, dass weiterhin um die harten Fakten „herumgeschwätzt" wird („Ich kümmere mich dann also so schnell wie möglich darum" etc....).

Beispiel 3 Gerade in Gremien fürchten viele Teilnehmer um ihre schwer erkämpfte inoffizielle Macht, wenn über Moderationstechniken eine gleichmäßige Partizipation sichergestellt wird. Deshalb finden sich immer Gründe, um an eingeschliffenen Gremien-Ritualen festzuhalten.

Im Folgenden werden einige Ansätze vorgestellt, um Sitzungen effektiver zu gestalten und die Kommunikation zwischen den Beteiligten bestmöglich zu unterstützen.

4.1 Schritte zu einer effektiven Sitzung

Eine effektive Sitzung erfordert Vorbereitung (sowohl von Seiten des Sitzungsleiters als auch der Teilnehmer), ein effektives Sitzungsmanagement und eine erfolgreiche Nachbereitung. Hierzu bietet Abbildung 1.18-V5 eine einfache Checkliste.

1. Vorbereitung:	
Stellen Sie eine Tagesordnung auf und verteilen Sie diese.	☐
Organisieren Sie geeignete Räumlichkeiten, welche die vorgesehene Sitzordnung und den Einsatz geeigneter Medien ermöglichen.	☐
Ermitteln Sie die Themen der Sitzung und pro Thema die jeweilige Zielstellung (Information, Diskussion, Entscheidung etc.)	☐
Legen Sie die erforderlichen Teilnehmer fest, fragen Sie sich pro Teilnehmer, warum genau er teilnehmen soll.	☐
Legen Sie fest, welche Vorbereitung notwendig und sinnvoll ist, wer eine spezielle Vorbereitungsaufgabe hat und welche Vorarbeiten von allen geleistet werden müssen.	☐
Planen Sie für jedes Thema ein Zeitfenster, je nach Themen-Umfang, Ziel, Vorgehensweise bzw. Moderationsmethode und Teilnehmerzahl.	☐
2. Während der Sitzung:	
Sorgen Sie für eine klare und informative Sitzungs-Eröffnung: Nennen Sie das Ziel, die Themen und Tagesordnung. Stellen Sie die Vorstellung der Teilnehmer sicher. Klären Sie offene Fragen zu Beginn und legen Sie ggf. Änderungen zur Tagesordnung fest.	☐
Moderieren Sie den Sitzungs-Ablauf: Sorgen Sie dafür, dass alle Teilnehmer interagieren, bremsen Sie Vielredner und ermuntern Sie passivere Teilnehmer.	☐
Halten Sie sich an den Zeitrahmen für das jeweilige Thema, regeln Sie die Zeit-Regie im Einverständnis mit den Teilnehmern.	☐
Halten Sie die Ergebnisse, Verpflichtungen und offenen Punkte fest, am besten auf einem für alle sichtbaren Medium (z. B. Flip-Chart, White-Board).	☐
Lassen Sie die Teilnehmer in der Schlussrunde den Verlauf und die Ergebnisse der Sitzung beurteilen.	☐
3. Nachbereitung:	
Verteilen Sie die Sitzungsprotokolle zeitnah, ggf. mit den erforderlichen Ergänzungen.	☐
Resümieren Sie für sich den Sitzungsverlauf und halten Sie fest, was Sie bei der nächsten Sitzung besser machen möchten/müssen.	☐
Verfolgen Sie die Einhaltung der getroffenen Verpflichtungen.	☐

Abbildung 1.18-V5: Checkliste zur Gestaltung effektiver Sitzungen

4.2 Verschiedene Arten von Sitzungen und Besprechungen

Vor einer Sitzung sollte sich der Sitzungsleiter klar werden, welchem Zweck diese Sitzung eigentlich primär dienen soll. Je nach Inhalt und Ziel lassen sich verschiedene Arten von Sitzungen bzw. Besprechungen unterscheiden (vgl. Abbildung 1.18-V6). Hierbei kommen auch verschiedene Kommunikationsarten zum Tragen, vielfach in Vermischung. Je mehr verschiedenen Zwecken eine Sitzung dienen soll, desto schwieriger wird es, sie erfolgreich zu gestalten:

Ziel der Sitzung	Sitzungen, für die diese Zielstellung typisch ist
Informationssammlung	Erhebung von Anforderungen an ein Projektergebnis (Requirements)
Entscheidung über Maßnahmen	Meilenstein-Entscheidung, Management-Review
Informationsaustausch	Kick-Off Meeting
Einbezug von Teilnehmern und Sicherstellung von Unterstützung	Stakeholder-Workshop
Erarbeitung von Ergebnissen	Lessons-Learned-Workshop, Start-Up Workshop

Abbildung 1.18-V6: Typische Ziele von Sitzungen

Beachten Sie, dass die unterschiedlichen Sitzungsteilnehmer auch verschiedene Rollen und Aufgaben in der Sitzung haben. Diese gilt es zu kommunizieren und aufeinander abzustimmen. Bei manchen Sitzungen verfolgen die Teilnehmer sehr unterschiedliche Absichten. Hierzu ein Beispiel:

Beispiel Im Rahmen eines Ausschreibungs- und Vergabeverfahrens findet eine Bieterkonferenz statt. Der Sitzungsleiter wird primär informieren wollen, während die anwesenden Vertreter der anbietenden Firmen eher daran interessiert sind, ihre Angebote darzustellen und zu erfahren, was die konkurrierenden Anbieter bieten bzw. beabsichtigen.

Einige Alternativen zu Sitzungen werden im Abschnitt über virtuelle Zusammenarbeit besprochen, aber diese Alternativen hängen vom Ziel der Sitzung ab. Viele Aktivitäten, die oft in Sitzungen erfolgen, können jedoch aus der Sitzung ausgelagert werden:

- Eine Informationssammlung kann beispielsweise häufig vorab elektronisch erfolgen, ggf. mit Nacharbeit in der Sitzung selbst.
- E-Mails und Papierdokumente sowie Berichte können für die Verteilung von Informationen im Vorfeld oder im Nachgang effektiv sein.
- Ein wirklicher Meinungsaustausch und gemeinsame Entscheidungen lassen sich aber nach wie vor am effektivsten nur mit Sitzungen erreichen.

4.3 Moderation als Technik für Sitzungen und Workshops[1]

Eine zentrale Aufgabe im Projekt, die vom Projektleiter oder auch von Teammitgliedern wahrgenommen werden muss, ist die Moderation von Sitzungen und Workshops. Die Moderationsmethode wurde bereits in den 1970er Jahren entwickelt und bewirkt bei sachgerechter Anwendung eine deutlich verbesserte Zeit- und Ergebnis-Effizienz für die Arbeit in Gruppen. Die Methode ist relativ einfach, verlangt jedoch einige Kenntnis und Übung, eine gute Materialausstattung und ist für die Teilnehmer am Anfang etwas gewöhnungsbedürftig. Obwohl sich durch Moderation viel Zeit und Kosten sparen lassen, hat sie sich in einigen Branchen noch immer nicht durchgesetzt.

Zahlreiche Elemente der ICB 3.0 und viele Kapitel dieses Buches erwähnen Moderationsmethoden und setzen die Kenntnis von Moderation voraus: 1.02 Interessierte Parteien, 1.04 Risiken und Chancen, 1.08 Problemlösung, 1.16 Controlling, 2.05 Stressbewältigung, 2.11 Verhandlungsführung, 2.12 Konflikte und Krisen, 2.14 Wertschätzung, 3.05 Stammorganisation, 3.08 Personalmanagement. Element 1.07 Teamarbeit beschreibt ausführlich die einzelnen Moderationstechniken und die grundsätzlichen Workshop-Abläufe.

---

1 Das Kapitel zu Moderation wurde von Martin GOERNER verfasst. Quelle: Trainingsunterlagen Martin Goerner

In den folgenden Elementen werden spezielle Arten von Workshops beschrieben: 1.02 Interessierte Parteien, 1.19 Projektstart, 1.20, Projektabschluss, 2.01 Mitarbeiterführung, 2.04, Durchsetzungsvermögen, 2.07 Kreativität, 2.14 Wertschätzung.

Eigentlich alle Planungsergebnisse des Projektmanagements – vom Steckbrief über den Phasenplan und Strukturplan bis zum Kommunikationsplan – sollten idealer Weise in der Projektgruppe mithilfe von Moderationsmethoden erstellt werden. Dadurch wird sichergestellt, dass das Expertenwissen der Projekt-Teammitglieder optimal in die Ergebnisse einfließen kann. Zugleich wird erreicht, dass die Ergebnisse von allen Beteiligten akzeptiert werden und die Gruppendynamik positiv gestaltet wird, was für die weitere Zusammenarbeit eine wichtige Basis schafft.

Moderation hilft dem Projektleiter, seine eigentliche Rolle als Manager und Organisator von Experten wahrzunehmen (Prozessgestaltung) und der Versuchung zu widerstehen, selber die inhaltliche Arbeit als Experte an sich zu reißen und seine Teammitglieder zu Hilfsarbeitern zu degradieren. Ohne Moderation kann es schnell geschehen, dass der Projektleiter mehr oder weniger einsam erstellte Produkte seinen Teammitgliedern vorstellt und dann um Akzeptanz für „seine" Lösungen ringen muss.

Ein Projektstartworkshop (vgl. Element 1.19 Projektstart) sollte grundsätzlich moderiert werden. Die unterschiedlichen Stakeholder-Gruppen – das Team, Kunden, Lieferanten, Promotoren und Kritiker etc. – werden in den verschiedenen Phasen am wirksamsten über moderierte Sitzungen und Workshops am Projekt beteiligt. Anderenfalls besteht schnell die Gefahr, dass Projektkommunikation – gerade in kritischen Situationen – Einweg-Charakter annimmt und schlimmstenfalls in „Grabenkämpfen" endet.

Natürlich entfaltet eine Moderation ihre optimale Wirkung, wenn sie mit Moderationsmedien durchgeführt wird: Pinwände und Karten. Aber schon ein Flip-Chart oder auch ein geeignetes Computerprogramm (z. B. für Mindmapping) und ein Beamer reichen aus, um bei sauberer Anwendung der Verhaltensregeln für den Moderator die Leistung einer Gruppe deutlich zu steigern oder ein Gespräch – zumal wenn es schwierig oder konflikthaft ist – produktiver zu gestalten.

Das zu bearbeitende Thema und auch die Gruppengröße bestimmen die einzusetzenden Moderationsmethoden. Bei kleinen Gruppen reichen oft schon ein Flip-Chart und die saubere Handhabung der Moderatorenrolle. Ab einer Gruppengröße von ca. 7 Personen wird es mehr oder weniger zwingend, Moderationsmethoden und geeignete Medien einzusetzen, wenn eine strukturierte Arbeit für alle Beteiligten stattfinden soll. Ab Gruppen von ca. 30 Personen werden spezielle Verfahren notwendig, die sog. Großgruppenmoderation. Mithilfe von Großgruppen-Methoden lässt sich dann sogar die Zusammenarbeit von hunderten Personen gut strukturieren.

Einen umfassenden Überblick zur Moderation liefert das klassische Werk von KLEBERT, SCHRADER & STRAUB (2006). Die gleichen Autoren bieten zudem viele wertvolle Drehbücher für Sitzungsabläufe, auch im Projekt, in KLEBERT, SCHRADER & STRAUB (2003). Die konkrete Anwendung der Moderationsmethode in den verschiedenen Phasen und Situationen im Projekt beschreiben MAYRSHOHOFER & KRÖGER (2006). Einen kürzeren Leitfaden für die Projektmoderation bietet SEIFERT & HOLST (2004).

5 Spezielle Kommunikationssituationen und -aspekte

5.1 Interviews führen

Interviews sind eine spezielle Form der Gesprächsführung und eine gute Methode, um Informationen zu sammeln (vgl. hierzu Element 2.11 Verhandlungen). Damit können u. a. Probleme erfasst, Anforderungen an eine Lösung ermittelt oder Lösungsvorschläge gesammelt werden. Zugleich können Interviews dazu dienen, über die reine Befragung hinaus das Verständnis oder das Engagement der Interview-Partner für das Projekt zu vertiefen.

Der typische Ablauf eines Interviews umfasst die folgenden Schritte:

- Informieren Sie Ihre Interviewpartner vorab über den Zeitpunkt und das Ziel des Interviews.
- Bereiten Sie vorab eine Liste Ihrer Fragen vor.
- Beginnen Sie das Interview, indem Sie sich das Ziel noch einmal in Erinnerung rufen und nutzen Sie dadurch die Gelegenheit, Ihre Fragen an die jeweilige Situation anzupassen.
- Führen Sie das Interview und bleiben Sie bei Ihren vorbereiteten Fragen, stellen Sie aber auch sich ergebende Folgefragen.
- Hören Sie aktiv zu und beobachten Sie die nonverbale Kommunikation während des Interviews.
- Fragen Sie am Ende des Interviews, ob es noch weitere Fragen gibt, die gestellt werden sollten.
- Fassen Sie nach dem Interview die Ergebnisse zusammen und übersenden sie diese dem Interviewpartner.
- Erstellen Sie am Ende eine Zusammenfassung der Ergebnisse sämtlicher Interviews und übersenden Sie diese allen Interviewpartnern.

Zum Aufbau und zur Durchführung von Interviews vgl. KÖNIG & VOLMER (2000: 140ff); MAYER (2008).

5.2 Feedback geben und annehmen[2]

In vielen Kapiteln dieses Buches ist von Feedback die Rede (1.02, 1.07, 2.01, 2.02, 2.04, 2.14). Das Wort wird oft verwendet und selten definiert. Feedback, wörtl. „Zurückfüttern", bedeutet, einem Partner eine Rückmeldung über sein Verhalten zu geben. Dies kann sich auf sprachliches Verhalten (Worte), auf nonverbales Verhalten oder auf einen Beitrag, ein Arbeitsergebnis etc. beziehen. Der Begriff Feedback wird teils etwas „inflationär" gebraucht, längst nicht jede Kommunikationssituation ist Feedback.

Feedback ist eine sehr persönliche Kommunikationssituation, die Statusfragen (vgl. Element 2.11 Verhandlungsführung) und die persönliche Würde stark betrifft. Dies ist besonders dann der Fall, wenn der Feedback-Geber einen höheren Status hat als der Empfänger, z. B. in Führungssituationen. Feedback ist deshalb ein zentrales Führungsinstrument (vgl. hierzu den Absatz zu Feedback in Element 2.01 Führung, sowie die vielen Erwähnungen in Element 1.07 Teamarbeit), ist aber auch wichtig für Konfliktmanagement (vgl. Element 2.12), Motivation (vgl. Element 2.02) und Verhandlungsführung (vgl. Element 2.11). Stakeholdern soll ebenfalls Gelegenheit zu Feedback gegeben werden (Element 1.02).

Häufig wird von Feedback gesprochen, aber die Äußerungen sind vermischt mit Urteilen, Wertungen, eigenen Ansichten des Feedback-Gebers. Wenn das der Fall ist, kann nicht mehr von Feedback gesprochen werden, schlimmstenfalls handelt es sich um einen – als Feedback getarnten – Schlagabtausch.

---

2 Das Kapitel Feedback wurde von Martin Goerner verfasst (Quelle: Trainingsunterlagen Martin Goerner).

Für ein erfolgreiches Feedback sind ein passendes und „geschütztes" Arbeitsklima Voraussetzung sowie die innere Bereitschaft des Feedback-Empfängers, die Rückmeldung entgegenzunehmen. Bevor Feedback gegeben wird, soll daher erfragt werden, ob der Empfänger bereit ist, eine Rückmeldung entgegenzunehmen (Kontraktfrage).

Sodann sind die Gesprächssituation und der Kontext zu beachten. In einem kurzen „Flurgespräch" unter Zeitdruck, z. B. direkt vor einer Sitzung, oder in Anwesenheit anderer – womöglich sogar konkurrierender – Gesprächspartner ist gerade ein kritisches Feedback nicht angebracht.

Ein sauberes Feedback beachtet deshalb eine Reihe von Regeln, deren strikte Einhaltung die Professionalität ausmacht. Ein unsauberes, unprofessionelles Feedback verletzt und bewirkt häufig eine Eskalationsdynamik.

5.2.1 Regeln für den Feedback-Geber:

- Feedback soll nicht unter Zeitdruck gegeben werden. Planen Sie genügend Zeit ein und führen Sie keine Ad-hoc-Gespräche.
- Feedback verlangt einen Kontrakt, einen „kommunikativen Vertrag" über das Einverständnis zwischen den Partnern. Erfragen Sie vor dem Feedback, ob der Empfänger bereit ist für Ihre Rückmeldung und ob es der richtige Zeitpunkt für ihn ist.
- Äußern Sie Ihre konkreten Beobachtungen, Fakten und Ihre eigenen Gefühle, und keinesfalls Interpretationen oder Wertungen und Vorwürfe. Sagen Sie beispielsweise: „Ich ärgere mich, dass Sie mir erst die Verantwortung für dieses Projekt übertragen haben und nun schon zum wiederholten Mal Dinge auf eigene Faust durchführen, ohne mich zu informieren oder um Rat zu fragen", und nicht: „Sie sind autoritär" oder „Sie wollen immer alle Dinge an sich reißen" etc.
- Verstecken Sie sich nicht hinter „Man"-Aussagen („Man macht/sollte...") oder „Du"-Appellen („Du könntest..."), sondern formulieren Sie Ihr Feedback stets als Angebot und in der Ich-Perspektive, etwa: „Ich hatte den Eindruck ...", „Ich habe beobachtet, dass ...", „Mir missfällt, dass ...".
- Trennen Sie Person und Verhalten (die Person an sich ist okay – ihr Verhalten ist jedoch verbesserungswürdig). Der Feedback-Geber hat nicht das Recht, die Person zu beurteilen. Was er wahrnehmen und beurteilen kann, ist das gezeigte Verhalten in der bestimmten Situation. Dieses gilt es möglichst konkret anzusprechen.
- Geben Sie Ihr Feedback unmittelbar, zeitnah, also nicht Tage oder Wochen später.
- Feedback soll verantwortlich gegeben werden und soll die persönliche Entwicklung fördern. Beginnen Sie deshalb stets mit positiven Dingen, zum Beispiel „Gut gefallen hat mir ...". Bedenken Sie: Ihre Wahrnehmung und Wertung sind subjektiv und jede Münze hat zwei Seiten.
- Sprechen Sie den Feedback-Nehmer direkt an (z. B. mit Namen, statt – in einer Gruppe – „Er hat...")
- Optional: Teilen Sie Ihren Verhaltens-Wunsch oder Ihre Vorstellung für die Zukunft mit.
- Beenden Sie eine Feedback-Situation mit einer offenen Frage an den Gesprächspartner, um die Wirkung Ihres Feedbacks besser einschätzen zu können, z. B.: „Was sagen Sie zu meiner Rückmeldung?"

5.2.2 Anregungen für den Feedback-Nehmer:

- Betrachten Sie ein Feedback als ein Geschenk und als eine Chance für Ihre persönliche Entwicklung: Sie hatten die Gelegenheit, in einen Spiegel zu schauen, Sie konnten wahrnehmen, wie Sie auf andere Menschen in einer konkreten Situation wirken, und der Spiegel kann nichts für das Bild, das Sie im Spiegel erkennen.
- Beachten Sie, dass jede Wahrnehmung subjektiv ist. Sie erhalten aber durch Feedback interessante Informationen darüber, wie Sie (Ihr Verhalten) von anderen gesehen wird.
- Wenn Sie Informationen zu einer konkreten Situation oder einem konkreten Verhalten haben möchten, können Sie Ihren Feedback-Geber gezielt darum bitten.
- Hören Sie aktiv und aufmerksam zu und fallen Sie nicht ins Wort.
- Rückfragen sind erlaubt. Fragen Sie nach, wenn Ihnen etwas unklar ist, etwa:
  - „Haben Sie das am Anfang beobachtet oder eher gegen Ende?",
  - „Wie oft ist das geschehen?",
  - „Habe ich Sie richtig verstanden ...?" oder
  - „Sie meinen damit sicher, dass ...?".
- Rechtfertigen und verteidigen Sie Ihr Verhalten nicht. Überdenken Sie lieber, inwieweit die Kritik berechtigt war und was Sie davon annehmen möchten und was nicht.
Sobald Sie in ein Feedback-Gespräch Rechtfertigungen oder Begründungen Ihres Verhaltens einfließen lassen, machen Sie es Ihrem Feedback-Geber schwer, weiter sauber Feedback zu geben. In der Regel entsteht sofort eine Debatte und die Feedback-Situation ist zerstört.
- Betrachten Sie Feedback nicht als persönliche Kränkung oder Maßregelung: Nehmen Sie an, womit Sie etwas anfangen können und was Sie für berechtigt halten, und lassen Sie Äußerungen stehen, die Sie für ungerechtfertigt halten. Sie wissen nun, wie Ihr Gesprächspartner Sie sieht und haben die Chance, in Zukunft eine andere Wirkung bei ihm zu erzielen.

Zum Schluss noch ein Hinweis: Gerade in emotional erregten Situationen wird Feedback oft nicht sauber gegeben. Urteile und Interpretationen fließen ein, Ratschläge werden gegeben und der Feedback-Geber beginnt, von sich selbst zu erzählen etc. Maßregeln Sie ihren Gesprächspartner nicht, sondern helfen Sie ihm durch offenes Nachfragen, Ihnen weiter Feedback zu geben, etwa: „Was haben Sie beobachtet?" „Wie ging es Ihnen dabei?". Bedenken Sie: Feedback-Situationen, auch ungerechtfertigte oder unsaubere, wirken oft wie ein „reinigendes Gewitter". Danach besteht meist die Chance, konstruktive Gespräche zu führen.

5.3 Kommunikation in virtuellen Projektteams

Die Zusammenarbeit in verteilten bzw. virtuellen Projektteams wird ausführlich in Element 1.07 Teamarbeit behandelt. An dieser Stelle soll nur auf die Besonderheiten der Kommunikation innerhalb virtueller Projektteams eingegangen werden. Für weitergehende Informationen wird auf die ergänzende Literatur im Literaturverzeichnis verwiesen.

5.3.1 Virtuelle Kooperation als Herausforderung

Der zunehmende Einsatz lokal oder geografisch verteilter Projektteams führt zwangsläufig zu einer ständig zunehmenden Komplexität der Projektkommunikation. Projektmanager und Teammitglieder müssen den Inhalten und Prozessen ihrer Kommunikation sehr aufmerksam gegenüberstehen, um sicher zu gehen, dass sie korrekt interpretiert werden. Es ist wesentlich schwieriger, eine angemessene Kommunikation in Situationen aufrechtzuerhalten, in denen die Teilnehmer nicht die Möglichkeit haben, die Kontextinformationen mit aufzunehmen.

Beispiel In einem virtuellen Projektteam werden Sie per E-Mail gefragt: „Sind Sie sicher, dass Sie das bis Ende des Monats geschafft bekommen?"

Für die richtige Interpretation und Handhabung der Frage wäre es sehr hilfreich, die nonverbale Kommunikation wahrzunehmen, gestresste Stimmen zu erkennen oder die sprechenden Augenbewegungen zu sehen, wenn man Sie fragt. Auch der Bezug, was konkret geschafft werden soll (also die **Referenzierung** des Wortes „das") wird mündlich in der Regel durch Blicke, Gesten oder die Betonungen im Satzgefüge hergestellt. Im Zweifelsfall wird über eine Rückfrage („Was genau? Was nicht...?") geklärt, worauf sich die Äußerung genau bezieht, oder ein fragender Blick verdeutlicht, dass noch Klärungsbedarf besteht. Durch die knappe, informelle Formulierung in der E-Mail, die den mündlichen Sprachgebrauch aufgreift, können sich aber schnell Missverständnisse einschleichen, die durch die weitere Kommunikation eher noch verstärkt werden (Jeder liest aus den folgenden Äußerungen die Bestätigung seiner Sichtweise heraus).

Deshalb sollen virtuelle Projekte – besonders solche, an denen mehrere Länder oder gar Mitarbeiter unterschiedlicher Nationalität beteiligt sind – nicht starten, bevor nicht zumindest das Kernteam in einem Raum zu einer ersten Sitzung zusammengekommen ist. Die zeitliche Investition zum Aufbau persönlicher Beziehungen (sowohl während des Meetings als auch bei einem passenden Social Event) macht sich in jedem Fall bezahlt. Die dabei aufgebauten Beziehungen können durchaus für einige Monate als Nährboden für eine erfolgreiche Kooperation und Kommunikation über Distanzen hinweg dienen. Es ist aber darauf zu achten, die persönlichen Kontakte in nicht zu geringen Abständen aufzufrischen. Mögliche Anlässe für eine erneute Zusammenkunft der Teammitglieder können beispielsweise Phasen-Reviews oder auch Meilenstein-Entscheidungen sein. Weitere Informationen hierzu, speziell für interkulturelle Projektteams, finden sich bei HOFFMANN, SCHOPER & FITZSIMONS (2004).

Web- oder Videokonferenzen bieten technische Möglichkeiten für eine gute Zusammenarbeit auf Distanz, müssen aber auch mit geeigneten Methoden moderiert werden. Bei der Nutzung von Video-Konferenzen sollten Sie sicherstellen, dass die Teilnehmer sich auch wirklich gegenseitig sehen können und nicht nur winzige Bilder mit Ausschnitten. Die Teilnehmer sollten Augenbewegungen und Gesichtsausdrücke der Gesprächspartner gut erkennen können, aber Großaufnahmen können wieder kontraproduktive Übertreibungs- und Entblößungs-Effekte produzieren. Außerdem besteht eine effektive Fern-Anwesenheit nicht nur aus Gesichtern. Deshalb ist es gut, auch die Körperhaltung aufzunehmen. Es gibt bereits eine high-speed Videokonferenz-Technik mit mehreren Bildschirmen und gut platzierten Kameras, die nahezu den Eindruck erwecken, dass sich alle Personen im selben Raum aufhalten. Dies kann Kommunikationsergebnisse erbringen, die einer realen Sitzung sehr nahe kommen. Allerdings sind es nicht nur die Sitzungen, die den Erfolg einer virtuellen Zusammenarbeit beeinflussen. Weitere Informationen zu virtueller Kommunikation finden sich bei BARTSCH-BEUERLEIN (2007).

5.3.2 Auswirkungen unterschiedlicher Kommunikationsstile

Gerade bei der virtuellen Kommunikation wirken sich die unterschiedlichen Verhaltenspräferenzen und Kommunikationsstile der einzelnen Teilnehmer stärker aus als in der klassischen direkten Interaktion „Face-to-Face".

Teammitglieder mit einer Präferenz für schriftliche Kommunikation (Typus Leser/Schreiber) sind bei einer virtuellen Kooperation über E-Mails und Plattformen im Vorteil. Anders ist das bei Video- und Telefonkonferenzen. Hier können die Fähigkeiten der durchsetzungsfähigen, vielfach schneller reagierenden sprach-orientierten Teilnehmer (Typus Sprecher/Hörer) diesen überproportionale Vorteile verschaffen. Diese Problemlage wird noch verstärkt, wenn nicht alle Teilnehmer in ihrer Muttersprache teilnehmen können, beispielsweise bei den vielfach üblichen internationalen Telefonkonferenzen in der „selbstverständlichen" Arbeitssprache Englisch.

Bei „normalen" Sitzungen kann es schon eine Herausforderung für einen Moderator sein, alle Teilnehmer gleichermaßen am Kommunikationsprozess zu beteiligen, in virtuellen Kommunikationsprozessen wird dies deutlich schwieriger.

Ein weiteres, vielfach unterschätztes Problem bei virtueller Kommunikation ist der Unterschied zwischen den Kommunikationstypen, die eher aktiv oder eher passiv oder reflexiv an Diskussionen teilnehmen. Gerade die eher reflexiv agierenden Teilnehmer zeigen in virtuellen Konferenzen vielfach eine sehr geringe Aufmerksamkeit. So werden nebenbei andere Aufgaben erledigt (z. B. E-Mails abgearbeitet, Protokolle gelesen), die Prioritäten sind verschoben. Auch die für sie relevanten Details der Projektarbeit (z. B. Aufgabenverteilungen) bekommen sie dann teilweise nicht mit.

5.4 Sicherheit und Vertraulichkeit in Kommunikationsprozessen

Dieser Abschnitt beschäftigt sich mit einem zwangsläufigen Begleitaspekt der immer flexibleren Kommunikation: Je leichter Kommunikationsinhalte und -prozesse verfügbar werden, desto eher besteht die Gefahr des Missbrauchs und der unkontrollierten Verbreitung. Demzufolge sind Zugriffs-Beschränkungen und Sicherheitsregeln notwendig.

Beschränkungen gibt es typischerweise für Informationen,

- welche die physische Sicherheit betreffen (z. B. Zugangscodes für bestimmte Räume, Teile eines Gebäudes, z. B. einer Universität oder einer Militäreinrichtung);
- die vertrauliche, personenbezogene Daten beinhalten;
- die sich auf Geschäftsgeheimnisse beziehen;
- die das geistige Eigentum eines Unternehmens oder einer Person ausmachen.

Projektmanager müssen derartige Information angemessen schützen (mit diesem Thema beschäftigt sich u. a. Element 2.15 Ethik). Aber nicht nur die Informationen selber sind zu schützen. Auch die Rechte zur Veränderung, zur Löschung, zur Aufbewahrung oder die Meta-Daten sind zu beachten.

Schließlich können Informationen, die, für sich genommen, völlig harmlos sind, durch Kombination mit anderen Daten sehr brisante Aufschlüsse ermöglichen. Schnell lassen sich z. B. aus mehreren Einzelinformationen personenbezogene Datenprofile erstellen.

Regeln für den Umgang mit Informationen beziehen sich auf das Projektteam, aber auch auf die Unternehmenspolitik und müssen ebenfalls mit den nationalen gesetzlichen Regelungen korrespondieren.

Projektmanager müssen demnach die entsprechenden Regelungen und Gesetze kennen und berücksichtigen. Vor allem dann, wenn externe Partner (z. B. Unterauftragnehmer, Lieferanten, Consultants) im Projekt beteiligt sind oder wenn über geschlossene Firmennetzwerke hinaus kommuniziert wird, ist den Anforderungen an Sicherheit und Vertraulichkeit hohe Aufmerksamkeit beizumessen. Weitere Informationen hierzu bietet Element 1.17. Information und Dokumentation.

6 Systematisches Kommunikationsmanagement im Projekt

In diesem Kapitel wird das Kommunikationsmanagement im Projekt, das bereits im Grundlagenteil kurz angerissen wurde, vertiefend aufgegriffen. Weitere Ausführungen finden sich auch in den Elementen 1.16 Überwachung und Steuerung, Berichtswesen sowie 1.17 Information & Dokumentation.

6.1 Leitfragen für die Kommunikationsplanung

Es gibt viele Möglichkeiten, um die Kommunikation im Projekt systematisch zu gliedern und zu managen. Es hat sich bewährt, die Planung von Kommunikation und Information anhand der fünf bekannten Leitfragen (Was, Warum, Wer, Wann, Wie) vorzunehmen. Anschließend werden einige Instrumente zur Systematisierung der Projektkommunikation dargestellt.

6.1.1 Der Inhalt der Kommunikation – das WAS?

Information im Projekt kann sich prinzipiell auf zwei Objekte beziehen: Prozessinformation und Produktinformation. Sicherlich hängt die Kommunikation darüber auch davon ab, an welchen Bereichen die Kommunikationspartner jeweils interessiert sind. Die Kommunikationsplanung im Projekt konzentriert sich häufig auf die Prozessinformation und überlässt es der Produktinformation, folgende anwendungsbereichsspezifische Methoden zu dokumentieren:

- **Produktinformation:**
  Was das Projekt produzieren wird (Geltungsbereich), welches Qualitätsniveau sowie welche Auswirkungen bzw. Vorteile für die Parteien (Reflektion von Veränderungen im Management und der Realisierung von Vorteilen)
- **Prozessinformation:**
  Information bezüglich des Umfangs, des Zeitaufwands, der Kosten, der internen Risiken, Bewertungen und weitere Informationen über den Status des Projekts, die benötigt werden, um es effektiv zu managen.

Das vorliegende Kapitel konzentriert sich vor allem auf die Kommunikation von Prozessinformationen. Element 1.17 Information und Dokumentation bietet Strukturen und Verfahrensweisen für beide Arten von Projektinformation. Ebenso bieten die Elemente 1.01 Projektmanagementerfolg und 1.03 Projektanforderungen und Projektziele entscheidende Beiträge zur Kommunikation.

6.1.2 Das Ziel der Kommunikation – das WARUM?

Kommunikation ohne klares Ziel oder Kommunikation nur aufgrund der Vorgabe in Handbüchern ist sinnlos. Es muss für die Beteiligten einsichtig und nachvollziehbar sein, wozu die Kommunikation dient und warum sie in der jeweiligen Form vorgesehen ist. Dazu können – ähnlich den Einträgen in einem Funktionendiagramm – in einem Kommunikationsplan Kenzeichnungen vorgenommen werden, die das jeweilige kommunikative Ziel angeben, z. B.:

- **S = Sammlung:**
  Informationen sammeln;
- **E = Entscheidung:**
  Andere davon überzeugen, tätig zu werden: z. B. einen Manager dahingehend beeinflussen, eine Entscheidung zur Lösung eines Themas zu treffen;
- **A = Austausch:**
  z. B. Dialog, um zu beiderseitig akzeptierten Wegen zu gelangen, auf Probleme oder Risiken zu reagieren;
- **K = Kontrolle:**
  z. B. um gesetzlichen oder regulatorischen Anforderungen oder Richtlinien des Unternehmens oder eines Standards zu genügen;
- **I = Information:**
  um andere Menschen zu informieren.

6.1.3 Die Festlegung von Verantwortlichkeiten und Zielgruppen – das WER?

Die erfolgreiche Projektkommunikation liegt nicht allein in der Verantwortung des Projektmanagers, vielmehr sind alle Beteiligten betroffen. Beispielsweise sind oft die Teammitglieder die Quelle für eine bestimmte Information, also haben in diesem Fall die Teammitglieder die Verantwortung, den Projektleiter zu informieren („**Bringschuld**"). Auftraggeber tragen in vielen Projekten die Verantwortung dafür, dass „ihr" Projekt ausreichende Ressourcen erhält und müssen dies in der Organisation einfordern. Umgekehrt sollte der Projektmanager in Statusmeetings regelmäßig die Arbeitsstände abfragen („**Holschuld**").

Gute Kommunikation ist immer auch **zielgruppenorientiert** ausgerichtet. Dabei kann die Zielgruppe, im weitesten Sinne also das „Publikum", auch eine große Gruppe von Informationsempfängern oder gar Kommunikationspartnern darstellen. Das kann zur Folge haben, dass für die Stakeholderkommunikation wesentlich größere Anstrengungen notwendig sind als anteilig für den Rest des Projekts.

Beispiel Im Rahmen eines Projekts wird eine neue Kalkulationssoftware als Produkt entwickelt und eingeführt, wodurch zusätzliches umfangreiches Training für die gesamte internationale Verkaufsabteilung erforderlich wird. Die Kommunikation vom Projekt mit den Stakeholdern zur Reduzierung von Widerständen, zum Abbau von Ängsten und dem Umgang mit Erwartungen verlangt sicherlich einen höheren Kommunikationsaufwand als er zur eigentlichen Entwicklung des Produkts notwendig ist.

Im Interesse einer guten und proaktiven Projektkommunikation sollten daher möglichst frühzeitig alle Stakeholder identifiziert werden (vgl. Element 1.02 Interessierte Parteien). Im Basisteil wurde beschrieben, wie Stakeholderkommunikation im Projekt geplant werden kann.

6.1.4 Zeitplan bzw. Periodizität der Information – das WANN?

Kommunikation im Projekt findet zu unterschiedlichen Zeitpunkten statt und hat eine unterschiedliche „Reichweite" oder auch Fristigkeit. Gerade bei umfangreicheren Projekten sollte zwischen verschiedenen Zeithorizonten getrennt werden:

- **Anfängliche Kommunikation:**
  Von der Projektgründung bzw. dem Konzept bis zu dem Zeitpunkt, an dem das Team gebildet ist und mit der Arbeit beginnt. Diese frühe Kommunikation ist von zentraler Wichtigkeit, denn oft ergibt sich die Mehrzahl von Problemen für das Projekt aufgrund von Lücken oder Unterlassungen während dieser Phase.
- **Wiederholte Kommunikation:**
  Durch den Verlauf des gesamten Projekts; ein Risiko in dieser Kategorie besteht darin, dass manches eher ad hoc ist als formalisiert und dass es nur selten im Zeitplan auftaucht. Neue Teammitglieder oder nur punktuell Beteiligte laufen Gefahr, wichtige Informationen zu übersehen.
- **Abschließende Kommunikation:**
  Erscheint jeweils zum Ende einer Phase und am Ende des Projekts. Abschließende Kommunikation ist in politischer Hinsicht wichtig – um die Unterstützung für das Projekt aufrechtzuerhalten, für Zwecke des Umgangs mit organisatorischen Änderungen und zur Realisierung des Projektgewinns.

Ein weiterer Aspekt sind das richtige Timing der Sammlung und die Übermittlung von Projektinformationen. Zu spät übermittelte Information ist Verschwendung. Sie kann nicht in Handlung umgesetzt werden.

Hierzu zwei Tipps aus der Praxis:

- Sammeln Sie Daten und Informationen regelmäßig und so, wie sie benötigt werden.
- Übermitteln Sie Informationen entweder regelmäßig und vorhersagbar oder in Fällen, in denen sofortiges Handeln notwendig ist, so wie sie jeweils benötigt werden (vgl. das Thema Berichtsplan).

Manche Projektmanager verlassen sich exzessiv auf die „so gerade nicht mehr rechtzeitige" Sammlung von Informationen. Das geht leicht schief und schafft Frustration! Im Rahmen der Kommunikationsplanung sollte festgelegt werden, welche Informationen wann einzuholen und weiterzugeben sind.

6.1.5 Kommunikationsverteilung und Berichterstattung – das WIE?

An anderer Stelle wurde bereits über Kommunikationspräferenzen und Denkstile gesprochen. Dementsprechend ist bei der Planung der Projektkommunikation möglichst auch den unterschiedlichen Möglichkeiten und Vorlieben der Kommunikationspartner zu entsprechen.

Die Art der Kommunikation sollte es jedem Beteiligten möglichst leicht machen, aktiv im Projekt in angemessener Weise mitzuwirken. Dies kann bedeuten, diverse Arten von Information bereitzustellen: Zusammenfassungen und Details, verbale und schriftliche Information sowie visuelle Informationen (Tabellen und Kurven) und Daten (Worte oder Zahlen). Überlegen Sie auch, ob die Methode der Informationsübermittlung formell oder informell sein sollte (abhängig davon, ob ein bestimmter Weg notwendig ist).

Gerade wenn man als Projektmanager von bestimmten Entscheidungsträgern abhängig ist, sollte gezielt auf die Kommunikationspräferenzen dieser Empfänger Rücksicht genommen werden.

6.2 Analyse und Gestaltung der Kommunikationsbeziehungen

6.2.1 Schnittstellenklärung

Gerade zu Beginn eines Projekts besteht meist noch Unsicherheit über die „Architektur" der Kommunikationslandschaft. Es gilt, sich ein Bild der vielfältigen Beziehungen zwischen den Beteiligten zu machen und damit eine wichtige Grundlage für die weiterführende Kommunikationsplanung zu schaffen.

Aufbauend auf der Umfeld- und Stakeholderanalyse, kann hierzu eine sog. Schnittstellenmatrix erstellt werden. In dieser Matrix werden alle bekannten sozialen Umfeldfaktoren (= Stakeholder) miteinander in Beziehung gesetzt und die einzelnen Berührungspunkte identifiziert (ein Beispiel dazu bietet Abbildung 1.18-V7).

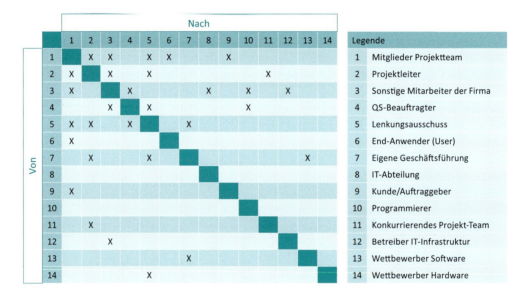

Abbildung 1.18-V7: Schnittstellenmatrix (Beispiel aus einem IT-Projekt)

Die relevanten Schnittstellen können auf diese Weise identifiziert und anschließend in der Kommunikationsplanung adäquat unterstützt werden. Mögliche Aspekte hierbei sind:

I Richtung der Kommunikationsbeziehung (z. B. einseitig, zweiseitig);
I Beschreibung der Schnittstelle (z. B. Art der Beziehung zueinander);
I Bedeutung der Schnittstelle für den Projekterfolg;
I Ableitung von Anforderungen an die Gestaltung der Projektkommunikation.

Für die Ausgestaltung und Operationalisierung der Kommunikation mit den als relevant eingestuften Stakeholdern wird auf die Ausführungen im Basisteil verwiesen.

6.2.2 Aufstellen von Regeln für die Kommunikation

Für die Kommunikation zwischen den Projektbeteiligten sind nach Möglichkeit Regeln zur Zusammenarbeit zu vereinbaren. Sinnvolle Regeln für die Zusammenarbeit werden u.a. in den Elementen 1.07 Teamarbeit und 1.19 Projektstart beschrieben.

Auch im Rahmen des vorliegenden Kapitels wurde dieser besondere Aspekt der Kommunikationsplanung bereits thematisiert (z.B. bei der Gestaltung von Sitzungen), sodass an dieser Stelle nicht nochmals darüber berichtet werden muss.

6.3 Der Berichtsplan als wichtiger Baustein der Kommunikationsplanung[3]

Wie bereits eingangs festgestellt, geht es bei der Kommunikation generell um das Verständnis über den Austausch von Informationen zwischen den Projektbeteiligten. Eine übliche Form zur Organisation und Standardisierung dieses Informationsaustauschs stellt das Berichtswesen dar. Auf Arten und Inhalte der unterschiedlichen Berichte wird explizit in Element 1.17 Dokumentation und Information eingegangen. Im Rahmen dieses Kapitels soll der Aspekt Organisation des Berichtswesens als wichtiger Teil der Kommunikationsplanung im Vordergrund stehen.

Gemeinhin unterscheidet man im Berichtswesen zwischen Bericht und Protokoll. Berichte sind eigens zum Zwecke der Berichterstattung erstellte schriftliche Informations-Mitteilungen. Im Gegensatz dazu sind Protokolle das schriftliche Festhalten von durchgeführten Projektbesprechungen. Das Ergebnis dieser Besprechungen findet seinen Niederschlag in den entsprechenden Besprechungs-Protokollen, die als Dokumente der Projektarbeit in die Projektdokumentation aufgenommen werden (vgl. GLAUBITZ, 1994).

Regelmäßige und situationsbedingte schriftliche Projektberichte sind die Grundlage erfolgreicher Projektarbeit und wichtiger Bestandteil der systematisch organisierten Projektkommunikation. Das beste formalisierte Berichtswesen wird jedoch regelmäßige Projektbesprechungen niemals ersetzen können. Denn sie bieten die Möglichkeit, die Berichtsinformationen zügig in zweckmäßige, abgestimmte Entscheidungen und Aktionen umzusetzen. Darüber hinaus ist die teambildende und motivierende Wirkung der „gelebten" Information nicht zu unterschätzen (vgl. ANDREAS, 1993). Für ein erfolgreiches Kommunikationswesen im Projekt wird also der richtige Mix aus standardisierter (ausschließlich schriftlicher und in eine Richtung gehender) Berichterstattung und gelebtem Informationsaustausch (protokollierte Besprechungen) von Bedeutung sein.

Berichte sollen nicht unkoordiniert und planlos erstellt werden (negativer Überraschungseffekt), sondern zu einem vom Projektmanagement vorgegebenen Schema – vgl. Kommunikationsplan – passen. Entsprechend den in der Informationsbedarfsanalyse festgestellten Anforderungen an Berichte, deren Inhalte sowie Berichtszyklen, ist ein Berichtsplan zu erstellen. Dieser gibt einen Überblick über alle im Rahmen einer Projektabwicklung zu erstellenden Berichte, ihre Form, Erscheinungstermine, Umfang, Ersteller und Empfänger.

Es ist festzulegen WER WELCHE Information WANN an WEN weitergeben muss (vgl. MADAUSS, 1994). Hierzu bietet die Aufstellung eines Berichtsplans eine gute Hilfestellung (vgl. Schema in Abbildung 1.18-V8). Ein Berichtsplan muss regelmäßig aktualisiert werden.

---

3   Dieser Abschnitt orientiert sich eng an: DÖRRENBERG, F., 1989: 1123ff.

Berichtsarten	Ersteller	Empfänger	Form	Zyklus
Aufgabenorientiert				
Sofortberichte	AP, TPL, PL	PK/GL/AG/PL	F	bei Bedarf
Statusberichte	TPL, PL	PK/GL/AG	F	monatlich
Zwischenpräsentation	PL, TPL, AP	PK/GL/AG	V	In Abhängigkeit von wichtigen Meilensteinen
Endpräsentation	PL, TPL, AP	PK/GL/AG	V	nach Projektabschluss
Interne Berichte				
Situationsbericht	PL	GL	F	monatlich
Abschlussbericht	PL	GL/Auftragswesen Erfahrungsdatenbank	F	nach Projektabschluss

AG = Auftraggeber
AP = Arbeitspaketverantwortlicher
F = Formblatt
GL = Geschäftsleitung
PL = Projektleiter
PK = Projektkomitee
TPL = Teilprojektleiter
V = Vortrag

Abbildung 1.18-V8: Beispiel für einen Berichtsplan (DÖRRENBERG, 1998: 1131)

Mit der Erstellung eines Berichtsplans soll erreicht werden, dass möglichst keine Informationslücken bei der Projektberichterstattung auftreten. Es soll sichergestellt werden, dass die Projektberichte nur derjenige bekommt, der sie im Rahmen einer erfolgreichen Projektabwicklung wirklich benötigt. Dabei ist zu vermeiden, dass Personen mit unnötigen, d. h. zu vielen Informationen, belastet werden (vgl. BURGHARDT, 1993).

In den meisten Fällen kann der Berichtsplan (der auch als **Informationsverteilungsplan** bezeichnet wird) nicht direkt zu Projektbeginn endgültig festgelegt werden, sondern wird erst während der Projektabwicklung seine endgültige Form erhalten. Wichtig ist jedoch, dass sich der Projektleiter bereits bei Beginn des Projekts Klarheit verschafft über die unterschiedlichen Informationsbedarfe der einzelnen Projektbeteiligten (vgl. MOTZEL, 1987). Hierbei spielen auch das Kommunikationsverhalten und die Denkstile (Kommunikationspräferenzen) der Beteiligten eine Rolle.

6.4 Kommunikation als Herausforderung für das gesamte soziale System „Projekt"

Die konsequente Umsetzung einer systematischen und zielgruppenorientierten Projektkommunikation stellt mehr dar als nur die Ausführung einer Planung. Es handelt sich dabei um die ständige Verantwortung für jedes Mitglied des Projektteams, sowohl bezüglich der Sammlung von Informationen, des Berichtens darüber als auch der Reaktion darauf, wenn dies notwendig ist.

Pro-aktive Kommunikation kostet Zeit und kann für den Einzelnen zu einer Last werden: ob im Verlauf von Sitzungen, durch E-Mails oder Berichte oder persönlich bei Eins-zu-Eins-Instruktionen oder durch das zunehmend beliebte „Managen durch Herumlaufen". Allerdings gibt es für das Gesamtprojekt noch etwas viel Belastenderes: Projektmanager, die bei der Kommunikation versagen oder nicht sicherstellen, dass insgesamt ausreichend Kommunikation stattfindet.

Bei umfangreicheren Projekten kann ein Teil des Projektteams diese Verantwortung übernehmen. Bei Programmen kann sich das Büro des Programmmanagers daran beteiligen, die Kommunikations-Effektivität sicherzustellen. Doch es liegt unvermeidlicherweise in der Verantwortung des Programm- oder Projektmanagers, sicherzustellen, dass eine effektive Kommunikation stattfindet.

7 Zusammenfassung

Im Vertiefungsteil wird zunächst auf die verschiedenen Präferenzen und Kommunikationsstile eingegangen, die für die Feinjustage der Kommunikation beachtet werden müssen, um ein besseres Verständnis zu erzielen. Sodann wird gezeigt, wie in formalen und informellen Projektsituationen ebenfalls verschiedene Kommunikationsstile erforderlich sind.

Einen wesentlichen Teil der Projektkommunikation betreffen Sitzungen und Workshops. Deshalb folgen Hinweise zum Sitzungsmanagement und zur Moderation. Spezielle Themen sind die Interviewführung, das saubere Feedback, die virtuelle Kommunikation sowie die Sicherheit und Vertraulichkeit. Abschließend wird beschrieben, wie ein systematisches Kommunikationsmanagement im Projekt mit Hilfe unterschiedlicher Instrumente unterstützt werden kann.

8 Fragen zur Wiederholung

1	Welches sind typische Präferenzen von Menschen in der Kommunikation?	☐
2	Woran können Sie die Kommunikationspräferenzen Leser, Hörer erkennen und unterscheiden?	☐
3	Welche Aussagen ermöglicht das HBDI-Modell?	☐
4	Woran können Sie die Denkstile Rechts- und Linkspräferenz nach dem HBDI erkennen und unterscheiden?	☐
5	Was unterscheidet formelle von informeller Kommunikation?	☐
6	Wo ist im Projekt formelle und wo eher informelle Kommunikation gefragt?	☐
7	Was sind typische Hinderungsgründe für die Effektivierung von Sitzungen?	☐
8	Welche Möglichkeiten gibt es, um Sitzungen effektiver zu gestalten und wann ist Moderation sinnvoll?	☐
9	Welche Aktivitäten sind bei der Vor- und Nachbereitung und bei der Durchführung einer Sitzung zu beachten?	☐
10	Welche typischen Probleme entstehen bei virtueller Kooperation und Kommunikation?	☐
11	Wie können Sie virtuelle Kommunikation sinnvoll unterstützen?	☐
12	Was sind wichtige Regeln, um Sicherheit und Vertraulichkeit von Informationen sicherzustellen?	☐
13	Worauf müssen Sie achten, wenn Sie Interviews durchführen?	☐
14	Worauf ist beim Geben und beim Empfangen von Feedback zu achten?	☐
15	Was sind die Gefahren oder Probleme, die sich aus „regellosem" Feedback ergeben?	☐
16	Wie erfolgt eine systematische Kommunikationsplanung auf der Basis von W-Fragen?	☐
17	Wie funktioniert eine Schnittstellen-Analyse/Schnittstellen-Matrix?	☐
18	Nach welchen Grundregeln wird ein Berichtsplan aufgestellt?	☐

9 Anhang: Selbstbewertungstest zur Kommunikation

Mit der folgenden Selbstbewertung können Sie Ihre Kommunikationsfähigkeiten testen, um gezielter an der Weiterentwicklung Ihrer Fähigkeiten zu arbeiten.

Vergeben Sie für jede Zeile je nach Ihrer Selbsteinschätzung eine Punktzahl von Eins bis Fünf:

1. Noch keine Fertigkeiten und keine Kenntnisse, Erwerb von Grundlagenwissen notwendig
2. Geringe Fertigkeiten und Kenntnisse, hoher Lernbedarf, Nutzung erster Erfahrungen
3. Mittlere Fertigkeiten und Kenntnisse, hoher Lernbedarf, aufbauend auf vorhandenen Kenntnissen und Erfahrungen
4. Gute Fertigkeiten und Kenntnisse, Analyse der Erfahrungen und Festigung der vorhandenen Stärken
5. Sehr gute Fertigkeiten und Kenntnisse, Anleitung anderer Teammitglieder aufgrund eigener Erfahrungen

Es mag dabei helfen, sich selbst im Vergleich zu Kollegen einzuschätzen. Falls ein Kommunikationsgebiet nicht auf Ihre Rolle in einem Projekt anwendbar sein sollte, lassen Sie dieses Gebiet aus.

Es ist sinnvoll, diesen Test mindestens zweimal durchzuführen: Vor und nach dem Lesen des vorliegenden Kapitels 1.18 Kommunikation. Zunächst wird der Test ohne zusätzliches Hintergrundwissen über das Thema Kommunikation durchgeführt, daraus ergibt sich eine erste Einschätzung Ihrer aktuellen Kommunikationsfähigkeit.

Nach der Lektüre des Kapitels haben Sie eventuell ein anderes Verständnis Ihrer Stärken und Schwächen. Decken Sie Ihre ursprüngliche Bewertung ab, indem Sie diese wegklappen (deshalb befindet sie sich in der Spalte rechts außen). Bearbeiten Sie dann noch einmal alle Punkte. Wie zuvor, schätzen Sie sich selbst auf einer Skala von 1-5 ein. Vergleichen Sie sich dabei ggf. mit Kollegen, die Sie als Vorbild für den jeweiligen Bereich einschätzen. Vergleichen Sie Ihre Ergebnisse mit Ihrer früheren Bewertung. Hat sich etwas verändert? Eine Veränderung zwischen den beiden Bewertungen bedeutet eine von mehreren Möglichkeiten:

1. Wenn Ihr neuer Punktestand höher ist, ist es möglich, dass Sie nun das Thema Kommunikation besser verstehen und dass Sie erfahren haben, dass mehr darin steckt als Sie geglaubt hatten.
2. Ihnen sind Stärken bewusst geworden, die Sie normalerweise unbewusst nutzen, und diese „verborgenen Stärken" können Ihnen nicht nur dabei helfen, mehr Erfolg zu haben, wenn Sie sie bewusst anwenden, sondern Sie können auch als Mentor für andere tätig werden.

Durch das reine Lesen wird Ihre Verhaltensweise sicher nicht verändert, Sie werden auch noch kein verändertes Urteil über sich selbst gewinnen. Aber Sie erhalten erste Anhaltspunkte für eine mögliche Verbesserung der eigenen Kommunikationsfähigkeiten, und Ihre Sensibilität für verschiedene Aspekte der zwischenmenschlichen Kommunikation wird erhöht.

Nr.	Kommunikationsbereich	Spätere Einschätzung	Ursprüngliche Einschätzung
1	Aktives Zuhören		
2	Nonverbale Kommunikation und Beachtung des Kontextes		
3	Effektives Lesen incl. Bildschirmarbeit		
4	Recherche-Techniken, auch im Internet		
5	Gespräche und Verhandlungen führen		
6	Präsentationen halten		
7	Präsentationen professionell vor- und nachbereiten		
8	Texte verfassen incl. Nutzung von EDV		
9	E-Mail-Kommunikation		
10	Professionelle Vor- und Nachbereitung von Team-Meetings		
11	Professionell Feedback geben und annehmen		
12	Interviews planen, durchführen und auswerten		
13	Moderation von Team-Meetings		
14	Konfliktmanagement		
15	Erkennen von und Anpassung an Kommunikations-Präferenzen und -stile (rechts-links, Lesen-Hören, formell-informell)		
16	Virtuelle Kommunikation (Telefon- und Videokonferenzen, Kommunikation über Internet-Plattformen)		
17	Kommunikationsplanung und -steuerung im Projekt		
18	Planung und Durchführung von Stakeholder-Kommunikation im Projekt		
	Gesamtpunktzahl		

1.19 Projektstart (Start-up)
Heinz Scheuring

Lernziele

Sie können

- den Zusammenhang zwischen Projektstart und Projektportfolio-Management und Unternehmensstrategie aufzeigen und erklären
- eine Projektidee oder einen Projektauftrag so hinterfragen, dass alternative Projektabgrenzungen und -definitionen erkennbar werden, die mit dem Auftraggeber diskutiert werden können
- einen Projektstart-Workshop erfolgreich gestalten und führen
- an einem Beispielprojekt erklären, wie sich die Projektziele über die verschiedenen Phasen im Projekt entwickeln und konkretisieren
- das Prinzip der Weg-Resultat-Matrix als frühes Instrument der Projektstrukturierung an einem Beispiel erläutern.
- erklären, welche Aspekte bezüglich der internen und externen Kommunikation und Führung in der Frühphase eines Projektes von besonderer Bedeutung sind und im Besonderen eine dem Projekt angemessene Adressaten-Mittel-Matrix erstellen

Inhalt

1		Einführung	1791
2		Projektstart und Projektportfolio-Management	1791
2.1		Entwicklung von Projekten und Programmen aus der Unternehmensstrategie	1792
2.2		Ideen-Management	1792
2.3		Projektevaluation und -priorisierung	1793
2.4		Multiprojekt-Ressourcenplanung	1794
3		Den Auftrag hinterfragen – Ausbrechen	1794
3.1		Die Maske 23	1794
3.2		Bedeutung in der Praxis	1796
3.3		Ausbrechen mit System	1797
3.4		Und die Gefahren?	1798
3.5		Eine Kultur des Ausbrechens aufbauen	1799
4		Kommunikation und Führung in der Startphase	1800
4.1		Projektstart-Workshop(s)	1800
4.2		Interne Kommunikation	1802
4.3		Kommunikation nach außen – Projektmarketing	1803
4.4		Führung in der Startphase	1804
4.5		Gestaltung der Zusammenarbeit mit dem Auftraggeber	1804
5		Spezifische Themen und Aspekte in der Startphase	1805
5.1		Projektanforderungen und Projektziele	1805
5.2		Projektstrukturierung	1807
5.3		Projektorganisation	1808
5.4		Projektnutzen und Wirtschaftlichkeit	1809
5.5		Planung der Projektführungs-Instrumente	1810
5.6		Projektleitbild und Charta	1811
6		Der Startprozess als mehrfacher Prozess	1812
7		Zusammenfassung	1813
8		Fragen zur Wiederholung	1813

1 Einführung

Da mit dem Projektstartprozess das für das Projekt so wichtige Fundament gelegt wird, nimmt der Grundlagenteil den größeren Teil des Raumes ein. Im Vertiefungsteil geht es um das Zusammenspiel des Einzelprojekts mit dem Projektportfolio sowie mit der Unternehmensstrategie während des Startprozesses. In diesem Zusammenhang ist die Methode des „Ausbrechens" von besonderer Bedeutung: Dabei geht es um die Identitätsgebung des Projekts, die im Kontext der Unternehmensziele und -strategie erfolgen muss.

Die zweckmäßige Gestaltung der Kommunikation und Führung nach innen und nach außen ist ein zentraler Erfolgsfaktor beim Start von Projekten. Wie Projektanforderungen und Projektziele zunehmend konkretisiert werden, wird an Beispielen gezeigt.

Die Thematik des Starts beschränkt sich nicht auf den Beginn des Projekts: Der Start von Teilprojekten oder die Neuausrichtung des Projekts als Ganzes können vergleichbare Mechanismen auch zu einem späteren Zeitpunkt in Projekten und Programmen erneut auslösen.

2 Projektstart und Projektportfolio-Management

Im Basisteil stand das Management des einzelnen Projekts im Vordergrund. Projekte sind in der Regel in das Projektportfolio-Management eingebettet, welches seinerseits in engem Zusammenhang mit der Unternehmensstrategie und der Unternehmenszielsetzung steht. Abbildung 1.19-V1 zeigt diesen Zusammenhang. Die Elemente werden im Folgenden ausgeführt.

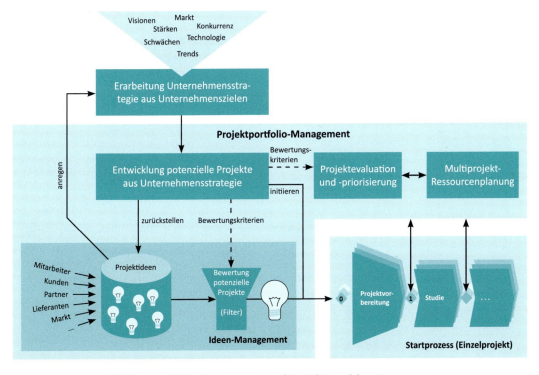

Abbildung 1.19-V1: Startprozess und Projektportfolio-Management

2.1 Entwicklung von Projekten und Programmen aus der Unternehmensstrategie

Die Unternehmensstrategie führt zu einem Maßnahmenportfolio, aus dem in der Regel ein ganzes Bündel an kleineren und größeren Projekten und Programmen mit meist strategischer Bedeutung hervorgeht. Der Konkretisierungsgrad dieser Projekte bzw. Programme ist meist noch gering.
Obwohl das Management an sich weiß, was es mit einem Projekt will, ist die solide Durchführung der Projektvorbereitung deshalb auch hier dringend geraten.

Die Verbindung zwischen Strategie und Projektmanagement wird heute in Unternehmen und Organisationen noch zu wenig hergestellt. Das obere Management ist sich dieses Zusammenhangs vielfach nicht einmal bewusst. Projektmanagement wird häufig als rein operatives, ausführendes Instrument auf einer tieferen Ebene betrachtet. Projektmanagement-Verantwortliche sind hier aufgerufen, Aufklärungs- und Überzeugungsarbeit zu leisten.

„Unsere Strategie kenne ich nicht, ich weiß nicht einmal, ob wir eine solche haben." Zitiert wird hier der Informatik-Projektleiter eines Konzerns. Unter dieser Voraussetzung ist ein Projektleiter nicht in der Lage, die Strategie mit seinem Projekt bestmöglich zu unterstützen oder mögliche Widersprüche zu dieser zu erkennen. Projektleiter sind gefordert, übergeordnete Ziele und die Strategie in Erfahrung zu bringen. Diese dienen als wichtige Grundlage für die Erarbeitung der Projektziele, aber auch für das Erkennen zusätzlicher Chancen und Potenziale.

2.2 Ideen-Management

Projektideen entstehen aus ganz unterschiedlichen Anlässen. Akute oder latente Probleme, die Unzufriedenheit mit einer Situation, der spontane Einfall für ein neues Produkt oder eine neue Lösung, aber auch das gezielte Suchen nach Optimierungsmöglichkeiten im Bereich Produkte, Prozesse und Organisation gehören dazu. Die möglichen Quellen für Ideen und damit Projekte sind, wie in Abbildung 1.19-V13 angedeutet, mannigfaltig. Neben den Mitarbeitern, Kunden, Lieferanten, Beratern und Konkurrenten kommen auch gezielte Marktumfragen, Recherchen in den Medien, bewusst zusammen gestellte Think Tanks, das Privatleben und andere Analogien in Betracht und sollten auch bewusst gefördert werden.

Das Management von Ideen ist in den meisten Unternehmen und Organisationen unterentwickelt. Mit dem Vorschlagswesen, das in den 1980er und 1990er Jahren eine Blütezeit erlebt hat, ist es jedenfalls nicht getan! Einige Ansatzpunkte für ein Ideen-Management, das Wirkung entfaltet:

- Den Ideenreichtum und das Kreativitäts-Potential aller Mitarbeiter nutzen und fördern. Interne Wettbewerbe und die Einsicht der Mitarbeiter in den Ideenpool können dazu einen Beitrag leisten.
- Eine konstruktiv-kritische Haltung nicht nur zulassen, sondern aktiv fördern. Stichworte hier sind Mitarbeitergespräche in beide Richtungen, aber auch die Einführung der Kultur des „Ausbrechens" im Unternehmen, wie sie in Abschnitt 3 propagiert wird. Und auch die aktive Kommunikation der Unternehmensstrategie an die Mitarbeiter fördert das kreative Mitdenken auf allen Stufen.
- Markt und Kunden als Ideen-Lieferanten nutzen. Die meist gefilterten Informationen der Außendienstmitarbeiter sind wertvoll, sollten aber durch andere, direkte Kanäle ergänzt werden. Ein Beispiel: Beraten einzelne Software-Entwickler die Kunden auch selber, werden Klagen und Lob der Kunden noch direkter in die Entwicklungsarbeit fließen.
- Einfache, auch informelle Möglichkeiten bieten, Ideen zu dokumentieren. Den Ideenpool strukturieren und diesen allen zugänglich machen.
- Die notwendigen Prozesse einführen: periodische Bewertung und Klassifizierung der Ideen, Auslösung der Projektvorbereitung für Ideen, die den ersten Filter passiert haben, Ernennung des Verantwortlichen für die Phase Projektvorbereitung.

Ziel einer Organisation muss es sein, eine ausreichende Zahl an so genannten „Chancenprojekten" zu initiieren. Vielfach dominieren die „Problemprojekte"-Projekte, die aufgrund äußerer Zwänge oder geänderter Rahmenbedingungen realisiert werden müssen. Zahlreiche gute Ideen lassen sich mit einem begrenzten finanziellen und Ressourcenaufwand umsetzen. Und die Belastung durch Problemprojekte lässt sich häufig reduzieren, indem die Anforderungen an dieselben konsequent hinterfragt und wo möglich zurückgenommen werden. Mit Teillösungen, einfacheren Lösungen und generell dem Kampf gegen Perfektionismus ist hier in der Regel einiges zu holen.

2.3 Projektevaluation und -priorisierung

Wie aus Abbildung 1.19-V1 ersichtlich, müssen die Kriterien für die Bewertung der Projekte und damit des Projektportfolios aus der Strategie des Unternehmens bzw. der Organisation abgeleitet werden. Bewertet werden sowohl Projektanträge aus der Projektvorbereitung als auch ausgearbeitete Konzepte in einer späteren Projektphase. Aber auch bereits für die Bewertung der Projektideen kommen im Wesentlichen dieselben Kriterien zum Einsatz.

Die Liste der Kriterien muss immer spezifisch auf die Organisation ausgerichtet sein. Generell sind dabei die folgenden Fragen und Aspekte abzudecken:

I Welche – bestehenden und neuen – Projekte und Programme sind am besten geeignet, die übergeordneten Ziele und die Strategie zu unterstützen, umzusetzen?
I Welchen direkten Beitrag liefern die Projekte/Programme an den wirtschaftlichen Erfolg des Unternehmens?
I Welche inhaltlichen Abhängigkeiten und Synergien ergeben sich mit anderen Projekten? Werden Doppelspurigkeiten vermieden?
I Welches sind die kumulierten Risiken über alle Projekte/Programme?
I Stehen die erforderlichen Ressourcen bereit?
I Ist die Summe der Vorhaben in den kommenden Budgetperioden finanzierbar? (die häufig starren Investitions- und Budgetierungsrichtlinien stehen einer Gesamtoptimierung dabei entgegen)

Bei der Bewertung und Auslösung von Projekten und Programmen sollte es nicht nur um Sein oder Nichtsein gehen, sondern auch darum, alternative Projektdefinitionen zu erkennen und ggf. umzusetzen. Ein Beispiel wäre die Reduktion des Programms „Neue Produktserie" auf die Erneuerung nur eines besonders veralteten Modells. Auch hier kommt wieder die Projektvorbereitung mit dem Ausbrechen in andere Dimensionen zum Tragen. Jeder Leiter der Projektvorbereitung sollte sich über solche Möglichkeiten Gedanken machen, Alternativen einbringen, aber auch Abhängigkeiten zu und Synergien mit anderen Projekten erkennen. Generell übernimmt die Projektvorbereitung eine Scharnierrolle zwischen dem einzelnen Projekt und dem Projektportfolio. Die Auftraggeber sind dabei die „Vermittler", im besten Fall in der Doppelrolle als Auftraggeber und Mitglied eines Projektportfolio-Boards.

Um die Bewertungen der einzelnen Projekte vergleichen zu können, ist ein gewisses Maß an Standardisierung der Projektbewertung erforderlich. Die Verantwortung für die Priorisierung und Freigabe von Projekten liegt bei einem übergeordneten Projektportfolio-Gremium, das aus führenden Vertretern des Linienmanagements besteht.

Das Thema Bewertung, u. a. mittels der Balanced Scorecard, ist auch Gegenstand des Elements **3.03 Portfolioorientierung.**

Eine Besonderheit bei der Projektpriorisierung bilden Kundenprojekte. Diese stehen häufig in Konkurrenz zu internen Projekten, da sie teilweise dieselben Ressourcen beanspruchen. Da bei internen Projekten der wirtschaftliche Erfolg meist nur teilweise messbar ist, erhalten diese gegenüber Kundenprojekten vielfach eine tiefere Priorität. Hier besteht die Gefahr, das Dringende und kurzfristig Wirksame über das strategisch Wichtige und Nachhaltige zu stellen. Dies zu verhindern, ist eine Aufgabe des obersten Managements.

2.4 Multiprojekt-Ressourcenplanung

Ohne ausreichende personelle Ressourcen mit den geforderten Fachkompetenzen lässt sich ein Projekt nicht realisieren. Der gute Wille der Linieneinheiten, die Mitarbeiter ins Projekt zu senden, reicht dabei nicht. Was zählt, sind die tatsächlich zur Verfügung stehenden Ressourcen für das Projekt. Hierzu sind einerseits klare Angaben aus dem Projekt erforderlich, welche Profile im Projekt zu welchem Zeitpunkt in welchem Ausmaß benötigt werden. Andererseits wird nur eine funktionierende, periodisch aktualisierte **Multiprojekt**-Ressourcenplanung Klarheit schaffen, ob diese Kapazitäten auch bereitstehen. Projektleiter müssen hier Transparenz fordern und Verbindlichkeiten schaffen.

Sowohl die Einzelprojekt- als auch die Multiprojekt-Ressourcenplanung werden in Element **1.12 Ressourcenmanagement** detailliert behandelt.

3 Den Auftrag hinterfragen – Ausbrechen

Nichts prägt die Projektvorbereitung so sehr – bzw. sollte diese prägen – wie die Haltung und Methode des Ausbrechens. Genau genommen, geht es dabei sowohl um das Aus- als auch das „Einbrechen". Dabei wird die Identität, der Gegenstand des Projekts, zunächst infragegestellt, ja bis zur Unkenntlichkeit entstellt. Dieses Prinzip wird am folgenden Beispiel eines kleineren Informatikprojekts vermittelt.

3.1 Die Maske 23

Projektleiter „Drauflos" erhält den Auftrag, die in Abbildung 1.19-V2 gezeigte Eingabemaske eines Auftragsbearbeitungsmoduls – Maske 23 – ergonomischer zu gestalten. Darin sind die Eingabefelder unzweckmäßig angeordnet. Die schraffierten, zwingend zu erfassenden Felder sind über die Maske verstreut. Benutzer beklagen sich über die umständliche Bedienung dieser Mussfelder.

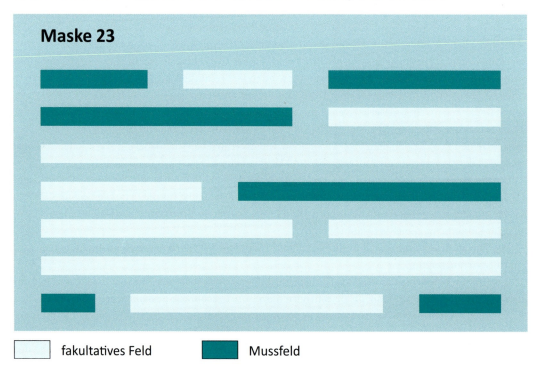

Abbildung 1.19-V2: Optimierung der Erfassungsmaske 23

Wie zu erwarten, macht sich Drauflos mit Elan ans Werk, klärt die offenen technischen Fragen und setzt den Auftrag sachgerecht, termintreu und innerhalb des Budgets um. Dies, um nach Abschluss seines Projektes von einem früheren Mitarbeiter des Unternehmens zu erfahren, dass in der Applikation mit einer der F-Tasten direkt zum nächsten Mussfeld gesprungen werden kann! Der Schock ist groß. Und dass die gesamte Applikation demnächst durch eine neue zentrale Softwareanwendung ersetzt werden soll, macht den Projektflop auch nicht erträglicher …

Die Frage nach dem Warum hat Herr „Drauflos" bei der Auftragserteilung nicht gestellt – schließlich sollte der ihn beauftragende Gruppenleiter ja wissen, weshalb er ihm den Job gegeben hat. Dass dieser auch nicht über alles informiert ist, muss ihn ja nicht kümmern. Oder vielleicht doch?

Hätte der Projektleiter über die Grenzen des Auftrags hinaus und über grundsätzliche Alternativen nachgedacht, dann hätte sich noch eine Palette an weiteren Fragen und Möglichkeiten aufgetan, wie in Abbildung 1.19-V3 angedeutet wird. So ist die Maske 23 vielleicht ähnlich gestaltet wie andere Masken; eine Veränderung könnte somit die Anpassung einer ganzen Serie von Masken nach sich ziehen. Dass andere Elemente der Oberfläche möglicherweise größere Verbesserungspotenziale beinhalten als die Geschichte mit den Masken, ist ebenfalls nicht auszuschließen – vielleicht wurde das Maskenprojekt ja durch einen missmutigen Vorgesetzten ausgelöst, der sich ausnahmsweise mit dieser Maske herumschlagen musste. Und anstelle des beschlossenen Ersatzes der Software könnte das Outsourcing der Funktion eine Option sein. Doch vielleicht ist die ganze Funktion ja ohnehin obsolet, da diese künftig in das Tochterunternehmen verlagert wird …

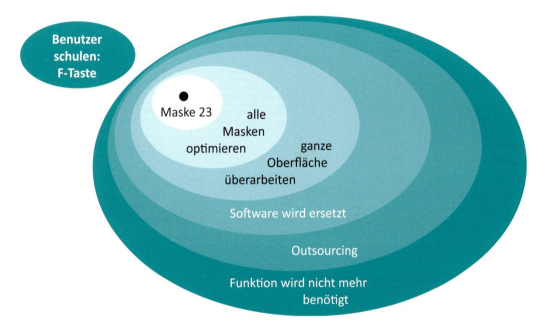

Abbildung 1.19-V3: Ausbrechen am Beispiel der Maske 23

Und schließlich wäre, wie an sich bei jedem Projekt, auch die Nulllösung zu prüfen. Bei Projekten geht es immer auch um die Frage, ob sich die dafür benötigten Mittel in anderen Projekten oder Maßnahmen wirtschaftlicher einsetzen lassen. Generell gilt, dass das Ausbrechen keinesfalls nur eine Ausweitung des Projektgegenstandes meint, sondern genauso das „Einbrechen" – die Reduktion desselben.

3.2 Bedeutung in der Praxis

„Maske 23"-Fälle gibt in der Praxis zuhauf. Die folgenden – mehrheitlich realen – Beispiele sollen einen Eindruck davon vermitteln, wie wichtig das Ausbrechen bei Projektaufträgen ist:

- Der Marketingleiter beauftragt das Event-Team mit der Vorbereitung der Teilnahme an der CeBit 2009. Ausbrechen: Das Team stellt die Möglichkeit zur Diskussion, 2009 auszulassen, um 2010 „aus vollen Rohren" schießen zu können.
- Die bestehende Firmen-Caféteria soll renoviert werden. Ausbrechen: Die Alternative „abteilungsinterne Pausenecken" wird in die Diskussion eingebracht.
- Das Design einer neuen Produktionsanlage für ein chemisches Zwischenprodukt wird nach erheblichem Engineeringaufwand abgebrochen, nachdem bekannt wird, dass das Endprodukt künftig im Ausland hergestellt werden soll.

- Ein Projektmanagement-Consulting-Unternehmen will sein bestehendes Schulungsmaterial überarbeiten. Ausbrechen: Es wird ein passender Verlag gesucht und mit diesem ein Fachbuch realisiert, das durch eine Internet-Wissensplattform ergänzt wird.
- Klasse 8B plant im Projektunterricht, das Klassenzimmer neu zu streichen. Dass die Klasse im nächsten Schuljahr in ein anderes Zimmer verlegt wird, dürfte der nachrückenden Klasse bestimmt besser gefallen als der 8B!

Beispiel Am folgenden realen Projekt, der Realisierung der Nachfolgegeneration eines Standard-Software-Produktes, wurde eine ganze Palette von Möglichkeiten diskutiert, auszubrechen:

- Soll Kontakt mit SAP, mit Microsoft oder mit anderen Playern auf dem Markt hergestellt werden, um die gemeinsame Realisierung des Produktes zu diskutieren?
- Könnte das Produkt ein Modul eines anderen Anbieters (z. B. von ERP-Lösungen) werden?
- Ist der Kontakt mit direkten Konkurrenten zwecks Bildung eines Joint Ventures ein Thema?
- Sollen neben Deutsch und Englisch weitere Sprachversionen angeboten werden?
- Soll das Produkt auf der Basis eines anderen bestehenden (Grund-)Produktes realisiert werden?
- Könnte anstelle einer Neuentwicklung die Optimierung der bestehenden Version doch noch für eine längere Zeit ausreichen?

In vielen Fällen ist die Bedeutung des Ausbrechens offensichtlich. Dann nämlich, wenn erkannt wird, dass ein Projekt direkt ins Abseits führt bzw. gegenstandslos wird. Sowohl die Maske 23 als auch das Zimmer der Klasse 8B zählen zu dieser Kategorie. Aber auch das Projekt, das trotz der fehlenden gesetzlichen Rahmenbedingungen vorangetrieben wird.

Dann sind da aber auch die Fälle, bei denen nichts passiert und die Projektbeteiligten mit dem Projektergebnis an sich zufrieden sind, dabei jedoch erhebliche Potenziale verschenken, die gar nicht erkannt wurden.

Beispiele Es wird übersehen, dass mit dem Aufbau eines neuen lokalen Fernsehsenders mehr zu holen ist als mit dem geplanten lokalen Radiosender. Oder wer würde dem Leiter eines Tabakpräventionsprogramms einen Vorwurf machen, wenn er nicht aktiv die Kooperationsmöglichkeiten mit der Nachbarabteilung für Alkoholprävention geklärt und genutzt hätte? Solange er die ursprünglichen Ziele erreicht, dürften in diese Richtung kaum kritische Fragen kommen.

Und auch der Flop des Maske 23-Projekts hätte nicht zwingend auffliegen müssen. Doch genau da liegt der springende Punkt: Nur dann, wenn alle an Projekten Beteiligten nicht nur offen sind für solche geistigen „Ausbrüche", sondern sich aktiv daran beteiligen und dies zu einer Kultur in der Organisation wird, lassen sich versteckte Potenziale nutzen.

Häufig werden mit Projekten auch Symptome statt Ursachen bekämpft, man verpasst es, der Sache wirklich auf den Grund zu gehen. So mag der Einkauf von Produktlizenzen einem Pharmaunternehmen mittelfristig aus der Krise verhelfen. Die eigentliche Ursache der Misere, die fehlende eigene Innovationskraft, wird damit aber nicht behoben, der langfristige Erfolg bleibt hoch gefährdet.

Oder man ist von Beginn an zu stark lösungsorientiert, weil sich für ein Problem gleich eine mögliche Lösung bietet. Ein Beispiel dazu: Eine Großstadt führt ein Ampelsystem für die Zufahrt durch Autos ein, so wie in der Nachbarstadt bereits geschehen. Als Alternativen für die Reduktion des zu hohen Verkehrsaufkommens wären vielleicht auch ein Mautsystem (Zufahrtsgebühren), eine Verbilligung des öffentlichen Verkehrs und/oder eine Verbesserung desselben prüfenswert. Und ein Weiteres: Anstatt das veraltete Feuerwehrauto der Gemeinde zu ersetzen, könnte die Zusammenlegung der Dienste und des Materials mit zwei Nachbargemeinden geprüft und realisiert werden.

Auch bei **Kundenprojekten**, bei denen der Auftrag durch den externen Auftragnehmer vorgegeben wird, lohnt es sich, gedanklich auszubrechen und über grundsätzliche Alternativen zum Projekt nachzudenken. Vielleicht kann der Lieferant weitere Leistungen übernehmen, die der Kunde intern abdecken wollte. Oder es bietet sich eine grundsätzlich andere Lösung für das Kundenproblem an.
Solch fundamentalen Eingriffe müssen natürlich mit Fingerspitzengefühl erfolgen, Kritik oder Belehrungen sind kontraproduktiv. Das Start-Brainstorming erweist sich dabei auch bei Kundenprojekten als sehr wirkungsvolles Instrument.

Σ Fazit Wie groß die Dunkelziffer an verpassten Projektpotenzialen ist, lässt sich nur erahnen. Mit Sicherheit ist sie außerordentlich groß.

3.3 Ausbrechen mit System

Der Verfasser vermittelt die Philosophie des Ausbrechens im Rahmen von Projektmanagement-Masterlehrgängen ebenso wie Schülern in der Grund- und Oberstufe im Rahmen des Projektunterrichts. Dabei zeigt sich, dass Akademiker den 12-Jährigen in diesem Bereich keineswegs voraus sind! So schaffen es von 10 Teams Erwachsener, welche die Maske 23 als Übungsbeispiel bearbeiten, vielleicht deren zwei, in Abbildung 1.19-V3 um eine bis zwei Stufen auszubrechen. Noch in keinem Fall wurde je die gesamte Palette an Möglichkeiten erschlossen – weder von Projektmanagement-Profis noch von Auftraggebern. Diese Übung und die Erkenntnis, wie eng der Mensch denkt, führen in der Regel zu einer Schockwirkung, die meist noch Jahre später wirkt. Das Beispiel kann als Vehikel dienen, das Ausbrechen im Projektteam oder im Projektmanagement-Seminar zu üben.

Bereits die Intuition von Kindern ist also gut genug, um diese Kultur zu leben. Über die Intuition hinaus lässt sich das Ausbrechen jedoch zusätzlich methodisch unterstützen. Die folgenden Grundfragen können dabei angewendet werden:

I   Wozu dient das Projekt letztlich, wozu machen wir es überhaupt?
I   Was will der Auftraggeber, was wollen wir damit erreichen?
I   Sind diese Ziele wirklich erstrebenswert genug?
I   Gibt es andere Möglichkeiten, das übergeordnete Ziel zu erreichen?

Noch konkreter hilft die folgende Checkliste, die relevanten Fragen zu stellen und alternative Abgrenzungen des Projekts zu diskutieren. Sie führt erfahrungsgemäß in praktisch jedem Projekt zu neuen Erkenntnissen.

> **Projektabgrenzung**
>
> - Könnte es geschehen, dass dem Projekt „der Boden entzogen" wird, so wie dies bei der Maske 23 geschehen ist?
> - Lässt sich die Ebene der Aufgabenstellung gemäß „Maske 23" radikal verändern: der Projektgegenstand verkleinern, vergrößern oder aus ihm etwas ganz anderes machen?
> - Welche Funktionen sollen in Betracht gezogen werden?
> - Sind benachbarte Systeme zu berücksichtigen?
> - Kann das Projekt auf einzelne Teilaspekte des Problems reduziert werden?
> - Welche (organisatorischen) Bereiche sind betroffen?
> - Welche geografischen/regionalen Räume sind betroffen?
> - Sind alternative Technologien oder andere Rahmenbedingungen denkbar?
> - Könnte eine andere Trägerschaft für das Projekt infrage kommen?
> - Lässt sich das Projekt oder lassen sich Teile davon auslagern/extern vergeben?
> - Gibt es eine zeitliche Limitierung der Nutzung oder andere Einschränkungen in terminlicher Hinsicht?
> - Gibt es Dinge rund um das Projekt, die auf die Identität des Projekts einen wichtigen Einfluss haben können?
> - Ließe sich das Resultat auf andere Benutzer übertragen – kann die Lösung/das System auch anderweitig verwendet werden?
> - Lässt sich das Resultat zusätzlich an andere verkaufen?
> - Ist das Projekt überhaupt notwendig bzw. sinnvoll? Ist die Null-Lösung eine diskutierbare Alternative?

Abbildung 1.19-V4: Checkliste Projektabgrenzung

Tipp Beim Ausbrechen hilft auch das Motto „Denke das Unmögliche, um das Mögliche zu erkennen."

3.4 Und die Gefahren?

Kaum je wird der Bedeutung und dem Sinn des Ausbrechens grundsätzlich widersprochen. Dennoch kann der Gedanke an solch konsequent gelebtes Infrage-Stellen von Projektaufträgen zu Unsicherheiten, vielleicht gar Ängsten führen. Im Folgenden wird auf die Bedenken eingegangen, die im Zusammenhang mit dem „Maske 23-Denken" am häufigsten genannt werden.

1. **Vorbehalt:** Mein Auftraggeber wird es nicht mögen, wenn ich seinen Auftrag in dieser Art zerpflücke. Ich handle mir damit in unserem hierarchischen System nur Schwierigkeiten und Nachteile ein.
Entgegnung: Zunächst geht es im Rahmen eines Brainstormings darum herauszufinden, ob alternative Möglichkeiten der Projektdefinition denkbar sind. Ob und mit welchen Teilen des Ergebnisses man zum Auftraggeber geht, wird erst danach entschieden. Die Erfahrung zeigt jedoch, dass Auftraggeber meist sehr dankbar sind, wenn sie bei der Identitätsgebung des Projektes unterstützt werden. Zitat eines Auftraggebers: „Wir brauchen die Unterstützung des Projektleiters in der Definitionsphase, wir wissen häufig ja selber noch nicht genau, was wir wollen". Vor allem: Was passiert, wenn der Auftraggeber später mit solchen Grundsatzfragen und Ideen kommt? Gerade in einem eher autoritären System sind die Risiken, wenn fundamentale Fragen bei Projektbeginn ausbleiben, noch größer als in der offenen Kultur, denn resultierende Fehler werden hier später noch härter zurückschlagen. Das Motto hier ist: lieber rote Köpfe beim Projektstart als gebrochene Rippen am Projektende! Und schließlich ist zu beachten, dass das Gespräch nicht damit beginnen muss, gleich das ganze Unternehmen infrage zu stellen.

2. **Vorbehalt:** Der Auftraggeber wird durch das Ausbrechen angeregt, mehr zu wollen, als mir als Projektleiter vielleicht lieb ist. Ich will den Job ja nicht unnötig vergrößern, ich habe ohnehin schon genug zu tun.
   Entgegnung: Die Botschaft ist nicht, aus einem kleinen ein größeres Projekt machen. Das Gegenteil kann resultieren: Häufig führt das Ausbrechen zu einer Reduktion oder Vereinfachung des Auftrages, fallweise zu dessen Streichung. Außerdem wird ein „Stillhalten" in der Projektstartphase später häufig zu Korrekturen des Auftrages führen, die dann wesentlich mehr Zusatzaufwand und Ärger zur Folge haben als die Klärung des Jobs zu Beginn.
3. **Vorbehalt:** Mir fehlt das Hintergrundwissen, um den Auftrag zu hinterfragen
   Entgegnung: Dann ist es umso wichtiger und dringender, grundlegende Fragen mit dem Auftraggeber zu klären. Das Fragen ist zentral, auch wenn der Auftraggeber häufig bei weitem nicht alles weiß, was den Projektleiter interessiert. Es geht darum, zu Beginn all das in Erfahrung zu bringen, was es für einen professionellen Projektleitungs-Job braucht. Ein Projektleiter, der die Zusammenhänge nicht umfassend versteht, weil ihm Kontext-Informationen fehlen, ist von Beginn an auf verlorenem Posten.
4. **Vorbehalt:** Ausbrechen, das ist doch einfach nur gesunder Menschenverstand, das macht ja jeder ohnehin.
   Entgegnung: Die Praxis beweist das Gegenteil. Was an verpassten Chancen und an Projektflops in Unternehmen und Organisationen auszumachen ist, hat geradezu volkswirtschaftliche Bedeutung. Und auch die Projektmanagement-Profis tappen bei der Maske 23-Übung jeweils munter in die Falle!

Σ Fazit Das Ausbrechen stellt intellektuell, emotional und politisch-taktisch durchaus eine Herausforderung dar. Es existiert dazu indessen keine Alternative. Außerdem wird es mit entsprechender Übung zunehmend Spaß machen, diese Kultur zu leben und deren Früchte zu ernten.

3.5 Eine Kultur des Ausbrechens aufbauen

Die Mehrzahl der Projekte wird ins Rennen geschickt, ohne die Frage der Projektidentität konsequent zu stellen und zu bearbeiten. 30 % an Potenzialen oder mehr rund um Projekte dürften ungenutzt bleiben, weil zu Beginn der Projekte Freiheitsgrade entweder fehlen oder nicht genutzt wurden. Dies lässt sich nur durch eine grundlegende Änderung der Projektmanagement-Kultur ändern.

Die Kultur des Ausbrechens lässt sich dabei nicht per Knopfdruck oder per Dekret einführen. Dieser Prozess muss sich auf verschiedenen Ebenen abspielen. Ziel muss es dabei sein, das Ausbrechen zum dauernden Begleiter des Arbeitens und Denkens zu machen. Das gilt nicht nur bei großen Projekten, sondern für jedes kleinere Vorhaben und bei jeder Aufgabenstellung, die nicht reine Routine ist.

Das Ausbrechen ist Aufgabe sowohl des Auftraggebers als auch des Projektleiters/Projektteams. Weder die eine noch die andere Partei hat hier die Führungsrolle. Keine darf sich darauf berufen, dass die andere ihre Pflicht nicht erfüllt habe.

Aber auch für jeden Mitarbeiter, der nicht reine Routinearbeit verrichtet oder verrichten will, lohnt es sich, ein „Ausbruchs-Profi" zu werden. Übungsmaterial bietet sich täglich, im geschäftlichen wie im privaten Bereich.

Mach-mal-Aufträge haben einen äußerst schlechten Ruf und dies häufig zu Recht. Doch wird ein solcher mit dem Ziel erteilt, dem Projektleiter größtmögliche Freiheiten für die erste gedankliche Phase mitzugeben, kann der Mach-mal-Auftrag auch ein Zeichen von Stärke und hoch entwickelter Unternehmenskultur sein.

Auszubrechen erfordert bisweilen auch etwas Mut. Doch fehlt dieser bei Projektbeginn, kann dies später zum eigentlichen Albtraum im Projekt werden. Während der letzte Wille in der Regel unantastbar ist, gilt bei Einstieg ins Projekt das Gegenteil: Der erste Wille sollte als eine Möglichkeit unter vielen gesehen werden.

Umgekehrt darf sich ein Projekt durch das Ausbrechen nicht lähmen lassen. Ist einmal entschieden, welcher Rahmen gilt – vielleicht nur Stunden nach dem gedanklichen Ausbrechen – muss das Projekt innerhalb dieses Rahmens konsequent vorangetrieben werden. Das schließt nicht aus, dass grundlegend neue Erkenntnisse oder Ereignisse rund um das Projekt die Frage nach der Projektgrenze wieder aufleben lassen. Und auch beim Start von Teilprojekten oder größeren Arbeitspaketen wird der Ansatz erneut Wirkung entfalten.

> **Fazit** Im Projektmanagement darf es nicht länger nur um die Frage gehen, ob gesetzte Projektziele erreicht werden. Noch wichtiger ist, welche Ziele im Hinblick auf den Erfolg eines Unternehmens bzw. einer Organisation erstrebenswert sind und an welchen Themen es sich zu arbeiten lohnt.

Dabei geht es nicht einfach nur darum, die Systemgrenze zu überprüfen und bei Bedarf anzupassen, wie dies im Rahmen des Systems Engineering vermittelt wird. Die Frage nach der Projektidentität an sich, nach dem Warum und dem Was, muss zu Beginn des Projekts zu einem dominierenden Thema gemacht werden. Dabei sind die Projektidee oder der ursprüngliche Projektauftrag radikal zu hinterfragen und gedanklich bis zur Unkenntlichkeit auseinanderzunehmen. Dies, um den Auftrag im einen Fall genauso stehen zu lassen, wie er war, im anderen völlig neu zu gestalten.

Die Kultur des Ausbrechens fördert dieses neue Projektmanagement-Verständnis ganz entscheidend. Unternehmen und Organisationen sollten diese Kultur deshalb als wichtigen Beitrag zu dem Unternehmenserfolg verstehen. Sie muss aktiv aufgebaut, gelebt und Teil der Unternehmenskultur werden.

4 Kommunikation und Führung in der Startphase

Kommunikation und Führungsarbeit begleiten jedes Projekt von der Projektidee bis zum Schließen der Projektakte. Kommunikationsstrukturen und -mittel sind entsprechend frühzeitig aufzubauen. In den Elementen 1.07, 1.18 und 2.01 werden die Führungs- und Kommunikationsaspekte umfassend behandelt. Hier werden jene Aspekte aufgegriffen, die im Rahmen des Projektstartprozesses eine besondere Bedeutung haben.

4.1 Projektstart-Workshop(s)

Projektstart-Workshops dienen dazu, die am Projekt Beteiligten in das Projekt einzuführen, sich gegenseitig kennen zu lernen und das Projekt in Gang zu setzen. Projektstart-Sitzungen oder Kick-off-Meetings werden in ihrer Zielsetzung teilweise bewusst von Start-Workshops differenziert und als reine Informationsmaßnahme verstanden (vgl. SCHELLE, 2005: 136).

> ! Solche Anlässe sind wichtig, sie können den Projektstartprozess wesentlich unterstützen. **Das zentrale Instrumentarium des Projektstartprozesses, wie in der Literatur häufig anzutreffen, sind sie indessen nicht.** In Start-Workshops wird mancherorts all das hinein gepackt, was als Teil der Projektvorbereitung oder der ersten konzeptionellen Projektphase bearbeitet oder geklärt werden sollte und einen Prozess über mehrere Stufen darstellt. Ein einzelner Event alleine kann dies nicht leisten.

Ziel muss es sein, dass alle an einem Projekt Beteiligten über jene Informationen verfügen, die für eine erfolgreiche Projektarbeit von Bedeutung sind. Sie müssen die Gelegenheit erhalten, ihre Fragen und ihre Sicht einzubringen. Und alle sollen spüren, dass sie wichtig sind für das Projekt und dessen Erfolg. Dieses Ziel lässt sich in der Regel nur über mehrere Maßnahmen erreichen, die sich über einen größeren Zeitraum des Projektes erstrecken. In der Praxis scheitert der eine, fokussierte Start-Workshop häufig auch daran, dass wichtige Projektmitarbeiter in zeitlichen Abständen zum Projekt stoßen und erst später für das Projekt nominiert werden.

Zeitpunkt und Teilnehmer

Bereits die Durchführung des Start-Brainstormings zu Beginn der Projektvorbereitung erfordert eine kurze Einführung, die den Charakter eines kleinen Kick-offs hat. Über Projektpläne, verbindliche Spielregeln im Team oder die Form der Berichterstattung sollte dieses Team noch nicht befinden, das Fundament dazu fehlt noch weitgehend. Falls sich die Zusammensetzung des Brainstorming-Teams am Ende der Projektvorbereitung als das künftige Projektteam herausstellt oder bestätigt, ist ein Teil der Ziele des Start-Workshops damit bereits abgedeckt. Allzu häufig wird dies nicht der Fall sein, wenn die Kultur des Ausbrechens aktiv gelebt wird.

Der früheste Zeitpunkt für die Durchführung eines Start-Workshops im engeren Sinn ist der Start der ersten inhaltlichen Phase, in Abbildung 1-19-V1 mit dem Meilenstein 1 gekennzeichnet. Hier ist zumindest für die aktuelle Phase bekannt, wer am Projekt mitarbeitet. Bei kleinen Projekten wird eine Studie noch in sehr kleinem Rahmen, mit 1 bis 3 Personen, erfolgen. Werden hier nochmals grundlegende Alternativen geprüft, wird ein substanzieller Start-Workshop erst beim Einstieg in eine nächste Phase, z. B. die Konzeption, stattfinden.

Die Grenze zu ziehen zwischen Workshop-Teilnehmern und Personen, die draußen bleiben, ist nicht immer ganz einfach. Psychologische Aspekte sind hier wichtiger als die fachlich-inhaltlichen. Grundsätzlich nehmen die Mitglieder des Projektteams teil, doch in frühen Phasen des Projekts können die Grenzen zwischen diesen und weiteren wichtigen Mitarbeitenden unscharf sein. Die Teilnahme des Auftraggebers an der Veranstaltung kann sinnvoll sein, eventuell nur für einen ersten Teil, bei dem es um die Beweggründe für das Projekt und die Projektziele aus Sicht des Auftraggebers geht.

Ein Start-Workshop steht immer am Anfang einer Projektphase. Dies deutet an, dass es im selben Projekt zu mehr als einem solchen Workshop kommen kann. In Ergänzung zu einem Workshop im kleineren Team kann eine etwas später angesetzte Informationsveranstaltung für einen größeren interessierten Kreis nützlich sein.

Ziele

Mit dem Projektstart-Workshop werden im Wesentlichen die folgenden Ziele angestrebt:

- Das Projektteam formieren und ein (erstes) Selbstverständnis desselben aufbauen
- Ein gemeinsames Projektverständnis entwickeln, im besten Fall ein Leitbild, eine gemeinsame Vision
- Eine ausreichende Informationsgrundlage schaffen für eine effiziente Projektarbeit
- Das Projekt im Detaillierungsgrad planen, der beim Start möglich und sinnvoll ist
- Die Projektarbeiten vereinbaren und in Gang setzen.

Dauer

Ob ein solcher Workshop einen halben oder mehrere Tage in Anspruch nimmt, kann nicht einheitlich beantwortet werden. Ein Kundenprojekt, das einem Vorgängerprojekt gleicht, in das dieselben Mitarbeiter involviert waren, erfordert gewiss nicht eine Motivationsübung im gediegenen Hotel mit Übernachtung. Genauso wenig sollte ein Start-Workshop für die Entwicklung einer neuen Handy-Generation unmittelbar vor dem individuell eingenommenen Mittagessen im fensterlosen Sitzungsraum stattfinden.

Inhalte eines Start-Workshops

Abbildung 1.19-V5 enthält eine Liste möglicher Themen eines Projektstart-Workshops. Diese sind an die erfolgten Vorarbeiten anzupassen und darauf auszurichten, wie weit sich die Teilnehmenden aus anderen Projekten bereits kennen.

Checkliste Projektstart-Workshop

- Ziel, Inhalt, Ablauf des Workshops
- Gegenseitiges Vorstellen der Beteiligten
- Projektidentität aus Sicht des Projektleiters – das Projekt aus erster Hand
- Projektziele, wichtigste Merkmale, Rahmenbedingungen
- Erwartungen, Unsicherheiten, Befürchtungen der Teilnehmenden – sachlich und persönlich
- Projektstrukturierung
- Projektorganisation und Rollen
- Projektplanung: Termine, Aufwände, Ressourcen, Kosten
- Entwicklung bzw. Besprechung eines Projektleitbildes
- Richtlinien für die Zusammenarbeit, Spielregeln im Team
- Instrumente für die Projektplanung, -führung und die Kommunikation
- Ergänzung Start-Brainstorming aus der Projektvorbereitung (in Abhängigkeit der damaligen Einbindung der Teilnehmenden)
- Kritische Punkte, Risiken, Erfolgsfaktoren für das Projekt
- Besprechung, Klärung der unmittelbaren Aufgaben, Arbeitsaufträge
- Ggf. einzuleitende Sofortmaßnahmen
- Feedback zum Workshop
- Im Anschluss: informeller, „geselliger" Teil

Abbildung .1.9-V5: Mögliche Themen des Projektstart-Workshops

∑ Fazit Der Projektstart-Workshop ist ein sinnvolles Mittel in der Projektstartphase. Entscheidend ist jedoch, in jeder Phase des Projekts allen Projektbeteiligten jene Informationen zukommen zu lassen und jene Gestaltungsmöglichkeiten zu bieten, die dem Projekterfolg dienen. Und hier bietet sich eine ganze Palette an Möglichkeiten an, die sinnvoll zu nutzen sind.

4.2 Interne Kommunikation

Die Kommunikation innerhalb des Projektteams wird in der Startphase noch überwiegend informellen Charakter haben. Wichtig ist, das Thema Kommunikation im Team schon sehr früh, bei der Projekt-Startsitzung, zu thematisieren. Dabei geht es sowohl um die formale Frage, wer wie und wie häufig über was zu informieren ist, als auch um emotionale Aspekte der Kommunikation, wie Offenheit, Transparenz und Streitkultur.

Passende IT-Instrumente können bei räumlich verteilten Projektteams eine wichtige Rolle spielen. Das müssen nicht unbedingt elektronische Projekträume sein. Der Zugang zu einem gemeinsamen Verzeichnis mit den zentralen Dokumenten, zu denen auch eine Frage- und Ideenliste gehören sollte, deckt – richtig eingeführt und konsequent genutzt – einen großen Teil an sinnvoller Vernetzung ab.

 Am wichtigsten für eine funktionierende Kommunikation ist jedoch auch im Informationszeitalter noch immer die Meta-Regel: Die Kommunikation muss explizit und immer wieder zum Thema gemacht werden, sie gehört auf die Tagesordnung jeder Besprechung im Projektteam!

Die Kommunikation mit dem Auftraggeber zählt sodann in den meisten Projekten zu den kritischen Erfolgsfaktoren und muss besondere Aufmerksamkeit erhalten (vgl. auch Abschnitt 4.5).

4.3 Kommunikation nach außen – Projektmarketing

Die meisten Projekte müssen aber vor allem über die Projektorganisation hinaus, nach außen, verkauft werden. Lösungen sollten den späteren Nutzern und Betroffenen nicht erst dann kommuniziert werden, wenn sie vorliegen, sondern dann, wenn diese entstehen und noch geformt werden können.

Dadurch lässt sich nicht nur die Lösung optimieren, auch die Akzeptanz derselben wird erhöht dadurch, dass Nutzer und Interessengruppen frühzeitig einbezogen werden.

Als Hilfsmittel, um diese Kommunikation zu planen, bewährt sich die Mittel-Adressaten-Matrix, wie sie in Abbildung 1.19-V6 am Ausschnitt des Projekts „Projektmanagement macht Schule" gezeigt wird.

Adressaten / Mittel	Schüler/innen	Eltern	Lehrer/innen	Schulbehörde	Päd. H-schule	Wirtschaft	Sponsoren	Medien
Persönlicher Kontakt			1	1	1	2	2	3
Elternabend		1	1					
Brief				1		2		
Flyer	Mitarb.	1	1	1		2	3	3
Internetauftritt	2	2	2	2	2	2	2	2
Schulblatt	3	3	3	3				3
Lokale Zeitung						3	3	3
Lehrerzeitung							3	3
Informations-Veranstaltungen							3	3
Video							3	3
Radio/TV-Auftritt						3	3	3

1 = kurzfristig, 2 = mittelfristig, 3 = langfristig

Abbildung 1.19-V6: Mittel-Adressaten-Matrix

Eine solche konkrete Planung der Kommunikationsmittel setzt voraus, dass die relevanten Adressaten (Interessengruppen, Stakeholder) bekannt sind und ausreichend klare Vorstellungen über die Ziele und Inhalte des Projekts bestehen. Dies ist frühestens in der ersten konzeptionellen Projektphase gegeben, weshalb diese Art der Kommunikationsplanung noch nicht Gegenstand der Projektvorbereitung ist. Generell ist das Projektmarketing in der Phase der Projektvorbereitung, in der die Projektidentität erst geklärt wird, noch kein Thema. Dem Projekt könnte durch falsche Erwartungen sonst Schaden zugefügt werden.

Als sinnvolle Elemente des Projektmarketings kommen in Betracht:

- Den Auftraggeber, Lenkungsausschuss oder weitere wichtige Interessenvertreter für die Sache des Projekts einspannen
- Schlüsselanwender frühzeitig gewinnen und zu Fürsprechern machen
- Auf die Zielgruppen maßgeschneiderte Projekt-Events durchführen
- Auf den Anwender und Betroffenen eingehen, dessen Sprache sprechen
- Den Projektnutzen jederzeit in den Vordergrund stellen, Ängste jedoch nicht ignorieren und Nachteile nicht verschweigen
- Aktiv persönliche Kontaktpflege betreiben
- Passendes Projekt-Informationsmaterial entwickeln (Projekt-Flyer, Projektzeitung, Newsletter – auch elektronisch, Projekt-Website)
- Projektmarketing als permanente Aufgabe jedes Projektteammitglieds verstehen und leben.

Teil des Projektmarketings kann es sein, dem Projekt einen besonderen Namen zu verpassen, einen griffigen Projektslogan und eventuell auch ein Projektlogo zu entwickeln. Auch dies ist nicht Gegenstand der Projektvorbereitung, sondern Teil der Marketingarbeit in einer konzeptionellen Phase.

4.4 Führung in der Startphase

Über den japanischen Ansatz, innovative Aufgaben anzugehen, ist in den vergangenen Jahrzehnten viel berichtet worden. Im Grundsatz geht es dabei darum, in frühen, konzeptionellen Phasen des Vorhabens Offenheit zu leben, Kreativität in den Vordergrund zu stellen, bei Bedarf mehrere „geistige Runden" zu drehen und vor allem viel Zeit in diese Phase zu investieren.

Erst dann, wenn klar ist, was am Ende des Projekts entstehen soll, wird das zweite Kapitel im Projekt aufgeschlagen: Die konsequente Umsetzung der vereinbarten Lösung mit einer stringenten Führung des Projekts, die bei Bedarf autoritären Charakter annehmen darf. Die europäische Kultur besteht demgegenüber darin, möglichst schnell Resultate zu generieren – mit den hinlänglich bekannten und hier beschriebenen Effekten, Fehler zu produzieren und Chancen zu vergeben.

> ! Dieser japanische Geist ist jedem Projekt dringend anzuraten. Sollen die Potenziale der Projektvorbereitung und der frühen konzeptionellen Projektphasen zum Tragen kommen, sind Offenheit, Kreativität, Lust auf das Ausbrechen, auf Visionen, aber auch Freude am Streitgespräch, die besten Gehilfen. Es ist hilfreich, diese Aspekte im Team zum Thema zu machen und öffnende und die Kreativität fördernde Maßnahmen über das Start-Brainstorming hinaus zu pflegen.

Die sich verändernde Kultur und die unterschiedlichen Anforderungen während des Projekts haben nicht nur Konsequenzen auf den Führungsstil des Projektleiters, sondern auch auf die Auswahl der Personen, die sich am Projekt beteiligen. Ist in den ersten Phasen der kreativ-konzeptionelle Typ gefragt, braucht das Projekt in den Ausführungsphasen verlässliche Macher mit Durchsetzungsvermögen. Zwar sind Flexibilität, Ideenreichtum und Problemlösungsfähigkeit auch in der Realisierung noch gefordert, etwa wenn unerwartete Schwierigkeiten auftreten, doch im Zentrum steht nun die Erreichung der gesetzten Ziele.

Der Führungsstil und die geforderten Profile unterscheiden sich auch erheblich bei verschiedenen Projektarten. So wird bei Organisationsentwicklungsprojekten die „weiche" Phase des Projekts länger dauern als beim Bau einer neuen Produktionsanlage.

Gegenstand von Führungsfragen ist auch das Verhältnis des Projektleiters zum Auftraggeber bzw. zum Lenkungsausschuss. Das Motto hier: Auch der Auftraggeber braucht bisweilen etwas Führung von unten, beispielsweise dann, wenn ein wichtiger Entscheid ansteht oder wenn dem Projektvorgesetzten klar gemacht werden muss, dass man dem Projekt eine andere Richtung geben sollte, als er sich dies vorstellt. Schon mancher Projektleiter war erstaunt darüber, dass Auftraggeber dies nicht als Störung, sondern als konstruktive, wichtige Arbeit des Projektleiters verstehen. Unbequeme Projektleiter sind auf die Dauer häufig bequemer als die bequemen! Ein Mach-mal-Auftrag darf zu Beginn dankend angenommen, die resultierende Freiheit beim Projektstart ausgelebt werden. Spätestens am Ende der Projektvorbereitung wird klar sein, ob diese Freiheit bewusst gewährt wurde oder ein frühes Zeichen fehlenden Führungswillens des Auftraggebers war.

Und schließlich muss sich jeder Projektleiter fragen, ob für ihn der Projektleiterjob stimmt und er hinter dessen Zielen und den Rahmenbedingungen für die Projektarbeit stehen kann. Im Extremfall kann dies dazu führen, den Projektleiterjob abzulehnen.

4.5 Gestaltung der Zusammenarbeit mit dem Auftraggeber

Das Zusammenspiel zwischen Auftraggeber und Projektleiter ist für das Projekt und dessen Erfolg von höchster Bedeutung. Die Anregungen in Abbildung 1.19-V7 können dazu dienen, dieses Verhältnis einer kritischen Analyse zu unterziehen und gegebenenfalls Maßnahmen einzuleiten. Dies kann direkt im Gespräch mit dem Auftraggeber erfolgen.

Anspruch	Wirklichkeit *
Das Projekt wurde zu Beginn hinsichtlich dessen Abgrenzung und „Selbstverständnis" ohne jegliche Tabus hinterfragt („Ausbrechen").	
Die Globalziele und Rahmenbedingungen des Projektes sind definiert und abgestimmt.	
Der Projektauftrag wird vom Projektleiter und Auftraggeber als sinnvoll und machbar, die Projektziele werden als erstrebenswert erachtet.	
Der Projektauftrag liegt schriftlich vor und ist von beiden unterzeichnet.	
Der langfristige Nutzen, abgestimmt auf die Unternehmensstrategie, steht beim Projekt jederzeit im Vordergrund.	
Die Erwartungen des Projektleiters an die Rolle des Auftraggebers sind kommuniziert und gegenseitig abgestimmt.	
Der Projektauftrag entspricht jederzeit dem aktuellen Projektverständnis und ist zwischen Projektleiter und Auftraggeber abgestimmt. Auftragsänderungen werden nur nach sorgfältiger Abwägung aller möglichen Konsequenzen vorgenommen.	
Projektleiter und Auftraggeber stimmen sich bezüglich Zielen, Strategie und Steuerung des Projektes ausreichend oft und zeitnah ab.	
Der Auftraggeber ist jederzeit ausreichend über Stand, eventuelle Abweichungen, die Projektplanung sowie Handlungs- und Entscheidungsbedarf informiert.	
Der Projektleiter präsentiert dem Auftraggeber bei Problemsituationen nicht Probleme, sondern bewertete Lösungsvorschläge.	
Unterstützung bzw. Entscheide erhält der Projektleiter vom Auftraggeber rasch und unbürokratisch.	
Kritische Themen und Situationen werden zwischen Projektleiter und Auftraggeber rasch und offen besprochen und bereinigt.	
* 0 = nicht erfüllt / 1 = teilweise erfüllt / 2 = vollständig erfüllt Total (max. 24 Pkte.)	

Abbildung 1.19-V7: Assessment der Zusammenarbeit mit dem Auftraggeber

Die Zusammenarbeit mit dem Auftraggeber sollte durch den Projektleiter aktiv gestaltet werden. Auftraggeber sind häufig viel beschäftigte Leute, denen das Projekt bisweilen wieder „verkauft" werden muss. Der Auftraggeber wird so auch seine eigene wichtige Rolle beim Projektmarketing besser wahrnehmen können und wollen.

5 Spezifische Themen und Aspekte in der Startphase

5.1 Projektanforderungen und Projektziele

Projektziele zu setzen, bedeutet in erster Linie, die am Ende des Projektes gewünschten Ergebnisse, das Projektresultat, zu spezifizieren. Daneben gibt es noch die Vorgehensziele, die jedoch nur Mittel zum Zweck sind. Wie bereits dargelegt, werden Ziele im Verlauf des Projekts laufend konkreter bzw. müssen konkretisiert werden. Bei größeren Projekten kann dabei ein mehrstufiges Zielsystem entstehen, das Dutzende oder Hunderte einzelner Punkte umfasst. Das Globalziel bzw. die Grobziele zu Beginn des Projekts werden in detailliertere Projektanforderungen oder das Lastenheft herunter gebrochen, aus dem in einer nächsten Phase dann das Pflichtenheft oder die Spezifikationen entstehen. Letztlich geht es dabei um nichts anderes als die weitere Verfeinerung der anfänglich noch pauschalen Projektziele.

🔍 **Beispiel** Abbildung 1.19-V8 zeigt die zunehmende Zielkonkretisierung an je einem Element für das Lokalradio, den Hausbau und das Projekt „Gründung eines Vereins zur Wiederverwendung". Mit Letzterem soll erreicht werden, dass die Unmengen an nützlichen Gebrauchsgegenständen, die permanent in den Mülltonnen verschwinden, obwohl es dafür dankbare Abnehmer gäbe, einer Wiederverwendung zugeführt werden.

Phase / Projekt	Projektvorbereitung (Grob- oder Globalziele)	Studie (Detailziele; Anforderungen; Lastenheft)	Konzept (operationelle Ziele; Pflichtenheft)
Lokalradio	Das Radio leistet einen überzeugenden Informationsbeitrag zum Lokalgeschehen	Das kulturelle Leben der Region wird umfassend vermittelt	Über Konzerte in der Region wird mindestens einmal täglich informiert
Hausbau	Unser neues Haus soll ausreichend Platz für eine Familie mit 3 Kindern bieten	Das Haus hat 4 Schlafzimmer	Das Elternschlafzimmer misst mindestens 18m2
Verein zur Wiederverwendung	Der Verein strebt die intensive Wiederverwendung von Gebrauchsgegenständen aller Art an, um damit einen Beitrag an die Umweltschonung zu leisten und minderbemittelte Personen und Familien materiell zu entlasten	Es soll möglichst wenig zusätzlicher Verkehr generiert werden	Der öffentliche Verkehr soll die Maßnahmen mit attraktiven Tarifen unterstützen

Abbildung 1.19-V8: Fortschreitende Zielkonkretisierung an Beispielen

Die Erarbeitung von Ergebniszielen, Zielen inhaltlicher Art also, ist nicht Gegenstand des Projektmanagements im engeren Sinn, sondern Teil der fachlichen Arbeit. Dieses Verständnis liegt auch dem System Engineering (vgl. DAENZER & HUBER, 2002) zugrunde, bei dem die Zielfindung Teil des Problemlösungszyklus ist. Demgegenüber stellt die Erarbeitung der Vorgehensziele (siehe Kap. 1.03) klassische Projektmanagement-Arbeit dar.

Ziele in Projekten sind häufig Adressaten spezifisch. Wenn es darum geht, die verschiedenen Ziele bzw. die Gewichtung derselben transparent zu machen, leistet die Ziel-Adressaten-Matrix wertvolle Dienste. Damit lassen sich auch Zielkonflikte transparent machen. Das folgende Beispiel einer Kunstausstellung (vgl. SCHEURING, 2008: 170) in Abbildung 1.19-V9 zeigt große Unterschiede zwischen den verschiedenen Interessengruppen.

Adressaten / Projektziele	Künstler	Stiftung	Besucher
Überzeugender Künstler	0	++	+++
Überzeugende Auswahl Ausstellungsobjekte	++	++	++
Schönes Ambiente und ansprechende Präsentation	++	++	+++
Hohe Besucherzahl	++	+++	-
Tiefe Gesamtkosten	0	+++	0

+++ sehr wichtig ++ wichtig + relevant 0 nicht relevant - negatives Ziel

Abbildung 1.19-V9: Ziel-Adressaten-Matrix

Bei der Entwicklung von Zielen sind außerdem folgende Punkte zu beachten:

- Ziele sollten vollständig, überprüfbar, erreichbar, klar und verständlich, wo möglich quantifiziert und lösungsneutral sein und sie dürfen sich nicht widersprechen.
- Die Quantifizierung von Zielen soll immer dann erfolgen, wenn diese mit ausreichender Genauigkeit möglich ist. Fatal wäre es, nicht quantifizierbare Ziele aus der Liste zu streichen. Qualitative Ziele, beispielsweise die nachhaltige Verbesserung des Images, können in einem Projekt bisweilen sogar dominieren.
- Ein besonderer Prüfstein ist, wie weit die Ziele der Umsetzung der Unternehmensziele und -strategie dienen, dieser aber wenigstens nicht widersprechen.
- Ziele müssen bezüglich ihrer Gewichtung differenziert werden. Dies kann qualitativ (muss, soll, kann) oder quantitativ (z. B. Gewichtungsskala von 1 bis 5) erfolgen.
- Bei umfangreichen Vorhaben kann sich eine Zielhierarchie mit Ober- und Unterzielen aufdrängen.
- Ziele dienen nicht nur als Maßstab für die Zielerreichung, sondern auch als hervorragender Katalysator für die Lösungssuche. Ein Brainstorming zu den einzelnen Zielen generiert meist viele wertvolle Lösungsideen.
- Inhalt und Bedeutung von Zielen können sich im Verlauf des Projekts ändern, neue Ziele können hinzukommen. Das ergibt sich aus neuen Erkenntnissen und Chancen innerhalb des Projektes oder aus Veränderungen im näheren oder weiteren Umfeld des Projekts. Bei Bedarf ist der Zielkatalog anzupassen und mit dem Auftraggeber erneut zu verabschieden.
- Der Projekterfolg sollte sich, wie bereits dargelegt, nicht nur an der Erreichung gesetzter Ziele messen. Die Auftragserfüllung alleine kann zu verpassten Chancen, in gewissen Fällen gar zum Projektflop führen. Gute Projektleiter denken über die anfänglichen Projektziele hinaus.

Das Thema wird im Element **1.03 Projektanforderungen und Projektziele** vertieft behandelt.

5.2 Projektstrukturierung

Als wertvolles Instrument der Projektstrukturierung, insbesondere im frühen Studium des Projekts, erweist sich die Weg/Resultat-Matrix (vgl. SCHEURING, 2008: 65f). Dabei werden einander die beiden fundamentalen, in jedem Projekt zu unterscheidenden Dimensionen

- Projektresultate, Produkt-/Ergebnisstruktur und
- Weg, Prozess/Vorgehen (insb. Projektphasen)

gleichberechtigt gegenübergestellt. Abbildung 1.19-V10 zeigt das Prinzip am Beispiel des Lokalradios.

Projektvorbereitung	Vorstudie	Konzept	Realisierung	Pilotbetrieb	Einführung	Weg / Resultat
Start-Brainstorming durchführen • Grobziele definieren • Liste 0. Gebot qualifizieren • Organisation und Vorstudie planen • Gespräch AG führen • Projektauftrag formulieren • OK zu Projektauftrag und Vorgehen einholen	Zielgruppe definieren (Varianten) • Mögliche Mission erarbeiten	Zielgruppe konkretisieren und gewichten	-	-		Zielgruppe
	Konzept Trägerschaft & Finanzierung erarbeiten • Kontakt mit Kandidaten	Vertragsabschluss mit Trägern • Finanzierungskonzept umsetzen	-	-	Start des Betriebes • Sammeln erster Erfahrungen •	Trägerschaft und Finanzierung
	Rechtliche Grundlagen und Chancen klären	Antrag stellen	Konzession erhalten	-		Konzession
	Ideen für Programmelemente sammeln	Programmleitbild erarbeiten • Programmstruktur festlegen	Programm-Feinstruktur erarbeiten	Pilotbetrieb durchführen • Organisation optimieren	Review & Optimierung	Programm
	Standort: Anforderungen festlegen, mögliche Favoriten auflisten • Rechtsform klären	Unternehmensleitbild erarbeiten • Organisationsstruktur erarbeiten • Personalplan erarbeiten • Schlüsselpersonen rekrutieren	Personal bereitstellen • Gebäude & Infrastruktur bereit stellen		Optimierung Programm und Betrieb	Standort, Infrastruktur, Organisation
	Vermarktungs- und Marketingideen sammeln	Marketingkonzept erarbeiten	Werbemaßnahmen vorbereiten, z.T. umsetzen	Werbemaßnahmen erweitern • Umfrage durchführen	-	Vermarktung, Marketing

(Grobe Marktanalyse • Kontakte 0. Gebot / Business Plan erarbeiten)

Abbildung 1.19-V10: Weg/Resultat-Matrix am Beispiel Lokalradio

Dieser Ansatz weist gegenüber dem klassischen Projektstrukturplan die folgenden Vorteile auf:

- Im Gegensatz zum Projektstrukturplan muss keine Entscheidung getroffen werden, welche der beiden Hauptdimensionen den Vorrang erhält.
- Die Matrix animiert dazu, für alle Schnittpunkte von Resultaten und Weg/Phasen nach möglichen Arbeitspaketen zu suchen. Erfahrungsgemäß werden damit Arbeiten weniger vergessen als bei der eindimensionalen hierarchischen Struktur des Projektstrukturplanes.
- Phasen und Resultat übergreifende Arbeitspakete lassen sich sehr anschaulich darstellen.
- Eine großformatige leere Weg/Resultat-Matrix eignet sich hervorragend als Denk- und Spielwiese bei der Strukturierung des Projektes.

Auch erfahrene Projektleiter charakterisieren dieses Instrument als eine wertvolle Hilfe, um die Projektsubstanz besser zu „begreifen".

Von der Weg/Resultat-Matrix ist es ein kleiner Schritt zum Projektstrukturplan, falls ein solcher erstellt wird. Die Alternative besteht darin, aus der Weg/Resultat-Matrix direkt den Ablauf-/Netzplan abzuleiten. Im Anschluss an die Identifikation der Arbeitspakete erfolgen die genauere Beschreibung und die Planung derselben.

Die Projektstrukturierung wird im Element **1.09 Projektstrukturen** vertieft behandelt. Die Strukturierung der Resultatdimension ist im Element **1.10 Leistungsumfang und Ergebnisse** enthalten.

5.3 Projektorganisation

Auch die Projektorganisation durchläuft über die verschiedenen Projektphasen in der Regel eine größere Entwicklung.

In der Phase der Projektvorbereitung wird der Projektleiter erst provisorisch ernannt. Die Erkenntnisse aus der Phase 0 können zu einem anderen Anforderungsprofil des Projektleiters, aber auch zu einer anderen Zuständigkeit für das Projekt führen. Aus demselben Grund besteht zu diesem Zeitpunkt noch kein gefestigtes Projektteam, die weiteren Beteiligten sind als lose Brainstorming-Gruppe zu betrachten, von denen einige, vielleicht auch die Mehrzahl, spätere Mitglieder des Projektteams werden. Kontinuität ist hier wünschenswert.

Auftraggeber ist im Falle von Projekten, die sich aus der Strategieentwicklung bilden, in der Regel die Geschäftsleitung. Bei Vorhaben, die aus abteilungsinternen Ideen entstehen, wird der Vorgesetzte jener Einheit diese Rolle spielen.

In der Phase der Projektvorbereitung kann die Rolle der Projektleitung durchaus auch beim Auftraggeber verbleiben. Ist der spätere Projektleiter mit hoher Wahrscheinlichkeit bereits bekannt, wird dieser selbstverständlich in die Projektvorbereitung mit einbezogen. Wird der Projektleiter erst am Ende der Phase ernannt, sollte er nochmals grundlegende Fragen stellen und bei Bedarf auch die Projektidentität hinterfragen.

In der ersten konzeptionellen Phase, z. B. einer Vorstudie, wird der Projektleiter wenn immer möglich so ausgewählt, dass dieser das Projekt bis zum Ende leiten kann. Ausnahmen bilden ausgewählte Entwicklungsprojekte, bei denen die Zuständigkeit mit der Phase der Markteinführung wechselt. Übergaben sind immer mit erheblichen Verlusten an projektspezifischem Know-how verbunden. Das Projektteam wird mit fortschreitender Bearbeitung wachsen, die bisher im Team vertretenen Personen sollten im Sinne der Kontinuität indessen möglichst nicht ausgewechselt werden.

Ab dem Ende der Projektvorbereitung übernimmt nun mit Beginn der Projektbearbeitung auch die Instanz auf der Ebene des Projektportfolios, z. B. ein Projektportfolio-Board, die wichtige Rolle der Projektevaluation und -priorisierung im Rahmen des gesamten Projektportfolios.

Zentrale Instrumente bei der Gestaltung und Kommunikation der Projektorganisation sind das Projektorganigramm, Rollenbeschreibungen und fallweise Funktionendiagramme. Mit den Namen im Organigramm ist es dabei nicht getan. Projektmitarbeiter dienen dem Projekt nur dann, wenn sie auch die geforderte Arbeitsleistung erbringen können. Voraussetzung dafür ist, dass diese Leistung quantifiziert wird und die entsprechende Bearbeitungskapazität über eine funktionierende Ressourcenplanung sichergestellt ist.

Über das Projektteam hinaus ist es bereits in den ersten Phasen des Projektes von zentraler Bedeutung, alle wichtigen Player und Interessengruppen rund um das Projekt, innerhalb und außerhalb des Unternehmens, angemessen ins Projekt einzubeziehen. Das Stakeholder-Management (vgl. Element 1.02 Interessierte Parteien) spielt in den meisten Projekten eine Schlüsselrolle für den Erfolg. Gegenstand der Projektorganisation ist schließlich eine klare Definition der Rollen – Aufgaben, Kompetenzen und Verantwortungen – im Projektteam.

Das Thema wird im Element **1.06 Projektorganisation** vertieft behandelt.

5.4 Projektnutzen und Wirtschaftlichkeit

Jedes Projekt wird gestartet, um einen Nutzen zu generieren. Dieser Nutzen kann sich qualitativ äußern oder zu einer direkten Verbesserung betriebswirtschaftlicher Größen – zusätzliche Erträge, geringere Kosten – führen. Das Thema Nutzen und Wirtschaftlichkeit muss deshalb im Zentrum des Projektgeschehens stehen.

Das Projektwirtschaftlichkeits-Tableau (vgl. Scheuring, 2008: 100) vermittelt anschaulich alle wichtigen Aspekte der Projektwirtschaftlichkeit in ihrem Zusammenhang. Mit dem Tableau – in Abbildung 1.19-V11 am Beispiel des Lokalradios ausgefüllt – werden die folgenden Dimensionen erschlossen:

- Quantifizierbare und nur qualitativ beurteilbare Elemente
- Zeitliche Betrachtung: Stadium des Projekts und anschließende Nutzungs- oder Betriebsphase
- Unterschiedliche Vorzeichen: positive und negative Größen

		Projekt (einmalig)	**Betrieb** (laufend, wiederkehrend; inkl. Außerbetriebsetzung)
Quantitativ	−	**Investition** z. B. Kauf der Einrichtungen	**Betriebskosten und Unterhalt** z. B. Personalaufwand für den Betrieb des Radios
	+	**Desinvestition** z. B. Verkauf von Anteilen an einen anderen Sender	**Erträge** z. B. Einnahmen aus Werbespots und/oder **Einsparungen** z. B. Reduktion administrativer Kosten bei Trägerunternehmen durch Synergien
Qualitativ	−	**Projektbelastungen** z. B. Doppelbelastung von Schlüsselpersonen der Trägerunternehmen durch konzeptionelle Mitarbeit	**Betriebsschaden** z. B. möglicher Verlust des Fokus durch den Medien-Mix
	+	**Projektbegleitender Nutzen** z. B. Job-Enrichment von Mitarbeitern durch Projektmitarbeit	**Betriebsnutzen** z. B. Erhöhung der Bekanntheit der Trägerunternehmen

Abbildung 1.19-V11: Projektwirtschaftlichkeits-Tableau

Die resultierenden acht Felder sind gewissermaßen die „Spielwiese" für Wirtschaftlichkeit, Nutzen und finanzielle Größen im Projekt. Jeder Projektleiter ist angehalten, sich im Projekt über jedes Feld Rechenschaft zu geben und die Überlegungen in die Gestaltung des Business Case einfließen zu lassen.

Auch die qualitativen Pro- und Contra-Argumente für das Projekt sind somit transparent zu machen. Diese können in einem Projekt sogar dominant sein, so etwa in einem Vorhaben, das eine qualitative Image-Verbesserung eines Unternehmens nach einem erlittenen Öffentlichkeitsschaden zum Ziel hat. Weitere Stichworte sind: Durchlaufzeitverkürzung, Erhöhung der Sicherheit, Qualitätsverbesserungen oder die Erhöhung der Mitarbeitermotivation.

Ebenso wichtig ist die Betrachtung des Vorhabens über die gesamte Dauer des Systems bis zur Außerbetriebsetzung desselben, auch als Life-Cycle-Betrachtung bezeichnet. Würde dieser Grundsatz konsequent angewendet, müssten wohl unzählige Software-Projekte über die Klinge springen!

Bei den Mechanismen der Wirtschaftlichkeitsrechnung ist zu unterscheiden zwischen den statischen Verfahren mit gleich bleibenden Zahlenwerten über die Nutzungsdauer des Projekts und den dynamischen Verfahren, bei denen die Kosten und Erträge bzw. Einsparungen über die Nutzungsdauer differenziert werden, in der Regel nach Jahresperioden. Die Wirtschaftlichkeitsrechnung muss mit fortschreitendem Projekt detaillierter und präziser werden. Die Mechanik der Wirtschaftlichkeitsrechnung wird hier nicht weiter ausgeführt. Sie wird in Element 3.06 Geschäft (Business) detailliert beschrieben.

Die Bewertung qualitativer Aspekte erfolgt mittels verbaler Beschreibung. Für den Vergleich von Lösungsalternativen eignet sich die Nutzwertanalyse, bei der ein Katalog gewichteter Kriterien zum Einsatz kommt.

5.5 Planung der Projektführungs-Instrumente

Nicht nur das Projekt, sondern auch die Art und Weise, wie dieses am besten geplant, überwacht und gesteuert werden soll, ist Gegenstand der Planung. Die folgende Frageliste gibt einige Anhaltspunkte zu dieser Metaplanung:

- Mit welchen Instrumenten (manuell oder IT-gestützt) werden Projekttermine geplant? Welche Planungsstufen (z. B. getrennte Grob- und Detailplanung) werden unterschieden? Wie häufig erfolgen Plan-Updates?
- Mit welchen Instrumenten werden Projektkosten geplant und verfolgt? Wie wird das betriebliche Rechnungswesen dazu benutzt bzw. wie werden die Zahlen mit diesem abgestimmt?

- Wie werden Ausgaben und Einnahmen geplant und verfolgt? Wird eine Cash-Planung benötigt? Braucht es eine spezifische Projektfinanzierung? Was ist bezüglich der Aktivierung von Projektleistungen zu beachten?
- Wie und durch wen erfolgt die Aufwandschätzung im Projekt? Wie wird der Ressourcenbedarf des Projekts ermittelt und wie spielt dieser mit dem Multiprojekt-Ressourcenmanagement zusammen?
- Wie werden Projektwirtschaftlichkeit und Projektnutzen ermittelt und ausgewiesen?
- Womit wird die Risikoanalyse abgebildet, wie werden Risikomaßnahmen geplant und gesteuert?
- Wie erfolgen Information und Dokumentation im Projekt, wie das Projekt-Reporting?
- Wie laufen Änderungen ab, wie werden diese dokumentiert und freigegeben?
- Welche Reviews sehen wir im Projekt vor, mit welchen Verantwortungen und mit welchen Instrumenten unterstützen wir diese?
- Was benötigen wir an spezieller Infrastruktur für das Projekt (Besprechungsräume, Geräte etc.)?
- Welche Vorkehrungen müssen im Zusammenhang mit dem Qualitätsmanagement im Projekt getroffen werden?
- Empfiehlt sich für das Projekt die Erstellung eines Projekt-Handbuches (möglichst auch elektronisch)? Oder reicht es, die Regelungen in einem einfachen Dokument festzuhalten?
- Wie organisieren wir den Zugriff auf die relevanten Projektdokumente und auf das wichtige Wissen für das Projekt? Führen wir einen Dokumentenplan für das Projekt?
- Erstellen wir ein Projektleitbild? (vgl. Abschnitt 5.6)

Tipp Als sehr effektives und gleichzeitig einfaches Instrument für die Projektführung bewährt sich das so genannte **Projekt-Cockpit**. Dieses wird in jedem Projekt, besonders aber in kleineren und mittleren, sehr wertvolle Dienste leisten. Dabei werden meist mittels eines Tabellenkalkulationsprogramms Informationen zum Projekt, die für das ganze Projektteam und häufig darüber hinaus von Interesse sind, in verschiedenen Registern abgelegt und allen Projektbeteiligten zugänglich gemacht. Typische Register sind etwa: Projektauftrag, Adressen, Projektorganisation, Arbeitspakete, Dokumentenliste, Projektkalkulation, Pendenzen/offene Punkte, Risikoanalyse, Erfolgsfaktoren, Ergebnisse des Start-Brainstormings.

In großen Projekten werden die hier aufgeführten Themen zu umfangreich, um sie in einer einzelnen Tabelle aufzuführen. Doch auch hier ist es sinnvoll, gewisse Bereiche, wie Projektauftrag, Adressen und Dokumentenlisten, auf diese Weise zu führen. Für große Projekte oder Programme kann auch die Eröffnung eines Blattes pro Teilprojekt/Projekt oder je eines eigenständigen Cockpits Sinn machen. Ein solches Cockpit ist äußerst einfach aufzubauen und dient als gemeinsame Orientierung für das ganze Team und gegebenenfalls für weitere am Projekt Beteiligte.

Besonders wichtig im frühen Stadium des Projektes, in dem Kreativität einen besonders hohen Stellenwert hat, sind indessen der persönliche Kontakt, die direkte Kommunikation.

5.6 Projektleitbild und Charta

Ein Projektleitbild kann als Rahmen gebende Willenserklärung für das Projekt und die Projektarbeit eine wertvolle Funktion übernehmen. Dieses kann sowohl fachlich-inhaltliche als auch atmosphärisch-kulturelle Aspekte, aber auch die Projektvision, beinhalten.

Beispiel Abbildung 1.19-V12 enthält die Struktur und Auszüge des Projektleitbildes eines Software-Entwicklungsprojekts.

Aspekt	Grundsatz (Nr.)
Positionierung	1. … ist das universelle Instrument für eine neue, wesentlich effizientere und effektivere Form des Arbeitens sowohl auf der Ebene von Unternehmen/Organisationen als auch für den einzelnen Arbeitsplatz.
Technologie	12. Wir realisieren die erste Version von … mit der Java-Technologie. Diese bleibt im Zusammenhang mit der Plattformunabhängigkeit und der Open Source-Option voraussichtlich auch langfristig bestehen.
Entwicklungsstrategie	15. Wir realisieren die erste Version von … nach dem Grundsatz „Quick & Slim" (nicht zu verwechseln mit Quick & Dirty!)
Vermarktung	31. Die Patentanmeldungen werden sowohl als Schutzfunktion als auch als Vermarktungshilfe aktiv kommuniziert.
Organisation und Kommunikation	38. Die an der Entwicklung beteiligten Partner leben Offenheit und Transparenz. Unsicherheiten und Konflikte werden konkret angesprochen.

Abbildung 1.19-V12: Projektleitbild – Auszüge aus Standard-Software-Entwicklung

Denkbar ist auch die Erstellung eines stärker auf das Team und die Teamarbeit zugeschnittenen Leitbildes, das den Charakter einer „Charta" hat.

Das Thema wird im ICB-Element 1.19 Projektstart als möglicher Prozessschritt explizit angesprochen.

6 Der Startprozess als mehrfacher Prozess

Der Startprozess kommt nicht nur beim Beginn des einzelnen Projekts zur Anwendung. Beim Start von **Programmen** wird zunächst der Startprozess für das Programm als Ganzes ausgelöst. Die Methoden der Projektvorbereitung (Grundlagen, Abschnitt 5) lassen sich auf das Programm – beispielsweise die Anti-Alkoholkampagne eines Bundesministeriums – ohne Einschränkungen anwenden. Für jedes der nur lose miteinander gekoppelten Projekte, die durch das Programm ausgelöst werden, wird ein Startprozess und damit ein ganzes „Prozessportfolio" ausgelöst. Im Beispiel wäre dies z. B. die Erarbeitung einer Alkohol-Forschungsstrategie.

Doch auch innerhalb des einzelnen Projekts laufen die Mechanismen des Startprozesses meist mehrfach ab – als Ganzes oder in Teilen, teils gleichzeitig, teils in Serie. So beinhaltet der Start jeder **Projektphase** Elemente dieses Prozesses. Das Klären oder Schaffen der Voraussetzungen, die Abstimmung zwischen Auftraggeber und Projektleiter, die Anpassungen an die Projektorganisation, das Kick-off mit der Einführung neuer Teammitglieder und der Klärung von Rollen, die Aktualisierung der Planung sowie die Auslösung der Arbeiten gehören an den Anfang jeder Phase, auch der Realisierungsphase.

Werden in einem Projekt **Teilprojekte** definiert, empfiehlt es sich, den Startprozess für jedes einzelne dieser Teilprojekte genauso konsequent zu gestalten wie den Start des Projekts. (Die Grenze zwischen einem Projekt mit Teilprojekten und einem Programm mit Projekten erweist sich in der Praxis ohnehin als sehr unscharf). Ein Unterschied des Teilprojekts gegenüber dem Projekt besteht darin, dass der Projektleiter gegenüber dem Teilprojektleiter hier die Rolle des Auftraggebers wahrnimmt. Bei der Auftragserteilung an den Teilprojektleiter kann der Projektleiter nun all das tun, was er bei seinem eigenen Auftraggeber möglicherweise vermisst hat! Die Mehrzahl der Aufgaben und Methoden des Projektstartprozesses, insbesondere die Projektvorbereitung und die Projektplanung und -bewertung, lässt sich weitgehend auf das Teilprojekt übertragen.

Weiter können grundlegende **Richtungsänderungen** im Projekt dazu führen, dass zumindest Teile des Startprozesses erneut initiiert werden müssen. Und schließlich profitiert auch die Auslösung von – zumindest größeren, komplexeren – Arbeitspaketen von zahlreichen Elementen und Methoden des Startprozesses.

7 Zusammenfassung

Der Projektstart steht in engem Zusammenhang mit dem Projektportfolio-Management, insbesondere der Projektevaluation und -priorisierung, sowie mit der Unternehmensstrategie. Dabei geht es nicht nur um die Frage, **ob** ein Projekt auf die Reise geschickt wird, sondern mit welchen Parametern und unter welchen Rahmenbedingungen.

„Wenn du ein Projekt startest, musst du nicht wissen, wie du die Auftragsnummer löst, sondern dafür sorgen, dass das Projekt die richtige Identität erhält!" Dieses Motto bringt die Bedeutung und Philosophie des Projektstarts nochmals anschaulich zum Ausdruck. Die Methode des Ausbrechens dient dazu, eine Kultur des Hinterfragens aufzubauen und trägt maßgeblich dazu bei, das Richtige zu tun.

Der passende Mix an Kommunikations- und Führungsmaßnahmen trägt wesentlich zu einem erfolgreichen Projektstart bei. Projektstart-Workshops, Projektmarketing nach innen und nach außen sowie die aktive und sorgfältige Gestaltung der Zusammenarbeit mit dem Auftraggeber sind dabei zentrale Elemente.

Der Nutzen von Projekten ist gerade in den frühen Phasen des Projekts ins Zentrum zu stellen. Die Erarbeitung von Projektanforderungen und Projektzielen ist Teil der inhaltlichen Projektarbeit, die sich über mehrere Projektphasen erstreckt. Projektziele werden dabei zunehmend konkreter. Sie müssen aufgrund von Veränderungen im Umfeld des Projekts, aber auch neuen Erkenntnisse aus der Projektbearbeitung, fallweise angepasst werden.

Der Startprozess lässt sich nicht mit einer bestimmten Projektphase gleichsetzen. Zahlreiche Methoden kommen in mehreren Phasen des Projekts, in parallel geführten Teilprojekten, beim Start eines Programms und dessen Projekten, aber auch bei der Initiierung größerer Arbeitspakte wiederholt vor und beeinflussen die Gestaltung und den Erfolg des Projekts maßgeblich.

Projektleiter und Auftraggeber sollten sich der Hebelwirkung bewusst sein, die mit einem gekonnt gestalteten Startprozess erreicht wird. Erfolg und Misserfolg von Projekten werden vor allem in der Startphase des Projekts begründet. Nicht zuletzt die Aus- und Weiterbildung muss bei diesem Punkt gezielt ansetzen.

8 Fragen zur Wiederholung

1	Erläutern Sie den Zusammenhang zwischen Projektstart, Projektportfolio-Management und Unternehmensstrategie.	☐
2	Nennen Sie fünf Quellen für Projektideen.	☐
3	Hinterfragen Sie das Projekt „Ersatz Produktionsstraße zwecks Leistungssteigerung" grundsätzlich und brechen Sie zu diesem Vorhaben gedanklich aus, d. h. zeigen Sie alternative Möglichkeiten der Projektdefinition auf.	☐
4	Welche Ziele werden mit einem Projektstart-Workshop verfolgt?	☐
5	Wann werden im Projekt die Projektziele definiert?	☐
6	Erläutern Sie das Prinzip der Weg/Resultat-Matrix. Welches sind mögliche Vorteile derselben gegenüber dem Projektstrukturplan?	☐
7	Was ist in Bezug auf die Projektorganisation in der Phase der Projektvorbereitung zu beachten?	☐
8	Welche verschiedenen Dimensionen sind bei der Beurteilung der Projektwirtschaftlichkeit zu berücksichtigen?	☐
9	Was wird mit einem Projektleitbild bezweckt? Nennen Sie je ein Beispiel eines Leitbild-Punktes aus den Bereichen Projektinhalte, Projektmarketing und Projektteam.	☐
10	Inwiefern werden zumindest wichtige Teile des Projektstartprozesses in Projekten häufig mehrfach durchlaufen?	☐

1.20 Projektabschluss (Close-out)
Manfred Burghardt

Lernziele

Sie kennen

- den Unterschied zwischen Produktabnahmetest und Produktbegutachtung
- notwendige Betreuungstätigkeiten in der Projekt-Nachfolgephase
- unterschiedliche Formen einer Wirtschaftlichkeitsanalyse
- die verschiedenen Wirkungsbereiche einer Erfahrungsdatensammlung
- den grundsätzlichen Aufbau eines Kennzahlensystems

Sie wissen

- wie Abnahmetests und Produktbegutachtungen durchgeführt werden
- welche Tätigkeiten in der Projekt-Nachfolgephase anfallen können
- um die Bedeutung einer projektabschließenden Wirtschaftlichkeitskontrolle
- wie man zu aussagekräftigen Kennzahlen gelangt

Sie können

- Abnahmetests bei unterschiedlichen Projektarten beschreiben
- den grundsätzlichen Aufbau eines Fehler- bzw. Mängelprotokolls aufzeigen
- vorliegende Wirtschaftlichkeitsberechnungen beurteilen und einer Nachprüfung zuführen
- die verschiedenen nachträglichen Betreuungsarbeiten erläutern, die von Teilen des Projektteams eventuell in der Projekt-Nachfolgephase noch zu übernehmen sind
- einzelne Produkt- und Projektmessdaten benennen und näher beschreiben
- den Aufbau einer Erfahrungsdatenbank erklären

Inhalt

1	Einleitung	1817
2	Abnahmeprüfungen	1817
2.1	Zuständigkeit für die Abnahmeprüfung	1818
2.2	Abnahmetest bei einem SW-Produkt	1818
2.3	Abnahmetest bei einem HW-Produkt	1819
2.4	Abnahmetest bei einem System	1820
2.5	Abnahmetest bei einem DV-Verfahren	1820
2.6	Produktbegutachtung bei immateriellen Projektergebnissen	1821
2.7	Protokoll der Abnahmeprüfung	1821
3	Betreuung in der Projekt-Nachfolgephase	1822
3.1	Wartung von SW-Produkten	1823
3.2	Fertigungseinführung von HW-Produktentwicklungen	1824
3.3	Feldeinführung von Systemen	1824
3.4	Anpassung von DV-Verfahren	1825
3.5	Betreuung von Großanlagen	1825
3.6	Schätzung des Wartungs- und Betreuungsaufwands	1826
4	Wirtschaftlichkeitsanalyse am Projektende	1826
4.1	Nachrechnung der Rendite	1827
4.2	Vergleich von Rationalisierungskennzahlen	1828
4.3	Analyse der Produktivitätssteigerung	1829
5	Erfahrungssicherung	1829
5.1	Arten von Erfahrungsdaten	1830
5.1.1	Produkt- und Projektmessdaten	1831
5.1.2	Einflussgrößen	1832
5.1.4	Kennzahlenbildung	1834
5.2	Kennzahlensysteme	1835
5.2.1	Kennzahlen-Hierarchiesysteme	1835
5.2.2	Kennzahlen-Ordnungssysteme	1837
5.2.3	Aufbau eines Kennzahlensystems	1838
5.3	Erfahrungsdatenbank	1839
5.3.1	Inhalt einer Erfahrungsdatenbank	1839
5.3.2	Klassen von Erfahrungsdatenbanken	1841
5.3.3	Informationsstrukturen	1842
6	Zusammenfassung	1843
7	Fragen zur Wiederholung	1844

1 Einleitung

Der Abschnitt für das Vertiefungswissen geht auf einige wichtige Aktivitäten, die beim Projektabschluss vorzunehmen sind, näher ein. Hierzu zählen die während der Produktabnahme durchzuführenden Abnahmeprüfungen, die eventuell zu vereinbarenden Betreuungsarbeiten in der Projekt-Nachfolgephase, die Wirtschaftlichkeitsanalyse zum Projektabschluss und die äußerst wichtige, aber häufig vernachlässigte Erfahrungssicherung im Projekt.

2 Abnahmeprüfungen

> Bevor der Auftraggeber ein ihm übergebenes Projektergebnis in seine Verantwortung übernimmt, sollte er den Projektgegenstand in jedem Fall einer genauen Abnahmeprüfung unterziehen - sei es durch einen speziellen Abnahmetest oder mittels einer allgemeinen Begutachtung des Projektergebnisses.

Der Prüfungsumfang und die Prüfungsmöglichkeiten hängen dabei natürlich von der Art des Projektgegenstandes ab. Handelt es sich bei dem Projektgegenstand um ein industriell entwickeltes bzw. gefertigtes Produkt, so ist ein formeller „Abnahmetest" durchzuführen, mit dem festgestellt wird, ob bzw. wie weit das geplante Entwicklungsziel erreicht worden ist. Bei anderen Projektformen, wie Organisations- und Untersuchungsprojekten oder Investitions- und Projektierungsprojekten in der Bauindustrie, handelt es sich mehr um Prüfungen des erstellten Projektgegenstandes auf Mängelfreiheit anhand der erstellten Projektdokumentationen. Man spricht dann mehr von „Produktbegutachtungen".

So werden z. B. bei Prüfungen von HW-Produkten Untersuchungsfelder einbezogen wie:

- Vollständigkeit des Leistungs- und Funktionsumfangs,
- Zweckmäßigkeit des konstruktiven Aufbaus,
- Zweckmäßigkeit der Bedienoberfläche,
- Fragen der Sicherheit und Umweltverträglichkeit,
- Fragen der Wartbarkeit (Zugänglichkeit, Unterlagen, Werkzeuge),
- Aspekte der allgemeinen Produktqualität,
- Vollständigkeit und Verständlichkeit der Produktdokumentation.

Bei der Prüfung von SW-Programmen sind völlig andere Kriterien von Bedeutung als bei reinen HW-Produkten oder bei einem Anlagenbau.

Bei reinen Entwicklungsvorhaben kann man entsprechend den sehr unterschiedlichen Arten und deren unterschiedlicher Anbindung an Vertrieb und Fertigung vier Formen von Abnahmetests unterscheiden (vgl. BURGHARDT, 2008):

 Beispiele

Produkttest:	Abnahmetest bei SW-Produktentwicklungen ohne anschließende Fertigung
Abschlusstest:	Abnahmetest bei HW-Produktentwicklungen mit anschließender Fertigung
Akzeptanztest:	Abnahmetest für fertig entwickelte und gefertigte HW/SW-Systeme bzw. Anlagen
Pilottest:	Abnahmetest bei DV-Verfahrensentwicklungen.

In den nachfolgenden Kapiteln wird auf diese Formen von Abnahmetests näher eingegangen.

2.1 Zuständigkeit für die Abnahmeprüfung

Grundsätzlich sollte eine Abnahmeprüfung hauptverantwortlich durch den Auftraggeber selbst – häufig mit Unterstützung des Projektteams – durchgeführt werden, ansonsten können nachträglich auf beiden Vertragsseiten unerfreuliche Meinungsverschiedenheiten hinsichtlich der Fehlerfreiheit und der Qualität auftreten und damit verbundene Streitigkeiten über berechtigte oder unberechtigte Nachforderungen entstehen.

Zudem ist es auch von Vorteil, wenn die Abnahmeprüfung für ein Projektergebnis von einer unabhängigen Stelle durchgeführt wird, die nicht in die zurückliegende Projektdurchführung eingebunden war. Nur eine solche Stelle kann – neutral und objektiv genug – das Projektergebnis auf seine volle Zielerfüllung ausreichend prüfen. Hier gilt der Grundsatz:

> Niemand sollte für die Abnahme seiner eigenen Arbeit zuständig sein!

Als Prüfungsstelle bietet sich in Entwicklungsbereichen sehr gut die zuständige Qualitätssicherungsstelle an. Bei industriellen Großprojekten können unabhängige TÜV-Stellen in die Abnahmeprüfung einbezogen werden.

Zu den Aufgaben einer solchen Abnahmestelle gehören neben der ordnungsgemäßen Durchführung der entsprechenden Tests und Begutachtungen auch die sich daraus ergebenden Aktivitäten, wie z. B. das systematische Dokumentieren aller aufgetretenen Fehler und erkannten Mängel. Folgende Tätigkeiten müssen hierbei wahrgenommen werden:

- Erfassung aller Fehler und Mängel,
- ausführliche Erklärung aller Fehler und Mängel,
- Bewertung und Gewichtung aller Fehler und Mängel sowie
- Einleiten von Maßnahmen zur Fehlerursachenbeseitigung bzw. Mängelbereinigung.

Außerdem sollte die Prüfungsstelle auch die Kontrolle der nachfolgenden Fehlerbeseitigung und der Mängelbereinigung übernehmen.

2.2 Abnahmetest bei einem SW-Produkt

Entwicklungen von SW-Produkten, wie Anwenderprogramme, Betriebssysteme und CAD-Programme, erfordern keine anschließende Fertigung – abgesehen vom Kopieren der Programmbänder und Datenträger. Die SW-Produkte müssen nur noch „verkauft" werden. Auftraggeber ist in diesen Fällen normalerweise die zuständige Vertriebsabteilung eines Unternehmens.

> Am Ende von SW-Produktentwicklungen steht ein umfassender „Produkttest", nach dessen erfolgreichem Abschluss der sofortige Kundeneinsatz möglich ist.

Meist ist ein vielfacher Einsatz des SW-Produkts bei unterschiedlichen Kunden beabsichtigt - bei Kunden, deren spezifische Einsatzumgebung man oft gar nicht kennt. Daher sind für den Produkttest - als letzten Test in der langen Reihe vorausgegangener Tests (Modultest, Komponententest, Integrationstest) mit unterschiedlichen Testumgebungen - besonders strenge Maßstäbe anzusetzen. Im Produkttest müssen alle erdenklichen Kombinationen von Datentransfers und Transaktionen, die später irgendwo bei irgendeinem Anwender auftreten können, erprobt und geprüft werden.

Für das Simulieren dieser „Universalumwelt" ist für jedes SW-Produkt ein leistungsfähiger Testrahmen erforderlich. Die hierin eingebundenen Testprogramme werden häufig als „Antiprodukt" bezeichnet. Das Antiprodukt hat dabei die Aufgabe, das eigentliche Produkt möglichst „aufs Kreuz zu legen", um dadurch in der Software noch enthaltene Fehler aufzudecken.

Entwurf und Realisierung solcher Antiprodukte sollten sinnvollerweise organisatorisch getrennte Entwicklungsteams übernehmen.

Folgende mögliche Fehlerbereiche müssen bei einem SW-Produkttest angesprochen werden:

- Funktionsvollständigkeit
- Belastbarkeit
- Ausfallsicherheit
- Erfüllung der SW-Qualitätsmerkmale
- Plausibilitierungsvollständigkeit
- Dokumentationsvollständigkeit
- Datenkonsistenzsicherheit.

2.3 Abnahmetest bei einem HW-Produkt

Bei der Herstellung von HW-Produkten (eventuell mit geringen SW-Anteilen) stellen Entwicklung, Fertigung und Vertrieb exakt hintereinander ablaufende Prozessketten dar, die relativ klare Schnittstellen miteinander haben. An der Schnittstelle von der Entwicklung zur Fertigung wird der (Entwicklungs-) Abschlusstest durchgeführt, dem anschließend die Fertigungsfreigabe folgt. Dieser „Abschlusstest" – auch als Device Verification Test (DVT) bezeichnet – stellt den Produkteignungstest dar und entscheidet über die Fertigungsüberleitung.

Dieser Test stellt neben der allgemeinen Funktionsfähigkeit auch die Leistungsgrenzen des entwickelten HW-Prototypen fest. Es wird aber nicht nur die Erfüllung der Kundenanforderungen, sondern auch die Herstellbarkeit und Wartbarkeit des Produkts untersucht.

Nachstehende Einzeltests werden dabei durchgeführt:

- Es wird geprüft, ob das Produkt die spezifizierten Leistungsmerkmale erbringt (Leistungsmerkmaltest).
- Es wird untersucht, ob das Produkt an seinen Nahtstellen mit fremden anzuschließenden Produkten bzw. Systemen einwandfrei arbeitet (Geräteanschlusstest).
- Es wird der gegenseitige Einfluss hinsichtlich der Umwelt, auf der Basis von klimatischen, elektrischen, mechanischen, akustischen u. ä. Prüfungen untersucht und geprüft, ob die Umwelt nicht über zulässige Werte hinaus sowie umgekehrt das Produkt von der Umwelt nicht funktionsstörend beeinflusst wird (Umweltverträglichkeitsprüfung).
- Es werden die Leistungsgrenzen des Produkts ermittelt, um den Sicherheitsabstand zu den spezifizierten Werten erkennbar zu machen (Stresstest).
- Es wird überprüft, ob das Produkt überhaupt in der geforderten Funktions- und Fertigungsqualität wirtschaftlich gefertigt werden kann (Fertigungsfreigabetest).
- Anhand des ersten Geräts, welches nach Serienunterlagen gefertigt wurde, wird der gesamte geplante Fertigungsprozess überprüft (Typtest).

Alle während des Abschlusstests festgestellten Fehler, auch wenn sie nur vereinzelt aufgetreten sind, werden systematisch erfasst und hinsichtlich ihrer Ursachen und Auswirkungen untersucht. Fertigungsfreigabe ist erst dann, wenn alle Maßnahmen zum Beseitigen der Ursachen eines funktionsstörenden Mangels veranlasst worden sind.

 Der Abschlusstest stellt sicher, dass nur ausgereifte HW-Produktentwicklungen in die Fertigung übergeleitet werden.

2.4 Abnahmetest bei einem System

Bei der Entwicklung von technischen Anlagen und großen HW/SW-Systemen verlaufen Entwicklung und Fertigung mehr oder weniger parallel, d.h. mit sinkendem Entwicklungs- und steigendem Fertigungsanteil gegen Ende des Erstellungsprozesses. Oft handelt es sich um HW/SW-Systeme, die in ihrer spezifischen Ausprägung „einmalig" sind, d.h., für einen einzelnen Kunden entwickelt und gefertigt wurden oder durch geringe Anpassungen auch bei mehreren Kunden eingesetzt werden können. Beispiele hierfür sind das Erstellen landesweiter Vermittlungssysteme oder die Entwicklung von Walzstraßen-Steuerungsanlagen. Die Bestandteile stammen dabei aus einer Serienfertigung; in seiner/ihrer Gesamtheit stellt ein derartiges System oder eine solche Anlage aber eine maßgeschneiderte Entwicklung dar.

> Als Abschluss von großen Systementwicklungen erfolgt – nach Durchführung eines umfassenden System- bzw. Anlagentests – ein „Akzeptanztest", der unter kundenspezifischen Bedingungen stattfindet.

Der Akzeptanztest liegt in der Verantwortung des Kunden bzw. künftigen Anwenders (Auftraggeber); er wird natürlich mit Unterstützung des Herstellers (Entwickler oder Kundendienstabteilung) vorbereitet; hierbei hat der Kundendienst die besondere Aufgabe der direkten Betreuung des Kunden und der schnellen Behebung kritischer Fehler.

Die Testfülle und Testdaten sollten vom künftigen Anwender erstellt werden; dies gilt auch für die Testplanung.

Nach Abschluss des Akzeptanztests ist ein Testbericht vom Anwender zu erstellen und in den Produktabnahmebericht aufzunehmen; dieser enthält auch Aussagen zur Übernahme durch den Kunden, z.B. welche Auflagen für den Hersteller nach Entwicklungsende gelten.

2.5 Abnahmetest bei einem DV-Verfahren

Die Entwicklung großer DV-Verfahren, wie z.B. Betriebssysteme, Banken-Software oder kommerzielle Verfahren für das Rechnungswesen, wird bei der Produktübergabe meist mit einem so genannten Pilottest abgeschlossen.

> Unter einem „Pilottest" versteht man vornehmlich einen Gesamttest unter echten Einsatzbedingungen, der die volle Einsatzreife eines DV-Verfahrens bestätigen soll. Da kein besonderer Testrahmen und keine speziell hergerichteten Testdaten mehr zu Grunde gelegt werden, stellt der Pilottest den Probebetrieb und damit den ersten Produktivlauf des Verfahrens dar.

Für diesen ersten Einsatz muss ein Anwender ausgewählt werden, dessen Einsatzumfeld sowohl repräsentativen Charakter hat als auch möglichst viele Funktionsteile des zu „pilotierenden" Verfahrens anspricht.

Hierbei sind Vorkehrungen zu treffen, dass der Piloteinsatz bei noch vorhandenen und erst während des Testlaufs sichtbar werdenden Fehlern keine irreversiblen Schäden in der bestehenden Ablauforganisation des Anwenders anrichten kann. Bei Auftreten eines Fehlers muss sofortiges Rücksetzen in den (fehlerfreien) Vorzustand möglich sein. Mit entsprechendem Mehraufwand kann aber auch ein vollständiger Parallellauf des Verfahrens vorgenommen werden. Auftretende Fehler berühren dann den produktiven Ablauf nicht.

Der Pilottest dient weniger zum Aufzeigen von Programm- und Systemfehlern – diese sollten ja bereits im vorausgegangenen Systemtest eliminiert worden sein; er hat vielmehr die wichtige Aufgabe, das Verfahren in seiner künftigen Umwelt unter realistischen Bedingungen auf seine allgemeine „Performance" zu testen. Zeitverhalten und Benutzungsfreundlichkeit sind schließlich nicht in einer sterilen Testumwelt, sondern nur im echten Produktiveinsatz zu verifizieren.

2.6 Produktbegutachtung bei immateriellen Projektergebnissen

Handelt es sich bei dem Projektgegenstand nicht um ein „entwickeltes" Produkt, sondern um ein „immaterielles" Produkt (Studie, Rationalisierung, Revision, Dienstleistung etc.), ist ein Testen im eigentlichen Sinne nicht möglich; hier kann man nur eine Prüfung des zu übergebenen Projektgegenstandes aufgrund der zugehörigen Dokumentation, der vorgelegten Ergebnisse und des äußeren Erscheinungsbildes vornehmen.

> Bei der Produktbegutachtung eines immateriellen Projektergebnisses werden die im Übergabeprotokoll aufgeführten Positionen mit den im Projektauftrag formulierten Angaben verglichen und genauestens auf deren Erfüllung geprüft.

Bei einer solchen Produktbegutachtung stehen Fragen im Vordergrund wie:

- Ist das vereinbarte Projektziel erreicht?
- Ist das Projektergebnis vollständig und praktikabel erstellt?
- Sind die Erkenntnisse aus dem Projektergebnis widerspruchsfrei?
- Sind die geplanten Projektkosten eingehalten?
- Ist der geplante Fertigstellungstermin eingehalten worden?
- Ist die Ergebnisdokumentation ausreichend und verständlich?

Um Studien, Dokumentationen und andere Dienstleistungen auf Vollständigkeit und Verständlichkeit zu prüfen, bieten sich Methoden an, die man auch im Rahmen der Qualitätssicherung zur Prüfung von Entwurfsdokumenten verwendet, wie z. B. die Durchführung eines Reviews oder eines Structured Walk Through. In einem Review wird – nach einer entsprechenden Vorbereitung – der Projektgegenstand anhand seiner Dokumentation von einer Expertenrunde Schritt für Schritt begutachtet und hinsichtlich seiner Aufgabenerfüllung überprüft. In einem Inspektionsprotokoll werden alle aufgedeckten Mängel festgehalten.

2.7 Protokoll der Abnahmeprüfung

> Nach Durchführung der Abnahmeprüfung ist ein Protokoll über die durchgeführten Einzeltests bzw. Begutachtungen und die dabei gewonnenen Erkenntnisse zu erstellen.

Neben der ausführlichen Beschreibung der installierten Test- und Prüfungsumwelt sowie der vorgenommenen Testläufe und Einzelprüfungen müssen die aufgetretenen Fehler und Mängel vollständig aufgelistet, beschrieben und einer Ursachenanalyse unterzogen werden.

Ein Beispiel für das Protokollieren und Bewerten der erkannten Fehler gibt Abbildung 1.20-V1 für eine HW/SW-Produktentwicklung, dort wurde zwischen Lasttest, Fehlertest und Toleranzuntersuchung unterschieden und die Fehler (= Probleme) entsprechend ihrer Bedeutung gruppiert und zwar nach

- bereits korrigierte Fehler bzw. Mängel,
- bestehende Fehler bzw. Mängel geringerer Priorität sowie
- bestehende Fehler bzw. Mängel der höchsten Priorität.

Einzeltest	Erkannte Probleme		
	korrigiert	offen, Priorität = 1	offen, Priorität > 1
Lasttest			
01 Statischer Test	7		1
02 Dynamischer Test	2	1	1
03 Test Fehlerreaktionen	4	1	2
04 Geräteanschlusstest	1		1
05 Speichertest	2	1	
Fehlertest			
11 Ladetest	2		1
12 CPU-Testprogramme	1	1	2
13 Speicher-Testprogramme	3		2
Toleranzuntersuchung			
21 Baugruppentausch	1		
22 Temperaturtest	1		
23 Spannungstest			1
24 Frequenztest	1	1	2
Summe	**25**	**5**	**13**

Abbildung 1.20-V1: Beispiel einer Fehlerprotokollierung (vgl. BURGHARDT, 2008: 523)

Mit einer solchen Klassifizierung nach ihrer Priorität ist ein gezieltes Abarbeiten bei der anschließenden Fehlerbehebung gewährleistet. Zuerst werden die schwerwiegenden Fehler und Mängel beseitigt, zuletzt werden die Schönheitsfehler bereinigt.

Handelt es sich bei der Abnahmeprüfung um eine reine Produktbegutachtung, bei der also kein Abnahmetest im eigentlichen Sinne möglich ist, so tritt an die Stelle einer Fehlerprotokollierung eine Mängelliste mit einer ähnlichen Priorisierung, wie die in Abbildung 1.20-V1 gezeigte.

Das Protokoll der Abnahmeprüfung – einschließlich der Festlegungen für das Abarbeiten der Fehler- und Mängelliste – werden in den Produktabnahmebericht (vgl. Abbildung 1.20-G6) aufgenommen.

3 Betreuung in der Projekt-Nachfolgephase

 Rechtzeitig vor Projektende sind Überlegungen anzustellen, welche speziellen Vorkehrungen für die technische und organisatorische Betreuung des fertiggestellten Projektgegenstandes nach der Projektauflösung getroffen werden müssen.

Mit Abschluss einer Produktentwicklung ist der Lebenszyklus des entwickelten Produkts nicht zu Ende; vielmehr tritt es in einen neuen Lebensabschnitt, die Einsatzphase, ein. Häufig müssen für diesen Abschnitt technische Aufgaben auch von Fachleuten der bisherigen Entwicklungsmannschaft übernommen werden. Auch sind bei der Erstellung von großen Systemen bzw. Anlagen meist eine eingehende Schulung und Beratung des künftigen Bedienungspersonals notwendig.

Solche Betreuungsarbeiten, die in der Projekt-Nachfolgephase von Teilen des bisherigen Projektpersonals zu übernehmen sind, hängen naturgemäß von der Art des Entwicklungs- oder Projektierungsprojekts ab. Aber auch bei Dienstleistungsprojekten können nachträgliche Betreuungsarbeiten erforderlich sein.

In Abbildung 1.20-V2 sind - bezogen auf unterschiedliche Projektarten – einige Formen derartiger Betreuungsaktivitäten aufgeführt.

Projektart	Betreuungsaufgaben
Entwicklung eines SW-Produkts	- SW-Wartung - Vertriebsunterstützung - Entwicklung von Updates
Produktentwicklung von HW	- Unterstützung beim Feldtest - Überleitung in die Serienfertigung - Variantenentwicklung
HW-/SW-Systementwicklung	- Feldeinführung - Modifikationsentwicklung - Systembetreuung
DV-Verfahrensentwicklung	- Verfahrenspflege - Weiterentwicklung - Anwenderunterstützung
Anlagenbau	- Schulung Bedienungspersonal - Wartung und Betreuung - Unterstützung bei der Stilllegung
Dienstleistungsprojekte	- Einführungsunterstützung - Hotlines, Call-Center - Begutachtungen

Abbildung 1.20-V2: Beispiele für nachträgliche Betreuungsaufgaben

Alle nachträglichen Betreuungsaufgaben müssen in ihrem Inhalt, ihrem künftigen Aufwand und ihrer Terminierung bestimmt werden und in eine Betreuungsvereinbarung einfließen; diese ist dem Produktabnahmebericht beizufügen und in der Projektabschlusssitzung zu verabschieden.

In den nachfolgenden Kapiteln werden einige spezielle Betreuungsformen näher erläutert.

3.1 Wartung von SW-Produkten

Bei Abschluss einer SW-Produktentwicklung liegt i. Allg. ein ausgetestetes, (fast) fehlerfreies SW-Produkt vor, das nun auf den Markt gebracht wird. Die primäre Verantwortung geht daher auf eine Serviceabteilung über, die meist über eigene SW-Fachleute verfügt. Allerdings können diese oft die technische Verantwortung nicht ganz übernehmen. Deshalb wird in vielen Fällen mit der (früheren) Entwicklungsabteilung ein (entgeltpflichtiger) interner Wartungsvertrag abgeschlossen. Hierin ist genau geregelt, welche Aufgaben im Vertragsfall zu übernehmen sind, also z. B.:

| Fehlerbehebung nach Ablieferung an die Serviceabteilung,
| Anpassung an neue Betriebssystemversionen,
| Einbindung neuer Versionen von implementierter Standard- und Basissoftware,
| Optimierung der Benutzeroberfläche anhand von Einsatzerfahrungen,
| Verbesserung der Ablaufeigenschaften (Performance-Verbesserung),
| Anpassung an veränderte Ablauforganisationen bei den Anwendern.

In einem solchen Wartungsvertrag muss auch festgehalten werden, welche Mitarbeiter für die Ausführung der Arbeiten zur Verfügung stehen; dies festzuhalten, ist besonders wichtig, da der Hauptteil der Projektmitarbeiter meistens nach Projektauflösung neue Aufgaben in anderen Projekten übernimmt.

Neben der Übernahme von Wartungsaufgaben wird von der SW-Entwicklung häufig auch eine gewisse Vertriebsunterstützung übernommen, besonders dann, wenn das produktspezifische Fachwissen beim Vertrieb nicht voll vorhanden ist.

3.2 Fertigungseinführung von HW-Produktentwicklungen

Eine reine HW-Produktentwicklung schließt im Gegensatz zur SW-Produktentwicklung mit einem ausgereiften Prototyp ab, der nun in die Serienfertigung übergeleitet werden muss. Zwischen Prototypenentwicklung und Serienfertigung liegt meist noch die Vorserienfertigung; sie stellt den eigentlichen Übergang von der Entwicklung zur Fertigung dar. In der Vorserie werden alle fertigungstechnischen Abläufe und Verfahren festgelegt und erprobt. Bei erfolgreichem Abschluss eines Feldtests, bei dem man mehrere Vorserienprodukte in echter Arbeitsumgebung testet, braucht dann nur noch auf den „Knopf gedrückt" zu werden, um das Produkt in Serie zu fertigen.

Der Übergang von der Entwicklung in die Fertigung kann nicht nur von Fertigungsfachleuten getragen werden, hier muss auch der Entwickler helfend mit eingreifen.

> Für den Entwickler war das primäre Ziel das Erreichen der „Funktionsfähigkeit" des geplanten Produkts; beim Fertigungsfachmann dagegen steht die „Reproduzierbarkeit" des Produkts im Vordergrund.

Der von der Entwicklung erstellte Prototyp muss daher häufig noch in einigen Punkten geändert werden. Dabei verändert er wohl nicht seine Funktion, er wird aber „fertigungsgerechter" gestaltet. Diese (notwendige) Zuarbeit durch die Entwicklung ist ebenfalls vertraglich klar zu regeln.

Im weiteren Produktlebenszyklus können Weiterentwicklungsmaßnahmen zum Erstellen nachträglich gewünschter Produktvarianten erforderlich sein, die dann ebenfalls von der Entwicklung – im Rahmen eines Folgeprojekts – übernommen werden müssen.

3.3 Feldeinführung von Systemen

Eine System- bzw. Anlagenentwicklung enthält sowohl HW- als auch SW-Anteile und ist – bis auf bestimmte Basiskomponenten – kundenspezifisch. Besonders der SW-Teil ist in seiner Endausprägung auf einen ganz bestimmten Anwender ausgerichtet; z. B. in Bereichen der Vermittlungssystemtechnik wird dieser Teil als Anlagenprogrammsystem (APS) bezeichnet.

Gerade bei solchen anwenderspezifischen Entwicklungen sind die Entwicklungsarbeiten mit Abschluss des Projekts keineswegs zu Ende. Einerseits muss das Entwicklungspersonal die Feldeinführung intensiv unterstützen, andererseits ergeben sich nach einer gewissen Einsatzzeit weitergehende Modifikationsentwicklungen aufgrund neuer Anforderungen und Erweiterungswünsche des Anwenders.

Auch diese unerlässliche Einsatzunterstützung durch Personal des bisherigen Projektteams muss in Umfang, Aufwand und Dauer zwischen Vertrieb und Entwicklung vertraglich vor Auflösung des Projekts vereinbart werden und z. B. in einen Inbetriebnahmeplan einmünden.

3.4 Anpassung von DV-Verfahren

Die in einem Unternehmen intern eingesetzten DV-Verfahren unterliegen häufig einem steten Wandel, der immer wieder Anpassungsentwicklungen erforderlich macht. Solche Verfahrensänderungen sind z. B. notwendig bei:

- Veränderungen in der Aufbauorganisation,
- Veränderungen in der Ablauforganisation,
- neuen Betriebssystemversionen,
- zusätzlichem Anschluss (neuer) benachbarter Verfahren,
- Schnittstellenänderungen von vor- bzw. nachgelagerten Verfahren,
- Optimierung von Bedienungs- und Ablaufeigenschaften,
- Funktionserweiterungen,
- neuen oder zu ändernden Auswertungen,
- Richtlinien- und Gesetzesänderungen.

> **Definition** Bei der Betreuung von DV-Verfahren ist zu unterscheiden zwischen Wartung, Weiterentwicklung und Anwenderunterstützung.

Zur Wartung eines Verfahrens – d. h. zur Verfahrenspflege – gehören im Wesentlichen die Tätigkeitsfelder Fehlerbehebung und Umweltanpassung. Hierbei umfasst die Fehlerbehebung das unmittelbare Beseitigen von noch vorhandenen Programmfehlern sowie von Hantierungs- und Dokumentationsmängeln. Zur Umweltanpassung gehören einerseits die Verfahrensanpassung an neue Versionen des Betriebssystems und der implementierten Standardsoftware (z. B. Datenbanksysteme, SAP-Module) und andererseits geringfügige Funktionsanpassungen, die durch Veränderungen in der Ablauforganisation des jeweiligen Anwenders notwendig geworden sind.

Eine umfassende Weiterentwicklung ist durchzuführen, wenn das Verfahren insgesamt ablauftechnisch oder technologisch verbessert werden soll oder gewichtige zusätzliche Anforderungen seitens der Anwender entstanden sind. Naturgemäß erfordert jedes „lebende" DV-Verfahren – wegen der Innovation in allen Bereichen eines Unternehmens – zwangsläufig eine laufende Weiterentwicklung.

Zur Anwenderunterstützung zählen sowohl der Betrieb einer „Hotline" oder eines „Help Desk" bei auftretenden Problemen im Verfahrenseinsatz als auch die (sporadisch) notwendige Unterstützung der Anwender „vor Ort". Da der eigentliche Verfahrensanwender häufig ein DV-Laie ist, ist er im besonderen Maß von den Verfahrensentwicklern im Anwenden des Verfahrens zu unterstützen. Alle notwendigen Aktivitäten zur Verfahrensbetreuung müssen zwischen der Anwenderabteilung und der verfahrensbetreuenden Stelle entweder mit einem Wartungs- bzw. Pflegeauftrag oder einem neuen Projektauftrag für eine Weiterentwicklung vereinbart werden.

3.5 Betreuung von Großanlagen

Stellt der Projektgegenstand eine industrielle Großanlage dar, so ist wohl das Projekt in seinem Entwicklungs- bzw. Erstellungsprozess einem geordneten Abschluss zuzuführen, für die Projekt-Nachfolgephase sind aber häufig umfangreiche Folgeaktivitäten von einem Teil des bisherigen Projektpersonals zu tätigen, wie:

- Schulung des künftigen Bedienungspersonals,
- Unterstützung beim ersten Probebetrieb der Anlage,
- Einrichtung einer Hotline bzw. eines Call-Centers,
- Einrichtung einer Wartungsmannschaft im Bereitschaftsdienst,
- Vorhaltungen für die spätere Stilllegungsphase.

Diese Aktivitäten sind in einem Folgeprojekt als Betreuungsprojekt mit all seinen Projektparametern (Aufgabendefinition, Auftragswert, Laufzeit, Verantwortlichkeiten etc.) festzulegen.

> **!** Speziell im Anlagenbau kann die den Lebenszyklus abschließende Stilllegungsphase von großer Bedeutung sein, da für diese frühzeitig besondere Vorkehrungen zur Beseitigung und Entsorgung getroffen werden müssen.

3.6 Schätzung des Wartungs- und Betreuungsaufwands

Die Schätzung des personellen und geldlichen Aufwands für ein geplantes Entwicklungsvorhaben ist an sich schon nicht einfach; das Schätzen des Aufwands für die technische Betreuung eines Produkts, eines Systems oder einer Anlage ist noch viel schwieriger, weil künftige negative Einsatzprobleme schwer zu prognostizieren sind. Deshalb können häufig Wartungsverträge nur nach Aufwandsverrechnung und nicht auf der Basis eines Festpreises abgeschlossen werden.

Bei repräsentativen Untersuchungen in amerikanischen Firmen verschiedener Branchen wurden für den „Wartung/Entwicklungs-Quotienten", d.h. für das Verhältnis der gesamten im Lebenszyklus anfallenden Wartungskosten zu den ursprünglichen Entwicklungskosten, die in Abbildung 1.20-V3 aufgeführten Durchschnittswerte ermittelt.

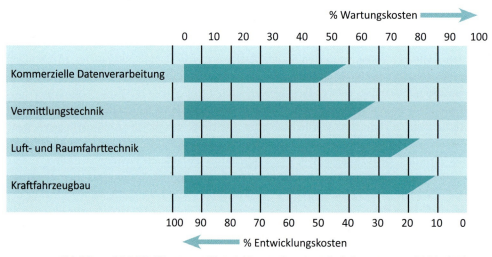

Abbildung 1.20-V3: Wartungs/Entwicklungs-Quotient (vgl. BURGHARDT, 2008: 527)

So ergab sich z.B. für die kommerzielle EDV ein durchschnittliches Verhältnis der Wartungs- zu den Entwicklungskosten von 1:1. Dieser Wert kann aber nur als grober Richtwert für die Aufwandsschätzung einer SW-Wartung dienen. Wie aus der Abbildung 1.20-V3 ersichtlich, ist der prozentuale Wartungsanteil bei anderen Branchen nicht so hoch.

4 Wirtschaftlichkeitsanalyse am Projektende

Die Wirtschaftlichkeitsbetrachtung zu Beginn eines Projekts ist in vielen Bereichen schon ein fester Bestandteil der Projektdefinition geworden. Schließlich sollte ein geplantes Vorhaben ohne eine Erfolg versprechende Ergebnisrechnung mit Nachweis einer ausreichenden Rendite bzw. einer positiven Nutzenanalyse gar nicht erst begonnen werden.

Wie bereits erwähnt, fehlt dagegen bei Projektabschluss in den meisten Fällen eine Kontrolle der bei Projektbeginn aufgestellten Angaben zur Wirtschaftlichkeit.

Dabei ist jede anfänglich vorgenommene Wirtschaftlichkeitsbetrachtung ohne eine spätere Ergebnisanalyse eigentlich sinnlos; sie hätte nur die Funktion einer „Augenwischerei".

Abweichungen von Wirtschaftlichkeitsprognosen haben sehr vielfältige und häufig auch berechtigte Ursachen, wie z. B.:

- erhöhte Entwicklungskosten aufgrund zusätzlicher Änderungswünsche,
- unvorhergesehene Preissteigerungen bei den Investitionen,
- erhöhte Personalkosten aufgrund neuer Tarifabschlüsse,
- erhöhte Material- und Erstellungskosten aufgrund von Mehrverbrauch,
- Preissteigerungen bei den Zulieferungen,
- geringer eingetretene Rationalisierungseinsparungen,
- nicht erreichter Umsatz wegen erhöhten Konkurrenzdrucks,
- Preisverfall durch unvorhergesehenes Überangebot auf dem Markt,
- verspätete Einsatzphase und dadurch verzögerter Beginn des Finanzmittelrückflusses.

In einer abschließenden Wirtschaftlichkeitsnachrechnung müssen auch die im Zusammenhang mit dem Projekt entstandenen Mehraufwände für aufgetretene Fehlleistungen mit berücksichtigt werden; zu diesen zählen neben den Mehrkosten für zusätzliche Fehler- und Mängelbehebungen vor Ablieferung und nach Ablieferung auch Aufwendungen für plötzlich notwendig gewordene Crash-Aktionen beim Kundeneinsatz, für nicht vorhergesehene Nachbesserungen oder für nachträglich aufgetretene Mängel bei den Zulieferungen. Dabei sollten auch Rückstellungen für eventuelle Nachbesserungsarbeiten im Rahmen der Gewährleistungspflicht einbezogen werden.

Eine Wirtschaftlichkeitsbetrachtung kann sich auf Renditeberechnungen, auf Rationalisierungseffekte oder auf Produktivitätssteigerungen stützen; hierbei bieten sich folgende unterschiedliche Vorgehensweisen an:

- Nachrechnung der Rendite
- Vergleich von Rationalisierungskennzahlen
- Analyse der Produktivitätssteigerung.

4.1 Nachrechnung der Rendite

Handelt es sich um ein Projekt, bei dem sowohl von Anfang an eine vollständige Kostenaufschreibung vorgenommen wurde als auch ein genau festgelegter Auftragswert, z. B. in Form eines realisierten Verkaufspreises, vorliegt, lässt sich natürlich sich leicht ermitteln, ob die Wirtschaftlichkeit des Projekts erfüllt worden ist.

 Eine positive Rendite ist dann erreicht, wenn der gesamte Finanzmitteleinsatz (Projektkosten) geringer war als der sich ergebene Finanzmittelrückfluss (Kaufpreis).

Aber gerade bei langjährigen Entwicklungsprojekten oder Organisationsprojekten mangelt es häufig sowohl an der Vollständigkeit der Kostenaufschreibung als auch an einem fixen Auftragswert. In diesen Fällen sollte man dann zumindest versuchen, eine eventuell bei Projektbeginn vorgenommene FuE-Projektdeckungsrechnung oder eine Wirtschaftliche Produktplanung (WPP) oder eine Marginalrenditerechnung mit den eingetretenen Istwerten zu validieren, um so zu einer Aussage hinsichtlich der erreichten Wirtschaftlichkeit des Projekts zu kommen (vgl. BURGHARDT, 2008).

Insgesamt müssen bei den vorgenannten Berechnungsmethoden alle in dem wirtschaftlichen Produktplan bzw. in der Marginalrenditerechnung aufgeführten Positionen des Finanzmittelbedarfs und des Finanzmittelrückflusses GJ-orientiert (Jahresscheiben) mit den eingetretenen Werten in die Kontrollrechnung einfließen; man muss also eine vollständige erneute Wirtschaftlichkeitsrechnung – in derselben Struktur wie die ursprüngliche – vornehmen.

In einer solchen Nachrechnung der Wirtschaftlichkeit sollten allerdings auch Rückstellungen für eventuelle Nachbesserungsarbeiten im Rahmen der Gewährleistungspflicht vorgesehen werden, ansonsten kann ohne dies eine positive Rendite errechnet werden, die dann später nach Erbringen von umfangreichen Nachbesserungen gänzlich in den negativen Bereich fällt.

Enthält das projekteigene Berichtssystem allerdings die in der Wirtschaftlichkeitsrechnung angegebenen Parameter nicht oder nur teilweise, dann ist ein objektiver Nachweis von Istzahlen nur schwer zu erbringen. Die Gefahr der „Plan angepassten" Zahlenmanipulation ist dann sehr groß.

4.2 Vergleich von Rationalisierungskennzahlen

Bei einem Rationalisierungsprojekt können die wesentlichen Wirkungsgrößen einer Wirtschaftlichkeitsbetrachtung meist durch Rationalisierungskennzahlen ausgedrückt werden, so ist die Methode des Kennzahlenvergleichs für die Wirtschaftlichkeitsanalyse einfach und praktikabel zugleich. Es sollte sich hierbei allerdings um „harte" Kennzahlen handeln, d.h. die Messdaten für die Kennzahlenbildung sollten möglichst exakt messbar sein. Die „Anzahl SW-Funktionen" ist z.B. begrifflich nicht genau definierbar, daher auch nicht eindeutig zählbar. Dagegen ist die „Anzahl Befehle eines Programms" oder eine bestimmte „Volumenmenge" – bei Definition einiger Randbedingungen – sicher exakt feststellbar.

 Der Erfolg von Rationalisierungsvorhaben zeigt sich im Erreichen der Zielvorgaben ausgewählter Rationalisierungskennzahlen.

Nachstehend sind beispielhaft einige Kennzahlen für zu analysierende Einsparungseffekte bei derartigen Rationalisierungsprojekten aufgeführt:

- erstellte Anzahl Programmbefehle je Mitarbeiter im Jahr,
- Zeitaufwand für Stromlaufplanerstellung je Flachbaugruppe,
- Bearbeitungszyklen je Komponente,
- erbrachte Ergebnismenge im Monat,
- Belegmenge je Zeiteinheit,
- Personalstand je Monat,
- Wartungs- und Betreuungsaufwand im GJ.

Als Erstes sind zu Beginn eines Rationalisierungsvorhabens, welches bei Projektbeginn einer Wirtschaftlichkeitsprüfung unterzogen worden ist, die relevanten Kennzahlen in ihren Anfangswerten (Vorgabewerte) festzuhalten. Mit Abschluss des Vorhabens werden diese Kennzahlen in ihren eingetretenen Werten (Ergebniswerte) bestimmt und den Anfangswerten gegenübergestellt. Aus der Differenz kann man schließlich ermitteln, inwieweit anfänglich die Wirtschaftlichkeitsprognose richtig war.

Die Wertebestimmung der Kennzahlen kann natürlich auch im Laufe des Vorhabens – eventuell sogar mehrmals – geschehen, um auf diese Weise eine frühzeitige Trendaussage hinsichtlich der Erfüllung des Wirtschaftlichkeitsziels machen zu können. Wird also z.B. bei einem Investitionsvorhaben rechtzeitig durch einen entsprechenden Kennzahlenvergleich erkannt, dass der gewünschte Rationalisierungseffekt nicht erreichbar ist, so ist ein vorzeitiger Projektabbruch zum Vermeiden weiterer (unnützer) Kosten ratsam.

4.3 Analyse der Produktivitätssteigerung

Basiert eine Wirtschaftlichkeitsprognose im Wesentlichen auf Steigerungseffekten der Produktivität, die durch die eingesetzten Mittel für Tool-, Support- oder Verfahrensentwicklungen erreicht werden sollen, so bietet sich zur Wirtschaftlichkeitskontrolle eine Vorgehensweise der prozessorientierten, d. h. phasenbezogenen, Analyse der Produktivitätssteigerung an.

Zuerst muss für eine solche Wirtschaftlichkeitsbetrachtung ein Analyseschema entworfen werden, in dem die prozentualen Einsparungseffekte geplanter Produktivitätssteigerungselemente hinsichtlich der jeweiligen Tätigkeiten in den einzelnen Projektphasen aufgeführt sind. Elemente einer Produktivitätssteigerung können hierbei u. a. problemorientierte Entwurfstools, CAD-gestützte Entwicklungstools, Supports für das Konfigurationsmanagement oder solche für die Testdurchführung sein.

In den Matrixfeldern eines solchen Analyseschemas (waagerecht: Tools und Supports, senkrecht: Phase/Tätigkeit) werden die geplanten Aufwandseinsparungen für die jeweiligen Tätigkeiten bei Verwendung der entsprechenden Tools und Supports angegeben. Bei Berücksichtigung der Gewichtung der Tätigkeitsarten und der prozentualen Phasenaufwandsverteilung gelangt man schließlich zu einer relativen Einsparungsverteilung.

In einer projektbegleitenden Aufwandsanalyse muss nun seitens der Entwickler die Stundenaufwandskontierung phasen- und tätigkeitsartbezogen vorgenommen werden. Im Vergleich zu bereits abgeschlossenen, früheren Projektvorhaben, die ohne Einsatz von produktivitätssteigernden Tools und Supports durchgeführt und deren Aufwände in gleicher Weise erfasst wurden, ist schließlich feststellbar, ob die prognostizierten Einsparungen auch wirklich realisiert werden konnten.

Abweichungen von ursprünglich geplanten Produktivitätssteigerungen kann man dann sehr zielgerichtet einer Abweichungsanalyse unterziehen. Es kann also herausgefunden werden, warum z. B. eine bestimmte (neue) Tool-Unterstützung den angestrebten Rationalisierungseffekt gebracht und eine andere nicht zum erwünschten Erfolg geführt hat.

In BURGHARDT, 2008 ist ein detailliertes Analyseschema für eine solche Untersuchung der Produktivitätssteigerung in einem Entwicklungsbereich bei vermehrtem Tool- und Supporteinsatz näher erläutert.

5 Erfahrungssicherung

Bei Vorhandensein einer Erfahrungsdatenbank bestehen im Rahmen eines unternehmensweiten Wissensmanagements die Auflage und Verpflichtung, grundsätzlich für jedes abgeschlossene Projekt bestimmte standardisierte Eingaben für die Erfahrungsdatenbank vorzunehmen; Regel sollte sein:

> Kein Projektende ohne Eingabe der gesammelten Erfahrungen in eine Erfahrungsdatenbank.

Die Sicherung von Erfahrungen, die in Projekten erworben worden sind, ist für ein erfolgreiches Wissensmanagement von grundlegender Bedeutung; denn nur aus dem Lernen und Weiterentwickeln von bereits vorhandenem Wissen gelangt man zu einem verbesserten Know-how-Stand. Erst der Aufbau von Erfahrungsdatenbanken, in denen alle relevanten Projektparameter von abgeschlossenen Projekten in Verbindung mit textlichen Erfahrungsberichten gespeichert sind, führt zu einer wesentlichen Verbreiterung der Wissensbasis und ermöglicht damit eine effizientere Durchführung von neuen Projekten. Modernes Wissensmanagement in einem Entwicklungs- oder Projektierungsbereich sollte deshalb bei Abschluss eines jeden Projekts, egal ob dieses erfolgreich oder weniger erfolgreich geführt wurde, die Aufnahme von Erfahrungsdaten in eine Projektdatenbank geradezu erzwingen.

Neben der Eingabe in Erfahrungsdatenbanken werden Erfahrungsdaten allerdings auch genutzt bei der Kalibrierung von Aufwandsschätzverfahren sowie bei der Aktualisierung von Kennzahlensystemen. Wie in Abbildung 1.20-V4 dargestellt, haben diese Anwendungsbereiche einer Erfahrungsdatensammlung ihre spezifischen Einsatzschwerpunkte in unterschiedlichen Phasen des Projektablaufs.

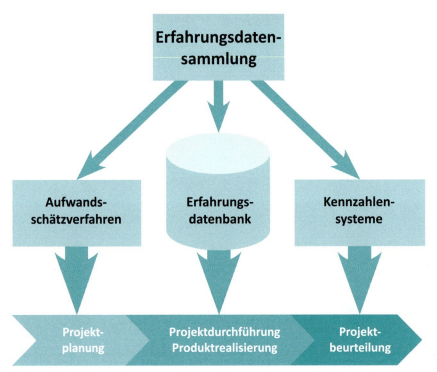

Abbildung 1.20-V4: Wirkungsbereich einer Erfahrungsdatensammlung

Neben dem Sammeln einzelner Erfahrungsdaten ist es für eine vollständige Erfahrungssicherung außerdem sehr vorteilhaft, auch allgemeine „erfahrungsfixierende" Beschreibungen zu erstellen. Hierzu sollte man im Rahmen des Projektabschlusses einen „Projekterfahrungsbericht" anfertigen, in dem alle relevanten Erkenntnisse und Ereignisse des durchgeführten Projekts für spätere Interessenten zusammengefasst werden (vgl. Abbildung 1.20-G6).

💧 **Tipp** Damit die Erfahrungsdatensammlung nicht dem Zufall überlassen bleibt, empfiehlt es sich - zumindest bei großen Entwicklungs- bzw. Projektierungsprojekten - einen eigenen Erfahrungssicherungsplan (Know-how-Sicherungsplan) bereits im Rahmen der Projektplanung vorzusehen.

Ein solcher Erfahrungssicherungsplan behandelt u. a. folgende Fragen:

- Wo wird relevantes Know-how hinzu gewonnen?
- Wer sind die wichtigsten Erfahrungsträger?
- In welcher Form können die Erfahrungen festgehalten und dokumentiert werden?
- Wem sollen die dokumentierten Erfahrungen später zugänglich gemacht werden?
- Wer ist für die Erfahrungsdatensammlung verantwortlich?
- Wie sollen die gesammelten Erfahrungen gespeichert bzw. archiviert werden?

5.1 Arten von Erfahrungsdaten

Das Sammeln von Erfahrungsdaten ist, wie bereits erwähnt, Voraussetzung für jede Erfahrungssicherung. Als Erfahrungsdaten für Produkt- und Systementwicklungen bieten sich zahlreiche produkt- und projektkennzeichnende Einzeldaten an, wobei zwischen messbaren Daten (Messdaten) und beschreibenden Daten (Merkmalsdaten) zu unterscheiden ist. Messdaten werden einerseits aus den Realisierungsergebnissen (Produktmessdaten) ermittelt und andererseits aus dem Projektgeschehen (Projektmessdaten) abgeleitet (Abbildung 1.20-V5).

Merkmalsdaten stellen keine mit Maßeinheiten versehenen messbaren Mengen dar, sondern sind entweder klassifizierende bzw. gewichtende Einflussgrößen – in Form von Faktoren, Kategorien u. Ä. – oder deskriptive Angaben, die meist verbaler Natur sind.

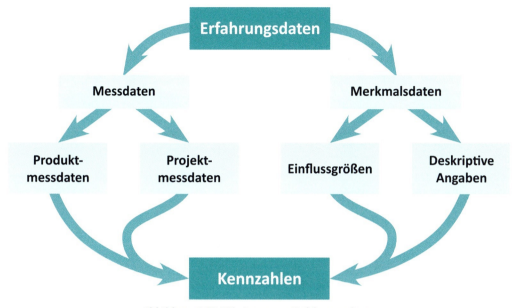

Abbildung 1.20-V5: Arten von Erfahrungsdaten

Kennzahlen – auch als Kenndaten bezeichnet – werden mithilfe entsprechender Rechenoperationen aus den produkt- und projektspezifischen Messdaten unter Einbeziehung der Merkmalsdaten, vornehmlich der Einflussgrößen, gebildet (Kap. 5.1.4).

5.1.1 Produkt- und Projektmessdaten

Erfahrungsdaten, besonders Produkt- und Projektmessdaten, müssen zielorientiert gesammelt werden; d.h., es muss vor dem Sammeln von Erfahrungsdaten geklärt sein, für welches Anwendungsfeld der Erfahrungssicherung die Datensammlung gedacht ist, ob sie also zur Kalibrierung eines bestimmten Aufwandsschätzverfahrens oder zum Aufbau bzw. zur Aktualisierung eines Kennzahlensystems oder zur Aufnahme in eine allgemeine Erfahrungsdatenbank dienen soll.

> **Definition** Produktmessdaten sind Messdaten, die technische Eigenschaften des Projektgegenstandes bestimmen.

Beispiele für Produktmessdaten sind:

- Dokumentationsseiten für Pflichtenheft, Leistungsbeschreibung und Spezifikation
- Anweisungsanzahl eines SW-Programms
- Anzahl Prozeduren eines Programms oder einer Routine
- Speicherbedarf eines Programmsystems
- Blindleistung und Wirkleistung eines technischen Geräts
- Größe bzw. Umfang eines Untersuchungsobjekts
- Montageleistung, in einer physikalischen Größe gemessen
- Gewicht eines Produkts
- Volumen eines Bauobjekts
- Fläche oder Länge eines Bearbeitungsobjekts.

Definition Projektmessdaten sind Messdaten, die betriebswirtschaftliche, personale und prozessurale Inhalte der Projektdurchführung beschreiben.

Beispiele für Projektmessdaten:

- Aufwand bei Eigenpersonal und Fremdpersonal
- Personalkosten und -anzahl
- Kosten für Musterbau, Rechen- und Testanlagen
- Verhältnis Eigen- zu Fremdanteil des Projektaufwandes
- Zeitdauer für Arbeitsabläufe
- Anzahl von Projektmitarbeitern
- Anzahl von aufgedeckten Fehlern
- Anzahl von Änderungsvorgängen.

Produkt- und Projektmessdaten sind Zählgrößen oder eindimensionale Größen mit einer Maßeinheit; sie sind noch nicht für einen allgemeinen Vergleich normiert.

5.1.2 Einflussgrößen

Einflussgrößen sind Größen von Einflussparametern, die durch eine numerische Skalierung gebildet werden; sie sollen das Einordnen der meist sehr unterschiedlichen Projektvorhaben in vergleichbare Gruppen ermöglichen. Es gibt eine sehr große Anzahl solcher Projektart charakterisierenden Einflussgrößen. Die Wahl der zu verwendenden Parameter hängt dabei wiederum entscheidend von den Zielen der beabsichtigten Erfahrungsdatensammlung ab, also von dem eingesetzten Aufwandsschätzverfahren, von dem verwendeten Kennzahlensystem oder von der Informationsstruktur der installierten Erfahrungsdatenbank.

 Einflussgrößen machen Produkt- und Projektmessdaten vergleichbar.

Allgemein kann man die Einflussgrößen wie folgt gliedern:

- Anwendungsbezogene Einflussgrößen
- Produktbezogene Einflussgrößen
- Entwicklungsbezogene Einflussgrößen
- Projektbezogene Einflussgrößen
- Personalbezogene Einflussgrößen.

Unter anwendungsbezogenen Einflussgrößen sind solche zu verstehen, die den Einfluss auf die Entwicklung bzw. Projektierung durch den Anwender und dessen Umfeld charakterisieren; hierzu zählen Einflussgrößen, wie Vollständigkeit der Anforderungsdefinition, Häufigkeit der Änderungsanforderungen, Anzahl projektbeteiligter Stellen, Kommunikationsgüte zwischen Auftraggeber und Auftragnehmer, sowie Einflussgrößen, welche die Einsatzumgebung und das künftige Anwendungsgebiet charakterisieren.

Produktbezogene Einflussgrößen kennzeichnen den Einfluss aufgrund produktspezifischer Anforderungen und einsatzbezogener Restriktionen; solche sind Komplexität des Projektgegenstandes, Anforderungen an die Qualität, an die Kompatibilität und an die Dokumentation, Art des zu erstellenden Produkts, Abhängigkeit von anderen Produkten, Anzahl der externen Schnittstellen sowie besondere Einsatzbedingungen.

Entwicklungsbezogene Einflussgrößen umfassen Einflüsse aus der Entwicklungsumwelt, die durch die Qualität der Methoden und Hilfsmittel bestimmt werden: hierzu zählen solche wie Änderungshäufigkeit der Entwicklungsumgebung, Nutzung von Entwicklungsmethoden, Vorhandensein von Entwicklungstools, Unterstützung durch Test- und Prüfverfahren.

Zu den projektbezogenen Einflussgrößen gehören im Wesentlichen termin- und kostenrelevante sowie andere PM-spezifische Merkmale, d.h. Enge der Projektlaufzeit, Enge des Projektetats, Verfügbarkeit des Personals, Entscheidungskraft der Projektleitung, Arbeitsteiligkeit der Projektstruktur und Qualität des Projektmanagements.

Mit den personalbezogenen Einflussgrößen werden schließlich personalbeschreibende Kriterien, wie Erfahrung, Fähigkeit und Motivation der Mitarbeiter angesprochen; hierbei beziehen sich die entsprechenden Faktoren i. Allg. auf den jeweiligen Durchschnitt einer ganzen Projektgruppe, sind also nicht personenbezogen.

5.1.3 Deskriptive Angaben

Neben numerisch messbaren Produkt- und Projektmessdaten und den numerisch definierbaren Einflussgrößen sind auch deskriptive Angaben für den Projektevergleich in Erfahrungsdatenbanken von Bedeutung, weil für diesen Vergleich eine Projektähnlichkeit nicht allein aufgrund diskreter Zahlenwerte gefunden werden kann, sondern zusätzlich verbale Beschreibungsmerkmale notwendig sind.

Wo nicht „gemessen" werden kann, helfen deskriptive Angaben.

Zum Deskribieren abgeschlossener Entwicklungs- oder Projektierungsvorhaben zur Aufnahme in eine Erfahrungsdatenbank können mehrere Möglichkeiten genutzt werden:

- Formalisierte Merkmalsleiste
- Vorgegebener Deskriptorenkatalog
- Frei wählbare Merkmale.

Formalisierte Merkmalsleisten, auch als Indikatorenleisten oder Faktorenleisten bekannt, dienen bei einer Erfahrungsdatenbank zur formalen Ähnlichkeitsbestimmung von Projekten; sie enthalten im weitesten Sinne die relevanten Einflussgrößen von Projekten in verschlüsselter Form, d.h. die Ausprägungen der jeweiligen Einflussparameter sind als Ja/Nein-Aussagen – eventuell verbunden mit einer Gewichtung – in einer Zahlenreihe gespeichert. Mit diesen Merkmalsleisten wird dann eine Ähnlichkeitsbestimmung nach dem Prinzip der größten Übereinstimmung durchgeführt.

Teilweise werden in Entwicklungs- bzw. Projektierungsbereichen auch vorgegebene Deskriptorenkataloge verwendet, die eine Sammlung von Begriffen aus der betreffenden Technik enthalten. Ein durchgeführtes Projekt wird nach Abschluss anhand von Stichworten aus diesem Deskriptorenkatalog näher beschrieben und so einem Vergleich mit anderen, derart deskribierten Projekten zugeführt.

Neben den vorgenannten deskriptiven Merkmalen, die aus einer definierten Begriffsmenge ausgewählt werden, können auch in „freier Form" beschreibende Merkmale gewählt werden. Diese freien Merkmale dienen ebenfalls zur Ähnlichkeitsbestimmung von Entwicklungs- und Projektierungsprojekten; zu ihnen gehören z.B. Angaben, wie Stichworte aus der Produktbeschreibung, Angaben zur Projektart, zur Qualität, zur Entwicklung und zur Dokumentation. Solche freien Merkmale stellen also eine Art Kurzbeschreibung des betreffenden Projekts in einer Erfahrungsdatenbank dar.

Tipp Es bietet sich auch an, kurz gefasste Erfahrungsberichte einzelner Projektmitarbeiter in die Erfahrungsdatenbank mit aufzunehmen; dies kann in einer freien verbalen Beschreibung oder auch mittels eines standardisierten Abfrageformulars, welches in Form einer Checkliste die relevanten Erfahrungsereignisse während des vergangenen Projektablaufs anspricht, geschehen.

5.1.4 Kennzahlenbildung

Kennzahlen werden durch arithmetische Operationen aus der Kombination von Produkt- und Projektmessdaten abgeleitet, wobei die Einflussgrößen für eine notwendige Klassifizierung sorgen.

Das Einbeziehen projektorientierter Einflussgrößen wird als „Normalisierung" bezeichnet; berücksichtigt man zusätzlich Einflussgrößen der allgemeinen Entwicklungs- oder Projektierungsumgebung, so bedeutet dies eine „Standardisierung".

> **§ Definition** Normalisierte Kennzahlen enthalten eine projektspezifische Aussage, standardisierte Kennzahlen eine projektübergreifende Bedeutung (Scorecards).

Kennzahlen erfüllen im Projektablauf sehr unterschiedliche Aufgaben: Bei der Projektplanung werden Kennzahlen als Basisdaten für die Aufwandsschätzung verwendet. Bei der Projektdurchführung dienen Kennzahlen als Analyse- und Vergleichsdaten für die Projektkontrolle (Zeit- und Quervergleich). Beim Projektabschluss werden Kennzahlen als Leitwerte für die Abschlussanalyse sowie für die Leistungs- und Produktivitätsmessung benötigt.

Nach BURGHARDT, 2008 können folgende Kennzahlen-Gruppen formuliert werden:

- Produktorientierte Kennzahlen
- Projektorientierte Kennzahlen
- Prozessorientierte Kennzahlen
- Netzplanorientierte Kennzahlen
- Betriebswirtschaftliche Kennzahlen.

Zu den produktorientierten Kennzahlen gehören solche wie Komplexität (Anzahl Schnittstellen pro Produktteil), Fehlerquote (Anzahl Fehler pro Ergebnismenge), Änderungsquote (Anzahl Änderungen pro Ergebnismenge), Testerfüllungsgrad (durchgeführte Testfälle, geteilt durch mögliche Testfälle), Zuverlässigkeit (Ausfälle pro Zeiteinheit), Erfüllungsgrad (erfüllte Anforderungen, geteilt durch zugesagte Anforderungen).

Projektorientierte Kennzahlen sind Produktivität (Ergebnismenge pro Zeiteinheit oder Gesamtaufwand), Termintreue und Kostentreue (Istwert zu Planwert), Betriebsmittelverbrauchsanteil, QS-Kostenanteil, Durchdringung des Tooleinsatzes, Fremdpersonalanteil, Fluktuationsrate, Auswahlrate und Erfahrungstand (jeweils in Prozent).

Prozessorientierte Kennzahlen sind Kennzahlen, die den relativen Anteil von bestimmten Phasenabschnitten und Tätigkeitsdauern zur Gesamtprojektdauer ausdrücken, also z. B. relativer Kostenaufwand einer bestimmten Projektphase oder relativer Zeitaufwand für eine bestimmte Tätigkeitsart.

Zu den netzplanorientierten Kennzahlen gehören die Netzdichte, die Terminenge und die Pufferweite von Netzplänen.

Beispiele für betriebswirtschaftliche Kennzahlen sind FuE-Umsatz-Anteil, Umsatzeinbuße, Marginalrendite, Billability, Kosten-/Leistungsverhältnis, Produktivierungsfaktor u. Ä.

Bei den vorgenannten Kennzahlen kann noch zwischen „harten" und „weichen" Kennzahlen unterschieden werden. Eine harte Kennzahl ist dadurch gekennzeichnet, dass sie – im Gegensatz zu einer weichen Kennzahl – „exakt" messbar ist. In der Praxis gibt es natürlich einen Graubereich zwischen exakter und nicht exakter Messbarkeit. Eine harte Kennzahl ist z. B. die Produktivitätsgröße loc/MM, da beide Ausgangsgrößen genau gemessen werden können. Dagegen stellt die Angabe Schnittstellen je Modul eine weiche Kennzahl dar, da deren eine Ausgangsgröße nicht mehr genau gezählt werden kann, denn naturgemäß bestehen Definitionsschwierigkeiten bei der Messgröße Anzahl Schnittstellen.

Wie bereits angedeutet, kann eine einzelne Kennzahl für sich allein eine verzerrende Aussage haben, wie z. B. der bloße Zahlenwert 100 DIN-A4-Seiten des Mitarbeiters Meier.

Kennzahlen führen nur dann zu einer sinnvollen Aussage, wenn sie als „Datenkranz". d. h. auf einer höheren, kumulierten Ebene betrachtet werden. So kann z. B. der Vergleich der beiden Kennzahlen „x DIN-A4-Seiten je Mitarbeiter im Organisationsbereich A" gegenüber „y DIN-A4-Seiten je Mitarbeiter im Organisationsbereich B" bei vergleichbaren Entwicklungsaktivitäten zu einer relevanten Aussage führen.

∑ Fazit Fundierte Erfahrungsaussagen können also nur durch mehrere Kennzahlen gestützt werden; anderenfalls wird Einseitigkeit riskiert und damit Fehlinterpretation und falsche Schlussfolgerungen. Echte Kennzahlen müssen also über bestimmte Eigenschaften verfügen; hierzu zählen Quantifizierbarkeit, Erhebbarkeit, Vergleichbarkeit, Relevanz und Aktualität.

Ein störendes Element bei der Kennzahlenbildung ist die schleichende Veralterung von bereits ermittelten Kennzahlen durch spätere Einflüsse, die aufgrund von inflationären Kostenentwicklungen, von zusätzlichen Produktivitätssteigerungen in der Herstellung von Produkten sowie von zukünftigen Innovationen im Entwicklungsbereich zwangsläufig immer auftreten werden. Hinsichtlich dieser verzerrenden Einflüsse müssen die vorhandenen Kennzahlen immer wieder überprüft und – falls notwendig – entsprechend aktualisiert werden.

5.2 Kennzahlensysteme

Kennzahlensysteme sind Basis für jedes FuE-Bewertungssystem. Erst durch das eindeutige Definieren von Kennzahlen und deren klares Einbetten in eine transparente Systematik wird in einem projektorientierten Unternehmen ein aussagekräftiger Vergleich über die einzelnen Projektgrenzen hinweg möglich.

Um sicherzustellen, dass ermittelte Kennzahlen auch voll nutzbar sind, dürfen sie nicht willkürlich und abhängig von temporären Intensionen Einzelner festgelegt und gesammelt werden. Hat nämlich jeder Entwicklungs- bzw. Projektierungsbereich seinen eigenen „Topf" von willkürlich festgelegten Kennzahlen, so sind Gegenüberstellungen von Entwicklungs- und Projektierungsdaten sowie überbereichliche Strukturvergleiche mit der Absicht, gezielte Verbesserungen in den Prozessabläufen zu erreichen, natürlich nicht mehr möglich. Dies kann nur durch ein definiertes und fest umrissenes Kennzahlensystem erreicht werden.

§ Definition Man unterscheidet – neben Kennzahlen-Netzsystemen, die für den FuE-Bereich keine Bedeutung haben – zwei Formen von Kennzahlensystemen
- Kennzahlen-Hierarchiesysteme und
- Kennzahlen-Ordnungssysteme.

5.2.1 Kennzahlen-Hierarchiesysteme

In Kennzahlen-Hierarchiesystemen – auch als „Rechensysteme" oder arithmetische Kennzahlensysteme bezeichnet – sind die Kennzahlen durch definierte Rechenvorschriften voneinander ableitbar; sie sind allerdings nicht in einer vernetzten Struktur wie bei den Kennzahlen-Netzsystemen, sondern als Hierarchie angeordnet. Ihr Vorteil liegt darin, dass durch die streng monohierarchische Abhängigkeit eine eventuell unberechtigte Abgrenzung von Kennzahlen verhindert wird. Kennzahlen-Hierarchiesysteme findet man vornehmlich in betriebswirtschaftlichen Bereichen.

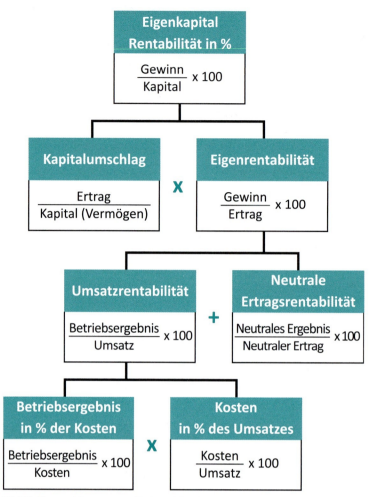

Abbildung 1.20-V6: Kennzahlensystem (Beispiel DU PONT, entnommen aus BURGHARDT, 2008: 547)

Als eine der ersten Kennzahlenhierarchien gilt das von Du Pont vorgeschlagene Kennzahlensystem (Abbildung 1.20-V6). Dieses Kennzahlensystem ist für den betriebswirtschaftlichen Bereich definiert worden. Andere, wie z. B. die von DIEBOLD oder ZVEI, haben – aufsetzend auf diesem System – eigene Kennzahlenhierarchien abgeleitet.

Das Du-Pont-Kennzahlensystem geht von einer Hauptkennzahl „Eigenkapital-Rentabilität" aus, die als Spitzenkennzahl bezeichnet wird. Die untergeordneten Kennzahlenebenen werden nach festen Auflösungsregeln bestimmt. So wird die vorgenannte Spitzenkennzahl in die beiden Kennzahlen „Kapitalumschlag" und „Ertragsrentabilität" aufgelöst; umgekehrt ergibt die Multiplikation dieser beiden Kennzahlen wiederum die Spitzenkennzahl.

Als rein formale Auflösungsregeln bei solchen Kennzahlen-Hierarchiesystemen bieten sich alle gängigen Rechenvorschriften an, so die Addition, Subtraktion, Multiplikation und Division. Die Gliederung auf den unteren Ebenen sollte sinnvollerweise nach organisatorischen und funktionalen Gesichtspunkten geschehen, wie es in dem von DIEBOLD (Lit. 2) vorgeschlagenen Kennzahlensystem praktiziert wird.

> **!** Die Spitzenkennzahl ist der „Kopf" eines hierarchischen Kennzahlensystems.

Auch vom ZVEI ist ein derartiges, hierarchisch aufgebautes Kennzahlensystem für den betriebswirtschaftlichen Bereich definiert worden (Lit. 3); es enthält im Wesentlichen Kennzahlen zu den Themenbereichen:

- Wachstumsanalyse,
- Analyse der Eigenkapital-Rentabilität,
- Analyse der Ertragskraft und
- Analyse des Risikos.

Alle Kennzahlen-Hierarchiesysteme erwecken den Eindruck, analytisch aussagekräftiger und treffsicherer zu sein als nicht derart aufgebaute Systeme; dies ist allerdings nur teilweise richtig. Hierarchische Kennzahlensysteme zwingen zwar zu strenger Logik und arithmetischer Ordnung und verbessern damit die formale Transparenz; sie bleiben jedoch relativ starr, d. h. mehr rückschauend und registrierend. Die Extrapolationsmöglichkeit zum Ableiten künftiger wirtschaftlicher bzw. organisatorischer Veränderungen kann nur mit einer Methode erreicht werden, die Funktionskenntnisse und fachliche Ablaufkenntnisse voraussetzt.

5.2.2 Kennzahlen-Ordnungssysteme

> In Kennzahlen-Ordnungssystemen sind die einzelnen Kennzahlen nicht mehr aufgrund eines geschlossenen Schemas vorgegebener Rechenvorschriften voneinander ableitbar; vielmehr sind sie hier nach einem gemeinsamen Aspekt zusammengestellt worden.

Solche Gruppierungen von Kennzahlen können – wie die folgenden Beispiele es zeigen – funktions- oder problembezogen sein:

Funktionsbezogene Ordnungssysteme für

- die FuE-Projektkalkulation,
- die Qualitätssicherung in einem projektorientierten Unternehmen,
- den Entwicklungs- oder Projektierungsbereich,
- die Fertigungsvorbereitung,
- das Personalwesen.

Problembezogene Ordnungssysteme für

- die Effizienzbetrachtung in Organisationsabteilungen,
- die Durchlaufzeit-Reduzierung,
- die Lagerbestandsoptimierung,
- die Optimierung der Lieferbereitschaft (Logistik).

Da die in einem Ordnungssystem enthaltenen Kennzahlen keinen rechnerischen Regeln unterliegen, besteht bei ihnen die große Gefahr einer Veralterung, d. h. man muss sehr darauf achten, dass sie laufend auf aktuellem Stand gehalten werden.

Als Beispiele für ein Kennzahlen-Ordnungssystem sind nachstehend Kennzahlen eines Kennzahlensystems aus dem FuE-Bereich aufgeführt:

Aufwandsverteilungskennzahlen

- phasenorientierte Aufteilung der Kosten bzw. Aufwände,
- phasenorientierte Aufteilung der Entwicklungsdauer,
- tätigkeitsorientierte Aufteilung der Aufwände.

Kostenrelationskennzahlen

- Verhältnis RZ-Kosten zu Gesamtkosten,
- Verhältnis QS-Kosten zu Gesamtkosten,
- Verhältnis PM-Kosten zu Gesamtkosten.

Produktivitätskennzahlen

- Aufwand bzw. Kosten je Programmbefehl,
- Aufwand bzw. Kosten je Dokumentationsseite,
- Aufwand bzw. Kosten je Fehlerbehebung,
- Aufwand bzw. Kosten je Testfall,
- erzeugte Programmbefehle je Mitarbeiter,
- erstellte Dokumentationsseiten je Mitarbeiter,
- Anzahl Logikfunktionen je Mitarbeiter.

5.2.3 Aufbau eines Kennzahlensystems

Der Aufbau eines in sich schlüssigen Kennzahlensystems ist kein leichtes Unterfangen. Einerseits muss vorher geklärt sein, für wen und für was die Kennzahlen genutzt werden sollen, andererseits muss gleichzeitig auch die Erhebbarkeit der betreffenden Kennzahlen gesichert sein. Aus einem umfassenden Zeit- und Quervergleich in repräsentativen Bereichen müssen deshalb Leitwerte abgeleitet werden, die ein „Wertemodell" des betrachteten Funktions- bzw. Aufgabengebiets ergeben.

Im Einzelnen sind zum Aufbau eines Kennzahlensystems mehrere Arbeitsschritte zu durchlaufen; hierzu gehören:

1. Festlegung der Ziele des geplanten Kennzahlensystems
   - Art des Aufgabenbereichs,
   - Art des Nutzerkreises.
2. Ausarbeitung der Kennzahlenkonzeption
   - Art der Messgrößen und -einheiten,
   - Art der Kennzahlensystematik,
   - Art der Ableitungsregeln.
3. Realisierung des Kennzahlensystems
   - Klärung der Zuständigkeiten,
   - Festlegung der Datenquellen,
   - Ermittlung der Basisgrößen,
   - Ableitung der Kennzahlen,
   - Sicherstellung der Eindeutigkeit.

Nach Aufbau eines solchen Kennzahlensystems muss man für eine laufende Aktualisierung der Kennzahlen sorgen, weil diese sonst aufgrund der hohen Innovationsrate vieler Entwicklungsbereiche schnell ihre Aussagekraft verlieren. Auch müssen die ausgewählten Kennzahlen kommentierbar sein, damit sie nicht nur als nackte Zahlen verwendet werden.

Der Nutzungsgrad der Kennzahlen eines Kennzahlensystems ist naturgemäß für die einzelnen Anwender sehr unterschiedlich. Jeder unterschiedliche Anwenderbereich hat zudem nur Interesse an bestimmten Ausschnitten bzw. Untermengen des Gesamtkennzahlensystems.

Die Bereichsleitung hat z. B. ein besonderes Interesse an „generellen" Kennzahlen (Scorecards), einschließlich der Spitzenkennzahlen; dagegen sind die ausführenden Bereiche eines Unternehmens mehr an Einzelkennzahlen der tieferen Ebenen interessiert. Diese anwenderspezifisch ausgewählten Kennzahlen werden als Schlüsselkennzahlen oder Key Performance Indicators bezeichnet.

 Unterschiedliche Funktionsbereiche benötigen unterschiedliche Kennzahlen.

5.3 Erfahrungsdatenbank

Zurzeit gibt es noch wenige Realisierungen von echten Erfahrungsdatenbanken. Der Grund hierfür liegt meist nicht in der mangelnden DV-technischen Verfahrensrealisierung; vielmehr liegt das Hauptproblem in der Schaffung einer adäquaten Infrastruktur im Entwicklungs- bzw. Projektierungsbereich eines Unternehmens, die für eine gezielte Erfahrungssicherung notwendig ist.

Der Aufbau einer Erfahrungsdatenbank macht in einem projektorientierten Unternehmen nur als „zentrale" Einrichtung einen Sinn. Erfahrungsdaten in Form von Produkt- und Projektmessdaten abgeschlossener Projekte in Verbindung mit davon abgeleiteten Kennzahlen müssen als „Best-Practice-Beispiele" allen Projektplanern gleichermaßen für ihre Projektarbeit zur Verfügung stehen. Dabei können Erfahrungsdatenbanken wirkungsvoll auch zur Vermeidung von unnützen Parallelentwicklungen in einem Großunternehmen beitragen.

5.3.1 Inhalt einer Erfahrungsdatenbank

Aus pragmatischen Gründen ist es nicht sinnvoll, die für ein Projekt vorliegenden Daten und Unterlagen in ihrer Gesamtheit in der Datenbank abzuspeichern; man sollte zusätzlich immer auch das Medium „Aktenordner" nutzen. So ist es z. B. nicht notwendig, ausführliche Test- und Projektanalyseberichte, umfangreiche Konstruktionspläne und sonstige Zeichnungen magnetisch oder digital zu speichern; ein übersichtliches Ablagesystem mit Aktenordnern für diese Unterlagen ist völlig ausreichend.

Die Erfahrungsdatenbank dient also nicht zur Archivierung der bei Projektabschluss vorliegenden kompletten Projektunterlagen; diese sind in getrennten Dokumentationssystemen (Rechner- oder Ordnersysteme) niederzulegen.

Abbildung 1.20-V7 zeigt die Struktur einer Erfahrungsdatenbank in Verbindung mit einem solchen Ordnersystem.

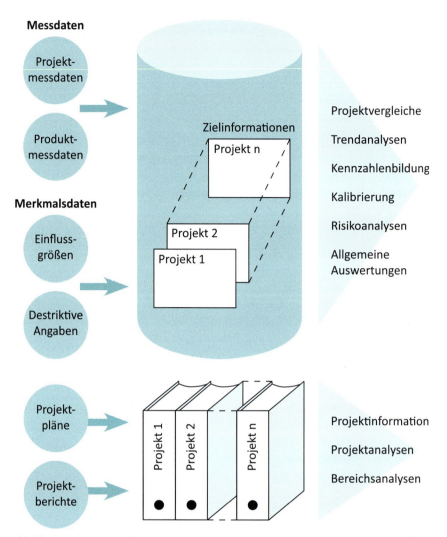

Abbildung 1.20-V7: Struktur einer Erfahrungsdatenbank (vgl. BURGHARDT, 2008: 551)

Eine Erfahrungsdatenbank hat im Rahmen der Erfahrungssicherung und des Wissensmanagements mehrere Zielrichtungen:

I   Aufwandsschätzung und Projektevergleich
I   Produktivitätsbetrachtung
I   Projektbewertung und -beurteilung
I   Wissenstransfer in einem Unternehmen.

Die „Aufwandsschätzung" wird dadurch unterstützt, dass der Vergleich eines geplanten Projektvorhabens mit abgeschlossenen, in der Erfahrungsdatenbank gespeicherten Projekten eine Aussage bez. der voraussichtlichen Kosten und des einzuplanenden Personalaufwands erlaubt. Eine Erfahrungsdatenbank kann daher - in Form eines Vergleichsverfahrens - auch direkt als Aufwandsschätzverfahren genutzt werden, wobei von den Projektdaten abgeschlossener Projekte auf künftige Projekte geschlossen wird.

"Produktivitätsbetrachtungen" werden durch das Gegenüberstellen von Produktergebnisgrößen (Anzahl Dokumentationsseiten, Befehle, Logikeinheiten, Volumeneinheiten, Produktionsmengen etc.) und dem jeweils dafür angefallenen Personal- und Kostenaufwand erreicht.

Mit den gespeicherten Erfahrungsdaten sind darüber hinaus auch allgemeine „Projektbeurteilungen" nach unterschiedlichsten Gesichtspunkten möglich, wie

- erreichte Projektqualität,
- aufgetretene Projektrisiken und -fehler,
- vorhandener Methoden- und Tooleinsatz,
- erreichte Planungsgenauigkeit,
- aufgetretene Realisierungsprobleme und
- bestehende Güte der Qualitätssicherung.

Ziel solcher Projektbewertungen und -beurteilungen ist das Gewinnen von Erkenntnissen, die helfen, die Qualität einer (künftigen) Projektführung zu verbessern und die Durchlaufzeiten in der Projektdurchführung zu verkürzen.

Schließlich wird durch die umfangreiche Sammlung projekt- und produktbezogener Daten in der Erfahrungsdatenbank der notwendige „Wissenstransfer" innerhalb eines Unternehmens (Synergieeffekt) entscheidend gefördert und der Nachweis von Know-how-Trägern unterstützt. Dabei muss aber die leichte Zugänglichkeit der für die Projektmitarbeiter relevanten Informationen gewährleistet sein.

Ausgehend von diesen Möglichkeiten, gibt es sehr unterschiedliche Nutzer einer Erfahrungsdatenbank:

- Projektleiter und Projektmitarbeiter,
- Entwickler und Projektierer,
- FuE- Kaufleute und Controller,
- Bereichsleitung und Management,
- Spezialisten für Aufwandsschätzmethoden usw.

5.3.2 Klassen von Erfahrungsdatenbanken

Man kann zwei Klassen von Erfahrungsdatenbanken unterscheiden:
Technische Erfahrungsdatenbanken und betriebswirtschaftliche Erfahrungsdatenbanken.

Technische Erfahrungsdatenbanken

Eine technische Erfahrungsdatenbank enthält im Wesentlichen Informationen, welche die rein technischen Aspekte von Entwicklungs- und Projektierungsvorhaben beleuchten; neben allen messbaren Ergebnisgrößen der entwickelten Produkte bzw. erstellten Systeme und Anlagen gehören dazu auch allgemeine entwicklungstechnische und technologische Merkmale. Sowohl Produktmessgrößen, wie z. B. Anzahl Gatterfunktionen, Anzahl Programmbefehle, Anzahl Dokumentationsseiten, erreichte Volumenmengen und sonstige Produktionsmengen, sind hier von Bedeutung als auch deskriptive Angaben zur Entwurfs- und Realisierungsmethodik, zur Qualitätssicherung sowie zum geplanten und zum realisierten Anforderungs- und Funktionsprofil.

Für die kaufmännische Beurteilung sind den gespeicherten Erfahrungsobjekten i. Allg. die hauptsächlichen Projektmessdaten, wie Termin-, Aufwands- und Kostendaten, beigegeben; sie ermöglichen – in ihrer Gegenüberstellung zu den wichtigsten Produktmessgrößen – das Ableiten aussagekräftiger Produktivitätskennzahlen.

Der Schwerpunkt der Anwendung technischer Erfahrungsdatenbanken liegt naturgemäß in einem industriellen Entwicklungsbereich, dort, wo man – durch Rückgriff auf vergangene Entwicklungs- und Realisierungsprobleme – schneller zu Lösungskonzepten von neuen Entwicklungsaufgaben kommen will. Technische Erfahrungsdatenbanken sind insgesamt ein wichtiges Instrument zur Steigerung der Synergie in einem projektorientierten Unternehmen.

Betriebswirtschaftliche Erfahrungsdatenbanken

Im Gegensatz zur technischen Erfahrungsdatenbank enthält eine betriebswirtschaftliche Erfahrungsdatenbank vor allem kaufmännische Informationen. Ausschlaggebend sind hier die Aufwands- und Kostendaten in ihrem zeitlichen Ablauf (z. B. Geschäftsjahre oder Quartalsscheiben) sowie in der thematischen Aufteilung, d. h. in ihrer Zuordnung zu den einzelnen Kostenelementen und Kostenverursachern. Es handelt sich hier meist um Kostendatenbanken; Beispiele hierfür findet man in der Baubranche und im IT-Sektor. Häufig ist auch eine Zuordnung der Aufwände und Kosten zu den Projektphasen und den unterschiedlichen Tätigkeitsarten von Bedeutung.

Für eine projektartbezogene Interpretation der gespeicherten betriebswirtschaftlichen Daten sollten die einzelnen Erfahrungsobjekte möglichst mit einem datenbankeinheitlichen Katalog von Einflussparametern bewertet werden, um so eine Vergleichbarkeit unterschiedlicher Projektinhalte zu erreichen. Ein solcher Parameterkatalog umfasst Angaben sowohl zum Projekt- als auch zum Produktumfeld und ähnelt darin den Parameterkatalogen der einschlägigen metrischen Aufwandsschätzverfahren.

Technische Angaben finden sich in einer betriebswirtschaftlichen Erfahrungsdatenbank nur wenige; es bietet sich an, einige wesentliche Produktmessdaten, wie z. B. Programmumfang bei Software oder eine Messzahl für den Funktionsumfang oder das Volumen bei Hardware in die Datenbank, aufzunehmen. Mithilfe dieser Ergebnisgrößen und der zugehörigen Aufwandsgrößen können dann auch hier Angaben zur Entwicklungs- bzw. Projektierungsproduktivität gemacht werden.

Betriebswirtschaftliche Erfahrungsdatenbanken finden ihre hauptsächliche Nutzung sinngemäß im Bereich der Kaufmannschaft bzw. des Projekt-Controllings. Die Daten in einer solchen Datenbank unterstützen den Kaufmann sowohl beim Erstellen des Wirtschaftsplans als auch beim Controlling, können aber auch für die Projektleitung bei der Projektplanung sehr hilfreich sein.

5.3.3 Informationsstrukturen

Sehr wichtig beim Realisieren einer DV-gestützten Erfahrungsdatenbank ist neben der technischen bzw. betriebswirtschaftlichen Ausrichtung das Festlegen einer anwendungsgerechten Informationsstruktur, da diese Struktur die Auswahl des zu verwendenden Datenbanksystems entscheidend mitbestimmt. Die Informationsstruktur kann hierbei

- projektorientiert,
- produktorientiert oder
- teileorientiert sein.

Projektorientiert heißt, dass in einem Informationsobjekt der Datenbank, dem Erfahrungsobjekt (EO), alle relevanten Daten eines abgeschlossenen Projekts zusammengefasst sind, wohingegen bei einer Produktorientierung das Erfahrungsobjekt auf das Produkt selbst ausgerichtet ist und zwar unabhängig von der vorhandenen Projektgliederung. Projektorientiert sind in erster Linie die betriebswirtschaftlichen Erfahrungsdatenbanken, produktorientiert dagegen meist die technischen Erfahrungsdatenbanken.

Bei einer teileorientierten Informationsstruktur entsprechen die Erfahrungsobjekte den einzelnen Produktteilen (Module, Baugruppen, Segmente etc.). Der Zusammenhang mit dem Produkt bzw. dem Projekt wird über datenbanktechnische Verkettungsmöglichkeiten vorgenommen. Die teileorientierte Informationsstruktur ist sicher nicht nur für die Verfahrensrealisierung wie auch die Erfahrungsdatensammlung die aufwändigste, sondern auch für die Erfahrungssicherung insgesamt die anspruchsvollste und aussagekräftigste Form einer Erfahrungsdatenbank.

Schwierig bei einem funktionierenden Erfahrungsdatenbanksystem ist das Feststellen der Ähnlichkeit von Projekten bzw. von Projektteilen, also das Finden von ähnlichen Erfahrungsobjekten. Einerseits muss die gewählte Informationsstruktur dieser Ähnlichkeitsbestimmung entgegenkommen und andererseits muss das verwendete Datenbanksystem über entsprechende Auswahlmechanismen für die Ähnlichkeitssuche verfügen.

Es gibt Ansätze, eine Erfahrungsdatenbank auch als Expertensystem zu entwerfen, aber von einer Realisierung ist man hier noch weit entfernt. Auch existieren Überlegungen, eine Erfahrungsdatenbank in ein übergreifendes Management-Informations-System (MIS) einzubinden, aber auch hier ist man über die konzeptionelle Phase noch nicht hinausgekommen.

6 Zusammenfassung

Im Kapitel Vertiefungswissen wird auf die unterschiedlichen Formen von Abnahmeprüfungen, auf die möglichen Betreuungsarbeiten in der Projekt-Nachfolgephase, auf die Wirtschaftlichkeitsanalyse am Projektende sowie auf die Erfahrungssicherung im Rahmen des Projektabschlusses näher eingegangen.

Handelt es sich bei dem erbrachten Projektgegenstand um ein Produkt materieller Art, wie z. B. ein Gerät oder eine Anlage, kann man zur Abnahmeprüfung meist einen speziellen Abnahmetest durchführen, mit dem die Funktionalität und deren Fehlerfreiheit getestet werden können. Handelt es sich dagegen um einen immateriellen Projektgegenstand, wie z. B. eine Studie oder eine Dienstleistung in Form eines Reengineering oder einer Revision, so kann man die Mängelfreiheit des Projektergebnisses nur durch eine allgemeine Begutachtung der vorliegenden Dokumentationsunterlagen erreichen. Abnahmetests hängen in ihrer Ausprägung zwangsläufig von der Art des erstellten Produkts ab, die zudem für die verschiedenen SW-Produkte, HW-Produkte, Systeme, Anlagen oder DV-Verfahren erst als „Anti-Produkt" - parallel zur eigentlichen Produktentwicklung – entworfen und entwickelt werden müssen. Produktbegutachtungen werden meist in Form eines klassischen Reviews durchgeführt. Die Durchführung von Abnahmetests bzw. von Produktbegutachtungen liegt in der Verantwortung des Auftraggebers, der allerdings in der Regel bei der Prüfung von Projektmitarbeitern unterstützt wird.

Mit der Fertigstellung des Projektgegenstandes und dessen Übergabe an den Auftraggeber ist wohl das Projekt als solches abgeschlossen, der Projektgegenstand tritt dagegen in einen neuen Lebensabschnitt, die Einsatzphase ein. In dieser Projekt-Nachfolgephase müssen häufig von Teilen des Projektteams – abhängig von der Art des Projekts – noch Aufgaben übernommen werden. Bei SW-Produkten schließt sich z. B. eine Wartung und Programmpflege an, bei der Entwicklung von HW-Produkten folgt in der Regel die Fertigungseinführung mit der Unterstützung von einzelnen Entwicklern, größere DV-Verfahren müssen in ihrem späteren Einsatz immer wieder an veränderte Umweltverhältnisse angepasst werden, bei Großanlagen sind meist eine Einsatzunterstützung und eine Betreuung des künftigen Bedienungspersonals notwendig. All diese von Teilen des bisherigen Projektteams wahrzunehmenden Arbeiten müssen vor endgültigem Projektabschluss geklärt, verhandelt und vertraglich fixiert werden.

Mit Wirtschaftlichkeitsanalysen am Projektende soll festgestellt werden, inwieweit anfänglich gemachte Wirtschaftlichkeitsaussagen eingehalten worden sind. Auch hier hängt die Aussage hinsichtlich der Wirtschaftlichkeit eines Projekts von dessen Art ab. So ist es bei Vorliegen einer bei Projektbeginn erstellten Renditerechnung leicht möglich, am Projektende diese durch eine Nachrechnung zu verifizieren. Voraussetzung hierfür ist allerdings, dass die erreichten Ergebnisdaten von Kosten und Aufwand in derselben Kalkulationsstruktur vorliegen wie bei der ursprünglichen Projektplanung. Bei Rationalisierungsvorhaben wird die Wirtschaftlichkeit des Projekts durch die erreichten Rationalisierungseffekte, d. h. durch den Vergleich von Rationalisierungskennzahlen, nachgewiesen. Eine weitere Möglichkeit der Wirtschaftlichkeitsbetrachtung ist die Analyse von Produktivitätssteigerungen.

Erfahrungssicherung ist wesentliches Element eines unternehmensweiten Wissensmanagements. Nur durch die Sicherung von in den Projekten erworbenen Wissens und Kenntnissen gelangt man zu einem verbesserten Know-how-Stand (lessons learned). Erster Schritt bei einer Erfahrungssicherung ist das Sammeln von Erfahrungsdaten in Form von Produktmessdaten und Projektmessdaten.

Durch Zuordnung von projektkennzeichnenden Einflussgrößen sowie mit deskriptiven Angaben können diese Messdaten normalisiert und standardisiert werden, um so eine allgemein gültige Bedeutung zu erlangen. Werden diese Messzahlen sinnvoll miteinander kombiniert, gelangt man zu aussagekräftigen Kennzahlen, die in ein Kennzahlensystem eingeordnet werden können.

Für die ganzheitliche Aufbewahrung aller Erfahrungsdaten in einem Unternehmen ist die Installation einer leistungsfähigen DV-gestützten Erfahrungsdatenbank erforderlich, die sowohl über die Möglichkeiten einer komplexen Datenspeicherung als auch über gezielte Suchalgorithmen verfügt. Die verpflichtende Einspeisung in eine derartige Erfahrungsdatenbank muss in die Prozessabläufe eines projektorientierten Unternehmens eingebunden sein.

7 Fragen zur Wiederholung

1. Wer muss hauptverantwortlich die Abnahmeprüfung durchführen?
2. Welche Arten von Abnahmetests gibt es?
3. Welche Fehlerbereiche sind in einem SW-Produkttest zu prüfen?
4. Welche Einzeltests können im Rahmen des Abschlusstest bei einem HW-Produkt durchgeführt werden?
5. Wie nennt man den Abnahmetest bei einem DV-Verfahren und welche Einsatzumgebung muss er umfassen?
6. Skizzieren Sie den Aufbau einer Fehlerprotokollierung!
7. Nennen Sie einige Beispiele für Betreuungsaufgaben, die eventuell in der Projekt-Nachfolgephase von Teilen des Projektteams übernommen werden müssen!
8. Welche künftigen Wartungsaufgaben fallen bei einem SW-Produkt an?
9. Welche Probleme sind bei der Fertigungseinführung eines HW-Produkts zu lösen?
10. Nennen Sie Ursachen für notwendige Anpassungsentwicklungen bei bereits eingesetzten DV-Verfahren!
11. Nennen Sie Betreuungsaufgaben bei Großanlagen!
12. Wozu dient eine Wirtschaftlichkeitsanalyse am Projektende?
13. Was sind die Voraussetzungen für eine Nachrechnung der Rendite?
14. Was sind die Elemente einer Wirtschaftlichkeitsrechnung bei einem Rationalisierungsvorhaben?
15. Welche Möglichkeiten hat man, um die Produktivität in einem Entwicklungsbereich zu steigern?
16. Nennen Sie die drei möglichen Wirkungsbereiche einer Erfahrungsdatensammlung!
17. Nennen Sie einige Beispiele für Produktmessdaten!
18. Nennen Sie einige Beispiele für Projektmessdaten!
19. Was sind Einflussgrößen und welche Aufgabe haben diese bei der Erfahrungssicherung?
20. Worin zeigt sich der Unterschied zwischen Produkt- bzw. Projektmessdaten und einer Kennzahl?
21. Welche Arten von Kennzahlensystemen gibt es?
22. Wozu dient eine Erfahrungsdatenbank und welchen Inhalt hat sie?

1.21a Normen und Richtlinien

Gernot Waschek

Kontext und Bedeutung

Im Projektmanagement (PM) ist eine gute Kommunikation von zentraler Bedeutung. Sie wird durch die Verwendung einheitlicher Begriffe wesentlich erleichtert, weil viele mögliche Missverständnisse und unnötige Klärungen vermieden werden können. Insofern bildet die PM-Normung eine Querschnittsfunktion durch alle Themen der ICB 3.

Daneben tragen standardisierte Arbeitsabläufe und Modelle dazu bei, dass die Kenntnis erfolgreicher Verfahren weitergegeben werden kann und diese nicht immer wieder neu entwickelt werden müssen.

Die seit Ende der Sechzigerjahre in Deutschland veröffentlichten PM-Normen werden verwendet

- beim Verfassen von Fachbüchern (Wie auch beim vorliegenden Buch.), bei Fachbeiträgen und Lehrmaterial
- bei der Aus- und Weiterbildung im Projektmanagement
- bei Vorträgen
- beim Erfahrungsaustausch
- bei der Zertifizierung
- bei Entwicklung und Anwendung von Projektmanagementsystemen (inkl. PM-Software)
- beim Verfassen betriebsinterner PM-Regelungen (PM-Leitfäden, PM-Handbüchern)
- bei der Vertragsgestaltung für Projekte
- bei gemeinsamer Projektarbeit von mehreren Firmen

Lernziele

Sie wissen

- was Normung ist
- wie sie national organisiert ist und abläuft
- wie ihre historische Entwicklung in Deutschland verlief
- was im Wesentlichen in den deutschen PM-Normen steht
- welche nationalen und internationalen PM-Normen in Deutschland zur Anwendung empfohlen werden

Inhalt

1	Einleitung	1847
2	Normen	1848
2.1	Normenarten	1848
2.2	Nationale Normen für Projektmanagement	1848
2.2.1	Organisation der deutschen Projektmanagement-Normung	1848
2.2.2	Ablauf bei Erstellung einer DIN-Norm	1849
2.2.3	Historische Entwicklung der deutschen Projektmanagement-Normung	1851
2.2.4	Inhalte der deutschen Projektmanagement-Normen	1854
2.2.5	Weitere in Deutschland im Projektmanagement verwendete Normen	1857
3	Zusammenfassung	1857
4	Fragen zur Wiederholung	1858

1 Einleitung

In DIN 820 Teil 1 „Normungsarbeit, Grundsätze" (DIN Deutsches Institut für Normung e.V. (Hrsg.): DIN-Normenheft 10: 85) wird unter den allgemeinen Grundsätzen die **Normung** beschrieben:

> **§ Definition** „Normung ist die planmäßige, durch die interessierten Kreise gemeinschaftlich durchgeführte Vereinheitlichung von materiellen und immateriellen Gegenständen zum Nutzen der Allgemeinheit."

Weitere, dort genannte Grundsätze sind, dass Normung

- nicht zu einem wirtschaftlichen Sondervorteil einzelner führen darf,
- die Rationalisierung und Qualitätssicherung in Wirtschaft, Technik, Wissenschaft und Verwaltung fördert,
- der Sicherheit von Menschen und Sachen sowie der Qualitätsverbesserung in allen Lebensbereichen und
- auch einer sinnvollen Ordnung und der Information auf dem jeweiligen Normungsgebiet dient und
- auf nationaler, regionaler und internationaler Ebene durchgeführt wird.

Als einige Ziele der Normung nennt die auch in Deutschland gültige Europäische Norm EN 45020 „Normung und damit zusammenhängende Tätigkeiten" (DIN Deutsches Institut für Normung e.V. (Hrsg.): DIN-Normenheft 10: 267f):

- Gebrauchstauglichkeit
- Kompatibilität/Verträglichkeit
- Austauschbarkeit
- Verminderung der Vielfalt
- Sicherheit
- Umweltschutz
- Schutz des Produktes

Dort wird in der einführenden Anmerkung zu den Zielen auch ausdrücklich die „gegenseitige Verständigung" aufgeführt, die bei Projektmanagement-Normen ein besonders wichtiges Ziel darstellt.

Ebenfalls in EN 45020 (DIN Deutsches Institut für Normung e.V. (Hrsg.): DIN-Normenheft 10: 269) findet sich die Definition für **Norm**:

> **§ Definition** „Dokument, das mit Konsens erstellt und von einer anerkannten Institution angenommen wurde und das für die allgemeine und wiederkehrende Anwendung Regeln, Leitlinien oder Merkmale für Tätigkeiten oder deren Ergebnisse festlegt, wobei ein optimaler Ordnungsgrad in einem gegebenen Zusammenhang angestrebt wird.
> *Anmerkung: Normen sollten auf den gesicherten Ergebnissen von Wissenschaft, Technik und Erfahrung basieren und auf die Förderung optimaler Vorteile für die Gesellschaft abzielen."*

Noch ein wichtiger Hinweis: Normen sind nur Empfehlungen, d. h. ihre Anwendung ist freiwillig, solange sie nicht durch Gesetze oder Verträge als verbindlich zu betrachten sind.

Ebenfalls wichtig: Normen sollen keine Hand-, Fach- oder Lehrbücher ersetzen. Sie bilden aber eine wesentliche, wenn auch knappe Grundlage beim Schreiben von Fachliteratur oder Lehrgangsunterlagen.

2 Normen

2.1 Normenarten

Nach EN 45020 (DIN Deutsches Institut für Normung e.V. (Hrsg.): DIN-Normenheft 10: 275ff) sind einige übliche Normenarten, die dort aber nicht vollständig aufgeführt sind und sich auch überschneiden können:

- Grundnorm (weitreichend und mit allgemeinen Festlegungen für ein bestimmtes Gebiet)
- Terminologienorm (für Begriffe, d. h. Benennungen und Definitionen)
- Prüfnorm (für Prüfverfahren)
- Produktnorm (für Anforderungen an Produkte)
- Verfahrensnorm (für Anforderungen an Verfahren)
- Dienstleistungsnorm (für Anforderungen an Dienstleistungen)
- Schnittstellennorm (für Anforderungen an die Kompatibilität von Produkten oder Systemen)
- Deklarationsnorm (für anzugebende Daten)

2.2 Nationale Normen für Projektmanagement

2.2.1 Organisation der deutschen Projektmanagement-Normung

Die deutsche „Nationale Normungsorganisation" ist das „DIN Deutsche Institut für Normung e.V." in Berlin, also ein gemeinnütziger Verein.

 Um hier gleich mit einem weit verbreiteten Missverständnis aufzuräumen: Das DIN produziert nicht auf eigenen Wunsch und aus rein eigener Kraft Normen, um sie gewinnbringend zu verkaufen, sondern es handelt als ein der Allgemeinheit verbundener Dienstleister.

Es wartet auf den Antrag „interessierter Kreise", welche eine Norm wünschen und organisiert und unterstützt erst dann die Entwicklung und Verbreitung dieser Norm mit seinen hauptamtlichen Mitarbeitern. Dabei wird die fachliche Arbeit in Normen- oder Arbeitsausschüssen von ehrenamtlichen Mitarbeitern dieser interessierten Kreise geleistet. Das DIN stellt die Geschäftsstelle (als ständige Adresse) und einen Geschäftsführer. Da der spätere Verkauf der Norm den DIN-Aufwand als Dienstleister nicht deckt, zahlen die interessierten Kreise noch Förderbeiträge an das DIN. Und finanzieren dazu natürlich den Arbeits- und Reiseaufwand ihrer beauftragten Mitarbeiter.

Meist sind mehrere **Arbeitsausschüsse** (AA) zu einem **Normenausschuss** (NA) zusammengefasst. So ist der beim DIN für Projektmanagement zuständige Arbeitsausschuss „Projektmanagement" (Abkürzung früher NQSZ-4, heute NA 147-00-04 AA) dem Normenausschuss „Qualitätsmanagement, Statistik und Zertifizierungsgrundlagen" (NQSZ bzw. NA 147) zugeordnet.

Anmerkung: Da die alten Abkürzungen aussagekräftiger sind, werden sie in diesem Beitrag weiterhin benutzt.

Der Normenausschuss wird durch einen Beirat mit der Funktion eines Lenkungsausschusses unterstützt, in dem die Obleute der zugehörigen Arbeitsausschüsse automatisch einen Sitz erhalten.

Um die Normungsarbeit im Arbeitsausschuss des DIN durch externe Vorarbeiten zu unterstützen, hat die GPM die Fachgruppe „PM-Normen" eingerichtet, von der einige Mitglieder auch im DIN-Arbeitsausschuss mitarbeiten.

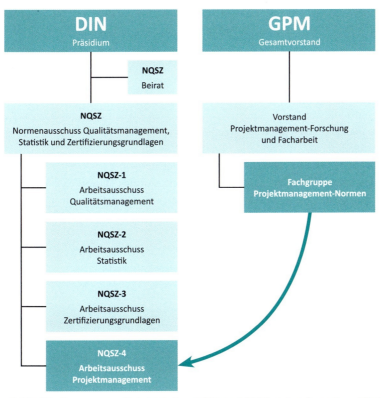

Abbildung 1.21a-V1: Zusammenarbeit zwischen GPM und DIN bei der deutschen PM-Normung

Normen des „Verbands Deutscher Elektrotechniker" (VDE) werden mit dem DIN gemeinsam herausgegeben. Hierzu wurde die „Deutsche Elektrotechnische Kommission im DIN und VDE" (DKE) eingerichtet.

Σ Fazit Normung wird nicht vom DIN ausgelöst, sondern von an einer Norm „interessierten Kreisen", welche dann diese Norm erarbeiten.

2.2.2 Ablauf bei Erstellung einer DIN-Norm

DIN 820 „Normungsarbeit" (DIN Deutsches Institut für Normung e.V. (Hrsg.): DIN-Normenheft 10: 85ff) enthält umfangreiche Regelungen für die Erstellung von Normen, darunter auch die folgenden für den Ablauf:

Jedermann kann einen **Normungsantrag** an das DIN allgemein oder die DIN-Geschäftsstelle eines ihm bekannten Normen- oder Arbeitsausschusses richten. Meist sind dies mehrere Personen oder Organisationen (Fachleute aus Praxis oder Wissenschaft, Hochschul-Institute, Berufsverbände, Firmen), die den Antrag gemeinsam stellen, also sogenannte „interessierte Kreise". Dieser Antrag kann auch schon einen **Norm-Vorschlag** enthalten.

Der zuständige Normenausschuss entscheidet über Annahme oder Ablehnung des Normungsantrags. Falls sich kein zuständiger Ausschuss findet, ist eine Neugründung erforderlich.
Wenn dem Normungsantrag ein Norm-Vorschlag beilag, wird dieser im Ausschuss als erste **Norm-Vor-**

lage behandelt. Ansonsten ist erst, meist in kleinerem Kreis, eine solche Norm-Vorlage zu erstellen.

Daraus erarbeitet der Ausschuss – oft in einer Folge mehrerer Norm-Vorlagen – ein Manuskript für einen **Norm-Entwurf**. Dieses wird von der DIN-internen Normenprüfstelle inhaltlich und redaktionell auf Einhaltung der DIN-Regeln überprüft, vor allem auch auf Verbindungen oder Überlappungen mit anderen Normen. Bei Bedarf wird der Entwurf in Abstimmung mit dem Ausschuss geändert, zum Druck freigegeben und beim DIN-eigenen Beuth Verlag gedruckt und veröffentlicht.

Während der dann folgenden Einspruchsfrist (normal vier Monate) haben alle Interessenten die Möglichkeit, Stellungnahmen einzureichen.

Diese **Stellungnahmen** werden dem zuständigen Normen-/Arbeitsausschuss zugeleitet und dort innerhalb von drei Monaten nach Ende der Einspruchsfrist beraten. Zu dieser Beratung werden auch die Einsprecher eingeladen.

Unter Berücksichtigung der Beratungsergebnisse wird nun das Manuskript für die Endfassung der **Norm** erstellt, durchläuft wiederum die Abstimmungsprozedur mit der Normenprüfstelle und wird dann vom Beuth Verlag als Norm veröffentlicht.

Abbildung 1.21a-V2: Ablauf bei Erstellung einer DIN-Norm

2.2.3 Historische Entwicklung der deutschen Projektmanagement-Normung

Anfang der Sechzigerjahre des vorigen Jahrhunderts kam aus den USA die Netzplantechnik (NPT) nach Deutschland. Die zuerst bei uns bekannt gewordenen Verfahren waren die Critical Path Method (CPM), die bei der Firma Dupont du Nemours erstmals 1957 für die Reparatur chemischer Großanlagen eingesetzt wurde und die Program Evaluation and Review Technique (PERT), die ab 1958 vom Pentagon zur Entwicklung des Polaris-U-Boot-/Raketensystems verwendet wurde. Bei CPM waren Vorgangspfeil-Netzpläne (VPN) die Grundlage, wozu noch eine bestimmte Kostenoptimierung gehörte, bei PERT waren es Ereignisknoten-Netzpläne (EKN), kombiniert mit einer besonderen Wahrscheinlichkeitsbetrachtung über die Termineinhaltung.

Kurze Zeit später gesellten sich noch die für den Bau von Atomkraftwerken in Frankreich entstandene Metra-Potential-Methode (MPM) und das amerikanische Project Control System (PCS) mit ihren Vorgangsknoten-Netzplänen (VKN) hinzu.

Die damalige Original-Literatur war meist auf Englisch, ebenso wie die frühe aus den USA importierte NPT-Software samt Betriebsanleitungen. Bei Übersetzungen wurden oft die englischen Bezeichnungen übernommen oder schlecht ins Deutsch übersetzt. Das führte bei Informationsweitergabe, Erfahrungsaustausch und deutschen Veröffentlichungen zu einer heillosen Verwirrung, da für denselben Begriff meist mehrere, teils englische, teils deutsche Benennungen verwendet und spezielle Eigenheiten der oben genannten Verfahren oft verwechselt wurden.

Ein typischer Fall war der „Vorgang". Er wurde damals auch als „avtivity", daraus abgeleitet als „Aktivität", „Tätigkeit" usw. bezeichnet.

Ein weiterer Fall war die Inflation von Pufferzeiten, deren Vielzahl niemand brauchte – es sei denn, er war Diplomand und hatte das Bedürfnis, noch eine weitere hinzu zu erfinden.

1963 hatte der „Arbeitskreis Operational Research" (AKOR) in Deutschland mit den ersten Wochenkursen über Netzplantechnik begonnen. Deshalb war dies damals die passende Organisation, wo 1964 einige nun in der Praxis stehende Absolventen und andere deutsche NPT-Fachleute zum Erfahrungsaustausch die „Arbeitsgruppe Netzplantechnik" gründeten. Mehrere von ihnen fanden sich 1965 zu einem Arbeitsausschuss innerhalb dieser Gruppe zusammen, um mit dem Begriffschaos aufzuräumen. Daraus wurde später die eigenständige AKOR- „Arbeitsgruppe Vereinheitlichung der Bezeichnungen in der Netzplantechnik".

Zwei Jahre später lagen die ersten Listen mit Definitionen vor. Um sie als Norm veröffentlichen zu können, wandte sich die Arbeitsgruppe an das DIN (damals noch DNA, Deutscher Normenausschuss) und wurde so 1967 in Personalunion auch zum „Ausschuss für Netzplantechnik im DNA" (AfN) ernannt. In den ersten Jahren arbeiteten in diesem Ausschuss auch die deutschsprachigen Nachbarn Österreich und Schweiz mit, es gab sogar Kontakte zur damaligen DDR.

Das erste Normblatt DIN 69900 „Netzplantechnik, Begriffe" erschien 1970. Zur Unterstützung für die damals meist von Hand zu zeichnenden Netzpläne wurde es 1974 durch DIN 69900 Teil 2 „Netzplantechnik, Darstellungstechnik" ergänzt. (Die vorher veröffentlichte Begriffsnorm wurde in DIN 69900 Teil 1 umbenannt.)

Zu den Einsprechern zum Entwurf des ersten Normblatts gehörte auch der Verband der Chemischen Industrie, der die Norm generell ablehnte mit dem Argument: Die chemische Industrie müsse wegen der beliebten Vertragsklausel „Es gelten die einschlägigen Normen." bereits so viele Normen beachten, dass die Berücksichtigung der neuen Netzplantechnik-Norm die Kosten weiter in die Höhe treiben würde.

Der Verband war erst zufrieden, als in die Norm unter „Anwendung und Zweck" die Anmerkung aufgenommen wurde: „Falls in Verträgen auf diese Norm Bezug genommen wird, sollten die Vertragspartner vereinbaren, welche Begriffe der Norm anzuwenden sind."

Dieser Zusatz stand sogar noch auf den 1987 erschienenen Normausgaben DIN 69900 bis DIN 69903. Erst bei den späteren Normen DIN 69904 und DIN 69905 wurde darauf verzichtet.

Der Begriff Netzplantechnik war inzwischen zu eng geworden und wurde mit vielen Themen befrachtet, die eigentlich zu einer allgemeinen Projektplanung und -steuerung gehörten, wofür immer öfter der Begriff Projektmanagement verwendet wurde. Der Normenausschuss nahm deshalb aus der DIN 69900 Teil 1 die nicht direkt zur Netzplantechnik gehörenden Begriffe heraus, ergänzte sie um weitere und veröffentlichte die neue Liste 1980 als DIN 69901 „Projektmanagement, Begriffe". Obertitel für die drei jetzt vorhandenen Normblätter wurde der Name „Projektwirtschaft".

Nach dem gleichen Prinzip entfernte der Ausschuss dann später aus der DIN 69901 auch die Begriffe der Kosten- und Einsatzmittelplanung, um sie mit weiteren Ergänzungen als DIN 69902 „Einsatzmittel" und DIN 69903 „Kosten und Leistung, Finanzmittel" zusammenzustellen. Bei dieser Gelegenheit wurde nicht nur die DIN 69901 geändert, sondern auch DIN 69900 Teile 1 und 2 wurden überarbeitet, so dass 1987 alle fünf Normblätter aufeinander abgestimmt und gleichzeitig herausgebracht werden konnten.

Ende der Achtzigerjahre wurde der Ausschuss informiert, dass die DKE (Deutsche Elektrotechnische Kommission) den Entwurf einer Norm DIN 10246 veröffentlicht hatte mit dem Titel „Messen, Steuern, Regeln – Abwicklung von Projekten – Begriffe". Man einigte sich auf eine Aufteilung der Norm:
Begriffe des allgemeinen Projektmanagements sollte der Ausschuss als PM-Norm herausbringen, die DKE sollte sich in ihrer Norm auf spezielle Begriffe für elektrotechnische Projekte beschränken. So entstand 1990 DIN 69905 „Projektabwicklung, Begriffe" (mit einer wesentlichen Erweiterung auf 116 Begriffe in 1997).

Organisatorisch gab es auch Änderungen: Um den Begriff Projektmanagement ebenfalls in die Bezeichnung des Ausschusses aufzunehmen, ohne aus historischen Gründen auf die Netzplantechnik zu verzichten, war noch in den Siebzigerjahren der Name in „Ausschuss für Netzplantechnik und Projektmanagement" (ANPM) erweitert worden. 1994 wurde im Zuge einer Rationalisierungswelle beim DIN der bisher selbständige Arbeitsausschuss dem „Normenausschuss Qualitätsmanagement, Statistik und Zertifizierungsgrundlagen" (NQSZ) mit etwa dem alten Titel „Arbeitsauschuss Netzplantechnik und Projektmanagement" (NQSZ-4) angegliedert. Leider wurde die Bitte abgelehnt, die Sammelbezeichnung NQSZ noch um ein P (für Projektmanagement) zu erweitern, weil sonst die Bezeichnung zu lang geworden wäre.

Vom AKOR (inzwischen DGOR Deutsche Gesellschaft für Operations Research) hatte sich der Ausschuss zwischenzeitlich gelöst und arbeitete nun noch enger mit der GPM zusammen.

Angeregt durch die neue Nachbarschaft zum Qualitätsmanagement und dem dort bei der Familie ISO 9000 vollzogenen Wechsel von der Qualitätssicherung über das Qualitätsmanagement zu Qualitätsmanagementsystemen erkannte auch der NQSZ-4, dass bei den PM-Normen die systemische Betrachtung bisher zu kurz gekommen war. Also wurde DIN 69904 „Projektmanagementsysteme, Elemente und Strukturen" entwickelt. Der erste Norm-Entwurf enthielt auch noch Audits und Zertifikate für PM-Systeme. Nach Einspruch der QM-Kollegen befürchtete der NQSZ-Beirat jedoch eine die Wirtschaft belastende Flut von aufwändigen Zertifizierungen zusätzlich zu den QM-Zertifikaten, so dass diese Abschnitte in einem zweiten Norm-Entwurf entfernt wurden. Die so verkürzte Norm wurde im Jahr 2000 veröffentlicht.

Um die Jahrtausendwende war auf vielen Gebieten der Trend immer stärker geworden, Abläufe als Prozesse zu betrachten, z. B. bei den Qualitätsmanagement-Normen der Familie ISO 9000. In diesem Sinne war die zuletzt veröffentlichte PM-Norm DIN 69904 schon altmodisch, denn sie beschrieb die PM-Systeme nicht durch Prozesse, sondern teilte sie in 19 Elemente. Aber auch die anderen PM-Normen, vor allem die aus dem Jahr 1987, brauchten eine Aktualisierung. So fasste der NQSZ-4 den Plan zur Überarbeitung aller sieben PM-Normen und bekam dafür die Zustimmung des NQSZ-Beirats. Zur Vorbereitung richtete die GPM dann 2003 die schon erwähnte Fachgruppe „Projektmanagement-Normen" ein, die Ende 2006 einen entsprechenden Norm-Vorschlag an das DIN lieferte. Nach Diskussion im NQSZ-4 wurden im Herbst 2007 folgende Normentwürfe zur Stellungnahme herausgegeben:

- E DIN 69900   Projektmanagement, Netzplantechnik, Beschreibungen und Begriffe
- E DIN 69901-1   Projektmanagement, Projektmanagementsysteme, Teil 1: Grundlagen
- E DIN 69901-2   Projektmanagement, Projektmanagementsysteme, Teil 2: Prozesse, Prozessmodell
- E DIN 69901-3   Projektmanagement, Projektmanagementsysteme, Teil 3: Methoden
- E DIN 69901-4   Projektmanagement, Projektmanagementsysteme, Teil 4: Daten, Datenmodell
- E DIN 69901-5   Projektmanagement, Projektmanagementsysteme, Teil 5: Begriffe

Anmerkung: Das E vor DIN bedeutet „Entwurf".

Die wesentlichen Neuerungen waren:

- ein Modell der PM-Prozesse mit standardisierten Prozessbeschreibungen
- eine Kurzbeschreibung typischer PM-Methoden
- ein Modell für Speicherung und Weitergabe von Projektdaten
- eine Aktualisierung und Zusammenfassung der Begriffe aus den jetzigen Normen

Nach der Einspruchsberatung im April 2008 erschien im Januar 2009 die Endausgabe dieser Normen.

Übrigens: In 2008 wurde der Name des Ausschusses in „Arbeitsausschuss Projektmanagement" verkürzt.

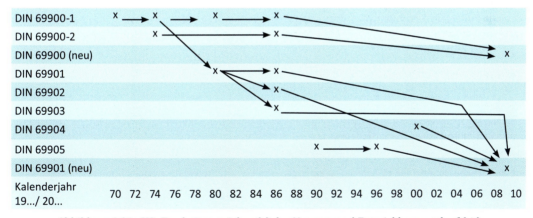

Abbildung 1.21a-V3: Erscheinungsjahre (x) der Normen und Entwicklungsverlauf (→)

2.2.4 Inhalte der deutschen Projektmanagement-Normen

a) DIN 69900 Projektmanagement, Netzplantechnik, Beschreibungen und Begriffe

Diese Norm entstand aus der Zusammenfassung der beiden bisherigen Normen über Netzplantechnik (DIN 69900, Teile 1 und 2). Als Ergänzung wurden auch die Darstellungsformen Terminliste und Balkenplan aufgenommen, da sie auch als Netzpläne betrachtet werden können, sobald Abhängigkeiten mit einbezogen werden.

So werden also in der Norm zunächst netzplanspezifische Begriffe definiert, dann nach einer Einführung über Ablauf- und Terminplanung erst Terminliste und Balkenplan behandelt, dann im Hauptkapitel Netzplan die Themen Netzplan-Darstellung, Netzplan-Berechnung (neu!), zeitmaßstäblicher Netzplan (bzw. je nach Betrachtungsweise auch vernetzter Balkenplan, die heute übliche Darstellung bei Einsatz von PM-Software), tabellarische Netzplan-Darstellung und Mischformen von graphischer und tabellarischer Darstellung.

💡 **Tipp** Der Sinn dieser verhältnismäßig ausführlichen Behandlung ist es, dem Computer-Anwender die Funktionen seiner PM-Software (und ihrer Hintergründe) zu erläutern, aber auch das manchmal noch praktizierte Erstellen von Terminplänen von Hand zu unterstützen.

Wie erwähnt enthält diese Norm auch die zur Netzplantechnik gehörenden Begriffe (Benennungen und Definitionen):

Ablaufelement, Anfangsfolge, Anordnungsbeziehung, Anschlussknoten, Anschlussverbindung

Balken, Balkenplan, bestimmender Weg

Darstellungselement, Dauer

Endfolge, Entscheidungsereignis, Entscheidungsknoten, Entscheidungsnetzplan, Ereignis, Ereignisknoten-Netzplan, Ersatzanordnungsbeziehung, Ersatzvorgang

Feinnetzplan, freie Pufferzeit, früheste Lage, frühester Anfangstermin, frühester Anfangszeitpunkt, frühester Anfang, frühester Endtermin, frühester Endzeitpunkt, frühester Termin, frühester Zeitpunkt, frühestes Ende

gesamte Pufferzeit, Gesamtnetzplan, Grobnetzplan

häufigste Dauer

Knoten, kritischer Weg

maximale Dauer, maximaler Zeitabstand, Mehr- und Teilnetzplantechnik, Meilenstein, Meilenstein-Netzplan, minimale Dauer, minimaler Zeitabstand, mittlere Dauer

Nachfolger, Netzplan-Methode, Netzplan-.Modul, Netzplanart, Netzplan, Netzplanrechnung, Netzplantechnik, Netzplanverdichtung, Netzplanverfahren, Netzplanverfeinerung, Netzplanverknüpfung, Netzplanzerlegung, Normalfolge, Nutzungsdauer

optimistische Dauer

pessimistische Dauer, Pfeil, Planwert, Projektende, Projektstart, Projektstarttermin, Puffer, Pufferzeit

Rahmennetzplan

Scheinvorgang, Schleife, Schlüsselvorgang, Schranke, Sollintervall, späteste Lage, spätester Anfang, spätester Anfangstermin, spätester Anfangszeitpunkt, spätester Endtermin, spätester Endzeitpunkt, spätester Termin, spätester Zeitpunkt, spätestes Ende, Sperrintervall, Sprungfolge, Standardnetzplan, Startereignis, Startknoten, Startvorgang

Teilnetzplan, Termin

unabhängige Pufferzeit

vernetzter Balkenplan, Vorgang, Vorgänger, Vorgangsknoten-Netzplan, Vorgangspfeil-Netzplan

Weg

Zeitabstand, zeitliche Lage, Zeitpunkt, Zielereignis, Zielknoten, Zielvorgang

b) DIN 69901-1 Projektmanagement, Projektmanagementsysteme, Teil 1: Grundlagen

Diese Norm bildet den Einstieg zu den folgenden Normen über Projektmanagementsysteme und behandelt deren Grundlagen mit den Themen:

Ziele des Einsatzes von Projektmanagementsystemen, ihr Modellcharakter, ihre wesentlichen Eigenschaften, die Erwartungen der Trägerorganisation an ihren Einsatz und die Unterstützung der Anwendung durch die Trägerorganisation. Den Abschluss bilden Hinweise für die Dokumentation des Projektmanagementsystems und Regeln für Projektmanagementprozesse.

c) DIN 69901-2 Projektmanagement, Projektmanagementsysteme, Teil 2: Prozesse, Prozessmodell

Das Prozessmodell ist der Kern der Normen über Projektmanagementsysteme.

Bei den einführenden Erläuterungen wird die Prozessorientierung begründet, dann ein Prozesshaus mit Führungs-, Projektmanagement-, Unterstützungs- und Wertschöpfungs-Prozessen beschrieben und ein Hinweis zum Multi-Projektmanagement (Programme und Portfolios) und seinem übergeordneten Charakter gegeben.

Danach werden die für ein Projektmanagementsystem empfohlenen PM-Prozesse mit ihren Benennungen zunächst als Tabelle und anschließend als Diagramm dargestellt, wobei sie nach den Phasen Initialisierung, Definition, Planung, Steuerung und Abschluss gegliedert werden. Darauf folgen standardisierte Beschreibungen dieser Prozesse.

Tipp Gemäß der Empfehlung, aus diesem umfassenden Prozessmodell jeweils eine bedarfsorientierte Auswahl zu treffen, lassen sich damit Projektmanagementsysteme aller Arten und Größen aufbauen.

Näheres zu diesem Prozessmodell ist im Eingangsartikel 1.00 Projekt, Projektmanagement und Projektprozesse zu finden.

d) DIN 69901-3 Projektmanagement, Projektmanagementsysteme, Teil 3: Methoden

In Anbetracht der umfangreichen Literatur über die zahlreichen nützlichen Methoden bei der Anwendung von Projektmanagement werden hier nur für PM spezifische Methoden behandelt, nämlich:

- Aufwandschätzung (mit verschiedenen Möglichkeiten)
- Projektcontrolling (u.a. Earned Value Analysis und Meilensteintrend-Analyse)
- Projektvergleich
- Projektstrukturierung

e) DIN 69901-4 Projektmanagement, Projektmanagementsysteme, Teil 4: Daten, Datenmodell

Das neu hinzugekommene Datenmodell beschreibt auf fachlicher Ebene elementare Datenstrukturen des Projektmanagements. Sein Zweck ist die Erleichterung von

- Datenarchivierung
- Datenaustausch zwischen Organisationen und Softwaresystemen
- Erstellen von Spezifikationen für PM-Software

Berücksichtigt wurden die Gebiete: Projektstammdaten, Produkt- und Ergebnisplanung, Auftragsmanagement, Terminmanagement, Ressourcenstammdaten, -planung und –steuerung, Reporting, Basis- und Bewegungsdaten für Kostenmanagement, Bewertungssystem, Dokumente und Termine.

f) DIN 69901-5 Projektmanagement, Projektmanagementsysteme, Teil 5: Begriffe

Für diese Norm wurden aus den bisherigen Normen DIN 69901 bis 69905 alle Begriffe zusammengetragen und auf Aktualität geprüft. Auf einen Teil der Begriffe wurde verzichtet, einige wurden geändert, neue Begriffe kamen hinzu. Nun enthält die Norm:

Ablaufplan, Ablaufstruktur, Abnahme, Abschlussphase, Änderung, Änderungsmanagement, Anforderung, Arbeitsaufwand, Arbeitspaket, Aufwand, Aufwandsermittlung, Aufwandsschätzung, Auslastungsgrad

Definitions-Phase

Einsatzdauer, Eintrittswahrscheinlichkeit, Erfahrungssicherung

Fertigstellungsgrad, Fertigstellungswert, Finanzmittel, Finanzmittelplan, Freigabe, Funktionendiagramm

Informations- und Berichtswesen, Initialisierungsphase, Istwert

Kick-Off-Meeting, Kommunikationsmatrix, Kosten-Entwicklungsindex, Kostenplan, Kostenrahmen

Lastenheft, Leistungsnachweis, Lenkungsausschuss, Liefergegenstand

Meilensteinplan, Meilensteintrendanalyse, Multiprojektmanagement

Nachforderung

Pflichtenheft, Phasenfreigabe, Planungsphase, Planwert, Projekt, Projektabschlussbericht, Projektbeteiligter/Stakeholder, Projektart, Projekt-Aufbauorganisation, Projektauftrag, Projektbericht/Projektstatusbericht, Projektbewertung, Projektbudget (Budget), Projektchance, Projektcontrolling, Projektdokumentation, Projekterfahrung, Projekterfolg, Projektfortschritt, Projekthandbuch, Projektidee, Projektinhalt, Projektkalkulation, Projektlebenszyklus, Projektmanagement, Projektmanagementerfolg, Projektmanagementhandbuch, Projektmanagementmethode, Project Management Office, Projektmanagementphase, Projektmanagementprozess, Projektmanagement-Reifegrad, Projektmanagementsystem, Projektmarketing, Project Office, Projektorganisation, Projektplan, Projektrisiko, Projekt-Start-Workshop, Projektstruktur, Projektstrukturebene, Projektstrukturierung, Projektstrukturplan, Projektteam, Projektteambildung, Projektteamentwicklung, Projektumfeld, Projektziel, Prozessgruppe, Prozesshaus

Qualitätssicherungsplan

Ressource, Ressourcenbedarf, Ressourcenhistogramm, Ressourcenplan, Risikoanalyse, Risikobewertung, Risikofaktor, Risikoidentifikation, Risikomanagement, Risiko-Maßnahmenplan

Sollwert, Stakeholderanalyse, Steuerungsphase

Terminentwicklungsindex, Tragweite

Vertragsmanagement

Wissensaustausch

Zahlungsplan, Zieldefinition, Zielerreichung

Anmerkung: Einige Begriffe, die nach ihrer Benennung allgemeiner Art zu sein scheinen, wurden auf das Gebiet Projektmanagement bezogen definiert, ohne vor die Benennung „Projekt-" bzw. „Projektmanagement-" zu setzen. Sie sind aber in diesem Sinn zu verstehen, so z. B. Kostenplan als Projekt-Kostenplan, also ohne Einbeziehung sonstiger Kostenpläne der betrachteten Organisation.

2.2.5 Weitere in Deutschland im Projektmanagement verwendete Normen

Außer den oben genannten nationalen Normen werden die folgenden, international entwickelten Normen darüber hinaus ebenfalls von deutschen PM-Fachleuten verwendet. Sie werden zum Teil weiter hinten im Beitrag noch gesondert behandelt.

Für Qualitätsmanagement:
- DIN EN ISO 9000 Qualitätsmanagementsysteme – Grundlagen und Begriffe
- DIN EN ISO 9001 Qualitätsmanagementsysteme – Anforderungen
- DIN EN ISO 9004 Qualitätsmanagementsysteme – Leitfaden zur Leistungsverbesserung
- ISO 10006 Quality management systems – Guide to quality management in projects

Für Konfigurationsmanagement:
- DIN ISO 10007 Qualitätsmanagement – Leitfaden für Konfigurationsmanagement

Für Risikomanagement:
- DIN/IEC 62198 Risikomanagement für Projekte – Anwendungsleitfaden

3 Zusammenfassung

In der Einleitung werden die Begriffe Normung und Norm definiert und durch zugrunde liegende Grundsätze und Ziele erläutert. Danach folgt ein Kapitel Normen mit einer Aufzählung von Normenarten sowie einer Beschreibung, wie die deutsche PM-Normung organisiert ist und welche Schritte zum Erstellen einer DIN-Norm erforderlich sind.

Die historische Entwicklung der deutschen PM-Normen von den Anfängen bis zur Gegenwart wird ausführlich behandelt.

Letzter Stand 2009 sind die neuen Normen:
- DIN 69900   Projektmanagement, Netzplantechnik, Beschreibungen und Begriffe
- DIN 69901-1 Projektmanagement, Projektmanagementsysteme, Grundlagen
- DIN 69901-2 Projektmanagement, Projektmanagementsysteme, Prozesse, Prozessmodell
- DIN 59901-3 Projektmanagement, Projektmanagementsysteme, Methoden
- DIN 69901-4 Projektmanagement, Projektmanagementsysteme, Daten, Datenmodell
- DIN 69901-5 Projektmanagement, Projektmanagementsysteme, Begriffe

Die Inhalte dieser aktuellen PM-Normen DIN 69900 (für Netzplantechnik) und DIN 69901 (für prozessorientierte Projektmanagementsysteme) werden kurz umrissen. Von den dort definierten Begriffen werden die Benennungen in alphabetischer Reihenfolge aufgeführt, so dass sich der Leser ein Bild davon machen kann, für welche Begriffe er in den Normen die entsprechenden Definitionen findet.

Den Abschluss bildet ein Blick auf eine kleine Auswahl weiterer Normen, die nicht in Deutschland entstanden sind, sich aber auch hier bei der Anwendung von Projektmanagement als hilfreich erwiesen haben.

4 Fragen zur Wiederholung

1. Was bedeutet Normung? ☐
2. Was ist eine Norm? ☐
3. Was sind typische Normenarten? Bitte aufzählen! ☐
4. Welche Rolle spielt das DIN Deutsche Institut für Normung generell bei der Erstellung einer DIN-Norm? ☐
5. Was sind „interessierte Kreise"? ☐
6. Wie heißt innerhalb der DIN-Organisation das Gremium, das für die deutsche PM-Normung zuständig ist? ☐
7. In welchen Schritten läuft die Erstellung einer DIN-Norm ab? ☐
8. Wann und mit welchem Teilgebiet des Projektmanagement begann die deutsche PM-Normung? ☐
9. Was für ein Modell bildet den Kern der heutigen Norm DIN 69901 Projektmanagementsysteme? ☐
10. Aus wie viel Teilen (d. h. Normblättern) besteht die heutige DIN 69901? ☐
11. Was ist jeweils das Hauptthema dieser Teile, das sie unterscheidet? ☐
12. In welchen aktuellen PM-Normblättern werden PM-Begriffe definiert? ☐
13. Für welche Teil- oder Nebengebiete des PM werden andere hilfreiche Normen empfohlen? ☐

1.21b Normen und Richtlinien

Gernot Waschek

Lernziele

Sie kennen

- den Ablauf der Erstellung einer Norm bei der ISO (International Organization for Standardization)
- den Ablauf der Erstellung einer Norm beim CEN (European Committee for Standardization)
- ausländische und internationale Normen für PM oder PM-relevante Themen
- einige fachspezifische Richtlinien und Reifegrad-/Bewertungsmodelle
- einige wesentliche branchenspezifische PM-Richtlinien in Deutschland

Inhalt

1	Einleitung	1861
2	Ausländische und internationale Normen	1861
2.1	Stand der ausländischen Projektmanagement- Normung	1861
2.2	Organisation und Erstellung von Normen bei der ISO	1862
2.3	Organisation und Erstellung von Normen beim CEN	1863
2.4	Stand der internationalen Projektmanagement-Normung	1863
3	Weitere Projektmanagement-Standards und -Richtlinien	1864
3.1	Ersteller und Bedeutung	1864
3.2	Fachspezifische Richtlinien	1864
3.2.1	IPMA Competence Baseline (ICB)	1864
3.2.2	Guide to the Project Management Body of Knowledge" (PMBOK Guide)	1864
3.2.3	Reifegradmodelle	1865
3.3	Verbands- und branchenspezifische Richtlinien	1866
3.3.1	Verdingungsordnung für Leistungen (VOL) und Vergabe- und Vertragsordnung für Bauleistungen (VOB)	1866
3.3.2	Honorarordnung für Architekten und Ingenieure (HOAI)	1867
3.3.3	Vorgehensmodell (V-Modell)	1868
3.4	Unternehmensspezifische Richtlinien	1868
4	Probleme bei der Normung	1868
5	Zusammenfassung	1870
6	Fragen zur Wiederholung	1871

1 Einleitung

So wie es in Deutschland das DIN als nationale Normungsorganisation gibt, so verfügen auch fast alle anderen Länder über nationale Normungsorganisationen. Oft sind dort ebenfalls PM-Normen erschienen, wie der unter 2.1 folgende, kurze Überblick zeigt.

Dazu haben sich aber auch noch internationale Organisationen gebildet, in denen mehrere nationale Normungsorganisationen zusammenarbeiten. In Europa, also regional, ist dies das European Committee for Standardization (CEN), weltweit die International Organization for Standardization (ISO).

Grundsätzlich wird angestrebt, die Vielfalt an Normen zu beschränken. Das bedeutet, dass man anstelle selbstentwickelter Normen nicht nur brauchbare Normen aus anderen Ländern bilateral anerkennt, sondern gleich bei der Normenerstellung möglichst mit vielen anderen Ländern im CEN oder bei der ISO zusammenarbeitet, um diese Norm dann später in das nationale Normenwerk zu übernehmen. Wegen der größeren Verbreitung haben die internationalen Normen der ISO dabei Vorrang gegenüber europäischen und diese wiederum gegenüber nationalen Normen. Denn „Internationale Normen von ISO und IEC dienen dem Welthandel, dem Verbraucher-, Arbeits- und Umweltschutz und dem weltweiten Technologietransfer." (Memorandum des DIN „Normung in Europa bis zum Jahre 2005", DIN-Normenheft 10, Grundlagen der Normungsarbeit des DIN, Beuth Verlag, Berlin/Wien/Zürich 2001, S.373)

Da Normen bekanntlich Empfehlungen sind, wird niemand in Deutschland daran gehindert, für sich selbst freiwillig oder in Absprache mit anderen Firmen (oder sonstigen Organisationen) auch ausländische oder international bei CEN oder ISO entstandene Normen zu nutzen. So kann z. B. eine deutsche Firma vertraglich verpflichtet werden, für einen Auftrag nach England eine britische Norm anzuwenden. Oft werden in Entwicklungsländern keine nationalen Normen erstellt, sondern man verwendet z. B. den US-amerikanischen Standard PMBOK Guide (s. 2.1), der schon wegen der weit verbreiteten englischen Sprache beliebt ist und meist sogar auch ohne Übersetzung verwendet werden kann.

2 Ausländische und internationale Normen

2.1 Stand der ausländischen Projektmanagement- Normung

In vielen Ländern werden nationale PM-Normen verwendet, die manchmal auch offiziell von anderen Ländern übernommen oder doch wenigstens in der Praxis genutzt werden. Eine vollständige Übersicht wäre zu umfangreich und änderungsanfällig. Deshalb hier nur einige Beispiele:

Österreich hat die in den Siebzigerjahren gemeinsam mit Deutschland erarbeiteten Netzplantechnik-Normen als ÖNORM übernommen. Später wurden noch die Normen DIN 69901, 69904 und 69905 hinzugefügt.

Die **Schweiz** verwendete anfangs keine eigenen Normen, sondern (im deutschsprachigen Teil des Landes). die großenteils gemeinsam erarbeiteten deutschen Standards. Inzwischen gibt es aber dort die eigene Normenreihe SC 640011ff über Projektbearbeitung.

In **Großbritannien** hat das British Standard Institute (BSI) eigene Normen veröffentlicht, die auch in den **Niederlanden** benutzt werden.

Auch **Frankreich** verwendet eigene Normen.

In den **USA** gibt es den vom Project Management Institute (PMI) herausgegebenen „Guide to the Project Management Body of Knowledge" (PMBOK Guide), der vom American National Standards Institute (ANSI) als nationale Norm anerkannt ist. Er wird auch in **Kanada**, **Japan** und vielen anderen Ländern verwendet und wurde in mehrere Sprachen übersetzt (auch auf deutsch).

2.2 Organisation und Erstellung von Normen bei der ISO

Die Entstehung einer Norm verläuft bei der „International Organization for Standardization" (ISO) mit Sitz in Genf ähnlich wie beim DIN in folgenden Stufen:

Interessierte Kreise eines Landes wenden sich an ihre nationale Normungsorganisation und schlagen eine internationale Norm für ein bestimmtes Thema vor. Bei Zustimmung wird zunächst die Organisation und Finanzierung des Sekretariats bei der nationalen Normungsorganisation geregelt, das später die laufenden Arbeiten koordiniert.

Der erste Schritt ist ein **New Work Item Proposal** (NWIP), der vom Technical Management Board (TMB) der ISO genehmigt und dann an die nationalen Organisationen aller relevanten Länder zur Abstimmung (Ballot) geschickt wird. Wenn über die Hälfte der Länder zustimmt, wird eine **Working Group** (WG) oder ein **Project Committee** (PC) eingerichtet, in das jedes Land Experten entsenden kann. Dies gilt auch für Länder, die bei der Abstimmung das Normungsprojekt abgelehnt haben. Dann steckt bei der Mitarbeit manchmal die Absicht dahinter, das Normungsprojekt zu bremsen oder wenigstens für ein harmloses Ergebnis zu sorgen, das der einheimischen Industrie nicht weh tut.

Wie auch bei DIN-Normen sind die Experten Mitarbeiter aus den interessierten Kreisen.

Wenn die nationale Normungsorganisation Experten zur Mitarbeit an einer ISO-Norm entsandt hat, wird der nationale Normen- bzw. Arbeitssauschuss zum **Spiegelgremium**, das die internationalen Arbeiten begleitet und Zwischenergebnisse mit den Experten diskutiert.

Dem NWIP kann bereits ein **Working Draft** (WD) als Vorschlag beiliegen, der dann bei der ersten Sitzung zu behandeln ist. Sonst ist von dem neu eingerichteten Gremium erst ein solcher WD zu erstellen. Normalerweise entsteht dieser WD durch Arbeitsteilung und Diskussion unter der Koordination eines Convenors.

Das Ergebnis ist der **Committee Draft** (CD), der den Ländern zur Abstimmung (Ballot) und für Stellungnahmen zugeschickt wird.

Bei befriedigendem Wahlergebnis mit mehr als 75 % Zustimmung bei den abgegebenen Stimmen werden die Stellungnahmen eingearbeitet und das Ergebnis als **Draft International Standard** (DIS) zur erneuten Abstimmung wieder verteilt.

Danach ist die letzte Stufe der **International Standard** (IS).

Standards, denen man nicht die volle Bedeutung eines IS verleihen will, werden als **Technical Report** (TR) veröffentlicht. Manchmal wird daraus später ein IS.

Vom DIN direkt übernommene ISO-Normen beginnen mit der Bezeichnung DIN ISO ...

Der ISO angeschlossen ist auch die „International Electrotechnical Commission" (IEC), die elektrotechnische Normen mit der ISO gemeinsam herausgibt (als ISO/IEC ...).

2.3 Organisation und Erstellung von Normen beim CEN

Entsprechendes gilt auch für die Europäische Normung durch das „European Committee for Standardization" (CEN) mit Sitz in Brüssel, in dem die **Europäischen Normen** (EN) herausgebracht werden. Die vorher zu erarbeitenden Normentwürfe heißen Draft European Standard bzw. Projet de Norme Européenne oder **europäischer Norm-Entwurf**. Die Abkürzung dafür ist prEN, woran man erkennt, dass für die CEN-Arbeit Dreisprachigkeit (Englisch, Französisch und Deutsch) vereinbart ist, aber die Abkürzungen von Gremien und Unterlagen von der französischen Bezeichnung – aber nicht immer konsequent – abgeleitet sind.

Erarbeitet werden die Normen in **Technischen Komitees**, die bei Bedarf auch Arbeitsgruppen einrichten können.

Auch hier gibt es wieder eine enge Verbindung mit der Elektrotechnik durch das European Committee for Electrotechnical Standardization (CENELEC) und gemeinsame Normen mit der Bezeichnung CEN/CENELEC ...

Europäische Normen können auch als nationale Normen übernommen werden und tragen dann die Bezeichnung DIN EN ..., als bereits von der ISO übernommene Normen DIN EN ISO ... Bei EU-Mitgliedsländern regelt das oft ein EU-Vertrag.

2.4 Stand der internationalen Projektmanagement-Normung

Weder beim CEN noch bei der ISO wurde bisher allgemeines Projektmanagement genormt. Es gab nur Teilbereiche:

- Aus der europäischen Normung wurden zahlreiche EN-Normen über **Raumfahrt-Projektmanagement** als nationale Normen auch vom DIN übernommen.

- Bei der ISO wurde für das **Qualitätsmanagement** die bekannte Normenfamilie
  ISO 9000 entwickelt, die weltweit angewendet wird. Für PM wesentliche Normen dieser Familie sind:
    - DIN EN ISO 9000 Qualitätsmanagementsysteme – Grundlagen und Begriffe
    - DIN EN ISO 9001 Qualitätsmanagementsysteme – Anforderungen
    - DIN EN ISO 9004 Qualitätsmanagementsysteme – Leitfaden zur Leistungsverbesserung
  Speziell für Projektqualität geschaffen wurde
    - ISO 10006 Quality management systems, Guidelines to quality management in projects.

- DIN ISO 10007 Qualitätsmanagementsysteme, Leitfaden für **Konfigurationsmanagement**

- Für **Risikomanagement** brachte die ISO den
    - ISO/IEC Guide 73 Risk Management – Vocabulary – Guidelines for use in standards
  heraus, der zur Zeit überarbeitet wird. Parallel dazu wird in enger Abstimmung an einer neuen Norm gearbeitet, die
    - ISO 31000 Risk management – Guidelines on principles and implementation of risk management
  heißen wird.

Besonders zu begrüßen ist deshalb ein neuer Plan der ISO, nun endlich doch eine eigene PM-Norm zu entwickeln mit der Bezeichnung

- ISO 21500 **Project management** – A guide for project management
  Die ISO hat dafür ein Project Committee 236 (PC 236) eingerichtet. Das Sekretariat liegt beim ANSI in New York, Convenor ist der britische Professor Dr. Jim Gordon, der bereits die Arbeiten zur ISO 10006 koordiniert hatte. Mit der Fertigstellung ist in einigen Jahren zu rechnen. Im PC 236 sind zur Zeit folgende Länder durch Experten vertreten: Australien, Österreich, Kanada, Finnland, Frankreich, Deutschland, Ghana, Indien, Israel, Japan, Niederlande, Portugal, Südafrika, Schweden, Großbritannien, USA. Die teilnehmenden deutschen Experten sind Mitarbeiter des NQSZ-4, der auch das Spiegelgremium darstellt.

Dieser Standard soll jeweils in Verbindung mit nationalen Normen betrachtet werden und diese nicht ersetzen.

3 Weitere Projektmanagement-Standards und -Richtlinien

3.1 Ersteller und Bedeutung

Für manche Branchen, Berufsverbände oder Unternehmen sind einige der allgemein vorhandenen Normen nicht ausführlich genug oder treffen nicht genau die dort gewünschten, spezifischen Anforderungen. In solchen Fällen haben sich Fachleute aus diesen Bereichen zusammengefunden, besondere Standards und Richtlinien entwickelt und mit ihren Auftraggebern und sonstigen Interessenten abgestimmt. Dies betrifft auch einige Anwendungsgebiete des Projektmanagements. Naturgemäß ist bei derart selbstgeschaffenen Richtlinien dann die Praxisnähe und Anwendungstreue besonders groß.

3.2 Fachspezifische Richtlinien

3.2.1 IPMA Competence Baseline (ICB)

Ein gerade hier besonders wichtiges Beispiel ist die IPMA Competence Baseline (ICB) der International Project Management Association (IPMA), die inzwischen in der dritten Version als ICB 3.0 erschien und dem vorliegenden Fachbuch als Grundlage diente.

Sie wurde vor allem als weltweiter Standard für mehrstufige Personen-Zertifizierungen (und damit auch für die Ausbildung) im Projektmanagement geschaffen, um eine vergleichbare Basis sicher zu stellen. Ihr Inhalt wird als bekannt vorausgesetzt und muss hier nicht näher beschrieben werden.

3.2.2 Guide to the Project Management Body of Knowledge" (PMBOK Guide)

Einen ähnlichen Zweck hatte auch der „Project Management Body of Knowledge" (PMBOK), der 1985 vom US-amerikanischen Project Management Institute (PMI) herausgebracht wurde. Er sollte das zur damaligen Zeit gesamte Wissen über PM umfassen, war aber dadurch so umfangreich und wegen der schwierigen Koordination zwischen den zahlreichen Autoren so heterogen geworden, dass das PMI spätere Ausgaben nur noch als Guide, also Leitfaden veröffentlichte.

Wie schon erwähnt ist der heutige „Guide to the Project Management Body of Knowledge" (PMBOK Guide) eine offizielle ANSI-Norm und die Basis für die Personen-Zertifizierung nach PMI-Standard für den „Project Management Professional" (PMP).

3.2.3 Reifegradmodelle

Vor allem um den Stand der „Reife" von Datenverarbeitungs-Organisationen oder speziell von Prozessen zur Software-Entwicklung zu bewerten, wurden in den letzten Jahren mehrere Reifegradmodelle entwickelt und zur Anwendung empfohlen. Diese Standards dienen zur Einzelbewertung, aber auch zum Vergleich verschiedener Organisationen. Generell besteht die Tendenz, Modelle, die ursprünglich für den Datenverarbeitungsbereich konzipiert waren, auch auf andere PM-Anwendungen auszuweiten.

Reifegradmodelle bestehen grundsätzlich aus einem Prozessmodell zum Vergleich mit dem eigenen Projektmanagementsystem und einem Bewertungsmodell, um die Reife der vergleichbaren eigenen Prozesse zu ermitteln und in ein grobes Skalenschema einzustufen. Die Reife kann normalerweise nach einem Assessment durch ein Zertifikat bestätigt werden.

a) Beispiel: CMMI

Eines dieser Reifegradmodelle ist das CMMI (Capability Maturity Model Integrated), das als Nachfolger von CMM (Capability Maturity Model) ebenfalls vom Software Engineering Institute (SEI) der Carnegie Mellon University in den USA seit 1997 entwickelt wurde. Es ist recht ausgereift, vor allem im angelsächsischen Raum weit verbreitet, beruht auf einer Sammlung von Best Practices und verträgt sich gut mit Methoden wie RUP (Rational Unified Process) oder PRINCE2 (PRojects IN Controlled Environment 2). Sein Schwerpunkt ist die Bewertung von Software- und Hardware-Entwicklungsprozessen.

Da CMMI vorhandene ISO-Standards berücksichtigen wollte, hat es eine gewisse Verwandtschaft zu SPICE und den Normen ISO/IEC 15504 „Information technology – Process assessment – Parts 1-5" sowie ISO/IEC 12207 „Information technology – Software life cycle processes", die auch eine wesentliche Grundlage von SPICE bilden.

Für die Bewertung der Reife bietet CMMI zwei Möglichkeiten: Beim „kontinuierlichen Modell" trifft der Bewerter bzw. sein Auftraggeber eine Auswahl aus den angebotenen 22 Prozessgebieten, für die dann einzeln der Capability Level (Fähigkeitsgrad) festgestellt wird. Dieses Modell eignet sich z. B. für IT-Anbieter, die nicht das gesamte Prozess-Spektrum abdecken. Firmen mit voller Abdeckung dagegen wählen meist das „stufenförmige Modell" für das gesamte Unternehmen mit 5 Reifegraden.

Das System kann durch interne Assessoren eingesetzt werden. Für die unabhängige Zertifizierung durch externe, vom SEI ausgebildete Assessoren wurde SCAMPI eingeführt (Standard CMMI Appraisal Method for Process Improvement).

b) Beispiel: SPICE

Ein anderes Reifegradmodell ist das erwähnte SPICE (Software Process Improvement and Capability Evaluation, wobei "Evaluation" später in "Determination" geändert wurde, ohne auch die Abkürzung zu ändern, deshalb sieht man auch manchmal die Schreibweise „Software Process Improvement and Capability dEtermination"). Es dient zur Bewertung von Software- und System-Entwicklungsprozessen.

Das Modell

- beruht auf der Norm ISO/IEC 15504 „Information technology – Process assessment – Parts 1-5" („SPICE-Norm") und
- besteht aus einem Prozessreferenzmodell, das sich meist an der Norm ISO/IEC 12207 „Information technology – Software life cycle processes" orientiert und
- einem Prozessassessmentmodell zur Bewertung der Prozessreife.
- Die Reifegradstufen ergeben sich aus einem Bewertungsrahmen und reichen von Level 0 (unvollständig) bis Level 5 (optimierend).

Die Anwendung kann im Selbstassessment erfolgen oder durch externe Assessoren, für die es eine spezielle Ausbildung gibt.

Mit Automotive SPICE wurde sogar eine branchenbezogene Variante entwickelt.

c) Beispiel: OPM3

OPM3, das Organisational Project Management Maturity Model ist ein vom PMI entwickeltes Reifegradmodell auf der Basis des PMBOK Guide und auf allgemeine Projektprozesse bezogen.

d) Beispiel: PM DELTA compact

Dieses von der GPM entwickelte, software-gestützte Diagnosesystem als Standard zur Beurteilung von PM-Systemen wurde von vornherein für PM-Systeme aller Größen und Branchen konzipiert. Es basiert auf der DIN 69904, enthält eine feinere Skalierung als die üblichen Reifegradmodelle und erlaubt internes und externes (anonymes) Benchmarking mit anderen derartig bewerteten PM-Systemen. Zur Zeit wird es auf die neue Norm DIN 69901 umgestellt und für weitere Anwendungsmöglichkeiten ausgebaut.

e) Beispiel: Project Excellence

Das Bewertungsmodell Project Excellence wurde ebenfalls von der GPM entwickelt als Maßstab für die jährliche Vergabe des PM Awards an erfolgreiche Projektteams. Auch hier bieten die Ergebnisse die Möglichkeit für ein internes oder externes Benchmarking.

3.3 Verbands- und branchenspezifische Richtlinien

3.3.1 Verdingungsordnung für Leistungen (VOL) und Vergabe- und Vertragsordnung für Bauleistungen (VOB)

Nach diesen beiden Richtlinien werden von der öffentlichen Hand Aufträge vergeben. Sie sind wichtig für das Projektmanagement derartiger Aufträge.

So ist z. B. in der VOL, Teil B geregelt, dass „Abnahme" im öffentlichen Recht nur die Abnahmeerklärung bedeutet, nicht aber die vorher für eine Abnahme erforderlichen Prüfungen der Leistungserfüllung, die in der Privatwirtschaft üblicherweise mit eingeschlossen werden. Die vom DIN herausgegebene VOB enthält in ihrem ersten Teil (VOB/A, Bezeichnung DIN 1960) die Allgemeinen Bestimmungen für die Vergabe von Bauleistungen, also die Ausschreibungsregeln. Dieser Teil ist für die öffentliche Hand bindend.

Der zweite Teil (VOB/B bzw. DIN 1961) umfasst die Allgemeinen Vertragsbedingungen für die Ausführung von Bauleistungen und wird auch gern von der Privatwirtschaft benutzt. Seine Anwendung muss allerdings in den Auftrag oder Vertrag erkennbar einbezogen werden und führt dann zu einem Werkvertrag gemäß VOB statt zu einem Werkvertrag gemäß BGB. Die dort behandelten Themen sind: Art und Umfang der Leistung, Vergütung, Ausführungsunterlagen, Ausführung, Ausführungsfristen, Behinderung und Unterbrechung der Ausführung, Verteilung der Gefahr, Kündigung durch den Auftraggeber, Kündigung durch den Auftragnehmer, Haftung der Vertragsparteien, Vertragsstrafe, Abnahme, Gewährleistung, Abrechnung, Stundenlohnarbeiten, Zahlung, Sicherheitsleistung, Streitigkeiten.

Im dritten Teil (VOB/C bzw. DIN 18 300ff) werden dann noch die Allgemeinen Technischen Vertragsbedingungen für Bauleistungen behandelt.

3.3.2 Honorarordnung für Architekten und Ingenieure (HOAI)

Der „Ausschuss der Ingenieurverbände und Ingenieurkammern für die Honorarordnung e.V." (AHO) hat auf der Grundlage des Gesetzes zur Regelung von Ingenieur- und Architektenleistungen eine „Honorarordnung für Architekten und Ingenieure" HOAI) entwickelt und herausgegeben (vgl. LOCHER, 2002). Sie gilt für öffentliche und private Architektenleistungen. Dort werden zunächst allgemeine Vorschriften behandelt und dann die Honorare für Leistungen bei Gebäuden, Freianlagen und raumbildenden Ausbauten, städtebaulichen Leistungen, Leistungen bei Ingenieurbauwerken und Verkehrsanlagen, Gutachten, Wertermittlungen usw.

Besonders wichtig ist der § 31 „Projektsteuerung" in Teil III „Zusätzliche Leistungen" mit acht typischen Leistungen der Projektsteuerung:

1. Klärung der Aufgabenstellung, Erstellung und Koordinierung des Programms für das Gesamtprojekt,
2. Klärung der Voraussetzungen für den Einsatz von Planern und anderen an der Planung fachlich Beteiligten (Projektbeteiligte),
3. Aufstellung und Überwachung von Organisations-, Termin- und Zahlungsplänen, bezogen auf Projekt und Projektbeteiligte,
4. Koordinierung und Kontrolle der Projektbeteiligten, mit Ausnahme der ausführenden Firmen,
5. Vorbereitung und Betreuung der Beteiligung von Planungsbetroffenen,
6. Fortschreibung der Planungsziele und Klärung von Zielkonflikten,
7. Laufende Information des Auftraggebers über die Projektabwicklung und rechtzeitiges Herbeiführen von Entscheidungen des Auftraggebers,
8. Koordinierung und Kontrolle der Bearbeitung von Finanzierungs-, Förderungs- und Genehmigungsverfahren.

Die Fachkommission „Projektsteuerung" des AHO hat diesen Paragraphen mit seiner komplexen Leistungsaufzählung noch kommentiert und um ein ausführliches Leistungsbild und ein Schema für die angemessene Honorierung ergänzt. Dazu wurden Projekte in Projektstufen eingeteilt, die einer groben Phasengliederung entsprechen:

1. Projektvorbereitung
2. Planung
3. Ausführungsvorbereitung
4. Ausführung
5. Projektabschluss

Für jede Projektstufe gibt es die folgenden Handlungsbereiche mit Kommentaren:

1. Organisation, Information, Koordination und Dokumentation
2. Qualitäten und Quantitäten
3. Kosten und Finanzierung
4. Termine, Kapazitäten und Logistik

Danach wird nach bestimmten Formeln das Honorar ermittelt.

3.3.3 Vorgehensmodell (V-Modell)

Das Vorgehensmodell (V-Modell) entstand im öffentlichen Bereich auf Bundesebene für die Software-Entwicklung. Es enthält auch Submodelle für Projekt-, Konfigurations- und Qualitätsmanagement und kann allgemeingültig verwendet werden, indem es durch „Tailoring" dem jeweiligen Zweck angepasst wird.

3.4 Unternehmensspezifische Richtlinien

Viele Unternehmen, Konzerne und andere Organisationen verwenden interne Richtlinien in Form von Projektmanagement-Handbüchern oder PM-Leitfäden, um organisationsweite PM-Standards sicherzustellen. Ihre Regeln beruhen meist auf oben genannten Normen und Richtlinien.

4 Probleme bei der Normung

a) **Gibt es fehlerfreie Normen?**
Einem Normenanwender fällt es leicht, sich über eine Norm aufzuregen. Wenn schon nicht insgesamt, so bestimmt im Detail. Aber das liegt in der Natur der Normung, bei der es der Ersteller nie allen Anwendern recht machen kann. Denn Normung ist immer ein Kompromiss.

b) **Warum soll ich mich in dieses „Korsett" zwängen?**
Normen werden oft als Hindernis gesehen, seine eigenen liebgewordenen Vorstellungen – oder die seiner Firma – in die Praxis umzusetzen. Dabei wird gern übersehen, dass Normen bewährte Vorgehensweisen empfehlen und die Verständigung erleichtern, also den „heilsamen Zwang" mehr als aufwiegen.

c) **Warum gerade dieser Umfang?**
In jeder Begriffsnorm wird der Anwender mindestens einen Begriff vermissen, der seiner Ansicht nach unbedingt hineingehört hätte. Andererseits wird sie immer Begriffe enthalten, die er entweder nicht braucht oder schon längst in der dort definierten Weise verwendet, so dass sie in der Norm für ihn „unnötig" sind.

d) **Zu viel oder zu wenig Praxisbezug?**
Praxisnahe Festlegungen in Normen können schnell veralten, wenn sie nicht immer wieder rasch der technischen, organisatorischen oder wissenschaftlichen Entwicklung angepasst werden. Werden sie dagegen nur kurz und abstrakt behandelt, gelten sie zwar länger, werden aber in der Praxis kaum verstanden oder benutzt.

e) **Zu frühe oder zu späte Festlegung?**
Wenn die Normer Begriffe sehr früh festlegen, werden diese oft als theoretisch und praxisfremd abgelehnt. Wenn sie dagegen erst einmal abwarten, welche Begriffe tatsächlich verwendet und somit in der Praxis gebraucht werden, müssen sie dann meist einen von mehreren konkurrierenden Begriffen wählen und verärgern damit die Anwender, deren längst eingeführte Begriffe nun wegfallen oder geändert werden sollen.

f) **Ist das die richtige Übersetzung?**
Oft entstehen konkurrierende, kaum noch nachträglich zu ändernde Begriffe bei Übersetzungen von Computerprogrammen, Bedienungsanleitungen und Literaturbeiträgen durch Nicht-PM-Fachleute, die es nicht für nötig halten, sich an der fachlichen Terminologie der Zielsprache zu orientieren. Ein typisches Beispiel ist die schon erwähnte unsterbliche „Aktivität" statt des schon seit über 35 Jahren eingeführten „Vorgangs".

g) **Kann sich eine deutsche Benennung auf Dauer gegen eine englische durchsetzen?**
Ein Grundsatz bei der DIN-Normung, der in den Sechzigerjahren noch viel stärker als heute verlangt wurde heißt: Englische Bezeichnungen sind nur zu verwenden, wenn es kein passendes deutsches Wort dafür gibt.

„Management" und „Projektmanagement" waren damals schon so weit verbreitet, dass diese Benennungen vom DIN akzeptiert wurden.

Aber es gab kein deutsches Wort für den allumfassenden Ausdruck „resources". Es hieß entweder Personal – dann gehörten die sonstigen Betriebsmittel nicht dazu, oder Betriebsmittel – dann durften die Mitarbeiter natürlich nicht dazu gerechnet werden. Das entsprechende umfassende Fremdwort wäre „Ressourcen" gewesen, aber das sollte auf DIN-Wunsch vermieden werden. Somit erfand der damalige Ausschuss für Netzplantechnik das neue Wort „Einsatzmittel" und definierte es im Sinne von Ressourcen. Da sich dieses Wort aber in den seither vergangenen Jahrzehnten nur teilweise durchsetzen konnte, verwendet die neue DIN 69901 nun doch die Benennung „Ressourcen".

Ähnlich erging es der „Projektwirtschaft". Dieser Begriff war als Obertitel für die Normenreihe DIN 69900 ff geschaffen worden, um neben Projektmanagement auch andere Gebiete dort unterzubringen. Obwohl einige PM-Fachleute diesen Begriff gerne aufgriffen, hat er sich in der Breite nicht durchgesetzt, so dass – auch wegen der besseren Übersetzbarkeit und der leichteren internationalen Verwendung – für die neue Normenreihe wieder „Projektmanagement" als Oberbegriff gewählt wurde.

h) **Wer steht hinter der Norm?**
Bei jeder Norm beruht ihre Akzeptanz auf einer möglichst umfassenden Übereinstimmung zwischen Entwicklern und Nutzern. Im Idealfall sollten sich die künftigen Nutzer schon bei der Entwicklung richtig vertreten fühlen. Aber natürlich können nicht alle Interessenten im Normen- bzw. Arbeitsausschuss direkt mitarbeiten. Deshalb ist es unumgänglich, jede Norm im Entwurfsstadium zu veröffentlichen und allen interessierten Fachleuten die Möglichkeit für Stellungnahmen einzuräumen. Bei den neuen Normen DIN 69900 und DIN 69901 geschah das sogar in zwei Stufen: Erst veröffentlichte die GPM-Fachgruppe „PM-Normen" ihren Norm-Vorschlag im Internet, wo Mitglieder und auch Nichtmitglieder zwei Monate lang ihre Meinung äußern konnten. Nach Einarbeiten dieser Stellungnahmen wurde der nach den DIN-Regeln überarbeitete Norm-Vorschlag als Norm-Entwurf noch einmal vom DIN vier Monate lang zur Diskussion gestellt, ehe er nach weiterer Überarbeitung als endgültige Norm veröffentlicht wurde.

5 Zusammenfassung

In der Einleitung wird zunächst der Unterschied zwischen ausländischen Normen, die in einem anderen Land entstanden sind, und internationalen Normen getroffen, die durch Zusammenarbeit zwischen mehreren Ländern entwickelt wurden. Generell wird internationale gegenüber nationaler Normung bevorzugt.

Es folgt ein kurzer Blick auf Beispiele nationaler PM-Normen in verschiedenen Ländern.

Danach wird geschildert, wie die weltweite internationale Normung bei der International Organization for Standardization (ISO) abläuft und in ähnlicher Weise auch regional in Europa beim European Committee for Standardization (CEN). Bei all diesen Normungsprojekten ist wie beim DIN eine Entwurfsphase mit der Möglichkeit zu Stellungnahmen und Änderungen vor der endgültigen Veröffentlichung eingeschoben.

Beim CEN gibt es zahlreiche PM-Normen für die Raumfahrt. Bei der ISO bis jetzt nur für Teilbereiche wie Qualitäts-, Konfigurations- und Risikomanagement. Seit kurzem wird aber auch hier an einer PM-Norm gearbeitet.

Neben den Normen der nationalen Normungsorganisationen wurden auch von Verbänden, Unternehmen und anderen Organisationen eigene Standards und Richtlinien für Projektmanagement oder mit starker Relevanz für dieses Gebiet geschaffen.

Hervorzuheben sind hier die IPMA Competence Baseline (ICB) und der Guide to the Project Management Body of Knowledge (PMBOK Guide) des PMI. Bewertungsstandards für Projektprozesse (vor allem in EDV-Organisationen) bieten mehrere Reifegradmodelle.

In Deutschland hat der öffentliche Dienst Verdingungsordnungen für Leistungen (VOL) und für Bauleistungen (VOB) herausgebracht, die teilweise auch in der Privatwirtschaft verwendet werden. Dies gilt auch für die Honorarordnung für Architekten und Ingenieure (HOAI), wo die Leistungen der Projektsteuerung beschrieben werden. Aus dem öffentlichen Bereich stammt auch das Vorgehensmodell (V-Modell), nach dem Projekte abgewickelt werden können.

Gemäß der Erkenntnis: „Allen Leuten recht getan, ist eine Kunst, die niemand kann." ist die Normung ein ständiges Streben nach Kompromissen zwischen den Interessenten unter Beachtung des Mottos: „So wenig wie möglich und so viel wie nötig normen."

6 Fragen zur Wiederholung

1	Was ist der Unterschied zwischen ausländischer und internationaler Normung?	☐
2	In welchen europäischen Ländern gibt es PM-Normen? Können Sie die im Beitrag genannten Beispiele noch aus Ihrer Kenntnis heraus ergänzen?	☐
3	Welche Bedeutung hat der PMBOK Guide als Norm?	☐
4	Wie heißt die europäische Normungsorganisation?	☐
5	Wie heißt die globale Normungsorganisation?	☐
6	Welche Normen hat sie herausgebracht, die auch für Projektmanagement wichtig sind?	☐
7	Wie heißen die beiden wichtigsten Veröffentlichungen von IPMA und PMI?	☐
8	Was ist der Zweck eines Reifegradmodells?	☐
9	Aus welchen beiden Hauptbestandteilen besteht es?	☐
10	Welche Bedeutung haben VOL und VOB?	☐
11	Was enthält die HOAI?	☐

1.22a IT im Projektmanagement

Mey Mark Meyer

Kontext und Bedeutung

Software ist zu einem grundlegenden Hilfsmittel geworden, das aus der täglichen Projektarbeit nicht mehr wegzudenken ist. Bei den in Projekten eingesetzten Programmen handelt es sich allerdings nicht zwangsläufig immer um speziell für das Projektmanagement konzipierte Software. Häufig kommen Tabellenkalkulationen zum Einsatz, beispielsweise für die Kostenverfolgung oder das Pflegen einfacher Terminlisten.

Dominierten in den 1980er Jahren noch weitgehend Einzelplatzsysteme die Produktlandschaft, so wurden die Systeme im Verlauf der 1990er Jahre zunehmend miteinander vernetzt. Mehrprojekt-Umgebungen entstanden und der Anwendungsfokus erweiterte sich – entsprechend der Entwicklung im Projektmanagement insgesamt – über Einzelprojekte hinaus auf das Management mehrerer Projekte. Etwa seit der Jahrtausendwende entwickeln zahlreiche Anbieter ihre mehrprojektfähige Software in Richtung eines Projektportfoliomanagements weiter. Diese umfangreichen Anwendungen bilden heute eine bedeutende und stetig wachsende Produktgruppe. Anders als in den frühen Jahren der Softwarenutzung ist die Auffassung, dass Projektmanagement nicht nur bedeutet, Software einzusetzen, inzwischen weit verbreitet. Software kann natürlich ein vorhandenes Projektmanagement lediglich unterstützen; richtig verwendet leistet sie aber dabei wertvolle Dienste. Der Gewinn bringende Einsatz einer passend dimensionierten Softwareunterstützung erfordert Kenntnisse darüber, was gängige Lösungen leisten können. Ebenso wichtig ist das Wissen um die typischen Erfolgsfaktoren und Fallstricke beim Softwareeinsatz.

Die ICB 3 widmet der Softwareunterstützung kein eigenständiges Element. Hinweise auf den Einsatz von Software finden sich stattdessen, mitunter indirekt, auf verschiedene Abschnitte der ICB verteilt. So verweist die ICB 3 auf die notwendige Bereitstellung geeigneter Werkzeuge für das Ressourcenmanagement, zu denen in der Praxis regelmäßig Software gehört. Im Zusammenhang mit dem Portfoliomanagement werden integrierte Projektmanagement-Informationssysteme ausdrücklich erwähnt. Auch Ablauf- und Terminplanungen sind ab einem gewissen Umfang ohne flankierende Softwareunterstützung nicht mehr wirtschaftlich vorzunehmen. Bei der Erfassung aktueller Projektstände, der Auswertung von Soll-Ist-Vergleichen oder dem Änderungsmanagement vermag Software es beispielsweise, den Umgang mit umfangreichen Datenbeständen zu erleichtern oder mittels Workflows aktiv zu unterstützen.

Die Gestaltung der Softwareunterstützung für das Projektmanagement erfordert eine elementübergreifende, integrative Sicht, da Softwaresysteme in der Regel die Aufgaben mehrerer ICB-Elemente abdecken. Die isolierte Betrachtung nur einzelner Elemente würde lediglich zu lokalen Optimierungen führen, während bei der Gestaltung der Softwareunterstützung die optimale Unterstützung des gesamten Projektmanagements im Vordergrund stehen muss. Aus diesem Grund widmet sich dieses Kapitel gesondert dem Thema „Software".

Lernziele

Sie kennen

- die sieben unterschiedlichen Kategorien von Software für das Projektmanagement und sind in der Lage, Projektmanagement-Software darin einzuordnen
- die Chancen und Risiken, die mit einem Softwareeinsatz verbunden sind
- den Zusammenhang zwischen Projektmanagement-Kultur und dem Einsatz von Projektmanagement-Software

Sie wissen

- mit welchen Funktionen PM-Software in verschiedenen Einsatzfeldern, wie Ablauf- und Terminplanung, Ressourcenmanagement, Fortschrittserfassung oder auch bei der Zusammenarbeit im Projektteam, unterstützend zum Einsatz gebracht werden kann
- dass eine Softwareunterstützung im Multiprojektmanagement nur erfolgreich sein kann, wenn alle Beteiligten mitziehen, und können dies auch begründen

Sie können

- einschätzen, welche Bedeutung Projektmanagement-Software in einem Projektmanagement-System hat und wie die einzelnen Daten miteinander zusammenhängen

Inhalt

1	Einleitung	1876
2	Klassifizierung von Software für das Projektmanagement	1876
2.1	Kommunikations- und Teamplattformen	1877
2.2	Projektmanagement-Software	1878
2.2.1	Softwarefunktionalität für das Einzelprojektmanagement	1878
2.2.2	Softwarefunktionalität für das Multiprojektmanagement	1880
2.2.3	Softwarefunktionalität für das Projektportfoliomanagement	1882
2.3	Spezifische funktionale Software	1884
2.4	Arbeitsplatzsoftware	1884
2.5	Teachware	1884
3	Chancen und Risiken eines Softwareeinsatzes im Projektmanagement	1885
3.1	Analyse umfangreicher Datenbestände	1885
3.2	Transparenz im Projektgeschehen	1886
3.3	Dokumentation und Erfahrungssicherung	1887
3.4	Unterstützung der Kommunikation	1888
3.5	Konzeption der Softwarenutzung	1888
3.6	Softwaregestützte Planung	1889
4	Zusammenfassung	1890
5	Fragen zur Wiederholung	1890

1 Einleitung

Zur Unterstützung der Projektarbeit steht eine große Anzahl an Softwarelösungen zur Verfügung. Wer sich als Projektleiter oder Mitarbeiter eines Projektmanagement-Büros einen Überblick über das Angebot verschaffen möchte, findet sich rasch vor einem umfangreichen Berg an Informationen wieder, den es zu strukturieren gilt. Eine Klassifizierung der Produkte gemäß der von ihnen gebotenen Funktionalität erleichtert die Übersicht; die einzelnen Programme einer Kategorie lassen sich dann leichter miteinander vergleichen.

Der Softwareeinsatz im Projektmanagement bietet eine Reihe von Vorteilen, birgt aber auch Risiken. Das Wissen hierüber ist unerlässlich, wenn die Frage beantwortet werden soll, ob eine Softwareunterstützung für das eigene Projekt bzw. die eigene Projektlandschaft sinnvoll ist. Das Wissen ist auch dann hilfreich, wenn der Einsatz einer im Unternehmen bereits vorhandenen Software im eigenen Projekt ansteht. Dann nämlich geht es darum, von den Vorteilen der Softwareunterstützung möglichst umfassend zu profitieren und den Risiken des Einsatzes bei der Anwendung entgegenzuwirken.

Der Abschnitt zum Vertiefungswissen Teil A befasst sich daher zunächst mit der Klassifizierung von Produkten zur Softwareunterstützung des Projektmanagements und erläutert die einzelnen Kategorien des betreffenden Klassifizierungsschemas. Anschließend werden die Chancen und Risiken eines Softwareeinsatzes diskutiert.

2 Klassifizierung von Software für das Projektmanagement

Sowohl in der Literatur als auch im täglichen Sprachgebrauch werden unter der Bezeichnung Projektmanagement-Software Produkte mit sehr unterschiedlichem Funktionsumfang verstanden. Im weiteren Sinne wird unter dem Begriff Projektmanagement-Software mitunter jegliche Software verstanden, die in irgendeiner Form zur Unterstützung des Projektmanagements verwendet wird (vgl. MOTZEL, 2006). Im engeren Sinn bezeichnet der Begriff Programme, die speziell für den Einsatz im Projektmanagement konzipiert wurden (so beispielsweise PMI, 2004). Diese eingeschränkte Extension des Begriffs kommt dem allgemeinen Sprachgebrauch näher, der den Begriff zumeist in irgendeiner Form mit Programmen zur Ablauf- und Terminplanung einzelner oder mehrerer Projekte assoziiert.

In den meisten Projekten kommt aber auch Software zum Einsatz, die nicht speziell für das Projektmanagement konzipiert wurde. Welcher Projektmanager verfügt nicht über die eine oder andere Excel-Datei, in der wichtige Projektinformationen schlummern? DWORATSCHEK und HAYEK sprachen hier bereits 1992 von „Software für das Projektmanagement" (DWORATSCHEK & HAYEK, 1992; BURGHARDT, 2000) und bezeichneten mit diesem Begriff die Gesamtheit der im Projektmanagement zum Einsatz kommenden Softwareprodukte. Projektmanagement-Software ist demnach nur ein Teil der im Projektmanagement verwendeten Softwareunterstützung. Andere Produktklassen ergänzen die Softwareausstattung; dazu gehört vor allem Arbeitsplatzsoftware, wie Textverarbeitung, Tabellenkalkulation oder Präsentationssoftware.

Abbildung 1.22a-V1: Software für das Projektmanagement – Die sieben Kategorien der IPMI-Pyramide (MEYER, 2007: 33)

Abbildung 1.22a-V1 zeigt eine aktualisierte Fassung der von DWORATSCHEK und HAYEK vorgestellten Softwarepyramide für das Projektmanagement (vgl. MEYER, 2007). Sie unterteilt die im Projektmanagement zum Einsatz kommende Software in insgesamt sieben Kategorien, die nachfolgend detaillierter erläutert werden sollen.

2.1 Kommunikations- und Teamplattformen

Die Grundlage der Pyramide bilden die Kommunikationssoftware bzw. die **Kommunikations- und Teamplattformen**. Hierunter fallen insbesondere Groupware-Lösungen, die Funktionen für die Zusammenarbeit in (räumlich verteilten) Teams bereitstellen. Zu diesen Funktionen gehören zentrale Dokumentenablagen ebenso wie synchrone (Chat, Videokonferenz) und asynchrone (E-Mail, Diskussionsforen) Kommunikationsmittel. Groupware liefert damit die Kommunikationsinfrastruktur für das Projektmanagement (vgl. EHLERS, 1997). Die Anwendungen sind zumeist webbasiert, laufen also innerhalb eines Browsers, wie etwa des Internet Explorers.

Zu den häufigsten Funktionen der Kommunikations- und Teamplattformen dürfte das **Dokumentenmanagement** gehören. Im einfachsten Fall handelt es sich dabei lediglich um eine Dateiablage. Sofern diese über einen Webbrowser verwendet werden kann, bietet sie auch entfernten Teammitgliedern im Projekt einen direkten Zugriff auf die Projektdaten. Der Austausch von Dateien etwa via E-Mail und die damit verbundenen Probleme entfallen: Welche Version eines Dokuments beispielsweise die aktuelle ist, muss nun nicht mehr anhand des E-Mail-Verkehrs nach verfolgt werden. Auch die Frage, ob man wirklich die letzte Fassung eines Dokuments besitzt oder andere Teammitglieder möglicherweise mit anderen Versionsständen arbeiten, stellt sich nicht mehr, wenn alle Dateien an einem zentralen Ort vorhanden sind. Fortgeschrittene Systeme verhindern Änderungen an einer Datei, die im selben Moment bereits an anderer Stelle bearbeitet wird, protokollieren Veränderungen und halten auch ältere Versionen im Archiv bereit. Oft kann sich der Anwender per E-Mail über geänderte Dokumente informieren lassen, was den Überblick über die Aktivitäten im Projekt erleichtert. Sofern sogar eine digitale Signatur von Dokumenten möglich ist, können die Projektbeteiligten auch Protokolle offiziell zur Kenntnis nehmen und digital bestätigen.

Auch wenn die Kommunikations- und Teamplattformen häufig weitere Funktionen bereitstellen, werden diese deutlich seltener eingesetzt. **Kalenderfunktionen** ermöglichen es dem Projektteam, wichtige Projekttermine im Blick zu halten oder freie Zeiten für gemeinsame Besprechungen zu finden. Hierfür existieren jedoch in den meisten Unternehmen bereits Lösungen – die Projektkalender müssten daher nahtlos mit den vorhandenen Kalendern, welche die Mitarbeiter etwa auf einem PDA pflegen, synchronisiert werden. Ähnlich verhält es sich mit der E-Mail: Auch hier wird in der Regel bereits eine andere Software eingesetzt, sodass eine zweite Kommunikationsebene innerhalb der Teamplattform nur selten genutzt wird. Anders hingegen sieht es bei den **Diskussionsforen** aus, die viele Anbieter von Teamplattformen in ihre Produkte integriert haben. Sie erlauben es, themenspezifisch zu diskutieren und dabei alle Projektbeteiligten einzubeziehen. Da im Gegensatz zu der E-Mail keine Verteiler gepflegt, der Verlauf der Diskussion jederzeit leicht nachvollzogen werden kann und die Texte meist problemlos zu durchsuchen sind, bieten die Diskussionsforen gegenüber dem Medium E-Mail einen deutlichen Vorteil, was den Informationsaustausch im Team betrifft.

2.2 Projektmanagement-Software

Projektmanagement-Software bezeichnet Software zur Planung von Projektstruktur, -terminen, -kosten und -(Ressourcen-)Kapazitäten sowie für das hierzu gehörige Projektberichtswesen (vgl. DWORATSCHEK & HAYEK, 1992). Dabei handelt es sich, wie vorstehend schon ausgeführt, um speziell auf den Anwendungsbereich Projektmanagement zugeschnittene Produkte, die methodisch in der Regel auf der Netzplantechnik basieren.

Die Ende der 1980er Jahre entwickelte Begriffsdefinition von DWORATSCHEK & HAYEK erfolgte vor dem Hintergrund einer Softwarelandschaft, die weitgehend von Einzelplatzsystemen geprägt war. Im Verlauf der 1990er Jahre nahm die Vernetzung der Systeme zu, Multiprojektumgebungen entstanden und der Anwendungsfokus weitete sich über Einzelprojekte hinaus auf das Management mehrerer Projekte aus. Dies legt eine entsprechend differenzierte Klassifikation von Projektmanagement-Software nahe. Es lassen sich einfachere, vornehmlich auf das Management einzelner Projekte ausgerichtete Produkte und Produkte zur Unterstützung von Mehrprojektumgebungen unterscheiden. Etwa seit der Jahrtausendwende entwickeln zahlreiche Anbieter ihre multiprojektfähige Software zudem in Richtung einer Unterstützung für Projektportfoliomanagement weiter.

> **§ Definition** Projektmanagement-Software ist Software, die speziell für die Unterstützung der Planung und Steuerung von einem oder mehreren Projekten konzipiert und entwickelt wurde.

„Projektmanagement-Software" ist mittlerweile also Software zur Planung, Analyse und Steuerung des Ablaufs und der Struktur von einzelnen Projekten, aber auch zur Planung und Bewertung von Projektportfolios. Sie lässt sich entsprechend den Einsatzzielen der einzelnen Produkte in Software für das Einzelprojektmanagement, das Multiprojektmanagement und das Projektportfoliomanagement unterteilen.

Diese **Unterteilung** ermöglicht es, überschlägig die Leistungsfähigkeit eines Softwareprodukts einzuschätzen. Allerdings bleibt die Zuordnung der Produkte zu einer dieser Gruppen aufgrund der flexiblen Anpassungsmöglichkeiten vorhandener Systeme bis zu einem gewissen Grad subjektiv. Auf dem Markt für Projektmanagement-Software findet sich eine Vielzahl von Produkten, deren Anwendungsbereich sich mit zunehmender Produktreife vom Einzelprojektmanagement über das Multiprojektmanagement bis hin zum Portfoliomanagement entwickelt. Der Funktionsumfang, den heutige Projektmanagement-Software in den drei Teilgruppen typischerweise bietet, wird nachfolgend beschrieben.

2.2.1 Softwarefunktionalität für das Einzelprojektmanagement

Projektmanagement-Software zur Unterstützung einzelner Projekte konzentriert sich in der Regel auf die Projektstrukturierung, das Ablauf- und Terminmanagement, die Funktionen für das Kostenmanagement und die grundlegenden Funktionen des Ressourcenmanagements. Diese Werkzeuge helfen vor allem dem Projektleiter dabei, seine Projektplanung zu visualisieren und möglicherweise unterschiedliche Varianten durchzuspielen.

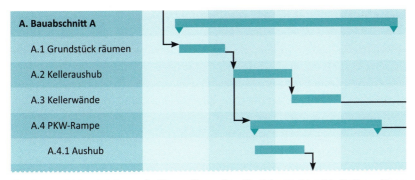

Abbildung 1.22a-V2: Typische Darstellung der „Projektstruktur" in Balkenplänen

Viele Softwareprodukte bieten die Möglichkeit, einen **Projektstrukturplan** dadurch zu erstellen, dass die Vorgangsdaten in der Balkenplan-Ansicht eingerückt werden (Abbildung 1.22a-V2). Die so erstellte Gliederung des Projekts ist jedoch fast immer phasenorientiert, da Vorgänge im Balkenplan in der Regel von oben nach unten in etwa chronologisch angeordnet werden. Vollgrafische Editoren, die in der Lage sind, einen Projektstrukturplan unabhängig von Terminen etwa in einer Baumstruktur zu präsentieren, finden sich nur selten. Sind die grafisch aufbereiteten PSPs zudem noch veränderbar, kann der Projektstrukturplan intuitiv und ohne Rücksicht auf die Terminplanung erstellt werden. Zwar bieten einige Anbieter Schnittstellen zu Mindmapping-Software an, doch erlaubt diese in der Regel nur, vorhandene Projektstrukturen zu visualisieren oder eine Struktur mittels Mindmapping, etwa in einem Workshop, zu erarbeiten und später in die PM-Software zu übernehmen. Nachträgliche Änderungen an der Struktur sind ebenso wenig möglich wie abweichende Strukturen für den PSP und die Darstellung im Balkenplan.

Für die **Ablauf- und Terminplanung** stellen die meisten Softwareprodukte heute vernetzte Balkendiagramme zur Verfügung. Diese Ansichten bilden häufig den zentralen Arbeitsbereich des Projektplaners, wobei in der Regel vernetzte Balkenpläne verwendet werden. Die Möglichkeit, den Projektablauf als Netzplan anzuzeigen, findet sich inzwischen nur noch in wenigen Produkten; hier kommen ausnahmslos Vorgangsknoten-Netzpläne zum Einsatz. Bei der Definition von Anordnungsbeziehungen stehen dem Anwender in der Regel alle vier Varianten und zumeist auch Zeitabstände zur Verfügung. Termineinschränkungen – etwa späteste oder früheste Termine für einzelne Vorgänge – sind ebenso Standard. Bei ausgefalleneren, mitunter branchentypischen Wünschen trennt sich jedoch rasch die Spreu vom Weizen. Wer etwa für ein Bauprojekt minimale und maximale Zeitabstände zwischen Vorgängen festlegen möchte oder Vorgänge dokumentieren möchte, deren Dauer sich nach den Anordnungsbeziehungen für Anfang und Ende richtet („Hammock-Vorgänge"), findet diese Möglichkeiten nur in fortgeschrittenen Produkten, die zumeist bereits den Bereich des Multiprojektmanagements abdecken.

Wenn die Planung auf ein einzelnes Projekt begrenzt bleibt, ist die **Ressourcenplanung** unter Kapazitätsaspekten nur dann sinnvoll, wenn die Ressourcen überwiegend nur in diesem einen Projekt zum Einsatz kommen oder dem Projekt für einen garantierten Zeitraum pro Woche zur Verfügung stehen. Andernfalls spiegelt die Ressourcenplanung nur ein unvollständiges Bild der wahren Auslastung wider. Auch ohne Auslastungs- und Kapazitätsüberlegungen kann die Zuordnung von Ressourcen jedoch durchaus sinnvoll sein: Auf diese Weise lassen sich Verantwortlichkeiten dokumentieren und die mit dem Ressourceneinsatz verbundenen Kosten ableiten. Auch kleinere Softwarelösungen, die sich auf die Funktionalität des Einzel-PMs beschränken, bieten daher häufig Funktionen für das Ressourcen- und das Kostenmanagement. Zu Letzterem gehört beispielsweise, dass verschiedene Kostenarten je Vorgang geplant werden können. Für die Ressourcenkosten sind Verrechnungssätze pro Stunde oder Tag üblich. Aus der Kombination von Kosten- und Ressourcenplanung einerseits und der Terminplanung andererseits kann Software vielfältige Auswertungen, etwa für die Gesamtkosten oder die Budgetaufteilung, liefern. Ausgereifte Produkte bieten die Möglichkeit, Zahlungen an Meilensteine zu knüpfen und Rechnungslaufzeiten zu berücksichtigen. Aus diesen Informationen lassen sich Kostenhistogramme und Cash-Flow-Analysen ableiten.

2.2.2 Softwarefunktionalität für das Multiprojektmanagement

Grundsätzlich bedarf der Einsatz von Projektmanagement-Software in Multiprojektumgebungen zunächst der gleichen Grundfunktionalität, wie sie in Einzelprojektumgebungen gefordert ist. Für den Einsatz in Multiprojektumgebungen werden aber, vor allem was das **Ressourcenmanagement** betrifft, deutlich weitergehende Funktionen benötigt, als dies bei einzelnen Projekten der Fall ist. Häufig sind die eingesetzten Ressourcen die wichtigste Schnittstelle zwischen den Projekten. Die Auslastung der Ressourcen hängt vom Tagesgeschäft und sämtlichen Projekten, an denen die Mitarbeiter beteiligt sind, ab. Die entsprechenden Daten müssen daher zentral im System vorliegen. Auch die von der Software zu unterstützenden Prozesse sind komplexer. Während es bei der isolierten Planung einzelner Projekte in der Regel ausreicht, wenn der Projektplaner eine Ressource einfach einem Vorgang zuweist, müssen in Mehrprojektumgebungen häufig Genehmigungsinstanzen berücksichtigt werden. Eine viel genutzte Variante, dies mit Software zu unterstützen, sind so genannte Ressourcenanforderungen. Der Planer fordert für einen Vorgang lediglich eine Ressource an, die konkrete Zuteilung nimmt jemand anderes vor. Die Anforderung durch den Planer kann auch unabhängig von einer bestimmten Person sein und sich beispielsweise auf eine bestimmte Fähigkeit beziehen.

Beispiel Projektleiter Daniel Develop benötigt für die Entwicklung einer Softwarekomponente einen Softwareentwickler mit Kenntnissen in der Programmiersprache C#. Er wählt daher in der Software diese Fähigkeit als Anforderung für einen Vorgang aus. Über diese Anforderung wird Sam Software als Abteilungsleiter Softwareentwicklung automatisch informiert. Er betrachtet die Anforderungen aus sämtlichen Projekten und entscheidet sich, Peter Program mit der Aufgabe zu betrauen. Sobald Sam Software die Ressourcen-Anforderung in der Software bearbeitet hat, sieht Daniel Develop die entsprechende Zuordnung auch in seinem Projektplan. Natürlich stimmen die drei Beteiligten sich auch noch in kurzen Gesprächen ab.

Multiprojektmanagement-Software unterstützt auch die **Kapazitätsplanung**. Die in vielen Programmen verfügbaren automatischen Kapazitätsabgleiche werden in der Praxis nur selten genutzt – wichtiger sind übersichtliche Auswertungen der Ressourcensituation und Hilfen für die manuelle Änderung der Planung aus Kapazitätsgründen. Hierzu zählen Auslastungshistogramme für einzelne Ressourcen oder Ressourcengruppen, beispielsweise Abteilungen oder Ressourcen mit speziellen Kenntnissen. Auch Filterfunktionen, welche bei Planungsänderungen die für einen Austausch infrage kommenden Ressourcen unter Berücksichtigung ihrer bereits vorhandenen Auslastung ermitteln, sind für den Anwender hilfreich. Dem Wunsch der Anwender, Ressourcen auch nach ihren Kenntnissen und Fähigkeiten strukturieren zu können, kommen zahlreiche Softwareanbieter nach. In der Praxis erweist es sich jedoch häufig weniger als ein technisches denn als ein organisatorisch-rechtliches Problem, diese Informationen über die Ressourcen überhaupt zu erhalten und zu speichern. Schließlich muss sich jemand darum kümmern, die Daten zu erheben und auf dem aktuellen Stand zu halten. Da es um Personaldaten geht, sind auch arbeitsrechtliche Schranken zu beachten.

Die zentrale Schwierigkeit bei der Ressourcenplanung besteht sicherlich auch in der Notwendigkeit, stets aktuelle Projektdaten aller Projekte vorhalten zu müssen. Die Projektplaner müssen den Ist-Stand des Projekts demnach jederzeit verfolgen und in der Software dokumentieren. Wird in den Projekten zu detailliert geplant, führt dies zu einem erheblichen Aufwand.

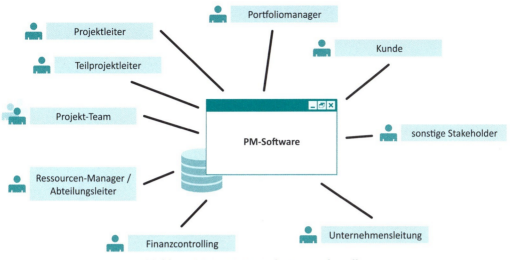

Abbildung 1.22a-V3: Typische Anwenderrollen

Das vorstehende Beispiel zeigt bereits, dass die Anzahl der Anwender in Multiprojektumgebungen zunimmt. Nicht nur, dass mehrere Projektleiter mit der Software planen, die Anwenderbasis verbreitert sich auch in fachlicher Hinsicht (Abbildung 1.22a-V3). Nun sind nicht mehr nur Projektleiter beteiligt, sondern auch Abteilungsleiter, Programmmanager oder die Geschäftsführung nutzen die Software. Jede Anwendergruppe benötigt daher eine unterschiedliche Funktionalität. Während etwa ein Projektleiter an einer optimalen Auslastung seiner Teammitglieder interessiert ist, die diesen gleichzeitig Raum für die Bewältigung unvorhergesehener Aufgaben lässt, benötigt ein Abteilungsleiter eine Antwort auf die Frage, in welchen Projekten die Mitarbeiter seiner Abteilung tätig sind. Mit dem Blick auf die Produktivität seiner Abteilung wird er zudem ihre Auslastung möglichst konstant hoch halten wollen.

Neben den notwendigen Funktionen für das Projektmanagement werden auch **Zugriffsrechte** zu einem entscheidenden Thema. Die Software enthält nun nicht nur Informationen zu vereinzelten Projekten, sondern ermöglicht auch, dass eine Vielzahl von Projekten ausgewertet werden kann. Aus diesen Auswertungen kann viel über die wirtschaftliche Situation des Unternehmens abgeleitet werden, folglich steigt das Schutzbedürfnis hinsichtlich der Daten. Anders als bei der Planung einzelner Projekte wird die Aufgabe, die Berechtigungen durch die Kombination einer Vielzahl möglicher Anwender und Projekte zu regeln, rasch sehr komplex. Die meisten Softwareprodukte setzen hier auf Rollenkonzepte. Dabei werden die Zugriffsrechte im System an die Rolle gebunden, die ein Anwender in einem Projekt wahrnimmt. Auf diese Weise muss nur einmal definiert werden, welche Daten ein Projekt- oder Abteilungsleiter sehen und bearbeiten darf. Anschließend reicht es aus, einen Anwender zum Projektleiter eines Projekts zu bestimmen oder ein Projekt einer Abteilung zuzuweisen, um die Zugriffsrechte zu regeln. Üblicherweise passt die Software die Bedienoberfläche so an, dass diese den Anforderungen der Rolle des Anwenders entspricht. So bekommt der Projektleiter beispielsweise eine Liste seiner Projekte und der aktuellen Ist-Stands-Rückmeldungen, wenn er sich am System anmeldet. Der Abteilungsleiter dagegen erblickt beim Programmstart die Auslastung seiner Mitarbeiter und die Ressourcenanforderungen des Projektleiters.

In den gängigen Softwareprodukten können Personalressourcen, die über einen eigenen Zugang zur Software verfügen, den Fortschritt für die ihnen zugewiesenen Vorgänge direkt in der Software erfassen. Häufig werden hierbei die geleisteten Stunden zurückgemeldet. Erst dann, wenn auch die Abschätzung der verbleibenden Stunden erfolgt, lässt sich daraus ableiten, ob sich ein Fortschritt eingestellt hat oder nicht (die Aussage allein, dass 30 Stunden geleistet wurden, obwohl 40 geplant waren, lässt z. B. noch keinen entsprechenden Schluss zu). Idealerweise erlaubt die Software auch, das Fertigstellungsdatum für die betreffende Aktivität zu erfassen. So kann übermittelt werden, dass trotz der nur noch zehn geschätzten Reststunden die Fertigstellung aufgrund noch anderer zu leistender Tätigkeiten frühestens Ende der kommenden Woche zu erwarten ist.

Die von den Mitarbeitern eingegebenen **Rückmeldungen** erhält der Projektleiter zur Kenntnisnahme. Diese kann er dann akzeptieren oder nicht, d. h. er kann die Projektplanung aktualisieren oder zurückweisen.

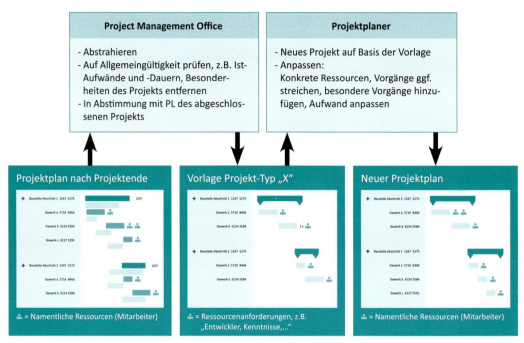

Abbildung 1.22a-V4: Projektvorlagen werden aus abgeschlossenen Projekten gewonnen und erleichtern die Planung neuer Projekte

Wissensmanagement oder das Lernen aus Projekten ist vor allem dann ein Thema, wenn wiederholt ähnliche Projekte durchgeführt werden. Für eine grundlegende Unterstützung durch Software bedarf es nicht unbedingt umfangreicher Wissensdatenbanken. Bereits die Möglichkeit, Projekte unter verschiedenen Aspekten zu kategorisieren und gelernte Erfahrungen für jedes Projekt zu dokumentieren, ermöglicht es den Projektleitern späterer Projekte, auf Erfahrungen abgeschlossener Projekte zurückzugreifen. Ähnliche Projekte ermittelt die Software anhand der Kategorisierung; der Anwender erhält ggf. Zugriff auf die Projektpläne und die dort abgelegten Informationen zu den Erfahrungen des Projektteams. Zudem sollte ersichtlich sein, wer die entsprechenden Projekte als Projektleiter verantwortet hat und eventuell noch für Auskünfte zur Verfügung stehen kann. Häufig ist es möglich, die Pläne abgeschlossener Projekte zu abstrahieren und als **Projektvorlagen** zu speichern. Konkrete Personenzuordnungen werden dabei durch generelle Rollenbeschreibungen ersetzt und Besonderheiten des Projekts aus dem Plan entfernt. Die so entstandene Vorlage kann als Ausgangspunkt für spätere Projektplanungen dienen und beschleunigt somit den Planungsprozess (Abbildung 1.22a-V4). All diese Nachbearbeitungen sind jedoch mit zusätzlichem Zeitaufwand verbunden!

Soweit mit der Projektplanung auch eine Kostenplanung erfolgt und aktuelle Ist-Kosten verfolgt werden sollen, erlangen technische Schnittstellen zu vorhandenen Softwaresystemen für das Finanz- und Personalwesen eine besondere Bedeutung. Sie vermeiden es, Daten doppelt erfassen zu müssen, und erlauben aktuelle Kostenauswertungen, etwa in Form einer Earned-Value-Analyse. Auf diese Schnittstellen wird in diesem Kapitel unter dem Punkt Vertiefungswissen Teil B noch näher eingegangen werden.

2.2.3 Softwarefunktionalität für das Projektportfoliomanagement

Das Portfoliomanagement befasst sich mit der Planung, Steuerung und Kontrolle aller Projekte eines Unternehmens oder einer Unternehmenseinheit. Dazu gehört auch die Wahl der richtigen Projekte und des richtigen Ausführungszeitraums, mit dem Ziel, die Sichtweisen der einzelnen Projekte und des gesamten Unternehmens miteinander zu verbinden (vgl. auch Kapitel 3.03). Im Projektportfoliomanagement werden Projekte damit über ihren eigenen Lebenszyklus hinaus betrachtet. Bereits vor dem Projektstart stellt sich die Frage, welche der möglichen **Projektideen** umgesetzt werden sollen. Mit dem Abschluss eines Projekts sind die Ergebnisse und Erfahrungen zu dokumentieren, um daraus für zukünftige Projekte einen Nutzen ziehen zu können. Auch die unterstützende Software muss folglich mehr erfassen als nur die Planung und Steuerung der verschiedenen Projekte.

Bei der Auswahl neuer Projekte unterstützt Software einen **Bewertungsprozess** typischerweise durch vorgegebene, einheitliche Bewertungskriterien und Workflows: Üblicherweise werden Projektvorschläge bereits in einem frühen Stadium in der Software erfasst; Pflichtfelder in den Eingabemasken stellen dabei sicher, dass alle gewünschten Angaben zu dem potentiellen Neuprojekt eingegeben werden. In so genannten Workflows wird die Idee ggf. in einer mehrstufigen Bewertung an verschiedene Personen weitergeleitet (Abbildung 1.22a-V5). Ist etwa eine Projektidee erst einmal erfasst worden, wird eine weitere Person benachrichtigt, damit diese die Risikobewertung oder eine Rentabilitätsbetrachtung vornimmt. Projektvorschläge können auf diese Weise von Station zu Station weitergereicht werden, wobei die Projektbewertung nach und nach weiter präzisiert wird.

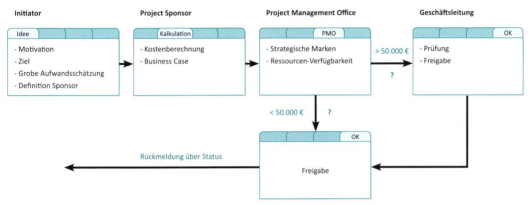

Abbildung 1.22a-V5: Möglicher Ablauf der Projektbewertung

Im Rahmen des Portfoliomanagements werden Projekte häufig nach Kriterien, wie dem strategischen Nutzen oder dem mit ihnen verbundenen Risiko, bewertet. Diese Größen sind als Ganzes schwer einzuschätzen. Softwaresysteme für das Portfoliomanagement bieten daher die Möglichkeit, detaillierte Kriterienkataloge (vgl. auch Kapitel 3.03) abzubilden, die dann für die einzelnen Projekte zu beantworten sind. Anstelle einer einzigen Frage nach dem strategischen Nutzen beantwortet der Anwender eine Reihe von Einzelfragen, etwa nach dem Nutzen des Projekts für die Erschließung neuer Märkte. Anhand der zuvor festgelegten Gewichtung der einzelnen Fragen ermittelt die Software aus diesen Antworten den strategischen Nutzen des Projekts – beispielsweise in Form einer Punktbewertung. Analog kann mit der Risikoeinschätzung verfahren werden, hier wird das Projekt vor einem Katalog möglicher Risiken bewertet. Aus Risiken, strategischem Nutzen und weiteren Kriterien kann bei Bedarf ein Gesamtergebnis, oft im Sinne einer Gesamtpunktzahl umgesetzt, errechnet werden.

Ist die Projektidee bewertet, hilft das Ergebnis dabei, zu entscheiden, ob die Idee grundsätzlich geeignet ist. Ist dies der Fall, liefern die Bewertungen die Grundlage dafür, um aus allen grundsätzlich infrage kommenden Projektideen diejenigen auszuwählen, die umgesetzt werden sollen. Sind Budget oder Ressourcen begrenzt, gilt es, die Ideen zu **priorisieren**. Diesen Vorgang unterstützt eine entsprechende Software vor allem durch die Möglichkeit, verschiedene Portfoliovarianten miteinander zu vergleichen. Auf diese Weise lassen sich jene Projektkombinationen ermitteln, welche das verfügbare Budget einhalten und beispielsweise mit einem besonders geringen Gesamtrisiko verbunden sind oder insgesamt einen besonders hohen strategischen Nutzen aufweisen. Vereinzelt sind die Softwareprodukte dieser Kategorie auch in der Lage, automatisch eine Kombination von Projekten zusammenzustellen, die unter den gegebenen Restriktionen und für die gewünschten Zielgrößen optimal ist. So kann leicht ermittelt werden, welche Kombination von Projekten bei einem bestimmten Gesamtbudget zur optimalen

Gesamtbewertung des strategischen Nutzens führt oder eine maximale Rendite verspricht. Auch wenn die Ergebnisse dieser Berechnungen selten direkt für die Projektauswahl übernommen werden dürften, ermöglichen sie es aber, selbst zusammengestellte Portfoliovarianten mit den theoretisch optimalen zu vergleichen.

Auswertungen für das Portfoliomanagement werden häufig als „Bubble Charts" dargestellt, die Projekte und Programme nach mehreren verschiedenen Bewertungskriterien aufschlüsseln. Die vier Dimensionen dieser Grafiken (x- und y-Achse, Farbe und Durchmesser der Kugel) können bei den meisten Softwareprodukten beliebig gewählt werden. Die flexible Gestaltung dieser Diagramme erlaubt die Bewertung des Portfolios unter wechselnden Gesichtspunkten. Gerade bei der flexiblen Analyse unterschiedlicher Szenarien und Portfoliovarianten spielt eine geeignete Software eine entscheidende Stärke aus.

2.3 Spezifische funktionale Software

Unter **spezifischer funktionaler Software** ist Software zu verstehen, die nicht auf den Berechnungsverfahren der Netzplantechnik aufbaut und eine umfassende Abbildung der Projektplanung anstrebt, sondern spezielle Aufgaben des Projektmanagements unterstützt. Zu diesen Produkten zählen beispielsweise eigenständige Anwendungen für das Änderungsmanagement, für die Risikoanalysen und das Risikomanagement und das Konfigurationsmanagement ebenso wie Spezialsoftware zur Kostenschätzung oder für die Planung und Steuerung des Stakeholder-Managements. Entsprechende Produkte sind bereits seit längerem am Markt verfügbar.

Projektmanagement-Software wird zunehmend um die Funktionalität spezifisch funktionaler Software ergänzt. Viele Produkte bieten beispielsweise die Möglichkeit, Risiken zu erfassen. Die Grenzen zwischen „Projektmanagement-Software" und „spezifisch funktionaler Software" verschwimmen also. Dennoch gibt es weiterhin Anbieter, die keine umfassende Softwarelösung für das Projektmanagement anbieten wollen, sondern sich bewusst auf eine eingeschränkte Funktionalität für genau bestimmte – spezifische – Aufgaben konzentrieren.

2.4 Arbeitsplatzsoftware

Arbeitsplatzsoftware, wie Tabellenkalkulationsprogramme oder Textverarbeitungen, lässt sich nicht immer klar von spezifisch funktionaler Software abgrenzen: Die heute verfügbaren Office-Anwendungen können flexibel angepasst werden – etwa, indem die Menüleisten angepasst und eigene Erweiterungen durch Makro-Programmierung integriert werden. Damit kann beispielsweise eine Tabellenkalkulation zur Risikomanagement-Software erweitert werden. Die allgemeine Arbeitsplatzsoftware ist in solchen Fällen eher eine Entwicklungsgrundlage und -umgebung für projektspezifische Produkte.

Im Zusammenspiel mit der Projektmanagement-Software kommt der allgemeinen Arbeitsplatzsoftware eine wichtige Rolle bei der Auswertung der Daten zu. Sofern sich Daten beispielsweise in eine Tabellenkalkulation übertragen lassen, kann der Anwender auch ausgefallene, individuelle Auswertungen kurzfristig erstellen, ohne dass dafür die eigentliche Projektmanagement-Software angepasst werden müsste.

2.5 Teachware

Teachware bietet den Projektmitarbeitern die Möglichkeit, ihren Fortbildungsbedarf im Projektmanagement zu decken. Das häufigste Einsatzfeld sind Hilfen zur Bedienung von Projektmanagement-Software, die etwa als Tutorial oder Trainingsvideos daherkommen. Darüber hinaus lassen sich jedoch auch softwareunabhängige Themen vermitteln, etwa Methodenkompetenz im Projektmanagement. Durch die Anpassung des Lernumfangs und des Lernwegs an den Nutzer sowie rückkoppelnde Lernerfolgskontrollen kann dem Lernenden durch Teachware eine individualisierte Form des Lernens angeboten werden (vgl. MÖHRLE, 1996). Das mögliche Spektrum reicht in diesem Produktbereich von einfachen Frage-/Antwort-Konzepten bis hin zu ausgefeilten Planspielen. Solche Software für das computergestützte Lernen bietet die Möglichkeit, größere Wissensunterschiede zwischen Teammitgliedern zu vermeiden und damit den negativen Konsequenzen dieser Unterschiede entgegenzuwirken (vgl. BARTSCH-BEUERLEIN & KLEE, 2001).

Softwaregestützte Planspiele ermöglichen es, simulierte Projekte alleine oder in Teams durchzuspielen und damit die Anwendung von Projektmanagement-Kenntnissen und -Fähigkeiten zu üben. Auch wenn bei Fernkursen für Projektmanagement eine zunehmende Tendenz erkennbar ist, dass entsprechende Software zum Einsatz kommt, muss insgesamt konstatiert werden, dass Teachware für das Projektmanagement derzeit von den Anwendern noch nicht in dem Maße genutzt wird, wie es die Vorteile dieser Lernform nahe legen.

3   Chancen und Risiken eines Softwareeinsatzes im Projektmanagement

Dass der Softwareeinsatz in den meisten Projekten inzwischen unabdingbar geworden ist, bedeutet keineswegs, dass die Software ausschließlich positiv auf das Projektmanagement wirkt. Die Software ist eines von vielen Werkzeugen, die im Projektmanagement zum Einsatz kommen. Wie bei allen Werkzeugen hängt der durch die Software erzielbare Nutzen davon ab, inwieweit die Grundlagen, in diesem Fall jene der Projektmanagement-Methodik, beherrscht werden. Kurzum: Software vermag nur dann unterstützend zu wirken, wenn etwas vorhanden ist, das unterstützt werden kann.

Wichtig ist die Frage, wie viel Softwareunterstützung für ein Projekt angemessen ist. Eine falsche Dimensionierung der Softwareunterstützung birgt das Risiko, dass die Verwendung der Software eher schadet als nützt. Exemplarisch sollen hier die Verankerung zahlreicher Formalismen oder die Etablierung einer Überwachungs- und Kontrollstruktur für die Mitarbeiter des Projektes genannt werden. Um beurteilen zu können, ob und in welchem Umfang der Einsatz von Software zweckmäßig ist, sollte der Blick auf einige grundsätzliche Bereiche gerichtet werden, in denen Software nützliche Auswirkungen haben kann:

- Analyse umfangreicher Datenbestände
- Transparenz im Projektgeschehen
- Dokumentation und Erfahrungssicherung
- Unterstützung der Kommunikation
- Daraus resultierende Verbesserung des Projekterfolgs

Dem gegenüber stehen Risiken, die mit dem Einsatz von Software verbunden sein können:

- Konzeption der Softwarenutzung
- Softwaregestützte Planung

Die erwähnten Aspekte sollen nachfolgend genauer erläutert werden.

3.1   Analyse umfangreicher Datenbestände

Einer der immer wieder genannten Hauptvorteile von Softwareunterstützung ist die Geschwindigkeit, mit der nach der Erfassung von Projektdaten die unterschiedlichsten Auswertungen auch bei umfangreichen Projekten mit großen Datenmengen vorgenommen werden können (vgl. NICHOLAS, 2004; MADAUSS, 2000; BURKE, 2004). Während der Geschwindigkeitsvorteil durch Software gegenüber manuellen Methoden bei der Basisplanung für kleine Projekte noch gering ist oder die Arbeit infolge einzuhaltender Formalien womöglich sogar zeitaufwändiger wird, ergibt sich spätestens bei Änderungen an einem Ablaufplan auch bei Kleinprojekten ein deutlicher Zeitvorteil. Erst die Möglichkeit einer schnellen, automatisierten Auswertung der Auswirkungen geänderter Planungsannahmen erlaubt **Simulationen** und Was-wäre-wenn-Analysen für verschiedene Projektvarianten.

Ein Geschwindigkeitsgewinn ist nicht nur bei der Planung erzielbar, auch während der Projektdurchführung macht sich eine Beschleunigung in Form einer verbesserten **Reaktionszeit** auf Ablaufstörungen bemerkbar. Hier ist Software nützlich und zwar mit aktuellen Projektübersichten, anhand derer Abweichungen früh erkannt werden können. Szenariofunktionen helfen bei der Bewertung der Abweichungen und erleichtern es, alternative Vorgehensweisen für die Bewältigung des Problems zu finden. Auf Störungen im Projektverlauf kann damit kurzfristiger reagiert werden. Schließlich hilft die Software dabei, die infolge der Störung angepasste Planung zu visualisieren, den betroffenen Teammitgliedern bekannt zu geben und damit die Planänderung zu aktivieren (Abbildung 1.22a-V6).

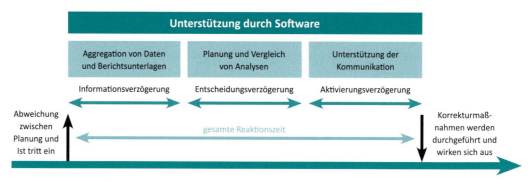

Abbildung 1.22a-V6: Beschleunigung durch Projektmanagement-Software bei der Reaktion auf Abweichungen im Projektverlauf (nach SCHELLE, 2004: 220)

Beim Umgang mit großen Datenmengen ist auch die Reduktion von **Fehlerquellen** im Umgang mit den Daten von besonderer Bedeutung. Verglichen mit der individuellen Zusammenstellung von Berichten aus unterschiedlichen Datenquellen etwa mittels einer Tabellenkalkulation, ist die Verwendung spezieller Projektmanagement-Software weit weniger fehleranfällig. Die Datenbanken professioneller Software beherrschen auch große Datenmengen sicher. Fehler werden minimiert, da die Ergebnisse automatisiert und in der Regel fehlerfrei aus den eingegebenen Daten folgen. Nicht vergessen werden darf hier allerdings, dass die eingegebenen Daten selbst noch immer ein erhebliches Fehlerpotential aufweisen.

Projektmanagement-Software bietet unterschiedlichste Funktionen, um verdichtete Daten in übersichtlichen Darstellungen als Berichte aufzubereiten. Dazu gehören beispielsweise grafische Ablaufpläne in Form von vernetzten Balkenplandarstellungen, Projekt- und Organisationsstrukturplänen sowie Kostenverläufen und Ressourcenauslastungen. Die Software leistet somit einen wertvollen Beitrag, wenn es darum geht, den Projektbeteiligten die Projektplanung und aktuelle Zwischenstände in projektübergreifend einheitlichen Auswertungen zu vermitteln.

3.2 Transparenz im Projektgeschehen

Was komplexe (Multi-)Projektlandschaften betrifft, wird es häufig erst durch den Einsatz von Software möglich, einheitliche Auswertungen zu erhalten und diese grafisch aufzubereiten. Einheitliche Berichte und Präsentationen erleichtern es, Daten aus unterschiedlichen Projekten zu aggregieren und miteinander zu vergleichen (vgl. LOMNITZ, 2001; SCHELLE, OTTMANN & PFEIFFER, 2005). Mit den zusammengefassten Daten aus mehreren Projekten ist es möglich, einen Gesamtüberblick über die Projektlandschaften zu gewinnen. Die bereits beschriebenen Vorteile im Umgang mit großen Datenbeständen schaffen eine Transparenz, die auch in umfangreichen Projektumgebungen zu jedem Zeitpunkt aussagekräftige Berichte bereitstellen kann (vgl. BURKE, 2004; NICHOLAS, 2004).

Ein wesentlicher Nutzen des Softwareeinsatzes im Projektmanagement liegt somit in der integrativen Betrachtung von Projekten. In Verbindung mit unterschiedlichen Projektvarianten können mögliche Steuerungsmaßnahmen in ihrer Auswirkung auf alle Parameter (Leistung, Ressourcen, Kosten, Termine) für alle Projekte betrachtet werden (vgl. PATZAK & RATTAY, 1998). Beim Einsatz etwa von individuellen Tabellenkalkulationsblättern fällt die Gesamtübersicht hingegen grundsätzlich deutlich schwerer. Dies gilt vor allem dann, wenn jeder Projektmanager mit seiner eigenen, leicht abgewandelten Variante einer Projektplanung arbeitet.

Es darf nicht verschwiegen werden, dass das Ziel einer Gesamtübersicht je nach gewünschtem Detailgrad eine enorme Disziplin im Umgang mit der Software und eine hervorragende Datenqualität erfordert; hierauf wird nachfolgend noch eingegangen. Wichtig ist daher der **korrekt dimensionierte Einsatz** einer Softwareunterstützung. Die Frage, was wirklich mithilfe einer Projektmanagement-Software geplant und gesteuert werden soll und auf welchem Detaillierungsniveau sich die Planung bewegen soll, ist nicht pauschal zu beantworten. Sie muss im Einzelfall geprüft werden. Eine zu grobe Abdeckung der Planungsdaten liefert eventuell nicht alle erforderlichen Ergebnisse, während eine zu feine Erfassung – etwa bis hinab auf Einzelaktivitäten von wenigen Stunden (ToDos) – meist zu einem unverhältnismäßigen Aufwand führt.

Der richtig dimensionierte Einsatz der Softwareunterstützung für die Projektarbeit trägt entscheidend zur Schaffung von Transparenz bezüglich des Geschehens im Einzelprojekt und innerhalb der Organisation insgesamt bei (vgl. HANSEL & LOMNITZ, 2003). Die gewonnene Transparenz nützt nicht nur dem Management bei der Umsetzung rationaler Führungstechniken (vgl. DWORATSCHEK, 1981), sondern ermöglicht es beispielsweise auch Entwicklern, Projekte auf der Grundlage fundierter Pläne zu diskutieren, und führt darüber hinaus zu einer Versachlichung der Diskussion. Gleichzeitig muss Transparenz als solche als zweischneidiges Schwert gesehen werden – der Begriff weckt leicht Assoziationen vom „gläsernen Mitarbeiter". Wenn infolge verbesserter Transparenz im Projektgeschehen mögliche Fehler einzelner Mitarbeiter in der Projektabwicklung deutlicher werden, fühlen diese sich nicht selten dadurch bedroht. Die Folge ist eine **Boykotthaltung**, an welcher der Einsatz einer Projektmanagement-Software leicht scheitern kann. Die Transparenz betrifft allerdings nicht nur die Projektmitarbeiter. Da erkennbar wird, wie viele Ressourcen für einzelne Projekte benötigt werden und nach welchen Kriterien Projekte zu priorisieren sind, ist auch das Management der Unternehmung in der Konsequenz stärker an sachlich orientierte Entscheidungswege gebunden. Der Softwareeinsatz setzt also eine entsprechende Projektkultur voraus (vgl. Element 1.07 Teamarbeit).

3.3 Dokumentation und Erfahrungssicherung

Projekte sind zeitlich begrenzt, was natürlich auch für die Projektorganisation gilt. Mit dem Ende des Projekts löst sich das Projektteam in der Regel auf und die Teammitglieder wenden sich neuen Aufgaben zu (vgl. MEYER, 1999). Sie stehen daher zu einem späteren Zeitpunkt gar nicht oder nur eingeschränkt für Auskünfte zu projektbezogenen Fragen zur Verfügung. Im Ergebnis gehen die im Projekt gewonnenen Erfahrungen dem Unternehmen häufig verloren. Soll dies vermieden werden, kommt der Dokumentation und dem Wissensmanagement bzw. der Erfahrungssicherung in Projekten eine besondere Bedeutung zu.

Digital verfügbare Daten erleichtern die Datensicherung im Vergleich zu Dokumenten in Papierform. Die in der Software verfügbaren Informationen lassen sich mit geringem Aufwand als Dokumentation des Projektverlaufs archivieren. Um die im Projekt gewonnenen Erfahrungen zu dokumentieren, reicht es jedoch nicht aus, lediglich die Projektpläne in bestimmten Abständen zu archivieren, weil eine allein darauf aufbauende Rekonstruktion des Projektverlaufs beispielsweise keine Auskünfte über die Motive der Planungsänderungen gibt. Auch im Projektverlauf gewonnene Erkenntnisse des Projektteams bleiben so undokumentiert. Das Lernen aus abgeschlossenen Projekten findet also häufig nicht statt.

Gerade die Möglichkeit, aus Projekten zu lernen, wird jedoch oft gefordert. Daten aus der Projektmanagement-Software können hierfür eine gute Grundlage bilden, wenn sie um zusätzliche, kommentierende Informationen ergänzt und nach dem Ende des Projekts für die spätere Verwendung aufbereitet werden (vgl. MADAUSS, 2000). Dokumentierte Ist-Werte für Bearbeitungsdauern oder Arbeitsaufwände einzelner Arbeitspakete ermöglichen beispielsweise die Entwicklung unternehmensspezifischer parametrischer Aufwandsschätzverfahren. Werden die Daten abgeschlossener Projekte als generalisierte **Projektvorlagen** bereitgestellt, erleichtern sie die Planung zukünftiger Projekte. Dazu ist es erforderlich, die konkrete Planung des einzelnen Projekts zu abstrahieren und etwa die Zuordnung konkreter Ressourcen wieder durch Rollen zu ersetzen. Aus der Ressource „David Develop" wird verallgemeinernd also wieder ein „Entwickler C++". Wird die so gewonnene Projektvorlage später für ein neues Projekt verwendet, findet der Planer in ihr bereits alle wesentlichen Arbeitspakete für den betreffenden Projekttyp. Er kann die Planung nun anpassen und die Rollen wieder mit konkreten Teammitgliedern namentlich besetzen.

Eine wichtige Voraussetzung dafür, um die Daten abgeschlossener Projekte verwenden zu können, ist die Kategorisierung der Projekte in der Software. Mithilfe von Attributen, welche die Projekte beschreiben, kann ein Projektleiter später diejenigen Projekte identifizieren, die seinem aktuellen Projekt ähneln. Sind dann noch die wichtigsten Erkenntnisse (**„Lessons Learned"**) in der Software dokumentiert, stellt das Archiv der abgeschlossenen Projekte eine wertvolle Informationsquelle dar. Mit dem Einsatz von Software auf der Basis einheitlicher Datenstrukturen steht zumeist eine umfangreiche Dokumentation zur Verfügung, die bereits durch wenige zusätzliche Metainformationen für lernorientierte Auswertungen zugänglich gemacht werden kann.

3.4 Unterstützung der Kommunikation

Untersuchungen zu Erfolgsfaktoren im Projektmanagement zeigen, dass bewusst gestaltete Informations- und Kommunikationsprozesse immer wieder als besonders wichtig für den Projekterfolg betrachtet werden (vgl. LECHLER, 1997). Software kann sowohl die externe als auch die interne Kommunikation unterstützen, beispielsweise durch webbasierte Projektportale. Die dort verfügbaren Informationen können in unterschiedlichen Detaillierungsgraden und mit verschiedenen Schwerpunkten den Stakeholdern des Projekts zugänglich gemacht werden und fördern die Kommunikation zwischen den Beteiligten durch aktuelle, einheitliche Informationsquellen (vgl. KUNZ, 2005; LIENTZ & REA, 1998).

Um eine effektive Kommunikationsunterstützung zu gewährleisten, sind die Planungs- und Steuerungsfunktionen von Projektmanagement-Software mit den Kommunikationsfunktionen von **Groupware-Software** zu kombinieren. Teamfunktionen, wie Dokumentenablagen, Diskussionsforen, Chaträume und elektronische Whiteboards, ermöglichen insbesondere verstreut arbeitenden Teams eine effektive und effiziente Zusammenarbeit, in der Aufwände für Reisen, Datensynchronisation und Terminabstimmungen weitgehend reduziert werden können. Auch wenn diese Funktionen die Nachteile, die verstreut arbeitenden Teams etwa durch fehlende persönliche Besprechungen entstehen, nicht völlig kompensieren können, lindern sie zumindest die Folgen.

3.5 Konzeption der Softwarenutzung

Zu einem effektiven Projektmanagement gehört weitaus mehr als die Verfügbarkeit geeigneter Software, wie nicht zuletzt die Vielzahl der Themen in diesem Buch nahe legt. Die Einführung von Projektmanagement in einer Organisation geht zumeist mit einer grundlegenden Änderung der Geschäftsprozesse einher. Vor diesem Hintergrund ist es weitaus wichtiger, die formalen Projektmanagement-Techniken und -Fähigkeiten zu fördern, als höhere Investitionen in Hard- und Software vorzunehmen. „In nicht wenigen Fällen glaubt man, mit der Installation von PM-Software den entscheidenden Schritt zur Optimierung des Projektmanagements getan zu haben" (SCHULZ-WIMMER, 2002: 62). Dies ist jedoch ein Irrglaube, da zunächst die Methodik beherrscht werden muss. Niemand käme auf die Idee, der Erwerb eines Textverarbeitungsprogramms qualifiziere – auch wenn einige Schulungen zur Bedienung der Software absolviert worden sind – den Anwender automatisch dazu, einen Bestseller zu verfassen. Zwar ist den Anwendern von Projektmanagement-Software heute zumeist klar, dass **Projektmanagement-Kompetenz** nicht im Rahmen einer Softwareschulung erworben werden kann. Dennoch wird der Anteil der Software am gesamten Projektmanagementsystem noch immer häufig überschätzt. Dies äußert sich beispielsweise in überzogenen Erwartungen, was kurzfristig erreichbare Erfolge im Ressourcenmanagement betrifft: Sei die Software, so die falsche Vorstellung, nach ein paar Monaten erst etabliert und seien die Anwender geschult, werde der Überblick über die Ressourcenauslastung von Teams und Abteilungen per Knopfdruck erreicht werden können. Bis eine Ressourcenplanung jedoch wirklich funktioniert, ist es in der Praxis oftmals ein langer Weg, auf dem Prozesse modifiziert, Erfahrungen gesammelt, Verhaltensweisen eingeübt und der wirklich erforderliche Detailgrad der Planung ermittelt werden muss.

> **!** Software ist eine Unterstützung für das Projektmanagement. Die passende Software erleichtert die Projektarbeit deutlich – sie ersetzt aber kein gutes Projektmanagement. Dieser Umstand muss allen Beteiligten bewusst sein, damit unrealistische Erwartungen vermieden werden.

Wie unterschiedlich der Nutzen von Software beurteilt werden kann, ist unter anderem am Beispiel der Transparenz gezeigt worden. Selbst dann, wenn die Verwendung der Software unter dem Strich einen Nutzen bietet, ist nicht gewährleistet, dass dies für alle Anwender gilt. Dem Nutzen für auswertende Anwender – etwa Abteilungsleiter – steht ein erheblicher Aufwand für die Datenerfassung gegenüber, der regelmäßig durch andere Projektbeteiligte zu erbringen ist. Selbst vermeintlich kleine Berichte können einen enormen Aufwand bei der dafür erforderlichen Datenerfassung nach sich ziehen.

Während so bei den die Daten erfassenden Anwendern der Eindruck einer übermäßigen Disziplinierung und Belastung entsteht, wird gleichzeitig auf der Seite der auswertenden Anwender eine zu geringe **Datenqualität** bemängelt. Eine Softwarelösung, die ja stets auch reglementiert ist, wird umso eher akzeptiert, je größer der direkte Nutzen für die jeweiligen Anwender ist. Erfasst werden die Projektdaten zumeist aber nicht von denjenigen, die den Nutzen aus den verbesserten Auswertungsmöglichkeiten ziehen. Oft gilt: „Der Projektleiter plant, der Abteilungsleiter profitiert" (SCHEURING, 2004: 190.). Ist der Aufwand für die detaillierte Erfassung der Daten für das Projektteam oder die Projektleiter im Vergleich zum Nutzen, der ihnen entsteht, zu hoch, ist dies regelmäßig ein Grund für das Scheitern der Softwareeinführung (vgl. PATZAK & RATTAY, 2004). Für diesen Fall typische Anwenderaussagen wie „Mit dieser Software planen wir uns tot" sollten folglich hellhörig machen.

3.6 Softwaregestützte Planung

Auch wenn Projektmanagement bereits im Unternehmen etabliert wurde oder sein Nutzen bei den Anwendern außer Frage steht, kann Projektmanagement-Software dazu verleiten, sehr detaillierte Projektpläne zu erstellen, deren Umfang die Konzentration auf die wesentlichen Vorgänge im Projekt erschwert (vgl. LEACH, 2000). Dieser Effekt kann durch eine vorsichtige Konzeption der späteren Auswertungen unter Berücksichtigung der dafür benötigten Daten vermieden werden. Grundsätzlich gilt, dass die Menge der zu erfassenden Daten mit der Anzahl und dem **Detaillierungsgrad** der später angestrebten Auswertungen steigt. LIENTZ und REA (1998: 259) warnen: „The more you want from the software, the more it wants from you."

Aus Zeitgründen unterbleibt in der Praxis häufig die Pflege sehr detaillierter Daten. Dies ist leicht nachvollziehbar: Man stelle sich ein über ein Jahr lang laufendes Projekt vor, in dem der Projektplan auf Vorgänge von mitunter nur wenigen Tagen Dauer und einigen Stunden Aufwand herunter gebrochen wurde. Die dieser Planungsmethodik zugrunde liegende Motivation ist häufig, den Projektmitgliedern die Aufgaben detailliert im Projektplan vorzugeben und ihre Auslastung möglichst tagesgenau zu planen. Im Ergebnis umfassen diese Pläne dann rasch 500 und mehr Vorgänge. Täglich beginnen und enden somit mehrere Vorgänge – die während des Projektverlaufs kontinuierlich zu überwachen sind. Abweichungen von nur wenigen Tagen führen unabhängig von der Bedeutung der Vorgänge dazu, dass die Planung überarbeitet werden muss. Es verwundert angesichts dieses Szenarios nicht, dass eine softwaregestützte Planung häufig als „zu aufwändig" klassifiziert und eine „einfachere Software" verlangt wird. Häufig liegt die Ursache hierfür aber nicht in der Software, sondern in einem Planungsansatz, der Projekt- und Zeitmanagement miteinander zu verbinden versucht. Eine theoretisch perfekte, softwaregestützte Planung, die für die tägliche Handhabung jedoch zu komplex ist, führt häufig zu schlechteren Projektergebnissen als ein einfaches Projektmanagement, in dem nur grundlegende Hilfsmittel verwendet werden (vgl. TEICH, KOLBENSCHLAG & REINERS, 2004).

Auf der anderen Seite verspricht eine detailliertere Planung genauere Ergebnisse – etwa durch vermeintlich genauere Gesamtschätzungen auf der Basis der Schätzung mehrerer Teilwerte. Da Softwareprodukte überwiegend nicht zwischen zeitlich unmittelbar bevorstehenden und in weiter Ferne liegenden Aktivitäten unterscheiden, täuschen Berichte häufig eine Genauigkeit vor, die aber faktisch nicht existiert: Planungen für die ferne Zukunft unterliegen somit einer erheblichen Unsicherheit. Dies gilt auch für die auf mehrere Nachkommastellen ausgewiesenen Ergebnisse programminterner Berechnungen, wie etwa Ressourcenauslastungen, die über die Ungenauigkeit der zugrunde liegenden Daten hinwegtäuschen. Auch eine noch so fein detaillierte Planung gibt damit in vielen Fällen nur vor, genau zu sein. Häufige Anpassungen der Planung aufgrund sich ändernder Verhältnisse im Projektverlauf sind die Folge.

Die vermeintliche Genauigkeit der Ergebnisse computergestützter Planungsmethoden kann auch dazu führen, dass die Ergebnisse nicht mit der erforderlichen Sorgfalt manuell verifiziert werden und dass schlussendlich unvollständige bzw. fehlerhafte Pläne entstehen. Es besteht die Gefahr, dass die oftmals auch grafisch ansprechend aufbereiteten Daten in ihrer vermeintlichen Präzision die mangelhafte Ursprungsqualität sowie die methodischen Schwächen verschleiern – zumal sich die Projektleitung angesichts des Umfangs der Daten häufig auf die softwaregestützten Auswertungen verlassen muss und eine manuelle Prüfung unmöglich ist (vgl. LOMNITZ, 2001; FOX, 2000).

4 Zusammenfassung

Im Projektmanagement kommt eine Vielzahl unterschiedlichster Softwareprodukte zum Einsatz. Die IPMI-Pyramide ordnet diese Produkte sieben funktionalen Kategorien zu, wobei einzelne Produkte durchaus zu mehreren dieser Kategorien gehören können. Sie sind aber schwerpunktmäßig in eine der Kategorien einzuordnen. Projektmanagement-Software, also auf der Netzplanmethodik basierende Software zur Planung und Steuerung von Ablauf, Terminen, Ressourcen und Kosten, ist dabei nur ein Teil der im Projektmanagement eingesetzten Softwareprodukte. Die am Markt verfügbaren Produkte lassen sich in kleine Softwareprodukte für einzelne Projekte, umfangreichere Lösungen zur Abbildung von Multiprojektumgebungen und leistungsstarke Software für das Projektportfoliomanagement unterteilen. Daneben wird insbesondere Arbeitsplatzsoftware, wie Tabellenkalkulations- oder Textverarbeitungsprogramme, in fast jedem Projekt eingesetzt. Die erfolgreiche Anwendung von Projektmanagement-Software setzt voraus, dass die Risiken und Chancen bekannt sind. Zu den Vorteilen, die der Einsatz von spezieller Projektmanagement-Software mit sich bringt, gehört vor allem der vereinfachte Umgang mit großen Datenmengen. Spezialisierte Software erlaubt es, diese in kürzerer Zeit und weitaus fehlerärmer auszuwerten, als dies mit Arbeitsplatzsoftware möglich wäre.

5 Fragen zur Wiederholung

1	Welche Kategorien können zur überschlägigen Einstufung von Software im Projektmanagement herangezogen werden?	☐
2	Worin besteht der Unterschied zwischen Software für das Projektmanagement und Projektmanagement-Software?	☐
3	Beschreiben Sie einige grundlegende Funktionen, über die heutige Softwareprogramme für das Multiprojektmanagement verfügen.	☐
4	Wie kann Software zur Transparenz im Projektgeschehen beitragen und welche Auswirkungen auf das Projektgeschehen sind damit eventuell verbunden?	☐

1.22b IT im Projektmanagement

Mey Mark Meyer

Lernziele

Sie kennen

- die Voraussetzungen, die das Projektmanagement in einem Unternehmen erfüllen muss, bevor eine Projektmanagement-Software eingeführt werden kann
- die Erfolgsfaktoren für eine erfolgreiche Einführung von Projektmanagement-Software

Sie wissen

- wie Sie zu einer Kurzliste mit für den für Ihr Anwendungsfeld infrage kommenden Softwarelösungen gelangen

Sie können

- ein Szenario für die Integration von Projektmanagement-Daten in die vorhandenen IT-Systeme, insbesondere die ERP-Software, im Unternehmen beschreiben

Inhalt

1	Einleitung	1893
2	Auswahl und Einführung von Software für das Projektmanagement	1893
2.1	Vorgehensweise im Einführungsprozess	1894
2.1.1	Standortbestimmung und Anforderungsermittlung	1895
2.2	Auswahl geeigneter Produktkandidaten	1897
2.3	Entscheidung für Produkt & Anbieter	1898
2.4	Einführung der ausgewählten Lösung	1899
3	Erfolgsfaktoren der Einführung	1900
4	Integration von PM-Software in vorhandene Softwaresysteme	1901
5	Zusammenfassung	1903
6	Fragen zur Wiederholung	1904

1 Einleitung

Vor dem Einsatz von Software stehen die Auswahl und die Einführung eines geeigneten Produktes. Während Anwendungen für das Management einzelner Projekte meist sehr unproblematisch ausgewählt werden können, ist bei Software für das Multiprojekt- und Projektportfoliomanagement ein sorgfältig vorbereitetes und systematisches Vorgehen unabdingbar. Das Vertiefungswissen Teil B befasst sich daher vorrangig mit der **Auswahl und Einführung** einer Projektmanagement-Software. Die grundlegenden Erfolgsfaktoren bei der Einführung einer Software für ein Unternehmen sind auch dann zu beachten, wenn eine an und für sich in Teilen eines Unternehmens bereits etablierte Software in einem Projekt genutzt werden soll, in dem noch nicht alle Teammitglieder Erfahrung mit diesem Programm sammeln konnten.

Die Anbindung von Projektmanagement-Software an vorhandene Informationssysteme, insbesondere die ERP-Software, ist vor allem dann von Bedeutung, wenn große Teile der Wertschöpfung eines Unternehmens projektorientiert erfolgen. Da solche Schnittstellen individuell gestaltet werden müssen, werden in diesem Kapitel grundlegende Überlegungen angestellt und eine mögliche Variante der Ausgestaltung dieser Schnittstelle beschrieben.

2 Auswahl und Einführung von Software für das Projektmanagement

Software zur Unterstützung des Projektmanagements ist heute in einer auf den ersten Blick unüberschaubaren Anzahl sowie in unterschiedlichsten Preis- und Leistungsklassen verfügbar. Die vorangegangenen Abschnitte dieses Kapitels haben die verschiedenen Funktionalitäten kurz beleuchtet. Jedes Produkt legt jeweils seinen eigenen, individuellen Schwerpunkt auf bestimmte Funktionalitäten, Bedienungs- und Datenkonzepte. Darüber hinaus sind die Anforderungen an die „ideale" Projektmanagement-Software unternehmens- und projektabhängig und lassen sich nicht allgemeingültig formulieren. Dementsprechend existiert **kein optimales Produkt** für alle Anwendungszwecke – das Ziel des Auswahlprozesses ist es zunächst vielmehr, die angebotenen Produkte in „eher passende" und „eher ungeeignete" Produkte zu unterteilen und im Anschluss daran die individuelle Rangfolge zu erarbeiten. Die Aufgabe, für eine bestimmte Organisation eine Projektmanagement-Software auszuwählen und zu implementieren, ist damit in vielen Fällen komplex.

> ! Eine geeignete Software zu finden, ist Handarbeit. „Die" beste Software gibt es nicht – eine Rangliste unabhängig vom eigenen Einsatzzweck ist nicht möglich. Wenn andere von ihrer hervorragenden Software berichten, fragen Sie sich als Erstes, ob man dort ähnliche Projekte wie Sie auf ähnliche Weise abwickelt.

Die Identifikation und Formulierung der eigenen Anforderungen bildet das zentrale Fundament für den Auswahl- und Einführungsprozess. Sobald mehrere Produktalternativen verfügbar sind und die Funktionalität der Produkte ein bestimmtes Maß an Komplexität übersteigt, erfordert die Softwareauswahl eine intensive Auseinandersetzung mit dem Marktangebot und dem Auswahlprozess. Dies ist spätestens dann der Fall, wenn die Software das Multiprojektmanagement unterstützen soll oder eine einheitliche Lösung für das Projektportfoliomanagement gesucht wird. Fehlfunktionen oder der Ausfall der Software können dann zu erheblichen Beeinträchtigungen der gesamten Geschäftstätigkeit führen. Angesichts dieser Bedeutung der Software sollten die Auswahl und Einführung einer PM-Software nicht nur eine Aufgabe der Fachabteilungen sein, sondern auch die Unternehmensführung in geeigneter Form einbinden (vgl. TEICH, KOLBENSCHLAG & REINERS, 2004).

Insbesondere Unternehmen mit einer internen IT-Entwicklungsabteilung neigen dazu, die unternehmensspezifischen Anforderungen in Eigenentwicklungen umzusetzen. Individuell entwickelte Systeme bilden in der Regel die unternehmensspezifischen Anforderungen und Prozesse besser ab als standardisierte Softwarelösungen (vgl. MÜLLER, 2002). Die Wirtschaftlichkeit solcher individuellen Entwicklungen muss bei organisationsübergreifend ähnlichen Einsatzszenarien – wie sie bei Projektsoftware vorkommen – allerdings bezweifelt werden. Schließlich ist auch bei Standardsoftware in der Regel eine detaillierte Anpassung der Produkte an unternehmensspezifische Anforderungen durch Customizing möglich. Anbieter von Standardsoftware können außerdem die Entwicklungskosten auf die Schultern mehrerer Kunden verteilen und auch die Qualität der Software profitiert von systematischen Tests. So gesehen, ist zumindest in kleineren und mittleren Unternehmen keine Amortisation der Entwicklungskosten für individuelle Software zu erwarten (vgl. DIETRICH, 2003). Verfügbare Zusatzleistungen der Anbieter, wie Schulungen und Implementierungsbegleitung, sind weitere Argumente für den Einsatz von Standardanwendungen (vgl. GRONAU, 2001).

2.1 Vorgehensweise im Einführungsprozess

Soll eine umfangreiche PM-Standardsoftware eingeführt werden, ist dies für die beteiligten Mitarbeiter in der Regel eine neuartige Aufgabe. Diese sollte unter anderem aufgrund der technologischen und sozialen Komplexität, der Risiken in Bezug auf die Beeinflussung wesentlicher Geschäftsprozesse sowie wegen der mit der Implementierung verbundenen Kosten als eigenständiges Einführungsprojekt durchgeführt werden. Dieses wird mit den Methoden des Projektmanagements unter besonderer Berücksichtigung des Stakeholder-Managements geplant und gesteuert (vgl. GRONAU, 2001; HAASPER, 2006).

Tipp Nehmen Sie das Stakeholder-Management bei einer Softwareeinführung sehr ernst. Binden Sie alle späteren Nutzergruppen schon möglichst frühzeitig in den Auswahlprozess mit ein!

In der Praxis findet die Auswahl einer einzuführenden Software allerdings immer noch häufig unsystematisch statt. Häufig greift man auf „bewährte" Produkte etablierter Anwender zurück, folgt Empfehlungen von Geschäftspartnern oder nimmt eher zufällige Begegnungen mit einzelnen Produkten im Rahmen von Messen oder am Rande von Fachveranstaltungen zum Anlass für die Produktauswahl. Dies führt aber nicht dazu, dass die Auswahl unter Berücksichtigung möglichst aller verfügbaren Produkte auf der Basis klar definierter Anforderungen erfolgt. Auch in der Literatur wird Software für das Projektmanagement primär unter funktionalen und prozessorientierten Konzeptionsaspekten diskutiert, während die Implementierung vergleichsweise selten thematisiert wird (vgl. BERNECKER, 2003).

Um Auswahl und Implementierung zu unterstützen, sind in der Literatur zahlreiche **Vorgehensmodelle** formuliert worden. Meist handelt es sich um Phasenmodelle mit verschiedenen Detaillierungsgraden, die insbesondere in den frühen Projektphasen eine sequentielle Projektabwicklung vorsehen. Im weiteren Projektverlauf können sie jedoch zunehmend iterativen Charakter erhalten. Entsprechende Phasenmodelle finden sich auch in speziell auf Software für die Unterstützung des Projektmanagements zugeschnittener Form (vgl. DWORATSCHEK & HAYEK, 1992; ALLNOCH, 1997; FELSKE & NEUWINGER, 1999; LOMNITZ, 2001; MEYER, 2001; AHLEMANN & BACKHAUS, 2005). Trotz ihres unterschiedlichen Detaillierungsgrades lassen sich in allen diesen Vorgehensmodellen grundsätzlich vier Projektstadien (Phasen) erkennen (Abbildung 1.22b-V1).

Abbildung 1.22b-V1: Allgemeines Vorgehen bei der Auswahl und Einführung von PM-Software

Die Phasen unterscheiden sich insbesondere hinsichtlich der Beziehung zwischen dem Team des Implementierungsprojekts und den Softwareanbietern sowie bezüglich der Auswahlsicherheit deutlich voneinander.

- In der ersten Phase erfolgt eine **Bestimmung des momentanen Standorts** hinsichtlich des Softwareeinsatzes und der durch die Software zu unterstützenden Aufgaben. Die Ziele der Einführung sind zu definieren. Häufig wird in diesem Stadium ein Optimierungspotential bezüglich der laufenden Geschäftspraxis aufgedeckt, sodass vorbereitend zur Einführung der Software eine Restrukturierung des Anwendungsbereichs erfolgt: Rollen und Prozesse werden dokumentiert und zumindest teilweise neu definiert. Als Ergebnis dieser Phase existiert die Definition der Anforderungen an die zukünftig einzusetzende Software vor dem Hintergrund der erhobenen Ist-Vorgehensweisen und der definierten Ziele der Softwareeinführung. Zu den potentiellen Softwareanbietern besteht zu diesem Zeitpunkt in der Regel noch kein Kontakt.
- Die zweite Phase umfasst den **Auswahlprozess**, beginnend mit einer Orientierung anhand der am Markt verfügbaren Produkte. Die zumeist große Anzahl von Alternativen wird über geeignete Auswahlkriterien schrittweise eingegrenzt. Schließlich verbleibt eine kleinere Anzahl von ca. 5-10 Produkten, die noch als geeignet erscheinen. Für diese erfolgt eine detaillierte Evaluation. Dieses Stadium liefert eine Liste von wenigen möglichen Produkten (ca. 2-3) mit einer klaren Priorisierung, sodass das am geeignetsten erscheinende Produkt nun eingeführt werden kann. Neben der Nutzung von Marktstudien erfolgt in diesem Zusammenhang der Zugriff auf öffentlich verfügbare Informationen über die Produkte und, bei geeignet erscheinenden Produkten, die Kontaktaufnahme mit den Anbietern in unterschiedlicher Intensität, je nach dem vermuteten Grad der Eignung.
- In der dritten Phase steht die **Entscheidung** an, welches Produkt sich im Auswahlprozess als die am besten geeignete Lösung herausgestellt hat und eingeführt werden soll. Hierfür sind zunächst Vertragsverhandlungen mit dem Anbieter zu führen und ggf. eine Testinstallation und die Pilotierung vorzunehmen. Dieses Stadium des Projekts wird mit der Entscheidung über die Anschaffung des Produkts abgeschlossen bzw. beginnt im Falle eines Scheiterns erneut mit der Auswahl eines alternativen Produkts aus der im zweiten Stadium erstellten priorisierten Liste. In der dritten Phase besteht ein intensiver Kontakt zu dem Anbieter der vorläufig ausgewählten Lösung.
- In der abschließenden vierten Phase wird die ausgewählte Software über die Pilotierung hinaus eingeführt. Hierzu gehören die Anpassung der Software, die Anwenderschulungen sowie der Aufbau einer Anwenderunterstützung. Die Anwendung der Software ist im Alltagsgeschäft zu verankern; häufig sind Bestandsdaten vorangegangener Systeme auf die neue Lösung zu migrieren.

Grundsätzlich sollten die späteren Anwender möglichst früh in den Auswahlprozess mit einbezogen werden. KEEN, BRONSEMA & ZUBOFF stellen anhand eines Implementierungsprojektes exemplarisch die massiven Probleme dar, die eine unzureichende Berücksichtigung der **Stakeholder** eines Implementierungsprojekts und damit eine unvollständige Ermittlung der späteren Anwender häufig zur Folge hat. Für die sicher problematische Strategie, Software durch eine kleine, abgegrenzte Gruppe unter Beteiligung nur weniger Stakeholder rasch in zahlreiche Unternehmensbereiche einführen zu lassen, wählen (vgl. KEEN, BRONSEMA & ZUBOFF, 1982) den Begriff „parachuting", der treffend die überrumpelnde Art und Weise beschreibt, mit der mitunter versucht wird, eine Software einzuführen.

Eine sorgfältige Einführung berücksichtigt die vier vorgenannten Phasen: Standortbestimmung und Anforderungsermittlung, Auswahl geeigneter Produktkandidaten, Entscheidung für Produkt und Anbieter sowie die Einführung der ausgewählten Lösung.

2.1.1 Standortbestimmung und Anforderungsermittlung

Weil die neu einzuführende Software an die vorhandene Aufbau- und Ablauforganisation angepasst werden muss, sind Kenntnisse über diese für das weitere Vorgehen unerlässlich. Über die aktuellen Regelungen und Prozesse des Projektmanagements Bescheid zu wissen, ist hierbei ebenso wichtig, wie über eventuell bereits verwendete Software für das Projektmanagement. Für das Implementierungsprojekt gibt es zum einen inhaltliche Ziele mit Blick auf die durch den Einsatz der Software angestrebten Effekte. Diese sind an den (strategischen) Unternehmenszielen zu orientieren und mit der Unternehmensleitung abzustimmen (vgl. FEYHL, 2004). Neben diese Ergebnisziele treten Vorgehensziele, beispielsweise die Beteiligung bestimmter Stakeholder oder die Realisierung der Ergebnisse auf der Basis vorgegebener Technologien. Gerade die IT-Abteilungen haben hier häufig ganz eigene Vorstellungen.

Nach dem Abschluss der Standortbestimmung und Zieldefinition sind die Ergebnisse kritisch zu bewerten und auf etwaige Diskrepanzen zwischen dem Ist- und Zielzustand zu überprüfen. Dabei ist auch die Fachkenntnis der von der Einführung betroffenen Mitarbeiter zu evaluieren (beherrschen diese die Methoden des Projektmanagements in ausreichendem Maße?). Sofern die der Projektmanagement-Software zugrunde liegenden Prozesse und Strukturen nicht mit den im Unternehmen vorhandenen deckungsgleich sind, bieten sich zwei grundsätzliche Möglichkeiten für die Anpassung an: Entweder wird die Software an die bestehenden Organisationsstrukturen angepasst oder die Organisationsstrukturen werden an die Software angepasst. Häufig bietet sich eine Kombination beider Strategien an, bei der geprüft wird, welche der eigenen Prozesse unverändert bestehen bleiben sollen und welche ohnehin einer Verbesserung bedürfen.

Wichtig ist auch, nicht nur die Prozesse und damit die Ablauforganisation zu optimieren. Auch die Aufbauorganisation sollte auf den Prüfstand gestellt werden, wenn etwa bei der Einführung von Projektmanagement-Software ein zentrales Projektbüro zur Unterstützung des Softwareeinsatzes fehlt oder wenn eine stark linienorientierte Organisationsform erheblichen Aufwand bedeuten würde, um ein Rollenkonzept zu realisieren. Noch mehr als veränderte Prozesse bergen allerdings veränderte Aufbaustrukturen die Gefahr, dass die Mitarbeiter der Softwareeinführung Widerstand entgegenbringen. In diesem Minenfeld empfiehlt es sich dringend, die Softwareimplementierung direkt durch die Entscheidungsträger (etwa die Unternehmensführung) unterstützen und absichern zu lassen (vgl. GRUPP, 2004). Einmal eingeführt, festigt die Software vorhandene Strukturen – umso wichtiger ist die Optimierung der vorhandenen Prozesse und Strukturen im Vorfeld der Einführung.

Sofern die Ziele der Softwareeinführung geklärt sind, kann die Anforderungsanalyse beginnen. Dafür sind die zukünftig zu unterstützenden Prozesse ebenso zu berücksichtigen wie die funktionalen Anforderungen der späteren Anwender an die Software. Aus diesem Grund sollten die späteren Anwender bereits im Stadium der Anforderungsspezifikation mit eingebunden werden. Neben fachlichen Anforderungen sind technische Ansprüche zu formulieren. Diese umfassen beispielsweise Aspekte des Datenschutzes und der Datensicherheit, Performance-Kennwerte oder die Kompatibilität mit vorhandenen Hard- und Softwaresystemen (vgl. BANGE & KELLER, 2003). Immer wieder werden von Seiten der IT-Abteilung die Rahmenbedingungen für die neue PM-Software sehr eng definiert. Wenn jedoch eine optimale Lösung für das Projektmanagement gefunden werden soll, muss es zu Anfang möglich sein, unvoreingenommen die möglichen Lösungen zu bewerten. Nur so ist erkennbar, ob und wie stark die Vorgaben der IT-Fachabteilung die Auswahl begrenzen. Gegebenenfalls sind dann die Anforderungen der IT zu hinterfragen.

Eine detaillierte und präzise Beschreibung der Anforderungen bewirkt eine frühzeitige Auseinandersetzung mit der zukünftigen Situation im PM und hilft bei der Aufdeckung möglicher Zielkonflikte. Sich in dieser Phase vor klaren Aussagen zu drücken, hilft nichts: Spätestens bei der Anpassung der Software müssen die Fragen beantwortet sein. Sollten wichtige Streitpunkte bis dahin nicht geklärt worden sein, ist der Abbruch der Softwareeinführung nicht selten. Eine besondere Bedeutung kommt der Priorisierung der Auswahlkriterien für die Software zu. Damit kann bereits in einem frühen Stadium des Implementierungsprojektes eine Auswahl aussichtsreich erscheinender Produkte anhand einiger weniger, bedeutender Kriterien („Muss-Kriterien") erfolgen. Mitunter kann die Entscheidung für oder gegen die nähere Betrachtung einer Softwarelösung von einem einzigen Kriterium abhängig sein, wenn etwa bestimmte Datenbankformate erforderlich sind.

Zusätzlich zu den technischen und funktionalen Anforderungen können weitere Anforderungen, etwa an die Benutzerfreundlichkeit oder die Struktur der Software, die Spezifikation ergänzen. Das als Ergebnis der Anforderungsdefinition zu erstellende Pflichtenheft bildet die Grundlage für die Ausschreibung der Software.

Es umfasst neben den genannten Anforderungen auch Angaben zum ausschreibenden Unternehmen, zum Ist-Zustand, der aktuellen Fachgebietsorganisation und zu den Implementierungszielen (vgl. GRUPP, 1994; GRONAU, 2001).

2.2 Auswahl geeigneter Produktkandidaten

Das breite Marktangebot für Projektmanagement-Software ist nur schwer überschaubar (vgl. SCHELLE, OTTMAN & PFEIFFER, 2005). Um die eigenen Anforderungen möglichst an eine umfassende Liste geeigneter Anbieter adressieren zu können, empfiehlt es sich daher, im ersten Schritt Marktübersichten, wie das GPM-Informationsportal www.PM-Software.Info und detaillierte Marktstudien (etwa AHLEMANN, 2005), zu nutzen.

Neben der Auswertung von Marktübersichten und Marktstudien erleichtern Messekataloge, Tagungsbände von Fachtagungen, Inserate und Besprechungen in Fachzeitschriften es, geeignete Anbieter zu identifizieren. Diese Vorgehensweisen liefern jedoch, sofern sie nicht mit großem Aufwand betrieben werden, nur zufällig zusammengestellte Anbieterinformationen. Nicht zuletzt kann die Fachkenntnis spezialisierter Berater für das eigene Einführungsprojekt erschlossen werden – kein Berater kennt jedoch sämtliche Lösungen gleich gut, sodass nach einer Vorauswahl Details grundsätzlich mit den jeweiligen Anbietern besprochen werden müssen.

Angesichts der oft zahlreichen Produkte stellen Produktklassifizierungen innerhalb der Übersichten eine große Erleichterung dar, da sie eine erste Vorsortierung potentieller Softwareanbieter erlauben. Die Anzahl zu betrachtender Softwareprodukte kann hiermit deutlich eingeschränkt werden. Grundsätzlich geben Marktstudien eher allgemeine Anforderungen wieder, die nicht mit dem eigenen Anforderungsprofil übereinstimmen. Die Entwicklung des **Anforderungskatalogs** ist somit immer eine Individualleistung, die nicht mit einer bloßen Kriterienübernahme aus „Standardkatalogen" oder Marktübersichten umgangen werden kann. Dennoch können solche Übersichten nützliche Gedankenanregungen bei der Ermittlung der eigenen Anforderungen liefern und als Prüfliste für deren Vollständigkeit dienen (vgl. DWORATSCHEK & HAYEK, 1992).

Stehen die Anforderungen fest, sind sie mit den Merkmalen der noch infrage kommenden Produkte zu vergleichen. Zunächst werden hierbei die als unabdingbar erkannten Merkmale („Must-have"- oder „K.O."-Kriterien) herangezogen. Hierfür kann eine erste Voranfrage bei den betreffenden Anbietern erfolgen. Dieser erste Abgleich reduziert die Zahl der verbleibenden Kandidaten zumeist deutlich und ist sowohl für das suchende Projektteam als auch für die Anbieter mit vergleichsweise wenig Aufwand verbunden. Ein weiterer Abgleich umfasst dann sämtliche Anforderungen und wird bei den verbliebenen Anbietern in der Form einer ausführlichen Ausschreibung erhoben.

Als Ergebnis der Produkteingrenzung ergibt sich eine **Kurzliste** von drei bis sieben Produkten, die für den Einsatz infrage kommen (vgl. BIDANDA & HACKWORTH, 2004). Durch intensivere Informationsgewinnung (Prospekte, Rückfragen bei Anbietern etc.) werden die Antworten der Bieter verifiziert und etwaige Missverständnisse ausgeräumt. Nun können die noch verbliebenen Produkte in eine Rangfolge gebracht und weiter reduziert werden. Die Rangfolge kann beispielsweise gemäß der Nutzwertanalyse gebildet werden, die allerdings hierarchisch strukturierte und hinsichtlich ihrer Bedeutung gewichtete Anforderungen voraussetzt.

Die detaillierte Evaluation ist insgesamt deutlich zeitaufwändiger als das grobe Eingrenzen bei der ersten Produktauswahl vorher. Infrage kommen beispielsweise Präsentationen der Anbieter, die anschließend im Hinblick auf unternehmensspezifische Anforderungen diskutiert werden. Anbieterpräsentationen bergen grundsätzlich die Gefahr, sich intensiv mit den vom Anbieter präsentierten, eventuell nebensächlichen Funktionalitäten zu befassen und den Blick für das Wesentliche zu verlieren. Bei umfangreichen Lösungen kann es daher sinnvoll sein, Workshops zur exemplarischen Lösung unternehmensspezifischer **Fallstudien** zu vereinbaren. Das Projektteam erhält hierbei einen ausführlichen, direkten Eindruck von der Software, kann das jeweilige Produkt mit Unterstützung des Anbieters aktiv testen und die Eignung für die eigenen Projekte abschätzen. Daneben können Besuche bei Referenzkunden Aufschluss über die Tauglichkeit der Software geben.

2.3 Entscheidung für Produkt & Anbieter

Nach der detaillierten Evaluation der verbliebenen Produkte sollte feststehen, welches Produkt eingeführt werden soll. Sofern auch die technischen Details stimmen, können erste Verhandlungen bezüglich Lizenzierung, Schulung und Customizing beginnen.

Nachdem die endgültige Entscheidung für eine Software gefallen ist, kann mit der Installation der Software begonnen werden. Diese erfolgt zum einen testweise, damit sich die Mitarbeiter außerhalb einer Produktivumgebung mit dem System auseinandersetzen können. Ergänzend erfolgt der produktive Einsatz. Bei der Einführung von Projektmanagement-Software hat sich ein stufenweises Vorgehen bewährt: Durch den erstmaligen produktiven Einsatz der Software in einem Pilotprojekt kann die Anwendung des Produkts in einer realen Projektumgebung geprobt werden. Zugleich ergeben sich wichtige Hinweise auf eventuell erforderliche weitere Anpassungen der Software oder der Projektmanagement-Prozesse. Das **Pilotprojekt** unterstützt diese beiden komplementären Zielsetzungen dann ideal, wenn es ausreichend überschaubar ist, damit die Mitarbeiter Zeit haben, sich mit der neuen Software auseinanderzusetzen. Andererseits muss es ausreichend komplex sein, um einen realistischer Testfall für die später folgende breite Anwendung der Software abzugeben.

Tipp Auch wenn die Zeit noch so drängt – nehmen Sie sich Zeit für eine Pilotinstallation, bei der die Software unter realistischen Bedingungen angewendet wird.

Eine Pilotinstallation, die allen Beteiligten als solche vorgestellt wird, gibt zudem ein deutliches Signal, dass die Einführung noch nicht komplett beendet ist. Die fast zwangsläufig auftretenden Probleme in der Anfangsphase der Nutzung werden in diesem Fall erfahrungsgemäß deutlich leichter genommen, als wenn die Software als bereits feststehende, ultimative Lösung vorgestellt wird. Es sollte aber klar sein, dass sich Änderungen nur auf das Wie der Softwarenutzung und nicht auf das Ob beschränken sollen. Die Erfahrungen aus der Testinstallation und der Pilotierung sollten systematisch ausgewertet werden. Dem Einführungsprojektteam, zumindest aber dem Team des Pilotierungsprojektes, sollten spätestens in diesem Stadium nicht mehr nur Projektmanagement- und IT-Fachleute angehören.

Erst dann, wenn ein Pilotprojekt mit der neuen Software erfolgreich abgewickelt wurde und sich das Produkt im Praxiseinsatz bewährt hat, kann die Softwareauswahl als abgeschlossen betrachtet werden. Bei anhaltenden Schwierigkeiten muss die Auswahl mitunter erneut überdacht und gegebenenfalls das bislang zweitplatzierte Produkt näher in Augenschein genommen werden. Auch wenn in diesem Fall der bisherige Aufwand für die Einführung des ersten Kandidaten schmerzt, überwiegt doch der Vorteil, die Probleme noch vor der breiten Einführung der Software erkannt zu haben. Ein Pilotprojekt zum intensiven Test der ausgewählten Software sollte daher unter keinen Umständen versäumt werden.

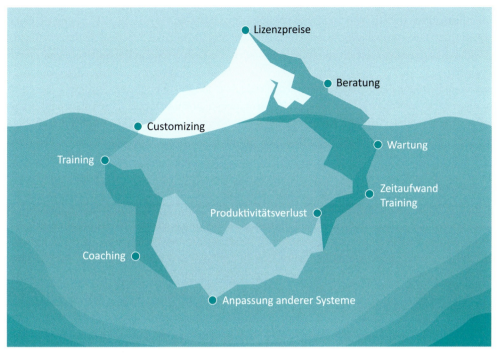

Abbildung 1.22b-V2: Die Lizenzkosten einer Software sind nur ein Bruchteil der Gesamtkosten

Die ausgewählte Software muss in der Regel an die organisationsspezifischen Gegebenheiten angepasst werden. Dies bedeutet, dass die Standardfunktionalität auf die konkret benötigte Funktionalität zugeschnitten werden muss. Dabei kann es gleichermaßen sinnvoll sein, einzelne Funktionen wegzulassen und/oder neue Funktionen zu ergänzen (hierzu zählen insbesondere die Schnittstellen zu vorhandenen Softwaresystemen). Sofern Benutzern individuelle Funktionalitäten angeboten werden sollen und der Datenschutz durch Zugriffsrechte geregelt werden muss, sind die möglichen Rollen zu definieren und zu implementieren. Die häufig unterschätzten Kosten dieser als **Customizing** bezeichneten Anpassungen der Software müssen im Projektbudget berücksichtigt werden. Ihre Höhe beträgt – je nach Grad der erforderlichen Anpassungen und dem Typ der Anwendung – häufig ein Vielfaches der Lizenzkosten (vgl. GRUPP, 2004: 50). Generell werden die Lizenzkosten häufig überbewertet. Zu den Gesamtkosten der Einführung trägt eine Vielzahl weiterer Kosten bei (Abbildung 1.22b-V2).

2.4 Einführung der ausgewählten Lösung

Die Einführung einer Software beginnt eigentlich bereits in dem Moment, in dem man sich auf die Suche nach einem geeigneten Produkt begibt. Jeder Schritt im Auswahlprozess erfolgt idealer Weise mit Blick auf die spätere Einführung: Wird durch die Software die tägliche Projektarbeit erleichtert? Wissen die zukünftigen Anwender um ihre Aufgaben? Ist das Auswahlverfahren nachvollziehbar? Taucht die Software urplötzlich auf den Rechnern der Anwender auf oder haben diese sich durch Feedback im Auswahlprozess darauf einstellen können? Spätestens mit der Entscheidung für ein Produkt beginnt dann der Prozess, die neue Software nach und nach in den Arbeitsalltag zu integrieren.

In diesem Zusammenhang muss sichergestellt sein, dass die Mitarbeiter im Umgang mit der Software geschult werden. Hierfür eignen sich Schulungen durch den Produktanbieter, unabhängige Trainer oder hausinterne Experten. Letztere haben durch Qualifikationsmaßnahmen bereits Kenntnisse erworben, die sie als Multiplikatoren intern weitergeben. Neben der Qualifizierung ist die interne Anwenderunterstützung zu etablieren. Es bringt erhebliche Vorteile, Unterstützungsanforderungen zunächst intern zu entsprechen und den Anbieter-Support nur bei komplizierten Problemen in Anspruch zu nehmen. Dies ermöglicht es, den Anbieter-Support effizient zu nutzen und parallel dazu eigene Kompetenzen in der Softwarenutzung aufzubauen. Zudem ist die Reaktionszeit eines internen Support-Teams gemeinhin deutlich kürzer. Die Mitarbeiter stehen somit kurzfristiger zur Verfügung, besitzen neben den Produktkenntnissen das notwendige Wissen bezüglich der Strukturen und Prozesse im Unternehmen und sind dadurch auch in der Lage, Projektplaner bei den ersten Schritten mit der Software kontinuierlich zu begleiten.

Inhalt und Umfang der **Schulungen** sind den Aufgaben der Mitarbeiter und der Unternehmensorganisation (zentral vs. dezentral) anzupassen. Der Schulungsplan muss darauf achten, dass der Geschäftsablauf auch während der Schulungsphasen nicht gestört oder gar unterbrochen wird (vgl. HILDEBRAND & SZIDZEK, 1993). Den Schulungen kommt zugleich die Aufgabe zu, die Anwender mit den unmittelbaren Vorteilen der Software vertraut zu machen und so gleichsam für die Anwendung der Software zu werben (KEEN, BRONSEMA & ZUBOFF, 1982). Schulungen sollten daher unmittelbar nach der Entscheidung für eine Software beginnen. Dabei ist es zweckmäßig, die erforderliche Mitarbeiterqualifikation abzustufen – im Projektmanagement und/oder in der IT besonders erfahrene Mitarbeiter können, als „Power User" trainiert, bei entsprechender Eignung intern die Schulungen und den Support übernehmen. Ein gutes Schulungskonzept ist ein entscheidender Erfolgsfaktor bei der Einführung von PM-Software!

Wird die neue Software genutzt, bedeutet dies in der Regel einen anfänglichen Produktivitätsverlust. Die Software sollte demnach möglichst in betrieblich ruhigeren Phasen implementiert werden, in denen neben dem Tagesgeschäft ausreichend Zeit für die Schulungen und die Beschäftigung mit dem neuen Arbeitsmittel bleibt (vgl. HILDEBRAND & SZIDZEK, 1993).

3 Erfolgsfaktoren der Einführung

Die vorstehend beschriebene Vorgehensweise zur Auswahl und Einführung von Software impliziert eine Reihe von Erfolgsfaktoren und Fallstricken, die zu berücksichtigen sind. Dies sind vor allem:

- **aktive Unterstützung durch das Management:** Angesichts des Konfliktpotentials in der häufig vorhandenen Matrixorganisation eines Unternehmens ist dies unabdingbar. Zu häufig beteiligt sich das Linienmanagement jedoch nicht oder in nicht ausreichendem Maße an der Implementierung der Projektmanagement-Software. Eine neue Software für das Multiprojektmanagement stellt aber in der Regel weniger eine technische, sondern vor allem eine organisatorische und unternehmerische Herausforderung dar. Hier ist das Management gefordert. Durch aktives Handeln, etwa die Beteiligung an Projektsitzungen oder die persönliche Ansprache einzelner Stakeholder, erfährt das Einführungsprojekt eine deutliche Unterstützung und Aufwertung im Bewusstsein der späteren Softwarenutzer;
- **der Aufgabe angemessene Softwareprodukte:** Die Software sollte an den Projektmanagement-Reifegrad des Unternehmens und die Kenntnisse der Anwender angepasst sein. Funktionen, deren Sinn sich dem Anwender nicht erschließt, weil dieser die entsprechenden PM-Kenntnisse nicht besitzt oder die entsprechende Methode im Unternehmen nicht zur Anwendung kommt, verwirren. Erfolgt beispielsweise keine Ist-Zeit-Erfassung, dann sind die entsprechenden Punkte aus den Menüs und Dialogfenstern am besten komplett zu entfernen. Aus technischer Sicht bedingt dieses Vorgehen eine flexibel anpassbare Software, die ohne umfangreiche Programmierung durch Parametrisierung oder die Aktivierung einzelner Module nach und nach in Betrieb genommen werden kann. Eine solche Software kann mit den Anforderungen des Unternehmens wachsen. Der Aufgabe angemessene Software erfordert zwingend die anfängliche Bestandsaufnahme des Ist-Projektmanagements!
- **frühe Einbindung der Stakeholder:** Vertreter der späteren Anwendergruppen sollten nahezu vom ersten Moment an mit am Tisch sitzen. Einerseits bringt dies wertvolle Hinweise auf die Anforderungen an die Software. Andererseits wirkt dies einem „Not invented here"-Effekt entgegen und ermöglicht es den späteren Anwendern, sich nach und nach mit dem Gedanken an eine neue Software anzufreunden. Eine häufige Zielsetzung bei der Einführung von Software für das Projektmanagement ist die Optimierung des Ressourceneinsatzes, insbesondere der Personalressourcen. Hierbei werden regelmäßig mitbestimmungspflichtige Aspekte berührt, sodass eine frühzeitige Integration der Arbeitnehmervertreter in diesen Fällen aus Akzeptanzgründen unabdingbar ist. Anfängliche

Befürchtungen können häufig durch Information und entsprechende Betriebsvereinbarungen abgebaut werden. Aus technischer Sicht muss die eingesetzte Software in der Lage sein, solche getroffenen Vereinbarungen durch ein Berechtigungssystem abzusichern;

- **Schulung der Anwender:** Bei der Einführung von Projektmanagement-Software kommt den Anwenderschulungen und der Anwenderunterstützung eine besondere Rolle zu (vgl. MADAUSS, 2000; Patzak, 1991). Der Aufwand für die Einarbeitung in eine Projektmanagement-Software wird häufig deutlich unterschätzt. Früher waren es Projektleiter und EDV-Experten, welche die PM-Software bedienten. Heute kommen immer neue Anwendergruppen, wie Controller und Abteilungsleiter, mit gänzlich unterschiedlichen Qualifikationen und fachlichen Hintergründen hinzu. Eine abgestufte Schulung der Anwender ist beispielsweise auf Projektmitarbeiter, Projektleiter und Projektleiter mit vertieften Softwarekenntnissen etc. abgestimmt. Sie ermöglicht – sofern geeignete Mitarbeiter verfügbar sind – die Ausbildung unternehmensinterner Multiplikatoren („Train the Trainer"-Konzept"), welche die internen Trainings organisieren und durchführen können und die Unterstützungsbedarfe der Anwender später entweder selbst bedienen oder gegenüber dem Anbieter kanalisieren (vgl. KENDALL & ROLLINS, 2003). Dies vereinfacht die Kommunikation mit dem Softwareanbieter und bietet die Möglichkeit, an zentraler Stelle Wissen über Schulungsdefizite oder sonstige Anwendungsprobleme zu gewinnen;
- **Begleitung der Anwender:** Es ist immer wieder zu beobachten, dass Anwender, die im Umgang mit der Software gut ausgebildet wurden und denen bei Problemen kurzfristig erreichbare Ansprechpartner helfend zur Seite stehen, die Software eher akzeptieren als Einzelkämpfer, die sich selbstständig durch Versuch und Irrtum mit der Software vertraut machen müssen. Nach einer Schulung benötigen viele Anwender weitere Unterstützung bei den ersten praktischen Arbeitsversuchen mit der Software. Hier helfen qualifizierte Mitarbeiter, die sowohl die Projektmanagement-Aufgabe verstehen als auch die Software sicher beherrschen und kurzfristig bei Problemen verfügbar sind. Sie unterstützen im Idealfall nicht nur mit kurzen Ratschlägen, sondern entwickeln beispielsweise erste Projektpläne gemeinsam und koordinieren den Erfahrungsaustausch zwischen den Anwendern.

4 Integration von PM-Software in vorhandene Softwaresysteme

Jedes größere Unternehmen setzt heutzutage Softwareprodukte für die Unterstützung zahlreicher verschiedener betriebswirtschaftlicher Funktionen ein: Finanzwesen, Anlagen- und Materialwirtschaft und Controlling werden dabei durch Software ebenso unterstützt wie Personalwirtschaft, Vertrieb oder Produktionsplanung. Die Bedeutung der Software in diesen Bereichen übersteigt die vorstehend skizzierte Bedeutung der Software für das Projektmanagement zumeist deutlich. Der in diesen Bereichen oft stark prozessorientierte Charakter der Datenverarbeitung lässt ihren Einsatz noch attraktiver erscheinen als im Projektmanagement. Spezielle Software ist in diesen Anwendungsfeldern daher auch in kleineren Betrieben unabdingbar.

Ein entscheidender Vorteil des Softwareeinsatzes im Projektmanagement ist die Reduktion von Fehlern bei der Auswertung von Projektdaten. Entscheidend hierfür ist die Datenqualität, für die es wiederum wichtig ist, dass identische Daten nicht an mehreren Stellen gleichzeitig gepflegt werden müssen. Um dies zu vermeiden, bietet es sich an, die Projektmanagement-Software in die vorhandene Softwarelandschaft zu integrieren. Auf diese Weise können beispielsweise Ressourcen-Stammdaten, Projektbudgets oder im Projekt angefallene Ist-Stunden direkt mit denjenigen Softwareprodukten ausgetauscht werden, die bereits für die Personal- oder Finanzwirtschaft verwendet werden.

Zur Unterstützung der betriebswirtschaftlichen Standardfunktionen haben sich zentrale Datenbestände für die verschiedenen Funktionsbereiche durchgesetzt, die Redundanzen vermeiden. Integrierte Standardanwendungssoftware fasst die verschiedenen Funktionsbereiche zudem noch unter einer gemeinsamen Benutzeroberfläche zusammen. Für die entsprechenden Softwareprodukte hat sich der Begriff „Enterprise Resource Planning" (**ERP-Software**) durchgesetzt. Auch wenn gerade in kleineren Unternehmen durchaus verschiedene Softwareprodukte zum Einsatz kommen können (beispielsweise eines für die Finanz-, ein anderes für die Personalwirtschaft), soll hier vereinfachend von ERP-Software gesprochen werden. Spätestens dann, wenn die Projektarbeit zur bedeutenden Form der Wertschöpfung im Unternehmen wird, wird eine Einbindung der PM-Software in die ERP-Software wichtig. Nur so können wichtige Unternehmensdaten, wie beispielsweise Kosten, weiterhin zentral zur Verfügung stehen. Ohne eine Einbindung der PM-Software wäre die ERP-Software im Hinblick auf das Projektgeschehen weitgehend „blind". Zudem müssten wichtige Projektdaten in der PM-Software und dem ERP-System redundant bereitgehalten werden, was die Gefahr mit sich bringen würde, dass in beiden Systemen die Daten jeweils voneinander abweichen.

Die Frage, bis zu welchem Grad die beiden Softwaresysteme ineinander integriert werden sollen, kann nicht pauschal beantwortet werden. Grundsätzlich erfordern die Entwicklung und Wartung von **Schnittstellen** zum Datenabgleich zwischen den Systemen einen erheblichen Aufwand, sodass sich ihr Einsatz regelmäßig nur für umfangreiche Daten anbietet, die häufig zwischen den Systemen ausgetauscht werden müssen. Für ein Unternehmen mit einer hohen Personalfluktuation und ausgereifter Ressourcenplanung in den Projekten amortisiert sich der Aufwand für eine Schnittstelle, weil dadurch Ressourcenstammdaten und -verfügbarkeit automatisch übernommen werden können. Demgegenüber wird ein Unternehmen, das mit einem konstanten Team aus wenigen Projektleitern überwiegend Projekte mit externen Ressourcen und Subunternehmern steuert, die wenigen Daten möglicherweise lieber manuell übertragen. In diesem Fall empfehlen sich Checklisten für den Umgang mit Änderungen im Personalbestand, welche die korrekte Übernahme der Informationen in die PM-Software sicherstellen können.

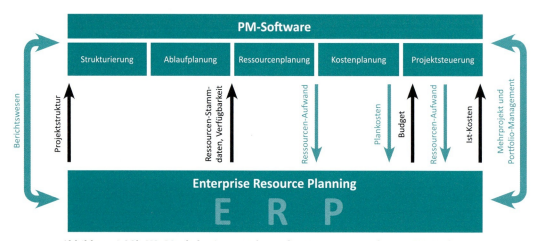

Abbildung 1.22b-V3: Mögliche Ausgestaltung des Datenaustauschs mit ERP-Software

Die Abbildung 1.22b-V3 zeigt ein mögliches Szenario dieser Integration, welches die vorstehend dargestellten Projektmanagement-Methoden aufgreift. Die Projektstruktur wird bereits innerhalb der ERP-Software angelegt, um einen Verrechnungsrahmen für die spätere Verbuchung zu schaffen. Sie kann dann in der PM-Software verfeinert werden und als Grundlage für die Ablauf- und Terminplanung dienen. Die Ressourcenplanung erfolgt unter Verwendung der im ERP-System vorhandenen Stammdaten (beispielsweise der Kostensätze).

Der Vorteil dieser Vorgehensweise besteht darin, dass der als Ergebnis der Ressourcenplanung ermittelte Aufwand wieder in das ERP-System eingespeist werden kann, was auch für die geplanten Kosten gilt. Auf diese Weise wird beispielsweise eine Grundlage für die Budgetierung oder die Angebotskalkulation gewonnen. Im Verlauf des Projekts werden Fortschrittsgrade und geleisteter Ressourcenaufwand in der Projektmanagement-Software erfasst. Das ERP-System erhält diese Informationen, bewertet die geleisteten Stunden monetär und liefert die aufgelaufenen Kosten des Projekts zur Information für den Projektleiter an die Projektmanagement-Software zurück. Auf der Multiprojektebene ermöglichen beispielsweise Budgetierung, Priorisierung und das Berichtswesen beider Softwaresysteme die Übersicht und Steuerung.

Ein solches Szenario wirft jedoch Fragen auf: Die Projektstrukturierung erfolgt im ERP-System zumeist nach Aspekten der Kostenrechnung, während Projektleiter hier häufig objektorientierte oder gemischtorientierte Strukturen bevorzugen. Eine Alternative dazu ist die Zuordnung einzelner Projektarbeitspakete zu Kostenarten und Kostenstellen. Diese Granularität ist jedoch nur dann sinnvoll, wenn eingehende Rechnungen ebenfalls entsprechend detailliert nach Teilprojekten und Arbeitspaketen aufgeteilt werden, sodass eine Zuordnung der aufgelaufenen Kosten zu einzelnen Arbeitspaketen möglich ist. Der Aufwand hierfür ist in der Regel sehr hoch, während der konkrete Nutzen für die Anwender häufig fraglich bleibt.

Die unterschiedlichen Zielsetzungen der routineorientierten, „exakten" Führung der Stammorganisation auf der einen Seite und der einmaligen Projektorganisation, die häufig mit einer hohen Unsicherheit der Planwerte umgehen muss, auf der anderen Seite, bedingen zahlreiche Konfliktmöglichkeiten bezüglich der Erfassungsgenauigkeit und der Erhebungszeitpunkte von Daten. Das in Abbildung ERP dargestellte Szenario würde beispielsweise deutlich vereinfacht, wenn Projektdaten im ERP-System nur auf Gesamtprojektebene erfasst würden: Die Übernahme der Projektstruktur könnte entfallen. Eine Schlüsselung von Ist-Kosten auf der Basis der Projektarbeitspakete und damit die notwendige bidirektionale Abbildung von Kosten- und Projektstruktur wären nicht erforderlich.

Σ Fazit Wenn es um die Frage geht, welche Daten von anderen Softwaresystemen über Schnittstellen mit der PM-Software ausgetauscht werden sollen, dann nehmen Sie jede geplante Schnittstelle gründlich unter die Lupe. Stimmen der Aufwand für die Umsetzung und der erwartete Nutzen? Oder lassen sich die Daten eventuell doch besser manuell übertragen?

Neben den ERP-Systemen sind auch die Benutzer-Datenbanken häufig ein wichtiger Aspekt bei der Einbindung. Auch hier führen redundante Daten für Benutzernamen, Passworte und Zugriffsrechte verschiedener Anwendungssoftware leicht zu Fehlern, wenn etwa ein Mitarbeiter nach einem Wechsel in eine neue Abteilung zwar generell keinen Zugriff mehr auf die Dateiordner und Dokumente seiner alten Wirkungsstätte besitzt, die PM-Software ihm allerdings weiterhin offenherzig den Zugang zu Projektinformationen ermöglicht, weil die erforderliche Änderung dort vergessen wurde. Greift die PM-Software auf zentrale Verzeichnisdienste, wie beispielsweise LDAP oder Active Directory, zu, brauchen Änderungen nur dort vorgenommen werden.

5   Zusammenfassung

Soll Projektmanagement-Software eingeführt werden, so ist ein systematisches Vorgehen unerlässlich. Vor der eigentlichen Auswahl einer Software steht dabei die erste Definition der Anforderungen. Diese setzt voraus, dass das mit der Software zu unterstützende Projektmanagement-System bekannt ist. Dabei reicht es nicht aus, das bestehende Projektmanagement als gegeben hinzunehmen, vielmehr sollte es auf den Prüfstand gestellt und gegebenenfalls modifiziert werden. Umfangreiche Änderungen oder gar die komplette Ersteinführung eines anspruchsvollen Projektmanagement-Konzepts sind nicht durch die Software möglich, weshalb bereits während der Auswahl einer Projektmanagement-Software mit dem Veränderungsmanagement begonnen werden sollte.

Abbildung 1.22b-V4: Voraussetzungen für den Softwareeinsatz

Bevor mit der Auswahl und Einführung einer PM-Software begonnen werden kann, sind eine Reihe von Voraussetzungen zu prüfen (Abb. 1.22b-V4). Diese betreffen sowohl die aktuelle Ist-Situation als auch die Vorgehensweise im Auswahl- und Einführungsprojekt.

Erste Anhaltspunkte bei der Suche nach geeigneten Softwareprodukten bieten Marktübersichten und -studien. Nach einer schrittweisen Einschränkung der infrage kommenden Lösungen steht schließlich die Auswahl der bevorzugten Software. Erst wenn diese sich in einem praxisnahen Pilotprojekt bewährt hat, ist die Softwareauswahl abgeschlossen. Es kann dann mit der breiten Einführung begonnen werden, in deren Verlauf die Anwender zielgruppengerecht zu schulen sind. Auch nach den Schulungen benötigen die Anwender eine leicht verfügbare, kompetente Unterstützung. Hier empfehlen sich Mitarbeiter, die bei konkreten Schwierigkeiten die Anwender bei deren ersten Schritten mit der Software begleiten.

Um redundante Daten zu vermeiden, ist bei größeren Installationen häufig die Anbindung an bereits vorhandene Softwareprodukte, etwa für das Personal- oder Finanzmanagement, erforderlich. Wie genau vorgegangen wird, hängt von der individuellen Situation im Unternehmen ab, generell kommen zumeist Informationen zu Ressourcendaten und -auslastungen, Kosten sowie zu Eckterminen der Projekte für die Entwicklung entsprechender Schnittstellen infrage.

6 Fragen zur Wiederholung

1	Welche Vorgehensschritte sind im Rahmen der Auswahl und Einführung einer Projektmanagement-Software zu durchlaufen?	☐
2	Welche Erfolgsfaktoren sind bei der Einführung einer PM-Software zu beachten?	☐
3	Was bedeutet die „aktive" Einbindung des Managements bei der Softwareeinführung?	☐
4	Warum ist es erforderlich, bei der Einführung von Projektmanagement-Software hochrangige Unternehmensvertreter mit Entscheidungsbefugnis aktiv „an Bord" zu haben?	☐
5	Welcher grundlegende Unterschied erschwert die Verbindung von Projektmanagement- und ERP-Software?	☐

1.23a Critical-Chain-Projektmanagement
Uwe Techt

Kontext und Bedeutung

Kontext

Wie ist das Thema im Kontext Projektmanagement einzuordnen?

Die Theory of Constraints betrachtet das Projektmanagement aus der Sicht des übergeordneten Systems, also des Unternehmens – oder noch weiter gefasst – der Supply Chain. Alle Teile sollen zusammen die Ziele des Systems (des Unternehmens/der Supply Chain) erreichen. Entsprechend schlägt die Theory of Constraints Lösungen (Methoden, Vorgehensweisen, Prozesse, Kennzahlen) vor, die stets der Optimierung der Zielerreichung des Gesamtsystems dienen. Die Lösungen setzen am Engpass des Systems (bzw. am Punkt der größtmöglichen Einflussnahme) an.

Wie ist das Thema in der ICB3 verortet?

Critical-Chain und die Theory of Constraints sind in der ICB3 nicht angesprochen, behandeln aber – aus einem anderen Blickwinkel (siehe Bedeutung) – die meisten Gliederungspunkte der ICB3.

Bedeutung

Warum ist das Thema im Kontext Projektmanagement einzuordnen?

Obwohl die Betriebswirtschaftslehre schon seit langem weiß, dass es falsch ist, folgt die gängige Praxis im Management – auch im Projektmanagement – oft dem Paradigma der lokalen Optimierung: „die Optimierung von Teilen (eines Systems) führt automatisch zur Optimierung des Ganzen (Systems)".

Beispiele aus der Projektmanagement-Welt sind:

- Projektleiter sind verantwortlich für die Zielerreichung ihrer jeweiligen Projekte. Denn es gilt die Annahme: „das Projektportfolio ist dann besonders erfolgreich, wenn jedes einzelne Projekt besonders erfolgreich ist". Dies ist eine Ausprägung des Paradigmas der lokalen Optimierung und hat zur Folge, dass Projekte um Ressourcen kämpfen, statt sich gegenseitig (im Sinne des Gesamtsystems) zu unterstützen.
- Für die einzelnen Aufgaben innerhalb eines Projektes werden – auf Basis von Zeitschätzungen – Termine festgelegt, die von den jeweils Verantwortlichen eingehalten werden müssen. Denn es gilt die Annahme „wenn jeder einzelne Termin eingehalten wird, wird auch das Projekt als Ganzes rechtzeitig fertig". Dies ist eine Ausprägung des Paradigmas der lokalen Optimierung und hat zur Folge, dass in den einzelnen Arbeitspaketen Sicherheiten eingeplant, aber auch gleich wieder verbraucht werden. Dadurch sind Projekte unnötig lang und dennoch nicht zuverlässig.
- Innerhalb großer Projekte werden Teilprojekte an Lieferanten vergeben, die diese unabhängig voneinander auf Basis vorher definierter Spezifikationen erfüllen sollen. Denn es gilt die Annahme: „wenn jeder einzelne Lieferant seine Arbeit optimal macht, wird auch das Projekt als Ganzes optimale Ergebnisse erzielen". Dies ist eine Ausprägung des Paradigmas der lokalen Optimierung und hat zur Folge, dass Lieferanten sich gegenseitig die Schuld bei Schwierigkeiten geben und Claim-Management betreiben, statt gemeinsam mit dem Auftraggeber an der Lösung der Probleme zu arbeiten. Dadurch werden Projekte unnötig teuer und unnötig lang.

Die Theory of Constraints hat nicht nur nachgewiesen,

- dass und warum diese etablierten Vorgehensweisen deutlich negative wirtschaftliche Folgen für Unternehmen und ganze Supply Chains haben,
- dass viele „innovative" Projektmanagement-Methoden nur dazu da sind, diese negativen Auswirkungen zu verkleinern, statt eine grundsätzliche Lösung dafür zu finden,
- sondern auch neue Methoden, Kennzahlen und Vorgehensweisen der Unternehmensführung und des Projektmanagements entwickelt und zur Verfügung gestellt, die den etablierten Ansätzen ganz grundsätzlich widersprechen.

Die Erfahrung der letzten 15 Jahre zeigt, dass die Ansätze der Theory of Constraints zu folgenden Ergebnissen führen:

- Erhöhung der Zuverlässigkeit von Projekten auf nahezu 100 %,
- Verkürzung der Projektlaufzeiten in den meisten Projektumgebungen schnell um 25 %, nach weiteren Verbesserungsaktivitäten auf ein vorher für nicht möglich gehaltenes Niveau,
- Freisetzung von erheblichen Kapazitäten, die für zusätzliche Projekte/zusätzliche Wertschöpfung genutzt werden können.

Wenn das Unternehmen in Konkurrenz steht und der Markt zunehmend Zuverlässigkeit und höhere Geschwindigkeit fordert, entstehen aufgrund der vorstehenden Ergebnisse Wettbewerbsvorteile, die das Unternehmen nutzen und zu Geld machen kann. Wettbewerbsvorteile aufzubauen und aufrecht zu erhalten, ist bereits eine anspruchsvolle Aufgabe. Die Fähigkeit zu entwickeln, diese Wettbewerbsvorteile zu Geld zu machen, ist nicht weniger anspruchsvoll. Beides jedoch synchronisiert zu tun, ist eine echte Herausforderung für das Unternehmen.

Warum ist es sinnvoll und notwendig, sich mit diesem Thema auseinanderzusetzen?

Ein Projektmanager braucht ein tiefes Verständnis für das Gesamtsystem, in dem er agiert, und für dessen Ursache-Wirkungs-Zusammenhänge. Nur so versteht er das Verhalten der Systemteile und kann diese zielgerichtet beeinflussen.

Verbesserungen nur im Projektmanagement anzustreben – ohne dabei die Auswirkungen und notwendigen Veränderungen in anderen Unternehmensfunktionen (Produktion, Marketing, Vertrieb, Finanzen, Strategie) zu berücksichtigen und synchronisiert zu steuern, schränkt nicht nur die Wirksamkeit der gewünschten Verbesserungen ein, sondern führt wahrscheinlich sogar zu deutlich negativen Auswirkungen auf das Gesamtsystem.

Lernziele

Sie können nachvollziehen und erklären,

I   warum und wie Sicherheiten in Projekten eingeplant und – ohne Nutzen für das Projekt – verbraucht werden
I   warum Projektlaufzeiten sich bei zunehmendem Druck auf die Einhaltung von Terminen für einzelne Projektschritte verlängern
I   wie schädliches Multitasking entsteht und welche negativen Auswirkungen auf das Gesamtsystem (Unternehmen/Supply Chain) dadurch verursacht werden

Sie können

I   Anforderungen an ein Projektmanagementkonzept formulieren, in dem weder Sicherheiten unnötig eingeplant und verschwendet werden, noch schädliches Multitasking zugelassen wird
I   die fünf Schritte des Engpassmanagements erklären und auf das Projektmanagement anwenden
I   Projektmanagement für Einzelprojekte und Multiprojekt-Systeme erklären und darstellen
I   einen Projektplan nach dem Critical Chain-Prinzip erstellen und dabei Projekt- und Zwischenpuffer richtig einbauen
I   die verschiedenen Projekte eines Systems über die Engpass-Ressource aufeinander abstimmen
I   den Projektfortschritt, Pufferverbrauch und Projektstatus für ein Projekt ermitteln

Inhalt

1	Goldratt und die Theory of Constraints	1909
1.1	Eine Analogie: Der Arztbesuch	1909
1.2	Die Methoden effektiven Denkens	1910
1.3	Die Lösungen der Theory of Constraints	1910
2	Ausgangssituation im Projektgeschäft	1911
3	Projekte staffeln: Ressourcen-Management in Multiprojekt-Umgebungen	1911
3.1	Charakteristika einer Multiprojekt-Organisation	1911
3.2	Schwierigkeiten und Probleme einer Multiprojekt-Organisation	1911
3.3	Die Suche nach der Kernursache	1912
3.4	Schädliches Multitasking	1914
3.5	Lösungsansatz: keine lokalen Effizienzen – ein Dilemma	1918
3.6	Ist der Stillstand einer Ressource Verschwendung?	1919
3.7	Die Bedeutung des Engpasses für den Unternehmenserfolg	1920
3.8	Die Staffelung der Projekte	1921
3.8.1	Schritt 1: Identifiziere den Engpass	1922
3.8.2	Schritt 2: Entscheide, wie der Engpass bestmöglich ausgenutzt werden soll	1922
3.8.3	Schritt 3: Ordne alles andere der Entscheidung unter, den Engpass bestmöglich auszunutzen	1923
3.8.4	Schritt 4: Wenn nötig und sinnvoll: erweitere den Engpass	1924
3.8.5	Schritt 5: Wenn der Engpass sich verschoben hat, beginne wieder bei eins	1924
3.9	Zusammenfassung Regel 1	1925
4	Sicherheiten bündeln: Die Kritische Kette im Projekt	1925
4.1	Schätzungen und Sicherheiten	1925
4.2	Verschwendung von Sicherheiten	1927
4.3	Sicherheiten effektiv nutzen	1928
4.3.1	Schritt 1: Identifiziere den Engpass: die kritische Kette	1930
4.3.2	Schritt 2: Entscheide, wie der Engpass optimal ausgenutzt werden soll	1930
4.3.3	Schritt 3: Ordne alles andere der Entscheidung, wie der Engpass optimal ausgenutzt werden soll, unter	1931
4.3.4	Schritt 4: Erweitere den Engpass	1932
4.4	Zusammenfassung Regel 2	1932
5	Projektcontrolling und TaskManagement	1932
5.1	Projektfortschritt	1932
5.2	Pufferverbrauch	1933
5.3	Projektstatus	1934
5.4	TaskManagement	1935
5.5	Multiprojekt-Controlling	1936
5.6	Zusammenfassung Regel 3	1936
6	Zusammenfassung	1937
7	Fragen zur Wiederholung	1937

1 Goldratt und die Theory of Constraints

Dr. Eliyahu M. GOLDRATT, ein israelischer Physiker, besuchte vor vielen Jahren einen Freund. Dieser, ein Hersteller von Hühnerkäfigen, hatte große Mühe, seine Liefertermine einzuhalten. Zusammen gingen sie den Problemen auf den Grund. Dr. GOLDRATT war seinerzeit noch unbelastet von betriebswirtschaftlichen Vorgehensweisen. Er wandte daher die ihm geläufigen naturwissenschaftlichen Methoden an und kam auf eine Lösung, die allen üblichen Regeln widersprach, sich aber glänzend bewährte. Dr. GOLDRATT war so fasziniert von diesem, ihm neuen Gebiet, dass er sich von da an der systematischen Erforschung verschrieb.

Von ihm stammen die Romane:

- „Das Ziel" – ein Roman über Prozessoptimierung
- „Das Ziel II" – ein Roman über strategisches Marketing
- „Die Kritische Kette" – das neue Konzept im Projektmanagement
- „Das Ergebnis" – ein Roman über profitable Softwarelösungen

sowie wichtige Fachbücher zur Theory of Constraints. Die vier Romane sind Weltbestseller der Business-Literatur und wurden in viele Sprachen übersetzt. Jeder einzelne von ihnen hat eine Revolution im Management ausgelöst und radikale Performance-Steigerungen mit direkter Auswirkung auf die Unternehmensergebnisse hervorgebracht.

Der Begriff Theory of Constraints bedeutet, einfach ins Deutsche übersetzt: „Theorie der Engpässe" oder „Theorie der Begrenzungen". Für Wissenschaftler bedeutet Theorie nicht das Gegenteil von Praxis, sondern eine durch Beobachtung und überprüfbare Erfahrungen abgesicherte Erkenntnis. Wer die Auswirkungen der ToC (Theory of Constraints) im eigenen Unternehmen erlebt hat, wird dem ungarisch-amerikanischer Physiker und Mathematiker Todor KARMAN (1881-1963) zustimmen: „Nichts ist praktischer als eine gute Theorie". Der Begriff „Constraint" entstammt der Systemtheorie: Ein System ist eine Gesamtheit voneinander abhängiger Funktionen, die Input zu Output verarbeiten. Ein „Constraint" ist einer der ganz wenigen Faktoren, welche die Leistung des Systems begrenzen: ein Engpass oder das schwächste Glied einer Kette. Die ToC wendet diese Erkenntnisse auf soziale Systeme an und nutzt die Constraints als Ansatzpunkte für wirkungsvolle Veränderungen, denn dort wird die größte Hebelwirkung erzielt: Veränderungen am Engpass beeinflussen das gesamte Unternehmen.

1.1 Eine Analogie: Der Arztbesuch

Die Theory of Constraints basiert auf dem Ursache-Wirkungs-Prinzip, das in den Naturwissenschaften eingesetzt wird, um Systeme zu verstehen und zu verbessern. Die Methode, die ein Arzt anwendet, um einen Patienten zu behandeln, entspricht sehr gut dem Prozess, den die ToC empfiehlt, um Systemprobleme zu lösen:

Ein guter Arzt weiß, wie sinnlos es ist, allgemeine Symptome zu behandeln. Deshalb beginnt er mit der Zusammenstellung einer Liste von wahrnehmbaren Symptomen und verwendet das Ursache-Wirkungs-Prinzip, um die zugrunde liegende gemeinsame Ursache für die „Krankheit" – also das Kernproblem – zu finden.

Unter Berücksichtigung der Einzigartigkeit des Patienten konzipiert der Arzt die Behandlung der Krankheit (z. B. Operation). Zusätzlich plant er weiterführende Maßnahmen ein, um sicherzustellen, dass die Behandlung erfolgreich ist (z. B. Bettruhe und Medikamente) und dass der Patient bestmöglich geheilt wird (z. B. Physiotherapie). In diesem Prozess werden mögliche Nebenwirkungen der Behandlung identifiziert. Prävention oder Linderung dieser Nebenwirkungen werden wichtige Bestandteile im Behandlungskonzept.

Nun erstellt der Arzt einen Plan zur Umsetzung der Behandlung (z. B. werden die Operation und die Vorbereitung dafür zeitlich festgelegt, der Transport zum und vom Krankenhaus wird geregelt, das Krankenhausbett, das daheim verwendet werden soll, wird organisiert, der Kostenplan mit der Kasse abgestimmt).

1.2 Die Methoden effektiven Denkens

Die ToC-Methoden, welche die „Gesundheit" eines Unternehmens verbessern (oder andere Probleme lösen) sollen, sind mit einer ärztlichen Behandlung fast identisch; nur die Terminologie ist eine andere. Der Prozess beginnt mit den Symptomen und endet mit einem detaillierten Aktionsplan, der die Aktivitäten aller Beteiligten koordiniert.

Aus einer Liste von Symptomen (den UE's – Unerwünschten Effekten) wird anhand des Ursache-Wirkungs-Prinzips die zugrunde liegende gemeinsame Ursache, das Kernproblem für alle Symptome, identifiziert. Das Kernproblem ist immer ein ungelöster Konflikt, der die Organisation lähmt oder durch ein ständiges Hin-und-Her (Management gegen Markt, kurzfristig gegen langfristig, zentralisiert gegen dezentralisiert, Prozess gegen Ergebnis) ablenkt. Weil die Auswirkungen solcher Kernkonflikte verheerend sind, wenden Organisationen üblicherweise Taktiken, Maßnahmen und Handlungsweisen an, um solche negativen Auswirkungen einzudämmen („Wundpflaster" genannt). Dieses „Pflaster" muss ebenfalls entfernt, modifiziert oder ersetzt werden, wenn der Kernkonflikt behandelt wird. Die Theory of Constraints bedient sich verschiedener Tools, die zur Analyse eingesetzt werden: die Dilemma-Cloud, mit welcher der Kernkonflikt deutlich gemacht wird, der Gegenwartsbaum, der aufzeigt, welche negativen Auswirkungen der Kernkonflikt hervorruft, und der dabei hilft, die Ursache-Wirkungs-Beziehungen zu verstehen.

Nachdem die Analyse durchgeführt ist und alle Ursache-Wirkungsbeziehungen soweit aufgeschlüsselt sind, dass das Kernproblem „isoliert" werden kann, muss nun die Strategie entwickelt werden, damit die Organisation durch die Beseitigung des Kernproblems wieder gesunden kann. Hierzu setzt die TOC Lösungstools ein: das Auflösen der Dilemma-Cloud durch eine Analyse, welcher der Annahmen hinter dem Dilemma falsch sind, das Darstellen einer Injektion, welche die Lösung herbeiführen kann, sowie das Erstellen des Zukunftsbaums, in dem alle unerwünschten Effekte in erwünschte Effekte verwandelt sind. Somit erstellt man einen Plan, wie die Zukunft aussehen soll und welche Veränderungen zu welchen Ergebnissen führen. Zur Umsetzung benutzt man dann den Voraussetzungsbaum, der aufzeigt, welche Zwischenziele zu welchem Zeitpunkt zu erreichen sind, und den Umsetzungsbaum, der detailliert die einzelnen Schritte zur Erreichung der Zwischenziele darstellt.

1.3 Die Lösungen der Theory of Constraints

Neben dem im Folgenden dargestellten Projektmanagement hat Dr. GOLDRATT generische Lösungen für verschiedene andere Problem- und Aufgabenstellungen im Unternehmen entwickelt, die weitverbreitet und erprobt sind. Dazu zählen u. a.

- „Drum-Buffer-Rope" und „Simplified Drum-Buffer-Rope" – Konzepte für das Management von Produktionsumgebungen.
- „Durchsatz-Rechnungswesen" – Ein Kennzahlensystem, das unternehmerische Strategie- und Taktik-Entscheidungen erleichtert und unterstützt.
- „Pull-Distribution" – Wie in einer Supply Chain sowie am „Point of Sales" immer alles verfügbar ist, was der Kunde kaufen will, und wie dabei gleichzeitig die Bestände gesenkt werden können.
- „Das unwiderstehliche Angebot" – Ein Marketingkonzept, das den Wettbewerb bedeutungslos macht.

Doch nun zu unserem eigentlichen Thema, dem Projektmanagement:

2 Ausgangssituation im Projektgeschäft

In einer Hochrechnung aus dem Jahr 2004 wurden die Verluste der deutschen Wirtschaft durch ineffiziente und ineffektive Projekte auf immerhin rund 150 Milliarden Euro jährlich geschätzt, so berichtet MANFRED GRÖGER in einem Interview zum Thema „Projekte – Wertgewinner oder Wertvernichter" im projektmanagementAktuell 15(4)/2004. Studien und Umfragen belegen, dass allen Verbesserungsbemühungen zum Trotz rund jedes dritte Projekt scheitert – eine seit Jahren konstante Quote (ENGEL, MENZER & NIENSTEDT, 2006)

Zusammengefasst sieht die Situation im Projektgeschäft[1] also so aus:

- Projekte sind zu spät (nicht in time).
- Projekte werden zu teuer (nicht in budget).
- Projekte haben nicht die gewünschte Qualität.
- Mitarbeiter sind gestresst und machen Multitasking.
- Kunden und Unternehmen sind unzufrieden.

3 Projekte staffeln: Ressourcen-Management in Multiprojekt-Umgebungen

Kernaussage: Nicht der ungenügende Einsatz der Projektmanagement-Methoden hindert die Projekte am meisten in ihrem Fortschritt, sondern das praktizierte, projektübergreifende Ressourcenmanagement. Eine kleine, aber bedeutende Veränderung des Ressourcenmanagements kann zu einer durchgreifenden Performanceverbesserung des Projekt-Unternehmens führen.

3.1 Charakteristika einer Multiprojekt-Organisation

In Multiprojektorganisationen arbeiten die Ressourcen (z. B. die Mitarbeiter) für verschiedene Projekte. In den Projekten werden viele Fähigkeiten nicht über die gesamte Projektlaufzeit benötigt. Da Mitarbeiter bezahlt werden müssen, unabhängig davon, ob sie gerade beschäftigt sind oder nicht, versucht man, die Mitarbeiter in mehreren Projekten einzusetzen und zwar eben so, dass sie alle möglichst gut ausgelastet sind. Aus diesem Grund ist das Unternehmen als Matrix organisiert.

In dieser Matrix sind die Ressourcen-Manager dafür verantwortlich, die Ressourcen den Projekten zur Verfügung zu stellen (in dem Umfang und zu dem Zeitpunkt, wie sie in den Projekten benötigt werden) und die Mitarbeiter gut auszulasten, damit diese nicht mangels Arbeit untätig sein müssen.

Die Projektmanager sind dafür verantwortlich, die Arbeit der verschiedenen Ressourcen zu synchronisieren, um dadurch die Ziele ihrer Projekte zu erreichen, also die Zusagen zu realisieren, die vor Projektbeginn hinsichtlich Qualität, Kosten und Zeit gemacht wurden.

3.2 Schwierigkeiten und Probleme einer Multiprojekt-Organisation

Multiprojekt-Organisationen sind typischerweise mit diesen Schwierigkeiten konfrontiert:

- Kundentermine werden oft nicht eingehalten; Projekte werden nicht rechtzeitig fertig.
- Wichtige Informationen von Kunden werden nicht (rechtzeitig) weitergegeben.
- Die Geschäftsführung wird mit Entscheidungen im operativen Tagesgeschäft belastet.
- Projekte werden oft teurer als geplant; die Projektbudgets werden nicht eingehalten.
- Der Cashbedarf von Projektunternehmen ist sehr hoch.

---

1 Im Projektgeschäft sind Unternehmen, die ihr Geld in Form von Projekten verdienen.

- Projektleiter und Mitarbeiter stehen unter einem sehr hohen Druck, es treten Burn-out-Symptome auf.
- Projektmanager streiten sich um Prioritäten und Ressourcen.
- Mitarbeiter wechseln oft zwischen verschiedenen Aufgaben hin und her – sie betreiben schädliches Multitasking.

Die Theory of Constraints geht davon aus, dass die verschiedenen Schwierigkeiten eines Unternehmens stets auf eine oder sehr wenige Kernursachen zurückzuführen sind und dass eine sinnvolle „Therapie" an dieser Kernursache ansetzen muss. Voraussetzung dafür ist, die Kernursache zu identifizieren und zu lösen.

3.3 Die Suche nach der Kernursache

In den meisten Unternehmen sind lokale Effizienzen die dominanten Messgrößen: Ressourcenmanager werden danach beurteilt, wie gut sie ihre Mitarbeiter mit produktiver (also auf Projekte verrechenbarer) Arbeit auslasten. Mitarbeiter wollen in Bezug auf die für sie geltenden Messgrößen gut dastehen und das heißt: Ressourcenmanager wollen, dass ihre Mitarbeiter stets gut ausgelastet sind. Nun kommt „Murphy[2]" ins Spiel; Murphy sorgt dafür, dass etwas nicht so läuft, wie es geplant ist. Das bedeutet im konkreten Fall:

Es kommt häufig vor, dass ein eingeplantes Projekt zu dem Zeitpunkt, zu dem eine bestimmte Ressource daran arbeiten soll, noch gar nicht so weit fortgeschritten ist, dass sie sinnvoll daran arbeiten kann.

Oder es kommt vor, dass ein eingeplantes Projekt entfällt.

Beides führt dazu, dass die Ressource nicht voll ausgelastet ist. Da der Ressourcenmanager jedoch dafür sorgen will, dass die Ressource gut ausgelastet ist, tendiert er dazu, mehr Arbeit für die Ressource anzunehmen, als diese tatsächlich abarbeiten kann. Mit der Folge: Ressourcen sind tendenziell überlastet.

---

2 Quelle: Wikipedia: Murphys Law v. US-Amerikan. Ingenieur: Edward A. Murphy jr.: Alles was schief gehen kann, geht schief."

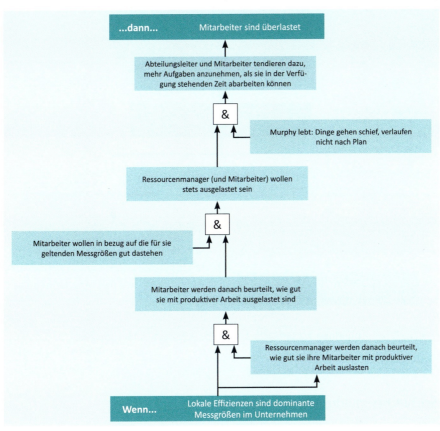

Abbildung 1.23a-V1: Folgen lokaler Effizienzen[3]

Wenn Mitarbeiter überlastet sind, kommt es vor, dass sie einem Projekt in dem Moment, in dem sie dort gebraucht werden, nicht zur Verfügung stehen. Dadurch sind der Fortschritt und damit auch die rechtzeitige Fertigstellung des Projektes gefährdet, in dem sie jetzt gebraucht werden. Projektmanager werden danach beurteilt, wie gut ihre eigenen Projekte voranschreiten; sie werden daher versuchen, Druck auf die Ressourcen auszuüben, damit diese ihre aktuelle Aufgabe unterbrechen und in das neue Projekt wechseln. Gelingt dies, dann wechseln Mitarbeiter zwischen verschiedenen Aufgaben und Projekten hin und her – sie betreiben schädliches Multitasking.

---

[3] Diese Form der Ursache-Wirkungs-Darstellung wird in der Theory of Constraints „Gegenwartsbaum" (GB) genannt.

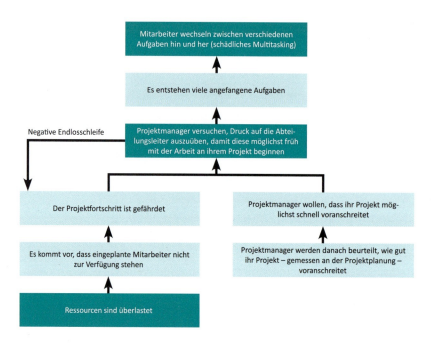

Abbildung 1.23a-V2: Ursachen für schädliches Multitasking

3.4 Schädliches Multitasking

Stellen Sie sich folgende Situation vor: Eine Ressource soll innerhalb mehrerer Wochen Aufgaben in vier verschiedenen Projekten bearbeiten. Dafür wurden Ressourcen- und Projektpläne aufgestellt, die ein Arbeiten der Ressource nach dem folgenden Plan vorsehen:

Abbildung 1.23a-V3: Arbeitsplan für eine Ressource

Stellen Sie sich weiter vor: Die drei Projekte A, B und C sind in terminliche Schwierigkeiten geraten; Folge: die drei Projektleiter fordern dringend die Arbeit der Ressource an. Diese Situation wird normalerweise dazu führen, dass die Ressource nicht in Ruhe eine Aufgabe nach der anderen abarbeiten kann, sondern gezwungen ist, zwischen den verschiedenen Aufgaben zu wechseln.

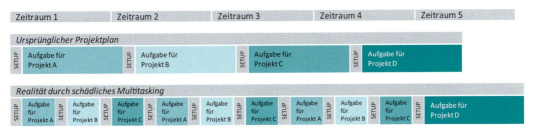

Abbildung 1.23a-V4: Schädliches Multitasking

Diese Art des Arbeitens nennt Eliyahu M. GOLDRATT „Schädliches Multitasking". Die Analyse von vielen projektorientierten Unternehmen hat gezeigt: Es ist viel wahrscheinlicher, dass eine Projektaufgabe mehrfach zugunsten anderer Projekte unterbrochen wird, als dass ein Mitarbeiter eine Aufgabe ohne Unterbrechung abschließen kann.

Je stärker schädliches Multitasking ausgeprägt ist, umso größer sind die negativen Auswirkungen für das Unternehmen. Wie die voranstehende Abbildung zeigt, verzögert sich der Abschluss aller drei Projektaufgaben. Es entsteht eine drastische Differenz zwischen der Arbeitszeit („Touch-Time"), die in das Projekt hineingesteckt wird, und der Durchlaufzeit, welche die Projektaufgabe benötigt (vom ersten Handschlag bis zur Fertigstellung der Aufgabe). Die Durchlaufzeit beträgt ein Vielfaches der Arbeitszeit. Obwohl der Mitarbeiter nur eine Woche Arbeitszeit benötigt hätte, liefert er das Ergebnis erst nach drei Wochen ab.

Abbildung 1.23a-V5: Touch-Time und Durchlaufzeit weichen bei schädlichem Multitasking erheblich voneinander ab

Schädliches Multitasking hat mehrere direkte Folgen:

- Alle betroffenen Aufgaben benötigen mehr Arbeitszeit, als sie müssten, denn nach einer Unterbrechung fällt immer wieder „Setup"-Zeit an.
- Alle betroffenen Aufgaben und Projekte verzögern sich; die Durchlaufzeit der Aufgaben ist um ein Vielfaches länger.
- Das Unternehmen hat sehr viel mehr „work in progress" (WiP), als erforderlich ist. Es werden bereits Aufgaben begonnen, die noch gar nicht begonnen sein müssten.

Diese unmittelbaren Auswirkungen des schädlichen Multitaskings ziehen weitere negative Effekte nach sich:

- Wenn alle betroffenen Aufgaben mehr Arbeitszeit verbrauchen, als sie müssten, dann sind sie teurer, als sie sein müssten. Daraus folgt, dass Projekte bei der Existenz von schädlichem Multitasking teurer werden als geplant und Projektbudgets nicht eingehalten werden.
- Wenn alle vom Multitasking betroffenen Aufgaben sich verzögern, dann werden sowohl sie als auch das gesamte Projekt nicht rechtzeitig abgeschlossen. Die Folge ist, dass Kundentermine nicht oder nur mit erheblichem Zusatzaufwand eingehalten werden können. Diese Nichteinhaltung von Terminen wiederum führt zu Kundenreklamationen bzw. erhöhten Anstrengungen, die nötig sind, um Projekttermine doch noch einzuhalten. Und das führt dazu, dass Projekte teurer werden als geplant.

- Wenn das Unternehmen mehr „work in progress" (WiP) als nötig hat, dann ist der Cash-Bedarf erhöht, denn die begonnene Arbeit muss vorfinanziert werden, bevor sie in Rechnung gestellt werden kann.
- Auch die nicht eingehaltenen Kundentermine führen zu einem erhöhten Cash-Bedarf, weil in vielen Fällen das Geld vom Kunden erst eingeht, wenn eine bestimmte Bedingung – meist das Erfüllen einer bestimmten Leistung – eingetreten ist. Wird die Leistung nicht in-time erbracht, geht das Geld vom Kunden später ein.
- Außerdem können überschrittene Kundentermine zu Vertragsstrafen führen. Auch das führt dazu, dass die Projekte teurer sind als geplant. Die Wirtschaftlichkeit des Unternehmens ist beeinträchtigt.

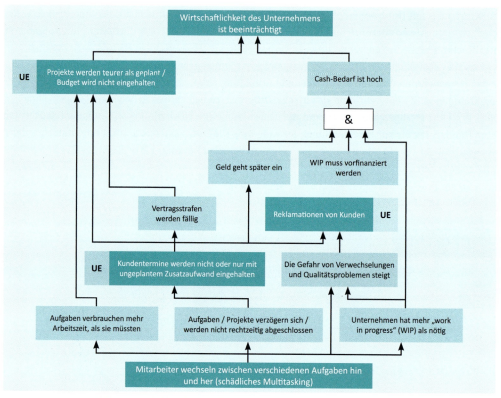

Abbildung 1.23a-V6: Die Folgen von schädlichem Multitasking

In dieser Umgebung sind die einzelnen Mitarbeiter einem erheblichen Druck ausgesetzt: sie verspüren Druck seitens der Projektmanager, ihre Aufgabe zugunsten anderer Aufgaben zu unterbrechen, und sie bekommen durch die daraus entstehenden Folgen wiederum Druck, wenn nämlich Budgets und Kundentermine nicht eingehalten werden.

Dieser Druck, dem der einzelne Mitarbeiter sich weder entziehen noch den er erfolgreich bewältigen kann, führt zu Burn-out- Symptomen, die sich in vielen Projektunternehmen beobachten lassen.

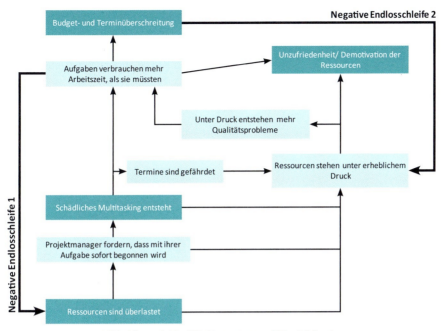

Abbildung 1.23a-V7: Burn-out und Teufelskreis

Hier wird ein Teufelskreis sichtbar, der durch schädliches Multitasking entsteht: Aufgaben verbrauchen mehr Arbeitszeit, als sie müssten; dadurch werden die Ressourcen noch mehr überlastet. Kommen die Projektleiter mit ihren Projekten in Schwierigkeiten, so werden sie versuchen, höhere Hierarchieebenen bis hin zur Geschäftsleitung zu aktivieren, um Prioritätsentscheidungen zu Gunsten ihrer Projekte zu veranlassen: die Geschäftsleitung ist mit operativen Entscheidungen im Tagesgeschäft belastet.

Abbildung 1.23a-V8: Belastung der Geschäftsleitung durch operative Entscheidungen

3.5 Lösungsansatz: keine lokalen Effizienzen – ein Dilemma

Wie die vorangehende Argumentationskette zeigt, besteht die Kernursache aller genannten Schwierigkeiten darin, dass lokale Effizienzen die dominanten Messgrößen im Unternehmen sind.

∑ Fazit Das Unternehmen darf nicht mehr mittels lokaler Effizienzen gesteuert werden. Doch hier tut sich ein Dilemma auf, denn es gibt schwerwiegende Gründe, das Unternehmen mittels lokaler Effizienzen zu steuern.

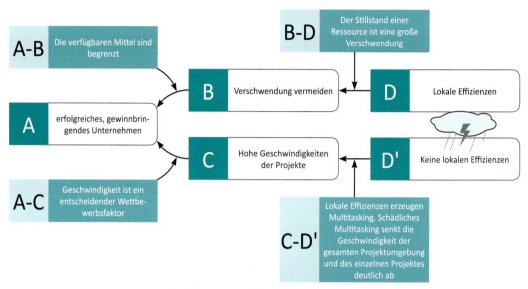

Abbildung 1.23a-V9: Das Kerndilemma

Um ein erfolgreiches, gewinnbringendes Unternehmen zu sein, muss die Verschwendung (von Ressourcen) vermieden werden, weil die zur Verfügung stehenden finanziellen Mittel begrenzt sind. Um Verschwendung zu vermeiden, ist es zwingend erforderlich, lokale Effizienzen als dominante Messgrößen zu verwenden. Denn: stillstehende Ressourcen bedeuten eine große Verschwendung für das Unternehmen. Auf der anderen Seite: Um ein erfolgreiches, gewinnbringendes Unternehmen zu sein, ist eine hohe Geschwindigkeit der Projekte erforderlich, weil Geschwindigkeit und Termintreue entscheidende Wettbewerbsfaktoren sind. Um eine hohe Geschwindigkeit der Projekte zu gewährleisten, ist es zwingend erforderlich, nicht mit lokalen Effizienzen zu arbeiten, weil lokale Effizienzen Multitasking erzeugen und damit alles verlangsamen. Wie kann dieses Dilemma aufgelöst werden?

> **!** Ein zentrales Paradigma der Theory of Constraints besagt: „There are no conflicts in reality", d.h. in einem zielgerichteten System gibt es keine systeminhärenten Dilemmata. Wenn ein Dilemma auftritt, ist es nicht systeminhärent, sondern selbst gemacht.

Um ein solches selbstgemachtes Dilemma beseitigen zu können, muss der dem Dilemma zugrunde liegende „Denkfehler" (allgemeiner: Annahme) gefunden und aufgelöst werden.

- Wo ist der „Denkfehler" in unserem Dilemma? Welche der vier Annahmen AB, AC, BD, CD' ist falsch?
- Sind die dem Unternehmen zur Verfügung stehenden Mittel begrenzt (Annahme AB)?
- Ist die Geschwindigkeit ein zentraler Wettbewerbsfaktor im Projektgeschäft (Annahme AC)?
- Ist Multitasking schlecht für die Geschwindigkeit (Annahme CD')?
- Ist der Stillstand einer Ressource Verschwendung (Annahme BD)?

Überprüfen Sie selbst diese vier Annahmen auf ihren Wahrheitsgehalt, bevor Sie weiterlesen.

3.6 Ist der Stillstand einer Ressource Verschwendung?

Was wäre, wenn der Stillstand einer Ressource nicht nur nicht automatisch Verschwendung wäre, sondern der (gelegentliche) Stillstand von Ressourcen sogar für ein effektives, produktives Multiprojekt-System zwingend erforderlich ist?

Dann wären die lokalen Effizienzen nicht nur schädlich für die Performance der Projekte, sondern auch unnütz, um Verschwendung zu vermeiden. Das würde das oben stehende Dilemma auflösen, lokale Effizienzen wären nicht mehr erforderlich.

Ist es theoretisch überhaupt möglich, alle Ressourcen eines Projektunternehmens voll auszulasten? Um diese Frage beantworten zu können, betrachten wir die Charakteristika eines Multiprojekt-Unternehmens:

- Es sind stets mehrere spezialisierte Ressourcen erforderlich, um die Projekte zu realisieren.
- Die Reihenfolge, in der die spezialisierte Ressource an einem Projektplan arbeitet, ist nicht beliebig.
- „Murphy lebt" – oder mit anderen Worten: Dinge gehen schief. Im Projektmanagement ist vieles nicht vorhersehbar.

Zur Illustration:

Fünf Ressourcen (A, B, C, D und E), arbeiten in einem Unternehmen an der Realisierung der Projekte. Alle fünf Ressourcen sind erforderlich und die Reihenfolge, in der sie an den Projekten arbeiten, ist durch die Natur der Projekte determiniert.

Abbildung 1.23a-V10: Fünf Ressourcen

Ist es möglich, alle fünf Ressourcen voll auszunutzen? Um diese Frage zu beantworten, prüfen wir zunächst, ob und unter welchen Bedingungen es möglich ist, eine der fünf Ressourcen voll auszulasten.

Abbildung 1.23a-V11: Volle Auslastung einer Ressource

Da Murphy lebt, kann es vorkommen, dass eine der Ressourcen A, B, C, D oder E ausfällt oder langsamer arbeitet als normal. Tritt diese Störung an A, B oder C ein, fehlt der von diesen Ressourcen erforderliche Input für D. Folge: D steht still und kann nicht zu 100 % ausgelastet werden.

Abbildung 1.23a-V12: Störung an einer Ressource

Wie können wir den Stillstand von D vermeiden? Es muss dafür gesorgt werden, dass unmittelbar vor D immer ein gewisser Vorrat an unerledigter Arbeit liegt, die D abarbeiten kann, wenn es zum Ausfall einer vorgelagerten Ressource kommt.

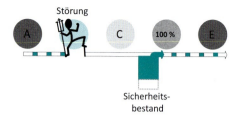

Abbildung 1.23a-V13: Sicherheitsbestand

Tritt nun der Störungsfall z. B. an der Ressource B ein, dann kann D den Arbeitsspeicher verwenden, um weiterzuarbeiten. Dabei nimmt der Füllstand des Arbeitsspeichers ab. Wenn nun die Störung im System behoben ist, muss die zuvor gestörte Ressource B nicht nur D mit Arbeit versorgen, sondern auch den Arbeitsspeicher vor D wieder auffüllen.

Damit das möglich ist, muss B eine Kapazität haben, die deutlich größer ist als die Kapazität von D. Es ist also möglich, D voll auszunutzen! Nur was ist mit der deutlich größeren Kapazität von B? Kann auch sie voll ausgenutzt werden? Wenn B eine signifikant höhere Kapazität als D hat und selbst zu 100 % ausgelastet werden soll, dann erzeugt B eine immer größere Menge unerledigter Arbeit vor D; Folge: die Projekte dauern immer länger. Anderes herum: Wenn B eine signifikante Überkapazität gegenüber D hat, dann ist es nicht sinnvoll, B selbst zu 100 % auszulasten. Ganz im Gegenteil, B muss immer mal wieder stillstehen, um nicht unnötig viel angefangene, nicht zu Ende geführte Arbeit „work in progress" (WIP) zu erzeugen.

Σ Fazit Es ist weder theoretisch möglich, noch sinnvoll, zu versuchen, in einem Unternehmen alle Ressourcen zu 100 % auszulasten. Ganz im Gegenteil: die meisten Ressourcen müssen immer mal wieder stillstehen, um nicht zuviel „work in progress" zu erzeugen.

Zusammenfassung Lokale Effizienzen sind nicht geeignet, Verschwendung zu vermeiden, weil aufgrund des gelegentlichen Stillstands die meisten Ressourcen eines effektiven Systems gelegentlich stillstehen müssen.

Damit ist das Dilemma aufgelöst, aber nicht die Frage beantwortet: Wie soll der Ressourceneinsatz gesteuert werden – wenn nicht mittels lokaler Effizienzen?
Wie sieht die praktikable Lösung für das Ressourcen – und Multiprojekt-Management aus?

3.7 Die Bedeutung des Engpasses für den Unternehmenserfolg

Die meisten Ressourcen eines Unternehmens müssen immer mal wieder still stehen, um Verschwendung zu vermeiden, da sie sonst unnötigen WIP (work in progress) erzeugen würden.

Es gibt lediglich eine einzige Ressource, bei der das Unternehmen versuchen sollte, sie zu 100 % auszulasten. Das ist die Ressource, die den Durchsatz des Gesamtsystems am stärksten behindert oder mit anderen Worten: die, wenn sie stillstehen würde, das Gesamtsystem zum Stillstand bringt – der Engpass des Systems.

Eine Verringerung des Durchsatzes durch den Engpass erzeugt automatisch eine Verringerung des Durchsatzes für das Gesamtsystem. Eine Vergrößerung des Durchsatzes durch den Engpass erzeugt automatisch eine Vergrößerung des Durchsatzes für das Gesamtsystem, solange nicht eine andere Ressource zum Engpass geworden ist.

> Diese Erkenntnis drückt sich in den fünf Fokusschritten der „Theory of Constraints" aus:
> - Identifiziere den Engpass
> - Entscheide, wie der Engpass optimal ausgenutzt werden soll
> - Ordne alles andere dieser Entscheidung unter
> - Erweitere den Engpass
> - Wenn sich der Engpass verschoben hat, beginne bei 1.

Warnung: Trägheit darf nicht zum Engpass des Systems werden.

3.8 Die Staffelung der Projekte

Die praktische Lösung für das Ressourcen- und Multiprojekt-Management leiten wir aus den fünf Fokus-Schritten ab:

Ausgangssituation: Ein Unternehmen, bestehend aus 7 Ressourcen (A-G), die jeweils nur einmal vorhanden sind, will drei Projekte (P1, P2, P3) schnellstmöglich abwickeln.

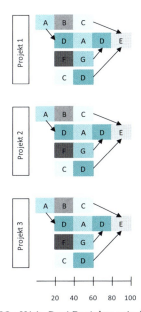

Abbildung 1.23a-V14: Drei Projekte mit den Ressourcen

Würden alle Projekte gleichzeitig beginnen, wäre schädliches Multitasking die Folge: die Projektleiter streiten sich um die Ressourcen und zwingen diese, zwischen den Projekten hin und her zu wechseln.

3.8.1 Schritt 1: Identifiziere den Engpass

Der Engpass ist jene Ressource, die das Unternehmen am stärksten in seiner Fähigkeit begrenzt, Geld zu verdienen.

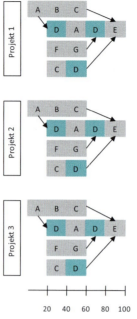

Abbildung 1.23a-V15: D ist der Engpass

Beispiele von Engpass-Ressourcen aus der Praxis:

- Die Hardware-Entwickler (wie bei dem Unternehmen, das Stromumrichter entwickelt und herstellt)
- Die Prüfstands-Konstrukteure (in einem Unternehmen, das Prüfstände entwickelt und baut)
- Die Klimakammern (in einem Unternehmen, das hydraulische Antriebe für die Automobilindustrie entwickelt und produziert)

3.8.2 Schritt 2: Entscheide, wie der Engpass bestmöglich ausgenutzt werden soll

Je besser der Engpass ausgenutzt wird, desto besser ist der Durchsatz des Unternehmens.

Multitasking ist die besonders schlechte Nutzung einer Ressource, weil die nach jeder Unterbrechung anfallenden Setup-Zeiten den notwendigen Arbeitsaufwand für eine Aufgabe in die Höhe treiben. Deshalb darf die Engpass-Ressource kein negatives Multitasking betreiben, anderenfalls wäre sie schlecht ausgenutzt. Zudem würden auch die ihr folgenden Ressourcen mit unfertigen Aufgaben versorgt und es käme dort zu Multitasking und Doppelarbeit.

Daher werden die Projekte hintereinander gestaffelt – und nicht mehr, wie üblich, gleichzeitig durchgeführt und vorangetrieben. Die Staffelung erfolgt so, dass die Engpass Ressource bestmöglich genutzt wird. Sie gibt den Takt an, in dem die Projekte voranschreiten und in dem die anderen Ressourcen arbeiten. Daher wird sie auch als „Drum" (Trommel) bezeichnet.

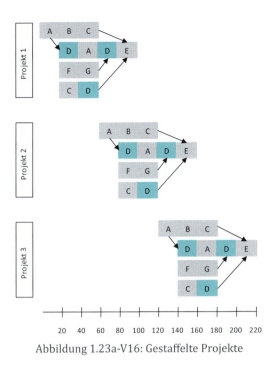

Abbildung 1.23a-V16: Gestaffelte Projekte

3.8.3 Schritt 3: Ordne alles andere der Entscheidung unter, den Engpass bestmöglich auszunutzen

Schneller als die DRUM-Ressource es als Engpass erlaubt, kommt die Projektflotte eines Unternehmens nicht voran. Sie ist der limitierende Faktor, auch um den Preis, dass andere Ressourcen unterhalb ihrer Kapazitätsgrenze arbeiten. Es ist wenig hilfreich, alle Ressourcen zu ihrer jeweiligen Höchstleistung zu bringen. Lokale Effizienzen als Messgrößen für Ressourcen müssen daher in Multiprojekt-Unternehmen konsequent eliminiert werden.

Der Arbeitsplan der DRUM-Ressource als Orientierungsrahmen für die Projekte und für die Bereiche, die Ressourcen für die Projekte bereitstellen
Der Arbeitsplan der DRUM-Ressource ist der ideale Orientierungsrahmen für Projektleiter und Ressourcen-Manager. Durch die unternehmensinterne Veröffentlichung und laufende Aktualisierung weiß jeder, wie er den eigenen (Projekt- oder Ressourcen-)Plan so gestalten muss, dass er die DRUM-Ressource bestmöglich versorgt und unterstützt. Mitarbeiter, die Arbeiten für die DRUM-Ressource vorbereiten und ihr im Projektplan vorgeschaltet sind, müssen in jedem Fall rechtzeitig fertig sein und liefern. Wer fertig gestellte Arbeiten der DRUM-Ressource fortführt, muss sich auf eine reibungslose und pünktliche Übernahme vorbereiten (Staffellauf-Prinzip).

Unterordnung der einzelnen Projekte unter die Nutzung der DRUM-Ressource
Eine wichtige Vorbedingung für die bestmögliche Nutzung der DRUM-Ressource ist: Wenn sie Zeit hat, mit ihrer Aufgabe zu beginnen, müssen alle vorbereitenden Arbeiten für diese Aufgabe erledigt sein. Im Projektplan muss deshalb vor dem Einsatz der DRUM-Ressource ein Zeitpuffer gesetzt werden. Er gleicht Verspätungen oder „Verfrühungen" aus und sichert die reibungslose Übergabe.

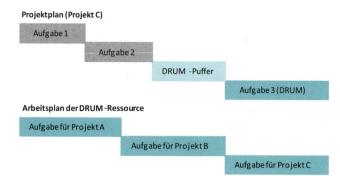

Abbildung 1.23a-V17: Unterordnung der einzelnen Projekte unter die Nutzung der DRUM-Ressource

Der DRUM-Puffer hat zwei Funktionen:

I Verzögern sich Aufgabe 1 und 2, stellt der Puffer sicher, dass die beiden Aufgaben abgeschlossen sind, wenn die DRUM-Ressource Aufgabe 3 startet.
I Kann die DRUM-Ressource die Aufgaben in Projekt A und B schneller als geschätzt bearbeiten, kann sie dank des Puffers früher mit Aufgabe 3 beginnen.

Dieser Zeitpuffer mag der Forderung nach einer möglichst kurzen Projektlaufzeit widersprechen. Doch muss an dieser Stelle die Sorge um ein einzelnes Projekt hinter der Sorge um die gesamte Projektflotte zurücktreten. Das einzelne Projekt muss sich dem gesamten Projektportfolio (und der für dieses Portfolio nötigen optimalen Nutzung der DRUM-Ressource) unterordnen.

Unterordnung der Ressourcen-Auslastung unter die Nutzung der DRUM-Ressource

Es darf nicht mehr Arbeit in das Gesamtsystem hineingeben werden, als die DRUM-Ressource verkraften kann – auch dann nicht, wenn andere Ressourcen durch diese Planung Leerlauf haben und ruhen. (Das ROPE-Prinzip: es wird gewissermaßen ein Seil gespannt, das verhindert, dass beim Staffellauf zu früh losgelaufen wird).

Schieben Nicht-Engpass-Ressourcen zum Füllen ihrer Auslastungslücken andere Aufgaben ein, darf dies nicht zu Lasten der DRUM-Ressource gehen. Was immer diese Ressourcen tun – die Aufgaben, die sie für die DRUM-Ressource vorbereiten oder die sie von ihr übernehmen, haben klare Priorität. Die Versorgung der DRUM-Ressource mit Arbeit steht im Vordergrund.

3.8.4 Schritt 4: Wenn nötig und sinnvoll: erweitere den Engpass

Nur dann, wenn durch die Schritte zwei („Entscheide, wie der Engpass bestmöglich ausgenutzt werden soll") und drei („Ordne alles andere der Entscheidung, den Engpass bestmöglich auszunutzen, unter") noch nicht genügend Mehr-Durchsatz durch das Gesamtsystem erreicht wurde, lohnt es sich, über eine Erweiterung des Engpasses nachzudenken. Die Erweiterung des Engpasses erfordert immer Investitionen (beispielsweise die Beschaffung einer neuen Anlage) und/oder die Erhöhung der Betriebskosten des Systems (Einstellung neuer Mitarbeiter). Diese Investitionen und Kosten sind dann allerdings dem erhöhten Durchsatz gegenüberzustellen.

3.8.5 Schritt 5: Wenn der Engpass sich verschoben hat, beginne wieder bei eins

Werden dadurch Engpässe verschoben (beispielsweise von der Abteilung Entwicklung auf die Abteilung Prototypenbau) – so wiederholen sich die Arbeitsschritte eins bis vier, also von der Identifizierung des Engpasses über die Entscheidung für die bestmögliche Art der Ausnutzung, über die Unterordnung aller anderen Ressourcen und – möglicherweise – bin hin zu einer Erweiterung dieses neuen Engpasses.

Trägheit darf nicht zum Engpass des Systems werden

3.9 Zusammenfassung Regel 1

Die erste Regel der CriticalChain-Regel lautet: Projekte staffeln – anhand der DRUM-Ressource. Dadurch wird sichergestellt, dass nicht mehr WIP (work in progress) vorhanden ist als nötig, schädliches Multitasking weitestgehend unterbleibt, die Projekte kürzer werden und das Unternehmen mehr Projekte mit denselben Ressourcen realisieren kann.

4 Sicherheiten bündeln: Die Kritische Kette im Projekt

In Projekten wird Zeit oft geradezu verschleudert. Eine kleine, aber bedeutende Veränderung des Zeitmanagements sorgt für Zuverlässigkeit und Verkürzung von Projektlaufzeiten.

Projekte sind von Unsicherheit geprägt. Trotz bester Pläne geschieht in der Realität Ungeplantes; Murphy lebt; vieles ist nicht – im Detail – vorhersehbar.

Beispiele dazu sind:

- Es gibt zu viele Änderungen
- Einzelne Mitarbeiter oder auch Lieferanten/Partner halten die jeweiligen Fertigstellungstermine für ihre Aufgabe nicht ein
- Eingeplante Ressourcen sind oft nicht verfügbar, sie werden noch irgend woanders im Unternehmen benötigt
- Es gibt Auseinandersetzungen zwischen den Projekten um die Prioritäten bei den Ressourceneinsätzen
- Es kommt oft vor, dass Entscheidungen getroffen werden müssen und diese Entscheidungen sich hinauszögern
- Teilprojektleiter überziehen ihre Budgets
- Bereits erledigte Aufgaben müssen oft neu aufgegriffen werden – es gibt Nacharbeit.

Trotz vieler Bemühungen, diese Schwierigkeiten zu reduzieren, kommen sie immer wieder vor und erzeugen unerwünschte Effekte: Projekte werden nicht rechtzeitig fertig, halten ihr Budget nicht ein oder liefern nicht das gewünschte Ergebnis.

Wie kann dieses Problem gelöst werden?

Die Theory of Constraints zeigt: In Projekten sind normalerweise mehr als genug Sicherheiten eingeplant, um mit den o.g. Schwierigkeiten fertig zu werden. Nur: die Art und Weise, wie diese Sicherheiten eingeplant und verwendet werden, ist nicht geeignet, um Projekte pünktlich, in budget und mit dem vollen versprochenen Ergebnis zu liefern.

4.1 Schätzungen und Sicherheiten

Die genaue Dauer (und der genaue Aufwand) einer Aufgabe in einem Projekt können nicht exakt vorausgesagt, sondern nur geschätzt werden. Es kann sein, dass das Entwicklerteam nach wenigen Tagen einen Durchbruch erzielt, es kann aber auch einige Monate dauern. Es kann sein, dass ein Gebäude in zwei Monaten hochgezogen wird; es kann aber auch vorkommen, dass unerwartete Störungen ein halbes Jahr daraus werden lassen. Wenn ein Projektleiter einen Projektbeteiligten fragt „Wie lange brauchen

Sie dafür", wird jener stets mit einer Schätzung antworten und dies auch deutlich machen – z. B. mit den Worten „es kommt darauf an …". Soweit, so gut.

Der übliche Weg, dafür zu sorgen, dass ein Projekt rechtzeitig abgeschlossen wird, besteht aus folgenden Schritten:

- Definiere die Arbeitspakete und deren Abhängigkeiten voneinander.
- Bestimme für jedes Arbeitspaket einen Verantwortlichen, bestimme die Dauer und lege einen Termin für den Abschluss der einzelnen Arbeitspakete fest.
- Sorge für den pünktlichen Abschluss jedes einzelnen Arbeitspaketes, um dadurch den rechtzeitigen Abschluss des gesamten Projektes zu bewirken.

Wenn dies der übliche Weg ist, für einen rechtzeitigen Projektabschluss zu sorgen, und die Dauer einer Aufgabe nur geschätzt werden kann, dann folgt daraus, dass in der Realität eine (Zeit-)Schätzung umgewandelt wird in die Zusage, einen bestimmten Termin für den Abschluss eines Arbeitspaketes einzuhalten.

Für Mitarbeiter ist es existenziell, dass sie als zuverlässige Mitarbeiter gelten. Ein Mitarbeiter (insbesondere im Projektgeschäft) ist dann zuverlässig, wenn er die Zusagen, die er gemacht hat, einhält – zumindest in den meisten Fällen.

Wenn Schätzungen in Zusagen umgewandelt werden und Mitarbeiter als zuverlässig gelten müssen, folgt daraus, dass Mitarbeiter realistische Zeitschätzungen abgeben, also Zeitschätzungen, die sie mit hoher Wahrscheinlichkeit einhalten können.

Eine realistische Zeitschätzung berücksichtigt, dass das Dinge schief gehen und dadurch Aufgaben mehr Zeit verbrauchen, als es unter idealen Bedingungen erforderlich wäre.

Σ Fazit Projektpläne enthalten signifikante Sicherheiten – versteckt in den einzelnen Arbeitspaketen. (siehe Abbildung 1.23a-V18)

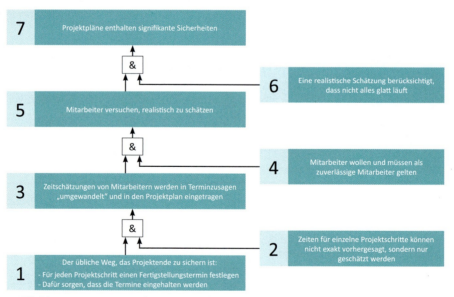

Abbildung 1.23a-V18: Herleitung signifikanten Sicherheitsreserven in Projektplänen

Wie groß diese Sicherheiten sind, kann nur vermutet werden. Die Aussagen vieler hunderter Projektmanager, die sich dieser Mechanismen bewusst geworden sind, zeigen jedoch: In den meisten (Multi-)Projekt-Umgebungen ist mindestens die Hälfte der in den Projektplänen eingetragenen Zeitdauern Sicherheit für alles das, was in der Erfüllung der einzelnen Arbeitspakete im Projekt schiefgehen kann.

4.2 Verschwendung von Sicherheiten

Wenn diese Aussage wahr ist, muss eine Frage berechtigterweise gestellt werden: Wie kommt es, dass die meisten Aufgaben innerhalb von Projekten nicht vorzeitig abgeschlossen werden? Wenn doch so viel Sicherheit vorhanden ist, dann müsste es immer wieder vorkommen, dass Mitarbeiter vor der vereinbarten Zeit mit einer Aufgabe fertig werden. Doch wie oft kommt das vor? Sehr selten!

Was geschieht einem Mitarbeiter, der immer wieder Termine, die aufgrund seiner eigenen Zeitschätzungen errechnet wurden, unterschreitet? Projektleiter werden seine Zeitschätzungen nicht mehr ganz ernst nehmen, sondern gleich einen gewissen Teil abziehen, die Zeitschätzung verkürzen. Geschieht dies, geht dem Mitarbeiter Sicherheit verloren und dies reduziert damit seine Chance, den vereinbarten Termin einzuhalten.

Die einzige Chance, genau dies zu verhindern, besteht darin, nie (oder nur sehr selten) vor einem vereinbarten Termin fertig zu werden. Dieser Mechanismus wird als „Parkinson's Law" bezeichnet: „Arbeit dehnt sich soweit aus, dass sie die zur Verfügung stehende Zeit ausfüllt"[4].

Außerdem: Warum soll ein Mitarbeiter ein Arbeitspaket früher als geplant abliefern, wenn dies sowieso keinen positiven Einfluss auf den weiteren Projektverlauf haben wird? Denn:

Der für das nächste Arbeitspaket verantwortliche Mitarbeiter wird damit nicht früher beginnen, weil er erstens wahrscheinlich noch mit einer anderen Aufgabe beschäftigt ist und er zweitens weiß, dass er selbst genug Zeit eingeplant hat, um sein Arbeitspaket pünktlich abzuschließen. Dieser Mechanismus wird etwas böswillig als „Studenten Syndrom" bezeichnet. An Integrationspunkten im Projekt (mehrere Pfade des Projektes laufen zusammen) ist es nutzlos, wenn einer der Pfade schneller fertig ist als die anderen; das Projekt kann dennoch nicht schneller fortgesetzt werden, da auf die anderen Pfade gewartet werden muss.

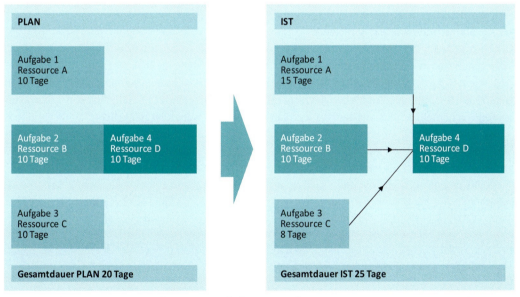

Abbildung 1.23a-V19: Wirkung von Verfrühungen und Verspätungen an Integrationspunkten

Parkinson's Law, das Studentensyndrom und die Gesetzmäßigkeiten an den Integrationspunkten im Projekt führen dazu, dass „Verfrühungen" nicht (vollständig) an nachfolgende Projektschritte weitergegeben werden, „Verspätungen" jedoch werden immer an nachfolgende Projektschritte weitergegeben. So gehen die eingebauten Sicherheiten wieder verloren; die Chance, dass eine Kette voneinander abhängiger Aufgaben rechtzeitig fertig wird, ist klein!

Und sollte ein Projekt dennoch einmal rechtzeitig fertig sein, muss dafür ein Preis gezahlt werden: die Überziehung des Projektbudgets oder die Nichterfüllung der versprochenen Ergebnisse.

---

[4] CYRIL NORTHCOTE PARKINSON: „Work expands (so as) to fill the time avaible for its completion."

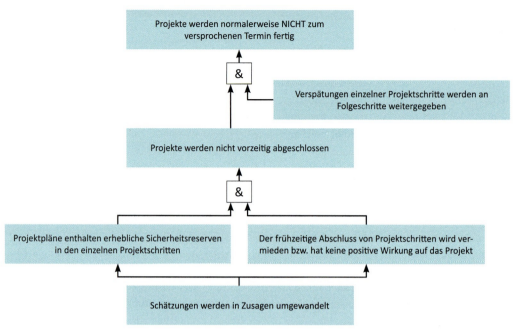

Abbildung 1.23a-V20: Die Wurzel der Probleme

∑ Fazit Wie auch immer ein effektiveres Projektmanagement aussieht, es muss auf jeden Fall dafür sorgen, dass Schätzungen nicht mehr in Zusagen umgewandelt werden.

4.3 Sicherheiten effektiv nutzen

Sicherheiten sind zwingender Bestandteil eines Projektplanes, denn: in noch viel mehr anderen Bereichen (wie z. B. bei der Produktion) ist das Projektmanagement von Unsicherheiten geprägt, also davon, dass Ereignisse und deren Auswirkungen nicht im Detail vorhersehbar sind. Dafür werden Sicherheiten benötigt. Sicherheiten völlig aus dem Projektplan zu streichen, wäre also gefährlich.

Der übliche Umgang mit Sicherheiten führt allerdings nicht zum gewünschten Ergebnis, nämlich, dass Projekte „in time", „in budget" und „in quality" abgeschlossen werden, weil die Sicherheiten in den einzelnen Projektschritten versteckt eingeplant und dort auch gleich wieder verbraucht werden.

Die Lösung dazu ist einfach und – richtig ausgeführt – ausgesprochen wirkungsvoll: Entferne die Sicherheiten aus den einzelnen Projektschritten und bündele sie am Ende des Projektes!

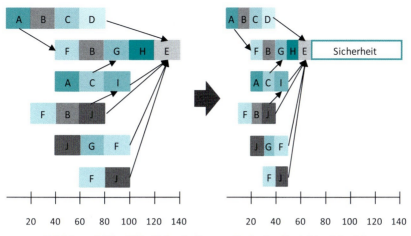

Abbildung 1.23a-V21: Sicherheiten am Ende des Projektes bündeln

Da in den meisten Projektumgebungen mehr als die Hälfte der Zeit in den einzelnen Projektschritten Sicherheit ist, hat es sich immer wieder als praktikabel herausgestellt, die einzelnen Schritte des Projektplanes pauschal um 50 % zu reduzieren und dafür am Ende des Projektes eine entsprechend große Sicherheit einzuplanen.

Die Folge ist: Niemand wird mehr nach dem Motto verfahren: „Wir haben genug Zeit". Das Prinzip der Termineinhaltung (jeder muss seinen individuellen Fertigstellungstermin einhalten) wird durch das Staffelläufer-Prinzip (beende die Arbeit so schnell wie möglich und übergebe das Ergebnis an den Nächsten in der Kette) ersetzt. Parkinson's Law und das Studenten-Syndrom sind somit ausgeschaltet. Die Halbierung der bisherigen Annahmen erfordert Kooperation, daher muss allen Beteiligten (Management, Projektleitern, Mitarbeitern) bewusst sein, dass

I   ausreichend Sicherheiten in den Plan (am Ende des Projektes) eingearbeitet sind,
I   das Management die neuen Zeiten nicht in Commitments umwandelt,
I   es nicht erforderlich ist, die wesentlich kürzeren Durchlaufzeiten exakt einzuhalten.

Da bisher (aufgrund von Multitasking, Parkinson's Law und Studenten-Syndrom) ein Großteil der Sicherheit verloren gegangen ist, reicht es vollkommen aus, nur einen Teil dieser Sicherheit (erfahrungsgemäß reichen 50 % vollkommen aus) als globalen Zeitpuffer an das Ende des Projektplanes zu stellen.

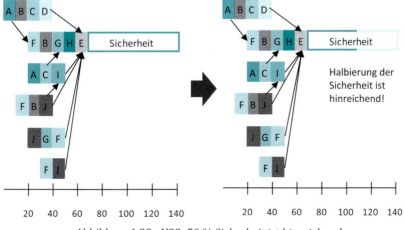

Abbildung 1.23a-V22: 50 % Sicherheit ist hinreichend

Um aus diesem Ansatz nun ein praktikables Verfahren zu entwickeln, kommen wieder die Fokussierungsschritte der Theory of Constraints zum Einsatz (siehe Abschnitt 3.7):

4.3.1 Schritt 1: Identifiziere den Engpass: die kritische Kette

Der Engpass eines Projektes ist das, was das Projekt am stärksten daran hindert, möglichst schnell abgeschlossen zu werden, der so genannte „kritische Pfad": die längste Folge sachlich voneinander abhängiger Aufgaben.

Abbildung 1.23a-V23: Der kritische Pfad

Da in den meisten Projekten die zur Verfügung stehenden Ressourcen begrenzt sind, kann es sein, dass eine Aufgabe nicht starten kann, weil die dafür erforderliche Ressource noch mit einer anderen Aufgabe im Projekt beschäftigt ist. Diesen Aspekt berücksichtigt die „kritische Kette": die längste Folge voneinander abhängiger Aufgaben, unter Berücksichtigung der sachlichen und der ressourcenbezogenen Abhängigkeiten.

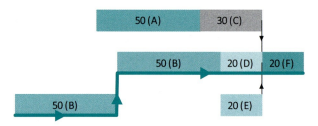

Abbildung 1.23a-V24: die kritische Kette

4.3.2 Schritt 2: Entscheide, wie der Engpass optimal ausgenutzt werden soll

Die kritische Kette eines Projektes soll schnellstmöglich voranschreiten; nichts soll sie aufhalten, schon gar nicht eine suboptimale Arbeitsweise (nämlich: jeder Projektschritt hat seine eigene Sicherheit und verbraucht diese auch). Deshalb werden die individuellen Sicherheiten aus den einzelnen Aktivitäten der kritischen Kette entfernt, an das Ende derselben gestellt und halbiert.

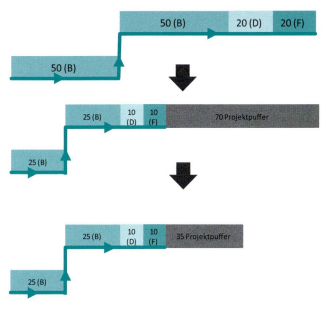

Abbildung 1.23a-V25: Optimale Nutzung der kritischen Kette

Wenn so vorgegangen wird, umfasst der Projektpuffer 1/3 der gesamten Projektlaufzeit – oder anders ausgedrückt: 50 % der Länge der kritischen Kette. Das ist erfahrungsgemäß mehr als ausreichend, um die in den meisten Projekten auftretenden Schwierigkeiten aufzufangen.

4.3.3 Schritt 3: Ordne alles andere der Entscheidung, wie der Engpass optimal ausgenutzt werden soll, unter

Verzögerungen auf zuliefernden Ketten sollen nicht zu einer Verzögerung der kritischen Kette führen. Deshalb werden auch aus den Schritten der zuliefernden Ketten die Sicherheiten entfernt, halbiert und ans Ende der zuliefernden Kette gestellt. An jedem Integrationspunkt des Projektes wird also die zuliefernde Kette durch einen Zwischenpuffer geschützt.

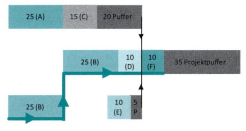

Abbildung 1.23a-V26: Zwischenpuffer auf zuliefernden Ketten

Diese Zwischenpuffer erfüllen einen weiteren Zweck: Schreitet die kritische Kette schneller voran als geschätzt, kann im Projekt weitergearbeitet werden, weil die zuliefernden Aufgaben des Projektes mit einer gewissen Wahrscheinlichkeit auch bereits abgeschlossen sind (statt vorher: „Verfrühungen" können nicht weitergegeben werden – siehe Abschnitt 4.2).

4.3.4 Schritt 4: Erweitere den Engpass

Um die Projektlaufzeit nun noch weiter zu verkürzen, können wir im obigen Beispiel die Ressource (B) verdoppeln. Dadurch verändert sich der Verlauf der kritischen Kette (in diesem Beispiel ist sie dann identisch mit dem kritischen Pfad), die Puffer werden neu berechnet und angeordnet, die Gesamtlaufzeit des Projektes ist optimiert.

4.4 Zusammenfassung Regel 2

> Die zweite CriticalChain-Regel lautet: Sicherheiten bündeln – am Ende des Projektes. Dadurch können sich Verfrühungen und Verspätungen im Projektverlauf gegenseitig ausgleichen, individuelle Sicherheiten werden nicht mehr verschwendet, Projekte werden zuverlässig, ihre Laufzeit wird verkürzt.

5 Projektcontrolling und TaskManagement

Durch die ersten beiden CriticalChain-Regeln wird erreicht, dass das Unternehmen weniger WIP (work in progress) hat und dadurch die Projekte zuverlässiger und schneller durchgeführt werden können. Projektgeschäft ist nicht im Detail planbar. Die Realität erfordert Veränderungen im Verlauf von Projekten. Aufgaben dauern länger als geplant oder erfordern einen höheren Arbeitsaufwand. Deshalb kommt es – trotz guter Planung – immer wieder dazu, dass ein Mitarbeiter (oder sein Chef) entscheiden müssen, welche der als nächstes anstehenden Aufgaben (aus verschiedenen Projekten) als erstes und welche anderen entsprechend später bearbeitet und abgeschlossen werden sollen. Mit anderen Worten: es müssen Prioritäten gesetzt werden, und zwar nach einem eindeutigen, objektiven Verfahren. Die Aufgaben (Tasks) müssen projektübergreifend gemanagt werden.

Die Regel dazu ist einfach:

- Eine bereits begonnene Aufgabe wird nicht unterbrochen (sonst würde wieder schädliches Multitasking entstehen).
- Wenn eine Aufgabe abgeschlossen ist, wird als nächstes die Aufgabe begonnen, die die höchste Priorität hat.
- Die Priorität einer Aufgabe ist um so höher, je mehr Puffer sie am Projektende (im Verhältnis zum Fortschritt des Projektes) verbraucht.

5.1 Projektfortschritt

Der Projektfortschritt ist der Fortschritt auf der kritischen Kette. Der Projektfortschritt ist um so größer, je mehr Aufgaben, die auf der kritischen Kette liegen, abgeschlossen sind.

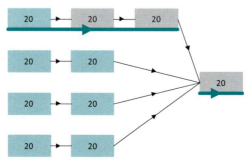

Abbildung 1.23a-V27: Projektfortschritt

Im vorstehenden Beispiel besteht das Projekt aus 10 Aufgaben mit jeweils 20 Tagen Dauer. Sieben dieser Aufgaben sind abgeschlossen, drei noch nicht. Von den vier Aufgaben auf der kritischen Kette ist jedoch nur eine Aufgabe abgeschlossen; der Projektfortschritt beträgt daher 25 %.

5.2 Pufferverbrauch

Pufferverbrauch entsteht, wenn Aufgaben mehr Zeit benötigen als geschätzt. Der Puffer am Ende des Projektes (der Projektpuffer) wird verbraucht, wenn eine Aufgabe auf der kritischen Kette länger dauert als geschätzt. Im folgenden Beispiel dauert die erste Aufgabe der Ressource (B) nicht nur 25 Tage, sondern 40 Tage; dadurch werden 15 Tage vom Projektpuffer verbraucht.

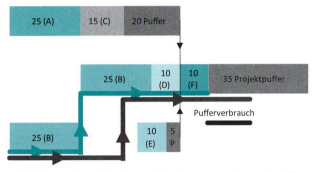

Abbildung 1.23a-V28: Beispiel Verbrauch des Projektpuffers

Die Puffer an den Integrationspunkten (Zwischenpuffer) werden verbraucht, wenn Aufgaben auf zuliefernden Ketten länger dauern als geschätzt. Im folgenden Beispiel dauert die Aufgabe der Ressource (C) statt 15 Tage nun 25 Tage, dadurch werden 10 Tage des Zwischenpuffers verbraucht.

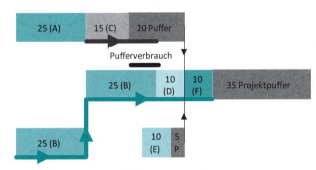

Abbildung 1.23a-V29: Verbrauch Zwischenpuffer

Natürlich kann es vorkommen, dass der Zwischenpuffer vollständig verbraucht wird und selbst das nicht ausreicht. Im folgenden Beispiel dauert die Aufgabe der Ressource (C) 55 Tage, dadurch wird der Zwischenpuffer (20 Tage) vollständig aufgebraucht und weitere 20 Tage des Projektpuffers werden verzehrt.

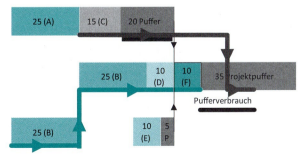

Abbildung 1.23a-V30: Beispiel Pufferverbrauch

Der Pufferverbrauch ist leicht zu ermitteln. Jeder Mitarbeiter (bzw. Arbeitspaket-Verantwortliche) eines Projektes sprechen ohnehin täglich mit dem Projektleiter oder einer anderen Führungskraft, die den Projektfortschritt betreut. Inhalt dieses Gespräches ist es, mögliche Schwierigkeiten zu erkennen und frühzeitig Hilfestellung zu geben. Im Rahmen dieses Gespräches wird auch geklärt, wie lange es nach aktuellem Erkenntnisstand noch dauern wird, bis die aktive Aufgabe abgeschlossen ist. Wenn die Ressource (C) im vorstehenden Beispiel also am zehnten Tag ihrer Arbeit sagt „ich brauche noch 45 Tage", dann ist klar: der Zwischenpuffer ist vollständig verbraucht und weitere 20 Tage des Projektpuffers ebenso.

5.3 Projektstatus

Aus den beiden Werten „Projektfortschritt" und „Pufferverbrauch" wird nun die Relation „Projektstatus" ermittelt: Je weniger Puffer im Verhältnis zum Projektfortschritt verbraucht ist, umso besser der Status des Projektes, umso größer die Wahrscheinlichkeit, dass das Projekt den versprochenen Liefertermin einhalten wird.

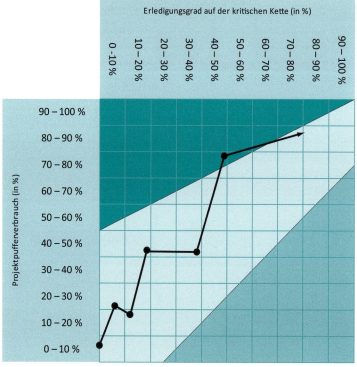

Abbildung 1.23a-V31: Projektstatus

Befindet sich das Projekt in der mittelgrünen Zone, ist es sicher; befindet es sich in der hellgrünen Zone, muss der Projektleiter Korrekturmaßnahmen erarbeiten; gerät es in die dunkelgrüne Zone, müssen Maßnahmen eingeleitet werden, um den verloren gegangenen Puffer wieder zu erlangen.

An der Entwicklung des Projektstatus können alle Beteiligten auf einen Blick erkennen, ob das Projekt gerade besser oder schlechter wird: Steigt die Kurve um mehr als 45 Grad, wird das Projekt schlechter (unsicherer), denn es wird mehr Puffer verbraucht, als Fortschritt erzielt wird. Steigt sie um weniger als 45 Grad, wird das Projekt besser (sicherer), ist die Steigung sogar negativ, gewinnt das Projekt Puffer (das geschieht, wenn eine Aufgabe auf der kritischen Kette schneller abgeschlossen wird als geschätzt).

5.4 TaskManagement

Anhand von „Projektfortschritt" und „Pufferverbrauch" wird deshalb auch festgelegt, welche Aufgabe, die als nächstes von einer gerade frei werdenden Ressource bearbeitet werden soll, die höchste Priorität hat. Je höher der Pufferverbrauch dieser Aufgabe im Verhältnis zum Projektfortschritt ist, umso höher ist die Priorität der Aufgabe.

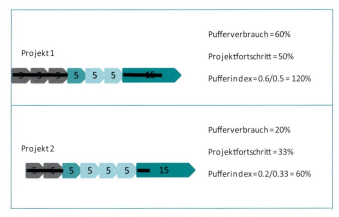

Abbildung 1.23a-V32: Task-Priorität

Im vorstehenden Beispiel hat die „grüne" Aufgabe in Projekt 1 eine höhere Priorität als die grüne Aufgabe in Projekt 2. Denn:

| Projekt 1 ist zu 50 % fortgeschritten, gleichzeitig sind 60 % des Puffers verbraucht; daraus ergibt sich ein Pufferindex (analog Projektstatus) von 120 %.
| Projekt 2 ist zu 33 % fortgeschritten, gleichzeitig sind 20 % des Puffers verbraucht; daraus ergibt sich ein Pufferindex von 60 %.

Die Verteilung von Aufgaben erfolgt im Critical-Chain-Projektmanagement streng nach diesem Schema:

| Eine Ressource beginnt nur dann eine neue Aufgabe, wenn sie „frei" ist, also keine anderen Aufgaben mehr hat.
| Die Ressource bearbeitet als nächstes immer die Aufgabe mit der höchsten Priorität, also mit dem höchsten Pufferstatus.

5.5 Multiprojekt-Controlling

Der Projektstatus ermöglicht es der Geschäftsleitung des Unternehmens, einen Überblick zum Stand aller Projekte zu erhalten, unabhängig von ihrer Art und Größe. Daher weiß die Geschäftsleitung, auf welche Projekte sie ihre Konzentration richten, welche Projekte sie vorrangig unterstützen muss.

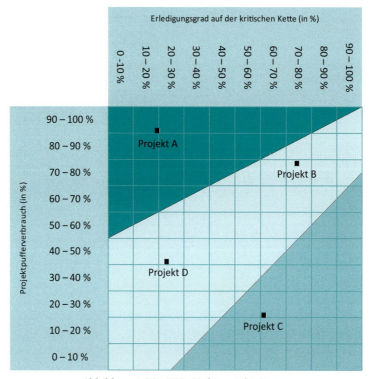

Abbildung 1.23a-V33: Multiprojekt-Status

5.6 Zusammenfassung Regel 3

Die dritte CriticalChain-Regel lautet: Aufgaben werden streng nach Prioritäten an die Ressourcen vergeben. Die Prioritäten kommen nicht durch einen Streit um Ressourcen zwischen den Projektleitern zustande, sondern objektiv durch den Pufferindex, das ist das Verhältnis zwischen dem Projektfortschritt und dem Pufferverbrauch.

6 Zusammenfassung

Critical-Chain-Projektmanagement (CCPM) sorgt für die Einhaltung und Verkürzung von Projektlaufzeiten durch drei Regeln und Mechanismen:

- Reduzierung von WIP (work in progress), indem Projekte gestaffelt werden. Das sorgt für weniger Multitasking, verkürzt die Projektlaufzeiten und ermöglicht es so dem Unternehmen, in gleicher Zeit mehr Projekte abzuschließen, obwohl weniger Projekte gleichzeitig laufen.
- Bündelung von Sicherheiten. Das sorgt dafür, dass sich Verfrühungen und Verspätungen im Projekt gegenseitig ausgleichen können. Projekte werden zuverlässiger und kürzer.
- Prioritäten für Tasks werden nach dem Pufferindex vergeben; Ressourcen arbeiten streng nach Prioritäten. So werden immer genau die Tasks bearbeitet, die dem Unternehmen am meisten nützen. Projektleiter streiten sich nicht um Ressourcen; die Geschwindigkeit und Effektivität des gesamten Unternehmens erhöht sich deutlich.

Unternehmen, die ihr Multiprojekt-Management auf der Basis von Critical-Chain gestalten, erzielen normalerweise die folgenden Performance-Steigerungen:

- Beschleunigung der aktiven Projekte (innerhalb weniger Wochen)
- Verkürzung der Projektlaufzeiten schnell (innerhalb weniger Monate) um 25 %, nach weiteren Verbesserungen auf ein Maß, das vorher nicht für möglich gehalten wurde
- Freisetzung von mindestens 25 % Kapazität an der Engpass-Ressource, die sofort für neue Projekte eingesetzt werden kann

7 Fragen zur Wiederholung

Hinweis: Mit (*) gekennzeichnete Fragen gehen über den dargestellten Inhalt hinaus und können nur durch eigene Schlussfolgerungen beantwortet werden. Sie können Ihre Antworten auf die so gestellten Fragen in das deutschsprachige Lern- und Diskussionsforum zur Theory of Constraints stellen und dort Ihre Erkenntnisse mit anderen Lernenden austauschen.

1	Wie kommt es in Unternehmen zu Phänomenen des „schädlichen Multitasking"?	☐
2	Was sind die negativen Auswirkungen des „schädlichen Multitasking"?	☐
3	Wie planen Projektbeteiligte Sicherheiten in ihre Zeit- und Kostenschätzungen ein?	☐
4	Was geschieht mit diesen Sicherheiten?	☐
5	Benennen Sie die drei Regeln des Critical-Chain-Projektmanagements.	☐
6	Wie lassen sich die Regeln 2 und 3 auf das Kostenmanagement im Projekt übertragen? (*)	☐

1.23b Critical-Chain-Projektmanagement
Uwe Techt

Die Theory of Constraints im (Multi-)Projekt-Management – Wettbewerbsvorteile im Projekt-Geschäft aufbauen, nutzen (zu Geld machen) und aufrecht erhalten.

Lernziele

Sie können

- nachvollziehen und erklären
  - warum und wie die Anwendung der Projektkostenrechnung zu schwerwiegenden unternehmerischen Fehlentscheidungen führen kann
  - warum und wie die üblichen Regeln der Zusammenarbeit mit Lieferanten zu unnötigen Claims, zur Erhöhung von Kosten und zur Verlängerung der Projektlaufzeiten führen
  - warum einer drastischen Performancesteigerung im Projektmanagement in vielen Fällen die Erarbeitung eines neuen Marketing- und Vertriebskonzeptes vorausgehen muss
- die einzelnen Kennzahlen der (Projekt-) Durchsatzrechnung erklären
- das Triple-WIN-Konzept für die Zusammenarbeit innerhalb der Lieferketten großer Projekte darstellen
- die wesentlichen Wettbewerbsvorteile herausarbeiten, die durch Critical Chain Projektmanagement entstehen
- Hinweise für Marketingstrategie und Vertriebstaktik geben, wenn diese Wettbewerbsvorteile entstanden sind und zu Geld gemacht werden sollen
- beschreiben, welche Mechanismen ein Unternehmen etablieren muss, um die entwickelten Wettbewerbsvorteile nachhaltig aufrecht zu erhalten

Inhalt

1	Wirtschaftlicher Erfolg im Projektgeschäft/Project Business Success	1941
2	Wachstums-Chance	1942
3	Wachstums-Strategie	1942
3.1	Wie groß ist der Markt für das Angebot „Vertragsstrafen bei Verspätung"?	1942
3.2	Wie werden die Vertragsstrafen dimensioniert?	1943
3.3	Wie groß ist der Markt für „kürzere Projektlaufzeiten gegen Premium-Preise?"	1943
3.4	Wie werden die Premium-Preise dimensioniert?	1944
4	Strategie-Umsetzung	1944
4.1	Wettbewerbsvorteile aufbauen	1944
4.1.1	Wettbewerbsvorteil Geschwindigkeit – mehr Geschäft anziehen	1944
4.1.2	Wettbewerbsvorteil Geschwindigkeit – Premiumpreise erzielen	1945
4.2	Wettbewerbsvorteile zu Geld machen	1945
4.2.1	Zuverlässigkeit verkaufen	1946
4.2.2	Vertriebsfokus: Premiumpreise	1946
4.3	Wettbewerbsvorteile aufrecht erhalten	1947
4.3.1	Load-Control	1947
4.3.2	Kapazitäts-Entwicklung	1947
4.4	Zusammenfassung	1948
5	Exkurs 1: Critical Chain Projektmanagement in der Supply Chain (das Triple-WIN-Konzept)	1948
5.1	Unternehmensübergreifende Projekte	1948
5.2	Probleme und Schwierigkeiten	1948
5.3	Dilemma des Lieferanten	1949
5.4	Ursachen	1950
5.5	Lösungsansätze (Das 3WIN-Konzept)	1951
5.6	Zusammenfassung zum Triple-WIN-Konzept	1952
6	Exkurs 2: Welche Projekte lohnen sich?	1952
6.1	Kalkulation der Projektkosten	1952
6.2	Beispiel	1952
6.2.1	Gibt es einen Engpass?	1953
6.2.2	Welche der acht Aufträge lohnen sich mehr, welche lohnen sich weniger?	1954
6.2.4	Welchen Gewinn (oder Verlust) macht das Unternehmen dann?	1955
6.3	Die Bedeutung des Engpasses	1956
6.4	Die neue Kennzahl: Durchsatz pro Engpasseinheit	1956
6.5	Zusammenfassung zu Exkurs 2: Welche Projekte lohnen sich?	1957
7	Fragen zur Wiederholung	1957
7.1	Wettbewerbsvorteile aufbauen, zu Geld machen und aufrecht erhalten	1957
7.2	Triple-WIN-Konzept	1958
7.3	Profitabilität von Projekten	1958

1 Wirtschaftlicher Erfolg im Projektgeschäft/Project Business Success

Einhaltung (Zuverlässigkeit) und Verkürzung (Geschwindigkeit) von Projektlaufzeiten – wie sie durch die Implementierung des Critical Chain Projektmanagements realisiert werden – sind kein Selbstzweck; sie müssen dem Unternehmen dazu dienen, seine Ziele besser zu erreichen, sonst sind sie wertlos.
Daher stellen sich die folgenden Fragen: sind Zuverlässigkeit und Geschwindigkeit entscheidende Wettbewerbsvorteile im Projektgeschäft[1]? Wie können diese Wettbewerbsvorteile zu Geld gemacht und aufrecht erhalten werden?

Ausgangssituation

Um diese Fragen besser beantworten zu können, betrachten wir zunächst einmal die typische Ausgangssituation eines Unternehmens im Projektgeschäft:

- Projekte werden nicht rechtzeitig fertig oder mit großen Anstrengungen am Ende. Oder Projekte werden unfertig ausgeliefert. Das erzeugt Ärger mit den Kunden und verursacht erhebliche Kosten für die Nacharbeit.
- Projekte werden teurer als geplant. Budgets werden mehr als ausgeschöpft. Die Wirtschaftlichkeit leidet.
- Ein Teil der Ressourcen arbeitet parallel an mehreren Projekten.
- Projekte werden dadurch gesteuert, dass – auf Basis von sorgfältigen Schätzungen und Kalkulationen – Termine und Budgets für Projekt-Teile festgelegt und deren Einhaltung verfolgt und reportet wird.
- Es gibt oft Situationen, in denen sich mehrere Projekte um eine knappe Ressource streiten, die sie dringend benötigen, um rechtzeitig fertig zu werden oder die bereits vorhandene Verspätung minimieren zu können.
- Es gibt Langläufer-Komponenten, die eine nachhaltige und radikale Verkürzung der Lieferzeiten erschweren.
- Kunden fordern zunehmend absolute Pünktlichkeit.
- Es gibt Kunden, die bei Verspätungen erhebliche wirtschaftliche Nachteile haben. Diese Kunden machen Druck, wenn sich Verspätungen abzeichnen und verlangen zunehmend Vertragsstrafen, falls nicht pünktlich geliefert wird.
- Kunden fordern zunehmend kürzere Lieferzeiten.
- Es gibt Kunden, die einen erheblichen Vorteil erzielen würden, wenn Anlagen früher/schneller als marktüblich geliefert werden würden.

Aus dieser Ausgangssituation können wir einige Erkenntnisse ableiten, die auf den ersten Blick vielleicht nicht offensichtlich sind:

Die Liefertreue in der Branche ist notorisch schlecht. Woraus leiten wir das ab? Weil sonst dieses Unternehmen längst nicht mehr am Markt wäre.

Die Projekte haben prinzipiell genügend zeitliche Reserven, doch gehen diese verloren. Warum? Die Aussagen 3 und 5 deuten auf schädliches Multitasking hin; wenn schädliches Multitasking existiert, sind Projekte deutlich länger/langsamer als möglich. Die Aussage 4 zeigt das Prinzip der lokalen Optimierung; wenn nach dem Prinzip der lokalen Optimierung geplant und gesteuert wird, enthalten Projekte erhebliche zeitliche Reserven, die jedoch verloren gehen[2].

Kunden (des Unternehmens) leiden oft unter verspäteten Projekten. Woraus leiten wir das ab? Weil die Liefertreue in der Branche schlecht ist (Aussage 11) und durch Verspätungen erhebliche wirtschaftliche Nachteile entstehen (Aussage 8).

---

1 Im Projektgeschäft sind Unternehmen, die ihr Geld in Form von Projekten verdienen.
2 Vgl. dazu den Abschnitt „Basisteil"

2 Wachstums-Chance

Aus dieser Ausgangssituation und den daraus abgeleiteten Erkenntnissen ergeben sich folgende Wachstums-Chancen für das Unternehmen im Projektgeschäft:

Wenn Kunden oft unter verspäteten Projekten leiden und bekannt ist, dass dieses Unternehmen ausgesprochen zuverlässig ist, dann werden Kunden mehr Projekte bei diesem Unternehmen beauftragen.Wenn Kunden durch kürzere Projektlaufzeiten erhebliche wirtschaftliche Vorteile erzielen können, dann werden Kunden sogar bereit sein, Premium-Preise für besonders kurze Projektlaufzeiten/Lieferzeiten zu zahlen.

Wenn das Unternehmen in der Lage wäre, sehr viel zuverlässiger als der Wettbewerb zu sein und schneller als der Wettbewerb zu liefern, dann würde es also mehr Aufträge erhalten und könnte – zumindest einen Teil der – Aufträge zu höheren Preisen verkaufen.

Da in dem Unternehmen Multitasking betrieben wird und nach dem Prinzip der lokalen Optimierung geplant und gesteuert wird, hat das Unternehmen das Potenzial, sehr viel zuverlässiger zu werden und seine Projektlaufzeiten deutlich zu verkürzen. Es müsste also in der Lage sein, diese Wachstums-Chancen zu nutzen.

3 Wachstums-Strategie

Das Unternehmen kann also folgender Wachstums-Strategie folgen:

- Aufbau eines entscheidenden Wettbewerbsvorteils dadurch, dass dem Markt bekannt ist, dass das Unternehmen bemerkenswert zuverlässig ist (während alle anderen Größen stabil bleiben)
- Erzielen von Premium-Preisen bei einem erheblichen Anteil der Projekte

Im Rahmen dieser Strategie entwickelt das Unternehmen dann ein neues Angebot an seinen Markt: Bei verspätetem Projektabschluss werden erhebliche Vertragsstrafen bezahlt.

Wenn kürzere Projektlaufzeiten (frühere Lieferung) für den Kunden wertvoll sind, werden für vereinbarte kürzere Projektlaufzeiten Premium-Preise berechnet.

Dieses Angebot gilt unter ansonsten gleichbleibenden Bedingungen (d.h. das Unternehmen erbringt die Leistungen weiterhin in der bekannten Qualität, der Kunde muss also beispielsweise keine mindere Qualität in Kauf nehmen, um pünktlich beliefert zu werden).

Will das Unternehmen mit diesem Angebot an den Markt heran treten, muss es sich folgende Fragen stellen:

- Wie groß ist der Markt für dieses Angebot?
- Wie werden die Vertragsstrafen dimensioniert?
- Wie werden die Premium-Preise dimensioniert?

3.1 Wie groß ist der Markt für das Angebot „Vertragsstrafen bei Verspätung"?

Wenn eine verspätete Lieferung mit hoher Wahrscheinlichkeit eine Verzögerung des übergeordneten Projektes verursacht, dann ist das Vertragsstrafen-Angebot für die Kunden und potenziellen Kunden des Unternehmens unwiderstehlich. Welchen Grund sollte ein (potenzieller) Kunde haben, das Angebot nicht anzunehmen? Der einzige Grund könnte sein, dass er das Angebot nicht ernst nimmt; das wäre der Fall, wenn das Unternehmen kein etablierter Marktteilnehmer wäre. Daraus folgt: nur ein bereits im Markt etabliertes und bekanntes Unternehmen kann dieses Angebot „Vertragsstrafen bei Verzögerung" glaubwürdig machen.

Wenn das Angebot unwiderstehlich ist, dann ist das in Folge mögliche Wachstum nur begrenzt durch die Kapazität des Unternehmens (es sei denn, das Unternehmen hat bereits einen sehr großen Marktanteil). Durch die Implementierung von Critical Chain Projektmanagement werden normalerweise mindestens 25 % (meistens eher 50 %) der Kapazität des Unternehmens freigesetzt; es können also sehr schnell deutlich mehr Projekte an den Markt verkauft werden.

3.2 Wie werden die Vertragsstrafen dimensioniert?

Die Höhe der anzubietenden Vertragsstrafen ist nach oben und nach unten begrenzt.
Sie müssen hoch genug sein, um das Vertrauen des Kunden in die Lieferverpflichtung des Lieferanten zu erzeugen: der Kunde erkennt, dass der Lieferant ALLES daran setzen wird, die Lieferzusage einzuhalten. Die Vertragsstrafen müssen außerdem hoch genug sein, um den Wettbewerb zu blockieren. Der (potenzielle) Kunde wird direkt nach Erhalt des Angebotes beim Wettbewerb nachfragen, ob jener ebenso hohe Zuverlässigkeit garantieren kann und bereit ist, dafür ebenso hohe Vertragsstrafen anzubieten. Die Antwort des Wettbewerbs muss sein: „keine Chance".

Andererseits darf die angebotene Vertragsstrafe nicht so hoch sein, dass der Kunde dadurch seinen Schaden decken könnte. Zum einen, weil dann sein Interesse daran sinkt, dass das Projekt in time fertiggestellt wird; oft ist die Mitwirkung des Kunden im Projekt erforderlich; der Kunde selbst könnte dann die rechtzeitige Fertigstellung behindern. Was aber viel wichtiger ist: Eine Vertragsstrafe, die so hoch ist, dass sie den Schaden des Kunden decken könnte, wäre so hoch, dass sie existenzgefährdend für den Lieferanten wird. Es würde sich also um ein unseriöses Angebot handeln und da ist das Risiko viel zu groß – der (potenzielle) Kunde wird das unseriöse/riskante Angebot erkennen und sofort von einer Zusammenarbeit mit dem Lieferanten Abstand nehmen – nicht nur für das anstehende Projekt, sondern auch für die Zukunft.

3.3 Wie groß ist der Markt für „kürzere Projektlaufzeiten gegen Premium-Preise?"

Wenn es stimmt, dass der Kunde sogar bereit ist, Premium-Preise für besonders kurze Projektlaufzeiten/Lieferzeiten zu zahlen, muss das Unternehmen daran interessiert sein, einen möglichst großen Anteil seiner Projekte zu Premium-Preisen zu verkaufen. Doch wie groß ist der Markt dafür?

Um diese Frage beantworten zu können, ist Folgendes zu berücksichtigen: Für viele Projekte (und erst recht für Teilprojekte) hat es fast keinen Nutzen, die Projektlaufzeit zu verkürzen bzw. schneller/früher zu liefern. Dennoch: in nahezu jedem Wirtschaftsbereich gibt es Projektarten, bei denen kürzere Projektlaufzeiten einen erheblichen Nutzen erzeugen würden. Manchmal übersteigt der Nutzen einer kürzeren Projektlaufzeit bei weitem den Preis des Projektes.

🔍 **Beispiel** Die Entwicklung, Lieferung, Installation und Inbetriebnahme einer Produktionsanlage befinden sich auf der kritischen Kette des Projektes „RampUp" einer neuen Fabrik und verlängern die kritische Kette um drei Monate. Könnte die Produktionsanlage also drei Monate früher in Betrieb genommen sein, würde die Fabrik drei Monate früher produzieren. Dieser Vorteil ist mit einer gewissen Wahrscheinlichkeit sehr viel mehr wert als der Preis der zu liefernden Anlage.

Bei solchen Projektarten ist das Angebot „frühe Lieferung gegen Premium-Preise" für Kunden und potenzielle Kunden unwiderstehlich. Auch hier gilt: der Markt wird das Angebot nur akzeptieren, wenn es von einem etablierten Marktteilnehmer kommt.

Wenn das Angebot unwiderstehlich ist, dann ist das in Folge mögliche Wachstum nur begrenzt durch die Kapazität des Unternehmens (es sei denn, das Unternehmen hat bereits einen sehr großen Marktanteil).

3.4 Wie werden die Premium-Preise dimensioniert?

Die zentrale Überlegung zur Beantwortung dieser Frage ist: Welchen wirtschaftlichen Nutzen hat der Kunde durch die frühere Lieferung?

 Beispiel Wenn tatsächlich drei Monate früher die Produktion starten kann, wie viel mehr Gewinn wird der Kunde dadurch machen?

Der Premium-Aufschlag muss in einem sinnvollen Verhältnis zum wirtschaftlichen Nutzen des Kunden stehen. Allerdings darf das Unternehmen dabei nicht zu weit gehen; der Kunde darf nicht ausgebeutet werden, denn dann ist es für ihn keine Win-Win-Situation mehr. Möglicherweise wird er das aktuelle Projekt dennoch beauftragen, sich aber gleichzeitig darum bemühen, den Wettbewerb des Lieferanten zu stärken, um von diesem zukünftig ebenso schnelle Lieferungen zu erhalten.

> Die Empfehlung deshalb: Der Premium-Aufschlag darf 50 % des Nutzens des Kunden nicht überschreiten.

4 Strategie-Umsetzung

Wie soll das Unternehmen nun vorgehen, um die Wettbewerbsvorteile Zuverlässigkeit und Schnelligkeit aufzubauen, zu Geld zu machen und aufrecht zu erhalten?

4.1 Wettbewerbsvorteile aufbauen

Ein entscheidender Wettbewerbsvorsprung entsteht dadurch, dass signifikante Kundenbedürfnisse in einem Umfang befriedigt werden, den kein bedeutender Wettbewerber leisten kann.

4.1.1 Wettbewerbsvorteil Geschwindigkeit – mehr Geschäft anziehen

Wenn (in einem Markt) die Liefertreue der Lieferanten notorisch schlecht ist und eine späte Lieferung große Konsequenzen für den Kunden hat, dann ist Zuverlässigkeit ein wesentliches Kundenbedürfnis. Im Projektgeschäft trifft dies für die meisten Branchen zu.

Daher ist eine generische Strategie für Unternehmen im Projektgeschäft: Aufbau eines entscheidenden Wettbewerbsvorteils dadurch, dass dem Markt bekannt ist, dass das Unternehmen bemerkenswert zuverlässig ist (seine Liefertermin-Zusagen mit bemerkenswerter Zuverlässigkeit einhält) – bei gleichzeitiger Stabilität aller anderen Parameter (z. B. Qualität der Leistung).
Zuverlässig zu sein, verspricht allerdings jeder. Daher gilt: Versprechen allein erzeugen keinen Wettbewerbsvorteil. Aber: Versprechen mit Geld zu unterlegen (insbesondere, wenn niemand sonst dazu bereit ist), ist überzeugend.

Deshalb wählt das Unternehmen die folgende Vorgehensweise:
Das Unternehmen ist bemerkenswert zuverlässig bei der Einhaltung versprochener Liefertermine – sonst müsste es Vertragsstrafen zahlen und die gewünschte Reputation „Zuverlässigkeit" wird nicht erzielt, sondern das Gegenteil. (Sehr hohe Zuverlässigkeit im Projektgeschäft bedeutet: Weit über 95 % der Projekte werden zum versprochenen Termin oder früher abgeschlossen. Wenn es doch einmal zu Verspätungen kommt, ist die Verspätung sehr viel kleiner als die üblichen Verspätungen in dem Wirtschaftsbereich.)

Das Unternehmen bietet außergewöhnliche Vertragsstrafen für jedes Zeitintervall (z. B. Tag) an, wenn versprochene Liefertermine überschritten werden. (Außergewöhnliche Vertragsstrafen sind solche, die den Wettbewerb davon abhalten, ebenso hohe Vertragsstrafen anzubieten bzw. dem Druck nachzugeben, ebenso hohe Vertragsstrafen zu akzeptieren.)

Beide Aspekte sind zwingend erforderlich, um die Strategie zu erfüllen. Die konkreten Schritte dazu sind:

I   Das Unternehmen implementiert Critical Chain Projektmanagement (CCPM). Denn: CCPM erzeugt in den meisten Multiprojekt-Umgebungen eine sehr hohe Zuverlässigkeit/Liefertreue.
I   Erst wenn hohe Liefertreue/Zuverlässigkeit erreicht sind, erhält der Vertrieb des Unternehmens die Freigabe für das neue Angebot – sonst würde das Unternehmen ein zu großes Risiko eingehen.

4.1.2 Wettbewerbsvorteil Geschwindigkeit – Premiumpreise erzielen

Für viele Projekte (und erst recht für Teilprojekte) hat es fast keinen Nutzen, die Projektlaufzeit zu verkürzen bzw. schneller/früher zu liefern. Dennoch: in nahezu jedem Wirtschaftsbereich gibt es Projektarten (und das gilt leider weniger für Teilprojekte), bei denen kürzere Projektlaufzeiten einen erheblichen Nutzen erzeugen würden. (Manchmal übersteigt der Nutzen einer kürzeren Projektlaufzeit bei weitem den Preis des Projektes).

Die generische Strategie des Unternehmens muss daher lauten: Bei einem erheblichen Anteil der Projekte werden Premiumpreise erzielt (nämlich dann, wenn eine deutlich kürzere Projektlaufzeit bzw. Lieferzeit einen erheblichen wirtschaftlichen Wert für den Kunden hat).
Dabei ist zu berücksichtigen:

Durch die Implementierung von Critical Chain Projektmanagement kann das Unternehmen seine Projektlaufzeiten deutlich unter die marktüblichen Laufzeiten reduzieren. (Normalerweise verkürzt die Einführung von CCPM die Projektlaufzeiten schnell auf 75 %. Wenn CCPM die lokalen Verbesserungen fokussiert und forciert, wird die Projektlaufzeit erstaunlich kurz.)
Der Vertrieb kann lernen, die richtigen Chancen am Markt zu identifizieren.
Das Unternehmen entwickelt daher die Fähigkeiten:

I   effektiv die Projekte am Markt zu identifizieren, bei denen eine PLZ, die deutlich kürzer ist als die marktübliche PLZ, einen hohen Wert/Nutzen (für den Kunden) hat
I   Geschäftsabschlüsse mit Premium-Preisen zu tätigen
I   diese Aufträge erfolgreich (schnell und zuverlässig) zu liefern

Den Wettbewerbsvorteil „Geschwindigkeit" zu entwickeln, erfordert über die Einführung von CCPM hinaus, dass alle Verbesserungsaktivitäten konsequent auf den jeweiligen Engpass ausgerichtet werden. Die Einführung einer neuen/weiteren Methode ist jedoch nicht erforderlich. Dazu müssen systematisch alle Gründe für Pufferverbrauch erfasst, durch eine Pareto-Analyse bewertet sowie zielgerichtete Verbesserungsmaßnahmen geplant und umgesetzt werden.

4.2 Wettbewerbsvorteile zu Geld machen

Allein dadurch, dass das Unternehmen in der Lage ist, Projekte zuverlässiger und schneller als der Wettbewerb durchzuführen, kommt noch nicht automatisch mehr Geschäft. Das Unternehmen muss auch in der Lage sein, die Wettbewerbsvorteile an die Kunden zu bringen, d. h. zu Geld zu machen.

4.2.1 Zuverlässigkeit verkaufen

Übliche Vertriebsmethoden sind nicht geeignet, um Wettbewerbsvorteile, die nicht in Produkteigenschaften, sondern anderen Attributen bestehen, zu Geld zu machen. Dies gilt besonders in Märkten, in denen der Preis und/oder die Spezifikationen eine dominante Rolle in Vertriebs- und Vertragsverhandlungen spielen.

Deshalb ist es eine besondere Herausforderung für das Unternehmen, den Vertrieb hinsichtlich des Verkaufs von „Zuverlässigkeitsangeboten" zu professionalisieren. Allerdings ist es nach vielfältigen Erfahrungen möglich, die meisten Vertriebsleute vom konventionellen Verkaufen auf die ganz andere Art des Verkaufens von „Business Deals" zu trainieren.

Um sicherzustellen, dass ein langer, komplexer Prozess – wie der Vertrieb – in einem sehr viel größeren Umfang erfolgreich realisiert werden kann, muss „Kunst" – und so wird Vertrieb oft verstanden – in robuste Prozesse umgewandelt werden.

Dabei sind unter anderem die folgenden Aspekte zu berücksichtigen:

> **§ Definition der Zielmärkte** Wenn Vertriebsmitarbeiter potenzielle Kunden bearbeiten, für die Zuverlässigkeit kein zentrales Bedürfnis ist, werden diese Kunden nicht positiv auf das Angebot „hohe Pönalen bei Verspätung" reagieren. Dann besteht die Gefahr, dass Vertriebsmitarbeiter den Eindruck gewinnen, die Strategie sei falsch, während lediglich falsche potenzielle Kunden bearbeitet wurden. Dadurch sinkt die Motivation, die Strategie konsequent weiter umzusetzen. Deshalb ist es von entscheidender Bedeutung, die Zielmärkte zu definieren und den Vertrieb nur an solchen potenziellen Kunden arbeiten zu lassen, die dieser Definition entsprechen.

Quantifizierter Schaden verspäteter Projekte

In vielen Fällen kennt nicht einmal der Projektleiter des Kunden den (quantifizierten) Schaden, der durch die verspätete Fertigstellung des Projektes entstehen würde. Wenn der Schaden eher vage ist, wird die Bedeutung eines zuverlässig rechtzeitigen Projektabschlusses geringer eingeschätzt als eine mögliche geringe Reduzierung der Kosten. Der Vertrieb muss daher – für die verschiedenen Kundengruppen/Umgebungsbedingungen – in der Lage sein, dem potenziellen Kunden transparent zu machen, wie groß (quantifiziert!) der Schaden einer verspäteten Lieferung ist (und der Nutzen einer frühzeitigen Fertigstellung ist – sofern dieser existiert).

Design der Angebotsdetails

Wenn die Details eines Angebotes nicht übersichtlich dargelegt werden, ist es leicht, das beste Angebot in den Sand zu setzen. Wenn das Angebot nicht explizit darauf ausgelegt ist, Risiken zu begrenzen und den Nutzen sicherzustellen (für beide Seiten: den Kunden und das Unternehmen) dann kann es leicht passieren, dass viele Projektchancen verloren gehen und/oder Projekte zu geringeren Preisen als möglich abgeschlossen werden. Das Unternehmen muss daher ein detailliertes Zuverlässigkeits-Angebot erarbeiten, das außergewöhnliche Vorteile für den Kunden garantiert, während es gleichzeitig sicherstellt, dass das Unternehmen keine unnötigen Risiken eingeht.

4.2.2 Vertriebsfokus: Premiumpreise

In vielen Fällen hat die kürzere Lieferzeit eines Projektes keinen wirklichen wirtschaftlichen Wert für den Kunden. Das Unternehmen muss sich deshalb darauf konzentrieren, Projekte in den Bereichen zu bekommen, in denen eine kurze Projektlaufzeit einen erheblichen wirtschaftlichen Wert/Vorteil für den Kunden/Auftraggeber hat. Die Erfahrung zeigt: Wenn der Vertrieb auf die Verbindung zwischen (früher) Fertigstellung und dem Wert (für den Kunden) fokussiert ist, entsteht schnell die notwendige Erfahrung und Intuition, um die passenden Märkte, Projekte und Chancen zu erkennen. Marktforschungsaktivitäten müssen die Fokussierung des Vertriebs unterstützen, damit die Vertriebsmitarbeiter wissen, in welchen Branchen und welchen Projektarten kürzere Lieferzeiten einen erheblichen wirtschaftlichen Vorteil und damit das Erzielen von Premiumpreisen möglich sind.

Eine große Gefahr besteht darin, kürzere Projektlaufzeiten (deutlich schneller als der Wettbewerb) an (potenzielle) Kunden zu verschenken. Das geschieht immer dann, wenn Vertriebsmitarbeiter den Eindruck haben, dass sie Kunden durch kürzere Projektlaufzeiten ködern können, dass der Kunde aber gleichzeitig nicht bereit sein wird, dafür höhere Preise zu zahlen. Dieser Eindruck ist in den meisten Fällen falsch. Weil: es ist unlogisch, anzunehmen, dass ein Kunde zwar sehr viel Wert darauf legt, schneller beliefert zu werden, gleichzeitig aber keinen wirtschaftlichen Nutzen daraus hat und deshalb nicht dafür bezahlen will. Deshalb muss das Management konsequent dafür sorgen, dass der Vertrieb ausführlich geschult wird und gleichzeitig dem Vertrieb „verbieten", schnellere Lieferung zu verschenken. Denn: wenn der Kunde einmal eine schnellere Lieferung ohne Premium-Aufschlag erhalten hat, sinkt seine Bereitschaft, zukünftig Premium-Preise zu zahlen, drastisch.

4.3 Wettbewerbsvorteile aufrecht erhalten

4.3.1 Load-Control

Wenn zunehmend mehr Projekte verkauft werden, steigt das Risiko, dass versprochene Termine nicht eingehalten werden oder dass Termine angeboten werden, die zu weit in der Zukunft liegen. Allerdings ist es relativ leicht, eine sehr hohe Lieferzuverlässigkeit zu haben, wenn die Termine auf Basis der Auslastung der Schlüsselressourcen gemacht/angeboten werden.

Auf Basis eines einfachen Projektplanes und der Auslastung der Schlüsselressourcen kann innerhalb von wenigen Minuten ein verbindlicher Liefertermin ermittelt werden, den das Unternehmen zuverlässig einhalten kann. In den meisten Projekt-Umgebungen kann für die meisten Projektarten/-anforderungen ein einfacher Projektplan innerhalb weniger Stunden erstellt werden.

Deshalb gibt sich das Unternehmen die folgende Regel: Der Mechanismus der Projekt-Staffelung wird strikt befolgt - auch wenn dadurch kurzfristig einzelne Aufträge verloren gehen (weil sie nicht angenommen werden können).

4.3.2 Kapazitäts-Entwicklung

Wenn die Anzahl der angenommenen Aufträge steigt und der Staffelungs-Mechanismus (in Multiprojekt-Umgebungen) steigt, so erhöht sich die Durchlaufzeit bzw. die Zeit, bis das neue Projekt geliefert werden kann, wird mit jeder neuen Auftragsannahme länger und länger.

Wenn die (durch das Unternehmen) angebotenen Liefertermine/Lieferzeiten (viel) länger sind als in dem Wirtschaftsbereich üblich (Standard), könnte es sein, dass nicht nur Aufträge, sondern sogar Kunden verloren gehen.

Das Unternehmen muss daher anstreben, keine erwünschten Aufträge und Kunden aufgrund von Lieferzeiten zu verlieren, die das Unternehmen anbietet und von dem Kunden als zu lang betrachtet werden.

Dabei ist zu berücksichtigen:

| Der Gewinn des Unternehmens steigt, wenn zusätzlicher Umsatz (fast) ausschließlich zusätzliche TVK (total variable Kosten) erfordert.
| Nach einiger Zeit führen die ersten Schritte der Veränderung dazu, dass das Unternehmen hinsicht-

lich Cash sehr gut da steht („cash rich"). In diesem Stadium ist es kein Problem mehr, in zusätzliche Ausrüstung oder Mitarbeiter zu investieren.
- Bei frühzeitiger Warnung ist es relativ leicht, Ressourcen zu entwickeln und/oder aufzustocken.

Daher wird ein Mechanismus etabliert, durch den die Kapazität (Arbeit und Ausrüstung) sehr schnell erweitert werden kann, wenn signifikante Sales-Zuwächse dadurch gefährdet werden würden, dass Lieferzeiten angegeben werden müssten, die aus Marktsicht zu lang sind.

4.4 Zusammenfassung

Um die aus dem Critical Chain Projektmanagement resultierenden Chancen zu nutzen, reicht es keinesfalls aus, nur CCPM einzuführen und so die Wettbewerbsvorteile „Zuverlässigkeit" und „Geschwindigkeit" aufzubauen. Darüber hinaus ist zwingend erforderlich, die Fähigkeit zu entwickeln, diese Wettbewerbsvorteile zu verkaufen, dabei – soweit möglich – Premiumpreise zu erzielen, neue Marktsegmente zu erschließen und den Wettbewerbsvorteil aufrecht zu erhalten, indem niemals Aufträge angenommen werden, die das Unternehmen nicht sicher leisten kann, und die Kapazität vorbeugend (aber nicht riskant) zu erweitern.

5 Exkurs 1: Critical Chain Projektmanagement in der Supply Chain (das Triple-WIN-Konzept)

In unternehmensübergreifenden Projekten kommen Lieferanten und Sublieferanten in Schwierigkeiten: Sollen sie sich so verhalten, wie es für das Projekt am sinnvollsten wäre? Oder sollen sie den Nutzen für das eigene Unternehmen in den Vordergrund stellen? Wie kann dieses Dilemma aufgelöst werden?

5.1 Unternehmensübergreifende Projekte

Projekte erfordern in den meisten Fällen innerhalb eines Unternehmens eine abteilungs- oder bereichsübergreifende Zusammenarbeit. Oft sind Projekte unternehmensübergreifend angelegt, wobei das von den Beteiligten in vielen Fällen nicht wahrgenommen wird. „Projekte" sind oft Lieferanten für andere Projekte und haben oft andere Projekte als Zulieferer. In diesem Sinne sind viele „Projekte" lediglich Teile/Teilprojekte eines übergeordneten Projektes.

Beispiel Ein Unternehmen B entwickelt und baut Spannungsumrichter. Diese Spannungsumrichter sind erforderlich für eine große Forschungsanlage, die von vielen Unternehmen für die Organisation C gebaut und durch die Organisation C betrieben wird. B gibt bei Unternehmen A die Entwicklung und Herstellung einer speziellen Platine in Auftrag, die B für den Bau der Spannungsumrichter benötigt.
Das Projekt heißt aus der Sicht von
A: Entwicklung und Lieferung von Platinen an B.
B: Entwicklung und Lieferung von Spannungsumrichtern an C.
C: Bau- und Inbetriebnahme der Forschungsanlage.

5.2 Probleme und Schwierigkeiten

In solchen Konstellationen, in denen Projekte lediglich Teilprojekte eines größeren Ganzen sind, kommt es immer wieder zu den folgenden Problemen und Schwierigkeiten:

- Spezifikationen sind nie so genau, dass alle Fragen geklärt werden können

I Informationen über Projektfortschritt, Risiken, Verzögerungen fließen nicht oder kommen zu spät
I Aufgaben/Zwischenergebnisse werden nicht rechtzeitig, nicht in der erforderlichen Qualität übergeben
I Auf Änderungswünsche wird ablehnend oder mit Forderungen reagiert
I Lieferanten reagieren auf Verspätungen oder Schlechtleistung anderer Lieferanten mit Claims
I Potentielle Lieferanten behaupten zuerst, dass sie alles können und kommen später mit Einwänden und Nachforderungen (Zeit/Geld)

5.3 Dilemma des Lieferanten

Wie kommt es zu den vorstehenden Schwierigkeiten? Lieferanten befinden sich in einem grundlegenden Dilemma: sie müssen sich in vielen Fällen zwischen Handlungsweisen entscheiden, die entweder den Erfolg des Gesamtprojektes oder den Erfolg des eigenen Unternehmens in den Vordergrund stellen:

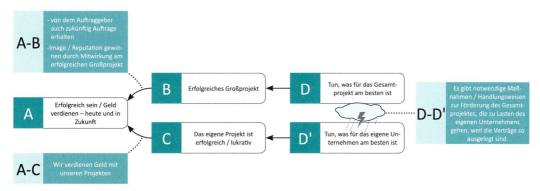

Abbildung 1.23b-V1: Dilemma des Lieferanten (TECHT & LÖRZ, 2007)

Die Annahme DD' sagt: Es gibt notwendige Maßnahmen/Handlungsweisen zur Förderung des Gesamtprojektes, die zu Lasten des eigenen Unternehmens gehen. Beispiele dazu sind:

Beispiel 1 Ein Kunde wünscht eine Änderung
Aus Sicht des Gesamtprojektes wäre es sinnvoll, die Änderung durchzuführen, um den Kunden zufrieden zu stellen. Aus Sicht des Projekt-Unternehmens entstehen dadurch allerdings erhebliche negative Auswirkungen: Die Realisierung der Änderung gefährdet den eigenen Liefertermin – es droht Ärger und evtl. sogar Vertragsstrafen, erhöht die eigenen Kosten, verschlechtert damit die Profitabilität der eigenen Projekte – es droht Ärger mit der Geschäftsleitung, bringt die projektübergreifende Planung durcheinander – die erforderlichen Ressourcen stehen anderen Projekten nicht zur Verfügung – es droht Ärger in der Firma und mit anderen Kunden.
Das Dilemma ist also eindeutig: Um das Gesamtprojekt zu fördern, muss er die Änderung realisieren. Um die Interessen des eigenen Unternehmens zu schützen, darf er die Änderung nicht realisieren.

Beispiel 2 Die notwendige Vorleistung eines anderen Lieferanten kommt nicht rechtzeitig/in der erforderlichen Qualität
Aus Sicht des Gesamtprojektes wäre es sinnvoll, diesen anderen Lieferanten – wenn möglich – zu unterstützen, mit ihm zusammen das Zwischenergebnis zu verbessern, um dann schnellstmöglich weiterarbeiten zu können.
Aus Sicht des Projektunternehmens entstehen dadurch allerdings erhebliche negative Auswirkungen: Es entsteht zusätzlicher Aufwand, was die Profitabilität des eigenen Projektes verschlechtert. Der eigene Zeitplan kommt durcheinander, im Projekt und projektübergreifend – mit den bereits in Beispiel 1 geschilderten Folgewirkungen.

Das Dilemma ist also eindeutig: Um das Gesamtprojekt zu fördern, muss der säumige Lieferant unterstützt werden. Um die Interessen des eigenen Unternehmens zu schützen, darf genau das nicht getan werden.

5.4 Ursachen

Kein Lieferant hat sich ausgesucht, immer wieder in einem solchen Entscheidungskonflikt stecken zu wollen. Vielmehr wird er durch die im Projektmanagement zwischen Auftraggebern und Lieferanten meist geltenden Regeln und Mechanismen in dieses Dilemma gebracht:

Ein Generalunternehmen wird beauftragt mit dem Ziel, Verantwortung und Risiken an diesen abzuwälzen.

„Klar abgegrenzte" Aufgaben und die dazu gehörigen Risiken werden an Lieferanten vergeben/verteilt – mit dem Ziel, das eigene Risiko des Generalunternehmens oder des Auftraggebers zu minimieren. Teilprojekte werden ausgeschrieben – mit einem unvollständigen Verständnis darüber, was man eigentlich will und ohne die (versteckten) Risiken zu kennen.

Potentielle Lieferanten bewerben sich um den Auftrag. Deren Hauptinteresse besteht zunächst einmal darin, die Konkurrenz (über den Preis) auszustechen und nicht darin, die Risiken des Projektes zu finden, transparent zu machen und dem Auftraggeber zu kommunizieren.

Der günstigste Anbieter wird ausgewählt.

Das eigentliche Geld im Projektgeschäft wird nicht mit der ursprünglich vereinbarten Leistung, sondern durch Claims verdient.

Bei Fehlern muss der Lieferant kostenfrei Ersatz leisten und zusätzliche Kosten übernehmen (Claims des Generalunternehmers/anderer Lieferanten, die in Folge der Verzögerung einen Schaden haben).

Bei verschuldeter Verzögerung muss der Lieferant Vertragsstrafen zahlen und/oder für Claims anderer Lieferanten aufkommen.

Alle diese Vorgehensweisen sind Auswirkung des Paradigmas der lokalen Optimierung („die Optimierung von Teilen führt automatisch zur Optimierung des Ganzen"), das von der Theory of Constraints als falsch entlarvt wird.

Die Folgen sind:

Es entsteht ein „Gegeneinander" statt ein „Miteinander" zwischen Auftraggeber, Lieferanten und Sublieferanten.

Die Lieferanten versuchen sich bestmöglich zu schützen, in dem sie

- in der Planungs-/Angebotsphase Sicherheiten einbauen (Zeit und Geld), soweit das aufgrund der Wettbewerbssituation möglich ist
- sich während der Projektabwicklung darauf konzentrieren, bei Schwierigkeiten die Schuld abzuwälzen und selbst Claims zu erheben, statt an Risikovorbeugung und Lösung auftretender Probleme zu arbeiten.

Projekte werden teurer als nötig (bis zu 40 % der Claim-Kosten sind Kosten der Auseinandersetzung/des Rechtsstreits). Projekt dauert länger (der Zeitverlust durch Claims verdoppelt nicht selten die Projektlaufzeit). Die Zusammenarbeit und das Arbeitsklima verschlechtern sich drastisch.

5.5 Lösungsansätze (Das 3WIN-Konzept)

Wie auch immer eine Lösung für die vorstehend genannten Probleme aussieht, sie darf auf keinen Fall mehr auf dem Paradigma der lokalen Optimierung basieren.

In der Praxis wurden die folgenden Ansätze erfolgreich erprobt[3]:

- Der Auftraggeber trägt selbst die Risiken des Projektes. Keine Weitergabe/Verteilung von Projektrisiken an Lieferanten.
- Der Auftraggeber managt das Projekt selbst – keine Beauftragung eines Generalunternehmers.
- Das Projekt wird durch Teams gesteuert, in denen der Auftraggeber und jeweils mehrere Lieferanten zusammenarbeiten, wobei der Auftraggeber die Managementverantwortung trägt.
- Auswahl der besten Lieferanten nach Kriterien, die Qualität sowie die Fähigkeit und Bereitschaft, das Gesamtprojektinteresse in den Vordergrund zu stellen, umfassen.
- Die Lieferanten werden entsprechend ihrer tatsächlichen Kosten zzgl. einem prozentualen Gewinnaufschlag bezahlt. Dazu ist eine Open-Book-Policy vereinbart.
- Bei Fehlern liefert der Lieferant Ersatz gegen Kostenerstattung, aber ohne Gewinnaufschlag. Erst die zweite Ersatzlieferung derselben Sache geht zu Lasten des Lieferanten.
- Es gibt einen Risikofonds (einen globalen Finanzpuffer), aus dem tatsächlich eintretende Risiken bezahlt werden.
- Einsparungen während des Projektes durch den Lieferanten werden zwischen ihm und dem Risikofonds geteilt.
- Wenn das Projekt rechtzeitig fertig wird, wird der Risikofonds unter den Lieferanten aufgeteilt.

Die positiven Auswirkungen dieser Lösungsansätze sind:

- Potentielle Risiken werden frühzeitig erkannt und vermieden.
- Die Interessen des Gesamtprojektes bestimmen jede Entscheidung/Handlung, weil die Lieferanten nur dadurch ihre eigenen Interessen schützen/verfolgen können.
- Es gibt keine Claims und damit verbundene Kosten und Verzögerungen, weil es keinen Sinn macht, Claims zu erheben.
- Die Kooperation aller Lieferanten eines Großprojektes ermöglicht die Bündelung der Einkaufsvolumina. Die entstehenden Einsparungen fließen in den Risikofonds.
- Es entsteht eine Kultur der Kooperation anstelle gegenseitiger Forderungen und Schuldzuweisungen.
- Die Lieferanten lassen sich voll in die Critical Chain Steuerung einbinden.

Dadurch werden Projektbudgets eingehalten und Projekte in time abgeschlossen[4].

---

[3] Ein bekanntes Beispiel für die durchgängige Anwendung der geschilderten Lösungsansätze ist der Bau des Terminal 5 am Flughafen London-Heathrow.

[4] Im Fall von Terminal 5 ist zusätzlich bekannt geworden, dass es in Folge der kooperativen Zusammenarbeit aller Beteiligten zu signifikant weniger Unfällen und insbesondere Unfällen mit Todesfolge kam (80 % weniger als auf Baustellen dieser Größenordnung zu erwarten gewesen wäre).

5.6 Zusammenfassung zum Triple-WIN-Konzept

Die Prinzipien „Sicherheiten bündeln" und „TaskManagement" des Critical Chain Projektmanagements können in Großprojekten auf das Kostenmanagement zwischen Auftraggebern, Lieferanten und Sublieferanten übertragen werden. Dadurch wird erreicht, dass alle Mitwirkenden stets auf das gemeinsame Ziel (Erfolg des übergeordneten Projektes) ausgerichtet sind, niemals in Handlungsdilemmata geraten und dadurch das Projekt schneller und kostengünstiger abgewickelt wird, als dies unter dem Paradigma der lokalen Optimierung möglich wäre.

6 Exkurs 2: Welche Projekte lohnen sich?

Angebotskalkulationen und Kostenrechnung spielen in den meisten Unternehmen im Projektgeschäft eine entscheidende Rolle. Welche Projekte lohnen sich? Werden wir an diesem Projekt genügend Geld verdienen? Können wir es zu diesem Preis machen? Doch die Frage ist: führen diese Überlegungen immer zu den richtigen unternehmerischen Entscheidungen?

6.1 Kalkulation der Projektkosten

Ob ein Projekt sich lohnt (oder anders ausgedrückt: ob das Unternehmen Geld an einem Projekt verdient), wird durch den Vergleich zwischen Projektertrag (Projektpreis) und den Projektkosten ermittelt. Die Projektkosten sind außerdem meistens Ausgangspunkt der Überlegung, mit welcher Preisforderung in eine Angebotsverhandlung gegangen werden soll.

Die Projektkosten setzen sich zusammen aus:
- dem Geld, das direkt an Dritte zu zahlen ist – z. B. für Material und zugekaufte Leistungen
- den Kosten, die durch die Arbeit der eigenen Ressourcen (Mitarbeiter, Nutzung von Anlagen) entstehen

Wie diese Vorgehensweise zu unternehmerischen Fehlentscheidungen führen kann, soll das folgende Beispiel zeigen.

6.2 Beispiel

Ausgangssituation:
Ein Unternehmen hat genügend Anfragen (für Projekte) und kann deshalb langfristig im Voraus entscheiden, welche Aufträge (Projekte) angenommen werden und welche nicht.

Das Unternehmen besteht aus fünf produktiven Ressourcen (A bis E), die jeweils 220 Tage im Jahr, 8 Stunden pro Tag, zur Verfügung stehen. Die Ressourcen können nicht erweitert werden. Die Betriebskosten des Unternehmens (ohne Materialkosten) belaufen sich auf 950.000 € im Jahr.

Für das nächste Jahr hat das Unternehmen acht Anfragen (P1 bis P8). Das Unternehmen kann frei entscheiden, welche Aufträge es annimmt. Die Ablehnung eines Auftrages hat keine negativen Folgewirkungen.

Für jedes Projekt ist bekannt:

- der Preis, den das Unternehmen für das realisierte Projekt dem jeweiligen Kunden in Rechnung stellen kann
- die für das Projekt anfallenden Materialkosten
- wie lange jede Ressource schätzungsweise braucht, um das Projekt zu bearbeiten

Tabelle 1.23b-V1: Bekannte Daten zu den acht potenziellen Aufträgen

in Tagen	P1	P2	P3	P4	P5	P6	P7	P8
Ressource A	35	40	30	30	30	40	45	10
Ressource B	50	75	55	55	60	45	55	50
Ressource C	35	30	30	50	30	40	35	15
Ressource D	14	45	30	50	20	30	48	15
Ressource E	40	60	0	0	20	70	90	26

Nun ergeben sich für das Unternehmen folgende Fragen:

- Gibt es einen Engpass? Wenn ja, wo?
- Welche der acht Aufträge lohnen sich mehr, welche lohnen sich weniger?
- Welche der acht Aufträge soll das Unternehmen daher annehmen?
- Welchen Gewinn (oder Verlust) macht das Unternehmen dann?

Versuchen Sie einmal selbst, diese Fragen zu beantworten, bevor Sie weiter lesen. Sie können dann Ihren Ansatz mit der nachfolgend dargestellten Vorgehensweise vergleichen.

6.2.1 Gibt es einen Engpass?

Der Engpass ist die Ressource, welche die Fähigkeit des Unternehmens, Geld zu verdienen, am stärksten begrenzt. Jede der fünf Ressourcen (A, B, C, D, E) steht dem Unternehmen an 220 Tagen pro Jahr zur Verfügung. Um alle acht Projekte realisieren zu können, bräuchte das Unternehmen aber mehr Kapazität von diesen Ressourcen:

Tabelle 1.23b-V2: Engpass ermitteln

in Tagen	P1	P2	P3	P4	P5	P6	P7	P8	SUMME
Ressource A	35	40	30	30	30	40	45	10	260
Ressource B	50	75	55	55	60	45	55	50	445
Ressource C	35	30	30	50	30	40	35	15	265
Ressource D	14	45	30	50	20	30	48	15	252
Ressource E	40	60	0	0	20	70	90	26	306

Keine der fünf Ressourcen reicht aus, um alle acht Projekte zu realisieren. Die Ressource B ist noch stärker gefordert als alle anderen Ressourcen; wir können also annehmen, dass B der Engpass ist.

6.2.2 Welche der acht Aufträge lohnen sich mehr, welche lohnen sich weniger?

Es gibt unterschiedliche Vorgehensweisen, um diese Frage zu beantworten; weit verbreitet ist die folgende:

Zuerst werden die Materialkosten[5] vom Projektpreis abgezogen, um den Deckungsbeitrag[6] des Projektes zu ermitteln:

Tabelle 1.23b-V3: Deckungsbeitrag ermitteln (TEUR = in Tausend Euro)

TEUR	P1	P2	P3	P4	P5	P6	P7	P8
Projektpreis	300	500	450	400	500	450	500	300
Materialkosten	80	220	230	125	290	225	225	90
Deckungsbeitrag	220	280	220	275	210	225	275	210

In dieser Betrachtung fehlen nun noch die Kosten, die durch den Einsatz der Ressourcen entstehen. Da die Ressourcen unterschiedlich stark in den Projekten zum Einsatz kommen, müssen die Ressourcen-Kosten auf die Projekte umgerechnet werden: Die Kosten aller Ressourcen zusammen betragen 950.000 €. Jede Ressource steht dem Unternehmen 220 Tage zur Verfügung, es gibt fünf Ressourcen, das ergibt 1.100 Ressourcen-Tage. Legt man die 950.000 € auf die 1.100 Tage um, errechnet sich ein Tages-Kostensatz von 863,64 €/Tag.

Um die Kosten für den Ressourceneinsatz der verschiedenen Projekte zu berechnen, wird zunächst ermittelt, wie hoch der Ressourceneinsatz je Projekt ist:

Tabelle 1.23b-V4: Ressourcenbedarf ermitteln

in Tagen	P1	P2	P3	P4	P5	P6	P7	P8
Ressource A	35	40	30	30	30	40	45	10
Ressource B	50	75	55	55	60	45	55	50
Ressource C	35	30	30	50	30	40	35	15
Ressource D	14	45	30	50	20	30	48	15
Ressource E	40	60	0	0	20	70	90	26
SUMME	174	250	145	185	160	225	273	116

Anschließend werden die so ermittelten Tage je Projekt mit dem vorher errechneten Tagessatz von 863,64 € multipliziert:

Tabelle 1.23b-V5: Arbeitskosten ermitteln

TEUR	P1	P2	P3	P4	P5	P6	P7	P8
Arbeitskosten	150	216	125	160	138	194	236	100

Diese Arbeitskosten (Kosten für den Ressourceneinsatz) werden dann wieder von dem zuvor errechneten Deckungsbeitrag abgezogen; das ergibt den Gewinn der einzelnen Projekte und damit auch eine Rangfolge in der Profitabilität der Projekte:

Tabelle 1.23b-V6: Projektergebnis

in Tagen	P1	P2	P3	P4	P5	P6	P7	P8
Deckungsbeitrag/ Durchsatz	220	280	220	275	210	225	275	210

---

5 Allgemeiner: die TVK – total variable Kosten
6 „Durchsatz" im Sprachgebrauch der TOC

in Tagen	P1	P2	P3	P4	P5	P6	P7	P8
Arbeitskosten	150	216	125	160	138	194	236	100
Projektergebnis	70	64	95	115	72	31	39	110
Rangfolge	5	6	3	1	4	8	7	2

Welche der acht Aufträge soll das Unternehmen daher annehmen?

Da es einen Engpass gibt (Ressource B), können nicht alle acht Aufträge angenommen werden. Wir müssen daher prüfen, welche Projekte zu schaffen sind:

Tabelle 1.23b-V7: Ressourcenverbrauch

in Tagen	P3	P4	P5	P8	SUMME
Ressource A	30	30	30	10	100
Ressource B	55	55	60	50	220
Ressource C	30	50	30	15	125
Ressource D	30	50	20	15	115
Ressource E	0	0	20	26	46

Diese vier Projekte sind zu schaffen, mehr Projekte können aufgrund des Ressourcenengpasses B nicht realisiert werden.

6.2.4 Welchen Gewinn (oder Verlust) macht das Unternehmen dann?

Summieren wir die einzelnen Ergebnisse der ausgewählten Projekte (P3, P4, P5, P8), ergibt sich ein Unternehmensgewinn von 392.000 €. Haben Sie dieses Ergebnis auch errechnet? Wenn nicht, dann liegen Sie mit Ihrem Ergebnis nicht unbedingt falsch!

Es stellen sich nämlich nun zwei Fragen:

- Hat das Unternehmen tatsächlich 392.000 € Gewinn gemacht?
- Ist die Projektauswahl P3, P4, P5, P8 optimal; d.h. ist es tatsächlich die Projektauswahl, die das bestmögliche Ergebnis für das Unternehmen liefert?

Um die erste Frage zu beantworten, stellen wir eine kleine Kontrollrechnung an: Wir nehmen die Summe der Deckungsbeiträge (Durchsatz) der vier ausgewählten Projekte, ziehen davon die Betriebskosten des Systems ab und erhalten den tatsächlichen Gewinn:

Tabelle 1.23b-V8: Unternehmensergebnis unter Berücksichtigung der Betriebskosten (1)

in TEUR	P3	P4	P5	P8	SUMME
Deckungsbeitrag	220	275	210	210	915
Betriebskosten					950
Unternehmensergebnis					-35

Dieses Ergebnis (35.000 € Verlust) weicht erheblich von dem zuvor ermittelten Ergebnis (392.000 € Gewinn) ab. Das ist darauf zurückzuführen, dass nicht alle 1.100 Ressourcen-Tage zum Einsatz kommen, also auch nicht die kompletten Kosten der Ressourcen auf die Projekte umgelegt werden. Daher stellt sich nun die zweite Frage: Ist die Projektauswahl P3, P4, P5 und P8 optimal? Oder gibt es eine andere Projektauswahl, die zu einem besseren Ergebnis führt? Hierzu ändern wir unsere bisherige Projektauswahl, indem wir P7 gegen P3 tauschen. P7 befindet sich bei der bisherigen Auswahlmethode auf Rang 7. Es ist also eigentlich „unvernünftig", dieses Projekt in das Projektportfolio aufzunehmen.

Tabelle 1.23b-V9: Unternehmensergebnis unter Berücksichtigung der Betriebskosten (2)

in TEUR	P4	P5	P7	P8	SUMME
Ressource B	55	60	55	50	220
Deckungsbeitrag	275	210	275	210	970
Betriebskosten					950
Unternehmensergebnis					20

Bei dieser Projektauswahl macht das Unternehmen 20.000 € Gewinn!

Damit ist nachgewiesen: es gibt wenigstens eine andere Kombination von Projekten, die ein besseres Unternehmensergebnis erbringt als die Kombination der vier ursprünglich errechneten „profitabelsten" Projekte. Dies ist eine beunruhigende Erkenntnis. Denn damit ist nachgewiesen, dass die Berechnung von Projektergebnissen in der oben dargestellten Form (und das ist die am weitesten verbreitete Vorgehensweise!) zu unternehmerischen Fehlentscheidungen führt. Woran liegt das? Nochmal zurück zu den ersten Berechnungen.

6.3 Die Bedeutung des Engpasses

Die ersten beiden der fünf Fokussierungs-Schritte der Theory of Constraints lauten:

Identifiziere den Engpass
Entscheide, wie der Engpass bestmöglich ausgenutzt werden soll

Den ersten Schritt haben wir vollzogen und dabei die Ressource B ermittelt. Aber haben wir auch die zweite Aufgabe korrekt gelöst? Haben wir wirklich untersucht, wie der Engpass bestmöglich ausgenutzt werden kann? Bitte denken Sie darüber nach, bevor Sie weiterlesen!

Wann wird der Engpass bestmöglich ausgenutzt? Dann, wenn er pro Einheit möglichst viel Geld für das Unternehmen einbringt. Was bedeutet das? Was sind die Einheiten des Engpasses? Und was ist das Geld, das pro Einheit des Engpasses eingespielt wird? Bitte denken Sie auch hierüber nach, bevor Sie weiterlesen!

6.4 Die neue Kennzahl: Durchsatz pro Engpasseinheit

Die Theory of Constraints definiert eine neue Kennzahl: Durchsatz/Engpasseinheit

Durchsatz ist das Geld, das pro Projekt im Unternehmen bleibt (der jeweilige Deckungsbeitrag, also das Geld, das zur Verfügung steht, um die Betriebskosten des Unternehmens zu decken). Engpasseinheiten sind die (Zeit-)Einheiten des Engpasses, die benötigt werden, um den Durchsatz zu erzeugen.

Tabelle 1.23b-V10: Durchsatz pro Engpassressource B

	P1	P2	P3	P4	P5	P6	P7	P8
DB in TEUR	220	280	220	275	210	225	275	210
Verbrauch Res. B in Tagen	50	75	55	55	60	45	55	50
Durchsatz pro Engpass in EUR	4.400	3.733	4.000	5.000	3.500	5.000	5.000	4.200

Nach dieser Berechnung erbringen die Projekte P1, P4, P6 und P7 je Engpasstag den höchsten Durchsatz.

Tabelle 1.23b-V11: Ergebnis bei Anwendung der Durchsatzrechnung

in TEUR	P1	P4	P6	P7	SUMME
Ressource B	50	55	45	55	205
Deckungsbeitrag	220	275	225	275	995
Betriebskosten					950
Unternehmensergebnis					45

Bei Anwendung der Durchsatzrechnung als Auswahlmethode erzielt das Unternehmen einen Gewinn von 45.000 €!

Anhand des Beispiels wird deutlich, dass die klassischen Berechnungsmethoden, wie sie derzeit in vielen Unternehmen angewendet werden, zu Fehlentscheidungen führen können. Die isolierte Betrachtung von Deckungsbeiträgen, Erträgen etc. einzelner Projekte reicht nicht aus, um eine für das Unternehmen optimale Entscheidung treffen zu können. Vielmehr ist es von höchster Bedeutung, die zur Verfügung stehenden Ressourcen (besser: Engpass-Ressource) bei der Auswahl zu berücksichtigen, indem die Engpassressource optimal genutzt wird.

Die Vorgehensweise noch einmal zusammengefasst:

- Identifizieren Sie den Engpass der Projekte (hier: Ressource B).
- Ermitteln Sie den Durchsatz/Deckungsbeitrag der einzelnen Projekte.
- Errechnen Sie das Verhältnis zwischen Durchsatz und Engpassverbrauch der einzelnen Projekte.
- Wählen Sie die Projekte aus, bei denen das Verhältnis am besten ist.

6.5 Zusammenfassung zu Exkurs 2: Welche Projekte lohnen sich?

Die Verwendung der klassischen „Projektkostenrechnung" führt zu unternehmerischen Fehlentscheidungen, weil von der – falschen – Grundannahme ausgegangen wird, dass die Ressourcen unbegrenzt verfügbar sind. Die Kennzahl „Durchsatz/Engpasseinheit" hilft dem Management, sich auf die Projekte zu konzentrieren, die – durch ihr wirtschaftliches Ergebnis – am stärksten zum Unternehmenserfolg beitragen.

7 Fragen zur Wiederholung

Hinweis: Mit (*) gekennzeichnete Fragen gehen über den dargestellten Inhalt hinaus und können nur durch eigene Schlussfolgerungen beantwortet werden. Sie können Ihre Antworten auf die so gestellten Fragen in das deutschsprachige Lern- und Diskussionsforum zur Theory of Constraints stellen und dort Ihre Erkenntnisse mit anderen Lernenden austauschen.

7.1 Wettbewerbsvorteile aufbauen, zu Geld machen und aufrecht erhalten

1	Warum ist es erforderlich, vor Beginn einer CriticalChain-Implementierung über Marketing und Vertrieb nachzudenken?	☐
2	In welchen Detailschritten erfolgt eine Implementierung von Critical Chain PM? (*)	☐
3	Welches sind die Wettbewerbsvorteile, die durch CCPM erzielt werden?	☐
4	Welche großen Fehler sind in Marketing und Vertrieb unbedingt zu vermeiden?	☐

7.2 Triple-WIN-Konzept

1. Beschreiben Sie die Parallelen zwischen Critical Chain Projektmanagement und dem Triple-WIN-Konzept. (*)

7.3 Profitabilität von Projekten

1. Warum und wie führt die klassische Berechnung von „Projektkosten" zu unternehmerischen Fehlentscheidungen?
2. Welche neue Kennzahl schlägt die Theory of Constraints stattdessen vor, um die Profitabilität von Projekten zu ermitteln?
3. Welche Auswirkung kann diese Kennzahl auf das Verfahren der Angebotskalkulation haben? (*)

1960